E. Hoppe/K.-H. Riessbeck/D. Hoppe
Gynäkologische Tumorzytologie

E. Hoppe/K.-H. Riessbeck/D. Hoppe

Gynäkologische Tumorzytologie

Zytodiagnostik nach Strahlen- und Zytostatikatherapie

ULLSTEIN
MOSBY

Herausgeber:

Dr. med. habil. **Elfriede Hoppe**
Fachärztin für Pathologie und Allgemeinmedizin
Ehemalige Oberärztin und Leiterin der Abteilung Tumorzytologie der Geschwulstklinik und Poliklinik der Charité der Humboldt-Universität zu Berlin

Prof. Dr. med. habil. **Karl-Heinz Riessbeck**
Facharzt für Radiologie, ordentlicher Universitätsprofessor für Strahlentherapie
Ehemaliger Direktor der Geschwulstklinik und Poliklinik der Charité der Humboldt-Universität zu Berlin

Dr. med. **Dietrich Hoppe**
Facharzt für Radiologie und Innere Medizin
Ehemaliger Oberarzt der Geschwulstklinik und Poliklinik der Charité der Humboldt-Universität zu Berlin

Die Deutsche Bibliothek – CIP-Einheitsaufnahme

Gynäkologische Tumorzytologie : Zytodiagnostik nach Strahlen- und Zytostatikatherapie / E. Hoppe ... - Berlin ; Wiesbaden : Ullstein Mosby, 1997
ISBN 3-86126-136-7

Lektorat: Margit Gehrig, Susanne Nickel
Herstellung: Detlef Mädje
Satz: Mitterweger Werksatz GmbH, Plankstadt bei Heidelberg
Druck und buchbinderische Verarbeitung: Druckhaus Beltz, Hemsbach/Bergstraße

Printed in Germany

ISBN 3-86126-136-7

Autorenverzeichnis

PD Dr. med. habil. Dirk Elling
Frauenklinik im Oskar-Ziethen-Krankenhaus, Berlin

Prof. Dr. med. Hans-Martin Guddat
Universitätspoliklinik für Urologie
Universitätsklinikum Charité
Medizinische Fakultät der Humboldt-Universität zu Berlin

Dr. rer. nat. Herbert Hegewald
Abt. Strahlenphysik, Klinik für Strahlentherapie
Universitätsklinikum Charité
Medizinische Fakultät der Humboldt-Universität zu Berlin

Dr. med. Irmgard-Gabriele Kaufmann
Universitätsfrauenklinik und Poliklinik
Universitätsklinikum Charité
Medizinische Fakultät der Humboldt-Universität zu Berlin

Prof. Dr. med. habil. Walter Reisinger
Institut für Röntgendiagnostik
Universitätsklinikum Charité
Medizinische Fakultät der Humboldt-Universität zu Berlin

Bernd Schicke
AG Biometrie
Klinikum Berlin-Buch/Tumorzentrum, Berlin

Christa Scholz
Institut für Pathologie
Universitätsklinikum Charité
Medizinische Fakultät der Humboldt-Universität zu Berlin

Dr. rer. nat. habil. Eberhard Seidler
Berlin

Eva-Maria Wegewitz
Berlin

Abkürzungen

Abt. – Abteilung
alt. – alternierend

bds. – beiderseits

chron. – chronisch
^{60}Co – Radioaktives Kobaltisotop 60
^{137}Cs – Radioaktives Cäsiumisotop 132
CT – Computertomographie

Diagn. – Diagnose, diagnostisch
Diff. Diagn. – Differentialdiagnose
d bzw. Tg. – Tag
dors. – dorsal

ED – Einzeldosis
erschw. – erschwerend

FA – Feinnadelaspirat bzw. -aspiration
FAB – Feinnadelaspirationsbiopsie
Färb. – Färbung
FP – Feinnadelpunktat bzw. -punktion

GD – Gesamtdosis
GnRH – Gonadotropin releasing hormone
GOD – Gesamtoberflächendosis
Gr. – Gruppe
Gy – Gray (Einheit der Energiedosis)
– 1 Gy = 1 J/kg
– 1 Gy = 100 cGy (Zentigray)
– 1 Gy = 100 rad
rad (radiation absorbed dose)
Gyn. – Gynäkologie, gynäkologisch

HD – Herddosis
HE – Hämatoxylin-Eosin (Färbung)
Histol. – Histologie, histologisch

i. a. – intraarteriell
i. t. – intratumoral
i. v. – intravenös

J. – Jahr

Klin. – Klinik, klinisch
Kolp. – Kolposkopie, kolposkopisch

li. – links
LK – Lymphknoten
Lymphogr. – Lymphographie

mCi – Millicurie
Mon. – Monat
MTX – Methotrexat
min – Minute

o. B. – ohne Befund
OD – Oberflächendosis

Palp. – Palpation, palpatorisch
Pap. – Papanicolaou
PE – Probeexzision
Pendelw. – Pendelwinkel
PR – Progesteron-Rezeptor
PT – Primärtumor

Ra-Äquiv. – Radium-Äquivalent
re. – rechts
rez. – rezidivierend
Rö. – Röntgen (-bild, -befund), röntgenologisch

susp. – suspekt

TE – Totalexstirpation
Ther. – Therapie, therapeutisch

US – Ultraschall

Vergr. – Vergrößerung
ventr. – ventral

Zust. – Zustand
Zytol. – Zytologie, zytologisch

Vorwort

Jede Methode, auch die gynäkologische Zytodiagnostik – insbesondere nach Therapieeinwirkung – hat ihre Möglichkeiten zur Differenzierung bzw. zur Spezifizierung, aber bekanntlich auch ihre Grenzen.

Eine Überforderung führt zu falschen Erwartungen und schadet somit der Methode. Es ist allerdings anzustreben, die zytologische Aussage so weit wie möglich zu präzisieren, auch an Zellmaterial, welches bereits durch eine Therapie belastet ist. Das ist in begrenztem Umfang durch die Einbeziehung von Spezialfärbungen oder zytochemischen Reaktionen möglich. Aus differentialdiagnostischer Sicht kann demzufolge mitunter nach der Darstellung spezieller Substanzen eine zytomorphologisch fragliche Malignität bestätigt oder ausgeschlossen werden. Es ist eine Tatsache, daß vielgestaltige zytomorphologische Veränderungen ohne eine Übermittlung klinischer Daten oftmals erschwert verifizierbar sind. Es werden deshalb im vorliegenden Buch auch weniger „fotogene" Bilder gezeigt. Das betrifft z. B. Zellarmut, Zellverklumpung bzw. beginnende oder fortgeschrittene Zytolyse, wie sie vermehrt nach Radiatio vorkommt. Eine weitere Ergänzung zur Optimierung der Zellbefunde ergibt sich durch die Einbeziehung von klinischen und paraklinischen Daten sowie durch bildgebende Verfahren als Lokalisationshilfe oder letztlich durch die histologische Untersuchung einer Probeexzision zur Erfassung tieferer Gewebsanteile. Dieses Vorgehen als Komplexdiagnostik ist besonders zur Sicherung einer endgültigen Diagnose von Bedeutung. In der Kooperation mit anderen Fachdisziplinen resultieren für die zytologische Beurteilung, besonders nach Strahlen- und Zytostatikatherapie, unverzichtbare Anhaltspunkte. Die Mitteilung der Tumorlokalisation und des histologischen Types des Primärtumors gestatten oftmals vergleichende Hinweise durch spezielle Merkmale der Zellen oder der Zellanordnung.

Von vorrangiger Bedeutung ist die Orientierung über den Zeitpunkt der Materialgewinnung hinsichtlich der verabfolgten Therapie – vor, während oder danach. Bei posttherapeutischen Untersuchungen ist die Kenntnis über die Zeitspanne zwischen Therapieabschluß und Materialentnahme notwendig und zytodiagnostisch sehr hilfreich.

Die Spezies des gewonnenen Materials bedarf einer besonderen Berücksichtigung. Es ist wesentlich, zu wissen, ob es sich um Abstriche von Oberflächenbezirken oder um Ausstriche aus Punktaten pathologischer Resistenzen bzw. aus Lymphknoten oder aus flüssigem Material wie z. B. Aszites oder Urin handelt.

Damit ist gleichzeitig die Vielseitigkeit des demonstrierten Zellmaterials, welches eine Therapiebelastung aufweist, ersichtlich. Bei der erwähnten Verfahrensweise gewinnt auch eine durch die Behandlung erschwerte und oftmals mit Problemen behaftete zytologische Beurteilung zunehmend an Bedeutung.

Möge die vorliegende Dokumentation eine praxiswirksame zytodiagnostische Hilfe bei der gynäkologischen Tumornachsorge leisten.

Berlin, April 1997 Die Herausgeber

Danksagung

Der Dank der Herausgeber bezieht sich auf eine vielseitige Unterstützung durch die nachfolgend aufgeführten Wissenschaftler sowie medizinischen und technischen Mitarbeiter:

Frau MR Priv.-Doz. Dr. sc. med. **Annelies Banaschak**, Fachärztin für Frauenheilkunde und Geburtshilfe, ehemalige Oberärztin und Leiterin der Abt. Gynäkologie der Geschwulstklinik und Poliklinik bzw. Klinik für Onkologie/Charité der Humboldt-Universität zu Berlin, gilt besonderer Dank für die Erstellung gynäkologisch-onkologischer Befunde sowie für zytologische Materialabnahmen.

Herrn MR Dr. sc. med. **Nikolaus Mangakis** (†), Facharzt für Pathologische Anatomie, ehemaliger Oberarzt und Leiter der Abt. Histopathologie der Geschwulstklinik und Poliklinik bzw. Klinik für Onkologie/Charité der Humboldt-Universität zu Berlin sei Dank ausgesprochen für die Überlassung makroskopischer und histologischer Präparate sowie histopathologischer Tumordiagnosen.

Herrn Herbert Engel (†), wissenschaftlich-technischer Zeichner an der Geschwulstklinik und Poliklinik / Charité der Humboldt-Universität zu Berlin danken wir für die Anfertigung von Originalgraphiken.

Frau **Inge Knebusch**, Diplom-Bibliothekarin sowie Frau **Marion Kohl**, Diplom-Bibliothekarin, und Frau **Gisela Welz**, Bibliothekarin der Bibliothek der Kliniken für Innere Medizin und für Strahlentherapie des Universitätsklinikums/Charité der Humboldt-Universität zu Berlin, danken wir für die Ermittlung und Beschaffung von Literatur.

Den Krankenschwestern **Renate Bolz, Tanja Uhlig** und **Jutta Wohligkeit** gebührt Dank für die Hilfe bei der Bereitstellung und Sichtung von Krankenunterlagen.

Der Sekretärin, Frau **Petra Hödt**, sagen wir ein Dankeschön für die Durchführung der Schreibarbeiten des Manuskriptes.

Es ist uns ein Bedürfnis, dem ehemaligen kommissarischen Direktor Herrn Prof. Dr. med. habil. **H. Martin** sowie den Mitgliedern des Institutsrates des Institutes für Pathologie (Rudolf-Virchow-Haus) der Medizinischen Fakultät/Charité der Humboldt-Universität zu Berlin, unseren Dank zum Ausdruck zu bringen. Ohne die Genehmigung zur Benutzung der Fotoeinrichtung und ohne die diesbezügliche technische und personelle Unterstützung währe die Anfertigung der zahlreichen mikroskopischen Fotos nicht möglich gewesen.

Wir möchten außerdem nicht versäumen, den Mitarbeitern des Verlages Ullstein Mosby herzlich zu danken. Dieser Dank gilt ganz besonders der Lektorin, Frau **Margit Gehrig**, sowie der Lektorin Frau **Susanne Nickel,** die uns zahlreiche Auskünfte und wertvolle Ratschläge bei der Gestaltung des Manuskriptes gegeben haben, sowie dem Cheflektor, Herrn Dr. med. **Peter Prinz**, für die vertrauensvolle Unterstützung und Befürwortung.

Besonderer Dank gebührt Herrn Prof. Dr. M. Hilgarth, Herrn Prof. Dr. U. Bettendorf, Herrn Pof. Dr. H.-W. Boschann sowie dem Verlag Georg Fromme u. Co. in Wien (Österreich) für die Genehmigung zur Verwendung von Tabellen aus verschiedenen Publikationen.

Berlin, März 1997

Dr. med. habil. Elfriede Hoppe,
Prof. Dr. med. habil. Riessbeck,
Dr. med. Dietrich Hoppe

Inhalt

10 Systematische zytologische Untersuchungen vor, während und nach Therapie bei 3 Gruppen von Patienten mit verschiedenen Therapievarianten

11 Empfehlung einer praxisrelevanten Symbolik zur erfolgten Therapieart

12 Methodik

1 Voraussetzungen und Besonderheiten für die zytologische Beurteilung radiogen belasteter Untersuchungsmaterialien

Einleitung

Der ursprüngliche Anlaß, eine Sammlung aus zytologischen Präparaten von solchen Patienten zu erstellen, die einer Strahlentherapie oder einer antineoplastischen Chemotherapie unterzogen worden sind, ergab sich aus jahrzehntelanger praktischer Tätigkeit mit der besonderen Möglichkeit, zahlreiche spezielle Erfahrungen zu sammeln. Es resultierte die Feststellung, daß die Vielfalt spezieller, aber auch unspezifischer therapiebedingter Zellveränderungen erhebliche zytodiagnostische Schwierigkeiten bereiten kann, vorwiegend in differentialdiagnostischer Hinsicht.

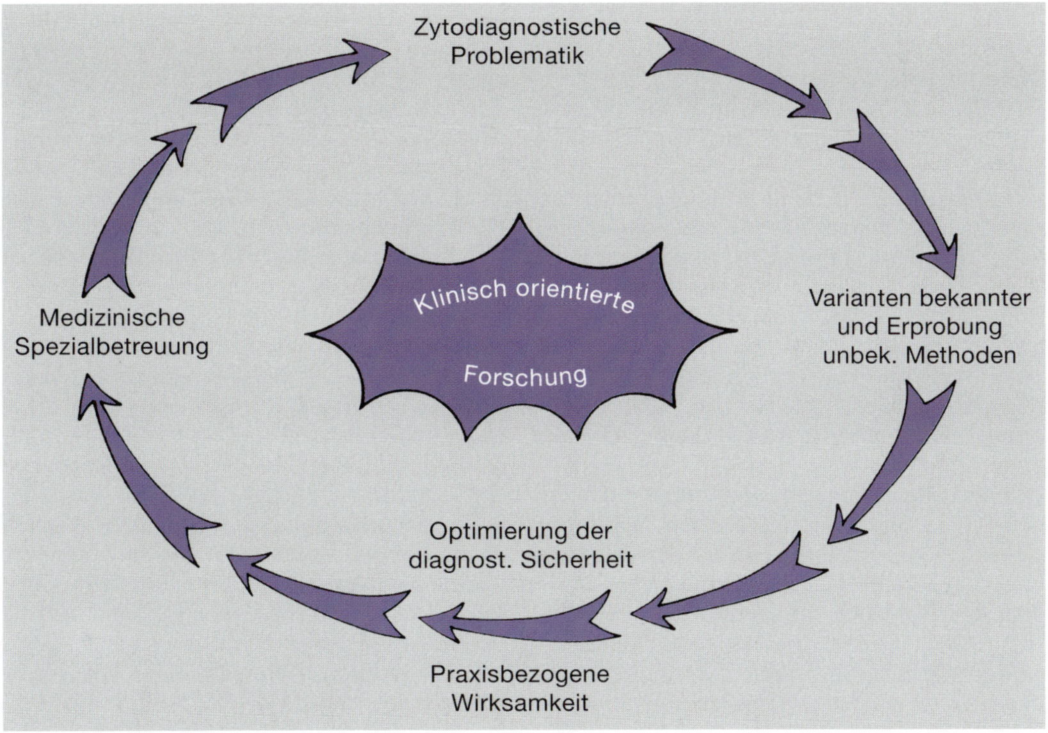

Abb. 1.I Diese Darstellung verdeutlicht die Zielstellung sowie die Verfahrensweise im Rahmen der Zytodiagnostik nach dem Motto:
„Aus der Praxis" (betr. Auswahl eines therapiebelasteten Materials)
„Zur Forschung" (Erprobung von Methoden zur Präzisierung und Differenzierung)
„Für die Praxis" (Anwendung von gewonnenen Resultaten zur Verbesserung der zytologischen Aussagefähigkeit mit dem Ziel einer Erhöhung der Treffsicherheit und Reduzierung von Fehlinterpretationen)

Nicht nur Tumorzellen, die während und kurz nach einer Therapie geschädigt wurden, sind schwer zu beurteilen, sondern auch normale Zellen, welche mit belastet worden sind. Letztere weisen oftmals, auch noch nach Jahren, ausgeprägte reaktiv bedingte Pseudoatypien auf, die nicht selten nur erschwert oder gar nicht von tatsächlich atypischen, also malignen Zellen eines Resttumors oder Rezidives, zu differenzieren sind (H.W. Boschann 1960). Die Folge ist bekanntlich ein relativ hoher Prozentsatz von Fehlinterpretationen. Besonders bei Kontrolluntersuchungen der Tumornachsorge bewirkt diese Tatsache mitunter auch eine Verunsicherung des behandelnden Gynäkologen, wenn z. B. ein konträres zytologisches Resultat zum Lokalbefund vorliegt. Das ergibt dann keine diagnostische Hilfestellung, wie eigentlich beabsichtigt.

Aus dieser Sicht erschien eine zusammenfassende kritische Aufarbeitung und eine Darstellung mikroskopischer Bilder gerechtfertigt und praxisrelevant.

Wenn sich die komplette multidisziplinäre Patientenversorgung in *einer Struktureinheit* befindet, wie das in der ehemaligen Geschwulstklinik der Charité der Fall war, sind bei einer einheitlichen Krankenblattführung sämtliche klinischen und paraklinischen Daten unschwer ermittelbar. Das betrifft z. B. Tumorvorsorgeuntersuchungen mit zytologischer und, wenn erforderlich, auch mit histologischer Diagnostik, mit Röntgendiagnostik, Ultraschall, Computertomographie, Kernspintomographie, Operationen, Strahlentherapie und mit antineoplastischer Chemotherapie, Hormonapplikationen sowie einer anschließenden poliklinischen *Tumornachsorge* einschließlich zytologischer Untersuchungen zum Ausschluß oder bei Verdacht auf Tumorrezidive oder Metastasen. Auch für eine anschließende histologische Klärung unklarer Befunde waren die entsprechenden Voraussetzungen gegeben.

Diese Klinikstruktur mit einem großen Krankengut bildete die Basis für ein reichhaltiges entsprechendes Material und garantierte die Komplexität der multidisziplinären Datenermittlungen über einen Zeitraum von Jahrzehnten.

Demzufolge konnte eine umfangreiche und vielseitige Präparatesammlung nach Therapieeinwirkung archiviert werden. Verwendet wurde Material aus einer Zeitspanne von 15 Jahren (1971 bis 1985). Nur so ergab sich der *Vorteil* der Aufarbeitung eines auszuwählenden Materials unter verschiedenen Gesichtspunkten.

Der *Nachteil* besteht allerdings darin, daß die einstige Therapie dieser Patienten später nicht mehr neueren Therapieschemata entspricht. Die im Text verwendete radiologische Terminologie, einschließlich der gewählten Einheiten für Dosis und Radioaktivität, wurden aus der damaligen Protokollierung übernommen. Eine Transformation der Dosierungsbegriffe aus dem zurückliegenden Zeitraum von fast 3 Jahrzehnetn auf die heutige JCRU-Begriffsbildung ist strahlentherapeutisch und strahlenbiologisch nicht sinnvoll. Die ständige Weiterentwicklung der Radioonkologie bringt es mit sich, daß auch ihre Methoden einer Wandlung unterworfen sind. Da aber die Strahlenart, die Technik sowie die Methodik und die Höhe der Dosis einer zurückliegenden Strahlentherapie zytologisch bei der Tumorrezidivsuche nicht von vorrangiger Bedeutung sind, sondern vielmehr die *Zeitspanne* zwischen Materialgewinnung und Therapieabschluß bei der Diagnosefindung in Beziehung gesetzt werden sollte, glauben wir, daß eine Veröffentlichung unter diesem Aspekt gerechtfertigt erscheint. Demzufolge werden zytomorphologische Zustandsbilder auch aus vorangegangenen Jahren demonstriert und die jeweils zutreffende Therapie in den Legenden der Abbildungen ausgewiesen.

Die Zytodiagnostik *nach* und gelegentlich auch *während einer Therapie*, insbesondere nach Applikation einer Strahlentherapie oder einer antineoplastischen Chemotherapie bei malignen Tumoren des weiblichen Genitale, fordert vom Zytopathologen eine therapiebezogene, spezielle Beurteilung der vorkommenden Zellveränderungen. Das Wissen bezüglich der oftmals ungewöhnlichen Vielfalt von Abnormitäten, Pseudoatypien und Atypien ist unerläßlich und Voraussetzung für eine angemessene zytologische Treffsicherheit (M.E. Boon, M.L. Tabbers-Boumeester 1981).

Diese z. T. erheblichen Erschwernisfaktoren führen nicht selten zu einer zytodiagnostischen Problematik, welche sich insbesondere auf die Differenzierung von mitbetroffenen therapiebelasteten veränderten Normalepithelien gegenüber geschädigten Tumorzellen bezieht. Hauptsächlich bei Situationen, relativ kurzzeitig nach einer erfolgten Strahlentherapie, aber auch später gibt es Schwierigkeiten bei der Zellbeurteilung (P.E. Saigo 1987).

Schnell wachsende neu entstandene Tumorzellen bei Rezidiven nach vorheriger Bestrahlung, die noch keiner erneuten Therapie unterzogen worden sind, erscheinen mitunter mehr oder weniger vital. Auch hierbei gibt es bezüglich des Erscheinungsbildes fließende Übergänge zu den miterfaßten reaktiv bedingten Pseudoatypien von normalen Epithelien, so daß eine Dignitätsbestimmung oftmals erschwert ist. Die therapiebedingten Veränderungen radiogen belasteter Zellen sind bis zu einem gewissen Grad von verschiedenen Faktoren abhängig und deshalb unterschiedlich lange nachweisbar, u. U. bis zu 20 Jahren nach abgeschlossener Therapie (W. Herting und Ch. Hanrath 1992).

Die Resultate von zytologischen Kontrolluntersuchungen im Rahmen der Tumornachsorge sind trotz der genannten Erschwernisfaktoren so präzise wie möglich zu ermitteln.

Vom Gynäkologen sollten die zytologischen Diagnosen allerdings den palpatorischen, kolposkopischen und sonstigen Befunden zugeordnet und im Zusammenhang mit diesen gewertet werden. Dabei kommt zum Ausdruck, daß hierbei eine etwas andersartige Verfahrensweise als bei der *Screeningzytologie* von Vorsorgeuntersuchungen, die zur frühzeitigen Erkennung primärer maligner Prozesse dient, empfehlenswert ist. Deshalb besteht unser Anliegen darin, jahrelange Beobachtungen und Erfahrungen an einem reichhaltigen Material, welches nicht allerorts zur Verfügung steht, in Form zahlreicher Fotos zu dokumentieren und diese Diagnosen generell in Relation zur jeweiligen Anamnese, unter Einbeziehung klinischer und paraklinischer Befunde, zu betrachten, also eine Kooperation, insbesondere mit dem Gynäkologen zu pflegen.

Es ist die Wunschvorstellung des Zytodiagnostikers eine Hilfe zur endgültigen Diagnose zu leisten, also dem Therapeuten bei der rechtzeitigen Erkennung von Tumorrezidiven zu unterstützen, um ergänzende Zusatzbehandlungen des Patienten zu gewährleisten.

Wir unterscheiden zwischen einer unterschiedlichen zeitbezogenen Zytodiagnostik:

a) *vor* einer Therapie (zur erneuten Bestätigung eines übersandten bereits erhobenen zytologischen Befundes)
b) *während* einer Therapie (zur Kontrolle der Therapieansprechbarkeit)
c) *nach* Abschluß einer Therapie zur Fahndung auf neu gewachsene Tumorzellen mit dem Ziel der *rechtzeitigen* Erfassung von Tumorrezidiven bzw. Metastasen (betrifft Abstriche, Aspirate sowie die Zellgewinnung aus Aszites und Urin).

Im Rahmen der Nachsorge besteht bei der Erkennung von Tumorrezidiven ein schneller Handlungsbedarf zu einer weiteren Therapie. Es ist bekannt, daß radiogen belastete normale Vaginalepithelien mitunter eine Vielgestaltigkeit von Veränderungen aufweisen können, die denen der malignen Zellen sehr ähnlich oder sogar mit diesen fast identisch sind und deshalb zu zytodiagnostischen Irrtümern verleiten. Das ist besonders dann der Fall, wenn hilfreiche klinische Informationen nicht komplett übermittelt wurden oder sogar fehlen. Gleichgeartete therapiebedingte Zellabnormitäten oder Pseudoatypien sind übrigens auch an Mesothelien im Aszites sowie an Urothelien im Urin bei Patienten mit Tumoren aus der gynäkologischen Region festzustellen.

Bedingung für eine exakte Beurteilung eines zytologischen Abstrich- oder Ausstrichpräparates nach jeglicher Therapie ist deshalb die Einbeziehung einer kompletten anamnestischen Daten- und Befundübermittlung an den Zytopathologen. Eine interdisziplinäre Kooperation zwischen Zytodiagnostiker, Gynäkologen, Radiologen bzw. Chemotherapeuten oder/und Internisten ist deshalb unerläßlich. Nur auf diese Weise können Fehlinterpretationen von therapiebedingten reaktiv veränderten tumorähnlich aussehenden Pseudoatypien weitestgehend vermieden werden.

Insbesondere aus diesem Grund und oftmals wegen der erheblichen Problematik bei der zytologischen Diagnosefindung wurden Methoden zur Präzisierung und Differenzierung bzw. zur diagnostischen Entscheidungshilfe erprobt, wie aus den folgenden Kapiteln ersichtlich ist.

Leider brachte der Einsatz der *Enzymzytochemie* keine diesbezügliche Bereicherung. Ob *immunzytochemische* bzw. spezielle diagnostische *molekularpathologische* Methoden in der Perspektive erfolgversprechend und praxisrelevant sein werden, muß sich erst noch erweisen.

Da es sich in diesem Kapitel zum Teil auch um Material von Patienten mit Tumoren des weiblichen Genitalsystems bei einer außerhalb der eigenen Klinik erfolgten Therapie handelt und diese speziell zur Tumorrezidivbehandlung überwiesen wurden, sind auch die Modalitäten der vorangegangenen Bestrahlung nicht einheitlich.

Zytologische Veränderungen als Folgezustand einer Strahlentherapie bzw. Tumorchemotherapie

Die Bilddemonstrationen wurden aus einer Gesamtzahl von mehr als 4000 radiogen belasteten *Präparaten* der gynäkologischen Region ausgewählt und vorwiegend bei Tumornachsorgeuntersuchungen, also *nach* abgeschlossener Strahlentherapie, gewonnen. Nur zu einem geringen Anteil erfolgten zytologische Abstriche *während* der Therapie. Außerdem werden zusätzlich therapiebedingte Abwegigkeiten eines Auswahlmaterials von *zytologischen Präparaten* aus *Feinnadelaspiraten* pathologischer Resistenzen und *Lymphknoten* sowie mikroskopische Bilder aus dem *Aszites* und *Urin* gezeigt. Auch diese Fälle stammen von strahlentherapeutisch bzw. chemotherapeutisch behandelten Patienten wegen maligner Tumoren des weiblichen Genitalsystems.

Sowohl *zytologische* als auch *histologische* Befunde *ohne* Therapie, also vor Beginn einer Behandlung, sind gelegentlich demonstriert und gegenüber gestellt worden.

Bemerkenswert hierzu ist, daß in den zytologischen Bildern lediglich besonders markante aber auch allgemeine Merkmale von Zellveränderungen innerhalb mikroskopischer Blickfelder dokumentiert werden. Es ist demzufolge aus diesem Befund nicht generell auf die endgültige Diagnose (Pap. Gruppe) zu schließen, welche mitunter aus den hier nicht dargestellten Nachbarregionen des ausgewählten, fotografierten Bezirkes resultiert. Diese Pap. Gruppen werden jedoch trotzdem in den Legenden erwähnt.

Zu bemerken ist auch, daß im Text zwischen Zellabnormitäten (Pap. Gr. III bzw. III D) und Zellatypien (Pap. Gr. IV und V) unterschieden wird.

Besondere Beachtung fand grundsätzlich die jeweilige Ausgangsposition in ihrer gesamten Komplexität hinsichtlich der klinischen und paraklinischen Parameter in Relation zum morphologischen Zustandsbild. Deshalb werden auch Bilder einbezogen, die weniger imposant erscheinen. Diese beweisen die z. T. unterschiedliche, individuelle, entweder nur geringfügige oder sogar mitunter fehlende Reaktion bei einigen Patienten.

Aufgrund der Tatsache, daß bereits namhafte Autoren (H. Smolka, H.J. Soost 1956 und 1965) sowie (H.J. Soost, S. Baur 1990) differenzierte und nuancenreiche Rubriken von Zellveränderungen nach Strahlentherapie erstellt und publiziert haben, erscheint eine eigene tabellarische Wiederholung überflüssig. Die bisher bekannten Merkmale von Zellveränderungen beziehen sich sowohl auf Normalepithelien, die durch eine Therapie belastet sind und deshalb Abnormitäten aufweisen, als auch auf tatsächlich atypische Zellen bei Tumorrezidiven.

Die Vielfalt der bereits ermittelten Merkmale, insbesondere von H.W. Angel (1955), von H. W. Boschann von M. Hilgarth (1970) sowie von U. Bettendorf (1979) – als primär zugänglich Literatur – bildete die praxisrelevante Grundlage als Entscheidungshilfe für unsere zytomorphologischen Beurteilungen und diagnostischen Resultate.

Eigene Beobachtungen

Dieses gewonnene Basiswissen bezüglich radiogen bedingter Zellveränderungen konnte infolge jahrelanger Erfahrungen partiell *folgendermaßen ergänzt werden:*

1. In den verschiedenen Materialien, wie Kontaktabstrichen, Aspirationspunktaten und Ausstrichen von Zentrifugaten aus Aszites und Urin, sind Zellveränderungen verschieden deutlich darstellbar. Das ist besonders bei *Zellen* aus *flüssigem Material* ersichtlich. Letztere erscheinen, wenn im guten Erhaltungszustand, voluminöser als in Abstrichen. Zu beobachten sind demzufolge z. B. sog. Zellmembrandefekte und spezielle Lymphozytenreaktionen als Rosettenformationen nach Strahlen- und Chemotherapie. Imponierend deutlich gelangen hier außerdem auch die feingranulären Zellveränderungen nach antineoplastischer Chemotherapie als sog. Pfeffer- und Salz-Chromatin zur Darstellung.
2. In Abstrichpräparaten ergaben sich hinsichtlich *des Vorkommens* bestimmter Merkmale folgende Häufigkeiten:
   a) *Am Zellkern:* Kernschwellung, Mehrkernigkeit, Vergrößerung und Vermehrung der Nukleoli, grobkörniges Chromatin, Zellverklumpung, Zigarrenkerne, Vakuolenbildung bzw. wabenförmige Struktur.
   b) *Am Zytoplasma:* Amöboide Zytoplasmaausläufer, zerfließliches Zytoplasma, verwaschene Zellmembran, Opaleszenz des Plasmas.
3. Die *Kern-Plasma-Relation* bietet ein ziemlich sicheres Kriterium zur Differentialdiagnostik zwischen therapiegeschädigten Normalepithelien und atypischen Zellen. Geschädigte Normalepithelien haben einen normalen Kern-Plasma-Befund, aber maligne Zellen zeigen in der Mehrzahl eine Verschiebung der Relation zugunsten des Kernes.
4. Eine besonders zu beachtende Auffälligkeit, welche die Malignitätsdiagnose bei Rezidiven erleichtert, ist das *vitale Aussehen* unversehrter, also unbelasteter neu gewachsener Tumorzellen.

Detaillierte Ausführungen mehrerer Autoren zu Zellveränderungen durch ionisierende Strahlen sowie Zytostatika dienten seit Jahren als Anleitung für unsere zytologischen Beurteilungen nach Strahleneinwirkung, wie bereits erwähnt wurde.

Die nachfolgend aufgeführten *tabellarischen Informationen* über strahlenbedingte Veränderungen an Vaginal- und Portioepithelien fanden auch am vorliegenden Material bei unserer Diagnosenstellung als wesentliche Anhaltspunkte Berücksichtigung. Diese Auflistungen von möglichen Veränderungen an Normalepithelien und Tumorzellen sind in Auszügen aus den entsprechenden Publikationen entnommen und hier aufgeführt worden (Tab. 1.1).

A. Strahlenveränderungen am normalen Plattenepithel der Cervix uteri (nach M. Hilgarth 1970 und 1986) als Extrakt gekürzt, ohne zusätzliche Beschreibung,

I. Parabasal- und Basalzellen

a) *Veränderungen am Plasma* (primär)
feine Vakuolisierung, Größenzunahme, Farbumschlag von zyanophil zu schmutzig braun bis orangerot.

b) *Kernveränderungen* (sekundär)
Randständigkeit der Vakuolenbildung, Strukturverlust, Deformierung bis Kernzerfall z. T. Mehrkernigkeit

II. Veränderung an Intermediärzellen

a) *Veränderungen am Plasma*
Größenzunahme z. T. Ausziehung des Zytoplasmas nach Art von Spindelzellen, Vakuolisierung, Umschlag des Farbtons von grünlich zu bräunlich

b) *Kernveränderungen*
Homogenisierung mit pyknischer Schrumpfung der Kernsubstanz, Mehrkernigkeit

III. Veränderungen an Superfizialzellen

a) *Veränderungen am Plasma*
Größenzunahme bis Riesenzellbildung, Leukozytenpakete, Farbtonwechsel von braun zu orange, Vakuolenbildung, wabenartige Strukturen (Entmischungs-

vorgänge) z. T. Phagozytose – Zellkannibalismus

b) *Kernveränderungen*
Weniger ausgeprägt, Mehrkernigkeit, Karyorrhexis, Karyolyse

B. Strahlenveränderungen am atypischen Plattenepithel der Cervix uteri

Bei größerer Variabilität keine wesentlichen Unterschiede zu Normalzellen.

a) *Veränderungen am Plasma*
Kleinvakuolige Entartung – wabenförmige Entmischungsvorgänge – großtropfige Vakuolenbildung und Auflösung des Plasmas. Phagozytose, Zelleinschlußbildung. Bei PAPANICOLAOU – Färbung: Plasmaveränderungen von blau zu lavendel oder orange, vermehrt Detritus.

b) *Kernveränderungen*
Kernvergrößerung, Vakuolenbildung, Verklumpung der Chromatinstruktur, Verdichtung der Nukleolen, atypische Mitosen, Kernzerfall (Karyorrhexis) oder zerfließliche Kerne (Karyolyse).

Tabelle 1.1 Strahlenwirkungsschema (nach *H.W. Angel 1955*)

Intermediärreaktion des Kerns:		
frühe	1.	Vergrößerung der Kernkörperchen
	2.	Schwellung
	3.	Aufhellung
	4.	Auflockerung
	5.	verwaschene Zeichnung
	6.	Chromatinverklumpung
	7.	Kernwandhyperchromasie
späte	8.	Ausstoßen von Kernteilen
	10.	Bröckelmitose
Intermediärreaktion des Plasmas		
frühe	1.	trübe Schwellung
	2.	Homogenisierung
	3.	Vakuolisierung
	4.	Körnung
späte	5.	tropfige Entmischung
	6.	partielle Plasmolyse
	7.	perinukleäre Aussparung
	8.	Phagozytose von Leukozyten a) Auflösung von außen b) Auflösung von innen
	9.	sonstige Phagozytose
Intermediärreaktion der Form		
	1.	Vergrößerung
	2.	mehrkernige Riesenzellen
	3.	fadenförmige Zellen
	4.	bizarre Formen
Finalreaktion des Kerns		
	1.	Pyknose
	2.	Karyorrhexis
	3.	Karyolyse
Finalreaktion des Plasmas		
	1.	völlige Plasmolyse

Einstufung der Abstriche des bestrahlten Kollumkarzinoms in die entsprechende Wirkungsgruppe (Tab. 1.2)

Tabelle 1.2 Einstufung der Abstriche des bestrahlten Kollumkarzinoms (nach *H.-W. Angel 1955*)

Abstrich	Einstufung
Krebszellfrei	Rezidiv-negativ
Krebszellen mit Finalreaktion	Rezidiv-negativ
Basale Formen Aufhellen mit Testoviron! 1. Beim Bestehenbleiben der Basalformen 2. Beim Ausreifen der Basalformen	Rezidiv-verdächtig Rezidiv-positiv Rezidiv-negativ
Krebszellen mit früher Intermediärreaktion	Rezidiv-positiv
Krebszellen mit später Intermediärreaktion Aufhellen mit Testoviron! 1. Beim Verschwinden der Zellformen 2. Sonstige Bilder	Rezidiv-verdächtig Rezidiv-negativ Obige Einstufung
Unbeeinflußte Krebszellen	Rezidiv-positiv

Strahlenbedingte Veränderungen des Vaginal- und Portioepithels (Tab. 1.3–1.5)

Tabelle 1.3 Akuter Radiationseffekt am Vaginal- und Portioepithel (nach *U. Bettendorf 1979*)

Zytoplasma:	*Kern:*
Vakuolisation	Kernvergrößerungen
Makrozytose	(bei erhaltener Kern-Plasma-Relation)
Amphophilie	Mehrkernigkeit
Pseudoeosinophilie	Kernvakuolen
Bizarre Zellformen	Perinukleärer Halo
Unscharfe Zellgrenzen	Kernpyknose, Karyorrhexis, Karyolyse
(Degenerative Autolyse)	Multiple und vergrößerte Nukleoli
	Gleichmäßig verteiltes, feingranuliertes Chromatin

Tabelle 1.4 Persistierender Radiationseffekt (nach *U. Bettendorf 1979*)

Mehrkernige Zellen (seltener als bei Frühveränderungen)
Abschilferung von Plattenepithelien in Verbänden
Zell- und Kernvergrößerung
Abnorme, häufig längliche Zellformen
Hyperchromatische Kerne (selten)
Längliche Kernformationen (Zigarrenkerne)

Tabelle 1.5 Strahlenveränderungen an Tumorzellen (nach *U. Bettendorf 1979*)

Zytoplasma:	*Kern:*
Vakuolisierung	Kernschwellung
Unscharfe Zellgrenzen	Mitosestörung
Verflüssigung	Chromatinverklumpung
Eosinophile Homogenisierung	Kernvakuolen
Verhornung	Riesenkerne
Zellkonfluenz	Schwellung und Degeneration der Nukleolen

Die Postradiationsdysplasie (PRD)
Definition: Die PRD beinhaltet dysplastische Epithelveränderungen, die nach einer Strahlentherapie entstanden sind, ohne daß damit etwas über die kausale Bedeutung der vorausgegangenen ionisierenden Bestrahlung ausgesagt wird. Sämtliche Dysplasieformen nach einer Bestrahlung sind also Postradiationsdysplasien.

Kennzeichen: Die dysplastischen Veränderungen unterscheiden sich von den reaktiven Zellveränderungen nach Bestrahlung durch eine gestörte Kernplasmarelation und eine Hyperchromasie bzw. Heterochromasie. Im histologischen Bild fällt eine ungeordnete Schichtung auf.

Marsan et al. unterteilen die PRD in drei Typen:

Typ 1 weist Zellen mit nur geringen Atypien auf. Daneben können doppelkernige Zellen, nacktkernige und parabasale Zellgruppen auftreten.

Typ 2 zeigt ausgeprägte Dyskariosen und Nacktkernige mit ausgeprägter Anisonukleose. Außerdem finden sich anomale Mitosen, Riesenzellen und Zellkannibalismus.

Typ 3 ist durch hochgradige Zellatypien gekennzeichnet und verdächtig auf das Vorliegen eines Rezidivs.

Stempel des Einsenders

Untersuchungsschein für gynäk.-zytolog. Ausstriche

Nr. des Einsenders:

Labor-Nr.:

Datum:

Name : Vorname: Geb.-Dat.: Adresse:

Personenkennziffer:

Letzte Regel: Menopause seit:
Grav. mens.: Ovulationshemmer seit:
Hormonbehandlung: womit?
Pessarträgerin nein/ja?
Bestrahlung: wann? warum?
Operation: wann? warum?
frühere Hist.-Nr.: Jahr: wo?
frühere Zyto.-Nr.: Jahr: wo?

Ery.: Leuco.: Tricho:
Döderlein:
Pilze: Bakt.:

Zytolyse: Autolyse:
Metaplasiezellen:
Zervixzellen:
Endometriumzellen:
Verhornung:
Kernschwellung:

Fluor:
Kontaktblutung:
sonst. Blutung:
Entzündung:
Behandlung:
Kontrolle:

Kolposkopie:

I normal	II verdächtig	III st. verdächtig

womit:
Routineuntersuchung:

Pap. 0	I	II	III	IV	V

Kontrolle:
– nach Entzündungsbehandlung
– Östrasid-Ovula.

Histolog. Klärung:

Datum:

Unterschrift und Stempel

Unterschrift und Stempel

(60) Ag 307-76 10 8453-196

Abb. **1.II** Formular zur Anforderung einer zytologischen Untersuchung

In Anbetracht der bereits erwähnten Tatsache, daß es sich hier nicht um Screeningzytologie von Vorsorgeuntersuchungen handelt, wobei die Anwendung der „Bethesda- bzw. bevorzugt der Münchner Nomenklatur" angebracht gewesen wäre, sondern um die Fahndung nach Tumorzellen bei abgeschlossener oder noch laufender Therapie, besteht eine andersgeartete Ausgangsposition. Ebenso sind andere Empfehlungen für Schlußfolgerungen zur klinischen Verfahrensweise angebracht. Auch die Nuancierung zwischen IV a und IV b der „Münchner Nomenklatur" dürfte bei therapiebedingten Zellveränderungen sehr schwer oder nahezu unmöglich sein.

Dafür erscheint die Feststellung einer Dysplasie, insbesondere einer Postradiationsdysplasie von erheblicher Bedeutung, vorwiegend hinsichtlich der klinischen Relevanz (O. Takashi et al. 1974).

Aus diesem Grunde wurde eine für dieses Material nach unserer Ansicht besser geeignete und bereits erwähnte Gruppeneinteilung mit arteigener Modifikation verwendet, deren Basis das Diagnoseschema nach Papanicolaou bildete. (Tab. 1.6)

Tabelle 1.6 Eigene Modifikation der Gruppeneinteilung nach Papanicolaou für gynäko-zytologische Tumornachsorge

Papanicolaou	Zellbild	Schlußfolgerung
Gruppe I (negativ)	ausschließlich normale Zellen	Kontrolle im Abstand von 1–2 Jahren
Gruppe II (negativ)	normale, aber ortsungewöhnliche bzw. gering von der Norm abweichende Zellen	Kontrolle im Abstand von 1–2 Jahren
Gruppe II K (kontrollbedürftig)	normale, aber ortsungewöhnliche bzw. mäßig abnorme Zellen – am ehesten reaktiv bedingt	Kontrolle nach Entzündungstherapie bzw. hormonaler „Aufhellung"
Gruppe III (zweifelhaft)	deutlich abnorme Zellen, unsicher ob reaktiv oder bei fraglicher Atypie	Kontrolle nach 4–6 Wochen (2–3 mal) entsprechende Therapie
Gruppe III D (unsicher)	deutlich abnorme Zellen-Dyskaryosen (Dysplasiezellen) prospektiv: Dysplasie geringen bis mäßigen Grades	Kontrolle nach 6 Wochen bzw. 3–4 Monaten
Gruppe III ⚡ D (zweifelhaft fraglich positiv)	einzelne Merkmale von Zellabnormitäten/Atypien – am ehesten reaktiv: „postradiogene Dysplasie" bzw. Dysplasie schweren Grades, auch in Kombination mit Menopauseveränderungen, Antikonzeptiva, Androgen- bzw. Tumorchemotherapie. Bakterienbefall usw. – Tumorrezidiv nicht sicher auszuschließen	Kontrolle 3–6 Wochen nach intensiver Scheidensanierung: hormonaler Aufhellung bzw. Antibiotikamedikation (2-Phasenabstrich)
Gruppe IV (positiv)	atypische Zellen – dringender Verdacht auf Tumorzellen	histologische Klärung
Gruppe V (positiv)	stark atypische Zellen – nahezu sichere Tumorzellen	histologische Klärung
Gruppe 0	nicht auswertbares Material (ungeeignet, ungenügend oder zytologisch leer)	Wiederholung

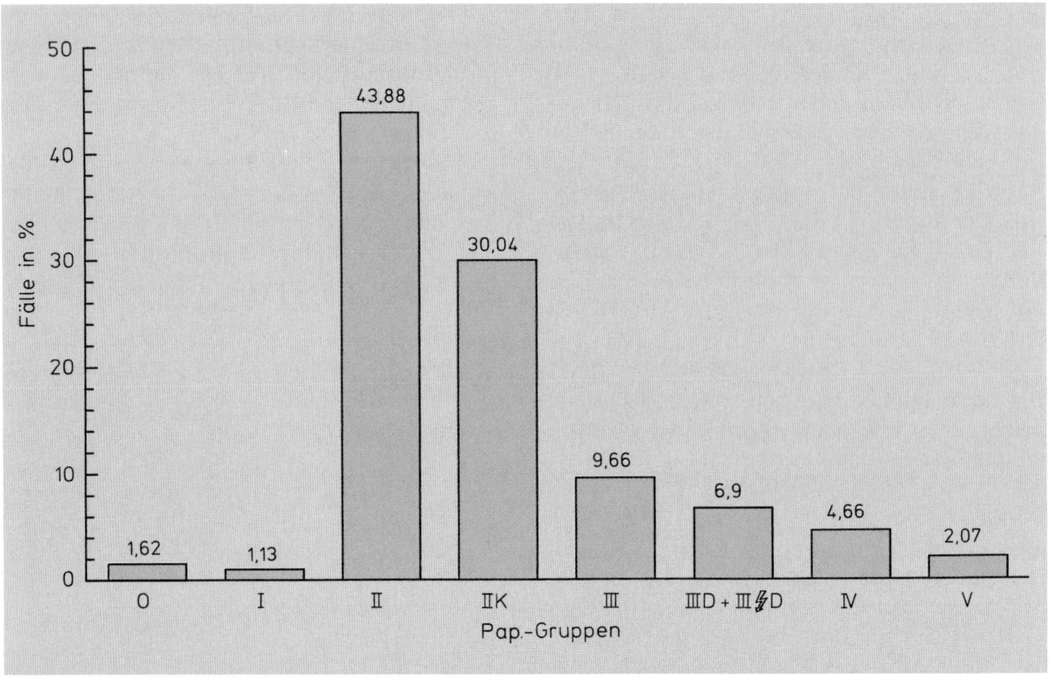

Abb. **1.III** **Anteil der Papanicolaou-Gruppen bei 9463 Bestrahlungsfällen der Gynäko-Zytologie.** Prozentuale Verteilung der zytologischen Diagnosen in Form von Gruppen nach Papanicolaou. Dabei ist festzustellen, daß die Pap.-Gruppen II bzw. II K als Normalbefunde überwiegen. Die Pap.-Gruppe III, welche sog. zweifelhafte, also nicht sicher diagnostizierbare Befunde aufweist, ist in unserem Material mit 9,66 % nachweisbar, d. h. nicht besonders häufig. Die Pap.-Gruppen III und III D (Dysplasien bzw. postradiogene Dysplasien) sind mit 6,90 % etwas weniger zahlreich vertreten. Dagegen sind die Pap.-Gruppe IV als tumorverdächtige (4,66 %) und die Pap.-Gruppe V als sog. positive Befunde (Tumorrezidive) nur mit 2,07 %, also in einer geringeren Anzahl ermittelt worden.

Histologische Beurteilung nach Radiatio

(N. Mangakis – persönliche Übermittlung)

Weil im vorliegenden Material auch einige Befunde von histologischen Präparaten nach Strahlentherapie, in Korrelation zu den zeitnahen zytologischen Resultaten, gezeigt werden, erscheinen die zur *histologischen* Diagnostik zusätzlich einbezogenen speziellen Merkmale erwähnenswert. Diese morphologischen Kriterien erfolgten bei der histologischen Diagnostik als stufenweise Graduierung (I bis V). Sie wurden in der Praxis berücksichtigt.

Das betreffende Material stammt aus zytologisch oder/und klinisch-palpatorisch bzw. kolposkopisch atypischen Bezirken bei Verdacht auf persistierenden Resttumor oder Tumorrezidiv nach erfolgter Strahlentherapie – ermittelt bei Nachsorgeuntersuchungen.

Mögliche Strahlenreaktion in histologischen Schnittpräparaten von Probeexzisionen oder Exstirpationen (ohne Berücksichtigung des Zeitabstandes zum Abschluß der Strahlentherapie):

I. Keine Tumorzellen mehr nachweisbar. Rundzellinfiltration in Gebieten früherer Karzinomausdehnung, Oberflächenepithel fehlt eventuell. An der Oberfläche können Homogenisierung, kleine Nekrosen oder auch nur Zellschatten bzw. Gruppen verklumpter Zellen vorkommen, die an sich keine histologische Diagnose eines Karzinoms mehr zulassen.
II. Tumorzellnester noch deutlich nachweisbar. Die Zellen sind stark verändert, die Kerne in überwiegender Anzahl verklumpt oder aufgetrieben, meist stärker gefärbt. Die Grenzen von Kern und Plasma erscheinen oft unscharf.
III. Neben Teilen des Karzinoms, das Charakteristika von II. aufweist, sind andere Nester vorhanden, die eine wesentlich geringere Strahlenreaktion aufweisen. Eine größere Anzahl der Zellen (mehr als 50%) haben scharf begrenzte Kerne. Diese sind kleiner als bei II. und können geschrumpft erscheinen.
IV. Geringe Strahlenreaktion, keine Charakteristika von II. nur vereinzelt etwas geschrumpfte Kerne. Veränderungen, die man auch sonst an Teilen eines Karzinoms findet, jedoch zahlreicher als die spontanen Erscheinungen. Nur allein durch die Tatsache der vorangegangenen Bestrahlung läßt dieser Befund auf eine geringe Strahlenschädigung schließen.
V. Keine sichtbare Strahlenreaktion.

Auf die Wiedergabe der von H.W. Boschann (1981) publizierten und ebenfalls tabellarisch ausführlich dargestellten zytologischen Strahlenveränderungen sowohl an benignen als auch an Tumorzellen wird hier verzichtet.

Dagegen ist ein Vergleich der *histologisch* dokumentierten Veränderungen von Boschann gegenüber den von Mangakis erstellten *histologischen* Merkmalen, welche für unser Material als Grundlage dienten, durchaus wissenswert.

Histologie nach Strahlentherapie in der Gynäkologie

(nach H.W. Boschann)

Tabelle 1.7 Morphologie und Pathogenese erfolgt grundsätzlich analog den exfoliativ-zytologisch erkennbaren Veränderungen

A. Kerne	B. Zytoplasma	C. Stroma
1. Schwellung (Ödem, Endomitose, Polyploidie, Aneuplodie)	1. Vakuolisierung	1. perifokale Entzündung um Tumorstränge: früh lymphoplasmozellulär, später leukozytär, nach Radium früh sehr schwere Entzündung, später schwere Sklerose
2. Doppel- und Mehrkernigkeit	2. Makrozytose	2. Schwellung der Fibrozyten
3. Vakuolisierung	3. eosinophile Homogenisierung	3. Quellung der Kollagenfasern
4. Abfall der Mitosezahl, pathologische Mitosen	4. mehrkernige Riesenzellen	4. interstitielles Ödem

Tabelle 1.7 (Fortsetzung)

A. Kerne	B. Zytoplasma	C. Stroma
5. Karyorrhexis, Karyolyse	5. Leukozyten-Besatz und Invasion, Phygozytose („Vogelaugenzellen")	5. Kapillarerweiterung, Kapillarverschlüsse (Vaskulopathie infolge Membranschädigung)
6. Makro-, Poly-, Anisonukleolose	6. Dissoziation und Ablösung der Epithelverbände vom Stroma	**später:** 6. Fremdkörper-Granulationsgewebe mit Riesenzellen um Tumorinseln 7. Hyalinisierung der Fasern (ab 7. Tag): → kernarme „Röntgen"-Narbe „Tumorbett wird zum Tumorsarg"
Bei Tumorsträngen Peripherie eher verändert als Zentrum (Peripherie: bessere O_2-Versorgung → proliferativ aktiver).		
Nach subletaler Strahlendosis Neigung zu höherer Differenzierung (Erklärungsversuche uneinheitlich).		

Zur Wertigkeit der posttherapeutischen gynäkologischen Zytodiagnostik aus der Sicht des Gynäkologen

Die Zervixzytologie spielt neben der Kolposkopie, der Palpation und der Observation eine dominierende Rolle in der Diagnostik von Veränderungen des Muttermundes und der Vaginalschleimhaut, aber auch der Vulva. Während das Bild in der Prämenopause wesentlich auch durch den hormonellen Zyklus bestimmt wird, ist die Situation nach einer Ovarentfernung, auch nach einer Karzinomoperation oder einer Bestrahlung gänzlich anders und neu zu definieren. Nach einfacher ablativer Therapie entspricht dieses ohne hormonale Substitution wesentlich den zytologischen Bildern der Postmenopause oder dem Senium. Das Epithel wird flacher, so daß hier statt der Superfizialzellen kleinere Parabasal- und Intermediärzellen dominieren. Die Zellbilder entsprechen dem Grad der eingesetzten Atrophie. Bei primärer oder sekundärer Bestrahlung erfolgt neben der hormonal bedingten Atrophie eine Schädigung nicht nur des oberflächlichen Epithels, sondern auch der tieferen Zellschichten. Die Vaskularität der beobachteten Schleimhaut ist reduziert, es treten nicht selten ausgeprägte Entzündungen und petechiale Blutungen auf, später imponiert eine gelblich weiße Färbung an den entsprechenden Schleimhautstellen. Die Kenntnis um die Schleimhautveränderungen und die Schwierigkeit der Gewinnung aussagekräftiger Präparate muß in die Beurteilung der Notwendigkeit und Indikation der zytologischen Abstriche einfließen. Insofern liegt ein wesentlicher Anteil einer suffizienten Diagnostik in der Hand des Untersuchers. Trotz der beschriebenen Schwierigkeiten ist auf eine zytologische Diagnostik innerhalb der Karzinomnachsorge nicht zu verzichten (P.W. Shield et al. 1992).

Trotz optimaler Primärtherapie liegt der Anteil eines Tumorrezidivs, das sich auch durch Einbruch in den Vaginalstumpf primär bemerkbar machen kann, bei 5–30% entsprechend des Primärstadiums und der tumorbiologischen Wertigkeit. Hierbei treten die typischen *kolposkopischen* Befunde, wie sie bei einer Screeningkolposkopie bekannt sind (Keratose, Mosaik, Punktierung, atypische Umwandlungszone), in den Hintergrund. Trotzdem ist eine zytologische Kontrolle während der Tumornachsorge erforderlich. Notwendig ist für eine hohe Sensitivität und Spezifität der Methode eine optimale Abstrichtechnik, eine gute Information an den Zytologen sowie ein mit der Zytodiagnostik aus bestrahltem Gewebe versierter Untersucher. In diesem Zusammenhang ist darauf hinzuweisen, daß am günstigsten „Zweiphasenabstriche" von der oberflächlichen Zellschicht und den darunter liegenden Zellen anzufertigen sind. Häufig sind die Abstriche allerdings durch Blut verunreinigt. Gelegentlich sind nach einer zytologischen Abstrichuntersuchung blutstillende Maßnahmen (etwa Tamponaden) nötig. Die Erweiterung der zytologischen Diagnostik durch eine Drillbiopsie oder eine gezielte PE (oft unter stationären Bedingungen) ist besonders bei palpatorisch verdächtigen Läsionen wichtig.

Aus einer für den Therapeuten notwendigen Information über das Vorliegen erneuten karzinomatösen Wachstums ergeben sich nicht selten schwerwiegende Konsequenzen (Restbestrahlung, Operation, Chemotherapie), die für den Patienten mit einem hohen Nebenwirkungsrisiko verbunden sind.

Trotz der aufgeführten Probleme gehört die zytologische Diagnostik zur Routinenachsorge des operierten oder bestrahlten Zervix-, Vaginal- und Vulvakarzinoms (P.W. Shield et al. 1991). Für höher liegende operierte oder bestrahlte Organmalignome (Endometriumkarzinome) ist ebenfalls eine Zellentnahme aus dem hinteren Scheidengewölbe anzustreben. Die zytologische Diagnostik ist schonend und günstig zu wiederholen sowie durch andere Methoden zu erweitern. Sie besitzt für bestrahltes Gewebe allerdings eine begrenzte Aussage, da nur oberflächliche Schichten diagnostisch abgeklärt werden können, insofern ist sie eine Untersuchungsmethode mit integrierender Wertigkeit. Ein positiver Befund ist beweisend, wenn vom Zytologen therapiebedingte Veränderungen berücksichtigt werden. Ähnliche Aussagen treffen für die Zytodiagnostik aus der Urethra, dem Urin und auch aus Aszites nach einer Radiatio zu. Nicht unberücksichtigt lassen darf man bei der Beurteilung des Präparates den Zeitfaktor von Bestrahlung zur zytologischen Untersuchung, so daß es in den ersten 2–4 Monaten nach einer Bestrahlung aufgrund der Strahlenfolgen häufiger zu Fehlinterpretationen kommen kann. Insofern muß nochmals auf eine detaillierte Information an den Zytologen durch den Kliniker hingewiesen werden. Allerdings sollten therapeutische Konsequenzen nicht ohne weiteres nur aus einem zytologischen Abstrich abgeleitet werden. Es ist meistens auch eine histologische Klärung anzustreben, insbesondere bei Fibrosebildung. In manchen Fällen erleichtert eine lokale Entzündungs- oder Aufhellungstherapie im Vaginalbereich die Diagnostik im Abstrich.

Zusammenfassende Übersicht zur Bilddokumentation und Gestaltung der Legenden

- Mittels zahlreicher Abbildungen wird jeweils ein bestimmter zytomorphologischer Zustand demonstriert, insbesondere unter dem Aspekt der Einwirkung einer Therapie mit ionisierenden Strahlen oder der Verabreichung einer antineoplastischen Chemotherapie bzw. einer gelegentlichen Hormonapplikation aus therapeutischen oder diagnostischen Gründen.
- In die Legenden werden mehrere klinische und paraklinische Daten einbezogen.

Dazu gehören die Übermittlung der Lokalisation des Primärtumors einschließlich des histologischen Tumortypes als auch der gynäkologische und kolposkopische Befund z. Z. der Materialabnahme. Außerdem wird grundsätzlich die Art und Dosierung der entsprechenden Therapie angegeben. In diesem Zusammenhang ist auch die Materialgewinnung in Beziehung zum Ablauf der Therapie zu beachten, d. h. ob das Material *vor, während* oder *nach* einer Therapie entnommen worden ist. Gleichzeitig wurde dazu stets der Zeitraum zwischen Therapieende und Materialabnahme vermerkt.

- Die klinische Ermittlung der Tumorstadien ist nach der jeweils gültigen Ausgabe der TNM-Klassifikation vorgenommen worden (wurde bei Überweisung nicht generell übermittelt). Die Resultate werden ebenfalls in den Legenden erwähnt. Auch das Alter der Patienten zum Zeitpunkt der Zytologie wird registriert.
- Die *Bilddokumentation* erfolgte entsprechend der Lokalisation der Primärtumoren von außen nach innen. Daraus ergibt sich die Reihenfolge: Vulva, Vagina, Cervix uteri, Corpus uteri, Ovar.
- Bezüglich der Länge zeitlicher Zwischenräume zwischen abgeschlossener Therapie und Materialentnahme wurde ebenfalls eine zeitbezogene Reihenfolge eingehalten – erst kurzfristig, dann langfristig.
- In Analogie zur Zytologie werden auch einige histologische Abbildungen hinzugefügt, welche nahezu zeitgleich durch eine Probeexzision gewonnen wurden. Dabei kommt zum Ausdruck, daß es auch bei dieser Methode, infolge therapeutischer Einwirkung, mitunter zu diagnostischen Schwierigkeiten in der Beurteilung führen kann (G. Kern 1962).
- Daraus ist ersichtlich, daß eine Übermittlung sämtlicher anamnestischer, klinischer und paraklinischer Daten an den Zytodiagnostiker und Histopathologen von außerordentlicher Bedeutung für die Diagnosefindung ist, ganz besonders während oder nach einer Therapie.
- Auch die Mitteilung der histologischen Struktur des Tumortypes ist für die zytologische Beurteilung bei der Fahndung nach Tumorrezidiven hilfreich, denn morphologische Analogien von Tumorzellen, auch nach Radiatio oder nach Tumorchemotherapie sind meistens zu vermuten oder sogar erkennbar. Deshalb ergibt bereits das Wissen über die histologische Struktur des Primärtumors gedanklich Vergleiche zur Zytodiagnostik.
  Histopathologische Diagnosen sowohl der Primärtumoren als auch der Probeexzisionen wurden in der damals gebräuchlichen Originalnomenklatur übernommen.
  Gewisse Unterschiede bei der Tumortypenspezifizierung resultieren daraus, daß die zur Strahlentherapie oder zur antineoplastischen Chemotherapie überwiesenen Patienten aus verschiedenen externen medizinischen Einrichtungen stammten.
- Wegen des nicht selten vorhandenen zytodiagnostischen Schwierigkeitsgrades infolge therapeutischer Maßnahmen, wurden einige Abbildungen mit Fehlinterpretationen ganz bewußt ausgewählt, besonders auch unter Berücksichtigung zum unterschiedlichen Abstand bezüglich des Therapieabschlusses.
- Es werden außerdem auch solche mikroskopische Befunde dargestellt, die keine ausgeprägten reaktiv bedingten Zellabnormitäten oder Pseudoatypien aufweisen, obwohl eine Strahlentherapie erfolgt ist. Sie sind trotzdem von Interesse, insbesondere in der Hinsicht, daß die Belastung mit ionisierenden Strahlen eine individuell unterschiedliche zelluläre Reaktion bewirkt.
- Nicht immer sind die Bilder repräsentativ, sondern sie lassen beabsichtigt z. B. Zellüberlagerungen, Zellverklumpungen, beginnende Zytolyse, Bakterienbefall, Leukozytenansammlungen usw. erkennen. Das ist praxisrelevant, weil diese Befunde auch bevorzugt während oder nach Strahlentherapie vorkommen und zusätzliche zytodiagnostische Verunsicherungen bewirken können.
- Besondere Beachtung bedarf der nochmalige Hinweis, daß begrenzte mikroskopische Blickfelder nach verschiedensten Gesichtspunkten ausgewählt und in den Abbildungen gezeigt werden, wobei die z. T. etwas anders gestaltete Umgebung des gesamten Präparates nicht erfaßt wer-

den konnte. Daraus ergibt sich die Tatsache, daß mitunter die zur Diagnose führenden Zellen oder Zellkomplexe in der Abbildung ausgespart sind. Die entsprechende in den Legenden erwähnte Pap. Gruppe ist deshalb in diesen Abbildungen visuell nicht generell belegbar. Da wir die Erwähnung des Gesamtresultates aber trotzdem für notwendig halten, wird in diesen Fällen der Vermerk „bei" zur Pap. Gruppe hinzugefügt, (bei Pap. Gruppe V).

Daß sich auch falsche, unvollständige oder unterlassene Informationen an den Zytodiagnostiker mitunter nachteilig auswirken können, sei deshalb erwähnt, weil dadurch, aber besonders bei sog. Problemfällen, falsche Schlußfolgerungen also diagnostische Fehlinterpretationen resultieren.

Durch die genannten Therapieverfahren sowie durch weitere Umstände wie z. B. zusätzliche Zellveränderungen in der Menopause oder vaginale bakterielle Infektionen usw. wird die zytologische Beurteilung weiterhin erschwert.

Die folgenden Abbildungen sollen bei der praktischen Tätigkeit Vergleichsmöglichkeiten zu den genannten Fakten bieten. Dadurch kann sich eine Entscheidungshilfe ergeben, insbesondere bei einer differentialdiagnostischen Problematik. Gleichzeitig werden Anregungen vermittelt, nach welchen speziellen Faktoren klinisch und zytomorphologisch ermittelt werden sollte, um eine Diagnose ohne Verzug zu erstellen und Verzögerungen bei der Erkennung von Tumorrezidiven zu vermeiden.

Die anschließende Präsentation der zahlreichen Abbildungen erlaubt eine Übersicht über die Vielfalt der Ausgangspositionen in Beziehung zur Diagnostik der *Exfoliativzytologie* im Bereich des weiblichen Genitaltraktes. Das betrifft sowohl die Berücksichtigung der Lokalisation als auch die Erwähnung des histologischen Types des Primärtumors.

Spätere Probeexzisionen nach Therapieeinwirkung – als Ergänzung zur Zytologie – bei Verdacht auf Tumorrezidiv, mit dem Ziel der Bestätigung bzw. erweiterten Objektivierung des Befundes, wurden ebenfalls zum Vergleich integriert.

Außerdem sind folgende zusätzliche Faktoren in die Legenden einbezogen worden: Alter der Patienten, gynäkologischer Palpationsbefund, kolposkopisches Bild, Zeitintervall zwischen Therapieabschluß und zytologischem Abstrich sowie verschiedene Modalitäten der Strahlentherapie. Auch der Krankheitsverlauf wurde nach Möglichkeit berücksichtigt.

Unterschiedliche Färbungen bzw. chemische Reaktionen sind bei der technischen Bearbeitung der Abstrichpräparate angewandt worden, um Präzisierungen oder Spezifizierungen von Zellveränderungen zu erreichen.

Die Auswahl vorliegender Abbildungen wurde deshalb nicht allein wegen des Zellbildes, sondern auch unter Berücksichtigung sämtlicher oben genannter Faktoren getroffen.

Daraus resultiert die Tatsache, daß jeder einzelne zytologische Befund zur persönlichen Anamnese in Relation gesetzt worden ist.

Die am Ende einer jeden Legende erwähnte Therapie betrifft generell nur die Therapiearten, die bis zur zytologischen Materialgewinnung erfolgt sind.

Die in den Legenden der mikroskopischen Fotos angegeben *Vergrößerungen beziehen sich auf die Originalvergrößerungen* der *Diapositive. – Anschließende Vergrößerungen in der Reproduktion bleiben unberücksichtigt.*

Eine partielle Unschärfe einzelner zytologischer Fotos ist nicht fototechnisch verursacht worden, sondern durch Therapieeinwirkung bedingt. – Derartige verwaschene und nebelige Erscheinungsbilder erschweren die mikroskopische Beurteilung. Sie sind aber nicht selten, also praxisrelevant und werden deshalb absichtlich gezeigt. *(s. dazu Kap. 12 – Fotografische Technik)*

Lokalisation des Primärtumors: Vulva und Urethra

Beispiele zur onkologisch-morphologischen Ausgangsposition:

Histologische Struktur von *Primärtumoren* der *Vulva* (Abb. 1.1 und 1.2) und ein makroskopisch-histologischer Befund aus dem Bereich der *Bartholini-Drüse* (Abb. 1.3, 1.3 a und 1.3 b).

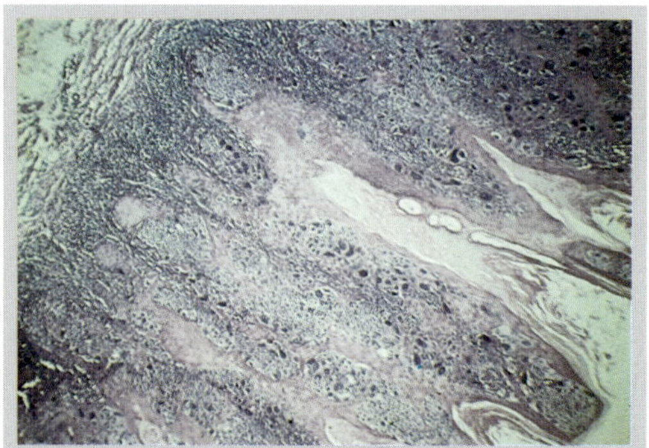

Abb. 1.1 Färb.: Trichrom; Vergr.: 25 x
Histol. aus pathologischer Resistenz der Vulva:
Diagn.: *Bowen-Karzinom.*

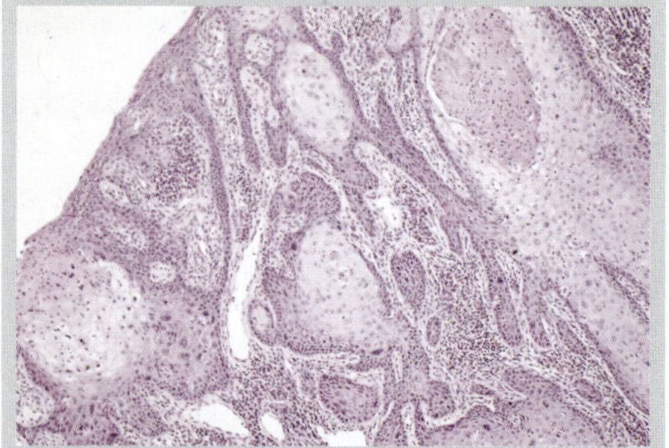

Abb. 1.2 Färb.: HE; Vergr.: 25 x
Histol. aus einem Tumor der Vulva:
Diagn.: verhornendes *Plattenepithelkarzinom.*

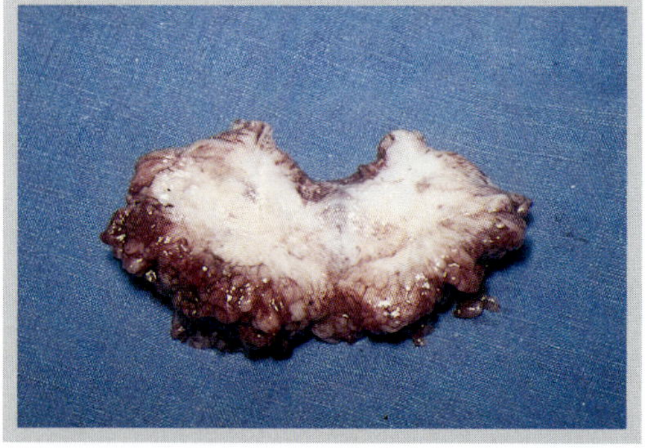

Abb. 1.3 *Operationspräparat* aus unterem Labiendrittel links, dem Bereich der *Bartholini-Drüse.*
Makroskopischer Befund: homogene, graugelbe Schnittfläche, derbe Konsistenz.

Abb. 1.3 a Färb.: Muzikarmin; Vergr.: 100 x
Histol.: Schleimsubstanzen innerhalb der atypischen, adenoiden bzw. tubulären Drüsenlumina.

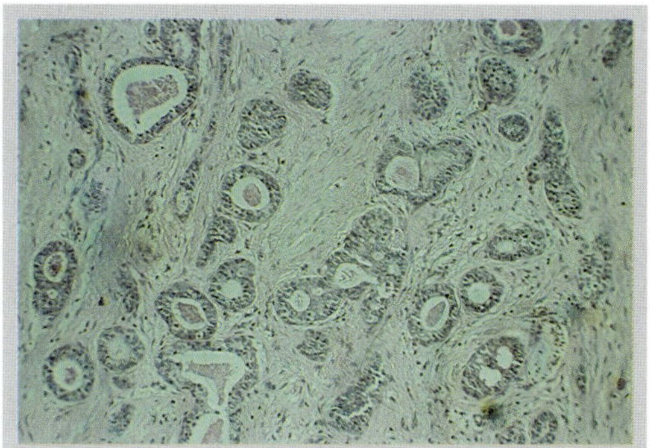

Abb. 1.3 b Färb.: van Gieson; Vergr.: 80 x
Histol.: Ungeordnete, atypische Drüsen inmitten eines bindegewebsreichen Stromas.
Diagn. (zu Abb. 1.3, 1.3 a, 1.3 b): Karzinom der Bartholini-Drüse.

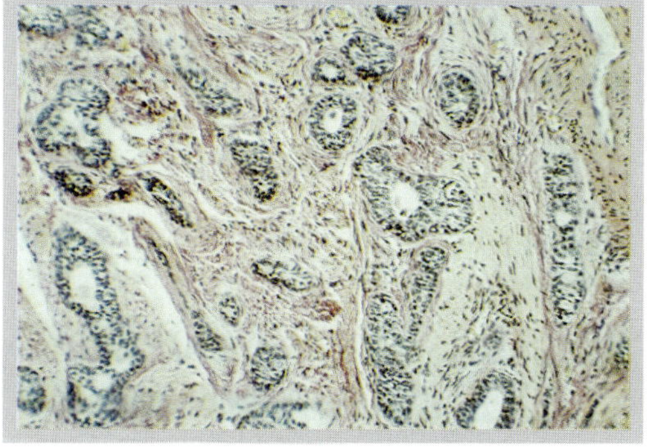

Exfoliativzytologie – Tumornachsorge

Abb. 1.4 Färb.: Pap.; Vergr.: 50 x
Zytol. Vaginalwand: Überwiegend unauffällige Superfizialzellen ohne jegliche postradiogene Veränderungen (Pap. Gr. I), z. Z. der Zytol.: Zustand nach Strahlentherapie der Vulva vor 1 Mon.
Alter*:* 69 J. PT-Diagn.*:* Carcinoma vulvae ($T_2N_0M_0$). *Histol.*: Plattenepithelkarzinom.
Ther.: Strahlentherapie: Betatron schnelle Elektronen 12 MeV Vulva und beidseits inguinal, ED 180 cGy bis GD 5040 cGy HD pro Feld. In der Pause nach 3000 cGy HD erfolgte zusätzliche Vulvektomie.

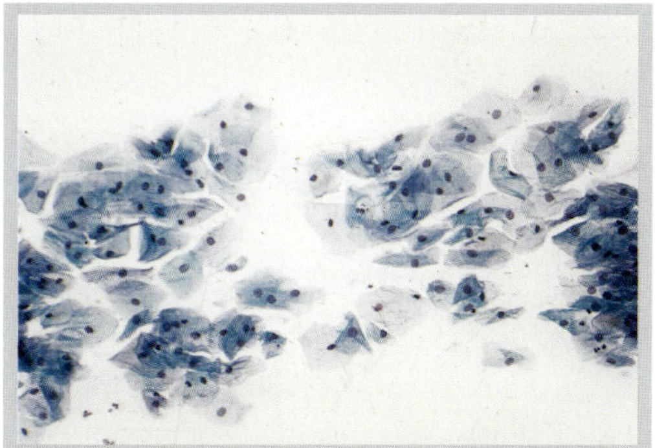

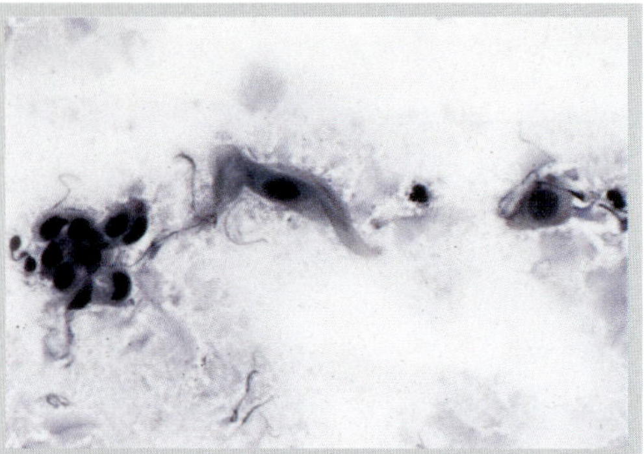

Abb. 1.5 Färb.: Pap.; Vergr.: 200 x
Aus Operationsbereich Vulva: Im Zentrum epitheliale abnorme Zelle mit radiogen bedingten beidseitigen Zytoplasmaausläufern und hyperchromatischen Zellkernen. Daneben außerdem mehrere atypische Zellen mit starker Hyperchromatose der Kerne, mäßiger Polymorphie und geringem Zytoplasmaanteil. Anderenorts ausgeprägte Zellatypien (bei Pap. Gr. V), z. Z. der Zytol.: 1 Mon. nach Strahlentherapie. Gyn.-Kolp.: Resttumor.
Alter: 50 J. PT-Diagn.: Carcinoma vulvae ($T_2N_0M_0$) und Carcinoma cervicis uteri. *Histol.*: nichtverhornendes Plattenepithelkarzinom.
Ther.: Vulvektomie und LK-Exstirpation Inguinalregion bds. Wegen Rezidives an der Vulva: Betatron schnelle Elektronen 15,6 MeV Stehfeldbestrahlung Vulva und Inguinalregion bds., ED 200 cGy bis GD 3000 cGy HD pro Feld.

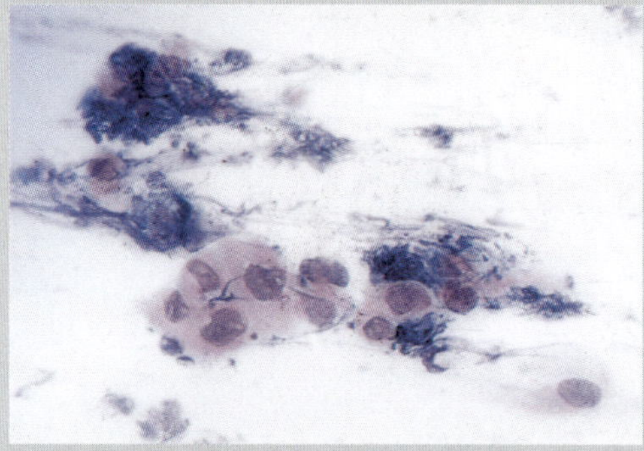

Abb. 1.6 Färb.: Pap.; Vergr.: 132 x
Zytol. aus inguinaler Ulzeration: Reichlich Detritus. Atypische Zellen mit großen, wabenartigen bzw. schwammigen, ungleichförmigen Zellkernen. Mehrfach Zellkernvakuolen (Pap. Gr. V), z. Z. der Zytol.: 2 Mon. nach Strahlentherapie. Gyn.: inguinale Metastase mit Ulzeration. Status progressus.
Alter: 68 J. PT-Diagn.: Carcinoma vulvae ($T_2N_{2b}M_1$). *Histol.*: gering verhornendes Plattenepithelkarzinom.
Ther.: Palliativoperation – Bestrahlung: Betatron schnelle Elektronen 12 MeV bis Zytol., ED 180 cGy. Vulva GD 6300 cGy HD – bds. inguinal je GD 5400 cGy HD. Zusätzliches Iliacalfeld rechte Seite ED 150 cGy, GD 4500 cGy HD.

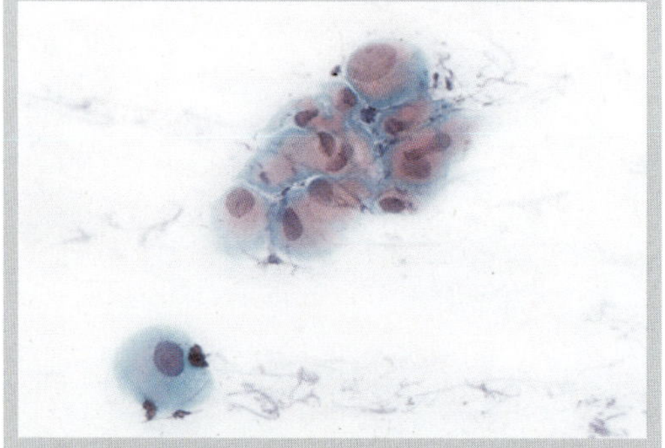

Abb. 1.7 Färb.: Pap.; Vergr.: 132 x
Zytol. Portiobereich – Vaginalwand: Konzentrat aus abnormen Epithelien. Eosinophiles bzw. zyanophiles Zytoplasma. Ausgeprägte Kernpolymorphie. Vereinzelt reaktive monströse Zellkernschwellung (Pap. Gr. III ⚡ D), z. Z. der Zytol.: 7 Mon. nach Strahlentherapie. Gyn.: Kein Tumorrezidivverdacht. Kolposkopie: Atrophie, Kolpitis.
Alter: 73 J. PT-Diagn.: Carcinoma vulvae (TNM unbekannt). *Histol.*: reifes Plattenepithelkarzinom.
Ther.: Operation – Vulvektomie – Spickung des Narbengebietes mit 7 ^{60}Co-Nadeln bis 3000 cGy GOD. 1 Monat später 2. Spickung mit 6 ^{60}Co-Nadeln bis 3000 cGy GOD.

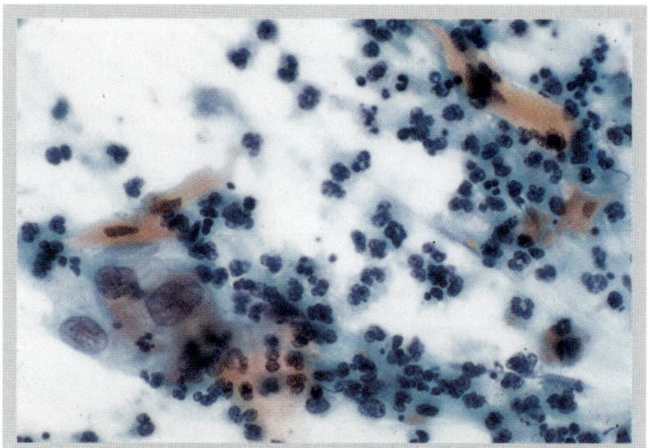

Abb. 1.8 Färb.: Pap.; Vergr.: 160 x
Zytol. Inguinalbereich: dicht gelagerte Leukozyten. Einzelne atypische Epithelien mit großen, aufgelockerten Kernen bei netzförmiger Struktur und Größenunterschieden. Eosinophil-zyanophiles Zytoplasma. Anderenorts Zellen mit spindeligen Kernen und orangefarbenem Zytoplasma (Pap. Gr. III ⚡ D), z. Z. der Zytol.: 11 Mon. nach Strahlentherapie – Klin. Verdacht auf inguinale Metastase (PE: *Histol.*: Plattenepithelkarzinom, deshalb zytol. Fehlinterpretation).
Alter: 57 J. PT-Diagn.: Carcinoma vulvae ($T_2N_0M_0$). *Histol.*: Plattenepithelkarzinom mit herdförmiger Verhornung.
Ther.: Betatron schnelle Elektronen 9 MeV Vulva ED 180 cGy, GD 6200 cGy HD. Betatron schnelle Elektronen 12 MeV Inguinalregion bds. ED 180 cGy, GD 5400 cGy HD pro Seite.

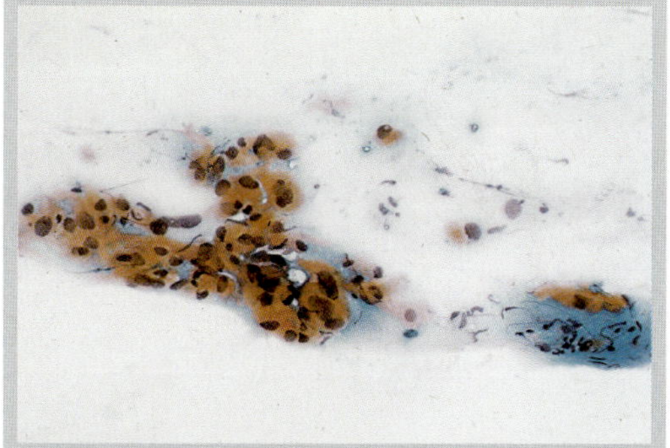

Abb. 1.9 Färb.: Pap.; Vergr.: 100 x
Zytol. Vagina-Portiobereich: (Ort des Abstriches ist nicht identisch mit der einstigen Tumorlokalisation.) Komplex aus abnormen bzw. atypischen Epithelien mit Unterschieden der Zellkerngröße und -gestalt, z. T. Kernschwellung. Auffällig orangefarbenes Zytoplasma, am ehesten als Merkmal einer Verhornung (Pap. Gr. IV), z. Z. der Zytol.: 1 J. 8 Mon. nach Strahlentherapie. Gyn.-Kolp.: Atrophie. Später *histol.* bestätigte Ausbreitung des Karzinoms.
Alter: 49 J. PT-Diagn.: Carcinoma vulvae ($T_1N_0M_0$). *Histol.*: Bowen-Karzinom.
Ther.: ^{60}Co-Stehfeldbestrahlung Vulva und Inguinalregion bds. ED 200 cGy Vulva bis GD 7000 cGy HD., Inguinalregion bis GD 6000 cGy HD.

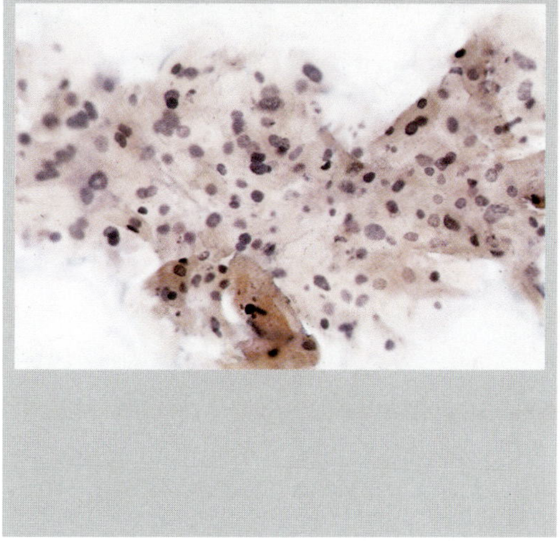

Abb. 1.10 Färb.: Pap.; Vergr.: 132 x
Zytol. vom Vulvektomiebezirk: Häutchenförmiger Zellkomplex aus stark abnormen Epithelien mit Hypo- und Hyperchromatose ungleich großer Zellkerne. Dabei auffällige Prominenz bei Hyperchromasie (Pap. Gr. IV), Strahlentherapie siehe bei 1.10a, z. Z. der Zytol.: 2 J. nach Bestrahlungsende. Gyn.-Kolp.: Atrophie (zytol. Fehlinterpretation ?).

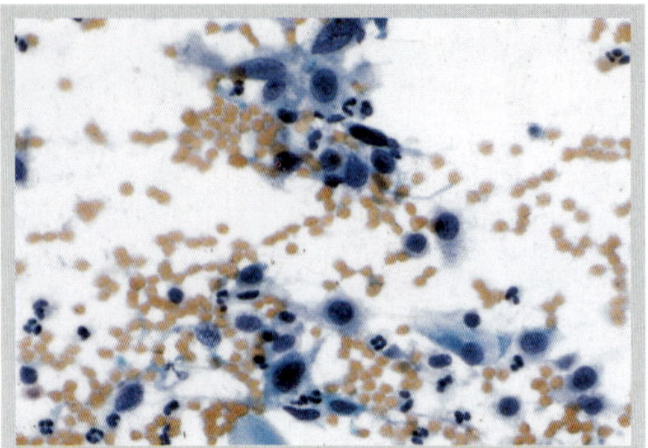

Abb. 1.10 a (gleicher Fall wie Abb. 1.10) aber 4 Jahre später
Färb.: Pap.; Vergr.: 132 x
Zytol. Vulvektomiebezirk: Diffus verstreute Erythrozyten. Dazwischen massenhaft fraglich atypische Zellen mit ausgeprägter Zellkernpolymorphie und Hyperchromatose. Einzelne Kerne wabenartig strukturiert (Pap. Gr. V), z. Z. der Zytol.: 5 J. 6 Mon. nach Bestrahlungsende. Gyn.-Kolp.: Gefäßatypien. Weiterer Verlauf unbekannt.
Alter 53 J. PT-Diagn.: Carcinoma vulvae. *Histol.*: Bowen-Karzinom.
Ther.: Vulvektomie – Betatron Stehfeldbestrahlung schnelle Elektronen 12 MeV Vulva und bds. Inguinalregion, ED 200 cGy, Vulva GD 7000 cGy HD, Inguinalregion GD 6000 cGy HD.

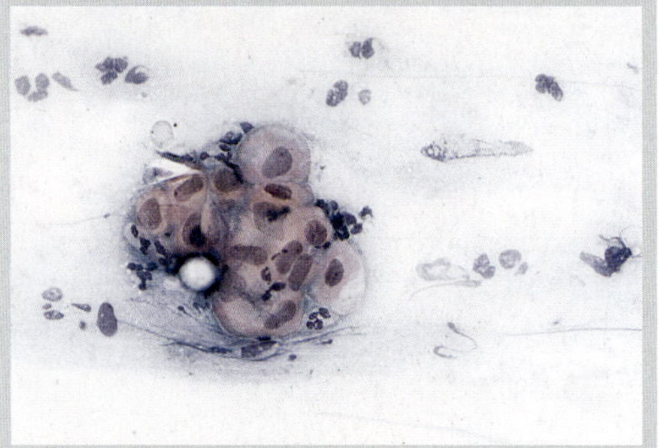

Abb. 1.11 Färb.: Pap.; Vergr.: 132 x
Zytol. Portiobereich: Komplex aus Epithelien mit konfluierendem Zytoplasma. Zellkerne entrundet, meistens oval, von schwammartiger Struktur, Vakuolen und Schwellung der Nukleoli (Pap. Gr. III ⚡ D). Randständiger blasenförmiger Defekt.

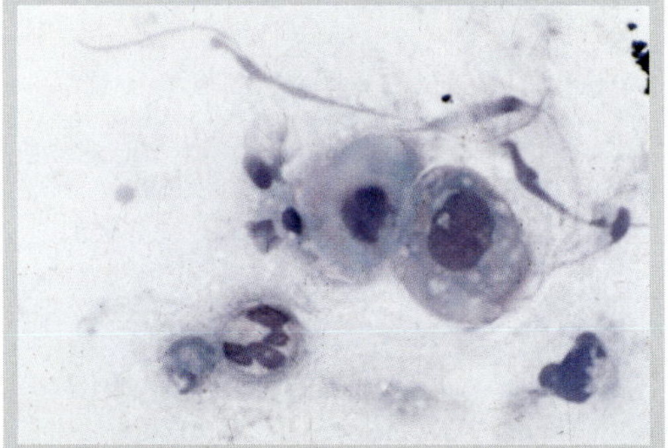

Abb. 1.11 a (gleicher Fall wie Abb. 1.11 – andere Stelle)
Färb.: Pap.; Vergr.: 330 x
Eine Zelle mit vakuoliger Veränderung des Kernes und auch des Zytoplasmas. Dyskaryose einer randständigen sowie einer benachbarten Zelle, z. Z. der Zytol.: 2 J. 9 Mon. nach Strahlentherapie. Klin. Fibrose. Kolposkopie: Atrophie.
Alter: 82 J. PT-Diagn.: Carcinoma vulvae ($T_1N_0M_0$). *Histol.*: verhornendes Plattenepithelkarzinom.
Ther.: Betatron schnelle Elektronen 16 MeV Vulva ED 200 cGy bis GD 3000 cGy HD, 12 MeV Inguinalregion bis GD 3600 cGy HD, zusätzlich ^{60}Co-Stehfelder Vulva bis GD 2800 cGy HD, Inguinalregion ED 200cGy bis GD 1800 cGy HD.

Abb. 1.12 Färb.: Pap.; Vergr.: 100 x
Zytol. einstiger Klitorisbereich: Grießeliger Präparatehintergrund, einzelne Leukozyten und Erythrozyten in beginnender Zytolyse. Doppelkernige Zellen mit monströsem Zytoplasmaanteil. Daneben Konzentrat aus abnormen hyperchromatischen, mäßig polymorphen Zellkernen. Anderenorts eine epitheliale Zelle mit pseudopodienartigen Zytoplasmaausläufern und Kernschwellung (Pap. Gr. III ⚡ D), z. Z. der Zytol.: 4 J. 2 Mon. nach Strahlentherapie. Gyn.: Teleangiektasien, kein Tumorrezidiv. Kolp.: Grund.
Alter: 87 J. PT-Diagn.: Carcinoma clitoris. *Histol.*: epidermoides Plattenepithelkarzinom.
Ther.: Operation: Vulvektomie – Nachbestrahlung: Betatron schnelle Elektronen 15,7 MeV Stehfeldbestrahlung Vulva und Inguinalregion bds., ED 180 cGy bis jeweils GD 5040 cGy HD pro Feld.

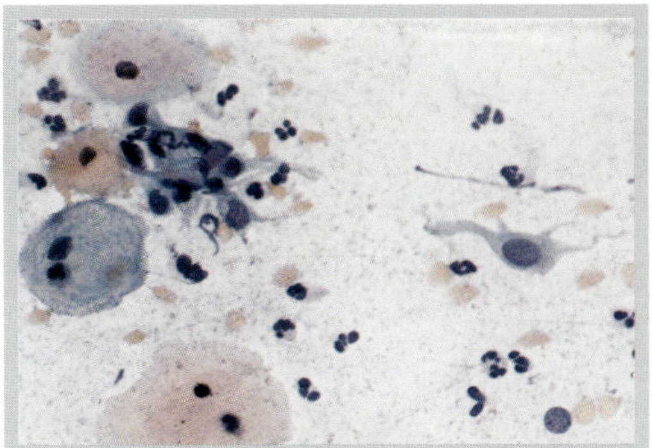

Abb. 1.13 Färb.: Pap.; Vergr.: 200 x
Zytol. Vaginalwand: Monströse, atypische Zellen mit ausgeprägter Polymorphie und Hyperchromatose, grießeliges Zytoplasma. Dazwischen einzelne Zellen der oberen Epithelschichten, Leukozyten und Lymphozyten (Pap. Gr. V), z. Z. der Zytol.: vor der Strahlentherapie. Gyn.-Kolp.: atypische Gefäße bei Tumorverdacht.
Alter: 65 J. PT-Diagn.: Carcinoma vulvae-urethrae. *Histol.*: nichtverhornendes papilläres Plattenepithelkarzinom.

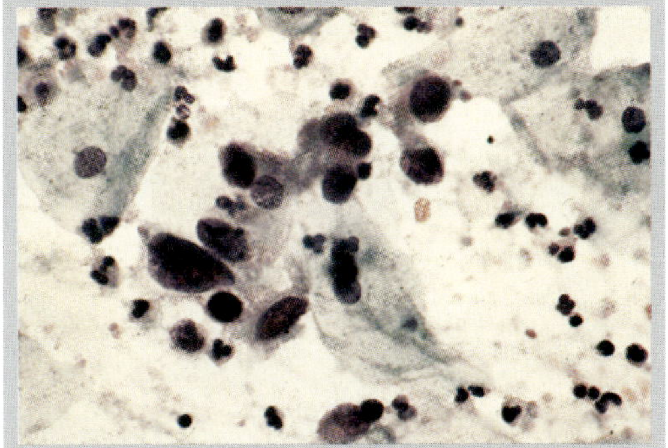

Abb. 1.13 a *PE aus Vaginalwand* (1 Mon. nach Zytol.). *Histol.*: nichtverhornendes papilläres, exophytisch wachsendes Plattenepithelkarzinom.
Ther.: keine Strahlentherapie.

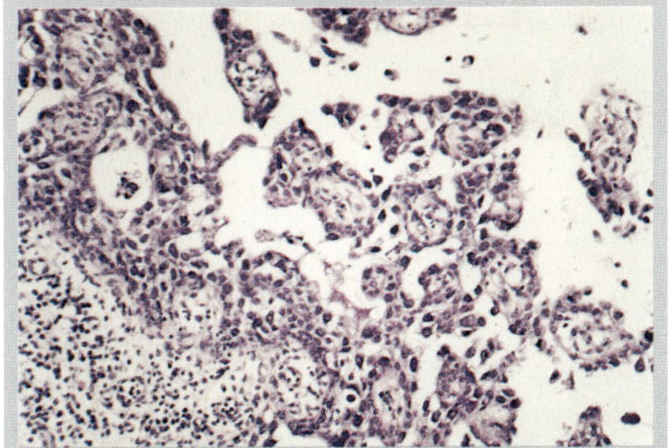

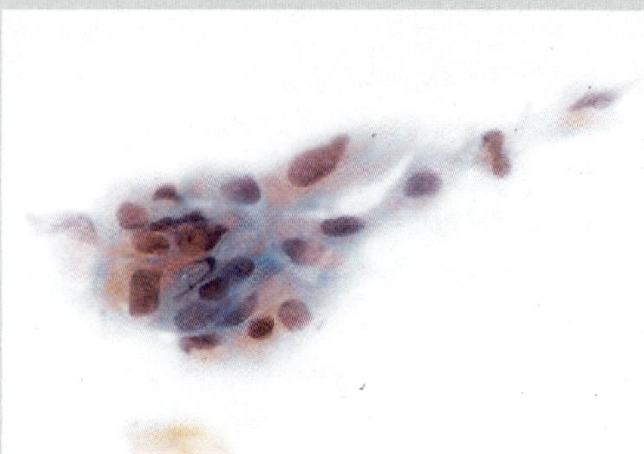

Abb. 1.14
Färb.: Pap.; Vergr.: 160 x
Zytol. Vulva/Urethra: Konglomerat aus atypischen Zellen mit ausgeprägter Kernpolymorphie und monströser Kernschwellung. Konfluenz des Zytoplasmas dieser Zellen bei orangefarbener Beschaffenheit als Merkmal einer Verhornung. Wegen relativ kurzem Zeitintervall zur Bestrahlung ist die Diff.-Diagn. zwischen restlichen radiogen geschädigten Tumorzellen und neu gewachsenen Tumorzellen schwierig (Pap. Gr. IV), z. Z. der Zytol.: 4 Mon. nach Strahlentherapie. Gyn.-Kolp.: speckiges Ulkus (danach PE-Histol: Plattenepithelkarzinom-Rezidiv).
Alter: 68 J. PT-Diagn.: Carcinoma vulvae-urethrae. *Histol.*: verhornendes Plattenepithelkarzinom.
Ther.: Betatron schnelle Elektronen 12 MeV Stehfeldbestrahlung. Vulva-Urethralöffnung ED 200 cGy bis GD 3000 cGy HD. Fortsetzung zusätzlich mit verkleinertem Feld 8 MeV ED 150cGy bis GD 1050 cGy HD.

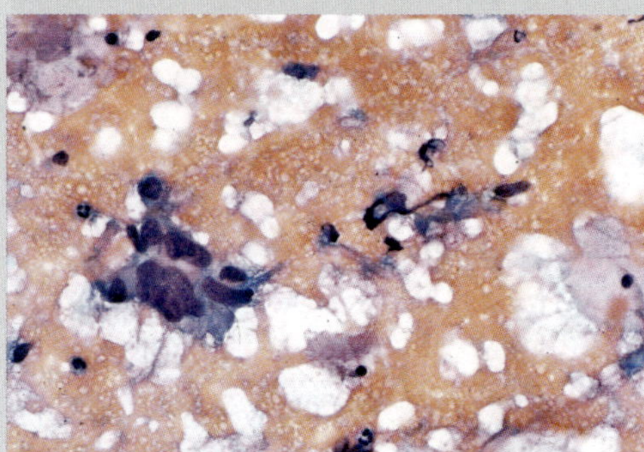

Abb. 1.15 Färb.: Pap.; Vergr.: 132 x
Zytol. periurethral: Erythrozytenkonglomerate in fortgeschrittener Zytolyse. Dazwischen eine Gruppe hochgradig atypischer Zellen mit großen, polymorphen, schwammartigen Zellkernen (Pap. Gr. V), z. Z. der Zytol.: 2 J. nach Strahlentherapie. Gyn.-Kolp.: speckigglasiges, stark tumorverdächtiges Gewebe. – Tumorrezidiv bestätigt.
Alter: 71 J. PT-Diagn.: Carcinoma urethrae (TNM nicht bekannt). *Histol.*: verhornendes Plattenepithelkarzinom.
Ther.: Betatron schnelle Elektronen 12 MeV Stehfeld Vulva-Urethralöffnung ED 200 cGy bis GD 3000 cGy HD. Fortsetzung der Bestrahlung mit kleinem Feld, Urethralöffnung ED 150 cGy bis GD 1200 cGy HD.

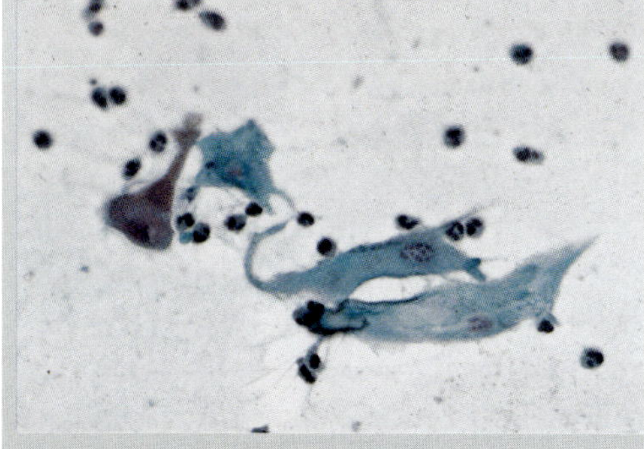

Abb. 1.16 Färb.: Pap.; Vergr.: 160 x
Vordere Vaginalwand: Einzelne Leukozyten. Zwei Epithelien mit bräunlich-zyanophilem Zytoplasma und schweifartigem Ausläufer, Kernschwellung sowie Vakuolenbildung. Drei monströse Epithelien mit bizarren Formen bei Zyanophilie, Zytoplasmaödem und peitschenförmigen Ausläufern. Karyorrhexis (Pap. Gr. III ⚡ D), z. Z. der Zytol.: 6 J. 9 Mon. nach Strahlentherapie. Gyn.: kein Hinweis auf Tumorrezidiv. Kolp.: stärkere Gefäßzeichnung.
Alter: 62 J. PT-Diagn.: Carcinoma urethrae. *Histol.*: teils solides, teils adenoides Karzinom.
Ther.: Stehfeldbestrahlung Betatron schnelle Elektronen 12 MeV, ED 200 cGy, GD 6000 cGy HD, Split course technique: 4 Wochen Pause.

Lokalisation des Primärtumors: Vagina

Beispiel zur histologischen Struktur eines Primärtumors der Vaginalwand (Abb. 1.17).

Abb. 1.17 Färb.: HE; Vergr.: 33 x
Probeexzision aus einem tumorverdächtigen Bezirk. *Histol.*: vorwiegend undifferenziertes Karzinom.

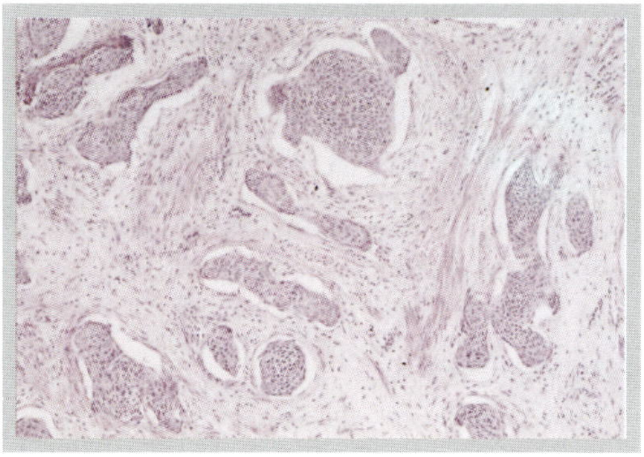

Exfoliativzytologie – Tumornachsorge

Abb. 1.18 Färb.: Pap.; Vergr.: 100 x
Zytol. einstiger vaginaler Tumorbereich: Konglomerat aus geschädigten z. T. in fortgeschrittener Zytolyse befindlichen Zellen, offenbar atypische Epithelien, vermischt mit einzelnen sog. Zigarrenkernen und normalen Zellen. Detritus in der Umgebung (Pap. Gr. IV), z. Z. der Zytol.: 1 Tag nach Strahlentherapie. Kolp.: Tumorinfiltrat.
Alter: 71 J. PT-Diagn.: Carcinoma vaginae ($T_1N_xM_0$). *Histol.*: mittelreifes bis reifes Plattenepithelkarzinom.
Ther.: Kontakttherapie ^{60}Co-Moulagen – 2 Serien mit je 10 Einlagen im monatlichen Abstand, ED 400 cGy, 8000 cGy GOD.

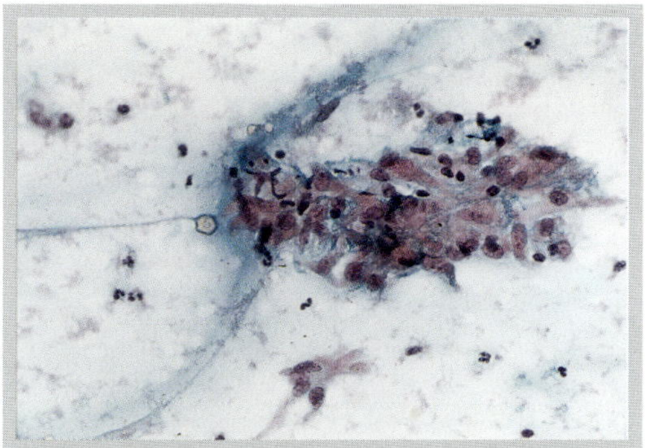

Abb. 1.19 Färb.: Pap.; Vergr.: 160 x
Zytol. Portiobereich: Vermehrt Erythrozyten, vereinzelte Leukozyten. Einige abnorme bzw. atypische Zellen mit ungleichförmigen Kernen und mäßiger Hyperchromatose. Netzförmige bis körnige Kernstruktur. Fragliche radiogen geschädigte Tumorzellen (bei Pap. Gr. IV), z. Z. der Zytol.: 2 Mon. nach Strahlentherapie. Gyn.: Kolpitis. (1 J. später exophytisch wachsender Tumor in dieser Region.)
Alter: 48 J. PT-Diagn.: Carcinoma vaginae ($T_2N_0M_0$). *Histol.*: Carcinoma in situ.
Ther. bis zur Zytol.: ^{60}Co-Vaginal-Moulagen ED 400 cGy, 6000 cGy GOD.

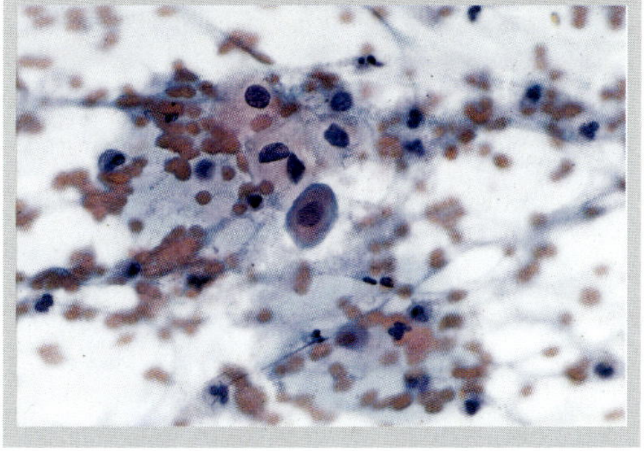

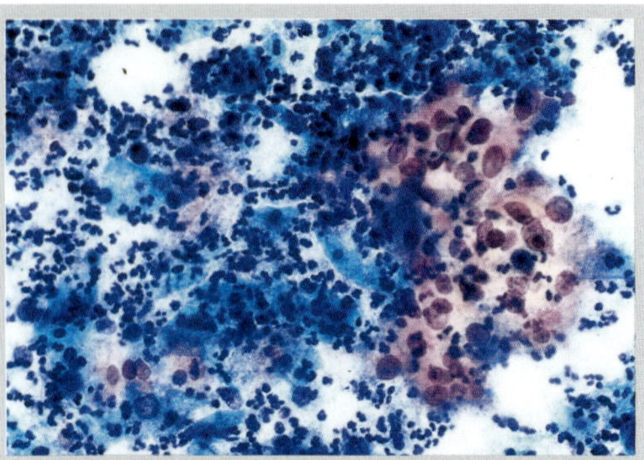

Abb. 1.20 Färb.: Pap.; Vergr.: 132 x
Zytol. Vaginalwand: Dichtgelagerte zyanophile Zellen, vorwiegend aus Leukozyten und Lymphozyten. Konzentrat aus eosinophilen Epithelien mit Kernschwellung und grießeliger Struktur. Vorerst keine Entscheidung, ob entzündlich reaktiv oder echte Atypie (Pap. Gr. III) bei starker Vaginitis, z. Z. der Zytol.: 3 Mon. nach Strahlentherapie. Gyn.: Verdacht auf Resttumor, später Tumorprogression, d. h. zytol. fragliche Fehlinterpretation. Kolp.: Ulcus.
Alter: 45 J. PT-Diagn.: Carcinoma vaginae ($T_3N_0M_0$). *Histol.*: verhornendes Plattenepithelkarzinom.
Ther.: ^{60}Co-Stehfeldbestrahlung – Unterbauch- und Gesäßfeld alt., ED 200 cGy, GD 4400 cGy HD. Anschließend biaxiale Telekobaltpendelbestrahlung kleines Becken ED 200 cGy, GD 1600 cGy HD – anschließend Betatron ultraharte Röntgenstrahlen 43 MV – Vagina von dorsal und ventral – ED 200 cGy, GD 2000 cGy HD.

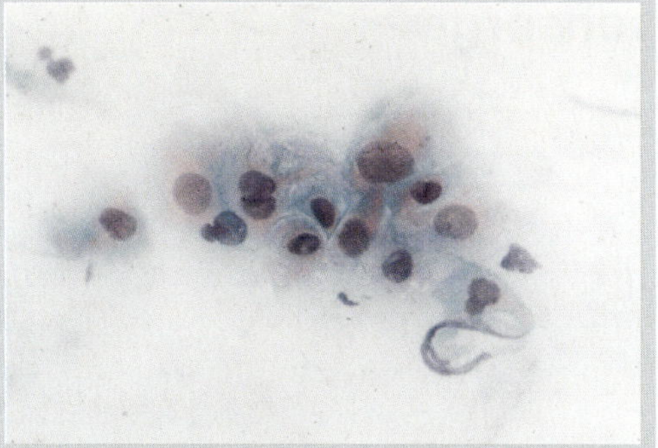

Abb. 1.21 Färb.: Pap.; Vergr.: 160 x
Zytol. Portio-Vaginalwandbereich: Epithelien mit zarten zerfließlichem Zytoplasma und nur angedeuteten Zellgrenzen mit peitschenförmigen Ausläufern. Ungleiche Größe der Zellkerne bzw. monströse Schwellung, vereinzelt Kernvakuolisierung (Pap. Gr. III ⚡ D), z. Z. der Zytol.: 5 Mon. nach Bestrahlungsende. Klin. und kolp. Befund: o.B.
Alter: 42 J. PT-Diagn.: Carcinoma vaginae ($T_2N_0M_0$). *Histol.*: undifferenziertes Karzinom.
Ther.: Biaxiale Telekobaltpendelbestrahlung kleines Becken ED 200 cGy, GD 4600 cGy HD (100%-Isodose). Wegen Resttumor: ^{60}Co-Spickung, 6 Nadeln bis 3000 cGy GOD.

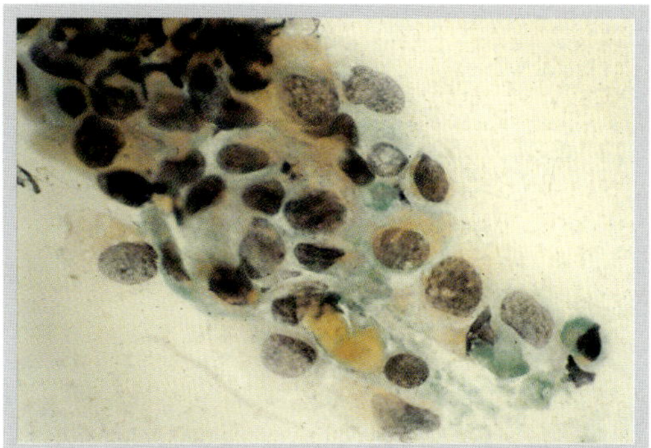

Abb. 1.22 Färb.: Pap.; Vergr.: 250 x
Zytol. Vagina – lateral: Anhäufung von abnormen bzw. atypischen Epithelien. Zellkerne z. T. mäßig polymorph. Gitterförmige Kernstruktur, betonte Nukleoli. Mehrfach Kernvakuolen. Partiell Hyperchromatose. Konfluenz von Zytoplasmaanteilen, teils zynophil, teils orangefarben. Exakte Differenzierung zwischen geschädigten Tumorzellen und postradiogenen Veränderungen normaler Epithelien ist schwierig (Pap. Gr. IV), z. Z. der Zytol.: 6 Mon. nach Strahlentherapie. Gyn.: z. Z. kein sicheres Tumorrezidiv. Gefäßatypien. Kolp.: Atrophie, Kolpitis.
Alter: 44 J. PT-Diagn.: Carcinoma vaginae ($T_2N_0M_0$). *Histol.*: undifferenziertes Karzinom.
Ther.: Biaxiale Telekobaltpendelbestrahlung kleines Becken ED 200 cGy, GD 7600 cGy HD (100%-Isodose), Split course technique: 5 Wochen Pause. 1 Mon. danach flaches Tumorulcus rechts inguinal: ^{60}Co-Spickung, 6 kleine Nadeln bis 3000 cGy GOD, anschließend Bestrahlung der Parametrien ED 200 cGy bis GD 2200 cGy HD pro Seite. Nach 1½ J. flaches Tumorgewebe an der Vaginalwand: Spikkung mit 5 ^{60}Co-Nadeln, 2000 cGy GOD.

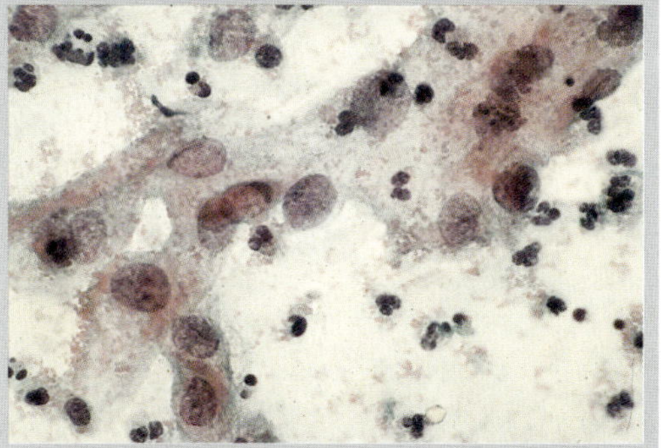

Abb. 1.23 Färb.: Pap.; Vergr.: 200 x
Zytol. Vaginalbereich: Mäßig atypische Epithelien, z. T. mit hyperchromatischen Zellkernen, schwammartige Chromatinstruktur. Konfluenz des Zytoplasmas. Im Präparatehintergrund Leukozyten, vereinzelt Lymphozyten. Detritus (bei Pap. Gr. V), z. Z. der Zytol.: 6 Mon. nach Strahlentherapie und während Chemotherapie. Gyn.-Kolp.: stark tumorverdächtiges Gewebe.

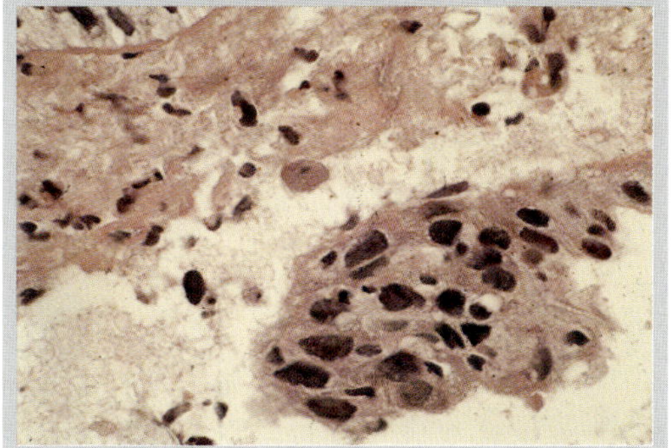

Abb. 1.23 a Färb.: HE; Vergr.: 200 × (gleicher Fall wie Abb. 1.23)
PE (zu Abb. 23). *Histol.*: Anteile eines Plattenepithelkarzinoms (am gleichen Tag wie Zytol.-Abstrich).
Alter: 48 J. PT-Diagn.: Carcinoma vaginae ($T_2N_0M_0$). *Histol.*: Carcinoma in situ.
Ther.: 2 Serien von Vaginal-Moulagen ^{60}Co im monatlichen Abstand. ED 400 cGy bis 6000 cGy und 5400 cGy GOD.
Rezidiv nach 6 Mon. Ther.: Lokale Chemotherapie – Bleomycin intratumoral ED 7,5 mg bis jetzt GD 120 mg.

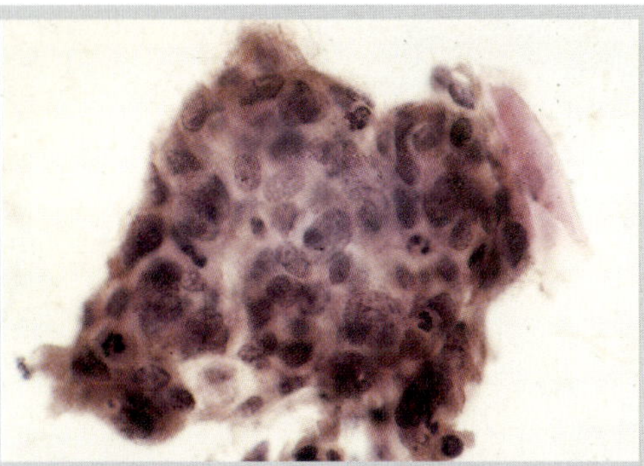

Abb. 1.24 Färb.: Pap; Vergr.: 200 x
Hintere Vaginalwand: Konglomerat atypischer tumorverdächtiger Zellen, z. T. beginnende Zytolyse (bei Pap. Gr. IV), z. Z. der Zytol.: 8 Mon. nach Strahlentherapie. Gyn.-Kolp.: tumorverdächtiger Bezirk.

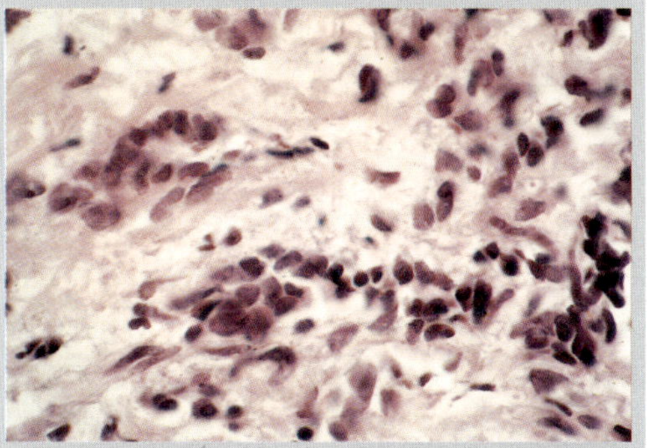

Abb. 1.24 a Färb.: HE; Vergr.: 200 x
PE 2 Mon. vor Zytol.-Abstrich (gleicher Falle wie Abb. 1.24)
Histol.: Radiogen geschädigte Tumorzellen eines Plattenepithelkarzinoms.
Alter: 46 J. PT-Diagn.: Carcinoma vaginae ($T_2N_0M_0$). *Histol.*: verhornendes Plattenepithelkarzinom.
Ther.: Biaxiale Telekobaltpendelbestrahlung kleines Becken ED 200 cGy, GD 6000 cGy HD (100%-Isodose), Split course technique: 4 Wochen Pause. Anschließend 2 Serien von Vaginal-Moulagen: ^{60}Co-Vaginal-Moulagen ED 400 cGy bis 3000 cGy Punkt A. ^{60}Co-Vaginal-Moulagen ED 400 cGy bis 3000 cGy Punkt A.

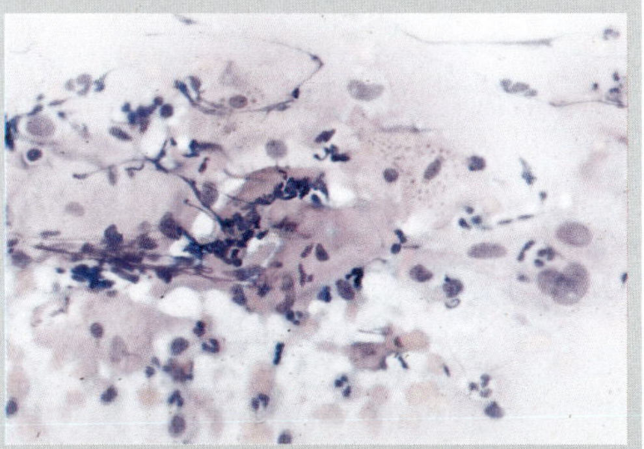

Abb. 1.25 Färb.: Pap; Vergr.: 100 x
Laterale Vaginalwand: Degenerative Zellkernveränderungen als fadenförmige Ausziehungen. Dazwischen, außer auffälligen Epithelien, einzelne hypochromatische, schwammartige, aufgedunsene Zellkerne, ungleiche Figuren (Pap. Gr. III), z. Z. der Zytol.: 8 Mon. 2 Wochen nach Strahlentherapie. Kolp.: Gefäßatypien – 5 Mon. danach PE: *Histol.*: kein Tumornachweis.
Alter: 80 J. PT-Diagn.: Carcinoma vaginae. *Histol.*: Plattenepithelkarzinom (Mikrokarzinom).
Ther.: ^{60}Co-Vaginal-Moulagen ED 400 cGy bis 6000 cGy GOD. 14 Tage danach 2. Serie unter gleichen Bedingungen bis 4000 cGy GOD.

Abb. 1.26 Färb.: Pap; Vergr.: 160 x
Zytol.-Exprimat aus Inguinalinfiltrat: Vorwiegend Detritus. Dazwischen vereinzelte atypische Zellkerne in beginnender Zytolyse. Außerdem eine riesenhaft große atypische Zelle mit monströsem hyperchromatischen Zellkern (Pap. Gr. IV), z. Z. der Zytol.: 1 J. nach Strahlentherapie. Gyn.: Konglomerattumor inguinal (später Status progressus).
Alter: 68 J. PT-Diagn.: Carcinoma vaginae ($T_4N_xM_x$). *Histol.*: mittelreifes Plattenepithelkarzinom.
Ther. bis zur Zytol.: Biaxiale Telekobaltpendelbestrahlung kleines Becken ED 200 cGy, GD 6000 cGy HD (100%-Isodose), Split course technique: 4 Wochen Pause.

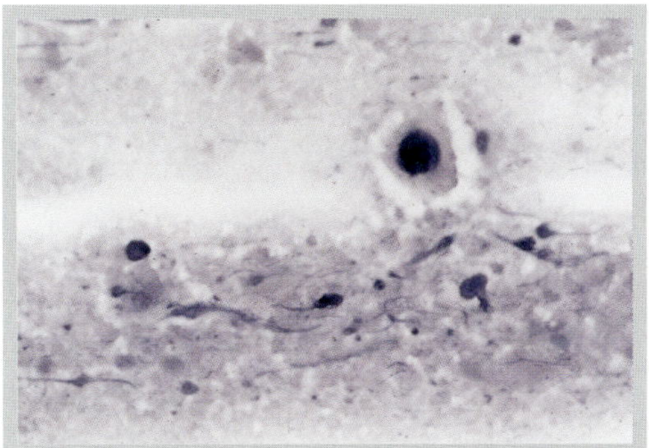

Abb. 1.27 Färb.: Pap; Vergr.: 200 x
Zytol. Vaginale Hinterwand: Superfizial- und Intermediärzellen mit z. T. mäßiger Kernschwellung. Im Zentrum häutchenförmiger Zellkomplex bei wabiger Zytoplasmabeschaffenheit und mit spitzen Plasmaausläufern (Pap. Gr. II), z. Z. der Zytol.: 1 J. 2 Mon. nach Bestrahlung (4 J. später kein Tumornachweis).
Alter: 79 J. PT-Diagn.: Carcinoma vaginae ($T_2N_0M_0$). *Histol.*: nichtverhornendes Plattenepithelkarzinom.
Ther.: Biaxiale Telekobaltpendelbestrahlung kleines Becken ED 200 cGy, GD 4000 cGy HD. ^{60}Co-Spickung mit 5 großen Nadeln bis 4000 cGy GOD. 14 Tage danach 2. Spickung in gleicher Anordnung bis 2000 cGy GOD. ^{60}Co-Stehfeldbestrahlung der Parametrien ED 200 cGy, GD 4000 cGy HD (Kontakttherapiegebiet mit Pb-Block abgedeckt).

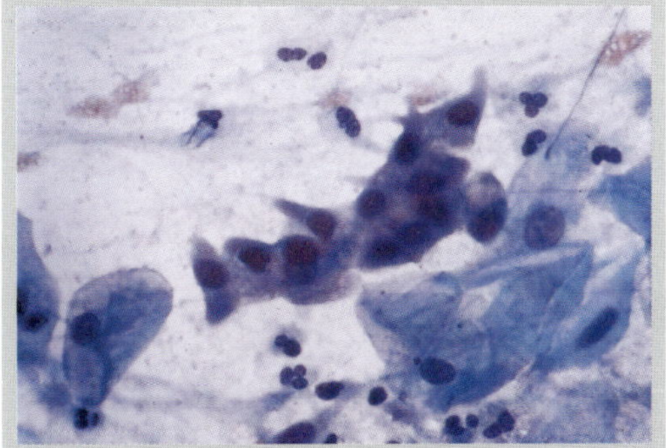

Abb. 1.28 Färb.: Pap; Vergr.: 100 x
Zytol. hintere Vagina: Zellkomplex aus dicht gelagerten Epithelien unterschiedlicher Art. Zytoplasmaödem. Kernschwellung einzelner Zellen. Fließender Übergang der Zytoplasmagrenzen bei teils Zyanophilie teils Eosinophilie bzw. orangefarbenem Zytoplasma (Pap. Gr. III), z. Z. der Zytol.: 1 J. 5 Mon. nach Strahlentherapie. Klin.: kein Tumorrezidivverdacht. Kolp.: Atrophie und stärkere Gefäßzeichnung.
Alter: 67 J. PT-Diagn.: Carcinoma vaginae ($T_3N_xM_0$). *Histol.*: Plattenepithelkarzinom.
Ther.: Biaxiale Telekobaltpendelbestrahlung kleines Becken ED 200 cGy bis GD 4000 cGy HD. ^{60}Co-Vaginal-Moulagen 2 Serien im monatlichen Abstand 10 bzw. 12 Moulagen bis jeweils 3000 cGy OD. ^{60}Co-Bestrahlung der Parametrien ED 200 cGy bis GD 2600 cGy HD.

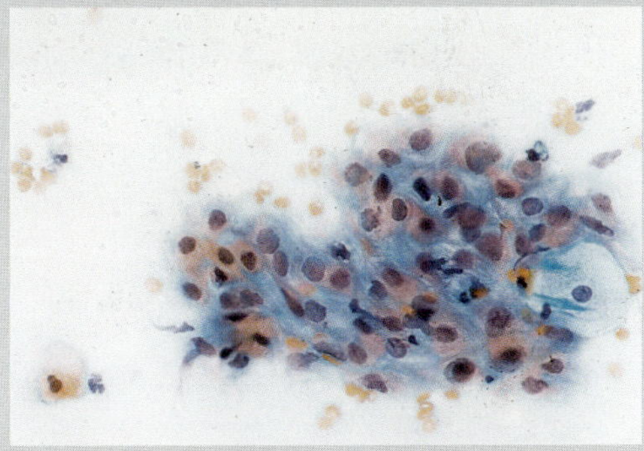

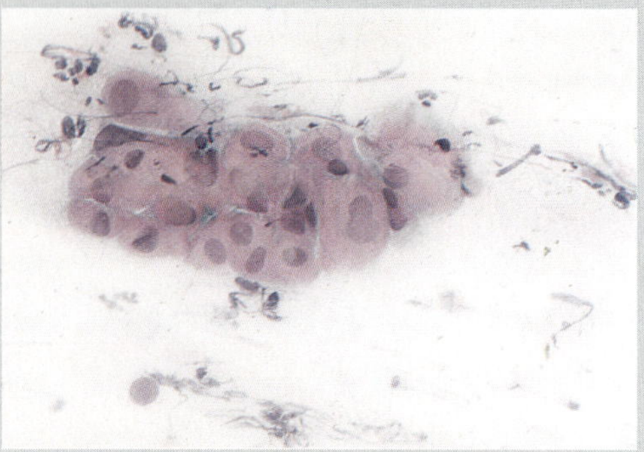

Abb. 1.29 Färb.: Pap; Vergr.: 100 x
Zytol. Hinterwand der Vaginae: Konglomerat aus Epithelien mit Zellkerngrößenunterschieden bei z. T. monströser ödematöser Veränderung mit Vakuolenbildung. Kern-Plasma-Relation normal, soweit erkennbar (Pap. Gr. III ⚡ D), z. Z. der Zytol.: 2 J. 5 Mon, nach Strahlentherapie. Gyn.: kein Tumorrezidiv. Kolp.: Gefäßatypien.
Alter: 80 J. PT-Diagn.: Carcinoma vaginae ($T_2N_0M_0$). *Histol.*: nichtverhornendes Plattenepithelkarzinom.
Ther.: Biaxiale Telekobaltpendelbestrahlung kleines Becken ED 200 cGy, GD 4800 cGy HD (100%-Isodose), Split course technique: 14 Tage Pause. Wegen Resttumor: ^{60}Co-Spikkung – 5 große Nadeln – bis 4000 cGy Punkt A. Bestrahlung der Parametrien ^{60}Co-Stehfeldbestrahlung – Unterbauch- und Gesäßfeld, alt. ED 200 cGy, GD 2200 cGy pro Param. (Abdeckung Kontakttherapiegebiet mit Pb-Block).

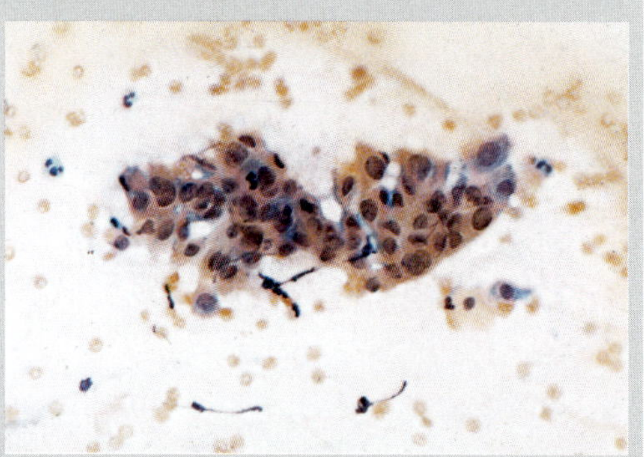

Abb. 1.30 Färb.: Pap; Vergr.: 100 x
Zytol. Vaginalwand: Vermehrt Erythrozyten und einzelne Leukozyten. Dichter Zellverband aus abnormen Epithelien. Orangefarbenes Zytoplasma. Geringe Anisokaryose bei feingranulärer Kernstruktur und mäßiger Hyperchromatose (Pap. Gr. III D), z. Z. der Zytol.: 3 J. 6 Mon. nach Strahlentherapie. Gyn.: kein Tumor (nach 10 J. – mehrere PE – histol.: kein Tumorrezidiv). Kolp.: Atrophie.
Alter: 36 J. PT-Diagn.: Carcinoma vaginae ($T_1N_0M_0$). *Histol.*: verhornendes Plattenepithelkarzinom.
Ther.: ^{60}Co-Vaginal-Moulagen in 2 Serien im monatlichen Abstand ED 500 cGy bis jeweils 4000 cGy GOD. Aufsättigung Parametrien ^{60}Co-Stehfeldbestrahlung – Unterbauch- und Gesäßfeld alternierend, ED 200 cGy, GD 4600 cGy HD.

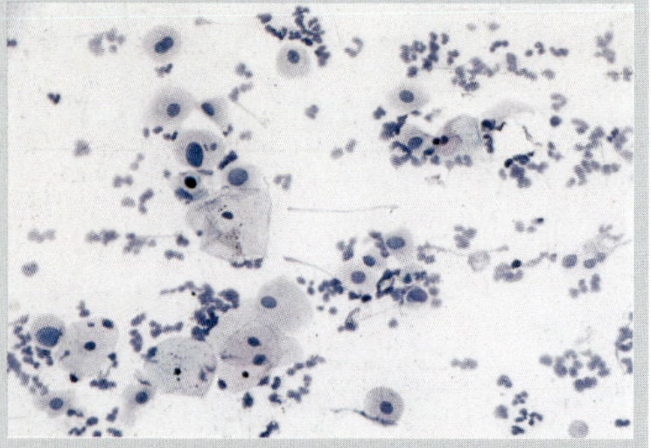

Abb. 1.31 Färb.: Pap; Vergr.: 66 x
Zytol. dorsaler Vaginalbereich: Leukozyten in beginnender Zytolyse. Einzelne unauffällige Superfizialzellen. Wenige, aber auffallend atypische Zellen mit ungleichen hyperchromatischen Zellkernen, z. T. betonte Nukleoli (Pap. Gr. IV), z. Z. der Zytol.: 3 J. 7 Mon. nach Strahlentherapie. Gyn.-Kolp.: stark verdächtiges Epithel.

Abb. 1.31 a Färb.: Pap; Vergr.: 50 × (gleicher Fall – wie Abb. 1.31)
Massenhaft Erythrozyten, einzelne Leukozyten. Vereinzelte ödematös veränderte Intermediärzellen. Randständig stärker abnorme bis atypische Zellkerne, ungleichförmig und von schwammartiger Struktur (Pap. Gr. IV), z. Z. der Zytol.: 4 J. 10 Mon. nach Strahlentherapie. Gyn.-Kolp.: Korkenzieherkapillaren. Krankheitsverlauf: Klin. kein Tumorrezidiv (postradiogene Veränderungen, demnach zytol. Fehlinterpretation).
Alter: 44 J. PT-Diagn.: Carcinoma vaginae ($T_1N_0M_0$). *Histol.*: Plattenepithelkarzinom.
Ther.: ^{60}Co-Stehfeldbestrahlung kleines Bekken, Unterbauch- und Gesäßfeld alternierend, ED 200 cGy bis GD 4600 cGy HD. Anschließend ^{60}Co-Vaginalmoulagen-Behandlung – 3 Serien in jeweils 14tägigem Abstand bis 3000 cGy – 3000 cGy – 2000 cGy Punkt A.

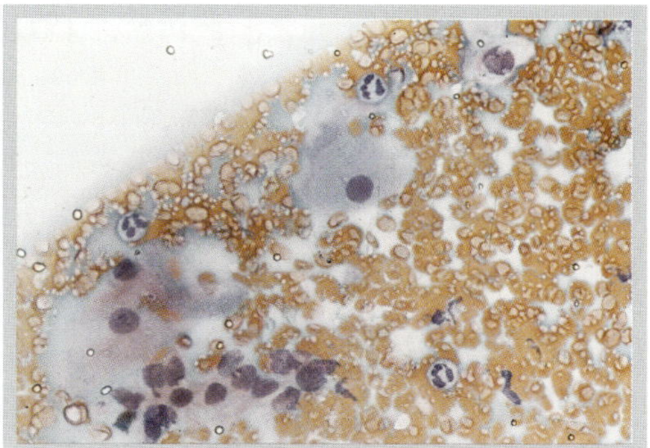

Abb. 1.32 Färb.: Pap; Vergr.: 160 x
Zytol. Vaginalwand: Leukozyten, ödematöse Zellen des Oberflächenepithels. Mehrere Epithelien mit vergrößerten Kernen bei aufgelokkerter Struktur. Zwei besonders aufgedunsene Kerne von körniger Beschaffenheit. Benachbarte Zelle mit Karyorrhexis (Pap. Gr. III), z. Z. der Zytol.: 3 J. 10 Mon. nach Strahlentherapie. Kolp.: Gefäßatypien.

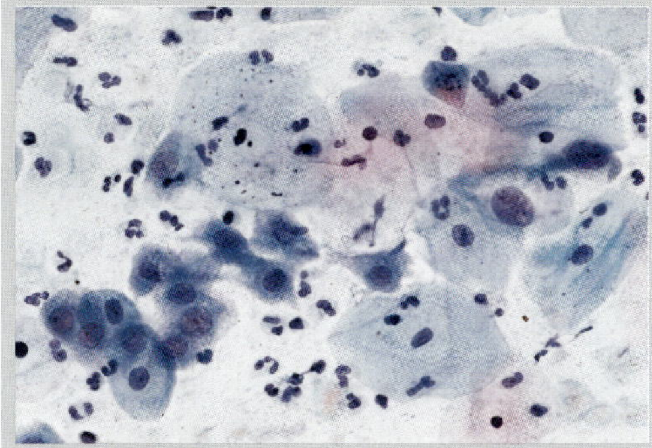

Abb. 1.32 a Färb.: Pap; Vergr.: 132 × (gleicher Fall wie Abb. 1.32 aber 2 Monate später)
Zytol. Vaginalwand: Randständig dichtes Häutchen aus Epithelien. Erythrozyten in Zytolyse, einzelne Leukozyten und unauffällige Zellen, aber auch einzelne Zellen mit besonders voluminösen Kernen bei mäßiger Hyperchromatose (Pap. Gr. III). Daneben peitschenförmiger Zytoplasmaausläufer; z. Z. der Zytol.: 4 J. nach Strahlentherapie. Gyn.-Kolp.: tumorverdächtige Veränderungen mit Gefäßatypien, Kontaktblutung, Kolpitis. Danach PE-*Histol.*: kein Tumorgewebe, d. h. zytol. nur postradiogene Veränderungen.
Alter: 45 J. PT-Diagn.: Carcinoma vaginae ($T_1M_0M_0$). *Histol.*: nichtverhornendes Plattenepithelkarzinom der Vaginalwand.
Ther.: 2 Serien von ^{60}Co-Moulagen in 14tägigem Abstand, ED 400 cGy, 2 × 4000 cGy GOD. Danach ^{60}Co-Stehfeldbestrahlung – Parametrien, Unterbauch- und Gesäßfeld alternierend, ED 200 cGy, GD 4600 cGy HD (Abdeckung Kontakttherapiegebiet mit Pb-Block).

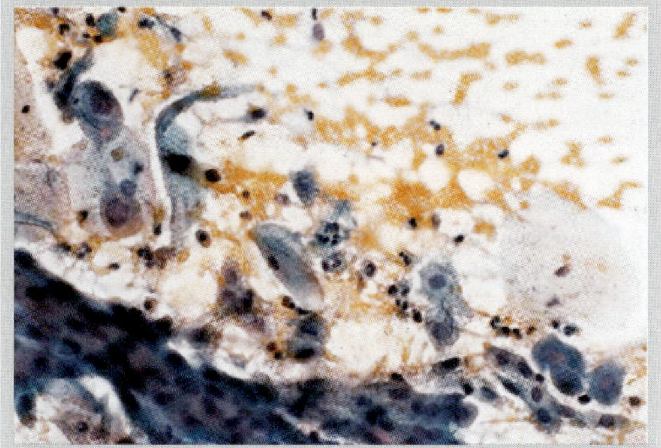

Lokalisation des Primärtumors: Cervix uteri

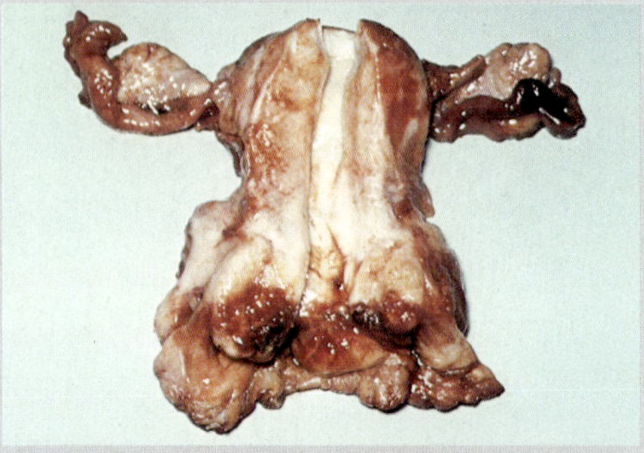

Abb. 1.33 *Operationspräparat:* Uterus im aufgeschnittenen Zustand mit beiden Adnexen. Im Portio-Zervix-Bereich knotig-wulstige Gewebsproliferation. Makroskopisch: Carcinoma cervicis uteri.

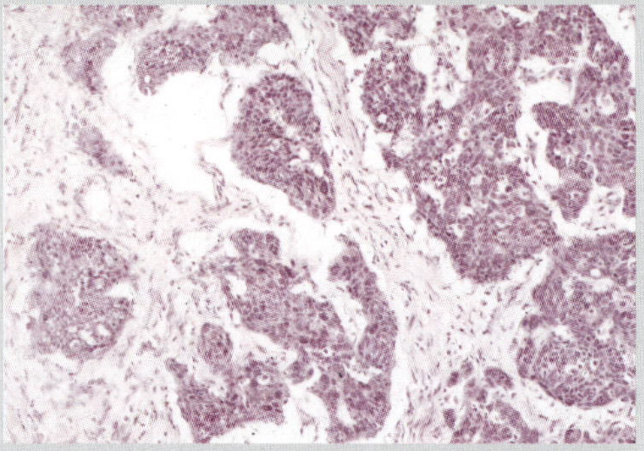

Abb. 1.33 a Färb.: HE; Vergr.: 50 x
Histol.-Diagn.: diffus wachsendes Plattenepithelkarzinom

Beispiele zu postradiogen bedingten **kolposkopischen Befunden** nach Strahlentherapie beim Carcinoma cervicis uteri:

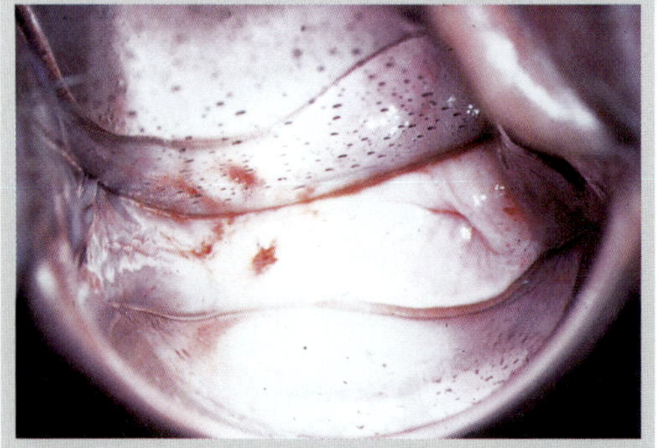

Abb. 1.34 *Kolposkopisches* Bild nach primärer alleiniger Radiatio: Atrophisches Plattenepithel, keine betonte Gefäßzeichnung, z. Z. der Kolp.: 30 J. nach Bestrahlungsende. Gyn. Kontrolluntersuchung im Rahmen der Tumornachsorge.
Alter: 68 J. PT-Diagn.: Carcinoma cervicis uteri. *Histol.*: gesteigert atypisches Epithel nach Art eines Oberflächenkarzinoms.
Ther.: Radiumkontakttherapie 3 × je 2000 mgEh.

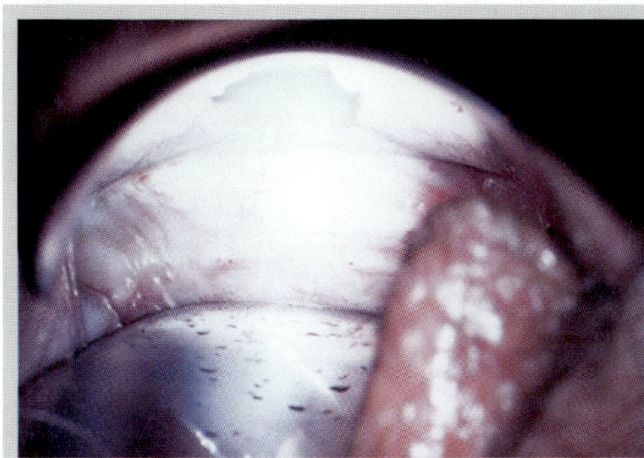

Abb. 1.35 *Kolposkopisches* Bild nach Operation und Radiatio: Atrophie und Gefäßinjektionen nach Art von Teleangiektasien als typische reaktive Gefäßzeichnung nach Strahlentherapie, z. Z. der Kolp.: Bestrahlungstherapie vor 17 J. Gyn.: erhebliche Strahlenfibrose, Blutungsneigung.
Alter: 54 J. PT-Diagn.: Carcinoma cervicis uteri. *Histol.*: mittel- bis unreifes Plattenepithelkarzinom.
Ther.: vaginale Radikaloperation sine Adnexe. Postoperative Bestrahlung: Biaxiale Telekobaltpendelbestrahlung ED 200 cGy, GD 6000 cGy, Split course technique: 3 Wochen Pause.

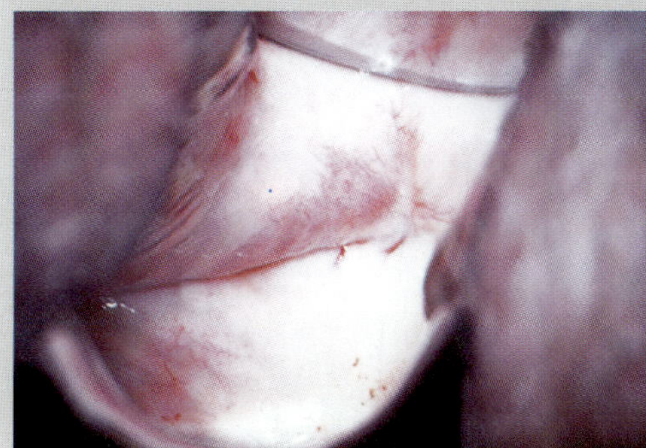

Abb. 1.36 *Kolposkopisches* Bild nach primärer alleiniger Radiatio: Plattenepithel mit Atrophiebezirken und Teleangiektasien, z. Z. der Kolp.: Bestrahlung von 29 J. Gyn.: Kontrolluntersuchung bei Tumornachsorge.
Alter: 74 J. PT-Diagn.: Carcinoma cervicis uteri.
Ther.: lt. Bericht: 3 × Radiumeinlagen und danach ^{60}Co-Pendelbestrahlung (Therapieprotokoll nicht verfügbar).

Beispiele zu postradiogen bedingten **histologischen Befunden** nach alleiniger Strahlentherapie (Biaxiale Telekobaltpendelbestrahlung) beim Carcinoma cervicis uteri: *Histol.*-Diagn.: nichtverhornendes Plattenepithelkarzinom:

(Fall I und II nach Teilresektion des Ileum wegen partieller Stenose)

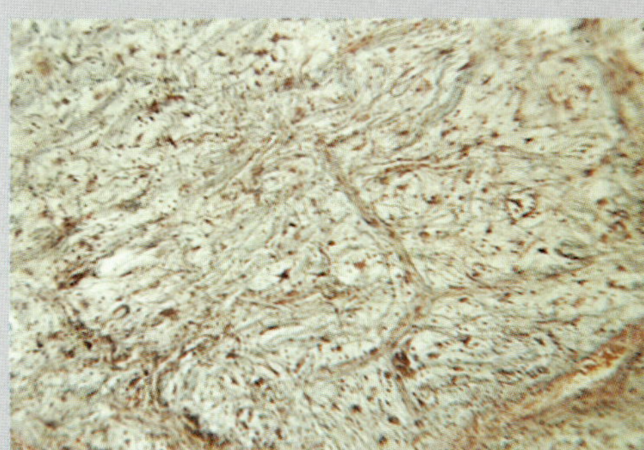

Abb. 1.37 (Fall-Nr.: I)
Färb.: HE; Vergr.: 30 x
Histol.: Fibroblastenproliferation innerhalb eines Ödems der Submukosa.

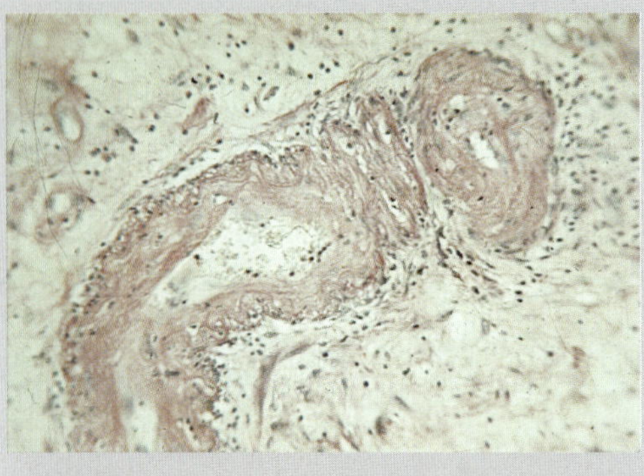

Abb. 1.37 a Färb.: PAS-Reaktion nach Mc Manus Vergr.: 40 × (gleicher Fall wie Abb. 1.37)
Histol.: Lumeneinengung von Arterien. Erhebliche Verdickung der Gefäßwand durch Einlagerung neutraler Mucopolysaccharide, z. Z. der *Histol.*: 13 Mon. 5 Tage nach Radiatio.

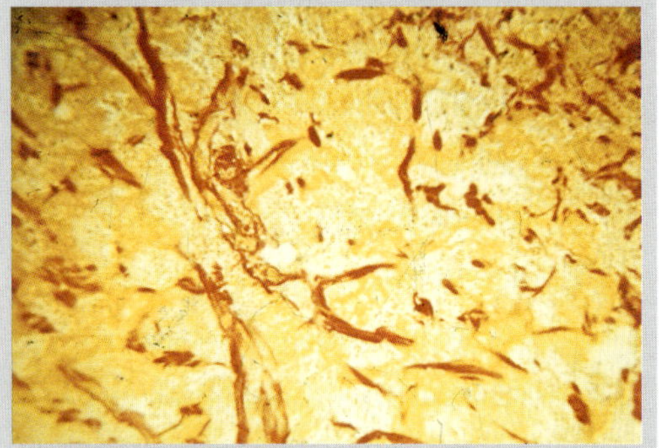

Abb. 1.38 (Fall-Nr.: II)
Färb.: van Gieson; Vergr.: 15 x
Histol.: Balkenförmige Bindegewebseinsprossung inmitten des Ödems der Submukosa.

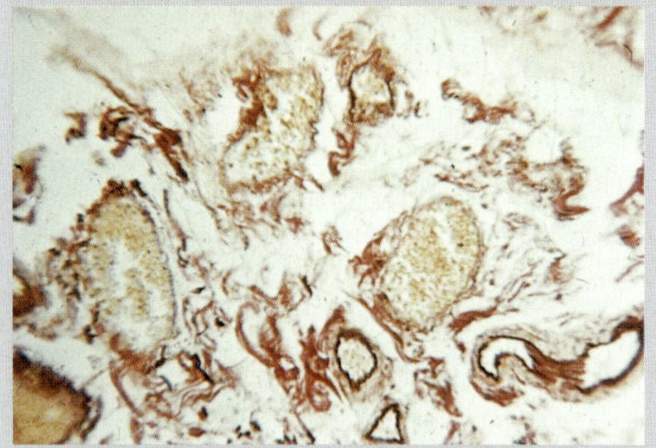

Abb. 1.38 a Färb.: Elastika – van Gieson; Vergr.: 10 × (gleicher Fall wie Abb. 1.38)
Histol.: Zahlreiche konglomeratartige Gefäßneubildungen, z. Z. der *Histol.*: 10 Mon. 4 Tage nach Radiatio.

Exfoliativzytologie – Tumornachsorge

Abb. 1.39 Färb.: Pap; Vergr.: 160 x
Neben einigen Erythrozyten eine Gruppe aus stärker abnormen etwas ungleichförmigen, ödematös veränderten, schwammartig strukturierten Zellkernen, nahezu ohne Zytoplasma bzw. mit nebelförmigen konfluierenden dazwischen befindlichen Substanzen (Pap. Gr. IV), z. Z. der Zytol.: 2 Mon. nach Strahlentherapie. Gyn.-Kolp.: atypische Gefäße. 8 Mon. danach Tumorrezidiv.
Alter: 60 J. PT-Diagn.: Carcinoma cervicis uteri ($T_3N_xM_0$). *Histol.*: mäßig differenziertes Plattenepithelkarzinom.
Ther.: Biaxiale Telekobaltpendelbestrahlung kleines Becken ED 200 cGy, GD 8000 cGy HD (100%-Isodose), Split course technique: 4 und 2 Wochen Pause.

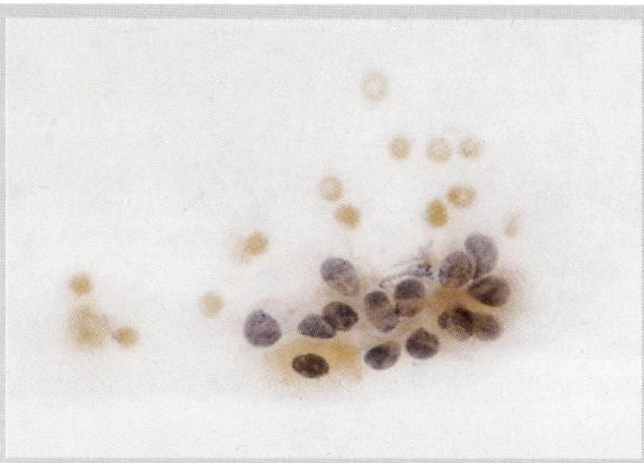

Abb. 1.40 Färb.: Pap; Vergr.: 132 x
Vagina-Vorderwand: Massive Zellkonglomeratbildung aus haufenförmigen Epithelien mit hyperchromatischen polymorphen Kernen sowie aus miteinander verklumpten Zellen mit z. T. hypochromatischen, polymorphen Zellkernen, z. T. stark ödematös mit feinkörniger wabiger Struktur bei Vergrößerung der Nukleoli (Pap. Gr. III ⚡ D) (Fehlinterpretation, weil nicht nur radiogen bedingt?), z. Z. der Zytol.: 2 Mon. nach Strahlentherapie. Gyn.: tumorverdächtiges Gewebe. Kolp.: Verdacht auf Resttumor.
Alter: 67 J. PT-Diagn.: Carcinoma cervicis uteri ($T_{3b}N_1M_1$). *Histol.*: anepidermoides und z. T. entdifferenziertes Plattenepithelkarzinom
Ther.: Biaxiale Telekobaltpendelbestrahlung kleines Becken ED 200 cGy, GD 8000 cGy HD (100%-Isodose), Split course technique: 5 Wochen Pause.

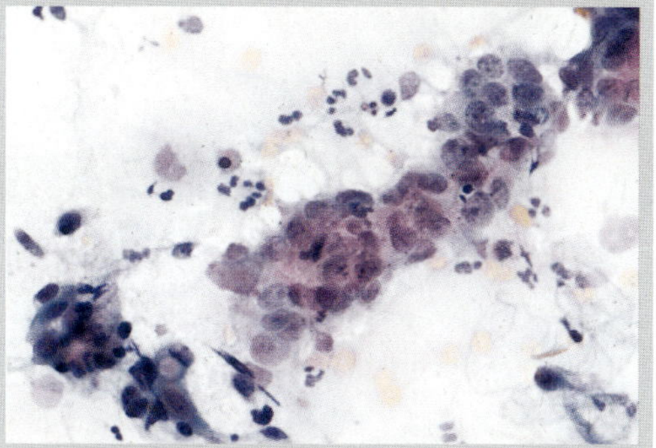

Abb. 1.41 Färb.: Pap; Vergr.: 200 x
Stark atypische Zellen mit Polymorphie und Schwellung sowie Vakuolisierung der Zellkerne. Wolkiges, zerfließliches Zytoplasma (Pap. Gr. V), z. Z. der Zytol.: 2 Mon. nach Strahlentherapie. Gyn.: Verdacht auf Tumorrezidiv – später Status progressus. Kolp.: glasiges Gewebe.

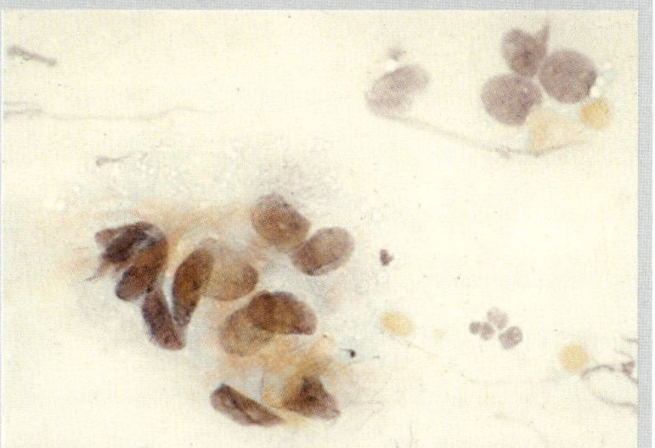

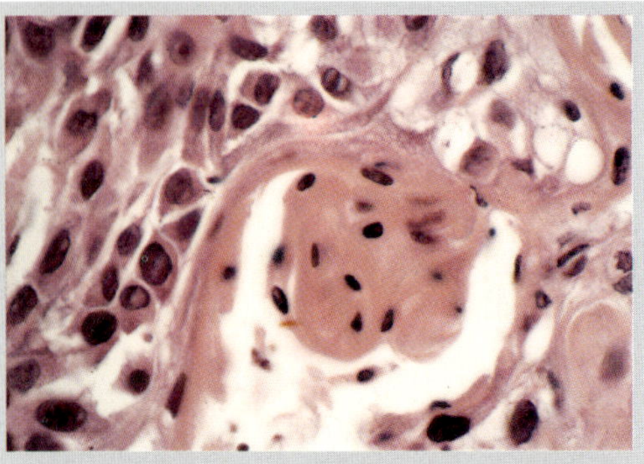

Abb. 1.41 a Färb.: HE; Vergr.: 200 × (gleicher Fall wie Abb. 41)
PE. *Histol.* Diagn.: verhornendes Plattenepithelkarzinom (6 Tage nach Zytol.-Abstrich).
Alter: 56 J. PT-Diagn.: Carcinoma cervicis uteri ($T_2N_0M_0$). *Histol.*: Plattenepithelkarzinom.
Ther.: Biaxiale Telekobaltpendelbestrahlung kleines Becken ED 200 cGy, GD 6000 cGy HD (100%-Isodose) Split course technique: 3 Wochen Pause. Tumorrezidiv an der Vaginalwand, deshalb erneute Therapie: 2 × 10 ^{60}Co-Vaginal-Moulagen im monatlichen Abstand bis jeweils 3000 cGy GOD. Lokale Spikkung mit 6 kleinen Kobaltnadeln (Feldgröße 3 × 2 cm^2) bis 4000 cGy GOD.

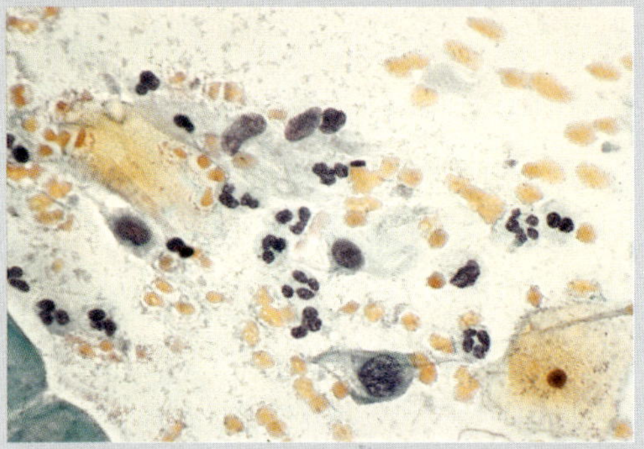

Abb. 1.42 Färb.: Pap; Vergr.: 200 x
Erythrozyten. Atypische stark tumorverdächtige Zellen mit pathologischer Kern-Plasma-Relation, z. T. wabige bzw. körnelige Kernstruktur (Pap. Gr. IV), z. Z. der Zytol.: 2 Mon. nach Strahlentherapie. Gyn.: Verdacht auf restliches Tumorgewebe. Kolp.: Entzündung, Atrophie, später Status progressus.

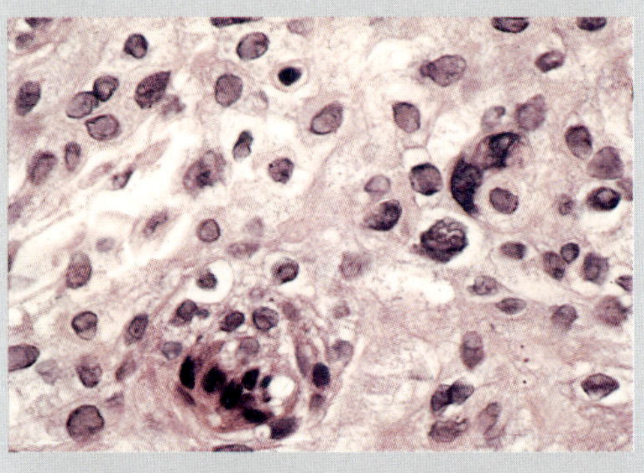

Abb. 1.42 a Färb.: HE; Vergr.: 200 × (gleicher Fall wie Abb. 1.42)
PE. *Histol.*-Diagn.: nichtverhornendes Plattenepithelkarzinom (12 Tage nach Zytol.-Abstrich).
Alter: 62 J. PT-Diagn.: Carcinoma cervicis uteri ($T_{3b}N_xM_0$). *Histol.*: papillär exophytisch wachsendes nicht verhornendes Plattenepithelkarzinom.
Ther.: Biaxiale Telekobaltpendelbestrahlung kleines Becken ED 200 cGy, GD 8000 cGy HD (100%-Isodose) Split course technique: 5 Wochen Pause. Vaginales Rezidiv nach 8 Mon.: Erneute Ther.: 10 × ^{60}Co-Vaginal-Moulagen ED 400 cGy bis 4000 cGy GOD. Nach 3 Wochen: 5 × ^{60}Co-Vaginal-Moulagen ED 400 cGy bis 2000 cGy GOD.

Abb. 1.43 Färb.: Pap; Vergr.: 200 x
Ineinander überfließende dünne, z. T. fadenförmige Zytoplasmaausläufer, Bild eines Zellhäutchens. Zellkerne deutlich vergrößert zugunsten des Zytoplasmaanteils bei z. T. schwammartiger, z. T. körniger Struktur (Pap. Gr. II ⚡ K), z. Z. der Zytol.: 2 Mon. 2 Wochen nach Strahlentherapie. Kolp.: Atrophie.
Alter: 69 J. PT-Diagn.: Carcinoma cervicis uteri ($T_2N_0M_0$). *Histol.*: anaplastisches Plattenepithelkarzinom.
Ther.: Biaxiale Telekobaltpendelbestrahlung kleines Becken bis GD 6000 cGy HD. 16 Jahre danach Vaginalrezidiv-Therapie: ^{60}Co-Vaginal-Moulagen ED 400 cGy bis 4000 cGy OD. 6 Jahre danach: Lymphknotenmetastase links inguinal. Operation und Nachbestrahlung mit schnellen Elektronen 12 MeV, ED 180 cGy, GD 3060 cGy HD.

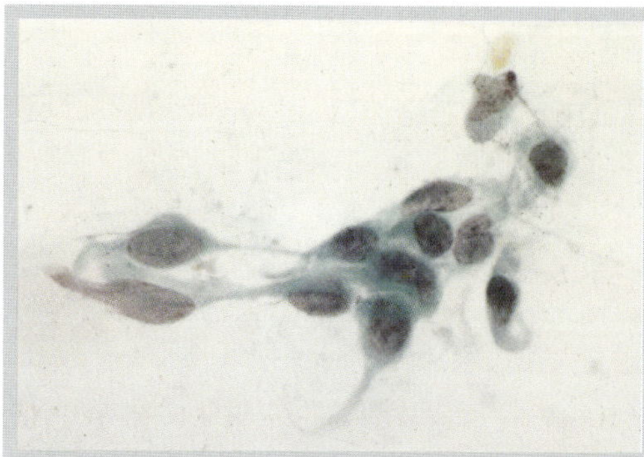

Abb. 1.44 Färb.: Pap; Vergr.: 126 x
Abnorme Zellen mit Zytoplasmaverschmelzung. Plasmavakuolen z. T. flügelartige Plasmaausläufer (bei Pap. Gr. IV), z. Z. der Zytol.: 3 Mon. nach Strahlentherapie. Gyn.-Kolp.: vaginale Blutung, Verdacht auf Tumorrezidiv.

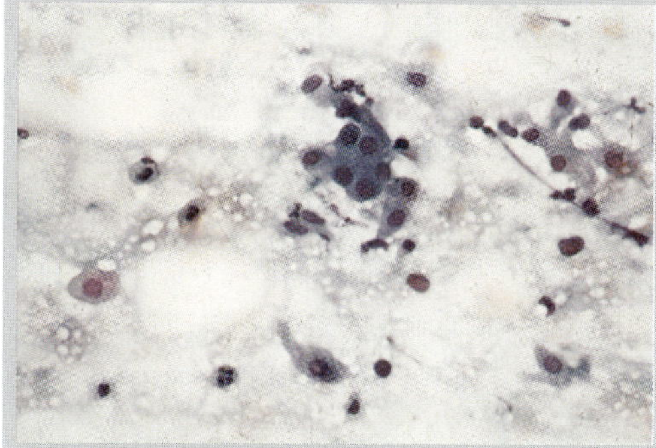

Abb. 1.44 a Färb.: HE; Vergr.: 126 × (gleicher Fall wie Abb. 1.44)
PE. *Histol.*-Diagn.: strahlengeschädigte Tumorzellen, wahrscheinlich Plattenepithelkarzinom. 2 Mon. 11 Tage nach Zytol.-Abstrich.
Alter: 55 J. PT-Diagn.: Carcinoma cervicis uteri. *Histol.*: verhornendes mäßig differenziertes Plattenepithelkarzinom.
Ther.: Operation nach *Wertheim* – Vor- und Nachbestrahlung mittels Röntgentiefentherapie mit unbekannter Dosierung. Jetzt Spätrezidiv nach 29 Jahren. Therapie des Rezidivtumors: 10 × ^{60}Co-Vaginal-Moulagen ED 400 c-Gy bis 4000 cGy Punkt A.

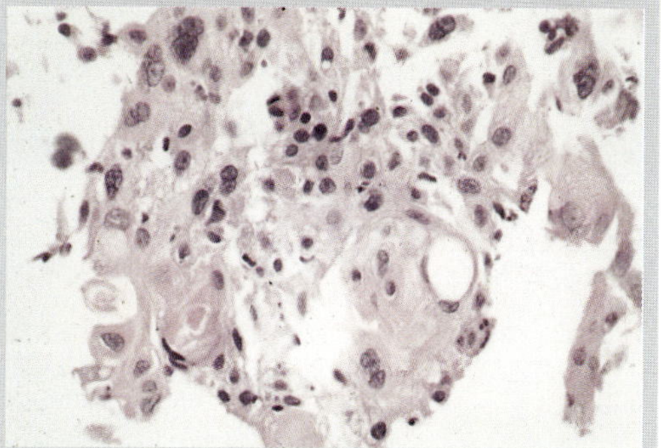

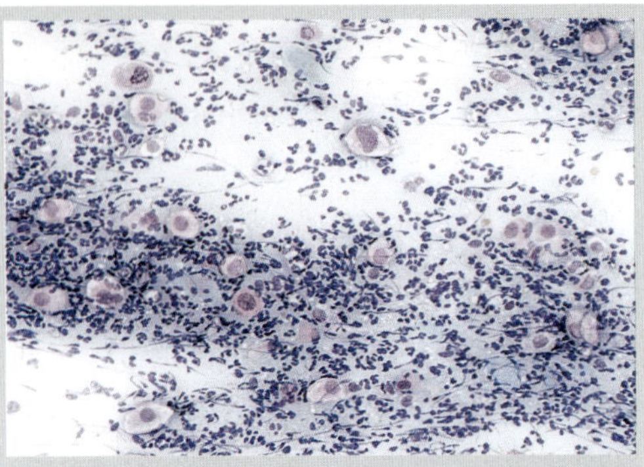

Abb. 1.45 Färb.: Pap; Vergr.: 66 x
Im gesamten Präparat dicht gelagerte Leukozyten. Dazwischen diffus eingestreut atypische Epithelien mit wabig veränderten, ungleichgroßen Zellkernen, z. T. Karyorrhexis. – Diff.-Diagn.: zwischen echten Zellatypien und reaktiv-entzündlich bedingten Veränderungen ist nicht exakt möglich (bei Pap. Gr. V), z. Z. der Zytol.: 3 Mon. nach Strahlentherapie. Gyn.-Kolp.: ohne Auffälligkeiten (1 J. später PE. *Histol.*: Plattenepithelkarzinom-Rezidiv). Alter: 71 J. PT-Diagn.: Carcinoma cervicis uteri ($T_{2b}N_0M_0$). *Histol.*: Plattenepithelkarzinom. Ther.: ^{60}Co-Kontakttherapie – 2 Einlagen in 14tägigem Abstand – kleiner Stift, kleine Platte bis jeweils 3000 cGy GOD. Aufsättigung Parametrien ^{60}Co-Stehfeldbestrahlung – Unterbauch- und Gesäßfeld ED 200 cGy, GD 4600 cGy HD.

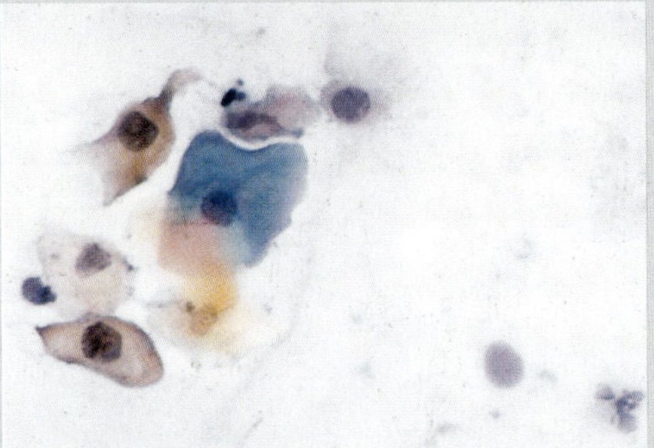

Abb. 1.46 Färb.: Pap; Vergr.: 160 x
Ödematös aufgeblähte abnorme und atypische Epithelien. Zellkerne netzartig strukturiert. Nukleoli betont. Zytoplasma z. T. zyanophil, z. T. eosinophil mit geschwänzten Ausläufern als postradiogene Veränderungen (bei Pap. Gr. IV), z. Z. der Zytol.: 1 Mon. nach Strahlentherapie. Gyn.-Kolp.: atypische, tumorverdächtige Gefäße im dorsalen Vaginalbereich.

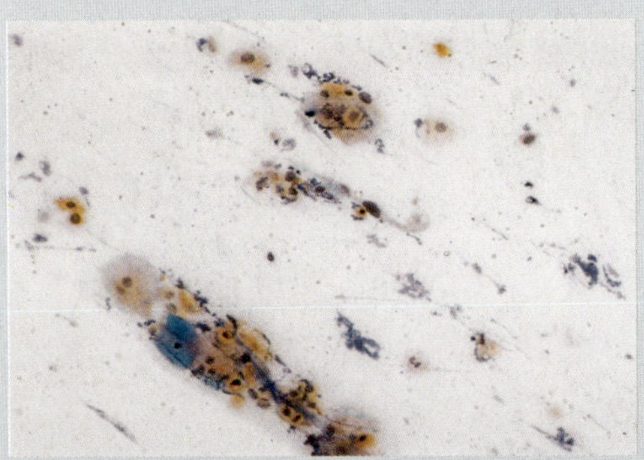

Abb. 1.46 a Färb.: Pap; Vergr.: 50 x (gleicher Fall wie Abb. 1.46 aber 2 Mon. später)
Eine zyanophile Superfizialzelle. Straßenförmig formierte abnorme und atypische Epithelien mit mäßiger Kernpolymorphie und Hyperchromatose. Orangefarbenes Zytoplasma (bei Pap. Gr. IV), z. Z. der Zytol.: 3 Mon. nach Strahlentherapie. Gyn.-Kolp.: Portiobereich nekrotisch und glasiges tumorverdächtiges Gewebe. 9 Mon. später: Status progressus.
Alter: 86 J. PT-Diagn.: Carcinoma cervicis uteri ($T_{2a}N_0M_0$). *Histol.*: differenziertes Plattenepithelkarzinom.
Ther. bis zur Zytol.: Biaxiale Telekobaltpendelbestrahlung kleines Becken ED 200 cGy, GD 4800 cGy HD. ^{137}Cs-Einlage Stift-Platte-Kombination bis 3000 cGy GOD, ^{60}Co-Stehfeldbestrahlung Parametrien: Unterbauch- und Gesäßfeld ED 200 cGy, GD 2200 cGy HD pro Seite.

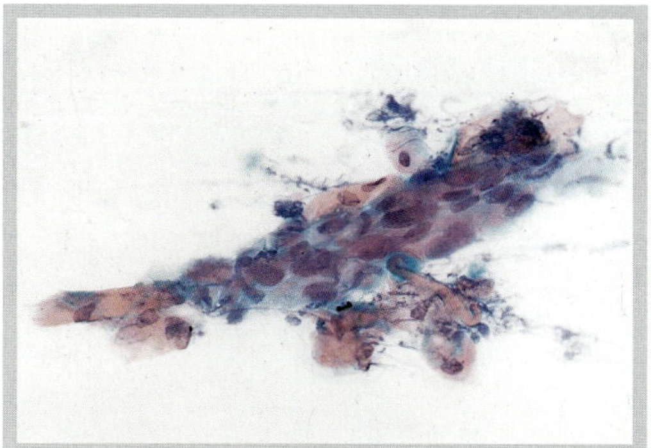

Abb. 1.47 Färb.: Pap; Vergr.: 132 x
Konglomerat aus Detritus und atypischen Epithelien mit großen, polymorphen Zellkernen, z. T. in beginnender Degeneration (therapiegeschädigt), (Pap. Gr. IV), z. Z. der Zytol.: 3 Mon. nach Strahlentherapie. Gyn.-Kolp.: Tumorprogression. Trotz Bestrahlung und antineoplastischer Chemotherapie keine Regression. Wegen weiterhin suspekter Portio und parametraner Infiltration 1 Mon. vor Zytol.: lokale Tumorchemotherapie: mit Bleomycin intratumoral ED 7,5 mg, 10 Behandlungen bis 75 mg und Fortsetzung der biaxialen Telekobaltpendelbestrahlung um weitere GD 2000 cGy HD.
Alter: 49 J. PT-Diagn.: Carcinoma cervicis uteri ($T_2N_1M_0$). *Histol.*: mittelreifes bis unreifes Plattenepithelkarzinom.
Ther. bis zur Zytol.: Biaxiale Telekobaltpendelbestrahlung kleines Becken ED 200 cGy, GD 6000 cGy HD (100%-Isodose), Split course technique: 4 Wochen Pause.

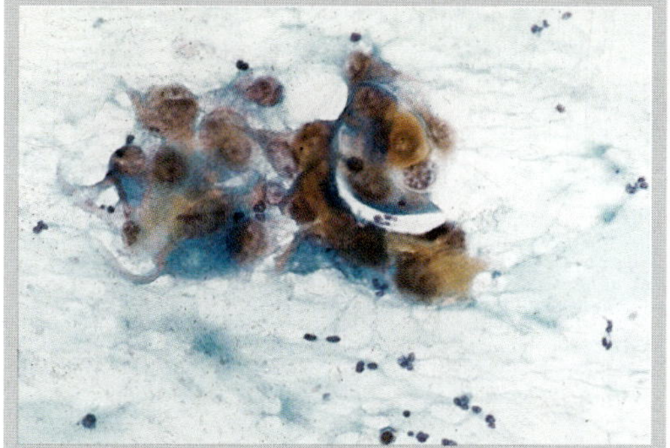

Abb. 1.48 Färb.: Pap; Vergr.: 132 x
Hinterer Vaginalbezirk: Zellkonglomerat bestehend aus abnormen Epithelien mit teils zyanophilem, vorwiegend aber orangefarbenem Zytoplasma. Wegen beginnender Zytolyse Zellgrenzen z. T. nicht exakt eruierbar. partiell angedeutete Zytoplasmaausläufer. Zellkerne z. T. übereinander gelagert, ödematös verändert, Karyorrhexis (Pap. Gr. III bzw. IV), z. Z. der Zytol.: 4 Mon. nach Strahlentherapie. Gyn.: Kontaktblutung, hypertrophisches Gewebe. Kolp.: noch suspektes Gewebe. Rektal: doppelfaustgroßer Tumor.
Alter: 53 J. PT-Diagn.: Carcinoma cervicis uteri ($T_{2b(a)}N_0M_0$). *Histol.*: anaplastisches nichtverhornendes Plattenepithelkarzinom.
Ther.: Biaxiale Telekobaltpendelbestrahlung kleines Becken ED 200 cGy, GD 8000 cGy HD (100%-Isodose), Split course technique: 4 und 2 Wochen Pause.

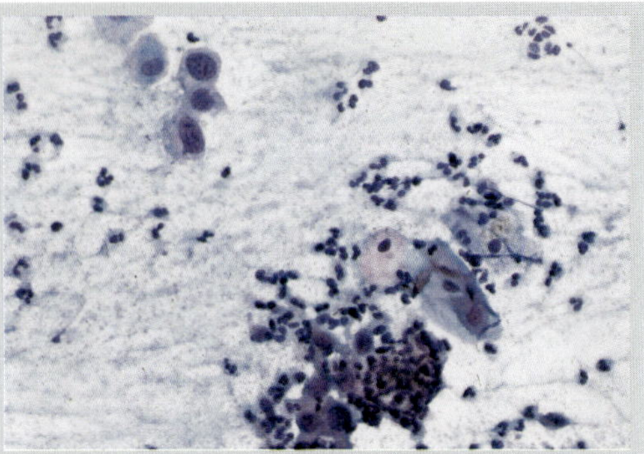

Abb. 1.49 Färb.: Pap; Vergr.: 66 x
Leukozyten z. T. diffus verteilt, z. T. herdförmig konzentriert. Hier sowie randständig etwas abnorme Epithelien mit Kernvergrößerung und grobkörniger Struktur. Kern-Plasma-Relation größtenteils normal (Pap. Gr. II), z. Z. der Zytol: 6 Mon. nach Strahlentherapie. Gyn.: narbenförmig veränderte Portio. Kolp.: ohne Besonderheiten. Kein Tumornachweis.
Alter: 68 J. PT-Diagn.: Carcinoma cervicis uteri ($T_{1b}N_xM_0$). *Histol.*: anepidermoides wenig differenziertes Plattenepithelkarzinom.
Ther.: Kontakttherapie ^{137}Cs-Einlagen 2 × in 3-wöchentlichen Abstand – große Platte – großer Stift bis jeweils 3000 cGy GOD. ^{60}Co-Stehfeldbestrahlung Parametrien – Unterbauch- und Gesäßfeld alt. ED 200 cGy bis GD 4000 cGy HD (Kontakttherapiegebiet mit Pb-Block abgedeckt).

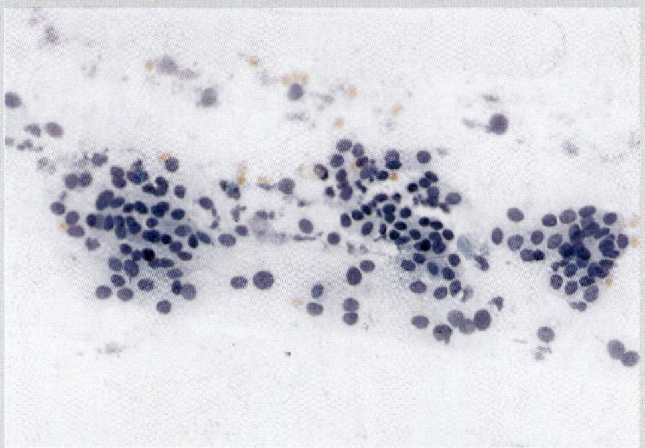

Abb. 1.50 Färb.: Pap; Vergr.: 66 x
Massenhaft sog. nackte Zellkerne, d. h. ohne Zytoplasma. Kernstruktur feingranulär mit vereinzelten Vakuolen, geringe Größenunterschiede, z. T. Hyper-, z. T. Hypochromatose (Pap. Gr. III) – Fehlbeurteilung, z. Z. der Zytol.: 6 Mon. 3 Wochen nach Abschluß der Strahlentherapie. Klin.: Tumorrezidiv Kolp.: Tumorrezidivverdacht (1 Mon. später *histol.*: bestätigt).
Alter: 59 J. PT-Diagn.: Carcinoma cervicis uteri ($T_{1b}N_xM_0$). *Histol.*: nichtverhornendes Plattenepithelkarzinom.
Ther.: Biaxiale Telekobaltpendelbestrahlung kleines Becken ED 200 cGy, GD 8000 cGy HD (100%-Isodose), Split course technique: 4 und 2 Wochen Pause.

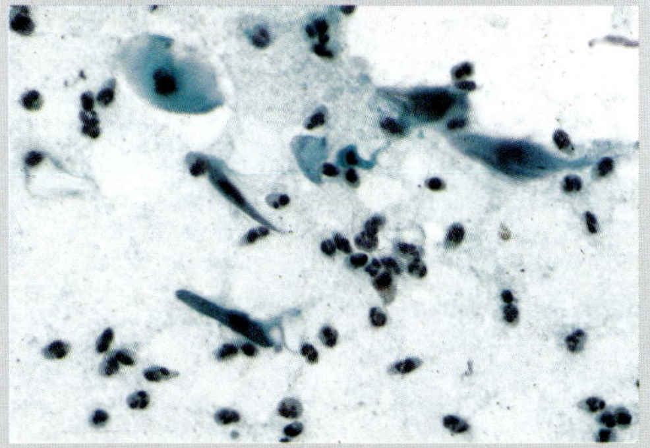

Abb. 1.51 Färb.: Pap; Vergr.: 160 x
Inmitten von Leukozyten Epithelien in beginnender Degeneration. Zentral zwei Fibrozyten (Pap. Gr. III ⚡ D), z. Z. der Zytol.: 7 Mon. nach Strahlentherapie. Klin.: ohne Besonderheiten. Kolp.: Atrophie. 5 J. danach Spätrezidiv.
Alter 74 J. PT-Diagn.: Carcinoma cervicis. *Histol.*: wenig differenziertes Plattenepithelkarzinom.
Ther.: Abdominale Hysterektomie mit beiden Adnexen .^{60}Co-Vaginal-Moulagen ED 400 cGy bis 4000 cGy GOD. 10 Tage danach: Stehfeldbestrahlung der Parametrien, Linearbeschleuniger Neptun 10p 9 MV – Unterbauch- und Gesäßfeld alt. ED 200 cGy, GD 4400 cGy HD (Kontakttherapiegebiet mit Pb-Block ausgespart).

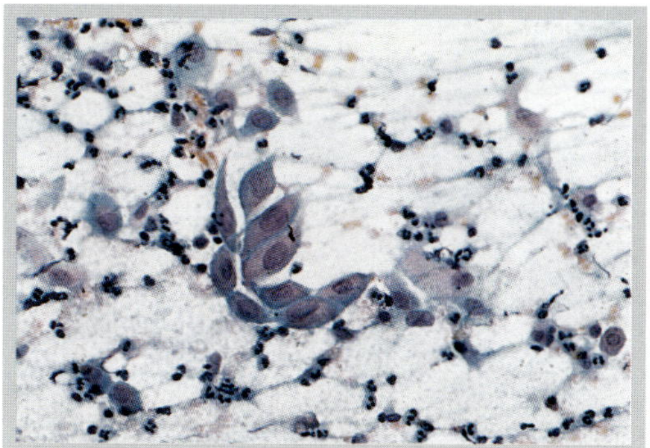

Abb. 1.52 Färb.: Pap; Vergr.: 100 x
Detritus und Leukozyten. Im Zentrum eine Gruppe aus Epithelien von spindelförmiger Gestalt, d. h. mit beiderseitigen spitzen Zytoplasmaausläufern. Zellkernschwellung, jedoch normale Kern-Plasma-Relation (Pap. Gr. III ⚡ D), z. Z. der Zytol.: 7 Mon. nach Strahlentherapie. Gyn.: kein Tumorrezidiv. Kolp.: Atrophie.
Alter: 58 J. PT-Diagn.: Zervixstumpfkarzinom ($T_{1b}N_0M_0$). *Histol.*: nichtverhornendes Plattenepithelkarzinom.
Ther.: Biaxiale Telekobaltpendelbestrahlung kleines Becken ED 200 cGy, GD 6000 cGy HD (100%-Isodose), Split course technique: 3 Wochen Pause.

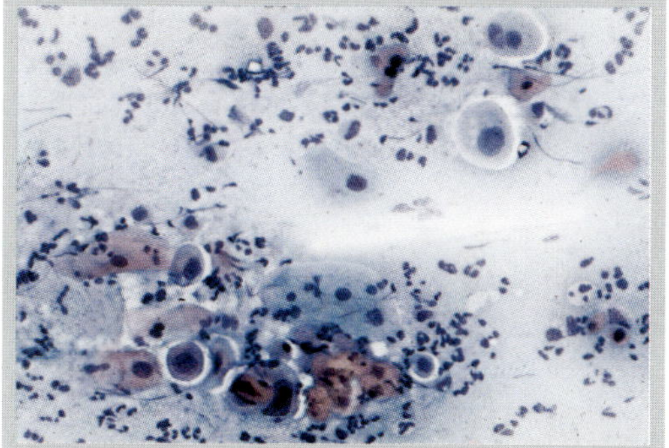

Abb. 1.53 Färb.: Pap; Vergr.: 50 x
Aus Zervixbereich: Leukozyten, Detritus. Einzelne ödematös veränderte Epithelien. Randständig inmitten unauffälliger Superfizialzellen mehrere Zellen mit hyperchromatischen, vergrößerten, z. T. polymorphen Kernen, atypisch erscheinend (Pap. Gr. IV ?). Nach Verlauf postradiogen bedingt, d. h. zytol.: Fehlinterpretation, z. Z. der Zytol.: 7 Mon. nach Strahlentherapie. Gyn.: z. Z. und 1 J. später kein Anhalt für Tumor. Kolp.: Atrophie.
Alter: 70 J. PT-Diagn.: Carcinoma cervicis uteri ($T_{3b(a)}N_1M_1$). *Histol.*: entdifferenziertes Plattenepithelkarzinom mit partieller Verhornung.
Ther.: Biaxiale Telekobaltpendelbestrahlung kleines Becken ED 200 cGy, GD 8000 cGy HD (100%-Isodose) Split course technique: 4 und 2 Wochen Pause. Lymphographie: Nachweis von paraaortalen LK-Metastasen. Therapie: Paraaortale ^{60}Co-Pendelbestrahlung ED 150 cGy, GD 4500 cGy HD (100%-Isodose).

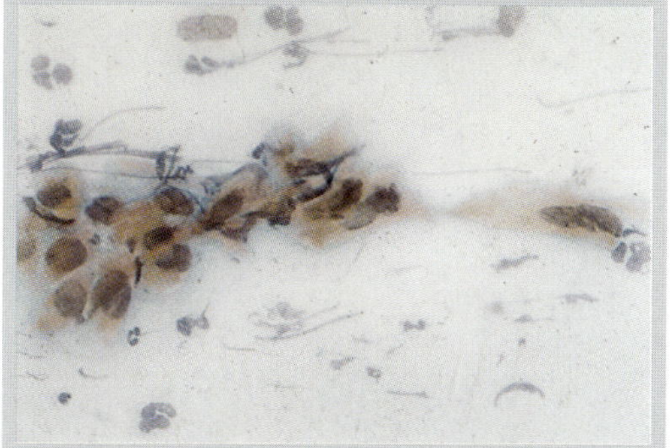

Abb. 1.54 Färb.: Pap; Vergr.: 160 x
Detritus, einzelne Leukozyten. Auffallende Verklumpung von abnormen bis fraglich atypischen Epithelien. Zellkerne erheblich geschwollen, aufgelockert und z. T. deformiert. Zytoplasma orangefarben-bräunlich. Partiell Verdämmerung von Plasmaausläufern (Pap. Gr. III ⚡ D), z. Z. der Zytol.: 8 Mon. nach Bestrahlungsende. Klin.: kein Tumor. Kolp.: unauffällig.
Alter: 60 J. PT-Diagn.: Carcinoma cervicis uteri ($T_{2b}N_xM_1$). *Histol.*: Plattenepithelkarzinom.
Ther.: Biaxiale Telekobaltpendelbestrahlung kleines Becken ED 200 cGy, GD 4000 cGy HD (100%-Isodose).

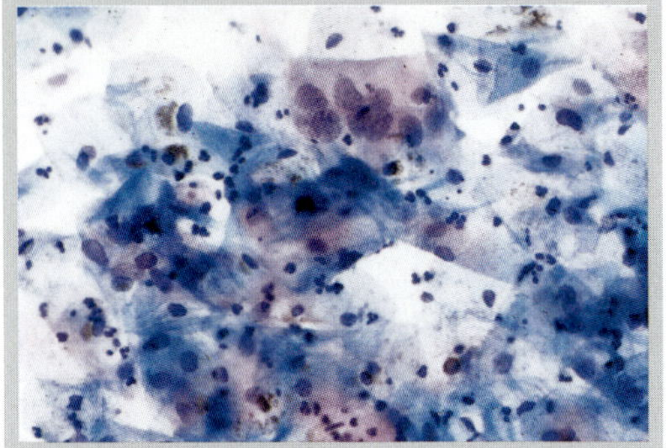

Abb. 1.55 Färb.: Pap; Vergr.: 33 x
Unruhiges Zellbild durch Überlagerungen von Zellkernen, Leukozyten, Detritus. Unauffällige Epithelien besonders im Randgebiet. Konglomerat aus atypischen Epithelien, auffällig durch große schwammige, z. T. polymorphe Zellkerne, unter Berücksichtigung weiterer Atypien anderenorts (Pap. Gr. V), z. Z. der Zytol.: 9 Mon. nach Strahlentherapie. Gyn.: sicheres Tumorrezidiv. Kolp.: Atypie.
Alter: 70 J. PT-Diagn.: Carcinoma cervicis uteri ($T_{2b}N_0M_0$). *Histol.*: Adenokarzinom.
Ther.: 2 × ^{60}Co-Kontakttherapie – kleine Platte – kleiner Stift bis 2 × 3000 cGy GOD (3 Wochen Abstand). ^{60}Co-Stehfeldbestrahlung der Parametrien – Unterbauch- und Gesäßfeld ED 200 cGy bis GD 4600 cGy HD (Abdeckung der Kontakttherapiegebiet mit Pb-Block).

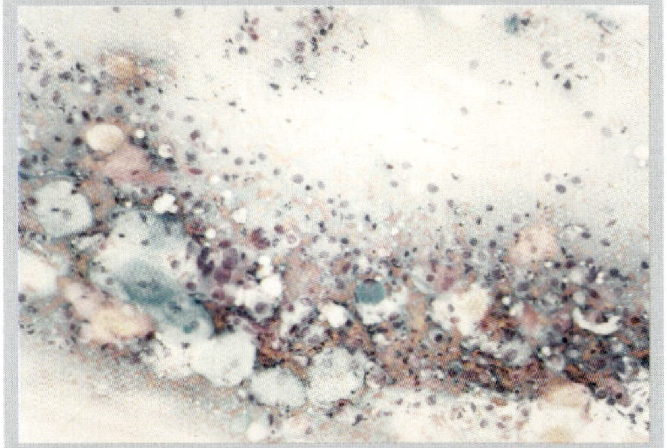

Abb. 1.56 Färb.: Pap; Vergr.: 50 x
Vaginalwandbezirk: Diffus verstreute stärker atypische Zellen, wenig Zytolyse (Pap. Gr.: IV), z. Z. der Zytol.: 10 Mon. nach Strahlentherapie, z. Z. Chemotherapie (lokal). Gyn.-Kolp.: Tumorrezidiv.

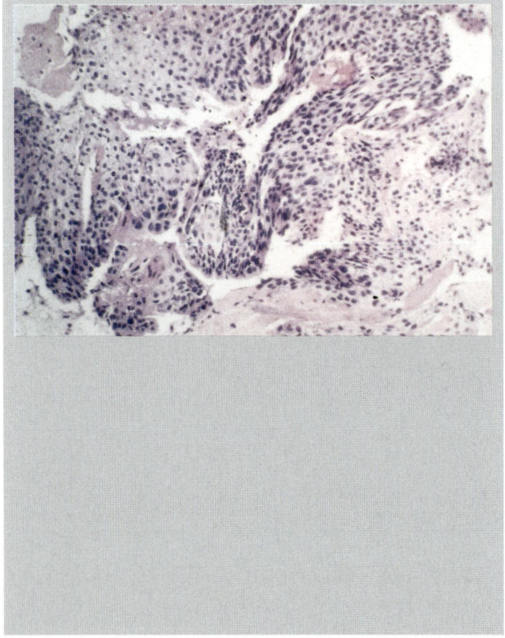

Abb. 1.56 a Färb.: HE; Vergr.: 50 × (gleicher Fall wie Abb. 1.56)
PE. *Histol.*-Diagn.: papillär exophytisch wachsendes Plattenepithelkarzinom (5 Tage vor Zytol.-Abstrich).
Alter: 62 J. PT-Diagn.: Carcinoma cervicis uteri ($T_{3b}N_xM_0$). *Histol.*: papillär wachsendes Plattenepithelkarzinom.
Ther.: Biaxiale Telekobaltpendelbestrahlung kleines Becken ED 200 cGy, GD 8000 cGy HD (100%-Isodose) Split course technique: 5 Wochen Pause.
1. Tumorrezidiv nach 2½ J.: Therapie: 10 × ^{60}Co-Vaginal-Moulagen ED 400 cGy bis 4000 cGy GOD 3 Wochen Pause. 5 × ^{60}Co-Vaginal-Moulagen ED 400 cGy bis 2000 cGy GOD.
2. Tumorrezidiv nach 8 Mon.: Ther.: z. Z. lokale Tumorchemotherapie mit Bleomycin 5 × 5 mg, Auflage in Form von Schwämmchen.

Abb. 1.57 Färb.: Pap; Vergr.: 200 x
Hochgradig atypische Zellen Anisozytose. Kernschwellung mit Hyperchromatose und Polymorphie und grobkörnigem Chromatin, vereinzelt pathologische Kern-Plasma-Relation. Dazwischen einzelne Leukozyten (Pap. Gr. V), z. Z. der Zytol.: 11 Mon. nach Bestrahlung und Chemotherapie. Palp.-Kolp.: Tumorrezidiv.

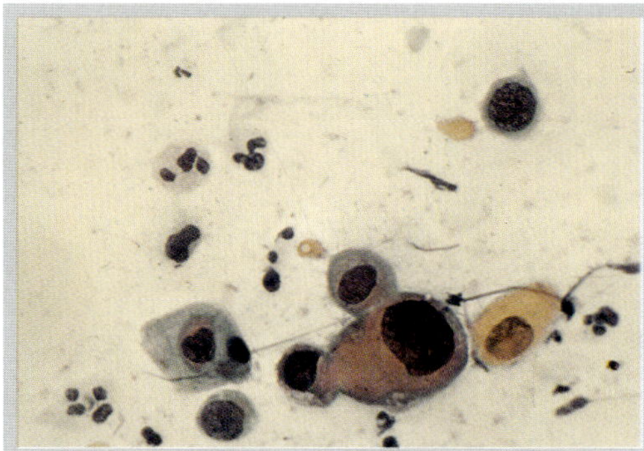

Abb. 1.57 a Färb.: HE; Vergr.: 55 × (gleicher Fall wie Abb. 1.57)
PE. *Histol.*-Diagn.: Plattenepithelkarzinom mit therapiebedingten Veränderungen (am gleichen Tag wie Zytol.-Abstrich).
Alter: 66 J. PT-Diagn.: Carcinoma cervicis uteri ($T_{2b}N_0M_0$). *Histol.*: nicht verhornendes Plattenepithelkarzinom.
Ther.: 2 × ^{137}Cs-Einlagen in 3-wöchentlichem Abstand je 3000 cGy GOD. ^{60}Co-Stehfeldbestrahlung – Unterbauch- und Gesäßfeld alt. ED 200 cGy bis GD 4600 cGy HD. Wegen Rezidiven erneut 2 × Kontakttherapie und lokale Chemotherapie mit Bleomycin intratumoral 2 Serien ED 7,5 mg GD 75 mg und GD 120 mg.

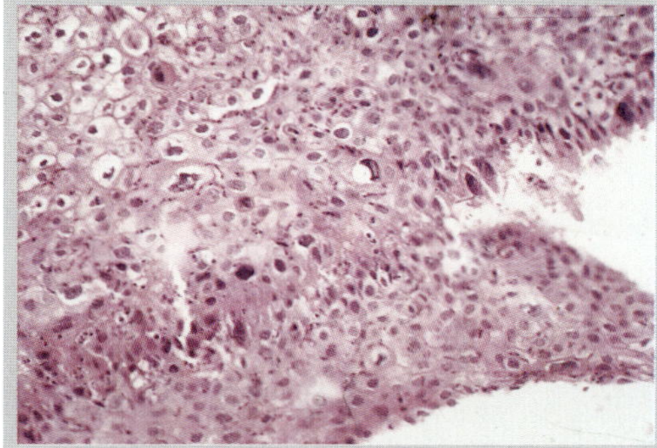

Abb. 1.58 Färb.: Pap; Vergr.: 132 x
Dorsaler Vaginalbereich: Atypische Zellkerne, sehr polymorph gestaltet, von schwammartiger, z. T. granulärer Kernstruktur mit Vakuolen. Konfluenz von Zytoplasmaanteilen, jedoch meistens Zytoplasmaverlust (Pap. Gr. IV), z. Z. der Zytol.: 1 J. nach Strahlentherapie. Gyn.-Kolp.: atypisches Epithel an dorsaler Vaginalwand. Krankheitsverlauf: 5 J. danach kein Tumorrezidiv, deshalb zytol. Fehldeutung, weil postradiogen bedingte Atypien wahrscheinlicher.
Alter: 71 J. PT-Diagn.: Carcinoma cervicis uteri ($T_{3a(b)}N_1M_0$). *Histol.*: mittelreifes Plattenepithelkarzinom.
Ther.: ^{60}Co-Stehfeldbestrahlung – Unterbauch- und Gesäßfeld alternierend ED 200 cGy, GD 3000 cGy HD – Fortsetzung mit biaxialer Telekobaltpendelbestrahlung kleines Becken ED 200 cGy, GD 4200 cGy HD.

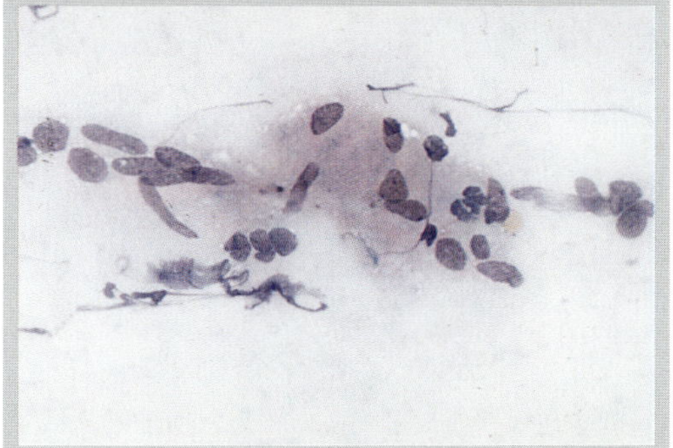

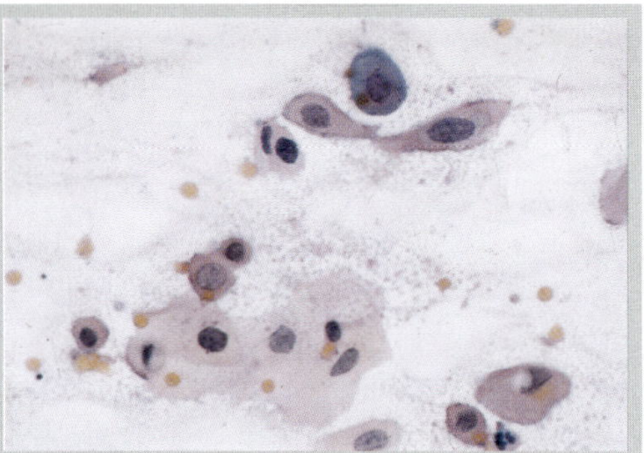

Abb. 1.59 Färb.: Pap; Vergr.: 160 x
Vereinzelte konfluierende Epithelien. Abnorme und mäßig atypische Zellen mit vergrößerten grobstrukturierten Kernen, bei z. T. pathologischer Kern-Plasma-Relation. Zwei Zellen von keulenförmiger Gestalt nach Art beginnender Zytoplasmaausläufer als Strahlenfolge, jedoch schwer differenzierbar von primären Zellatypien (Pap. Gr. V), z. Z. der Zytol.: 1 J. 1 Mon. nach Strahlentherapie. Gyn.-Kolp.: tumorverdächtige, träubchenförmige Proliferation. Klin. Rezidiv.
Alter: 63 J. PT-Diagn.: Carcinoma cervicis uteri ($T_1N_{2a}M_1$). *Histol.*: Plattenepithelkarzinom.
Ther.: Abdominale Radikaloperation nach *Wertheim-Meigs*. Biaxiale Telekobaltpendelbestrahlung kleines Becken ED 200 cGy, GD 6000 cGy HD (100%-Isodose), Split course technique: 4 Wochen Pause.

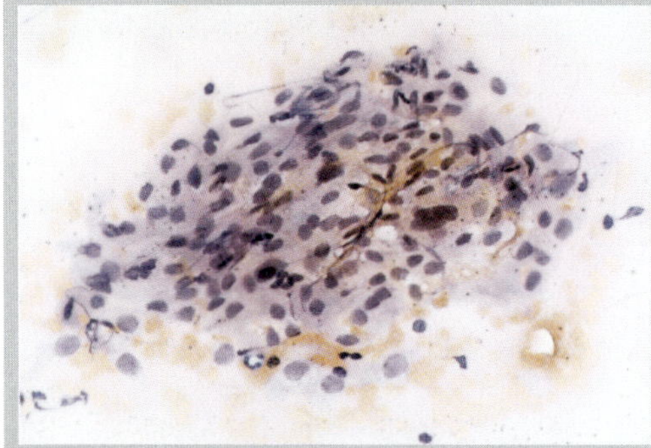

Abb. 1.60 Färb.: Pap; Vergr.: 100 x
Herdförmiges Konzentrat aus epithelialen Zellen mit mäßigen Dyskaryosen, einzelnen abnormen ödematös veränderten Zellkernen sowie einige Kerne nach Art sog. Zigarrenkerne. Anderenorts stärkere Zellabnormitäten bzw. Atypien (Pap. Gr. IV fraglich), z. Z. der Zytol.: 1 J. 1 Mon. nach Strahlentherapie. Gyn.-Kolp.: tumorverdächtige Gefäßzeichnung – 3 J. danach kein Tumorrezidiv – deshalb zytol. Veränderungen nur radiogen bedingt.
Alter: 32 J. PT-Diagn.: Carcinoma cervicis uteri ($T_{2a}N_1M_0$). *Histol.*: gering verhornendes Plattenepithelkarzinom.
Ther.: Biaxiale Telekobaltpendelbestrahlung kleines Becken ED 200 cGy, GD 5800 cGy HD (100%-Isodose), Split course technique: 4 Wochen Pause.

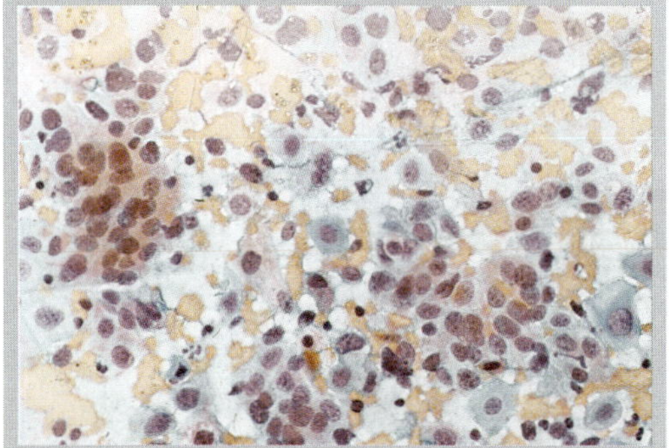

Abb. 1.61 Färb.: Pap; Vergr.: 100 x
Dorsale Kommissur: Dicht gelagerte Zellen: vermehrt Erythrozyten in beginnender bzw. fortgeschrittener Zytolyse. Dazwischen zahlreiche stark abnorme Zellkerne mit ausgeprägter granulierter Struktur, vereinzelt Kernvakuolen bei nur geringer Anisokaryose (Pap. Gr. IV), z. Z. der Zytol.: 1 J. 1 Mon. nach Strahlentherapie. Gyn.-Kolp.: tumorverdächtiger Grundbezirk. 1 Mon. später PE-*Histol.*: Morbus Bowen an dorsaler Kommissur.
Alter: 69 J. PT-Diagn.: Carcinoma cervicis uteri ($T_{3b}N_0M_0$). *Histol.*: Plattenepithelkarzinom.
Ther.: Biaxiale Telekobaltpendelbestrahlung kleines Becken ED 200 cGy, GD 8000 cGy HD (100%-Isodose), Split course technique: 5 Wochen Pause.

Abb. 1.62 Färb.: Pap; Vergr.: 200 x
Epithelien mit Kernhyperchromatose und feingranulierter Kernstruktur. Geringe Anisokaryose. Zytoplasmasubstanz eosinophil und verdichtet, verwaschene Zellgrenzen (Pap. Gr. II), z. Z. der Zytol.: 1 J. 1 Mon. nach Bestrahlung (ohne Tumorrezidiv).
Alter: 70 J. PT-Diagn.: Carcinoma cervicis uteri ($T_{1b}N_0M_0$). *Histol.*: Plattenepithelkarzinom.
Ther.: ^{60}Co-Kontakttherapie – Stift-Platte-Kombination. 2 × in 14-tägigem Abstand bis 2 × 3000 cGy GOD. ^{60}-Co-Stehlfeldbestrahlung – Unterbauch- und Gesäßfeld alt. ED 200 cGy, GD 4600 cGy HD (Kontakttherapiegebiet mit Pb-Block abgedeckt).

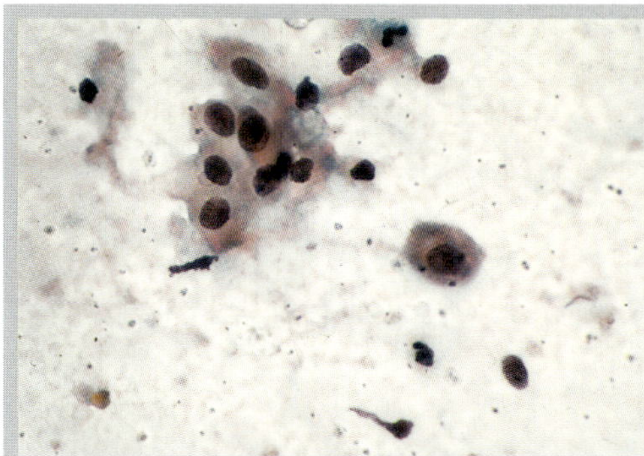

Abb. 1.63 Färb.: Pap; Vergr.: 66 x
Durch pseudopodienförmige Zytoplasmaausläufer geflechtartig miteinander verbundene Epithelien. Mehrfach medusenähnlich gestaltet. Zellkerne überwiegend uniform, jedoch mit Vergrößerung der Nukleoli (Pap. Gr. III ⚡ D), z. Z. der Zytol.: 1 J. 6 Mon. nach Strahlentherapie. Gyn.: kein Tumorrezidiv. Kolp.: Atrophie.
Alter: 74 J. PT-Diagn.: Carcinoma cervicis uteri ($T_{3a}N_xM_0$). *Histol.*: Plattenepithelkarzinom.
Ther.: Biaxiale Telekobaltpendelbestrahlung kleines Becken ED 200 cGy, GD 8000 cGy HD (100%-Isodose) Split course technique: 4 und 2 Wochen Pause.

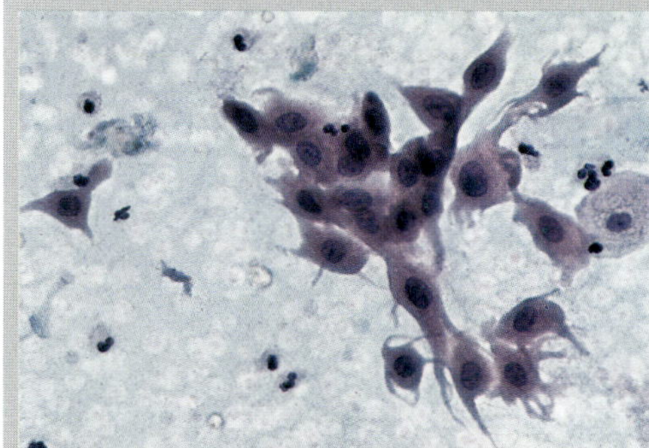

Abb. 1.64 Färb.: Pap; Vergr.: 160 x
Konzentrat aus fraglich atypischen Zellen. Auffällige Hyperchromatose und Polymorphie der Zellkerne. Einzelne Plasma-Vakuolen. Kern-Plasma-Relation jedoch annähernd normal (Pap. Gr. IV), z. Z. der Zytol.: 1 J. 7 Mon. nach Strahlentherapie. Gyn.-Kolp.: glasiges Gewebe im Portiobereich – stark tumorverdächtig [2 Wochen nach Zytol. erfolgte PE: *histol.* kein Tumorgewebe – d. h. zytol. Fehlinterpretation (Kolp. war irreführend)].
Alter: 60 J. PT-Diagn.: Carcinoma cervicis uteri ($T_3N_0M_0$). *Histol.*: nichtverhornendes Plattenepithelkarzinom.
Ther.: Biaxiale Telekobaltpendelbestrahlung kleines Becken ED 200 cGy, GD 8000 cGy HD (100%-Isodose), Split course technique: 4 und 2 Wochen Pause.

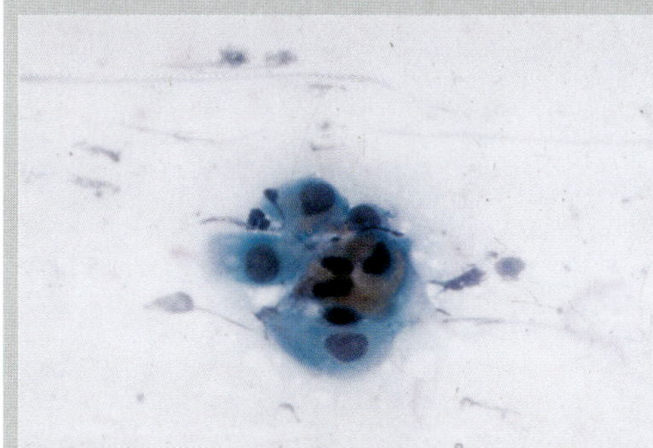

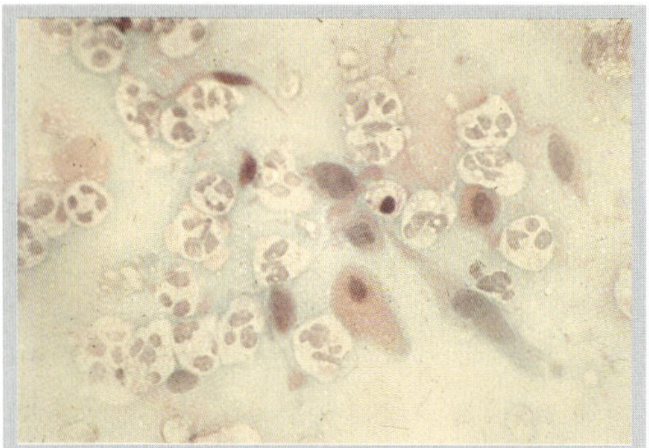

Abb. 1.65 Färb.: Pap; Vergr.: 200 x
Atypische Zellen mit Hypo- und Hyperkeratose. Kernpolymorphie. einzelne spindelförmige Zellen, z. T. unscharfe Zellgrenzen, beginnende Zytolyse. Dazwischen Leukozyten (bei Pap. Gr. V), z. Z. der Zytol.: 1 J. 7 Mon. nach Strahlentherapie. Gyn.: Verdacht auf Tumorrezidiv. Kolp.: Tumorgefäße.

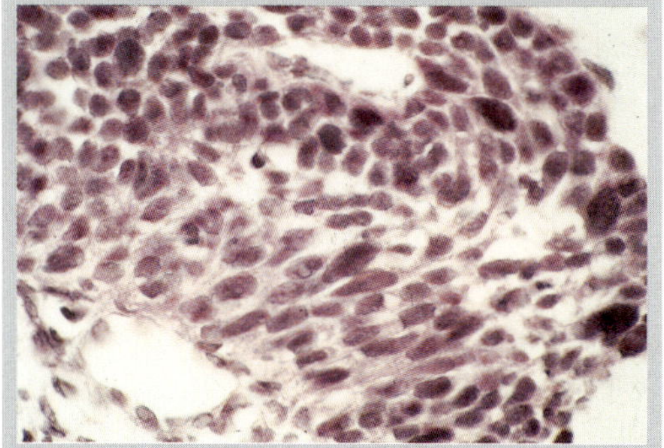

Abb. 1.65 a Färb.: HE; Vergr.: 200 × (gleicher Fall wie Abb. 1.65)
PE (zur Abb. 1.65). *Histol.*-Diagn.: anaplastisches Plattenepithelkarzinom (2 Mon. 2 Wochen nach Zytol.).
Alter: 74 J. PT-Diagn.: Carcinoma cervicis uteri ($T_{2a+b}N_0M_0$). *Histol.*: anaplastisches Plattenepithelkarzinom.
Ther.: Biaxiale Telekobaltpendelbestrahlung kleines Becken ED 200 cGy, GD 8000 cGy HD (100%-Isodose), Split course technique: 4½ Wochen Pause.

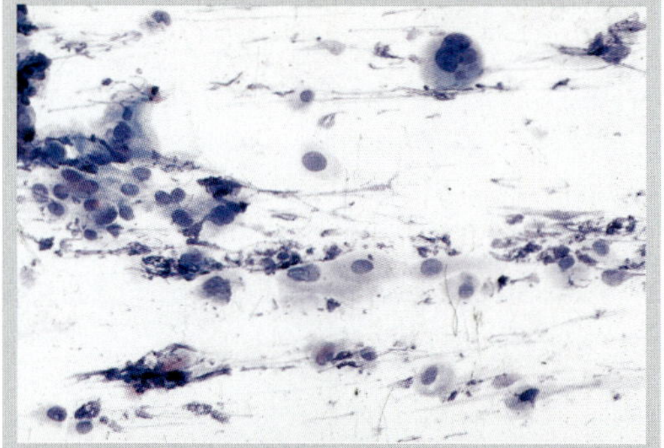

Abb. 1.66 Färb.: Pap; Vergr.: 132 x
Innenseite kleine Labie: Vermehrt Detritus. Locker verstreute atypische Zellen mit hypo- und hyperchromatischen Zellkernen bei ungleicher Größe derselben und lockerer Chromatinstruktur (Pap. Gr. V), z. Z. der Zytol.: 1 J. nach Strahlentherapie. Gyn.-Kolp.: tumorverdächtiger Bezirk an der kleinen Labie.

Abb. 1.66 a Färb.: Pap; Vergr.: 132 × (gleicher Fall wie Abb. 1.66)
Vaginalwand: Detritus und Erythrozyten in fortgeschrittener Zytolyse. Zwei atypische einzeln liegende Zellen und eine doppelkernige atypische Zelle mit Zytoplasmaschweif. Diese Zellkerne sind monströs, etwas unterschiedlich groß sowie von körniger Struktur, anderenorts starke Zellatypie (Pap. Gr. V), z. Z. der Zytol.: 2 J nach Bestrahlungsende. Gyn.-Kolp.: jetzt starker Verdacht auf Tumorgewebe (weiterer Verlauf unbekannt).
Alter: 72 J. PT-Diagn.: Carcinoma cervicis uteri ($T_3N_xM_0$). *Histol.*: Plattenepithelkarzinom
Ther.: Biaxiale Telekobaltpendelbestrahlung kleines Becken ED 200 cGy, GD 8000 cGy HD (100%-Isodose), Split course technique: 4 und 2 Wochen Pause.

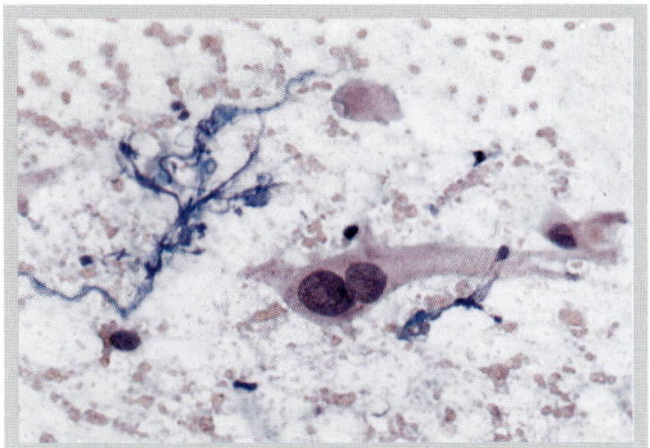

Abb. 1.67 Färb.: Pap; Vergr.: 126 x
Dicht gelagerte atypische Zellen. Kernpolymorphie und Hyperchromatose. Zartes z. T. zerfließliches bzw. aufgelöstes Zytoplasma (Pap. Gr. IV), z. Z. der Zytol.: 1 J. nach Strahlentherapie. Gyn.: dringender Verdacht auf Tumorrezidiv. Kolp.: glasiges Gewebe.

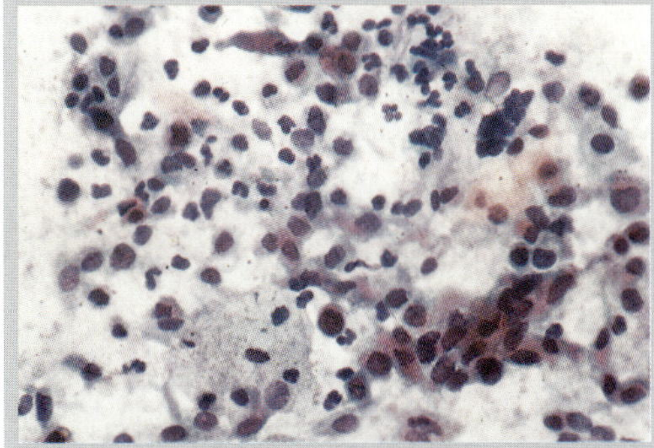

Abb. 1.67 a Färb.: HE; Vergr.: 126 × (gleicher Fall wie Abb. 1.67)
PE. *Histol.*-Diagn.: stark dysplastisches, karzinomverdächtiges Plattenepithel (21 Tage nach Zytol.-Abstrich).
Alter: 61 J. PT-Diagn.: Carcinoma cervicis uteri ($T_{2b}N_0M_0$). *Histol.*: verhornendes Plattenepithelkarzinom.
Ther.: Biaxiale Telekobaltpendelbestrahlung kleines Becken ED 200 cGy, GD 6000 cGy HD (100%-Isodose), Split course technique: 3 Wochen Pause.

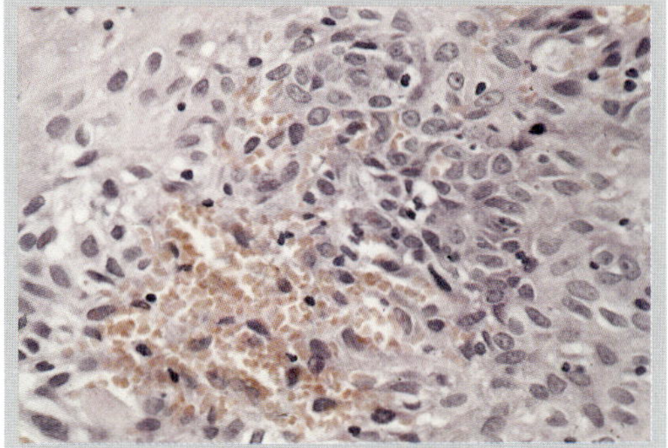

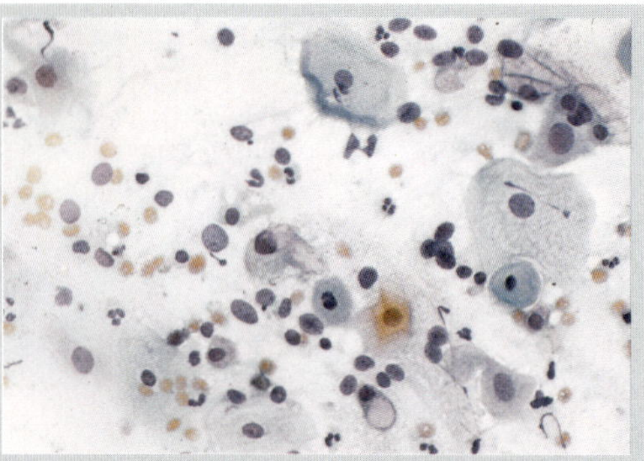

Abb. 1.68 Färb.: Pap; Vergr.: 100 x
Locker verstreute Erythrozyten. Wenige Leukozyten. Einzelne Superfizial- und Intermediärzellen, z. T. atrophisch, z. T. mit wabenförmig-ödematösem Zytoplasma. Vermehrt Zellkerne ohne Plasma mit Größenunterschieden und betonten bzw. vermehrten Nukleoli. Eine orangefarbene epitheliale Zelle ohne Abnormität (Pap. Gr. III ⚡ D), z. Z. der Zytol.: 1 J. nach Strahlentherapie. Gyn.: Fibrose, kein Tumor. Kolp.: Atrophie.
Alter: 68 J. PT-Diagn.: Carcinoma cervicis uteri ($T_{1b}N_xM_0$). *Histol.*: verhornendes Plattenepithelkarzinom.
Ther.: 2 × Kontakttherapie: ^{137}Cs-Einlage – kleiner Stift-große Platte in 3-wöchigem Abstand bis jeweils 2500 cGy GOD. ^{60}Co-Stehfeldbestrahlung der Parametrien Unterbauch- und Gesäßfeld alt. ED 200 cGy, GD 4000 cGy HD (Abdeckung der Kontakttherapiegebiet mit Pb-Block).

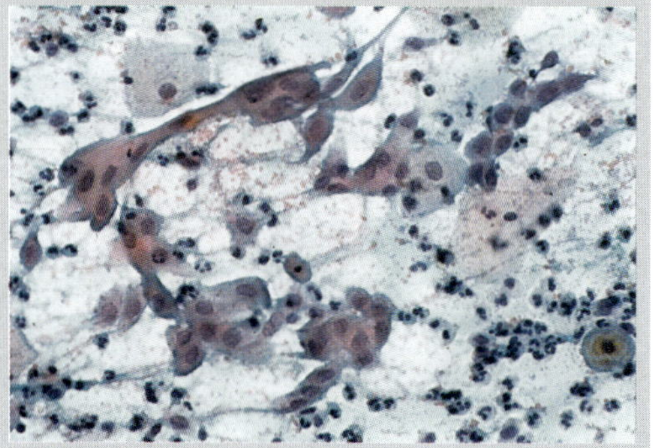

Abb. 1.69 Färb.: Pap; Vergr.: 100 x
Massenhaft Leukozyten. Eine atrophische epitheliale Zelle im Randgebiet. Mehrfach häutchenförmige Komplexe aus Epithelien. Überwiegend rötlich-bräunliches Zytoplasma. Einzelne Zytoplasmaausläufer. Zellkerne z. T. gering ödematös verändert, rundlich oder länglich gestaltet (Pap. Gr. III ⚡ D), z. Z. der Zytologie: 1 J. nach Strahlentherapie. Gyn.: ohne Tumorrezidiv. Kolp.: Atrophie.
Alter: 66 J. PT-Diagn.: Carcinoma cervicis uteri ($T_{1b}N_0M_0$). *Histol.*: nichtverhornendes Plattenepithelkarzinom.
Ther.: 3 × ^{137}Cs-Einlage – Stift-Platte-Kombination in 3-wöchentlichem Abstand bis 2500 cGy, 3000 cGy und 1800 cGy GOD. ^{60}Co-Stehfeldbestrahlung der Parametrien – Unterbauch- und Gesäßfeld alt. ED 200 cGy, GD 4400 cGy HD (Kontakttherapiegebiet mit Pb-Block abgedeckt).

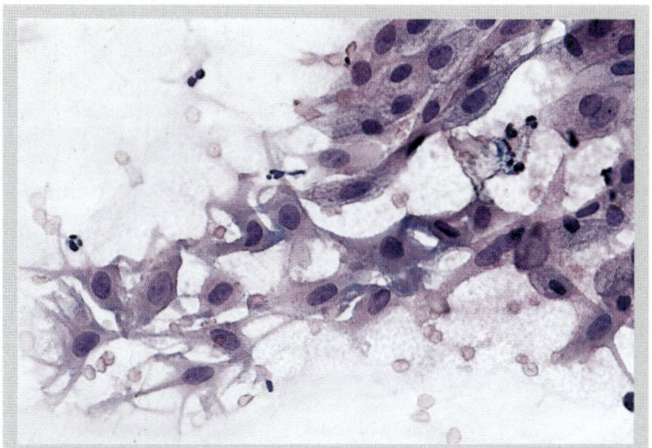

Abb. 1.70 Färb.: Pap; Vergr.: 132 x
Gitterförmig miteinander konfluierende geflechtartige Zytoplasmaausläufer von Epithelien mit mäßig vergrößerten Zellkernen bei Schwellung der Nukleoli. Geringe Größenunterschiede der Kerne, partiell Zytoplasma wabenartig-ödematös verändert (Pap. Gr. III ⚡ D), z. Z. der Zytol.: 1 J. nach Abschluß der Strahlentherapie. Klin.: Vaginitis, kein Tumornachweis. Kolp.: Ulkus.
Alter: 71 J. PT-Diagn.: Carcinoma cervicis uteri ($T_{3a(b)}N_1M_0$). *Histol.*: mittelreifes Plattenepithelkarzinom.
Ther.: Betatron ultraharte Röntgenstrahlen 43 MV Stehfeldbestrahlung Unterbauch- und Gesäßfeld alt. ED 200 cGy, GD 3000 cGy HD. Fortsetzung: Biaxiale Telekobaltpendelbestrahlung ED 200 cGy, GD 4200 cGy HD. (100%-Isodose)

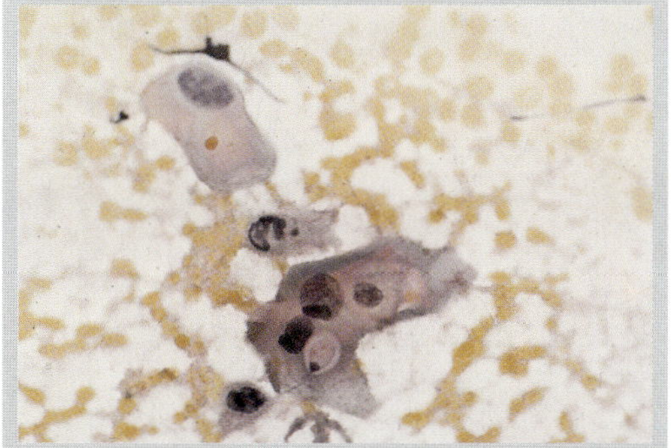

Abb. 1.71 Färb.: Pap; Vergr.: 160 x
Erythrozyten in fortgeschrittener Zytolyse. Starkes Zytoplasmaödem einer Einzelzelle mit schwammartiger Zellveränderung. Daneben Konglomerat aus kohärenten Epithelien bei Zellkerngrößenunterschieden mit degenerativen Veränderungen sowie mäßiger Hyperchromatose und fraglicher Atypie. Einschluß einer Spermie (bei Pap. Gr. IV), z. Z. der Zytol.: 1 J. nach Strahlentherapie. Klin. Verdacht auf Tumorrezidiv. Kolp.: Blutender Portiokrater, nicht sicher beurteilbar. Bei Palpation: Parametrien derb, dringender Verdacht auf Tumorinfiltration.
Alter: 72 J. PT-Diagn.: Carcinoma cervicis uteri ($T_{3b}N_0M_0$). *Histol.*: wenig verhornendes Plattenepithelkarzinom.
Ther.: Biaxiale Telekobaltpendelbestrahlung kleines Becken ED 200 cGy, GD 3600 cGy HD. (100%-Isodose) ^{137}Cs-Kontakttherapie – großer Stift – große Platte bis 2000 cGy GOD.

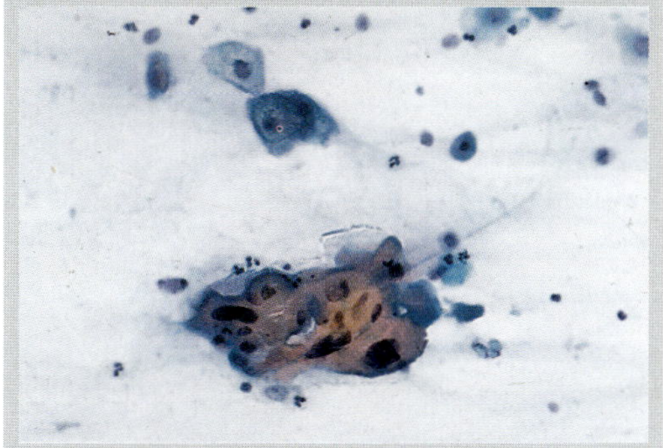

Abb. 1.72 Färb.: Pap; Vergr.: 100 x
Konglomerat aus konfluierenden Epithelien ohne sichtbare Zellgrenzen. Zytoplasma teils eosinophil, teils zyanophil. Einige bizarre und monströse hyperchromatische Zellkerne, offenbar postradiogen bedingt (Pap. Gr. III), z. Z. der Zytol.: 1 J. nach Strahlentherapie. Gyn.: kein Tumorrezidiv. Kolp.: Atrophie.
Alter: 53 J. PT-Diagn.: Carcinoma cervicis uteri ($T_{3a}N_1M_1$). *Histol.*: Plattenepithelkarzinom.
Ther.: Biaxiale Telekobaltpendelbestrahlung kleines Becken ED 200 cGy, GD 8000 cGy HD (100%-Isodose), Split course technique: 4 und 2 Wochen Pause.

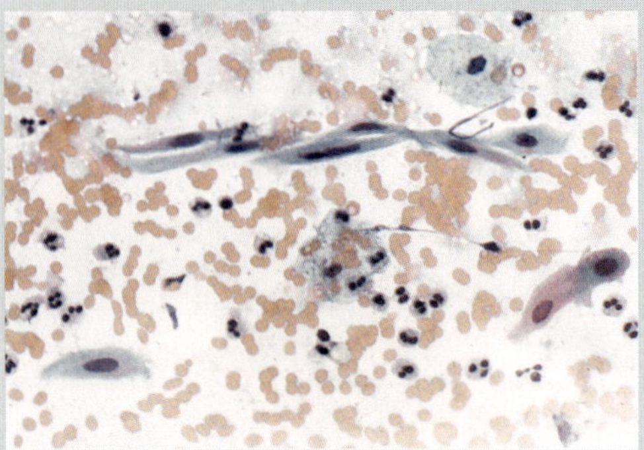

Abb. 1.73 Färb.: Pap; Vergr.: 132 x
Reichlich Erythrozyten, mäßig viel Leukozyten. Einzelne Epithelien mit dornenförmigen Zytoplasmaausläufern. Straßenförmig gelagerte Bindegewebszellen mit ovalen spindelförmigen Zellkernen und zartem Zytoplasma. Eine angrenzende epitheliale Zelle besitzt grießeliges ödematöses Plasma und einen Zellkern von normaler Größe (Pap. Gr. III ⚡ D), z. Z. der Zytol.: 2 J. 2 Mon. nach Strahlentherapie. Gyn.: kein Tumorrezidiv. Kolp.: Atrophie, Kontaktblutung.
Alter: 29 J. PT-Diagn.: Carcinoma cervicis uteri ($T_{2b}N_0M_0$). *Histol.*: verhornendes Plattenepithelkarzinom.
Ther.: Operation: Erweiterte abdominale Radikaloperation nach *Wertheim* ohne Adnexe. Nachbestrahlung: Biaxiale Telekobaltpendelbestrahlung kleines Becken ED 200 cGy, GD 6000 cGy HD (100%-Isodose), Split course technique: 3 Wochen Pause.

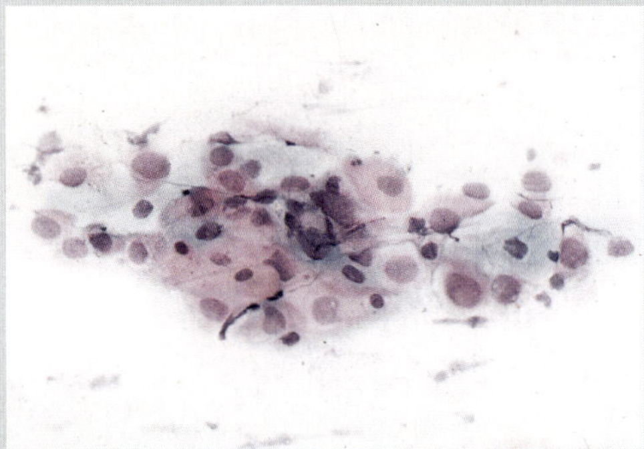

Abb. 1.74 Färb.: Pap; Vergr.: 100 x
Konzentrat aus Epithelien mit ausgeprägten Zellkerngrößenunterschieden, z. T. Kernschwellung erheblichen Grades. Kernvakuolen, Zytoplasmaverdämmerung bei Zellwandkohäsion (Pap. Gr. III ⚡ D), z. Z. der Zytol.: 2 J. 2 Mon. nach Strahlentherapie. Gyn.: massive Fibrose, kein Tumorrezidiv. Kolp.: Gefäßatypien.
Alter: 66 J. PT-Diagn.: Carcinoma cervicis uteri ($T_{3b(a)}N_1M_0$). *Histol.*: nichtverhornendes Plattenepithelkarzinom.
Ther.: Biaxiale Telekobaltpendelbestrahlung kleines Becken ED 200 cGy, GD 8000 cGy HD (100%-Isodose), Split course technique: 5 Wochen Pause.

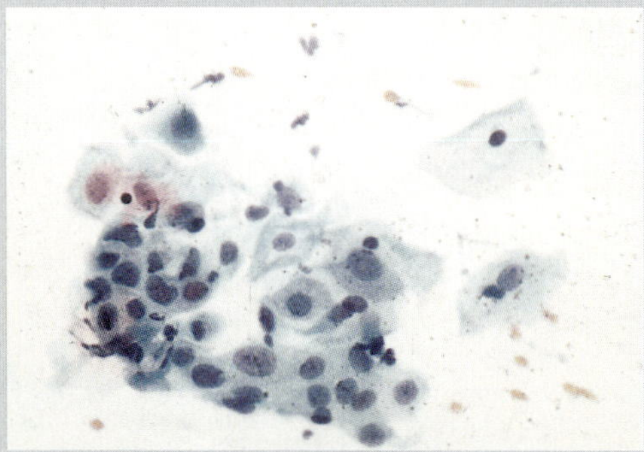

Abb. 1.75 Färb.: Pap; Vergr.: 126 x
Häutchenförmiges Konzentrat aus atypischen Zellen. Kernpolymorphie. Nukleolivergrößerung. Zytoplasmakohäsionen (bei Pap. Gr. IV), z. Z. der Zytol.: 2 J. 3 Mon. nach Strahlentherapie. Gyn.: Verdacht auf Tumorrezidiv. Kolp.: Vaskularisation, Atrophie.

Abb. 1.75 a Färb.: HE; Vergr.: 126 × (gleicher Fall wie Abb. 1.75)
PE. *Histol.*: Hochgradiger Verdacht auf Plattenepithelkarzinom (27 Tage nach Zytol.-Abstrich).
Alter: 37 J. PT-Diagn.: Carcinoma cervicis uteri ($T_{2a}N_0M_0$). *Histol.*: Plattenepithelkarzinom.
Ther.: Vaginale Radikaloperation mit beiden Adnexen. Nachbestrahlung: Biaxiale Telekobaltpendelbestrahlung kleines Becken ED 200 cGy HD, GD 6000 cGy HD (100%-Isodose), Split course technique: 3 Wochen Pause.

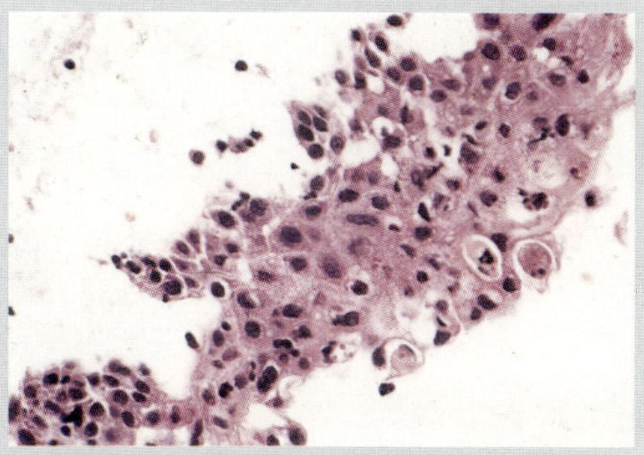

Abb. 1.76 Färb.: Pap; Vergr.: 100 x
Ödematös veränderte Intermediärzellen. Detritus, Bakterien. Daneben eine Zelle mit erheblicher Kernschwellung bei pathologischer Kern-Plasma-Relation. Randständig eine Zelle mit hyperchromatischem entrundeten Zellkern und angedeutet flossenförmigen Zytoplasmaausläufern (Pap. Gr. II K), z. Z. der Zytol.: 2 J. 5 Mon. nach Strahlentherapie. Gyn.: kein Tumorrezidiv. Kolp.: ohne Besonderheiten.
Alter: 75 J. PT-Diagn.: Carcinoma cervicis uteri ($T_{1b}N_0M_0$). *Histol.*: verhornendes Plattenepithelkarzinom *und* Carcinoma ovarii ($T_1N_xM_0$). *Histol.*: alveoläres Adenokarzinom.
Ther.: Abdominale Hysterektomie mit beiden Adnexen und Appendektomie. Nachbestrahlung: Biaxiale Telekobaltpendelbestrahlung kleines Becken ED 200 cGy, GD 6000 cGy HD (100%-Isodose), Split course technique: 3 Wochen Pause.

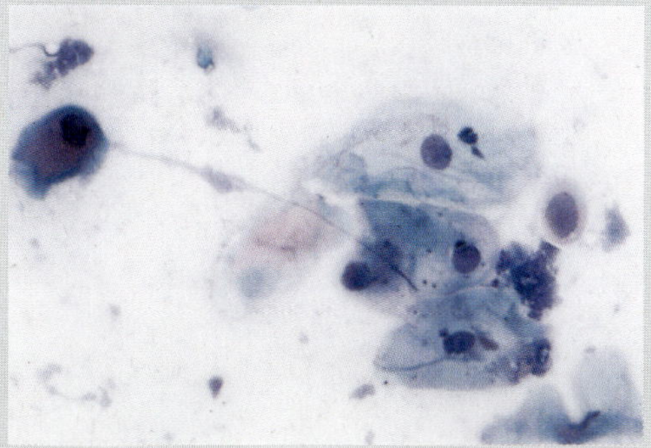

Abb. 1.77 Färb.: Pap; Vergr.: 200 x
Diffus verstreute Leukozyten. Im Zentrum drei miteinander konfluierende Epithelien mit fließendem Zytoplasmaübergang und schweifartigen Zytoplasmaausläufer. Eosinophilie des Plasmas. Kernstruktur ödematös. Eine benachbarte Einzelzelle mit Kernhyperchromatose (Pap. Gr. III ⚡ D), z. Z. der Zytol.: 3 J. nach Strahlentherapie. Klin.: kein Anhalt für Tumorrezidiv. Kolp.: unruhige Gefäßzeichnung.
Alter: 46 J. PT-Diagn.: Carcinoma cervicis uteri ($T_{1b}N_0M_0$). *Histol.*: Adenokarzinom mit Angiomatosis carcinomatosa.
Ther.: Abdominale Radikaloperation nach *Wertheim*. Nachbestrahlung: Biaxiale Telekobaltpendelbestrahlung kleines Becken ED 200 cGy, GD 6000 cGy HD (100%-Isodose), Split course technique: 3 Wochen Pause.

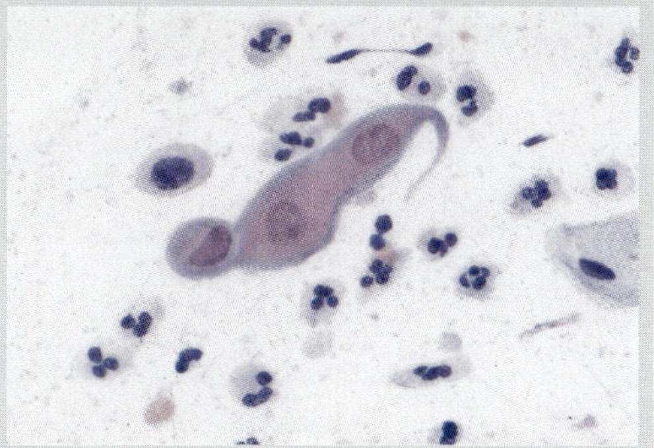

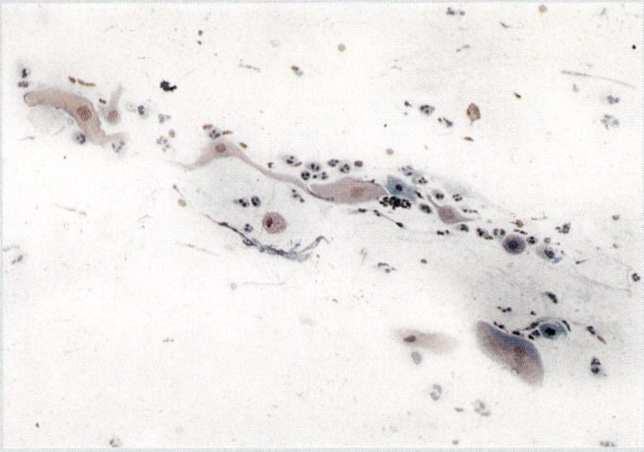

Abb. 1.78 Färb.: Pap; Vergr.: 50 x
Zellarmer Abstrich. Zwischen Leukozyten wenige Epithelien mit z. T. schlangenförmigen bzw. spitzen Zytoplasmaausläufern (Pap. Gr. III ϟ D), z. Z. der Zytol.: 3 J. 1 Mon. nach Strahlentherapie. Klin.: Vaginitis. Kolp.: Tumorrezidivverdacht.
Alter: 41 J. PT-Diagn.: Carcinoma cervicis uteri ($T_{2a}N_0M_0$). *Histol.*: Plattenepithelkarzinom.
Ther.: Vaginale Totaloperation mit beiden Adnexen (Schauta). Biaxiale Telekobaltpendelbestrahlung kleines Becken ED 200 cGy, GD 6000 cGy HD (100%-Isodose), Split course technique: 4 Wochen Pause. 3 J. danach: tumorverdächtiges Gewebe an der Vaginalvorderwand – ^{60}Co-Vaginal-Moulagen ED 400 cGy bis 4000 cGy Punkt A.

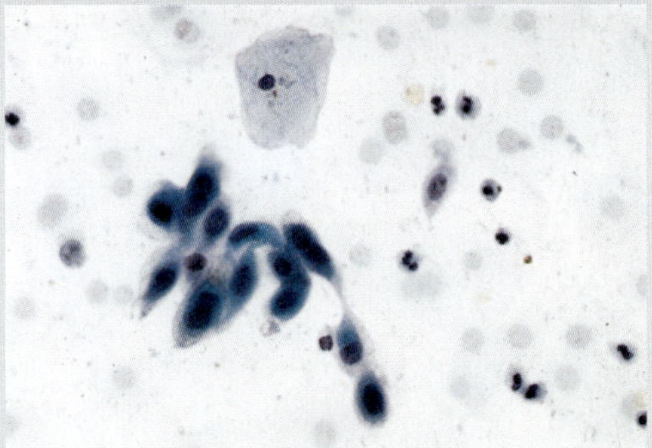

Abb. 1.79 Färb.: Pap; Vergr.: 132 x
Vereinzelte Leukozyten. Nur schattenhaft zytolytische Zellkerne in diffuser Ausbreitung. Eine ödematös veränderte Superfizialzelle mit hellem lividen Zytoplasma. Eine Gruppe stärker abnormer Epithelien, offenbar aus den tieferen Zellschichten, mit hyperchromatischen Zellkernen und geringen Größenunterschieden. Zytoplasma ausgeprägt zyanophil, z. T. konfluierend durch Ausläufer. Anderenorts außerhalb des Blickfeldes fragliche Zellatypien (bei Pap. Gr. IV), z. Z. der Zytol.: 3 J. 3 Mon. nach Strahlentherapie. Gyn.-Kolp.: tumorverdächtige Gefäßatypien im Portiobereich. 6 Mon. nach Zytol.: PE. *Histol.*: keine Karzinomanteile, d. h. zytol. Fehlbeurteilung, nur postradiogene Veränderungen.
Alter: 78 J. PT-Diagn.: Carcinoma cervicis uteri ($T_1N_0M_0$). *Histol.*: Plattenepithelkarzinom.
Ther.: ^{60}Co-Kontakttherapie – Stift-Platte-Kombination, 2 Einlagen in 14-tägigem Abstand, jeweils bis 3000 cGy GOD. ^{60}Co-Stehfeldbestrahlung Parametrien – Unterbauch- und Gesäßfeld alt. ED 200 cGy, GD 4000 cGy HD (Abdeckung der Kontakttherapiegebiet mit Pb-Block).

Abb. 1.80 Färb.: Pap; Vergr.: 160 x
Vereinzelte Leukozyten. Detritusanteile. Transparente medusenförmige Zytoplasmaausläufer. Im Zentrum durch Zytoplasmaausläufer bedingte Konfluenz einzelner Epithelien. Zellkerne geringfügig entrundet, feingranuläre Struktur (Pap. Gr. III ⚡ D), z. Z. der Zytol.: 3 J. 5 Mon. nach Strahlentherapie. Gyn.: kein Tumornachweis. Kolp.: Atrophie.
Alter: 46 J. PT-Diagn.: Carcinoma cervicis uteri ($T_{2b}N_0M_0$). *Histol.*: unreifes bis solides Adenokarzinom
Ther.: Operation nach *Wertheim*. Nachbestrahlung: Biaxiale Telekobaltpendelbestrahlung kleines Becken ED 200 cGy, GD 6000 cGy HD (100%-Isodose), Split course technique: 3 Wochen Pause.

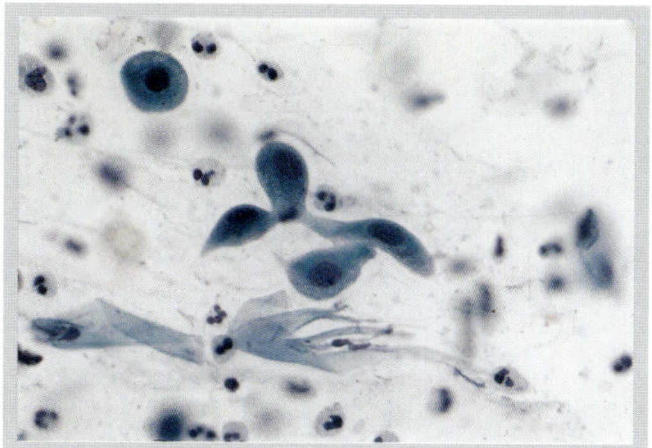

Abb. 1.81 Färb.: Pap; Vergr.: 66 x
Dicht gelagerte Leukozyten. Dazwischen einzelne bzw. in Komplexen formierte Epithelien. Unterschiedliche Größe und Form der Zellkerne mit ödematöser Auflockerung und Größenzunahme bzw. mäßiger Hyperchromatose. Schwer differenzierbar, ob postradiogen bedingt oder reaktiv bei Entzündung (Pap. Gr. III ⚡ D) – hormonale Aufhellung empfohlen, z. Z. der Zytol.: 3 J. 6 Mon. nach Strahlentherapie. Gyn.: kein Tumorrezidiv. Kolp.: Atrophie.
Alter: 77 J. PT-Diagn.: Carcinoma cervicis uteri ($T_{1b}N_0M_0$). *Histol.*: nichtverhornendes Plattenepithelkarzinom.
Ther.: 2 × ^{137}Cs-Einlagen – kleiner Stift-kleine Platte in 3 wöchentlichen Abstand bis jeweils 3000 cGy GOD. 14 Tage danach: ^{60}Co-Stehfeldbestrahlung Parametrien – Unterbauch- und Gesäßfeld alt. ED 200 cGy, GD 4600 cGy HD (Kontakttherapiegebiet mit Pb-Block abgedeckt).

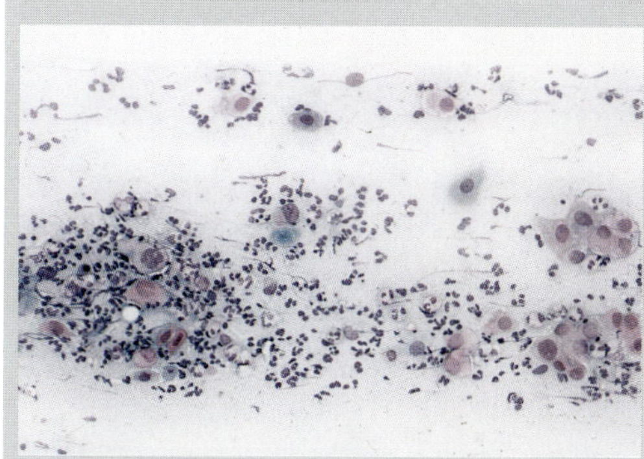

Abb. 1.82 Färb.: Pap; Vergr.: 200 x
Große kaulquappenartig gestaltete Zelle mit langem zyanophilem Zytoplasmaschweif. Zellkern von unregelmäßiger Form (Pap. Gr. II K), z. Z. der Zytol.: 3 J. 10 Mon. nach Bestrahlung eines Tumorrezidivs, z. Z. wieder Rezidivverdacht.
Alter: 43 J. PT-Diagn.: Carcinoma cervicis uteri (TNM unbekannt). *Histol.*: nichtverhornendes Plattenepithelkarzinom.
Ther.: Vor 20 Jahren Operation nach *Wertheim.* Nachbestrahlung mit Röntgentiefentherapie (weitere Daten nicht bekannt). Danach Scheidenstumpfrezidiv, deshalb erneute Strahlentherapie: ^{60}Co-Vaginal-Moulagen 2 Serien im monatlichen Abstand ED 400 cGy bis 4000 cGy und 2000 cGy GOD.

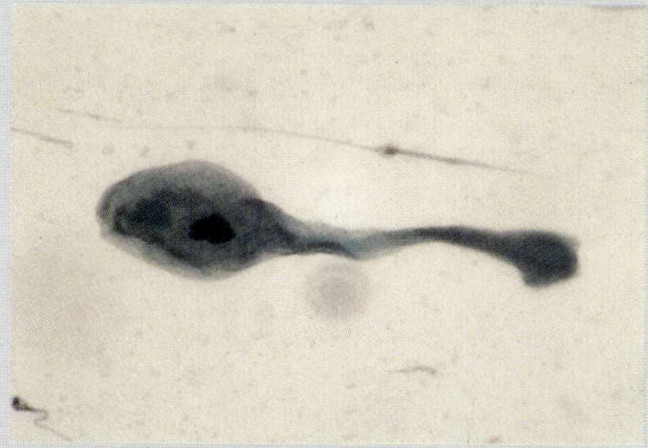

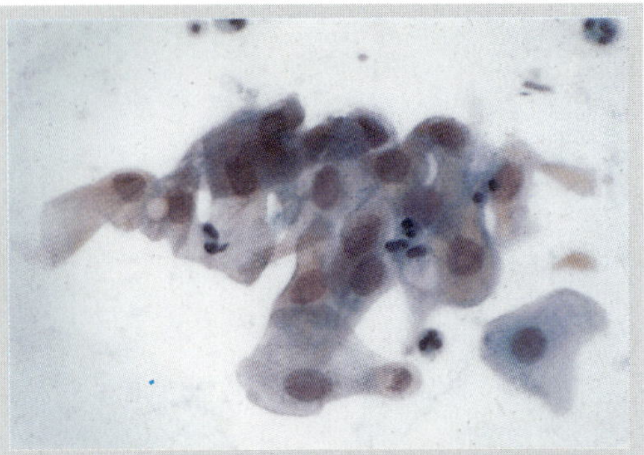

Abb. 1.83 Färb.: Pap; Vergr.: 200 x
Zellkomplex mit Zytoplasmaadhäsionen und schmetterlingsartigen Plasmaformen. Neigung zur Zellverklumpung. Mäßige Zellkernschwellung (Pap. Gr. II), z. Z. der Zytol.: letzte Strahlentherapie eines Spätrezidivs vor 3 J. 11 Mon. (primäre Bestrahlung vor 20 J.) Gyn.: plaqueartige Inseln.
Alter: 53 J. PT-Diagn.: Carcinoma cervicis uteri. *Histol.*: nichtverhornendes Plattenepithelkarzinom. Ovarialkarzinom. *Histol.*: Tumortyp unbekannt.
Ther.: Operation nach *Wertheim*. Bestrahlung 2 × Radiogold-Installation im monatlichen Abstand. Kolloidales ^{198}Au 150,7 mCi und 148,3 mCi intraperitoneal. Biaxiale Telekobaltpendelbestrahlung kleines Becken GD 4000 cGy HD. (100%-Isodose), Rezidiv nach 17 J.: deshalb ^{60}Co-Vaginal-Moulagen in 2 Serien ED 400 cGy bis GD 6000 cGy GOD.

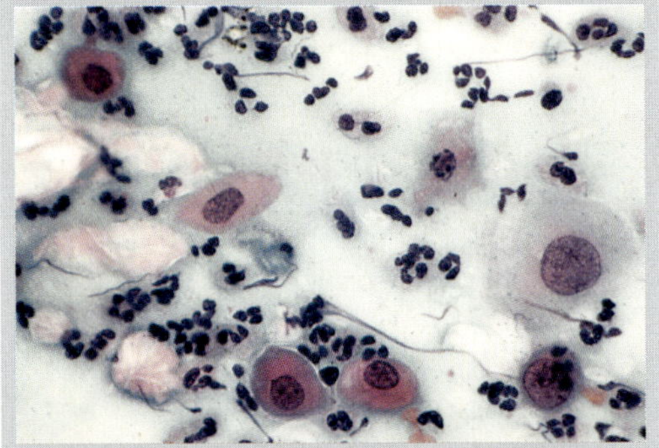

Abb. 1.84 Färb.: Pap; Vergr.: 200 x
Abnorme Zellen mit noch normaler Kern-Plasma-Relation, geringe Hyperchromatose, vergröbertes Kernchromatin, vermehrt Leukozyten (Pap. Gr. III D), z. Z. der Zytol.: 4 J. 7 Mon. nach Strahlentherapie. Gyn.-Kolp.: stark tumorverdächtig, ausgeprägte Entzündung – später kein Tumorrezidiv.

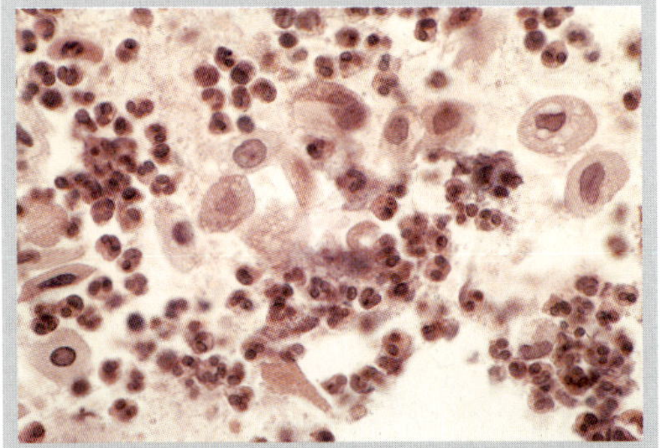

Abb. 1.84 a Färb.: HE; Vergr.: 200 × (gleicher Fall wie Abb. 84)
PE (1 Tag nach Zytol.). *Histol.*-Diagn.: radiogen veränderte Epithelien mit Vakuolisierung, Dignität nicht sicher verifizierbar.
Alter: 34 J. PT-Diagn.: Carcinoma cervicis uteri ($T_2N_0M_0$). *Histol.*: Plattenepithelkarzinom.
Ther.: Operation nach *Wertheim-Meigs* – Nachbestrahlung: Biaxiale Telekobaltpendelbestrahlung kleines Becken ED 200 cGy, GD 6000 cGy HD (100%-Isodose), Split course technique: 4 Wochen Pause.

Abb. 1.85 Färb.: Pap; Vergr.: 132 x
Dicht gelagerte polymorphe Zellkerne von schwammartiger Beschaffenheit, z. T. mit Vakuolisierung. Dazwischen fadenförmige degenerative Substanzen. Keine Zellmembranen erkennbar, homogene Zytoplasmabestandteile (Pap. Gr. III ⚡ D) – Dysplasiezellen außerhalb dieses Blickfeldes, z. Z. der Zytol.: 4 J. 11 Mon. nach Strahlentherapie. Klin.: kein Tumornachweis. Kolp.: Atrophie.
Alter: 47 J. PT-Diagn.: Carcinoma cervicis uteri ($T_{2a}N_1M_0$). *Histol.*: anaplastisches Plattenepithelkarzinom.
Ther.: Biaxiale Telekobaltpendelbestrahlung kleines Becken ED 200 cGy, GD 4800 cGy HD (100%-Isodose), ^{137}Cs-Einlage – Stift-Platte-Kombination bis 2500 cGy GOD, ^{60}Co-Stehfeldbestrahlung der Parametrien (Kontakttherapiegebiet mit Pb-Block abgedeckt) ED 200 cGy, GD 2200 cGy HD pro Parametrium.

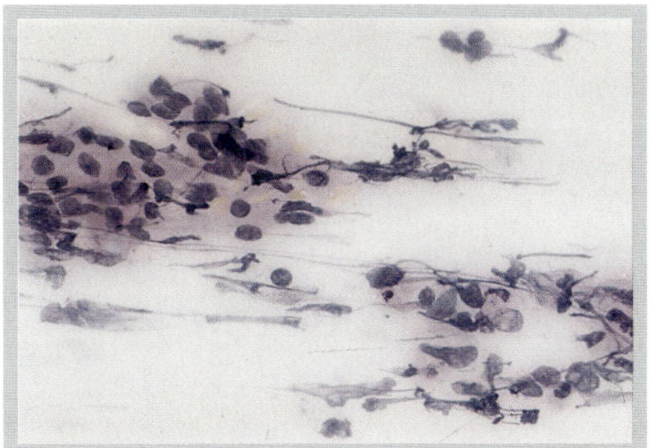

Abb. 1.86 Färb.: Pap; Vergr.: 132 x
Überwiegend runde, aber geschwollene Zellkerne, z. T. mit randständigen Vakuolen. Zytoplasma aufgedunsen. Zellmembran entweder betont oder aufgelöst, mit Nachbarzellen konfluierend (Pap. Gr. III), z. Z. der Zytol.: 5 J. 3 Mon. nach Strahlentherapie. Kolp.: Grund, Kontaktblutung.

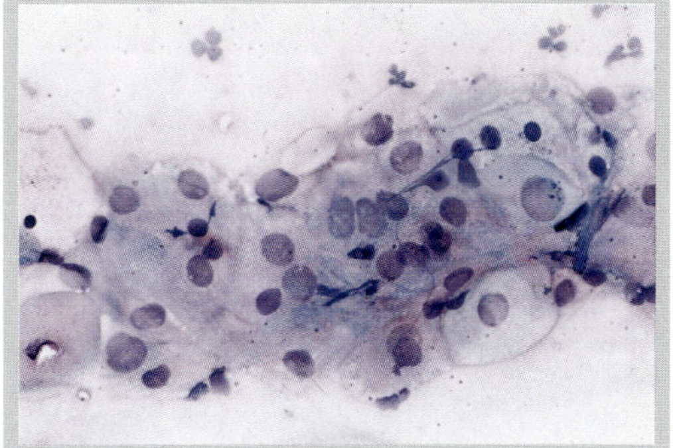

Abb. 1.86 a Färb.: Pap; Vergr.: 160 × (gleicher Fall wie Abb. 1.86)
Unterschiedlich große, schwammige Zellkerne bei Zytoplasmaverlust, z. T. herdförmige, wabige Karyolyse (lt. Angabe – Kontrolle nach hormonaler Aufhellung), (Pap. Gr. III), z. Z. der Zytol.: 5 J. 5 Mon. nach Strahlentherapie. Klin.: kein Hinweis für Tumorrezidiv.
Alter: 70 J. PT-Diagn.: Carcinoma cervicis uteri ($T_{3b}N_0M_0$). *Histol.*: Plattenepithelkarzinom.
Ther.: Biaxiale Telekobaltpendelbestrahlung kleines Becken ED 200 cGy, GD 4800 cGy HD, (100%-Isodose) ^{60}Co-Kontakttherapie – Stift-Platte-Kombination bis 3000 cGy GOD, Bestrahlung der Parametrien ^{60}Co-Stehfeldbestrahlung Unterbauch- und Gesäßfeld alternierend ED 200 cGy, GD 2200 cGy HD.

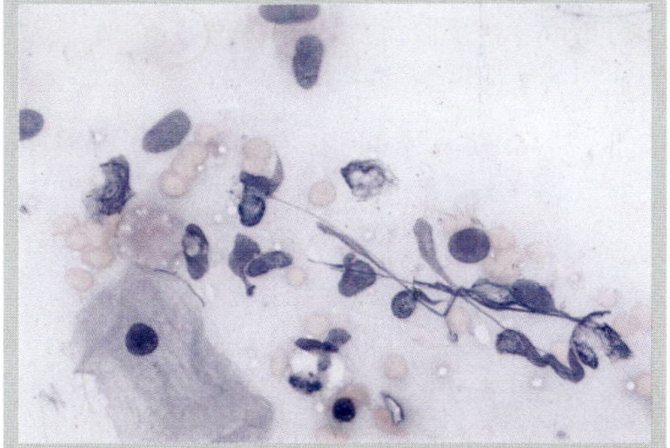

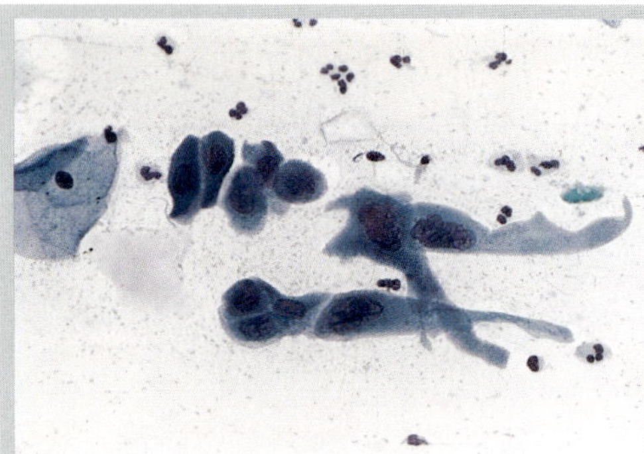

Abb. 1.87 Färb.: Pap; Vergr.: 132 x
Ausgeprägte Kohärenz von Epithelien. Bizarre, schwanzförmige Zytoplasmaausläufer. Wabige Auflockerung und mäßige Schwellung der Zellkerne. Randständig Superfizialzelle mit ödematös erscheinendem Plasma. Einzelne Leukozyten (Pap. Gr. III ⚡ D), z. Z. der Zytol.: 6 J. 8 Mon. nach letzter Strahlentherapie. Klin.: kein Tumorrezidiv. Kolp.: Atrophie – später Tumorrezidiv an vaginaler Abschlußnarbe.
Alter: 47 J. PT-Diagn.: Carcinoma cervicis uteri (TNM unbekannt). *Histol.*: entdifferenziertes Karzinom.
Ther.: Vor 15 J. vaginale Hysterektomie (nach Schauta) ohne Adnexe. Röntgentiefentherapie bis 3900 R OD. Weitere Angaben liegen nicht vor.
Ther. des Rezidivs: Kontakttherapie ^{60}Co-große Platte bis 3000 cGy GOD, 2 × ^{60}Co-Spikkung mit 5 großen Nadeln in 14tägigem Abstand bis jeweils 3000 cGy Punkt A.

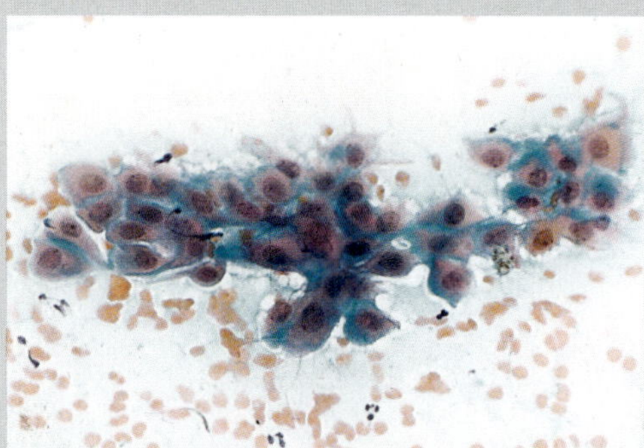

Abb. 1.88 Färb.: Pap; Vergr.: 100 x
Epithelien mit Eosinophilie und Zyanophilie des Zytoplasmas. Zellkerne rötlich-bläulich, auffallend grobkörnige Struktur, nicht sicher differenzierbar von vermehrten Nukleoli. Kern-Plasma-Relation z. T. wenig zugunsten der Zellkerne verändert. Vermehrt Erythrozyten in der Umgebung (Pap. Gr. III D), z. Z. der Zytol.: 6 J. 11 Mon. nach Strahlentherapie. Gyn.: stark verletzliches Epithel. Kolp.: entzündliches, glasiges Epithel.
Alter: 55 J. PT-Diagn.: Carcinoma colli uteri ($T_{2a}N_0M_0$). *Histol.*: anepidermoides Plattenepithelkarzinom.
Ther.: Vaginale Radikaloperation (Schauta) ohne Adnexe. Nachbestrahlung: Biaxiale Telekobaltpendelbestrahlung kleines Becken ED 200 cGy, GD 8000 cGy HD (100%-Isodose), Split course technique: 5 Wochen Pause.

Abb. 1.89 Färb.: Pap; Vergr.: 80 x
Konzentrat aus abnormen Epithelien. Zellkerngrößenunterschiede mäßigen Grades, vergrößerte Nukleoli, feingranuläre bräunliche Kerne. Zytoplasma auffallend orangefarben, z. T. mit spitzen Ausläufern (Pap. Gr. III), z. Z. der Zytol.: 7 J. 4 Mon. nach Strahlentherapie. Klin.: kein Tumor. Kolp.: Atrophie.
Alter: 45 J. PT-Diagn.: Carcinoma cervicis uteri. (TNM liegt nicht vor) *Histol.*: nichtverhornendes Plattenepithelkarzinom.
Ther.: Biaxiale Telekobaltpendelbestrahlung kleines Becken ED 200 cGy, GD 4800 cGy HD. (100%-Isodose) ^{137}Cs-Einlage – Stift-Platte-Kombination bis 3000 cGy GOD. ^{60}Co-Stehfeldbestrahlung Parametrien (Kontakttherapiegebiet mit Pb-Block abgedeckt) ED 200 cGy, GD 2200 cGy pro Parametrium.

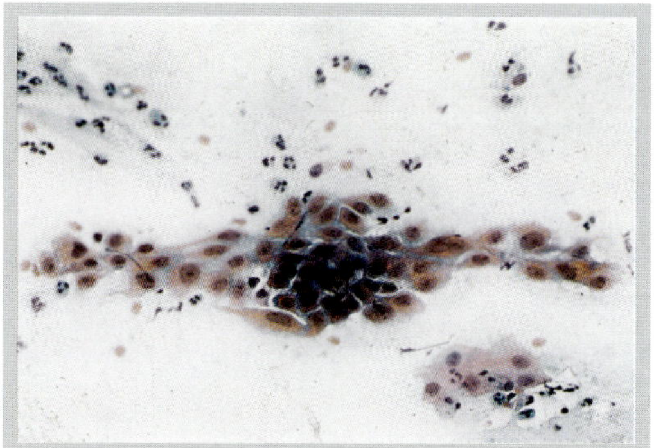

Abb. 1.90 Färb.: Pap; Vergr.: 132 x
Gruppe aus stärker abnormen Epithelien. Zellkerne hyperchromatisch, polymorph und von dichter Chromatinstruktur mit einzelnen Mikrovakuolen. Zytoplasma netzartig aufgelockert und überwiegend gemischtfarben. Zellformen durch Zytoplasmavarianten vielgestaltig (Pap. Gr. III ⚡ D), z. Z. der Zytol.: 7 J. 7 Mon. nach Strahlentherapie. Klin.: Epitheldefekte, Fibrosierung. Kolp.: Atrophie.
Alter: 47 J. PT-Diagn.: Carcinoma cervicis uteri ($T_{1b}N_xM_0$). *Histol.*: anepidermoides Plattenepithelkarzinom.
Ther.: Vaginale Radikaloperation (Schauta). Nachbestrahlung: Biaxiale Telekobaltpendelbestrahlung kleines Becken ED 200 cGy, GD 6000 cGy HD (100%-Isodose), Split course technique: 4 Wochen Pause.

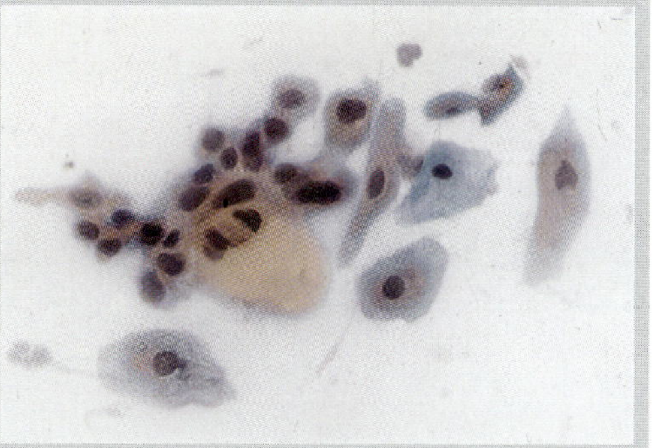

Abb. 1.91 Färb.: Pap; Vergr.: 200 x
Zytol. suburethral: Konfluierende Epithelien. Zellkerne unterschiedlich konfiguriert, teils rundlich, teils oval, teils langgestreckt. Kernstruktur schwammartig aufgelockert, aber im Gesamtbild unauffällig (Pap. Gr. II), z. Z. der Zytol.: 10 J. 1 Mon. nach Strahlentherapie. Kolp.: nicht tumorverdächtig (8 J. später ohne Tumor).
Alter 45 J. PT-Diagn.: Carcinoma cervicis uteri ($T_1N_0M_0$). *Histol.*: Plattenepithelkarzinom.
Ther.: Biaxiale Telekobaltpendelbestrahlung kleines Becken ED 200 cGy, GD 6000 cGy HD (100%-Isodose), Split course technique: 3 Wochen Pause.

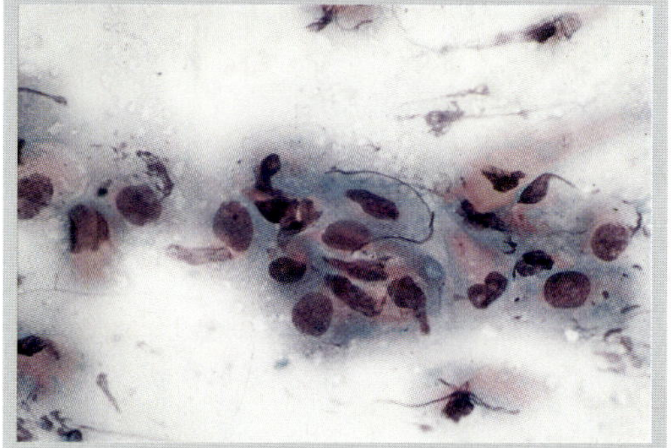

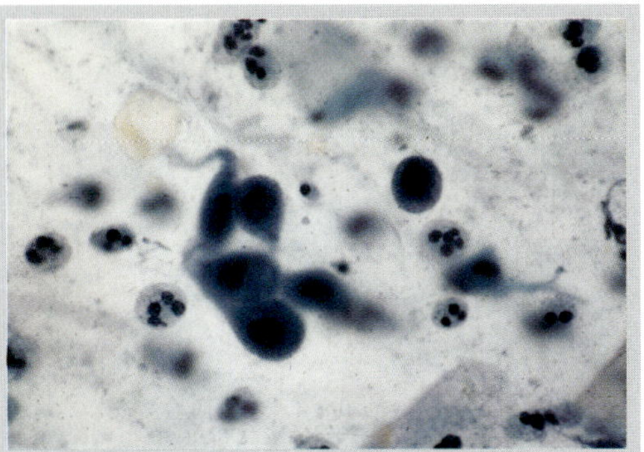

Abb. 1.92 Färb.: Pap; Vergr.: 220 x
Unsauberer Präparatehintergrund aus Detritus, Leukozyten und zytolytischen Partikeln. Aufgedunsene Epithelien aus den tieferen Schichten des Epithels mit hyperchromatischen etwas ungleichförmigen Zellkernen. Zytoplasma ödematös verändert mit peitschenförmigen Ausläufern (Pap. Gr. II K), z. Z. der Zytol.: 10 J. 4 Mon. nach Strahlentherapie. Gyn.: o.B.
Alter: 60 J. PT-Diagn.: Carcinoma cervicis uteri ($T_1N_0M_0$). *Histol.*: gering verhornendes Plattenepithelkarzinom
Ther.: Kontakttherapie – 2 × ^{60}Co-Einlagen – Stift-Platte-Kombination in 14tägigem Abstand. Zieldosis 3300 cGy bzw. 2700 cGy GOD. ^{60}Co-Stehfeldbestrahlung Parametrien, Unterbauch- und Gesäßfeld alternierend, ED 200 cGy, GD 4600 cGy HD.

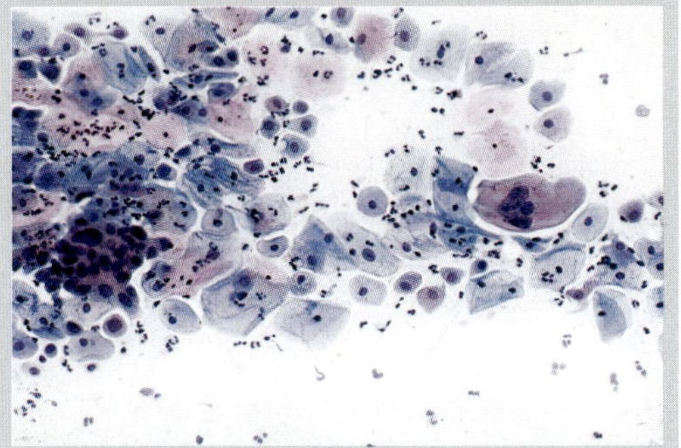

Abb. 1.93 Färb.: Pap; Vergr.: 132 x
Z. T. regelrecht strukturierte, z. T. atrophische Superfizial- und Intermediärzellen. Locker verstreute Leukozyten. Eine Pseudoriesenzelle mit mehrkernigem Konglomerat. Randständiges Konzentrat aus Epithelien mit hyperchromatischen Kernen (Pap. Gr. II), z. Z. der Zytol.: 11 J. 3 Mon. nach Strahlentherapie. Gyn.: Fibrose, kein Tumorrezidiv. Kolp.: Normalbefund.
Alter: 44 J. PT-Diagn.: Carcinoma cervicis uteri ($T_{3b}N_xM_0$). *Histol.*: unreifes Plattenepithelkarzinom.
Ther.: Kontakttherapie: 2 × Radium-Einlage – Stift-Platte-Kombination in 14tägigem Abstand bis 1.) 4000 cGy Punkt A; 2.) 3000 cGy Punkt A. Aufsättigung Parametrien ^{60}Co-Stehfeldbestrahlung – Unterbauch- und Gesäßfeld alternierend ED 200 cGy, GD 5000 cGy HD (Aussparung Kontakttherapiegebiet mit Pb-Block).

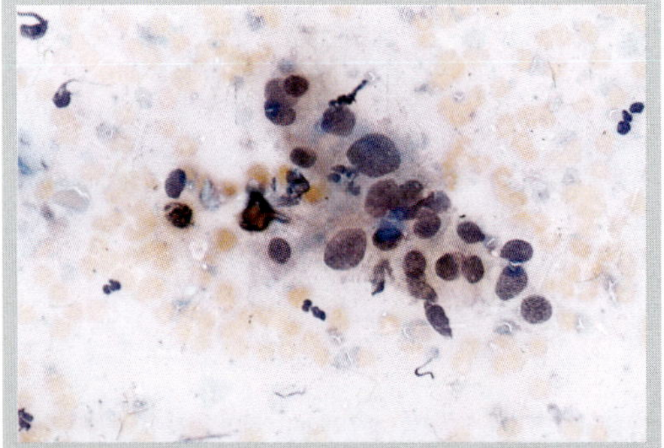

Abb. 1.94 Färb.: Pap; Vergr.: 132 x
Konzentrat aus polymorphen Zellkernen bei fast völligem Verlust der Zytoplasmamembranen. Einzelne monströs veränderte Zellkerne. Kernstruktur netzartig vergröbert (Pap. Gr. III), z. Z. der Zytol.: 14 J. 3 Mon. nach Strahlentherapie. Kolp.: Atrophie. Kein Hinweis auf Tumor.
Alter: 59 J. PT-Diagn.: Carcinoma cervicis uteri ($T_{1b}N_0M_0$). *Histol.*: Plattenepithelkarzinom.
Ther.: Biaxiale Telekobaltpendelbestrahlung kleines Becken ED 200 cGy, GD 6400 cGy HD (100%-Isodose), Split course technique: 4 Wochen Pause.

Abb. 1.95 Färb.: Pap; Vergr.: 200 x
Leukozyten, Detritus, vereinzelt Erythrozyten, abnorme und atypische Epithelien außerhalb des Blickfeldes. Zellpolymorphie, mäßige Hyperchromatose, wabenförmige Struktur, vitales Erscheinungsbild genannter Zellen (Pap. Gr. V) ohne postradiogene Veränderungen, z. Z. der Zytol.: 16 J. nach Strahlentherapie. Gyn.-Kolp.: Gefäßatypien, starker Tumorrezidivverdacht.

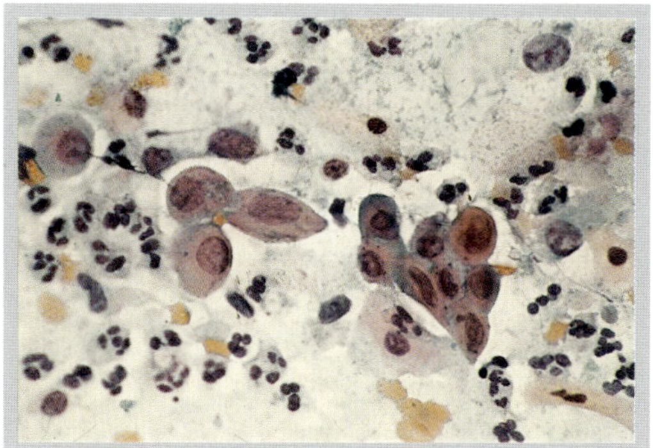

Abb. 1.95 a Färb.: HE; Vergr.: 200 × (gleicher Fall wie Abb. 95)
PE (am gleichen Tag wie Zytol.). *Histol.*-Diagn.: nichtverhornendes Plattenepithelkarzinom.
Alter: 60 J. PT-Diagn.: Carcinoma cervicis uteri (TNM und *Histol.*: Typ des PT unbekannt).
Ther.: Biaxiale Telekobaltpendelbestrahlung kleines Becken ED 200 cGy, GD 8000 cGy HD (100%-Isodose), Split course technique: 5 Wochen Pause.

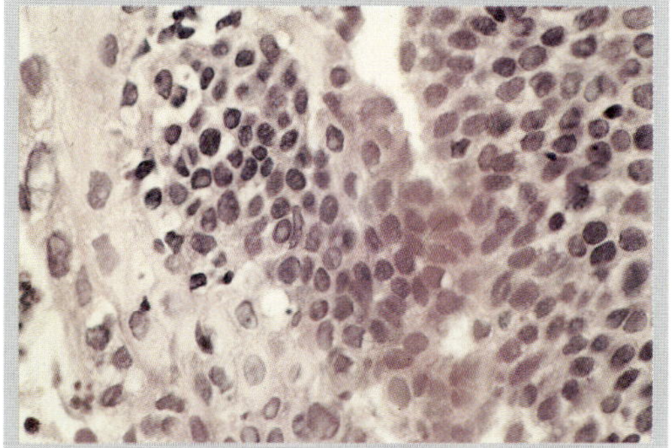

Abb. 1.96 Färb.: Pap; Vergr.: 100 x
Dicht gelagerte Leukozyten. Dazwischen ödematös veränderte Intermediärzellen, aber auch nicht sicher spezifizierbare abnorme Epithelien mit Kernschwellung und z. T. wabiger bzw. vakuoliger Veränderung. Randständig eine Zelle mit Kernhyperchromatose, orangefarbenem Plasma und angedeuteten Zytoplasmaausläufern (Pap. Gr. III ⚡), z. Z. der Zytol.: 16 J. nach Strahlentherapie. Klin.: kein sicherer Hinweis auf Tumorrezidiv. Kolp.: Atrophie.
Alter: 43 J. PT-Diagn.: Carcinoma cervicis uteri ($T_1N_0M_0$). *Histol.*: Plattenepithelkarzinom.
Ther.: Biaxiale Telekobaltpendelbestrahlung kleines Becken ED 200 cGy, GD 6000 cGy HD (100%-Isodose), Split course technique: 4 Wochen Pause.

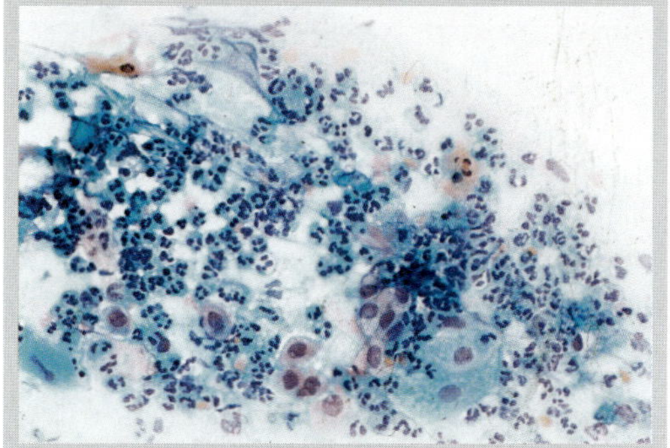

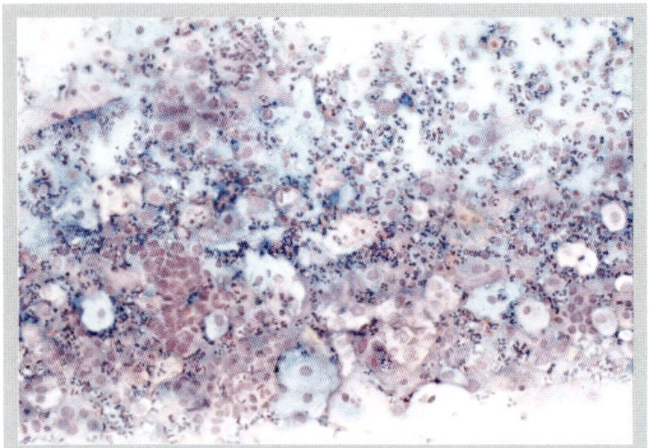

Abb. 1.97 Färb.: Pap; Vergr.: 50 x
Dorsaler Vaginalbezirk: Dicht aneinander gelagerte Zellen. Im Zellbild Leukozyten, Detritus und normale Epithelien der oberen Epithelschichten. Dazwischen herdförmige Konzentrate aus abnormen bis atypischen schwammartigen etwas polymorphen Zellkernen (Pap. Gr. IV), z. Z. der Zytol.: 16 J. 10 Mon. nach Strahlentherapie. Gyn.-Kolp.: tumorverdächtige Gefäßatypien. Papillärer Grund. PE-*Histol.*: Atypie des papillären Epithels, aber kein sicheres Tumorgewebe. Krankheitsverlauf: 10 J. später kein Anhalt für Tumorrezidiv, d. h. dieser zytol. Befund war reaktiv postradiogen bedingt.
Alter: 49 J. PT-Diagn.: Carcinoma cervicis uteri ($T_1N_0M_0$). *Histol.*: Plattenepithelkarzinom. PT-Diagn.: Carcinoma ovarii (T_2N..M..). *Histol.*: Karzinom-Typ unbekannt.
Ther.: Radikaloperation nach *Wertheim*. Danach: 2 × Radio-Gold-Instillation intraabdominal im monatlichen Abstand 150 mCi und 148 mCi ^{198}Au, kolloidal. ^{60}Co-Stehfeldbestrahlung 4-Felder-Methode ED 200 cGy, GD 4000 cGy HD.

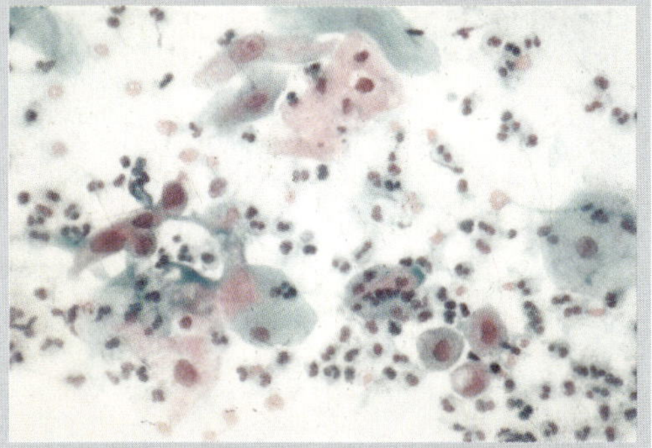

Abb. 1.98 Färb.: Pap; Vergr.: 126 x
Vaginale operative Abschlußnarbe: Leukozyten, Epithelien in fortgeschrittener Zytolyse und Detritus. Einzelne atypische Zellen mit Zellkernpolymorphie, mäßiger Hyperchromatose und z. T. pathologischer Kern-Plasma-Relation (bei Pap. Gr. V), z. Z. der Zytol.: 17 J. nach Strahlentherapie. Gyn.-Kolp.: Vaginitis, Tumorrezidiv an vaginaler Abschlußnarbe.

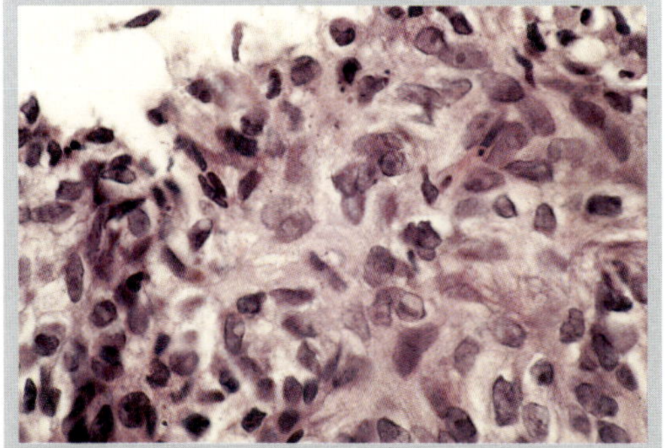

Abb. 1.98 a Färb.: HE; Vergr.: 126 × (gleicher Fall wie Abb. 1.98)
PE (1 Mon. 8 Tage nach Zytol.). *Histol*-Diagn.: nichtverhornendes Plattenepithelkarzinom.
Alter 52 J. PT-Diagn.: Carcinoma cervicis uteri ($T_2N_0M_0$). *Histol.*: Plattenepithelkarzinom.
Ther.: Hysterektomie nach *Wertheim* mit Nachbestrahlung. Bestrahlungsdaten nicht bekannt. Rezidivtumor nach 17 J. Geplante Therapie: Kontaktbestrahlung.

Abb. 1.99 Färb.: Pap; Vergr.: 132 x
Vaginaler Fistelbereich: Konglomerat aus zusammenhängenden fraglich atypischen Zellen. Zytoplasmaödem. Erhebliche Zellkernschwellung. Netzförmige Kernstruktur und Nukleolivermehrung (möglicherweise reaktiv veränderte Darmepithelien ?) (Pap. Gr. IV fraglich), z. Z. der Zytol.: 17 J. nach Strahlentherapie. Gyn.-Kolp.: Lokalbefund unsicher, Vaginitis. Tumorrezidiv nicht auszuschließen. Rektum-Scheidenfistel. 2 J. später Exitus letalis.
Alter 50 J. PT-Diagn.: Carcinoma cervicis uteri ($T_{2b}N_xM_0$). *Histol.*: exophytisch wachsendes Zervixkarzinom.
Ther.: Biaxiale Telekobaltpendelbestrahlung kleines Becken ED 200 cGy, GD 7600 cGy HD (100%-Isodose), Split course technique: 5 Wochen Pause.

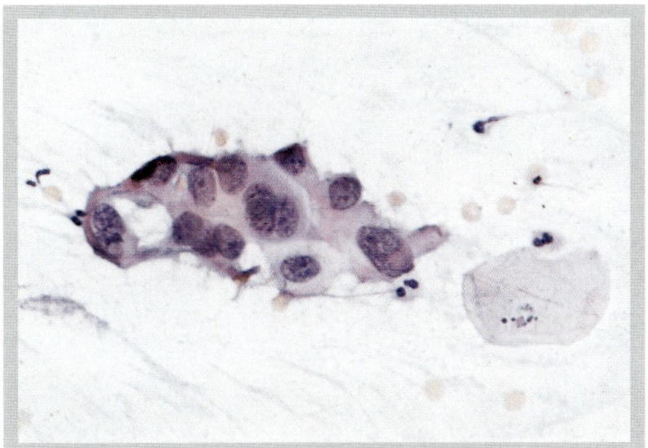

Abb. 1.100 Färb.: Pap; Vergr.: 100 x
Zahlreiche Leukozyten. Zellen der oberen und tieferen Schichten des Epithels mit unauffälligen Zellkernen, aber mit ödematös verändertem Zytoplasma (am ehesten reaktiv bei ausgeprägter Entzündung). Im Randbezirk kleine Gruppe aus Epithelien mit hakenförmigen Zytoplasmaausläufern. Zellkernschwellung und Hyperchromatose bei dichter, vergröberter Chromatinstruktur (Pap. Gr. III ⚡ D), z. Z. der Zytol.: 18 J. 11 Mon. nach Strahlentherapie. Gyn.: kein Tumorrezidiv. Kolp.: Atrophie.
Alter: 55 J. PT-Diagn.: Carcinoma colli uteri ($T_1N_0M_0$). *Histol.*: Plattenepithelkarzinom.
Ther.: Biaxiale Telekobaltpendelbestrahlung kleines Becken ED 200 cGy, GD 5200 cGy HD (100%-Isodose), Split course technique: 3 Wochen Pause.

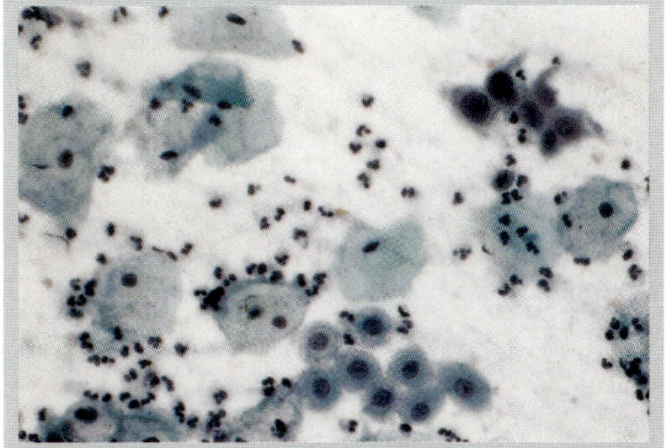

Abb. 1.101 Färb.: Pap; Vergr.: 100 x
Einzelne atypische Epithelien mit starrer, verdickter äußerer Zellmembran. Vereinzelte unauffällige Superfizialzellen. Konglomerat aus miteinander verklumpten Epithelien, verbunden durch stachelförmige Zytoplasmaveränderungen. Zellkerne z. T. oval bis spindelig gestaltet (Pap. Gr. III ⚡ D), z. Z. der Zytol.: 20 J. 10 Mon. nach Strahlentherapie. Klin.: kein Tumornachweis. Kolp.: Atrophie.
Alter: 70 J. PT-Diagn.: Carcinoma colli uteri ($T_1N_0M_0$). *Histol.*: anaplastisches Plattenepithelkarzinom.
Ther.: Biaxiale Telekobaltpendelbestrahlung kleines Becken ED 200 cGy, GD 6000 cGy HD (100%-Isodose), Split course technique: 3 Wochen Pause.

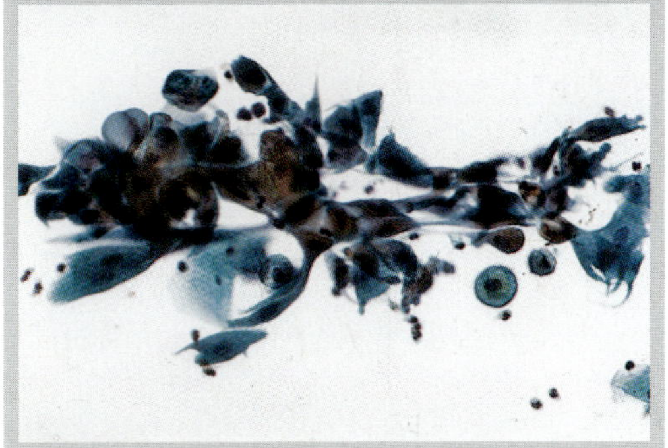

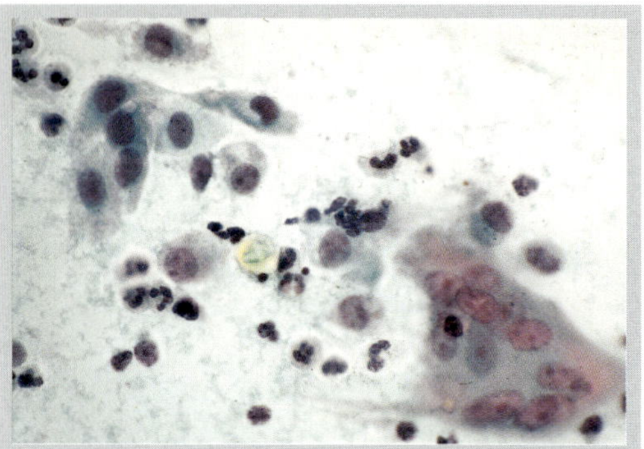

Abb. 1.102 Färb.: Pap; Vergr.. 200 x
Wenige Leukozyten. Epithelien mit zyanophilem Plasma und Kernschwellung. Einzelne zarte Zytoplasmaausläufer. Daneben eine Gruppe von Epithelien mit gemischtfarbigem Zytoplasma, jedoch betont eosinophil bei Kernschwellung mit vergrößerten und vermehrten Nukleoli (Pap. Gr. II), z. Z. der Zytol.: Zustand nach Strahlentherapie vor 21 J. 8 Mon. Gyn.: kein Tumorrezidiv. Kolp.: Atrophie.
Alter: 49 J. PT-Diagn.: Carcinoma cervicis uteri $T_1N_0M_0$). *Histol.*: zur Verhornung neigendes Plattenepithelkarzinom.
Ther.: Biaxiale Telekobaltpendelbestrahlung kleines Becken ED 200 cGy, GD 6000 cGy HD (100%-Isodose), Split course technique: 4 Wochen Pause.

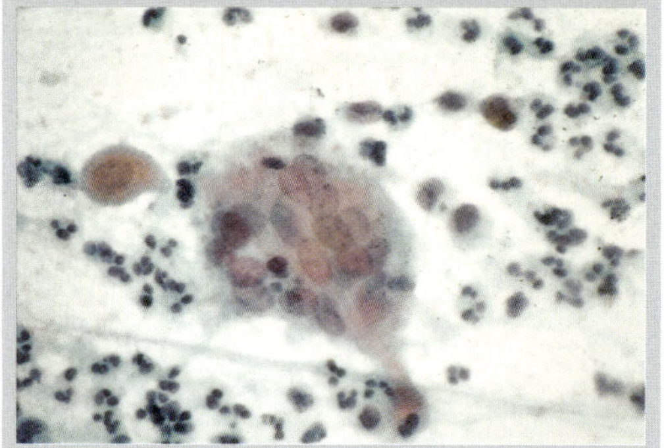

Abb. 1.103 Färb.: Pap; Vergr.: 200 x
Zentral Konzentrat aus mehreren z. T. übereinanderliegenden wabig aufgelockerten Zellkernen, peripher umgeben von einem unscharf begrenzten zyanophilen Zytoplasmasaum (fragliche mehrkernige Riesenzelle). Inmitten von Leukozyten eine größere Zelle mit vergrößertem Zellkern und Plasmaausläufer (Pap. Gr. II), z. Z. der Zytol.: Zustand nach Bestrahlung vor 23 J. 3 Mon. Gyn.: kein Tumorrezidiv. Kolp.: Atrophie.
Alter: PT-Diagn.: Carcinoma cervicis uteri (T_3 N_0M_0). *Histol.*: nichtverhornendes Plattenepithelkarzinom.
Ther.: Kontakttherapie – 2 × Radiumeinlagen 70 mg Platte praecervical und 30 mg Stift intracervical in 14tätigem Abstand bis 2 × 2200 mgEh. Percutanbestrahlung unter Röntgentiefentherapiebedingungen kleines Bekken von 6 Feldern, ED 200 cGy OD bis GD 4000 cGy OD pro Feld.

Ihre Meinung ist uns wichtig!

1. Bitte nennen Sie uns den Titel, den Sie erworben haben:

____

2. Wie bewerten Sie das Buch? (1 = sehr gut)

	1	2	3	4	5
	❍	❍	❍	❍	❍

3. Bitte beurteilen Sie das Buch nach folgenden Kriterien (1 = sehr gut)

	1	2	3	4	5
Fachliche Qualität	❍	❍	❍	❍	❍
Praxisorientierung	❍	❍	❍	❍	❍
Layout	❍	❍	❍	❍	❍
Abbildungen	❍	❍	❍	❍	❍
Verständlichkeit der Sprache	❍	❍	❍	❍	❍
Buchumfang	❍	❍	❍	❍	❍
Buchformat	❍	❍	❍	❍	❍
Preis-Leistungs-Verhältnis	❍	❍	❍	❍	❍

4. Wie könnte das Buch Ihrer Meinung nach weiter verbessert werden?

____

____

5. Welche vergleichbaren Bücher decken diese Thematik Ihrer Meinung nach besser ab?

____

____

6. Zu welchem Fachgebiet vermissen Sie noch ein gutes Lehrbuch/Fachbuch?

____

____

7. Wie wurden Sie auf das Ihnen vorliegende Buch aufmerksam?

❍ Buchhandel ❍ Anzeige in ____________________

❍ Verlagsprospekt ❍ Rezension in ____________________

❍ Offline-/Online-Dienste ❍ Sonstiges ____________________

8. Wie bilden Sie sich in Ihrem Fachgebiet weiter?

❍ Fachbuch ❍ Fachzeitschrift ❍ Kongresse

❍ CD-ROM ❍ Diskette ❍ Online-Dienste

ULLSTEIN MOSBY

Lokalisation des Primärtumors: Corpus uteri

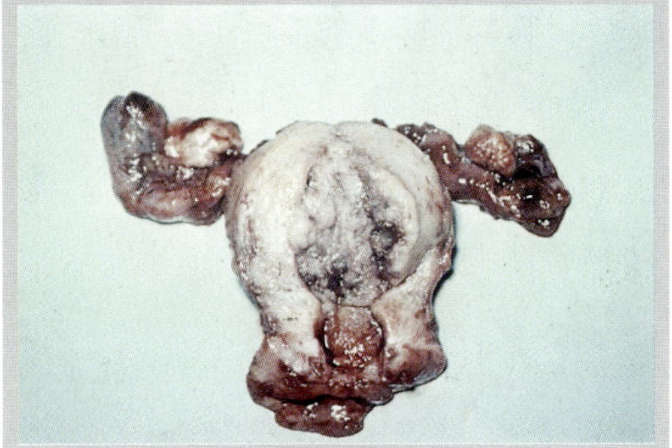

Abb. 1.104 *Operationspräparat:* Uterus mit beiden konglomeratförmig veränderten Adnexen. Im Cavum uteri ausgeprägte knotige Schleimhautproliferation. Makroskopisch: Carcinoma corporis uteri (Endometriumkarzinom).

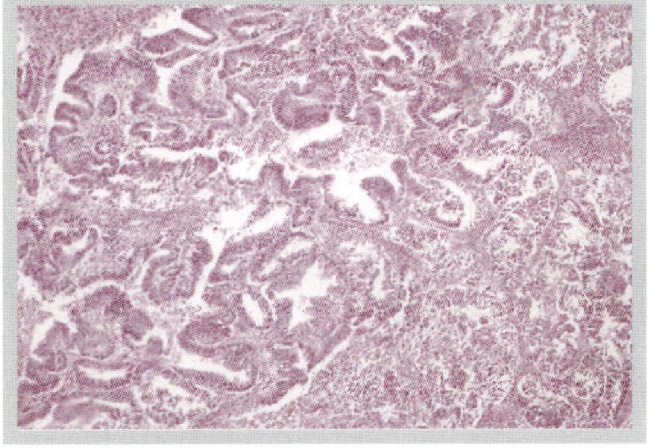

Abb. 1.104 a Färb.: HE; Vergr.: 25 x *Histol.*-Diagn.: Adenokarzinom.

Exfoliativzytologie – Tumornachsorge

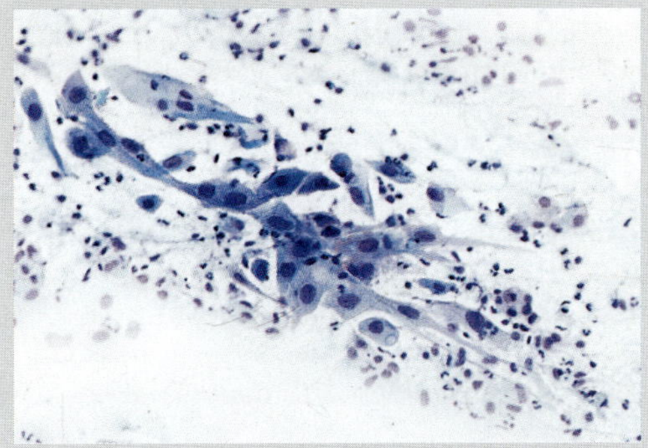

Abb. 1.105 Färb.: Pap; Vergr.: 66 x *Portiobereich/Abschlußnarbe*: Vermehrt Leukozyten und Zellkerne in fortgeschrittener Zytolyse. Durch Zytoplasmaausläufer spinnengewebsartig verbundene abnorme Epithelien. Plasmavakuolen. Kernschwellung (Pap. Gr. III), z. Z. der Zytol.: Bestrahlungsende. Klin.: ohne Besonderheiten, außer Vaginitis. Kolp.: atypische Gefäße in der Vagina.
Alter: 68 J. PT-Diagn.: Carcinoma corporis uteri ($T_3N_xM_0$). *Histol.*: Infiltrierendes Adenokarzinom.
Ther.: Vaginale Hysterektomie mit beiden Adnexen. 3 Mon. danach: Biaxiale Telekobaltpendelbestrahlung kleines Becken ED 200 c-Gy, GD 6000 cGy HD (100%-Isodose) Split course technique: 4 Wochen Pause.

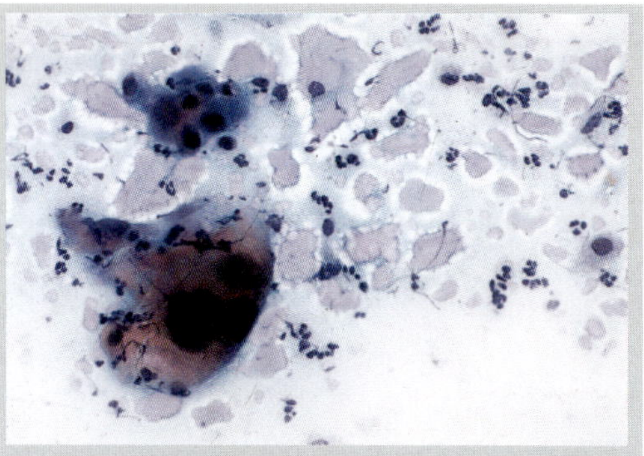

Abb. 1.106 Färb.: Pap; Vergr.: 100 x
Dorsale Vagina: Reichlich Detritus, diffus verstreute Leukozyten. Zwei Zellkonglomerate mit Zellverklumpung. Monströse z. T. nebelige Zellkerne als Merkmal beginnender Zytolyse. Hyperchromatose und Polymorphie (Pap. Gr. IV ?), z. Z. der Zytol.: 1 Tag nach Strahlentherapieabschluß. Gyn.-Kolp.: diffus gerötete Vagina, makroskopisch kein Tumornachweis (zytol.: am ehesten radiogen geschädigte Zellen).
Alter: 75 J. PT-Diagn.: Carcinoma corporis uteri ($T_1N_1M_0$). *Histol.*: mäßig differenziertes Adenokarzinom.
Ther.: Abdominale Hysterektomie mit beiden Adnexen und Scheidenmanschette. Nachbestrahlung: Afterloading-Technik-Vaginalmoulagen Agat-W 6 × 650 cGy bis 3900 cGy GOD. Bestrahlung der Parametrien: Ultraharte Röntgenstrahlen Linearbeschleuniger Neptun 10 p, 9 MV, ED 200 cGy, GD 4600 cGy HD.

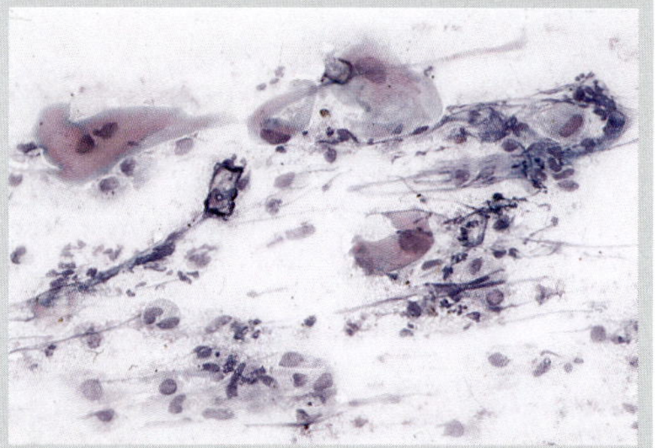

Abb. 1.107 Färb.: Pap; Vergr.: 80 x
Abschlußnarbe-Vagina: Detritus und Zellen in fortgeschrittener Zytolyse mit noch erkennbaren ödematös veränderten Kernen. Doppelkernigkeit einzelner Epithelien. Zellen mit vergrößerten wabigen Zellkernen und ausgeprägter Zytoplasmaschwellung (Pap. Gr. III), z. Z. der Zytol.: 25 Tage nach Abschluß der Strahlentherapie. Klin.: kein Resttumor.
Alter: 68 J. PT-Diagn.: Carcinoma corporis uteri ($T_3N_xM_0$). *Histol.*: Adenokarzinom.
Ther.: Vaginale Hysterektomie mit beiden Adnexen. Biaxiale Telekobaltpendelbestrahlung kleines Becken ED 200 cGy, GD 6000 cGy HD (100%-Isodose), Split course technique: 4 Wochen Pause.

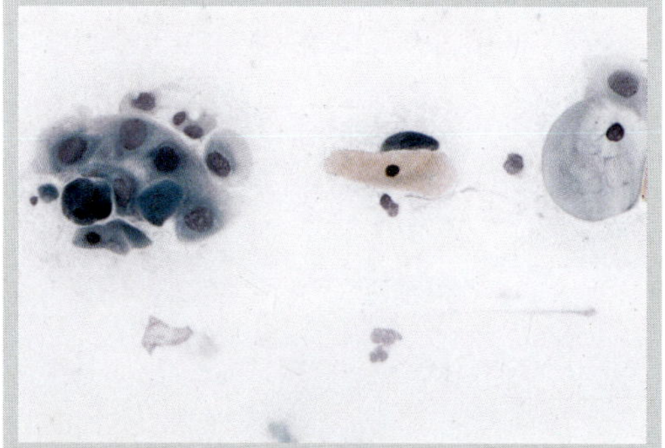

Abb. 1.108 Färb.: Pap; Vergr.: 132 x
Einstiger Portiobereich: Eine monströs ödematös veränderte Superfizialzelle im Randgebiet. Gegenüber Gruppe aus Epithelien mit deutlicher Kernschwellung, Kernvakuolen und mäßigen Dyskaryosen. Zytoplasma wolkig umgewandelt, verwaschene Zellgrenzen (Pap. Gr. II K), z. Z. der Zytol.: 3 Mon. 3 Wochen nach Strahlentherapie. Klin.: ohne Tumor.
Alter: 65 J. PT-Diagn.: Carcinoma corporis uteri ($T_1N_xM_2$). *Histol.*: Adenokarzinom mit Invasion in Lymphspalten und Myometrium.
Ther.: Abdominale Hysterektomie mit beiden Adnexen. Kontakttherapie (Abschlußnarbe) Afterloading-Technik Agat-W 6 Applikationen je 650 cGy bis 3900 cGy GOD. Linearbeschleuniger Neptun 10 p. Stehfeldbestrahlung der Parametrien Unterbauch- und Gesäßfeld alt. ED 200 cGy, GD 4400 cGy HD.

Abb. 1.109 Färb.: Pap; Vergr.: 132 x
Vaginale Abschlußnarbe: Einzelne Leukozyten. Zellkomplex aus Epithelien mit gitterförmiger Kernstruktur und betonten Nukleoli. Stachelförmige radiogen bedingte Zytoplasmaausläufer. Konfluierende Zellgrenzen (Pap. Gr. II K), z. Z. der Zytol.: 6 Mon. nach Strahlentherapie.
Alter: 66 J. PT-Diagn.: Carcinoma corporis uteri ($T_1N_xM_0$). *Histol.*: Adenokarzinom mit tiefer Myometrium-Infiltration.
Ther.: Abdominale Hysterektomie mit beiden Adnexen. Kontakttherapie (Abschlußnarbe) Afterloading-Technik Agat-W 6 Applikationen je 650 cGy bis 3900 cGy GOD. Stehfeldbestrahlung Parametrien Neptun 10 p ultraharte Röntgenstrahlen 9 MV Unterbauch- und Gesäßfeld alt. ED 200 cGy, GD 4400 cGy HD.

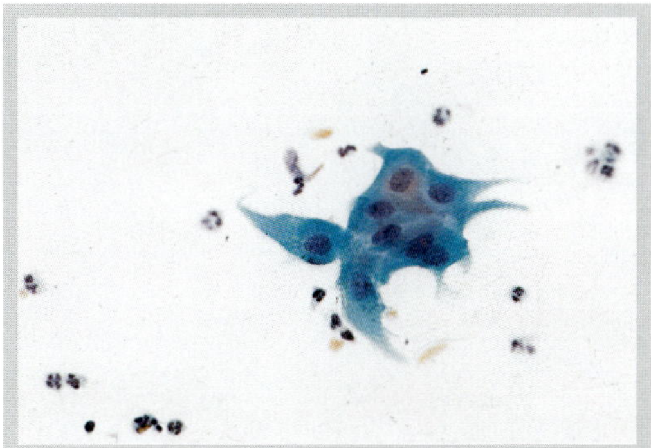

Abb. 1.110 Färb.: Pap; Vergr.: 126 x
Vaginale Abschlußnarbe: Epithelien mit hellem Zytoplasma und starrer äußerer Zellmembran, überwiegend zyanophil, vereinzelt orangefarben. Zentral kleinere Zellen aus tieferen Epithelschichten mit hyperchromatischen Kernen. Menopausebild trotz hormonaler Aufhellung bei Nachweis von Trichomonas vaginalis anderenorts. Keine ausgeprägten postradiogenen Merkmale (Pap. Gr. II K), z. Z. der Zytol. 6 Mon. 2 Wochen nach Strahlentherapie. Kolp.: Atrophie.
Alter: 61 J. PT-Diagn.: Carcinoma corporis uteri ($T_1N_0M_0$). *Histol.*: mäßig differenziertes Adenokarzinom.
Ther.: Abdominale Hysterektomie mit beiden Adnexen. Nachbestrahlung: Afterloading-Technik Agat-W 6 Applikationen je 650 cGy bis 3900 cGy GOD. ^{60}Co-Stehfeldbestrahlung der Parametrien – Unterbauch- und Gesäßfeld alt., ED 200 cGy, GD 4400 cGy HD (Kontakttherapiegebiet mit Pb-Block abgedeckt).

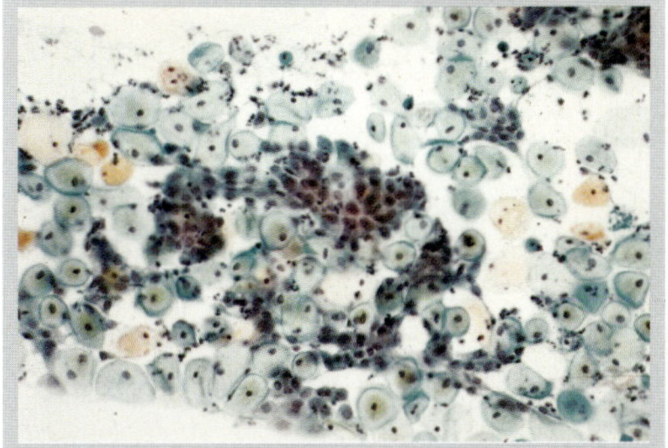

Abb. 1.111 Färb.: Pap; Vergr.: 200 x
Vaginalwand: Hochgradig atypische Zellen mit ausgeprägter Hyperchromatose und mäßiger Kernpolymorphie bei körnigem Chromatingerüst. Zytoplasma sehr zart oder fehlend. Insgesamt vital aussehende Zellen. Im Hintergrund Detritus und muzinöse Substanzen (Pap. Gr. V), z. Z. der Zytol.: 8 Mon. nach Strahlentherapie. Gyn.-Kolp.: rasenförmiger, stark tumorverdächtiger Bezirk an der Vaginalwand – 1 Mon. später Tumorinfiltrat nachgewiesen.

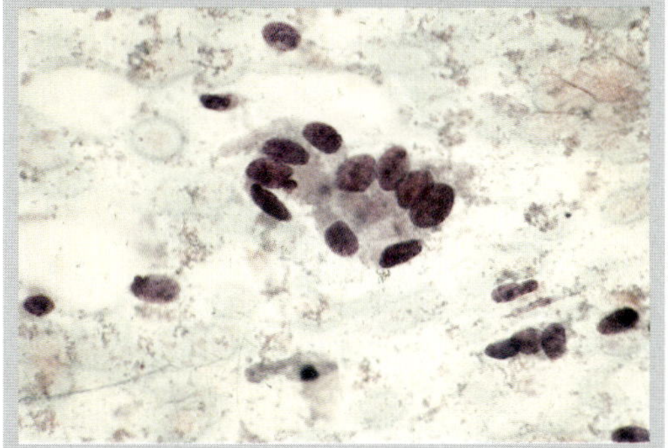

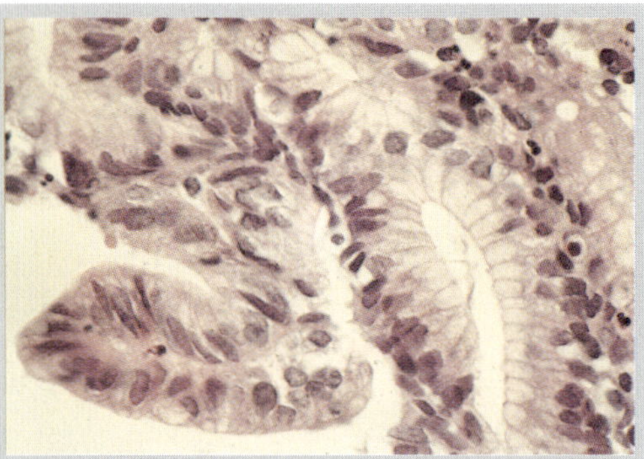

Abb. 1.111 a Färb.: HE; Vergr.: 200 × (gleicher Fall wie Abb. 1.111)
PE 1 Mon. nach Zytol.-Abstrich. *Histol.*-Diagn.: Adenokarzinom.
Alter: 69 J. PT-Diagn.: Carcinoma corporis uteri ($T_{3a}N_0M_0$). *Histol.*: papilläres wenig differenziertes Adenokarzinom.
Ther.: Abdominale Hysterektomie mit beiden Adnexen. Biaxiale Telekobaltpendelbestrahlung kleines Becken ED 200 cGy, GD 6000 cGy HD (100%-Isodose) Split course technique: 4 Wochen Pause. ^{60}Co-Vaginal-Moulagen ED 400 cGy bis 4000 cGy GOD. ^{60}Co-Stehfeldbestrahlung und Aufsättigung beider Parametrien ED 200 cGy bis GD je 2200 cGy HD.

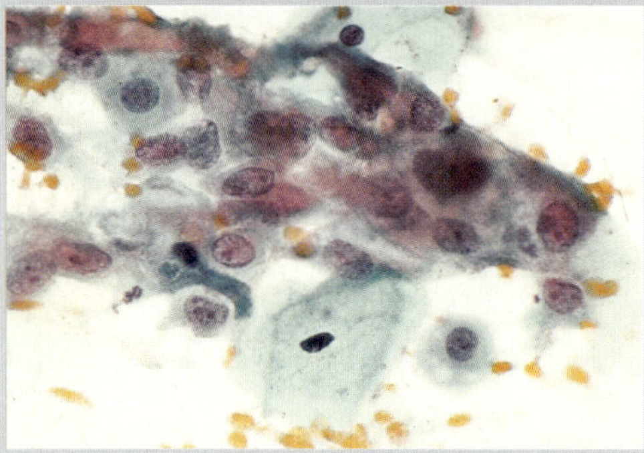

Abb. 1.112 Färb.: Pap; Vergr.: 200 x
Vordere Vaginalwand: Anisokaryosen, Kernschwellung der atypischen Zellen. Vergrößerte Nukleoli. Zellgrenzen meistens miteinander verschmolzen. Einzelne Superfizialzellen (Pap. Gr. IV), z. Z. der Zytol.: 11 Mon. nach Strahlentherapie. Gyn.: Verdacht auf Tumorrezidiv. Kolp.: suspektes Gewebe.

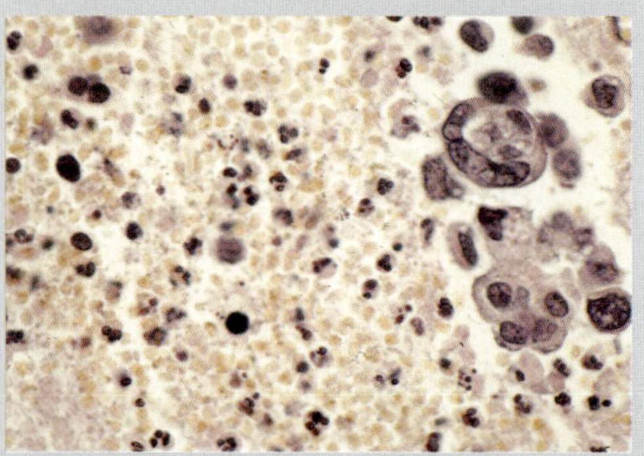

Abb. 1.112 a Färb.: HE; Vergr.: 200 × (gleicher Fall wie Abb. 1.112)
PE 1 Mon. 24 Tage nach Zytol. und 12 Mon. 24 Tage nach Strahlentherapie. *Histol*-Diagn.: Nekrotisches Gewebe mit offenbar noch radiogen beeinträchtigten Tumorzellen.
Alter: 71 J. PT-Diagn.: Carcinoma corporis uteri ($T_2N_xM_x$). *Histol.*: drüsig-papillär wachsendes Adenokarzinom.
Ther.: Biaxiale Telekobaltpendelbestrahlung ED 200 cGy, GD 3000 cGy HD (100%-Isodose). Kontakttherapie: 2 Corpus-Einlagen (10 bzw. 5 Eier) bis insgesamt 5000 mgEh Radium-Äquivalent, 2 Serien Vaginal-Moulagen (zweimonatlicher Abstand) ED = 400 cGy bis insgesamt 6000 cGy Punkt A, 1 Corpus-Einlage (4 Eier) bis 2000 mgEh Radium-Äquivalent.

Abb. 1.113 Färb.: Pap; Vergr.: 100 x
Dorsaler Vaginalbezirk: Detritus, Zellkerntrümmer, sog. Leukozytenfäden. Vereinzelte polymorphe hypochromatische atypische Zellkerne. Im Randbezirk Konzentrat aus vital erscheinenden atypischen Zellen mit Zytoplasmaverschmelzung. Ovale Zellkerne z. T. palisadenförmig gelagert (Pap. Gr. V), z. Z. der Zytol.: 1 J. 1 Mon. nach Strahlentherapie. Gyn.-Kolp.: sicheres Tumorrezidiv.
Alter: 73 J. PT-Diagn.: Carcinoma corporis uteri ($T_2N_1M_0$). *Histol.*: Adenokarzinom.
Ther.: ^{60}Co-Kontakttherapie – 6 Eier bis 1800 cGy GOD. 1 J. danach: Tumorverdächtiges Gewebe hinteres Drittel Vagina. Ther.: 15 ^{60}Co-Vaginal-Moulagen ED 400 cGy bis 6000 cGy GOD.

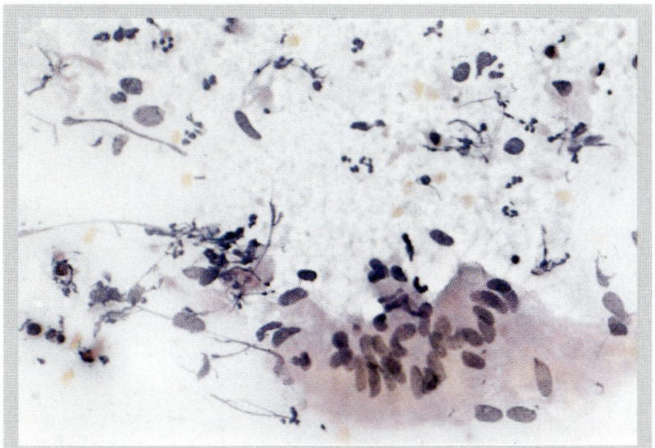

Abb. 1.114 Färb.: Pap; Vergr.: 132 x
Dorsale Vagina: Diffus verstreute Leukozyten. Epitheliale Zelle mit schleifenförmiger Zytoplasmagestalt. Daneben mehrkernige Riesenzelle, u. U. Pseudoriesenzelle durch Konfluenz von Epithelien mit partieller Übereinanderlagerung der Zellkerne (Pap. Gr. III ⚡ D), z. Z. der Zytol.: 1 J. 1 Mon. nach Strahlentherapie. Klin. Verdacht auf Tumorrezidiv bei Subileus. Kolp.: Atrophie.
Alter: 60 J. PT-Diagn.: Carcinoma corporis uteri ($T_3N_1M_0$). *Histol.*: adenosquamöses Karzinom.
Ther.: Biaxiale Telekobaltpendelbestrahlung kleines Becken ED 200 cGy, GD 4800 cGy HD (100%-Isodose). 2 × ^{60}Co-Einlagen 9 bzw. 10 Eier bis 1500 bzw. 3000 cGy GOD. Danach ^{60}Co-Stehfeldbestrahlung der Parametrien Unterbauch- und Gesäßfeld alt. ED 200 cGy, 4400 cGy HD (Abdeckung Kontakttherapiegebiet mit Pb-Block). 3 Wochen danach wegen kleinem Tumorrest 15 ^{60}Co-Vaginal-Moulagen ED 400 cGy bis 6000 cGy GOD.

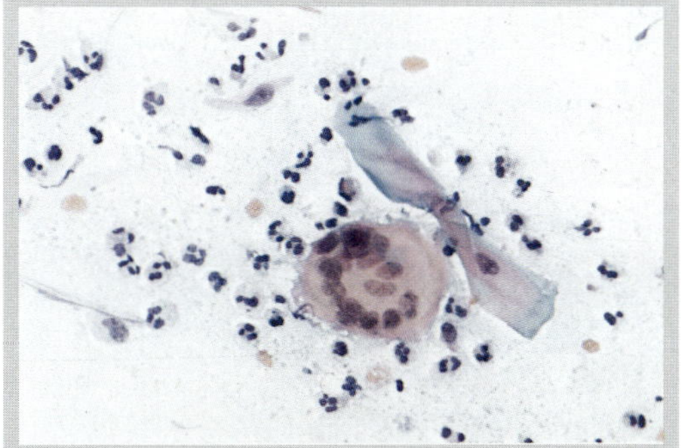

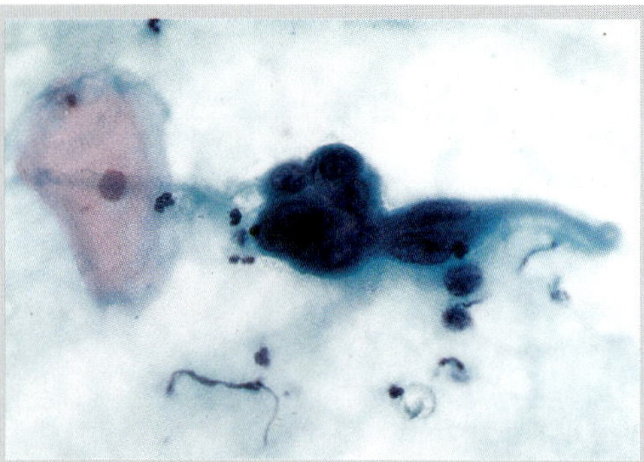

Abb. 1.115 Färb.: Pap; Vergr.: 100 x
Dorsale Vagina: Kleines Zellkonglomerat aus abnormen bzw. fraglich atypischen Epithelien. Deutliche Unterschiede in Größe und Form der Zellkerne. Auffällige Transparenz bei wabenförmiger Kernstruktur. Wolkenartige Zytoplasmaausläufer (bei Pap. Gr. IV), z. Z. der Zytol.: 1 J. 2 Mon. nach Strahlentherapie. Gyn.-Kolp.: Kontaktblutung, z. Z. kein palpables Tumorrezidiv. Demzufolge nur radiogen bedingte Zellveränderungen (offenbar Fehlbeurteilung).
Alter: 77 J. PT-Diagn.: Carcinoma corporis uteri ($T_1N_xM_0$). *Histol.*: papillär wachsendes Adenokarzinom.
Ther.: 3 × Kontakttherapie in 14tägigem Abstand – großer Stift bis 2000 cGy, 1500 cGy und 1000 cGy GOD. Danach ^{60}Co-Stehfeldbestrahlung der Parametrien – Unterbauch- und Gesäßfeld alt. ED 200 cGy, GD 3200 cGy HD.

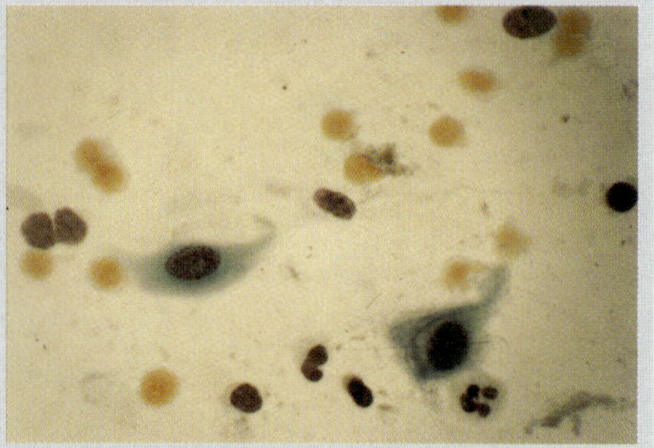

Abb. 1.116 Färb.: Pap; Vergr.: 150 x
Dorsaler Vaginalbereich: Einige verstreute Erythrozyten, vereinzelte Leukozyten, abnorme Zellkerne ohne Zytoplasma mit prominenten Nukleoli. Zwei Epithelien mit Zytoplasma und geschwänzten bzw. hakenförmigen Zytoplasmaausläufern (Pap. Gr. III ⚡ D), z. Z. der Zytol.: 1 J. 3 Mon. nach Strahlentherapie. Gyn.-Kolp.: tumorverdächtige Gefäßatypien. 2 J. danach kein Tumorrezidiv.
Alter: 73 J. PT-Diagn.: Carcinoma corporis uteri ($T_3N_1M_0$). *Histol.*: relativ gut differenziertes tubuläres Adenokarzinom.
Ther.: Biaxiale Telekobaltpendelbestrahlung kleines Becken ED 200 cGy, GD 4800 cGy HD (100%-Isodose). 3 × ^{60}Co-Kontakttherapie großer Stift bis 4000 und 2000 cGy GOD. 5 ^{60}Co-Eier bis 2000 cGy GOD. ^{60}Co-Stehfeldbestrahlung der Parametrien – Unterbauch- und Gesäßfeld alt. ED 200 cGy, GD 4600 cGy HD (Aussparung Kontakttherapiegebiet mit Pb-Block).

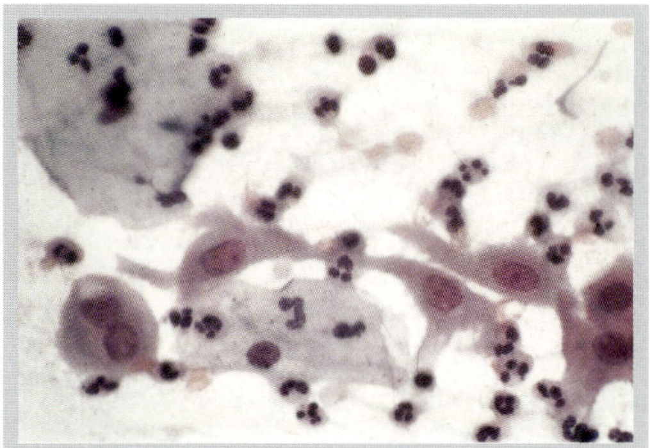

Abb. 1.117 Färb.: Pap; Vergr.: 200 x
Dorsaler Vaginalbezirk: Zwischen Leukozyten bizarr veränderte Epithelien mit Kernschwellung und Vergrößerung der Nukleoli. Doppelkernigkeit einer Zelle. Teils amöboide, teils dornenartige Zytoplasmaausläufer, bei partiell konfluierendem Zytoplasma verschiedener Epithelien (Pap. Gr. II), z. Z. der Zytol.: 1 J. 10 Mon. nach Strahlentherapie. Kolp.: Atrophie.
Alter: 64 J. PT-Diagn.: Carcinoma corporis uteri ($T_1N_xM_0$). *Histol.*: Adenokarzinom.
Ther.: 3 × intracorporale Kontakttherapie. Einlagen mit ^{60}Co-eiförmigen Trägern in 14-tägigen Abständen bis 3000, 2000, 1500 cGy GOD + ^{60}Co-Stehfeldbestrahlung – Unterbauch- und Gesäßfeld alt. Aussparung des Kontakttherapiegebietes mit Pb-Block ED 200 cGy, GD 4400 cGy HD.

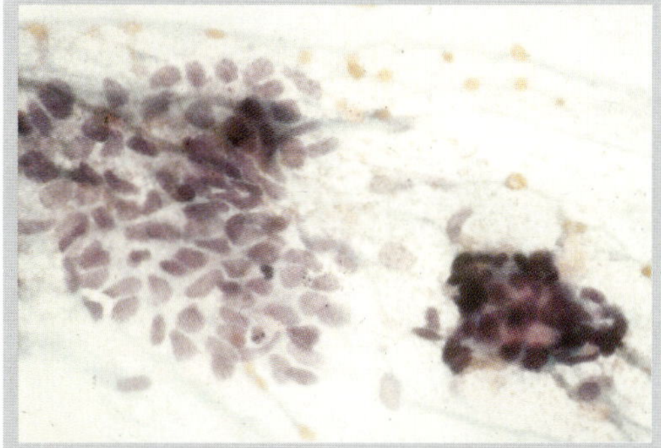

Abb. 1.118 Färb.: Pap; Vergr.: 126 x
Dorsaler Vaginalbereich: Sog. nacktkernige atypische blasse Epithelien mit Polymorphie. Beginnende Zytolyse. Partieller Zellverklumpung (Pap. Gr. V), z. Z. der Zytol.: 1 J. 11 Mon. nach Strahlentherapie. Gyn.-Kolp.: Verdacht auf Tumorrasen.

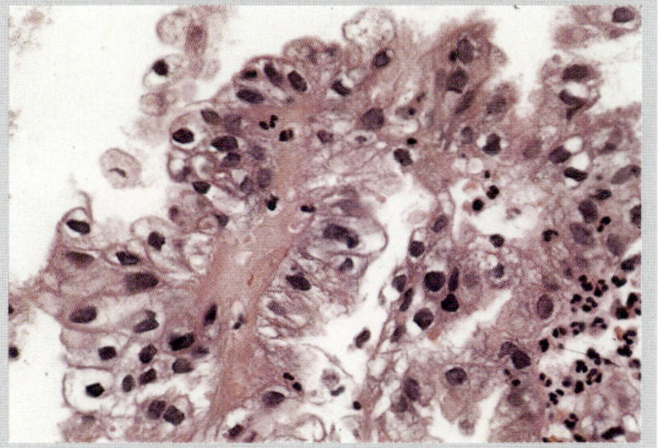

Abb. 1.118 a Färb.: HE; Vergr.: 140 × (gleicher Fall wie Abb. 1.118)
PE 2 Mon. 2 Wochen nach Zytol.-Abstrich. *Histol.*-Diagn.: Anteile eines drüsig papillären Adenokarzinoms (Rezidiv).
Alter: 68 J. PT-Diagn.: Carcinoma corporis uteri ($T_2N_0M_0$). *Histol.*: Adenokarzinom.
Ther.: Biaxiale Telekobaltpendelbestrahlung kleines Becken ED 200 cGy, GD 4800 cGy HD (100%-Isodose) Split course technique: 2 Wochen Pause. Noch Tumorrest nach 3 Mon.: Ther.: Kontakttherapie ^{137}Cs-Stift bis 2000 cGy OD. ^{60}Co-Stehfeldbestrahlung Unterbauch- und Gesäßfeld alt. ED 200 cGy, GD 2400 cGy HD. Tumorrezidiv nach 2 Jahren. Ther.: Monochemotherapie – 4 Infusionen jeweils 1,5 g Cyclophosphamid – Progesteron-Depot-Behandlung.

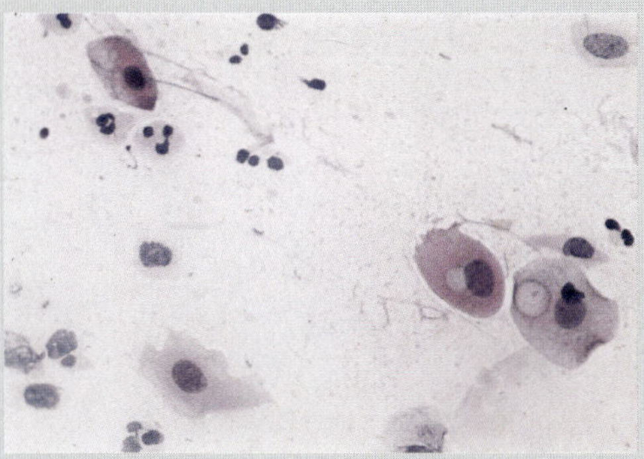

Abb. 1.119 Färb.: Pap; Vergr.: 160 x
Dorsaler Vaginalbereich: Drei auffällig ödematöse Epithelien, z. T. mit Kernschwellung und Nukleolivergrößerung. Im Zytoplasma je eine große Vakuole. Beginnende zackige Ausstülpung peripherer Zytoplasmaanteile. Einzelne Leukozyten (Pap. Gr. III ⚡ D), z. Z. der Zytol.: 2 J. nach Strahlentherapie. Klin.: kein Tumorverdacht. Kolp.: atypische Gefäße.
Alter: 54 J. PT-Diagn.: Carcinoma corporis uteri ($T_1N_xM_0$). *Histol.*: hochdifferenziertes papilläres Adenokarzinom.
Ther.: Vaginale Hysterektomie mit vorderer und hinterer Plastik. Nachbestrahlung: Biaxiale Telekobaltpendelbestrahlung kleines Becken ED 200 cGy, GD 6000 cGy HD (100%-Isodose), Split course technique: 4 Wochen Pause.

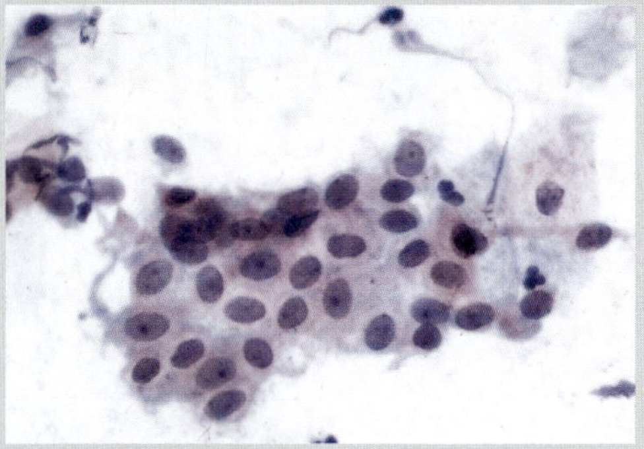

Abb. 1.120 Färb.: Pap; Vergr.: 160 x
Lateraler Vaginalbereich: Häutchenförmiger Zellkomplex mit ineinander überfließendem Zytoplasma. Zellkernschwellung bei Kernstrukturverdichtung und außergewöhnlich starker Vergrößerung der Nukleoli (Pap. Gr. III), z. Z. der Zytol.: 3 J. 2 Mon. nach Strahlentherapie. Klin.: kein Tumorrezidiv. Kolp.: Atrophie.
Alter: 54 J. PT-Diagn.: Carcinoma corporis uteri ($T_1N_0M_0$). *Histol.*: polypöses Adenokarzinom.
Ther.: Abdominale Hysterektomie mit beiden Adnexen und Scheidenmanschette. Nachbestrahlung: Biaxiale Telekobaltpendelbestrahlung kleines Becken ED 200 cGy, GD 6000 cGy HD (100%-Isodose), Split course technique: 4 Wochen Pause.

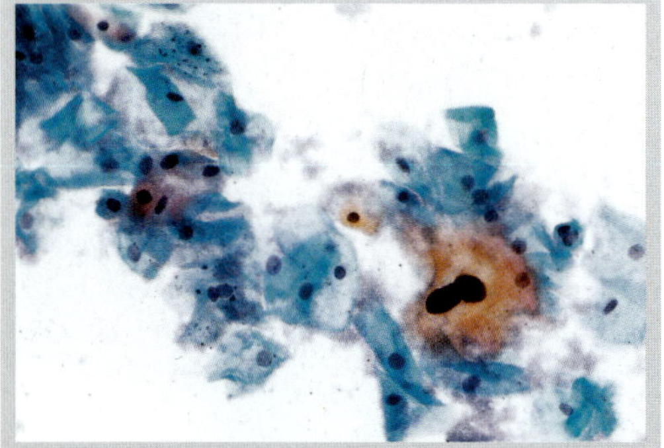

Abb. 1.121 Färb.: Pap; Vergr.: 100 x
Hintere Vaginalregion: Partiell übereinander liegende zyanophile Zellen der oberen Epithelschichten. Dazwischen abnorme, fraglich atypische Zellen mit orangefarbenem Zytoplasma und hyperchromatischen Zellkernen. Zwei auffällig große aneinander liegende Zellkerne mit starker Kernhyperchromatose (bei Pap. Gr. IV), z. Z. der Zytol.: 3 J. 5 Mon nach Strahlentherapie. Gyn.-Kolp.: Atrophie, kleiner suspekter Grundbezirk (PE – *Histol.*: Angiofibrom – 1 Tag nach Zytol.). 8 J. nach dieser Zytol. kein Tumorrezidiv.
Alter: 53 J. PT-Diagn.: Carcinoma corporis uteri ($T_1N_0M_0$). *Histol.*: Adenokarzinom.
Ther.: Abdominale Hysterektomie mit beiden Adnexen. Nachbestrahlung: Biaxiale Telekobaltpendelbestrahlung kleines Becken ED 200 cGy, GD 6000 cGy HD (100%-Isodose), Split course technique: 4 Wochen Pause.

Abb. 1.122 Färb.: Pap; Vergr.: 100 x
Vaginalbereich: Konglomerat aus Epithelien mit teils eosinophilem teils basophilem Zytoplasma. Mehrfach beginnende oder bereits ausgeprägte hakenförmige Zytoplasmaausläufer. Ganz vereinzelt Leukozyten (Pap. Gr. III ⚡ D), z. Z. der Zytol.: 4 J. nach Strahlentherapie. Klin.: kein Tumorrezidiv. Kolp.: Atrophie.
Alter: 77 J. PT-Diagn.: Carcinoma corporis uteri ($T_1N_0M_0$). *Histol.*: Adenokarzinom.
Ther.: Kontakttherapie: ^{137}Cs-Einlage – Stift-Platte-Kombination bis 4000 cGy GOD, nach 14 Tagen 2. Einlage in gleicher Anordnung bis 4000 cGy GOD. ^{60}Co-Stehfeldbestrahlung der Parametrien Unterbauch- und Gesäßfeld alt. ED 200 cGy, GD 4600 cGy HD (Kontakttherapiegebiet mit Pb-Block abgedeckt).

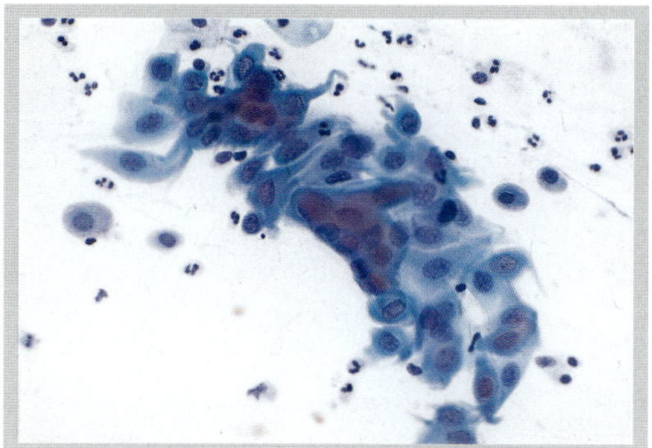

Abb. 1.123 Färb.: Pap; Vergr.: 200 x
Dosale Vagina: Locker verstreute Leukozyten. Einzelne Epithelien mit ödematösem Zytoplasma und betonter bzw. grober, netzförmiger Kernstruktur bei vergrößerten Nukleoli und mäßiger Hyperchromatose. Randständig ein Zellkernglomerat, nicht exakt beurteilbar (Pap. Gr. III), z. Z. der Zytol.: 5 J. 2 Mon. nach Strahlentherapie. Klin.: keinerlei Verdacht auf Tumorrezidiv. Kolp.: Atrophie. 1 J. später auch zytol. o.B.
Alter: 68 J. PT-Diagn.: Carcinoma corporis uteri ($T_2N_xM_0$). *Histol.*: z. T. papilläres, z. T. undifferenziertes Adenokarzinom.
Ther.: Kontakttherapie: 3 × ^{60}Co-Einlagen in 14tägigem Abstand – 9 Eier, 2 × 7 Eier, 6000 cGy GOD. ^{60}Co-Stehfeldbestrahlung der Parametrien – Unterbauch- und Gesäßfeld alt. ED 200 cGy bis GD 4600 cGy HD.

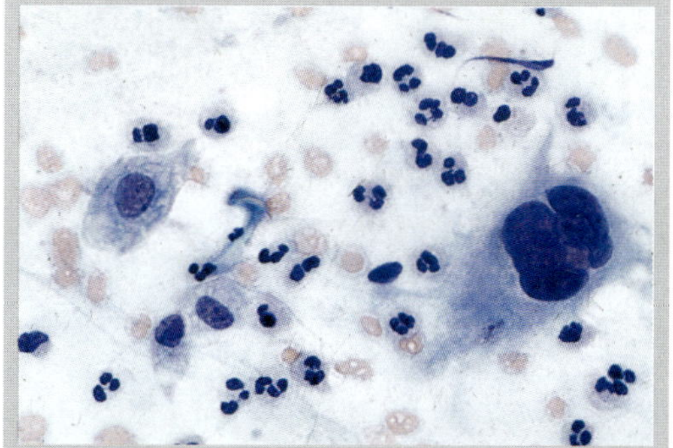

Abb. 1.124 Färb.: Pap; Vergr.: 160 x
Dorsaler Vaginalbereich: Groteske perlschnurartige Anordnung von Epithelien. Starre, verdickte Zellmembranen bei erhaltenen klaren Konturen. Zellhyperchromatose bei geringer Anisokaryose. Zyanophiles Zytoplasma mit körnigen Verdichtungsfragmenten (Pap. Gr. III ⚡ D), z. Z. der Zytol.: 6 J. 2 Mon. nach Strahlentherapie. Klin. Befund und Kolp.: o.B.
Alter: 63 J. PT-Diagn.: Carcinoma corporis uteri ($T_2N_0M_0$). *Histol.*: papilläres Adenokarzinom.
Ther.: Kontakttherapie jeweils in 14tägigem Abstand: 1.) ^{60}Co-Einlage 10 Eier bis 3000 cGy GOD. 2.) ^{60}Co-Einlage 8 Eier bis 3000 cGy GOD. 3.) ^{60}Co-Vaginal-Moulagen 15 × ED 400 cGy bis 6000 cGy Punkt A. ^{60}Co-Stehfeldbestrahlung der Parametrien (Kontakttherapiegebiet mit Pb-Block abgedeckt) Unterbauch- und Gesäßfeld alt. ED 200 cGy, GD 4600 cGy HD.

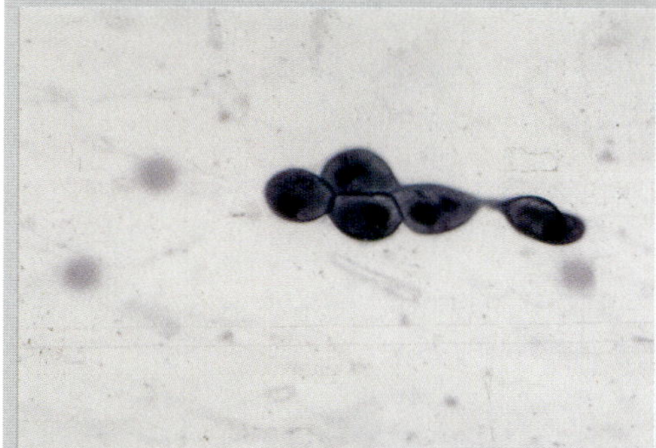

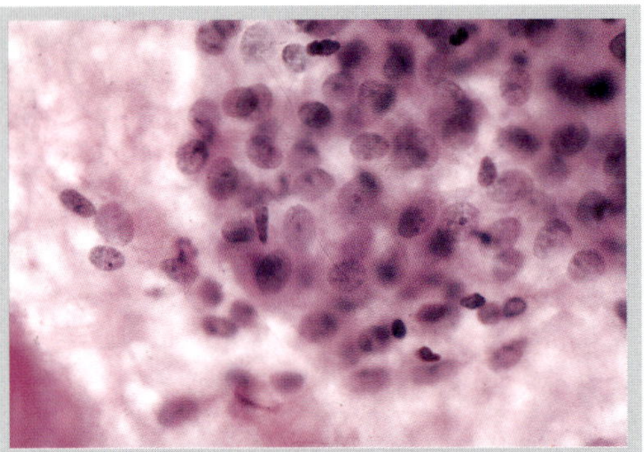

Abb. 1.125 Färb.: PAS-Reaktion Vergr.: 200 x
Dorsaler Vaginalbereich: Konzentrat aus abnormen bis atypischen Zellen, z. T. in beginnender Zytolyse. Betontes Chromatingerüst und vergrößerte Nukleoli. Muzinöse Grundsubstanz (Pap; Gr. V), z. Z. der Zytol.: 7 J. nach Abschluß der Strahlentherapie, z. Z. Progesterontherapie. Gyn.: Tumorrezidivverdacht im dorsalen Vaginalbereich. Kolp.: Atrophie.

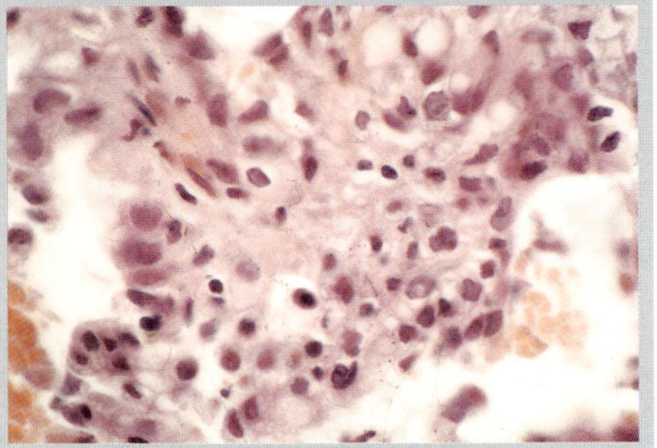

Abb. 1.125 a Färb.: HE; Vergr.: 200 × (gleicher Fall wie Abb. 1.125)
PE (1 Tag nach Zytol.). *Histol.*-Diagn.: Adenokarzinom mit partieller Schleimbildung.
Alter: 79 J. PT-Diagn.: Carcinoma corporis uteri (Stadium unbekannt). *Histol.*: Adenokarzinom.
Ther.: Biaxiale Telekobaltpendelbestrahlung kleines Becken ED 200 cGy, GD 6000 cGy HD (100%-Isodose) Split course technique: 4 Wochen Pause. 1. Rezidiv nach 4 J. Ther.: Progesteron-Dauertherapie. 2. Rezidiv nach 6 J. Ther.: erneut Progesteron-Dauertherapie bis jetzt insgesamt 30 g.

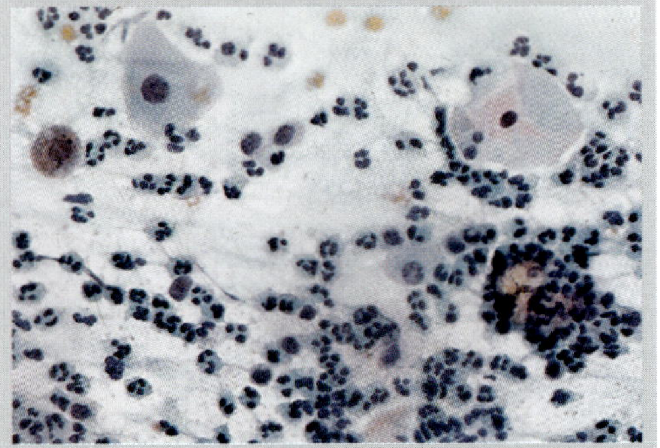

Abb. 1.126 Färb.: Pap; Vergr.: 132 x
Dorsaler Vaginalbereich: Leukozyten in reichlicher Anzahl. Dazwischen eine ödematös veränderte Superfizialzelle, vereinzelte Intermediär- und Parabasalzellen mit Kernschwellung und vermehrten Nukleoli. Außerdem eine abnorme Zelle mit entrundeten, mäßig hyperchromatischem Kern und nur schmalem orangefarbenen Zytoplasmaanteil. Keine deutlich nachweisbaren radiogenen Veränderungen (Pap. Gr. III), z. Z. der Zytol.: 9 J. 6 Mon. nach Strahlentherapie. Klin.: kein Tumorrezidiv. Kolp.: Entzündung und blutendes Epithel.
Alter: 76 J. PT-Diagn.: Carcinoma corporis uteri. *Histol.*: Adenokarzinom.
Ther.: Radikaloperation. 5 J. danach suburethrale Metastase. Ther.: ^{60}Co-Spickung mit 9 Nadeln bis 6500 cGy Punkt A. 2 J. danach erneutes Rezidiv an gleicher Stelle. Ther.: wiederum ^{60}Co-Spickung 6 Nadeln bis 5600 cGy Punkt A.

Lokalisation des Primärtumors: Tuba uterina

Abb. 1.127 Färb.: HE; Vergr.: 15 x
Histol.-Diagn.: Tubenkarzinom.

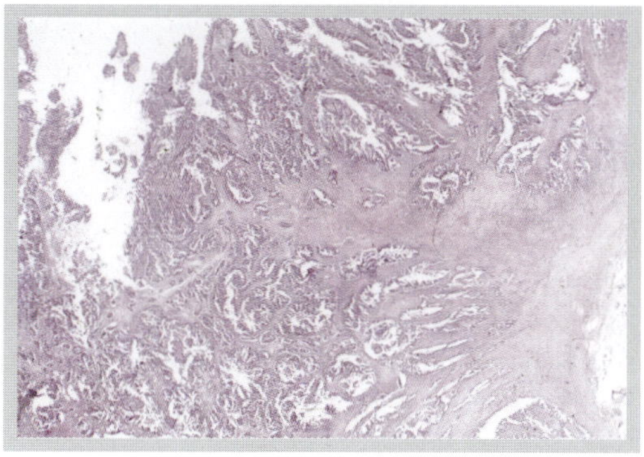

Exfoliativzytologie – Tumornachsorge

Abb. 1.128 Färb.: Pap; Vergr.: 126 x
Hinteres Scheidengewölbe: Reichlich Leukozyten. Dazwischen aufgedunsene zyanophile Superfizial- und Intermediärzellen mit starrer Zellmembran. Zyanophil bzw. angedeutet orangefarbenes Plasma einzelner Epithelien. Menopausebild trotz hormonaler Aufhellung. Keine radiogen bedingten Merkmale (Pap. Gr. II K), z. Z. der Zytol.: 4 J. 4 Mon. nach Strahlentherapie. Gyn.: o.B.
Alter: 48 J. PT-Diagn.: Carcinoma tubae. *Histol.*: Plattenepithelkarzinom.
Ther.: Vaginale Hysterektomie mit beiden Adnexen. Biaxiale Telekobaltpendelbestrahlung kleines Becken ED 200 cGy, GD 6000 cGy HD (100%-Isodose), Split course technique: 4 Wochen Pause.

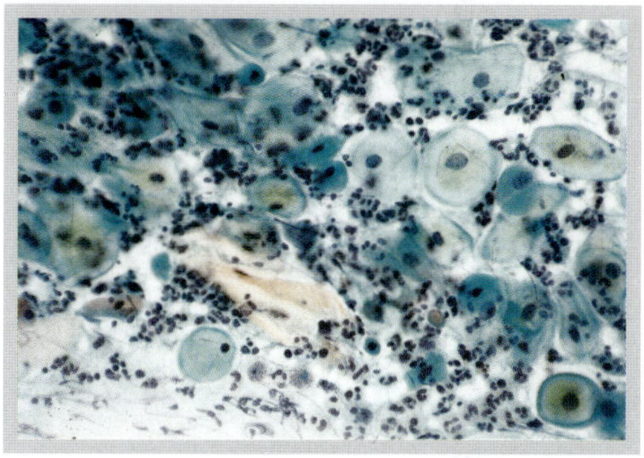

Lokalisation des Primärtumors: Ovarium

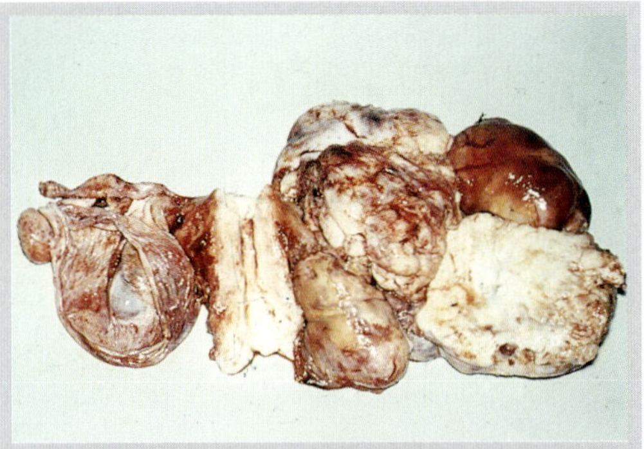

Abb. 1.129 *Operationspräparat:* kleiner aufgeschnittener Uterus mit knotig-zystischem *Ovarialtumor* beiderseits.

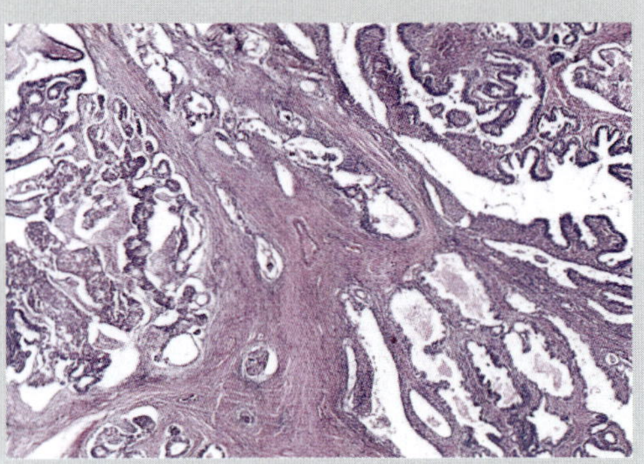

Abb. 1.129 a Färb.: HE; Vergr.: 20 x
Histol.-Diagn.: papilläres, karzinomatös entartetes Ovarialkystom.

Exfoliativzytologie – Tumornachsorge

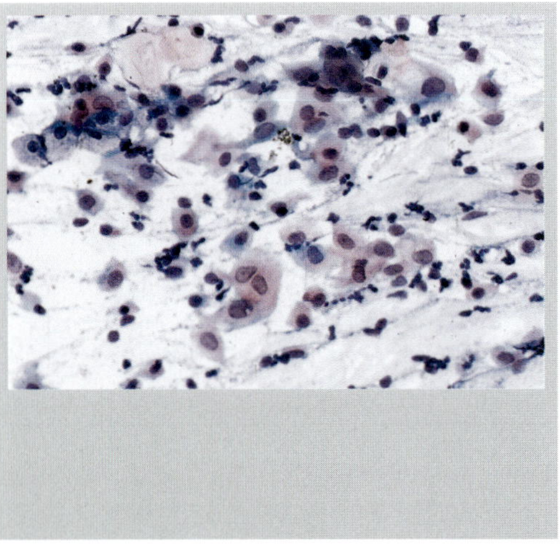

Abb. 1.130 Färb.: Pap; Vergr.: 100 x
Vaginalstumpf: Unruhiges Zellbild aus Epithelien mit z. T. unterschiedlichen Konfigurationen, Kernschwellung, einzelne Zytoplasmaausläufer bzw. Plasmaödem bei wabenförmiger Veränderung (Pap. Gr. III), z. Z. der Zytol.: 1 J. 8 Mon. nach Strahlentherapie.
Kolp.: unruhiger Grund am Vaginalstumpf.
Alter: 61 J. PT-Diagn.: Carcinoma ovarii ($T_3N_0M_{1a}$). *Histol.*: großpapilläres Karzinom beider Ovarien, intrazervikale Metastase.
Ther.: Abdominale Hysterektomie mit beiden Adnexen. 1 Mon. danach: Biaxiale Telekobaltpendelbestrahlung kleines Becken ED 200 cGy, GD 7200 cGy HD (100%-Isodose), Split course technique: 5 Wochen Pause, Abdomenabschnittsbestrahlung von ventr. und dors. ED 100 cGy bis jeweils GD 1000 cGy HD pro Feld.

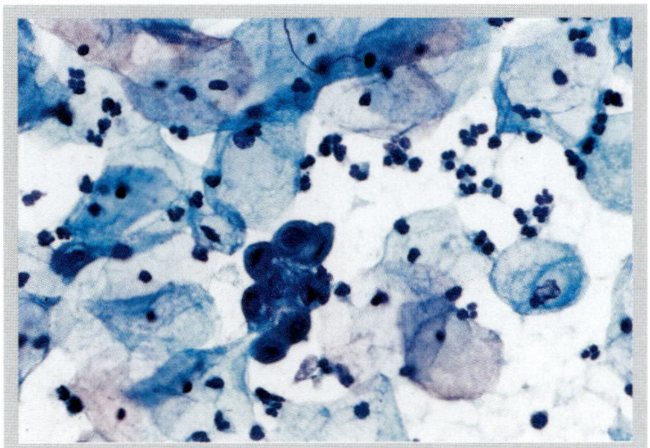

Abb. 1.131 Färb.: Pap; Vergr.: 132 x
Vaginalbereich-Abschlußnarbe: Zahlreiche Superfizialzellen mit teils eosinophilen, aber überwiegend zyanophilen deutlich ödematös verändertem Zytoplasma. Zentral Konglomerat aus abnormen Epithelien mit ungleichförmigen, hyperchromatischen Kernen und dichtem Zytoplasma (Pap. Gr. III), z. Z. der Zytol.: 3 J. nach Strahlentherapie. Klin.: kein hinreichender Anhalt für Rezidiv.
Alter: 45 J. PT-Diagn.: Carcinoma ovarii ($T_2N_xM_x$). *Histol.*: drüsig wachsendes Ovarialkarzinom.
Ther.: Abdominale Hysterektomie mit beiden Adnexen. Anschließend biaxiale Telekobaltpendelbestrahlung kleines Becken ED 200 cGy, GD 5000 cGy HD (100%-Isodose), Split course technique: 3 Wochen Pause.

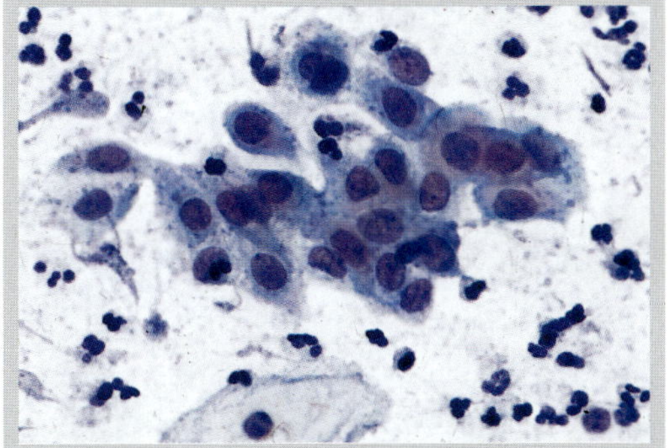

Abb. 1.132 Färb.: Pap; Vergr.: 200 x
Vaginale Abschlußnarbe: Zellkomplex aus konfluierenden Epithelien. Wabenförmige Kernstruktur. Betonte Nukleoli. Partiell angedeutete Zytoplasmaausläufer. Leukozyten in der Peripherie (Pap. Gr. III), z. Z. der Zytol.: 5 J. 4 Mon. nach Strahlentherapie. Klin.: kein Tumornachweis. Kolp.: Atrophie.
Alter: 47 J. PT-Diagn.: Carcinoma ovarii ($T_2N_xM_x$). *Histol.*: z. T. drüsig-papilläres Ovarialkarzinom innerhalb eines gekammerten Ovarialkystoms.
Ther.: Abdominale Hysterektomie mit beiden Adnexen. Anschließend 5 Infusionen (1 g) Cyclophosphamid = 5 g. 2 Mon. danach: Biaxiale Telekobaltpendelbestrahlung kleines Becken ED 200 cGy, GD 5000 cGy HD (100%-Isodose), Split course technique: 3 Wochen Pause.

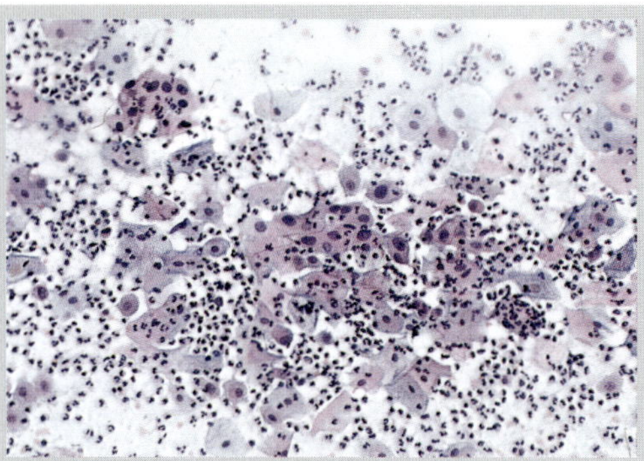

Abb. 1.133 Färb.: Pap; Vergr.: 50 x
Dorsaler Vaginalbereich: Massive Leukozytenanhäufung. Dazwischen einerseits völlig unauffällige Epithelien, andererseits Epithelien mit mäßiger Kernschwellung bzw. mit auffälliger Kernhyperchromatose (bei Pap. Gr. III D), z. Z. der Zytol.: 6 J. 1 Mon. nach Strahlentherapie. Gyn.-Kolp.: Gefäßatypien. Ausgeprägte Kolpitis bei Strahlenbelastung. 7 J. später kein Tumorrezidiv.
Alter: 35 J. PT-Diagn.: Carcinoma ovarii ($T_3N_xM_0$). *Histol.*: karzinomatös entartetes papilläres Ovarialkystom.
Ther.: Abdominale Hysterektomie mit beiden Adnexen, Teilresektion des Omentum majus, Exzision einer Peritonealmetastase aus dem Douglas. Nachbestrahlung: Biaxiale Telekobaltpendelbestrahlung kleines Becken ED 200 cGy, GD 7000 cGy HD (100%-Isodose), Split course technique: 5 Wochen Pause. Abdomenabschnittsbestrahlung von ventr. und dors. ED 100 cGy bis jeweils GD 1000 cGy HD pro Feld.

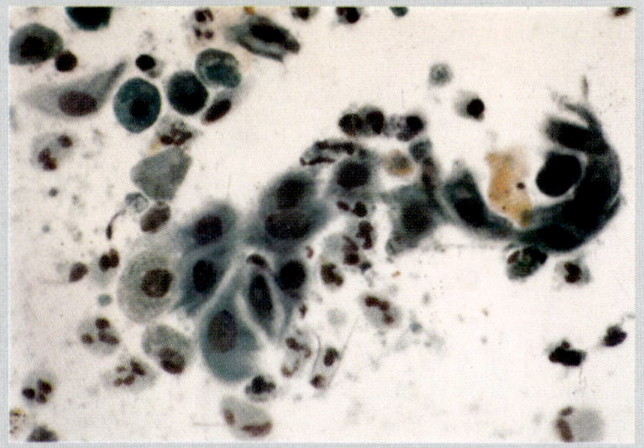

Abb. 1.134 Färb.: Pap; Vergr.: 200 x
Dorsaler Vaginalbereich: Randständig gering abnorme Epithelien. Im Zentrum ödematös veränderte Zellen mit Schwellung und ungleichen Kernformen bei zyanophilem Zytoplasma, Plasmaödem und partiellen krallenartigen Ausläufern (Pap. Gr. II K), z. Z. der Zytol.: Strahlentherapie vor 10 Jahren (jetzt klin. kein Tumornachweis).
Alter: 51 J. PT-Diagn.: Carcinoma ovarii ($T_3N_xM_0$). *Histol.*: schleimbildendes Adenokarzinom.
Ther.: Abdominale Uterusexstirpation mit beiden Adnexen. Nachbestrahlung: Biaxiale Telekobaltpendelbestrahlung kleines Becken ED 200 cGy, GD 5000 cGy HD (100%-Isodose), Split course technique: 14 Tage Pause.

Literatur

Bettendorf, U.: Strahlenbedingte Veränderungen des Vaginal- und Portioepithels. Zbl. Gynäkol. Bd. 101, (1979) 689–697.

Boon, M.E., M.L. Tabbers-Boumeester: Gynaecological cytology. Kap.: Cytopathology of iatrogenic lesions, London u. a. MacMillan (1981) 162–167.

Boschann, H.-W.: Praktische Zytologie – Gynäkologische Zytodiagnostik. Bestrahlungsveränderungen an der Tumorzelle. Verlag Walter de Gruyter & Co. Berlin (1960) 120–122.

Boschann, H.-W.: Zytologie und Histologie nach Strahlentherapie in der Gynäkologie. Fortschritte der Medizin 99, „FDM – Tabellen für die Praxis" Nr. 44 (1981) 1840–1844.

Herting, W., Ch. Hanrath: Gynäkologische Zytologie (VIII). Gutartige Epithelveränderungen. Strahlenbedingte Zellveränderungen. Gyne, Fachzeitung für praktische Frauenheilkunde und allgemeine Medizin, Jg. 13, H. 11 (1992) 379.

Hilgarth, M.: Strahlenveränderungen am normalen und atypischen Plattenepithel der Zervix uteri – Das medizinische Laboratorium 23, H. 8 Jg. XXIII (1970) 185–188.

Saigo, P.E.: Interpretation of follow-up cervicovaginal smears after radiation therapy. In: Radiation Therapy of Gynaecological Cancer. Editors: Dattatreyudu, Nori and Basil S. Hilaris. Alan R. Liss, Inc. (1987) 377–387.

Shield, P.W., B. Daunter, R.G. Wright: Post-irradiation cytology of cervical cancer patients. Cytopathology 3(3): (1992) 167–182.

Shield, P.W., R.G. Wright, K. Free, B. Daunter: The accuracy of cervico-vaginal cytology in the detection of recurrent cervical carcinoma following radiotherapy. Gynecol-Oncol. 41(3): (1991) 223–229.

Smolka, H., H.J. Soost: Grundriß und Atlas der gynäkologischen Zytodiagnostik. IX. Zellveränderungen nach Radium- und Röntgenbestrahlung. Georg Thieme Verlag Stuttgart (1956) 125–131.

Smolka, H., H.J. Soost: Grundriß und Atlas der gynäkologischen Zytodiagnostik, Zellveränderungen nach Radium- und Röntgenbestrahlung. Georg Thieme Verlag Stuttgart, zweite Auflage (1965) 148–154.

Soost, H.-J., S. Baur: Gynäkologische Zytodiagnostik. Lehrbuch und Atlas. Kap. 10. Zellveränderungen durch ionisierende Strahlen und Zytostatika. Georg Thieme Verlag Stuttgart – New York (1990) 326–336.

Weiterführende Literatur

Angel, H.W.: Kolpozytologie des bestrahlten Kollumkarzinoms – Mikroskopie. Bd. 10, (1955) 221–250.

Bahrmann, E., D.Neuser: Zur Differentialzytologie der Uteruskarzinome. Dtsch. Gesundheitswesen. (1970) 2136–2139.

Boschann, H.W.: Cytology and histology of effects of ionizing radiation on the female genital tract – Tutorials of cytology – Editorial office, 5841 Maryland Avenue, Chicago, Illinois 60637, USA (1974).

Breitenecker, G., G. Tatra: Historadiographische Untersuchungen während der Strahlentherapie des Zervixkarzinoms. Strahlentherapie 146, 6 (1973) 664–670.

Burghardt, E.: Kolposkopie. Spezielle Zervixpathologie. Georg Thieme Verlag Stuttgart (1983).

Dallenbach-Hellwig, G.: Cervical cancer. Curo. Top Pathol. 70 (1981).

Elling, D.: Das Zervixkarzinom. Springer Verlag 1991.

Gupta S. , Y.N. Gupta, B. Sanyal: Radiation changes in vaginal and cervical cytology in carcinom of the cervix uteri. Journal of Surgical Oncology, 19 (1982) 71–73.

Hilgarth, M.: Zytologie in der Gynäkologie – eine Diasammlung mit Begleittext 2.4: Durch Strahlen (Telekobalt, Radium) veränderte Zellbilder. – Rocom.

Hilgarth, M., L. Szalay: Farbatlas der gynäkologischen Zytodiagnostik Teil I, Kapitel: Durch Strahlen veränderte Zellbilder. Verlag Hans Marseille GmbH München (1986) 34–36 und 73–74.

Hoppe, E. (Wolfram): Makroskopische, histologische und histochemische Untersuchungen am radiogen geschädigten Darm nach biaxialer Telekobalttherapie beim Kollumkarzinom – Ceskoslovenská Radiologie, (1968) 47–56.

Hoppe, E. (Wolfram): Histopathologische und histochemische Untersuchungen zur Differenzierung eines Karzinoms der Bartholinschen Drüse. Zbl. Gynäkol. 4 (1971) 138–144.

Igel, H.: Gynäkologische Zytodiagnostik. Atlas und Leitfaden. J. Zytodiagnostik nach Röntgen- oder Radiumbestrahlung. Verlag Walter de Gruyter & Co., Berlin (1959) 48–49.

Jenny, J., B.P. Ng Alan: Gynäkozytologie und Krebsvorsorge in der gynäkologischen Praxis. Durch Bestrahlung hervorgerufene Veränderungen an gut- und bösartigen Zellen (Beitrag von H.-W. Boschann). Verlag Hans Huber – Bern Göttingen Toronto Seattle (1993) 237–253.

Käser, O., V. Friedberg, K.G. Ober, K. Thomson, J. Zander: Gynäkologie und Geburtshilfe. Thieme Verlag (1989).

Kern, G.: Diagnostik und Therapie der Frühstadien des Kollumkarzinoms. Deutsche medizinische Wochenschrift Jg. 87 (1962) 2068–2072.

Pairwuti, S.: Pap smear examinations in woman post-treated for genital organ diseases by operation and radiation. J. Med. Assoc. Thai. 73 (11): (1990) 610–614.

Soost, H.-J.: Lehrbuch der klinischen Zytodiagnostik. Kap.: Beurteilung unklarer Befunde. Georg Thieme Verlag Stuttgart (1978) 203–206.

Stegner, H.-E.: Gynäkologische Zytologie. Kap. XVI: Zellveränderungen nach Bestrahlung. Ferdinand Enke Verlag Stuttgart (1973) 133–135.

Takashi, O., A.A. Meyer, J.J. Sciarra: Prognose bestrahlter Carcinoma cervicis uteri und Kern-DNA in cytologischen Dysplasien nach Bestrahlung. Cancer 33 (1974) 647–652.

UICC: TNM-Klassifikation maligner Tumoren. Herausgegeben von M.H. Harmer, übersetzt und bearbeitet von H. Berndt und R. Huber – 3. Auflage, Genf 1978. Akademie-Verlag, Berlin (1980).

Wachtel, E.: In: Modern radiotherapy – gynaecological cancer – 8 – The effekt of irradiation on epithelial cells – Edited by Thomas J. Deeley, Published by Butterworths – 88 Kingsway London W.C. 2 B 6 AB (1971) 120–137.

Zimmer, S. , D. Neuser, K. Kühndel: Vaginale und zervikale Zytodiagnostik. 5. Zellveränderungen nach Aktinotherapie. VEB Verlag Georg Thieme Leipzig (1978) 62–66.

Zimmer, S. , K. Kühndel, G. Albrecht: Vaginale und zervikale Zytodiagnostik. 5. Zellveränderungen nach Aktinotherapie. VEB Verlag Georg Thieme Leipzig (1986) 67–70.

Zinser, H.-K.: Die Zytodiagnostik in der Gynäkologie. Kap. IV: Zytologische Karzinomdiagnostik – Verwendung des Zelltestes bei Radium-Röntgenbestrahlungen. Verlag von Gustav Fischer in Jena (1951) 67–70.

Zinser, H.-K.: Die Zytodiagnostik in der Gynäkologie. Kap. IV: Das Zellbild beim manifesten Karzinom des Collum uteri. VEB Gustav Fischer Verlag, Jena (1957) 107–110.

2 Zytodiagnostik während oder nach Tumorchemotherapie

In der posttherapeutischen Nachsorge bei Vorliegen von Tumorrezidiven aus der gynäkologischen Region ist die Zytostatikaverabreichung mitunter die einzige noch verbleibende Methode. Dies ist z. B. nach einer alleinigen hochdosierten Strahlentherapie oder auch bei der Nachbestrahlung post operationem mit einer hohen Gesamtdosis und ihren Folgen der Fall, da sich hier die erneute effektive Anwendung ionisierender Strahlung wegen der Gefahr einer eventuellen Überdosierung verbietet.

In solchen Fällen sind die Applikationsformen der antineoplastischen Chemotherapie individuell zu gestalten, je nach Lokalisation des Tumorrezidivs und dessen Ausbreitung oder einer bereits vorhandenen Metastasierung (G. Chakalova et al. 1991).

Varianten der Applikation:

a) lokal als intratumorale Injektionen.
b) als Salben bzw. Auflagen von mit Zytostatika getränkten Schwämmchen.
c) als intravenöse Infusion (Mono- und Polychemotherapie).
d) seltener orale Applikationen.
e) intraarterielle Tumorchemotherapie als Vor- und Nachbehandlung in Kombination mit der Strahlentherapie.

Beim Zervixkarzinom im fortgeschrittenem Stadium wurde die zuletzt genannte Methode praktiziert, was später in einem gesonderten Kapitel erörtert werden soll (s. Kap. 10).

Das vorliegende Abstrichmaterial, welches als Grundlage für die dokumentierten unterschiedlichen zytologischen Merkmale dient, wurde aus dem Archivbestand entnommen. Diese Fälle stammen somit aus einer länger zurückliegenden Zeitepoche, so daß die damals verwendeten Pharmaka und Behandlungsformen nur noch zum Teil aktuell sind. Das mindert jedoch nicht die Absicht, multiple therapiebedingte Zellveränderungen zu zeigen. Bei gynäkologischen Kontrolluntersuchungen der *Tumornachsorge* ergaben sich im Portiobereich variable Zellveränderungen, z. T. markant, z. T. nur mäßig stark ausgeprägt, nach folgenden Zytostatikamedikationen als Polychemotherapie: z. B. in der Kombination 5-Fluorouracil + Cyclophosphamid (Endoxan) + Bleomycin oder Cyclophosphamid + Adriablastin + Bleomycin und andere Zytostatika.

Bei einer weiteren Gruppe von Patienten mit generalisierter Metastasierung eines *Mammakarzinoms* wurden Portioabstriche als Screening-Untersuchung entnommen. In diesen Fällen ist eine antineoplastische Polychemotherapie verabreicht worden, bei der Zytostatika mit unterschiedlicher damals verwendeter Kombination enthalten waren, z. B. Cyclophosphamid + MTX + Vinblastin oder Cytostasan + Adriamycin + 5-Fluorouracil oder MTX + Adriamycin.

Hier fanden sich ausgeprägte Veränderungen an Normalepithelien der Portio, insbesondere „Pfeffer- und Salz-Chromatin“ sowie Kernpolymorphie. Bei Unkenntnis über eine erfolgte Chemotherapie können solche zytologischen Abnormitäten fälschlicherweise durchaus als malignitätsverdächtig angesehen werden.

Bei einer anderen Gruppe von Patienten mit *Morbus Hodgkin*, von denen ebenfalls prophylaktisch gynäkologische Kontrollen erfolgten und Portioabstriche entnommen wurden, ergaben sich ausgeprägte Abnormitäten bzw. Atypien an normalen Epithelien. Hier war auch eine zytostatische Polychemotherapie erfolgt, wobei von den Therapeuten zur damaligen Zeit verschiedene Medikamente angewendet wurden, z. B. Adriblastin + Natulan + Vinblastin + DTIC oder Cyclophosphamid + Vinblastin. Zytologische Fehlinterpretationen sind in solchen Fällen nicht völlig auszuschließen, weil bei unterlassener Information zur Anamnese und Therapie meistens eine derartige Fernwirkung auf die Vaginalepithelien nicht generell erwartet wird.

Bei einiger Erfahrung hinsichtlich des Vorkommens derartiger Zellveränderungen ist allerdings mitunter auf eine vorangegangene Tumorchemotherapie zu schließen, auch wenn diesbezüglich klinischerseits keine entsprechenden Daten mitgeteilt worden sind.

Während oder nach einer antineoplastischen Polychemotherapie beruhen Zellveränderungen nicht generell auf der spezifischen Auswirkung eines einzigen Medikamentes, sondern sie sind das zytotoxische pauschale Resultat eines Summationseffektes (K.R. Geisinger et al. 1988).

Die möglichen zytomorphologischen Veränderungen sowohl an Normalepithelien als auch an Tumorzellen nach Zytostatikaverabreichung sind variabel und graduell unterschiedlich ausgeprägt (A.G. Korop et al. 1989). Bevorzugte Abartigkeiten an den Zellen des Abstrichmaterials sind: Kernschwellung, schwammartige Kernstrukturen, verwaschenes Zellbild, Kernpolymorphie, Mehrkernigkeit, Zellvergrößerung, zerfließliche Zellmembranen. Es findet sich oftmals außerdem grob- oder mittelgradig granuliertes Chromatin der Zellkerne, als „Pfeffer- und Salz-Chromatin" bezeichnet, was auch in Übergangsepithelien im Urin festgestellt worden ist (H.J. De Voogt, P. Rathert, M.E. Beyer-Boon 1979).

Die beobachteten Zellatypien nach Art einer Dysplasie mit Hyperchromatose und Polymorphie der Kerne können graduell unterschiedlich sein und sogar Malignität vortäuschen. Verantwortlich für diese Veränderungen sind Zytostatika, die als Folsäureantagonisten wirksam sind, sowie alkylierende Substanzen. Diese Auswirkungen sind im Verlauf weniger Monate reversibel, allerdings nur bezogen auf Veränderungen an Vaginalepithelien (H.J. Soost und S. Baur 1990).

In der Literatur sind Angaben über die Folgezustände der Zytostatikatherapie an der gesunden Mundschleimhaut und an der Haut ausgewiesen (V.T. De Vita et al. 1993). Diesbezügliche Mitteilungen bezogen auf die Vaginalschleimhaut sind jedoch äußerst spärlich. Besteht andererseits eine Kombination einwirkender belastender Faktoren durch eine vorherige Strahlentherapie mit anschließender Tumorchemotherapie und unter Umständen noch ergänzend dazu eine gegengeschlechtliche Hormontherapie, dann wird die zytodiagnostische Auswertung zusätzlich erheblich kompliziert. Die Diagnosefindung hinsichtlich eines Tumorzellnachweises kann sich in solchen Fällen als sehr problematisch erweisen (St.F. Patten 1978).

Eigene Beobachtungen bei Zellveränderungen nach Tumorchemotherapie

Im allgemeinen kann den bereits bekannten nahezu analogen Zellveränderungen mit Abnormitäten und Atypien, die sich nur teilweise von den Merkmalen nach Strahlentherapie unterscheiden, zugestimmt werden. Die Dauer dieser zytomorphologischen Abwegigkeiten ist jedoch nach Therapieabschluß zeitlich begrenzt und überschaubar (betr. Wochen bzw. Monate)".

1. Feingranuläre Zellveränderungen (Pfeffer- und Salz-Chromatin) sind nicht nur an Tumorzellen feststellbar, sondern auch an normalen Plattenepithelien der Vaginalwand und der Portio – auch während bzw. nach Zytostatikatherapie nichtgynäkologischer Geschwulstkrankheiten –, wie z. B. nach antineoplastischer Polychemotherapie bei malignen Systemerkrankungen oder beim Mammakarzinom mit generalisierter Metastasierung.
2. Zellmembrandefekte mit Zytoplasmaausstülpungen an Tumorzellen, beobachtet in Präparaten aus Aszites und Pleuraergüssen (E. Hoppe 1978), weisen auf eine der beiden Therapiearten hin.
3. Vermehrte Zytolyse.

Wenn sowohl eine Strahlentherapie als auch eine Tumorchemotherapie (vorher oder nachher) verabreicht worden ist, kann erwartungsgemäß keine differenzierte Zuordnung der Zellveränderungen zur entsprechenden Therapie erfolgen.

Daraus ist die Schlußfolgerung zu ziehen, daß dem Zytodiagnostiker vom Kliniker komplette Angaben über sämtliche angewandte Therapieformen und das Abschlußdatum der zuletzt erfolgten Therapie übermittelt werden sollten. Insbesondere durch die Kenntnis über die Zeitspanne zwischen Therapieende und Abstrichentnahme ergibt sich eine Unterstützung bei der zytologischen Diagnostik.

Zytologische Abstriche nach zytostatischer Chemotherapie

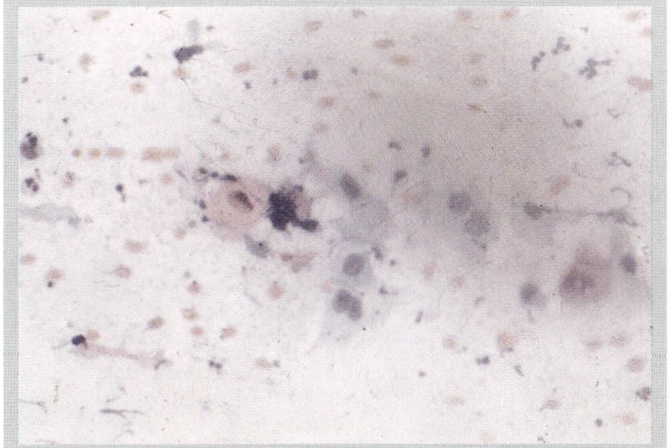

Abb. 2.1 Färb.: Pap; Vergr.: 100 x
Vaginalwand: Überwiegend therapiegeschädigte atypische Epithelien in beginnender oder fortgeschrittener Zytolyse. Zellkerne unscharf konturiert, im Dämmerzustand (bei Pap. Gr. IV), z. Z. der Zytol.: 10 Mon. nach Strahlentherapie, z. Z. intratumorale Zytostatika-Applikation mittels Bleomycin 19 × 7,5 mg i. t. = 142,5 mg wegen Resttumor.
Alter: 48 J. PT-Diagn.: Carcinoma vaginae ($T_2N_0M_x$). *Histol.:* Carcinoma in situ.
Ther.: ^{60}Co-Vaginal-Moulagen ED 400 cGy, 2 Serien bis GD 6000 cGy und GD 4000 cGy GOD.

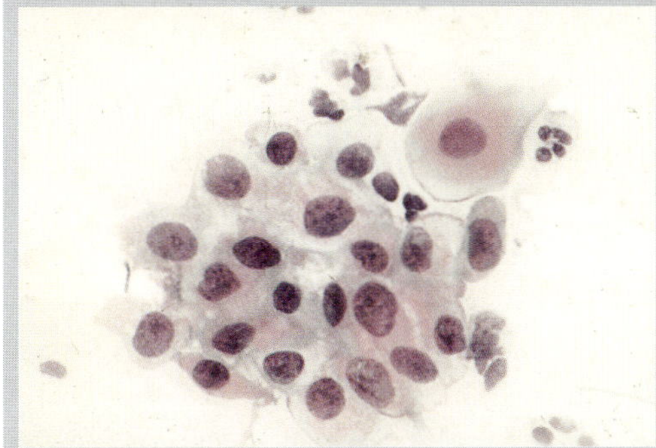

Abb. 2.2 Färb.: Pap; Vergr.: 200 x
Vaginalbereich: Komplex aus Epithelien mit ineinander überfließendem Zytoplasma. Deutliche Kernschwellung und Unregelmäßigkeiten der Kernformen. Ausgeprägte grobkörnige Struktur der Zellkerne, offenbar therapiegeschädigte Tumorzellen (Pap. Gr. V), z. Z. der Zytol.: 1½ J. nach Ende der Strahlentherapie und z. Z. während lokaler antineoplastischer Chemotherapie mittels Bleomycin ED 7,5 mg (bis jetzt 75 mg GD).
Alter: 70 J. PT-Diagn.: *histol.* gesichertes Bowen-Karzinom der Vaginalwand ($T_{3b}N_xM_0$).
Ther.: Frühere primäre Strahlentherapie mit biaxialer Telekobaltpendelbestrahlung kleines Becken ED 200 cGy, GD 8000 cGy HD (100%-Isodose) Split course technique: 4 und 2 Wochen Pause.

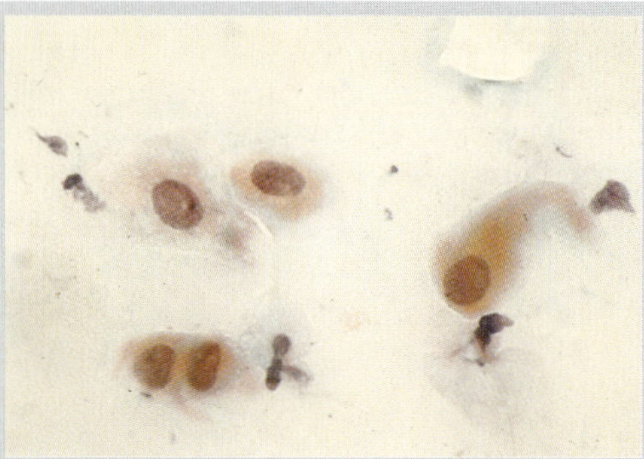

Abb. 2.3 Färb.: Pap; Vergr.: 200 x
Vaginalwand: Einzelne atypische Epithelien. Eine doppelkernige Zelle. Zellkerne wabenförmig aufgedunsen von gitterartiger Struktur. An einer Zelle überfließendes orangefarbenes-zyanophiles Zytoplasma mit Formierung eines schwanzartigen Ausläufers (offenbar als Folge der früheren Bestrahlung), (Pap. Gr. IV), z. Z. der Zytol.: Zustand nach Strahlentherapie vor 5 J. und seit 1 J. 6 Kuren mit antineoplastischer Polychemotherapie [Kombination Cyclophosphamid 100 mg, Methotrexat (MTX) 6 mg, Bleomycin 7,5 mg] wegen Tumorinfiltration der Parametrien und Vagina.
Alter: 58 J. PT-Diagn.: Carcinoma cervicis uteri ($T_3N_1M_1$). *Histol.*: Verhornendes Plattenepithelkarzinom.
Bisherige Ther.: Biaxiale Telekobaltpendelbestrahlung kleines Becken ED 200 cGy, GD 8000 cGy HD (100%-Isodose) Split course technique: 4 und 2 Wochen Pause.

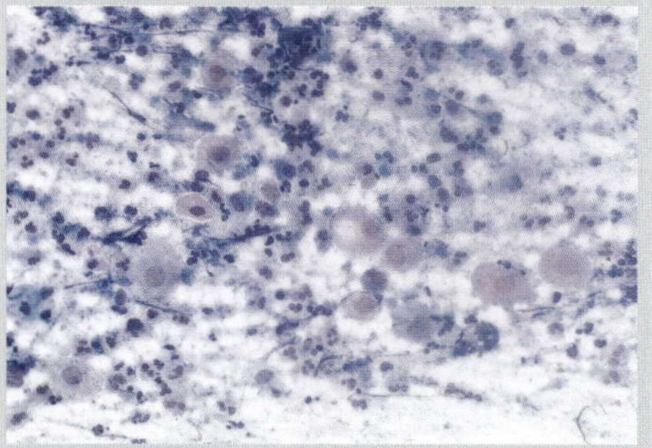

Abb. 2.4 Färb.: Pap; Vergr.: 100 x
Hinteres Scheidengewölbe: Schmutzig erscheinende Grundsubstanz aus Detritus, Schleim, Leukozyten, Lymphozyten, Bakterien und zwischengelagerten Epithelien, am ehesten Intermediärzellen mit reaktiven therapiebedingten Veränderungen (Kernschwellung, feinkörnige Struktur, unscharfe Zytoplasmamembranen bei Substanzverdichtung im Plasma), (Pap. Gr. III), z. Z. der Zytol.: während antineoplastischer Monochemotherapie mit Cyclophosphamid bisher 14 g i. v. und Progesteronmedikation (bisher 54 g) wegen generalisierter Metastasierung.
Alter: 46 J. PT-Diagn.: Carcinoma corporis uteri. *Histol.*: Adenokarzinom (Endometriumkarzinom).
Einstige Ther.: Vaginale Hysterektomie mit beiden Adnexen vor 7 J. Keine Nachbestrahlung.

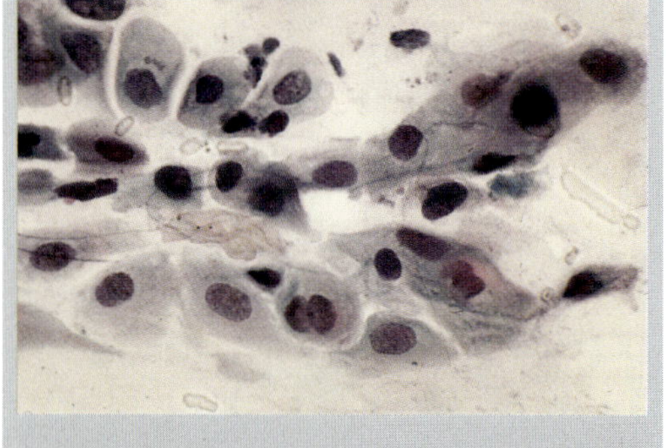

Abb. 2.5 Färb.: Pap; Vergr.: 200 x
Normale Kern-Plasma-Relation, Kernschwellung. Partiell, netzartige grießelige Kernstruktur (Pap. Gr. II), z. Z. der Zytol.: 2 Mon. nach zytostatischer Langzeitpolychemotherapie mittels Bleomycin-Adriblastin-Cyclophosphamid-DTIC-Vinblastin = mehrere Kuren, z. Z. Status progressus. Kolp.: o. B.
Alter: 55 J. PT-Diagn.: Carcinoma ovarii vor 8 J. (weitere Daten unbekannt).

Abb. 2.6 Färb.: Pap; Vergr.: 200 x
Einzelne größere Epithelien mit ödematösem Zytoplasma, Zellkernschwellung bei grobkörniger Chromatinstruktur, vereinzelt abnorme Zellen mit pathologischer Kern-Plasma-Relation (Pap. Gr. III), z. Z. der Zytol.: 7 Mon. nach letzter zytostatischer Chemotherapie (Cyclophosphamid insgesamt 9 Kuren mit GD 33 g) wegen Tumorinfiltrat dorsal vaginal. Kolp.: fraglich suspekt.
Alter: 66 J. PT-Diagn.: Carcinoma ovarii. *Histol.*: zystisch-papilläres z. T. medulläres ziemlich entdifferenziertes Karzinom.
Ther.: Hysterectomia abdominalis mit beiden Adnexen und Teilresektion des Omentum majus vor 1 J. 7 Mon.

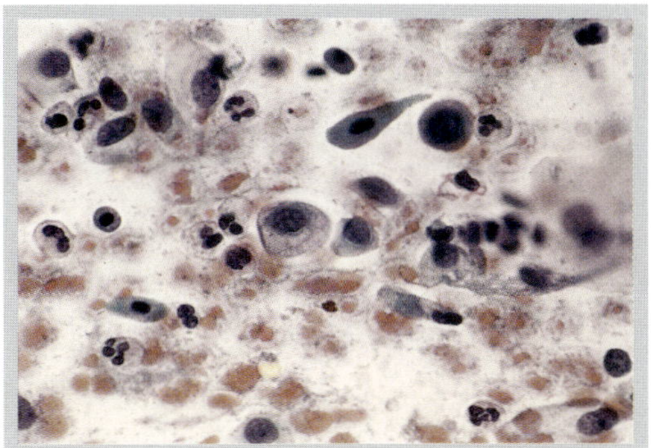

Abb. 2.7 Färb.: Pap; Vergr.: 126 x
Portiobereich: Konglomerat aus abnormen bis fraglich atypischen Zellen mit Kernpolymorphie. Fließender Übergang des Zytoplasmas. Kernstruktur feingranulär schwammartig. Differentialdiagnostisch unklar ob nur Therapiereaktion normaler Epithelien oder geschädigte Tumorzellen (Pap. Gr. III), z. Z. der Zytol.: 1 J. nach Strahlentherapie und während antineoplastischer Polychemotherapie 5-Fluorouracil und Cyclophosphamid im Wechsel, 10tägiger Abstand, weitere Kuren mit MTX, Cyclophosphamid und Bleomycin wegen Resttumor an Beckenwand. Kolp.: tumorverdächtiges Gewebe.
Alter: 43 J. PT-Diagn.: Carcinoma cervicis uteri ($T_{2b}N_2M_0$). *Histol.*: Adenokarzinom.
PT-Diagn.: Carcinoma ovarii ($T_3N_1M_x$). *Histol.*: adenoid-solides Kystadenokarzinom.
Ther.: Palliativoperation, danach ^{60}Co-Stehfeldbestrahlung Unterbauch und Gesäßfeld alt. ED 200 cGy, GD 4800 cGy HD.

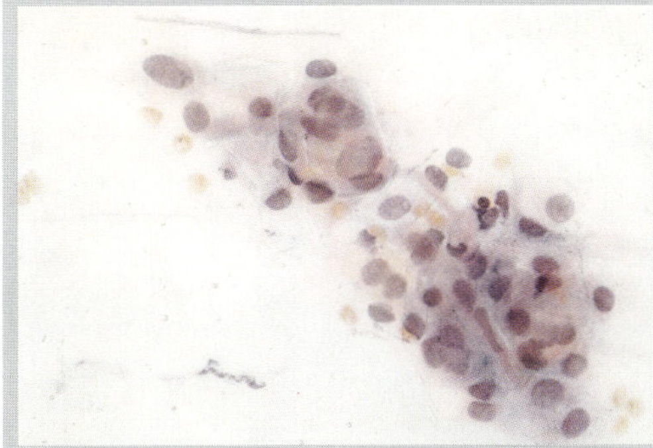

Abb. 2.8 Färb.: Pap; Vergr.: 200 x
Zytol. von Portio: Unterschiedlich große Epithelien, bedingt durch Schwellung der Zellkerne und vakuolige Umwandlung des Zytoplasmas. Zellkerne fein- bis grobgranulär bzw. wabenförmig verändert als typisches Pfeffer- und Salz-Chromatin. Zentral eine Zelle mit großer Vakuole im Zytoplasma, äußere Zellmembran z. T. aufgelöst (Pap. Gr. III), z. Z. der Zytol.: während intravenöser Infusion von Adriamycin.
Alter: 48 J. PT-Diagn.: Carcinoma mammae.
Ther.: Radikaloperation der Mamma. Kastrationsbestrahlung: Betatron 43 MV GD 600 cGy HD pro Ovar.

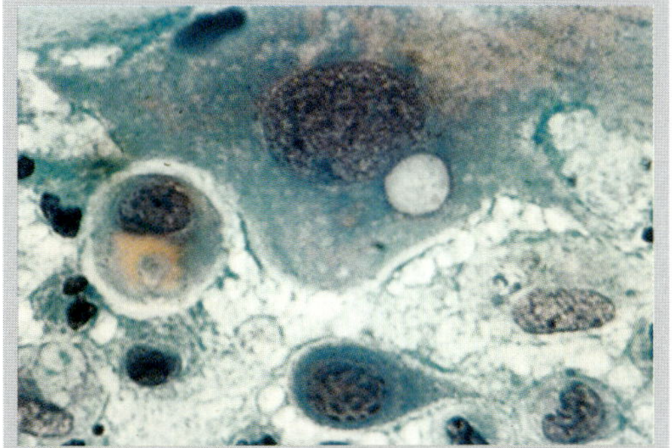

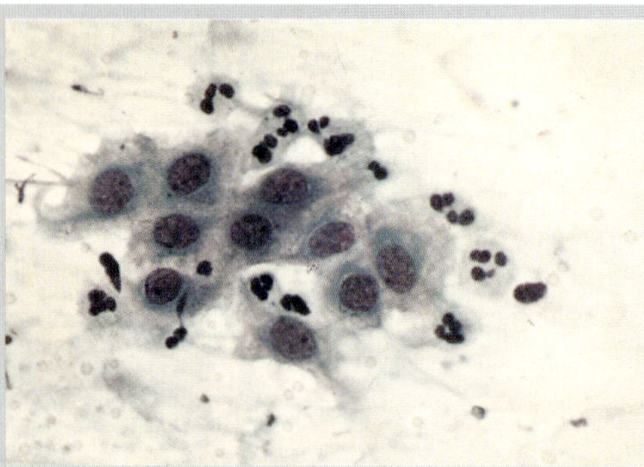

Abb. 2.9 Färb.: Pap; Vergr.: 200 x
Portioabstrich: Normale Epithelien, z. T. mit konfluierender Zellmembran bei zyanophilem Zytoplasma. Zellkerne gleichförmig gestaltet, mit auffälliger Granulierung (Pap. Gr. II), z. Z. der Zytol.: während antineoplastischer Polychemotherapie mit Cyclophosphamid, Methotrexat (MTX) und Vinblastin wegen Metastasierung. Kolp.: Gefäßatypien an der Portio.
Alter: 46 J. PT-Diagn.: Carcinoma mammae. *Histol.*: duktales Karzinom (vor 2 Jahren).
Ther.: Radikaloperation der Mamma und Röntgenmenolyse, ultraharte Röntgenstrahlen 43 MV, GD 600 cGy HD pro Ovar.

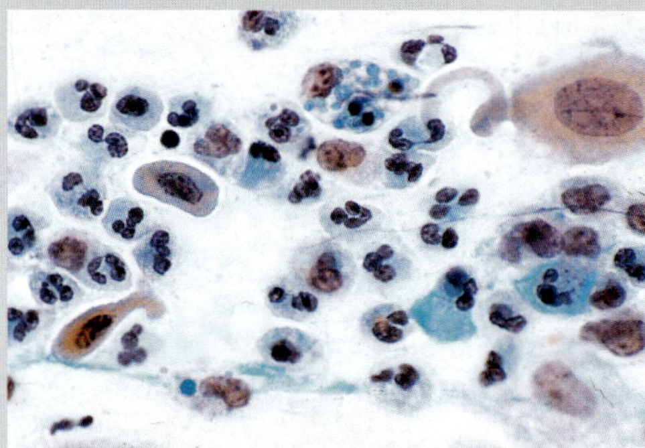

Abb. 2.10 Färb.: Pap; Vergr.: 250 x
Portioabstrich: Reichlich Leukozyten. Im Blickfeld atypisch erscheinende Epithelien mit „Pfeffer- und Salz-Chromatin" der geschwollenen z. T. polymorphen Zellkerne, als Folgeerscheinung der antineoplastischen Chemotherapie, insbesondere durch Methotrexat (Pap. Gr. III), z. Z. der Zytol.: während Zytostatika-Therapie mit MTX und Adriamycin wegen Knochenmetastasen. Progredienz. Kolp.: Umwandlungszone.
Alter: 46 J. PT-Diagn.: vor 1 J. Carcinoma mammae li. ($T_2N_{2b}M_1$). *Histol.*: Solides Karzinom mit Lymphangiosis carcinomatosa.
Ther.: Ablatio mammae li. Nachbestrahlung: 5 Felder Röntgentiefentherapie. Röntgenmenolyse: Betatron ultraharte Röntgenstrahlen 43 MV, GD 600 cGy HD pro Ovar.

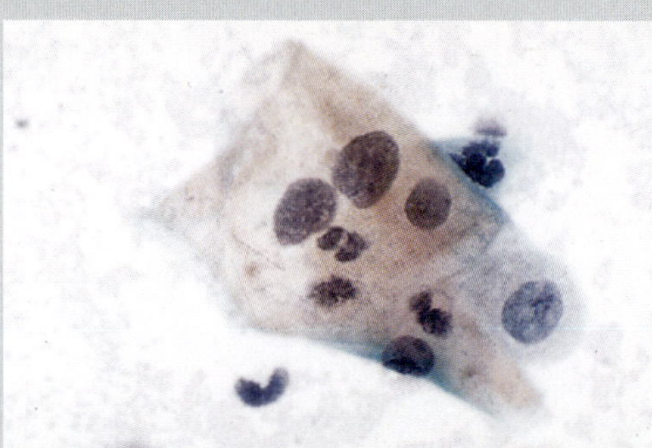

Abb. 2.11 Färb.: Pap; Vergr.: 250 x
Portioabstrich: Normalepithelien der Oberflächenzellschicht, mäßige Kernschwellung mit deutlicher „Pfeffer- und Salz"-Granulierung der Kerne als Ausdruck der Zytostatikawirkung. Partiell Karyorrhexis (Pap. Gr. III), z. Z. der Zytol.: während der antineoplastischer Polychemotherapie mit Cytostasan, Adriamycin und 5-Fluorouracil wegen Metastasen.
Alter: 49 J. PT-Diagn.: Carcinoma mammae re. ($T_2N_0M_0$). *Histol.*: duktales Karzinom vor 8 J.
Ther.: Operation der Mamma nach *Rotter-Halstedt*. Röntgenmenolyse: Betatron ultraharte Röntgenstrahlen 43 MV, GD 400 cGy HD pro Ovar.

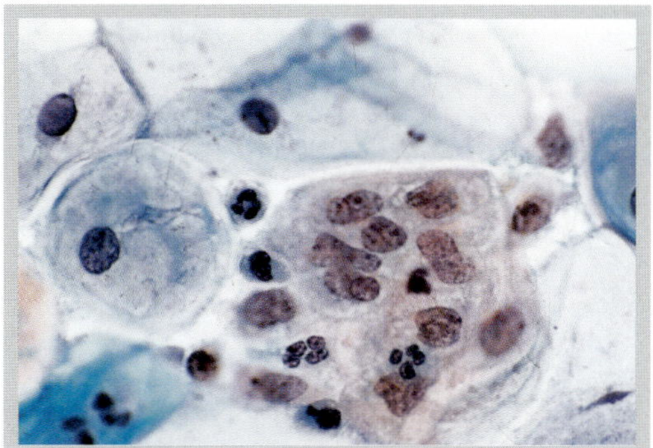

Abb. 2.12 Färb.: Pap; Vergr.: 250 x
Portioabstrich: Normal gestaltete zyanophile Oberflächenepithelien. Einzelne Leukozyten. Im Zentrum Zellgruppe aus abnorm erscheinenden Zellen mit Kernpolymorphie und grobkörniger bzw. verklumpter Kernstruktur als Folgezustand der Zytostatikaeinwirkung, insbesondere von MTX (Pap. Gr. III), z. Z. der Zytol.: nach sog. hormonaler Aufhellung mit Oestrasid und während antineoplastischer Polychemotherapie mittels Adriblastin, MTX und Cyclophosphamid wegen generalisierter Metastasierung. Kolp.: Atrophie, Umwandlungszone.
Alter: 50 J. PT-Diagn.: Carcinoma mammae ($T_2N_{1b}M_0$). *Histol.:* duktales Karzinom.
Ther.: Ablatio mammae und postoperative Nachbestrahlung: ^{60}Co-5 Feldermethode (Sternalfeld, Thoraxwand von ventro- und dorsolateral, Axilla und Supraklavikulargrube) ED 200 cGy, GD 4000 cGy. Röntgenmenolyse: Betatron ultraharte Röntgenstrahlen 43 MV, 400 cGy HD.

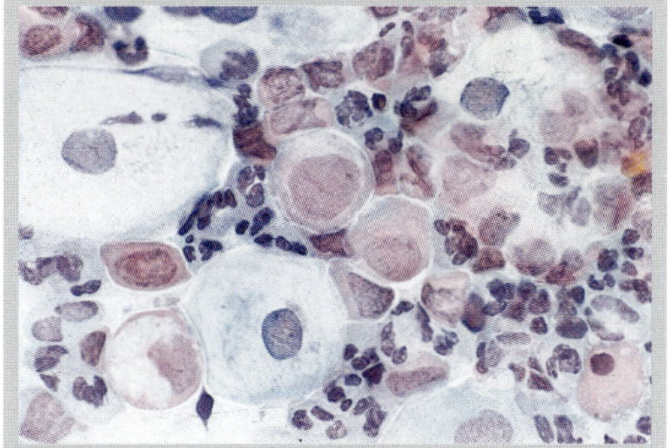

Abb. 2.13 Färb.: Pap; Vergr.: 250 x
Portioabstrich: Zwischen Normalepithelien atypische Zellen mit pathologischer Kern-Plasma-Relation. Zellkerne ödematös, feinkörnig granuliert, Nukleoli betont. Befund unklar: entweder reaktive Veränderungen durch die antineoplastische Chemotherapie oder geschädigte Hodgkin-Zellen? (Pap. Gr. III), z. Z. der Zytol.: während laufender Zytostatika-Therapie mit Cyclophosphamid, Vinblastin, dazu Prednison (6 J. nach Strahlentherapie).
Alter: 30 J. PT-Diagn.: Morbus Hodgkin.
Ther.: Betatron schnelle Elektronen 15,6 MeV Stehfeldbestrahlung re. und li. Halsseite GD 5000 cGy HD, Axillae mit GD 4000 cGy HD, Sternalfeld GD 3000 cGy HD, anschließend Paraaortalfeld und Leisteniliacalfeld GD 4050 cGy HD. 6 J. danach erneuter Hodgkin-Schub: Splenektomie und laufende Chemotherapie (siehe oben).

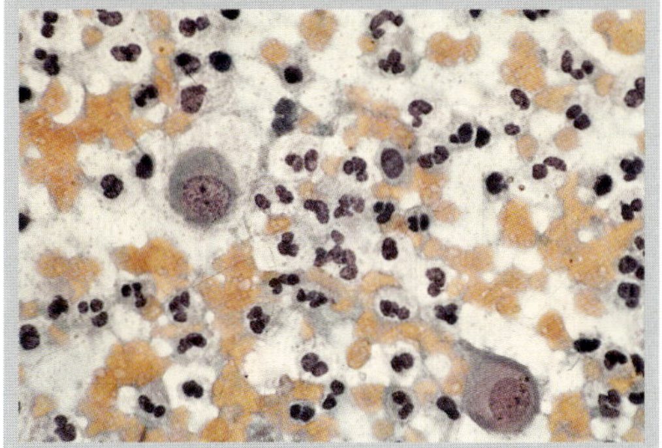

Abb. 2.14 Färb.: Pap; Vergr.: 200 x
Portioabstrich: Zytolytische Erythrozyten. Leukozyten und zwei auffällig große atypische Zellen mit vergrößerten Nukleoli und feinkörnigem Chromatingerüst.

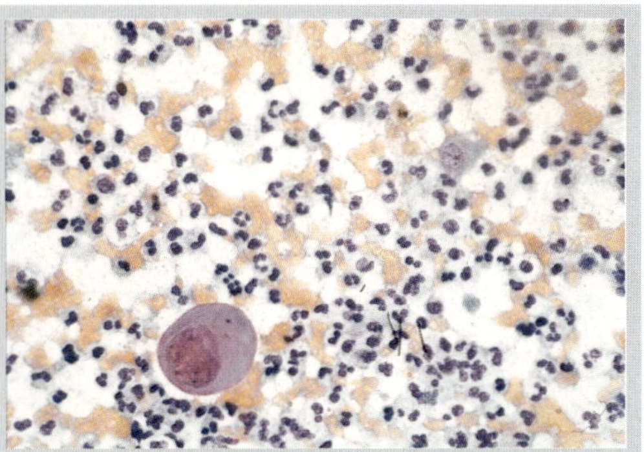

Abb. 2.14 a Färb.: Pap. Vergr.: 200 x (gleicher Fall wie Abb. 2.14)
Zwischen Leukozyten und degenerierten Erythrozyten eine monströse atypische Zelle mit wolkigem großen Zellkern nach Art einer Hodgkin-Zelle (Pap; Gr. IV), z. Z. der Zytol.: während Zytostatika-Therapie (bisher 6 Kuren: Polychemotherapie mit Adriblastin, Natulan, Vinblastin und Dacarbazincitrat). 9 J. nach Strahlentherapie.
Alter: 63 J. PT-Diagn.: Morbus Hodgkin.
Ther.: Betatron schnelle Elektronen 15,6 MeV, Stehfeldbestrahlung beide Halsseiten, Supraklavikulargrube und beide Axillae je GD 4000 cGy HD. Nach 7 J. Metastase im Costosternalgelenk: Bestrahlung mit schnellen Elektronen GD 4000 cGy HD.

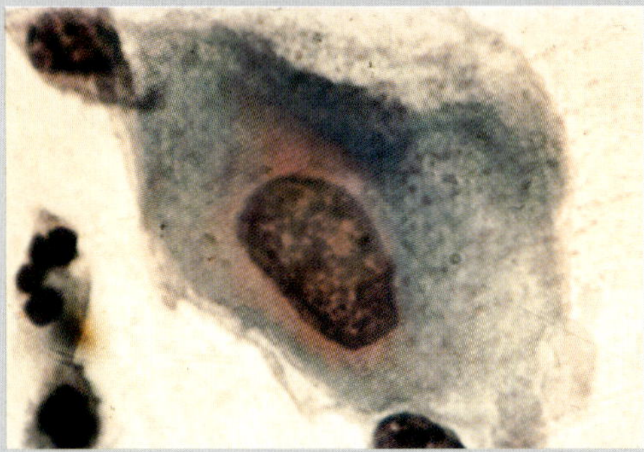

Abb. 2.15 Färb.: Pap; Vergr.: 280 x
Portioabstrich: Monströse Kernschwellung. Im Zellkern angedeutet sog. Pfeffer- und Salz-Chromatin. Zytoplasma ebenfalls granuliert mit partieller Lysis der Zellmembran (Pap. Gr. III), z. Z. der Zytol.: während zytostatischer Chemotherapie.
Alter: 36 J. PT-Diagn.: *histol.* gesicherter Morbus Hodgkin.
Ther.: i. v. antineoplastischer Polychemotherapie (Copp-Schema).

Literatur

Chakalova, G., A. Karagozov, L. Marinova, T.S. Ralcheva: Konservativno lechenie na kartsinom in situ na matochnata shiika s lokalno aplitsirane na 5-fluorouracil. Akush-Ginekol-Sofiia. 30 (2) (1991) 37–39.

De Vita, V.T., Jr., S. Hellmann, St.A. Rosenberg: Cancer, principles and practice of oncology. 4th Edition Part 18. Anticancer Drugs by Bruce A. Chalner, J.B. Lippincott Company, Philadelphia (1993) 325–417.

De Voogt, H.J., P. Rathert, M.E. Beyer-Boon: Praxis der Urinzytologie. Springer-Verlag Berlin Heidelberg New York (1979) 167.

Geisinger, K.R., L.W. Ng, M.B. Hopkins, R.J. Barrett, C.E. Welander, H.D. Homesley: Tenckhoff catheter cytology in patients with ovarian cancer. Cancer. (1988) 62 (8): 1582–5.

Hoppe, E.: Methodische Modifikationen zur Erhöhung der Aussagefähigkeit der onkologischen Zytodiagnostik. Habilitationsschrift, Berlin (1978) 50–122.

Korop, A.G., I.S. Genes, V.S. Ronin, N.B. Kartavenko, T.D. Pavlova, N.F. Ordzhonikidze: Tsitologicheskie issledovaniia v otsenke effektivnosti khimiotherapii u bolnykh rakom iaichnikov. Lab.-Delo. (1989) (9): 49–51.

Patten, St.F.: Diagnostic cytopathology of the uterine cervix. Verlag S. Karger. Basel – München – Paris – London – New York – Sydney. Second, revised edition (1978).

Soost, H.J., S. Baur: Gynäkologische Zytodiagnostik. Georg Thieme Verlag, Stuttgart New York (1990) 326–329.

Weiterführende Literatur

Ebeling, K.: Antineoplastische Chemotherapie bei bösartigen Tumoren der weiblichen Genitalorgane. In: Experimentelle und klinische Tumorchemotherapie. Spezielle Tumorchemotherapie. Akademie-Verlag Berlin (1980) 199–215.

Schneider, M.-L., H.-J. Staemmler: Atlas der gynäkologischen Differentialzytologie. F.K. Schattauer Verlag, Stuttgart New York (1976) 34–35.

Tanneberger, St. et al.: Experimentelle und klinische Tumorchemotherapie. Allgemeine Tumorchemotherapie. Akademie-Verlag Berlin (1980).

3 Hormonapplikation in der gynäkologischen Onkologie in Beziehung zur Zytologie

Hinweise zur Hormonapplikation

Zur hormonalen Therapie in der gynäkologischen Onkologie stehen Sexualsteroide (Östrogene, Gestagene, Androgene), Antiöstrogene und Antigestagene, Aromatasehemmer sowie GnRH-Analoga zur Verfügung. Dabei sind diese mit Ausnahme der Östrogene ebenfalls in der Primär- bzw. Sekundärtherapie bei verschiedenen Malignomen (Endometriumkarzinom, Mammakarzinom) einzusetzen. Hormontherapie kann somit symptomatisch oder ätiologisch kurativ angewandt werden. Eine Substitutionstherapie mit Östrogenen oder einer Östrogen-Gestagenkombination wird insbesondere bei solchen Patientinnen angewandt, bei denen in der prämenopausalen Phase die Ovarien entfernt wurden, etwa beim Zervix- oder Ovarialkarzinom. Neuerdings wird auch empfohlen, nach einem Mammakarzinom eine Substitutionstherapie durchzuführen, wenn verschiedene Kriterien erfüllt sind. So sollte diese nicht vor 2–3 Jahren nach stattgefundener Primärtherapie ohne vorliegendes Tumorrezidiv erfolgen, und der Östrogenrezeptor im Primärtumor muß negativ sein.

Die daraus resultierenden Östrogenmangelzustände sind mit Hilfe der Sexualsteroide auszugleichen, da diese behandelten (Operation, Radiatio) Karzinome kein hormonabhängiges Wachstum zeigen. Hier bieten sich die natürlichen Östrogene an. Aber auch lokale Behandlungen mit östriolhaltigen Salben und Suppositorien sind geeignet, lokale Beschwerden zu lindern (Atrophie der Vagina, Vulva, Urethra, Zystitis). Die entsprechende Grundkrankheit berücksichtigend, sind sowohl bei systemisch wie auch bei lokal applizierten Östrogenen Auswirkungen auf das zytologische Erscheinungsbild zu erwarten, wobei die Zytologie des Vaginalstumpfes hierbei auch als Indikator für eine effektive Therapie anzusehen ist.

Im Rahmen einer Substitutionstherapie gilt die Anwendung von Androgenen als veraltet. Sie kann nur in singulären Fällen mit Tumorkachexie und allgemeiner Hinfälligkeit als roborierende Maßnahme empfohlen werden und ist somit sicher nur der Terminalphase vorbehalten. Das Ziel einer Substitutionsbehandlung ist die Beseitigung der vegetativen psychischen Symptome, die Verhinderung des frühen Eintretens von urogenitalen Rückbildungserscheinungen sowie die Reduzierung des Osteoporose- und Arteriosklerose-Risikos. Über die Notwendigkeit und den Nutzen einer Substitution bei Vorliegen eines Östrogenmangelsyndroms gibt es gegenwärtig keinen Zweifel mehr.

Indikationsrichtlinien zur Anwendung von Hormonen

1. *Zervixkarzinom:* nicht indiziert, da der Tumor nicht hormonabhängig ist;
2. *Vulvakarzinom:* nicht indiziert;
3. *Vaginalkarzinom:* nicht indiziert;
4. *Ovarialkarzinom:* keine gesicherten Daten über eine hormontherapeutische Beeinflußbarkeit des Karzinoms;
5. *Endometriumkarzinom:* Hier werden Gestagene bevorzugt. Das gilt sowohl für die Behandlung inoperabler sowie strah-

lentherapeutisch kontraindizierter Fälle als auch für die Behandlung von Metastasen oder Rezidiven. Hierbei reagieren reifzellige Endometriumkarzinome (Ansprechrate etwa 30%) besser als unreife Karzinomformen (10–15%). Das gilt auch für Progesteronrezeptoren (PR)-positive Krebsformen. Eine Remission kann bis zu 2 Jahre anhalten. Nach Eintreten einer Progesteronresistenz ist es möglich, mit Östrogenen in etwa 20% der Fälle eine weitere Remission zu erreichen. Im therapeutischen Bereich ist die Tagesdosis 500–1000 mg Medroxyprogesteronacetat oder 10–60 mg Norethisteronacetat.

Ob das primäre Adenokarzinom der Cervix uteri ebenfalls nach diesen Prinzipien behandelt werden kann, ist nicht bewiesen.

Für den Zytologen ist es wichtig zu wissen, mit welchen Präparaten und wie lange behandelt wurde.

Mammakarzinom

Das Mammakarzinom bietet ein Beispiel für ein stark hormonabhängiges Wachstum. Daraus ergibt sich auch die Zugängigkeit für ein hormontherapeutisches Vorgehen. Für den Zytologen ist der Aszites und der Pleuraerguß wie auch in seltenen Fällen der Vaginalabstrich bei Vorliegen von Metastasen in diesem Bereich von Bedeutung.

Für ein gutes Therapietiming ist die Kenntnis der Östrogen- und Gestagenrezeptoren in Zytosol oder im immunhistochemischen Nachweis unabdingbar. Für die Therapie sollen hier nur einige Hinweise gegeben werden.

Antiöstrogene werden sowohl in der Postmenopause, seltener in der Prämenopause angewandt. Prinzipiell soll durch die Besetzung und damit Hemmung der Östrogenrezeptoren ein antiproliferativer Effekt erreicht werden. Aromatasehemmer hemmen bekanntlich die Umwandlung von NNR-Androgenen in Östrogene und verhindern so eine Tumorstimulation.

Bei der Down-Regulierung durch Gonadotropin-Releasing-Hormon(GnRH)-Analoga werden die hypophysären Rezeptoren besetzt, und die Gonadotropinausschüttung wird verhindert. Dadurch wird eine hypophysär bedingte Ovarialinsuffizienz erreicht. Diese Formen der Hormontherapie sind mit ablativen Verfahren zu vergleichen und keinesfalls nebenwirkungsfrei. Neben präparatetypischen side-effects wird eine künstliche Menopause mit allen ihren Effekten erzeugt. Zytologisch ist dieses in Betracht zu ziehen.

Zytologische Veränderungen nach Hormonapplikation

Es werden zytologische Zustandsbilder nach Applikation verschiedener Hormonpräparate demonstriert. Obwohl die aus dem Berichtszeitraum verabreichten Hormonpräparate sowie ihre Dosierung inzwischen z. T. nicht mehr den aktuellen Standards entsprechen, ist trotzdem die Auswirkung auf die Zellmorphologie aus der Sicht des Zytologen von Interesse, vorwiegend als differentialdiagnostische Entscheidungshilfe in unterschiedlichen Situationen.

Das betrifft besonders Epithelien aus dem Bereich von Zervix, Vagina und Vulva, deren Veränderungen ohne entsprechende Information über die Art der bisherigen oder der derzeitigen Therapie nicht exakt spezifizierbar sind. Hauptsächlich handelt es sich um Fälle während oder nach Bestrahlung oder Zytostatikatherapie, wobei arteigene therapiebedingte Zellabnormitäten zusätzlich mit Veränderungen durch Hormongaben kombiniert sind. Die Spezies der verabreichten Hormonpräparate ist jeweils aus den Legenden der Abbildungen ersichtlich.

Eine pauschale Zuordnung in Kategorien erlaubt eine allgemeine Übersicht.

a) Hormonapplikation als Zusatztherapie, z. B. mit *Gestagen*, nach gynäkologischen Tumorerkrankungen im fortgeschrittenen Stadium nach bereits erfolgter Basistherapie durch Bestrahlung oder ergänzende Zytostatikamedikation. Das Zellbild ist danach gestagenbetont, mit Zelluniformität aus vorwiegend kleinen zyanophilen Intermediärzellen.

b) Eine Medikation mit *Androgenen* wurde in früheren Zeiten bevorzugt beim Mammakarzinom mit generalisierter Metastasierung durchgeführt. Werden während dieses Zustandes bei gynäkologischen Kontrolluntersuchungen vaginale Abstriche entnommen, dann sind oftmals starre, verdickte Zellmembranen festzustellen. Auch geringe Zellabnormitäten in Form von Kernvergrößerungen werden bei einem uniformen Zellbild mit zyanophilem geschrumpften Zytoplasma und Verlust eosinophiler Zellen beobachtet (S. Zimmer, K. Kühndel, G. Albrecht 1986). In solchen Fällen erfolgte keine lokale Bestrahlung, aber Auswirkungen auf das Epithel der gynäkologischen Region durch eine Zytostatikatherapie sind außerdem noch möglich, was bei fehlender Bekanntgabe zu Beurteilungsproblemen führen kann.

c) Nach Verabreichung *hormonaler Kontrazeptiva*, insbesondere bei noch relativ jungen Patienten, z. B. nach einem Vulvakarzinom mit Strahlentherapie in dieser Region, resultieren unterschiedliche Zellbilder. Im Rahmen der Tumorrezidivsuche sind die Epithelien neben radiogen bedingten Veränderungen auch entsprechend den speziellen Komponenten des Medikamentes und in Abhängigkeit vom Zyklus beeinflußbar.

d) Mittels der sog. *„hormonalen Aufhellung“* (P. Stoll, J. Jaeger, G. Dallenbach-Hellweg 1968, H. Smolka und H.J. Soost 1956) wird eine zytologische Präzisierung und

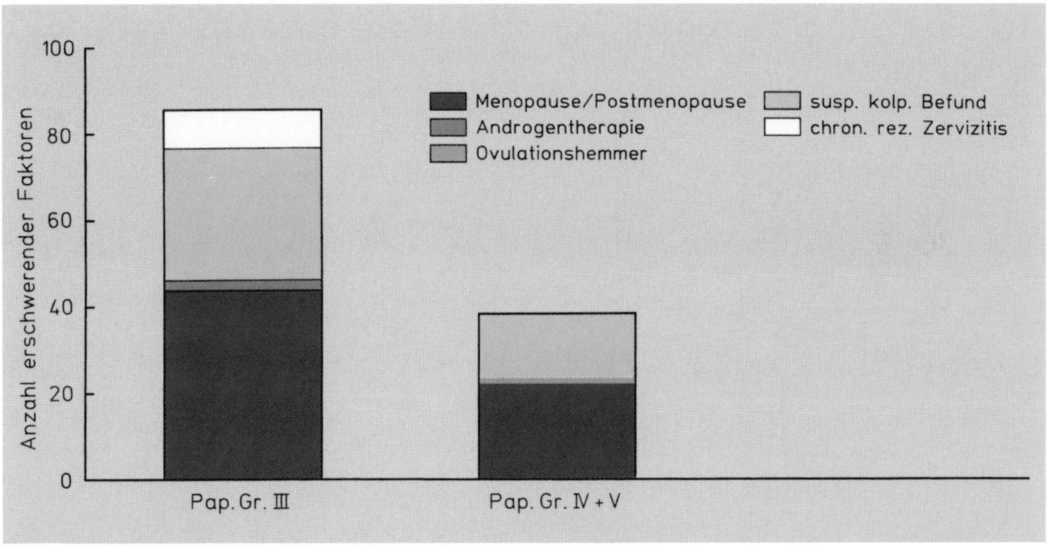

Abb. 3.I Art der zusätzlichen, diagnostisch erschwerenden Faktoren in den Papanicolaou-Gruppen III bzw. IV + V nach Strahlentherapie. Die aufgeführten erschwerenden Faktoren werden als Häufigkeits-Relationen dargestellt und in Beziehung zur zytologischen Diagnose gesetzt. Sie können bei Zustand nach Strahlentherapie sowohl als hormonal bedingte, aber auch als andersartige Verunsicherungsprozesse einwirken und somit den zytodiagnostischen Schwierigkeitsgrad erhöhen. Im Vordergrund stehen postradiogen zusätzliche Menopause- bzw. Postmenopauseveränderungen, aber auch suspekte kolposkopische Befunde bisher ungeklärter Genese.

Differenzierung ermöglicht. Durch Verabreichung von Östrogenen ist bei der Screeningzytologie eine „Aufhellung" bzw. Auffrischung von atrophischen Epithelien als sog. diagnostische Entscheidungshilfe zu erreichen. Die hormonarmen Normalepithelien, insbesondere bei Frauen im Zustand der Meno- oder Postmenopause, werden durch die Hormonzufuhr visuell in ein hormonaktives Erscheinungsbild überführt.

Tumorzellen dagegen reagieren nicht, sind also hormontaub. Dieser Hilfsfaktor hat sich zur Differenzierung zwischen reaktiv veränderten Normalepithelien und echten atypischen Zellen in der Praxis bewährt, ist jedoch bei der Fahndung nach Tumorrezidiven *post radiationem* eingeschränkt. In begrenztem Maße können allerdings auch radiogen belastete Normalepithelien mit therapiebedingten Abnormitäten bzw. Pseudoatypien, die mitunter jahrelang bestehen, durch dieses Verfahren von echten Atypien maligner Zellen eines Tumorrezidivs unterschieden werden. Das gelingt allerdings nicht grundsätzlich und ist wahrscheinlich auch abhängig von der graduell und individuell unterschiedlich ausgeprägten Strahlenreaktion bzw. von der Entwicklungsphase der Tumorzellen des Rezidivs, welche in einem bereits vorgeschädigten Milieu wachsen. – Falls zusätzlich noch eine *Begleitentzündung* aufgepfropft ist, muß diese durch eine gezielte antiphlogistische Therapie beseitigt werden, um auch diesen zytodiagnostischen Erschwernisfaktor zu eliminieren. Folgende angewandte Verfahrensweise der hormonalen Applikation hat sich nach unseren Erfahrungen zur Differentialdiagnostik bewährt:

„Hormonale Aufhellung": Entweder Injektion von 10 mg Östradiol oder vaginale Verabreichung östrogenhaltiger Ovula. – Erst etwa 2 Wochen danach sind zytologische Kontrollen ratsam.

Zytologische Befunde von Abstrichen nach Hormonapplikation

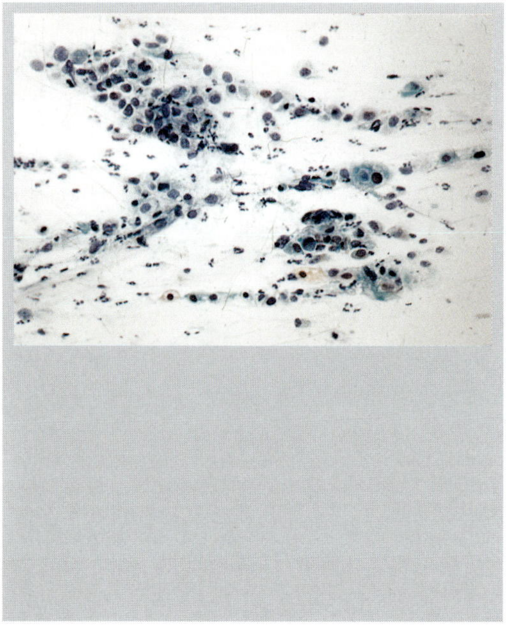

Abb. 3.1 Färb.: Pap; Vergr.: 55 x
Kein östrogenbeeinflußtes Zellbild. Einzelne abnorm erscheinende Zellen (Pap. Gr. III), z. Z. der Zytol.: nach Vulvektomie vor 7 J. Kolp.: Umwandlungszone an der Portio. Alter: 45 J. PT-Diagn.: Morbus Bowen. Ther.: Langzeitapplikation von Non-Ovlon. Keine Strahlentherapie.

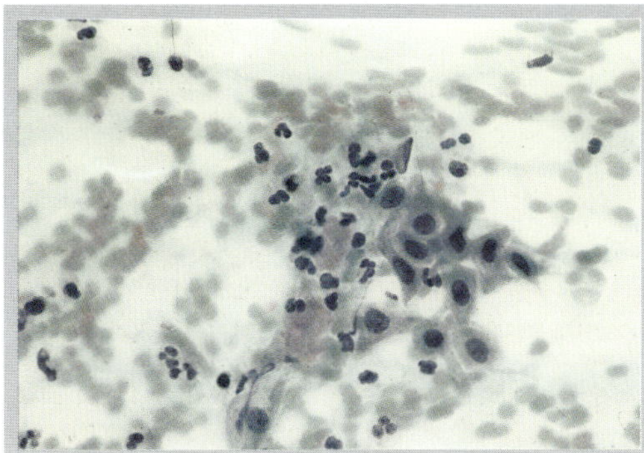

Abb. 3.2 Färb.: Pap; Vergr.: 138 x
Neben Leukozyten eine Gruppe abnormer Zellen mit mäßiger Kernschwellung, Anisokaryosen und Verdichtung der Kernstruktur bei Nachweis von Trichomonas vaginalis bei laufender Therapie mit Östrasid (Pap. Gr. II K), z. Z. der Zytol.: während Strahlentherapie.
Alter: 44 J. PT-Diagn.: Carcinoma vulvae ($T_1N_0M_0$). *Histol.*: mittelreifes Plattenepithelkarzinom mit Verhornung.
Ther.: Betatron schnelle Elektronen 15,6 MeV ED 200 cGy Vulva GD 4000 cGy HD, bds. inguinal GD 3300 cGy HD.

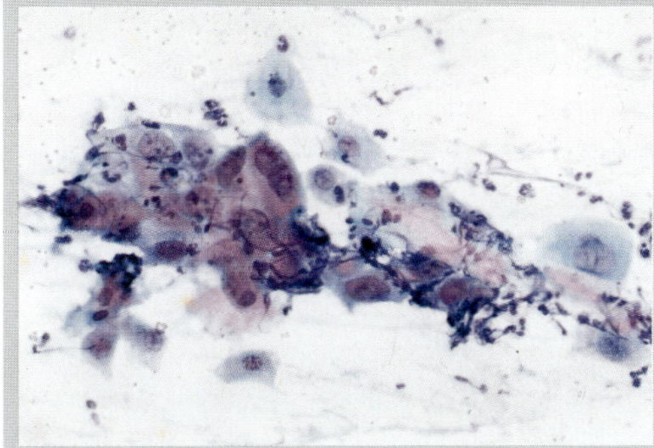

Abb. 3.3 Färb.: Pap; Vergr.: 66 x
Ganz vereinzelte normale Epithelien. Daneben dicht gelagerte atypische Zellen mit teils eosinophilem teils zyanophilen Zytoplasma. Zellkerne stark vergrößert, ödematös, wabenförmig strukturiert mit Nukleolivergrößerung (bei Pap. Gr. IV), z. Z. der Zytol.: 2 Mon. nach Strahlentherapie (Antikonzeptiva seit 4 J.). Gyn.: fraglicher Resttumor (*histol.*: schwere Dysplasie). Kolp.: glasiges Gewebe.
Alter: 36 J. PT-Diagn.: Verdacht auf Carcinoma vulvae. *Histol.*: Morbus Bowen.
Ther.: 2 x operative Entfernung suspekter Bezirke an der Vulva innerhalb von 8 Mon. wegen Rezidivneigung. Strahlentherapie wie bei einem Karzinom: Betatron schnelle Elektronen 15,6 MeV Stehfeldbestrahlung Vulva ED 200 cGy, GD 6000 cGy HD.

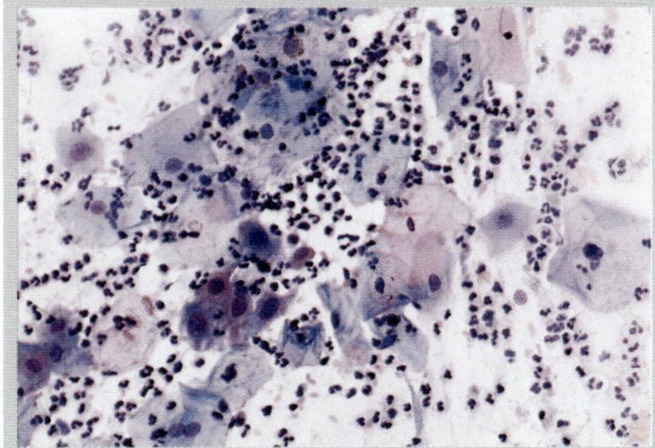

Abb. 3.4 Färb.: Pap; Vergr.: 80 x
Portioabstrich: Zwischen Superfizialzellen reichlich Leukozyten. Zentral kleine Gruppe aus geringfügig, offenbar reaktiv veränderten Zellen mit mäßiger Kernschwellung und angedeuteter Hyperchromatose sowie einzelnen dornenartigen Zytoplasmaausläufern (Pap. Gr. II), z. Z. der Zytol.: nach Strahlentherapie vor 9 J. Antikonzeptiva seit 7 J.
Alter: 35 J. PT-Diagn.: Carcinoma vulvae. *Histol.*: Typ unbekannt.
Ther.: Betatron schnelle Elektronen 15,6 MeV Stehfeldbestrahlung Vulva: ED 200 cGy, GD 5400 cGy HD.

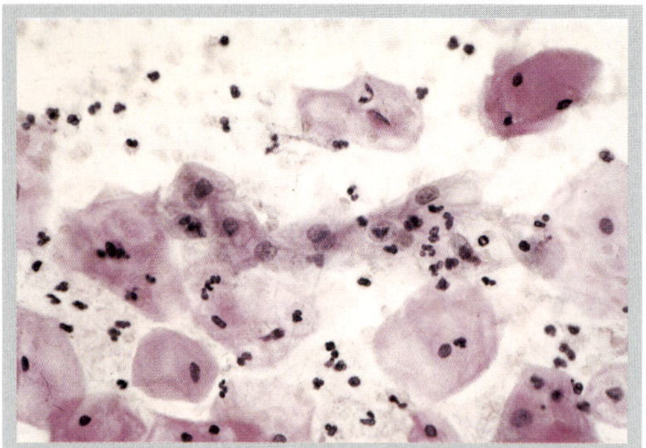

Abb. 3.5 Färb.: Pap; Vergr.: 126 x
Östrogenstimuliertes Zellbild aus Superfizial- und Intermediärzellen. Dazwischen Leukozyten (Pap. Gr. II), z. Z. der Zytol.: 13 J. nach Strahlentherapie und 14 Tage nach sog. hormonaler Aufhellung mittels lokaler Östriolmedikation. Danach keine Zellabnormitäten.
Alter: 65 J. PT-Diagn.: Carcinoma vaginae ($T_1N_0M_0$). *Histol.*: nichtverhornendes Plattenepithelkarzinom.
Ther.: Biaxiale Telekobaltpendelbestrahlung: ED 200 cGy, GD 4600 cGy HD und ^{60}Co-Vaginal-Moulagen in 3 Serien bis zu GD 6055 cGy GOD.

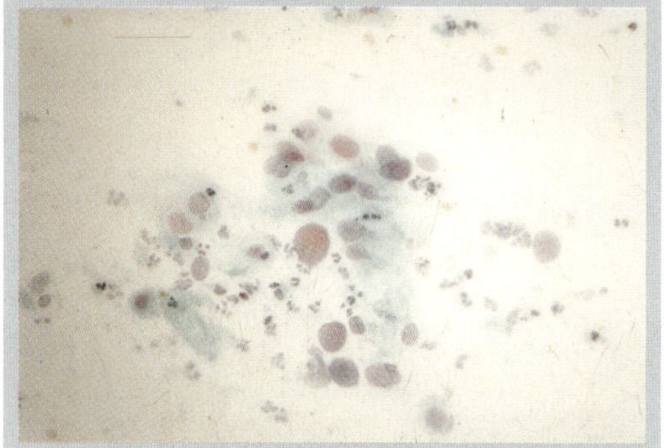

Abb. 3.6 Färb.: Pap; Vergr.: 55 x
Wabig aufgelockerte Zellkerne von unterschiedlicher Größe, z. T. Zytoplasmaverlust. Dazwischen Leukozyten. Zellbild wegen beginnender Zytolyse nicht sicher beurteilbar (Pap. Gr. III), z. Z. der Zytol.: laufende Applikation von Gravistat (Antikonzeption). Kolp.: Umwandlungszone.
Alter: 38 J. Diagn.: Abrasio: *Histol.*: Korpuspolyp. Portiokonisation: *Histol.*: Dysplasie.

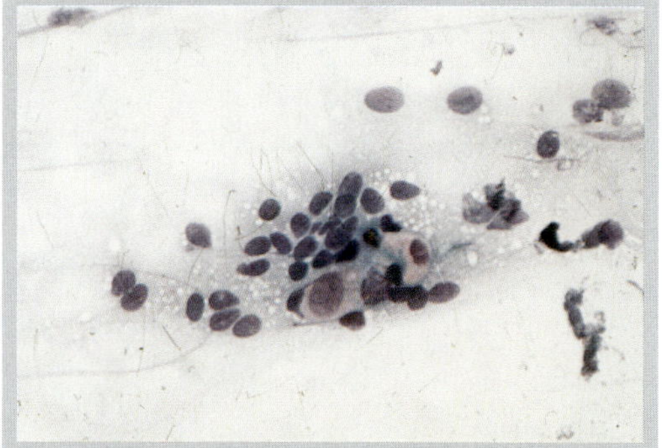

Abb. 3.7 Färb.: Pap; Vergr.: 138 x
Konzentrat von unterschiedlich großen Zellkernen, aus vorwiegend hyperchromatischen Nacktkernigen. Einige Kerne auffällig groß mit Kernvakuolen und betontem Chromatingerüst. Außerdem fragliche Infektion mit Trichomonas vaginalis (Pap. Gr. IV), z. Z. der Zytol.: Medikation mit Ovosiston seit 7 J., z. Z. Non-Ovlon (Antikonzeption).
Alter: 30 J. PT-Diagn.: Portiokonisation: *Histol.*: verhornendes Plattenepithelkarzinom der Cervix uteri (bisher noch keine Strahlentherapie).

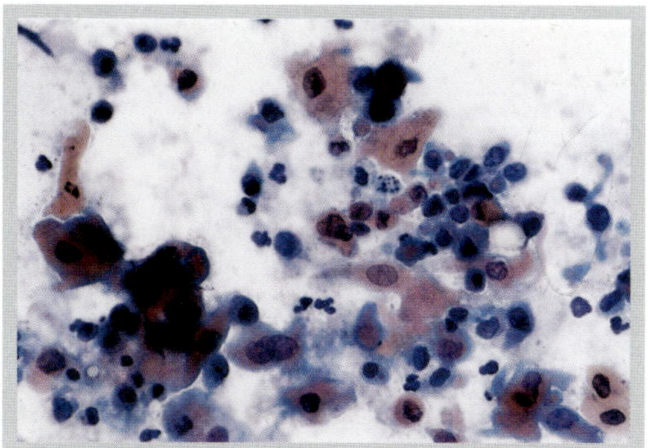

Abb. 3.8 Färb.: Pap; Vergr.: 132 x
Atypische Epithelien mit deutlicher Kernpolymorphie z. T. wabenförmige Struktur und Hyperchromatose. Vereinzelt Karyorrhexis und Leukozyten. Partiell Überlagerung durch Verklumpung mehrerer Epithelien (Pap. Gr. V), z. Z. der Zytol.: 3 Mon. nach Strahlentherapie. Gyn.-Kolp.: glasiges tumorverdächtiges Gewebe, z. Z. *Östrogenapplikation*.
Alter: 63 J. PT-Diagn.: Carcinoma cervicis uteri ($T_1N_0M_0$). *Histol.*: Plattenepithelkarzinom.
Ther.: Biaxiale Telekobaltpendelbestrahlung kleines Becken: ED 150 cGy, GD 5850 cGy HD (100%-Isodose) Split course technique: 3 Wochen Pause. Tumorrezidiv nach 16 J.
Ther.: ^{60}Co-Vaginal-Moulagen ED 400 cGy bis 4000 cGy GOD.

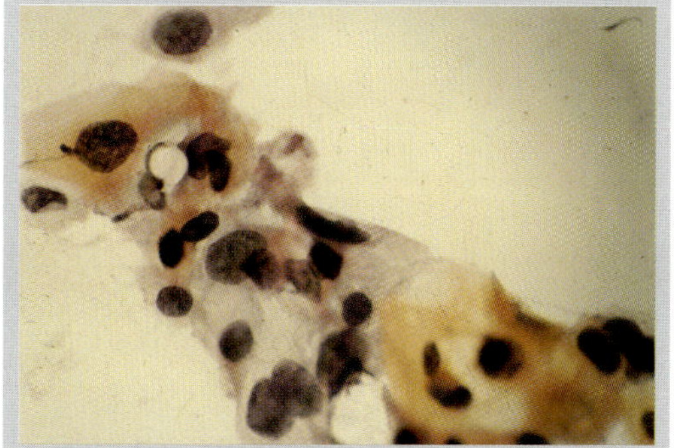

Abb. 3.9 Färb.: Pap; Vergr.: 250 x
Vagina lateral: Häutchenförmiger Zellkomplex aus atypischen Epithelien mit Hyperchromatose und Polymorphie bei erheblichen Größenunterschieden der Zellkerne. Gitterförmige bzw. grobkörnige Kernstruktur. Orangefarbenes konfluierendes Zytoplasma (Pap. Gr. V), z. Z. der Zytol.: 11 Mon. nach Strahlentherapie und 2 Mon. nach lokaler Tumorchemotherapie. Kolp.: vaginal Gefäßatypien, z. Z. Östreogenapplikation.
Alter: 70 J. PT-Diagn.: Carcinoma cervicis uteri ($T_{3b(a)}N_0M_0$). *Histol.*: Plattenepithelkarzinom und Carcinoma vulvae. *Histol.*: Bowen-Karzinom.
Ther. Zervix: Biaxiale Telekobaltpendelbestrahlung kleines Becken ED 200 cGy, GD 8000 cGy HD (100%-Isodose) Split course technique: 5 Wochen Pause.
Ther. Vulva: Betatron schnelle Elektronen Stehfeldbestrahlung: ED 180 cGy, GD 4320 cGy HD. Wegen Rezidiv an der Vulva erfolgte eine lokale Chemotherapie: Bleomycin intratumoral. 3 Serien in den nächsten 7 Mon.: ED 7,5 mg, 2 × 10 Applikationen und 4 weitere Anwendungen, insgesamt 180 mg Bleomycin.

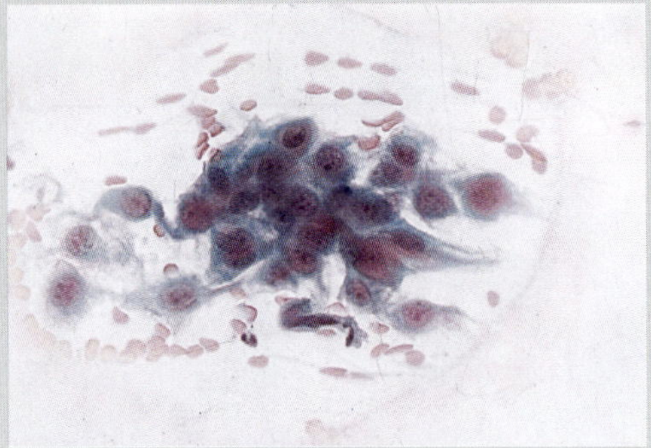

Abb. 3.10 Färb.: Pap; Vergr.: 100 x
Erythrozyten. Konzentrat aus abnormen und atypischen Zellen mit einzelnen angedeuteten Zytoplasmaausläufern. Zellkerne erheblich vergrößert bei pathologischer Relation zum Plasma, ausgeprägte grobkörnige Kernstruktur (Pap. Gr. IV), z. Z. der Zytol.: Zustand nach Kastrationsbestrahlung vor 4 J. Kolp.: Felderung und papillärer Grund.
Alter: 49 J. PT-Diagn.: Zustand nach Carcinoma mammae (Radikaloperation re. und Carcinoma cervicis uteri ($T_{1a}N_0M_0$). *Histol.*: Plattenepithelkarzinom.
Ther.: Mammaradikaloperation re. Röntgenmenolyse: Betatron ultraharte Röntgenstrahlen 43 MV 400 cGy HD pro Ovar. Gyn.: Danach Radikaloperation.

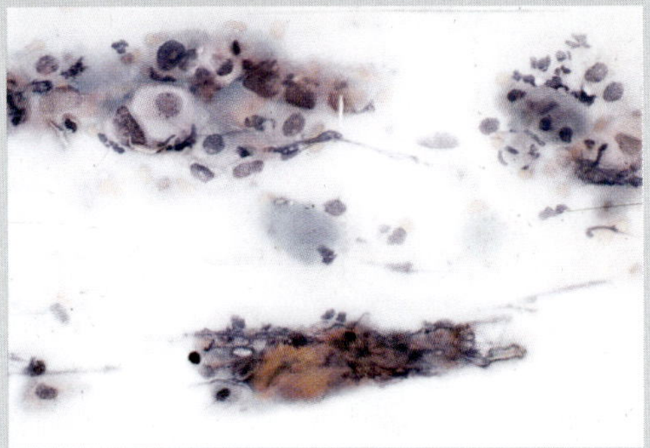

Abb. 3.11 Färb.: Pap; Vergr.: 100 x
Mehrere atypische Zellkerne mit Polymorphie und Hyperchromatose. Daneben ödematöse Zellkerne mit Vakuolen. Zytoplasmagrenzen aufgelöst. Anderenorts randständiges Konglomerat aus Zelldetritus, Zustand nach hormonaler Aufhellung. Atypische Zellen hormonal stumm. Zytologische Fehlinterpretation (Pap. Gr. III), z. Z. der Zytol.: 2 J. 1 Mon. nach Strahlentherapie. Klin.: Tumorrezidiv. Kolp.: Atrophie.
Alter: 42 J. PT-Diagn.: Carcinoma cervicis uteri ($T_{2a}N_0M_0$). *Histol.*: nichtverhornendes Plattenepithelkarzinom.
Ther.: Betatron ultraharte Röntgenstrahlen 43 MV gegenständige Stehfelder ED 200 cGy bis GD 3000 cGy HD. Fortsetzung mit biaxialer Telekobaltpendelbestrahlung ED 200 cGy bis GD 1800 cGy HD. Nach 1 Mon. wegen Resttumor: Kontakttherapie ^{137}Cs-Einlage bis 1550 cGy GOD. Aufsättigung der Parametrien: ^{60}Co-Stehlfeldbestrahlung bis 1000 cGy HD pro Parametrium.

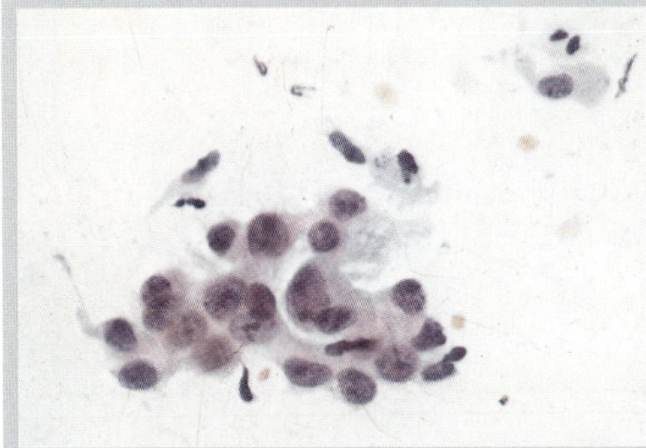

Abb. 3.12 Färb.: Pap; Vergr.: 138 x
Atypische Epithelien mit wabenförmiger Kernstruktur und Nukleolivergrößerung bei Größenunterschieden mäßigen Grades. Nach hormonaler Aufhellung durch Östrogene noch sog. hormontaube Zellatypien, später kein Tumorrezidiv, also Fehldiagnose (bei Pap. Gr. IV), z. Z. der Zytol.: nach Strahlentherapie vor 3 Jahren.
Alter: 66 J. PT-Diagn.: Carcinoma cervicis uteri ($T_{1b}N_xM_0$). *Histol.*: Plattenepithelkarzinom.
Ther.: Biaxiale Telekobaltpendelbestrahlung Pendelwinkel $2 \times 160°$ ED 200 cGy, GD 6800 cGy HD (100%-Isodose) Split course technique: 3 Wochen. Jetzt angeblich kein Tumorrezidiv, nur flaches Ulcus an der Vaginalwand.

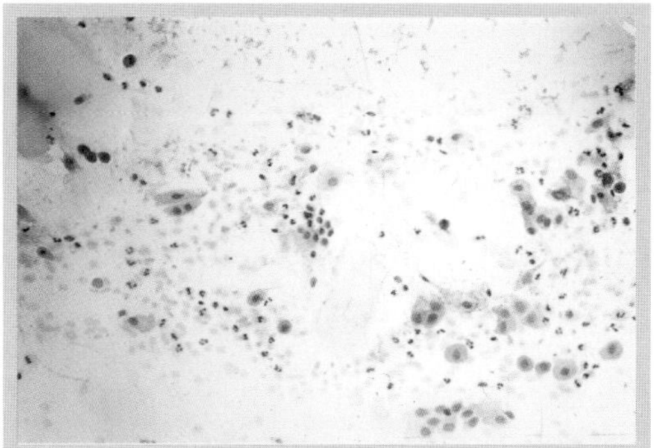

Abb. 3.13 Färb.: Pap; Vergr.: 50 x
Überwiegend atrophische Epithelien aus den oberen Zellschichten mit betont starrer Zellmembran (sog. Postmenopausebild). Einzelne Zellen mit Kernunregelmäßigkeiten und spitzen, dornenförmigen Zytoplasmaausläufern als Merkmal einer erfolgten Bestrahlung. Anderenorts einzelne nicht spezifizierbare Epithelien (bei Pap. Gr. III D), z. Z. der Zytol.: nach Strahlentherapie vor 3 J. 4 Mon., z. Z. kein Rezidiv.
Alter: 67 J. PT-Diagn.: Carcinoma cervicis uteri ($T_{3b}N_xM_0$). *Histol.*: nichtverhornendes Plattenepithelkarzinom.
Ther.: Biaxiale Telekobaltpendelbestrahlung des kleinen Beckens, Pendelwinkel $2 \times 160°$, ED 200 cGy, GD 8000 cGy HD (100%-Isodose) Split course technique 4 und 2 Wochen Pause.

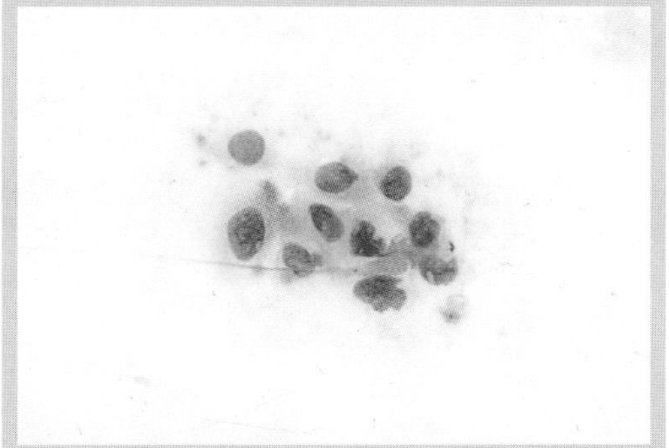

Abb. 3.14 Färb.: Pap; Vergr.: 160 x
Kleine Gruppe atypischer Zellkerne mit Größen- und Formunterschieden. Ausgeprägte netzförmige Kernstruktur. Einzelne kleine Kernvakuolen. Lysis der Zellgrenzen. Wolkige Zytoplasmafusionen (bei Pap. Gr. IV), z. Z. der Zytol.: 3 J. 10 Mon. nach Strahlentherapie. Gyn.-Kolp.: atypische Gefäße im Portiobereich. Zustand nach lokaler Turisteronapplikation und Östrasid-Injektion zur hormonalen Aufhellung. 6 J. danach kein Tumorrezidiv, also zytol. Fehlinterpretation.
Alter: 54 J. PT-Diagn.: Carcinoma cervicis uteri ($T_{1b}N_0M_0$). *Histol.*: Plattenepithelkarzinom, teils mit Verhornung.
Ther.: 2 x ^{60}Co-Kontakttherapie mit 14tägigem Abstand – große Platte-großer Stift 2×2000 cGy GOD. ^{60}Co-Stehfeldbestrahlung Parametrien: ED 200 cGy, GD 4600 cGy HD (Unterbauch- und Gesäßfeld alt.). Wegen Tumorrest erneute Kontakttherapie ^{60}Co-kleine Platte-kleiner-Stift bis 2000 cGy GOD.

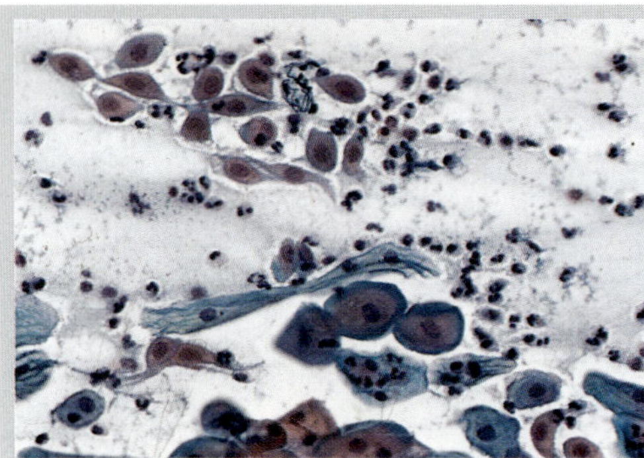

Abb. 3.15 Färb.: Pap; Vergr.: 100 x
Leukozyten, atrophische Epithelien mit starrer, verdickter Zellmembran. Daneben gering abnorme Zellen mit dornenförmigen Zytoplasmaausläufern bei mäßiger Kernschwellung. Kombination von Entzündung, Menopausebild und postradiogener Dysplasie (Pap. Gr. III ↯ D), z. Z. der Zytol.: 4 J. 5 Mon. nach Strahlentherapie. Klin.: ohne Tumor. Kolp.: Atrophie.
Alter: 50 J. PT-Diagn.: Carcinoma cervicis uteri ($T_{4b}N_0M_1$). *Histol.*: verhornendes Plattenepithelkarzinom.
Ther.: ^{60}Co-Stehfeldbestrahlung – Unterbauch- und Gesäßfeld ED 200 cGy bis GD 3000 cGy HD. Fortsetzung: Biaxiale Telekobaltpendelbestrahlung ED 200 cGy, GD 4600 cGy HD (100%-Isodose) Split course technique: 14 Tage Pause.

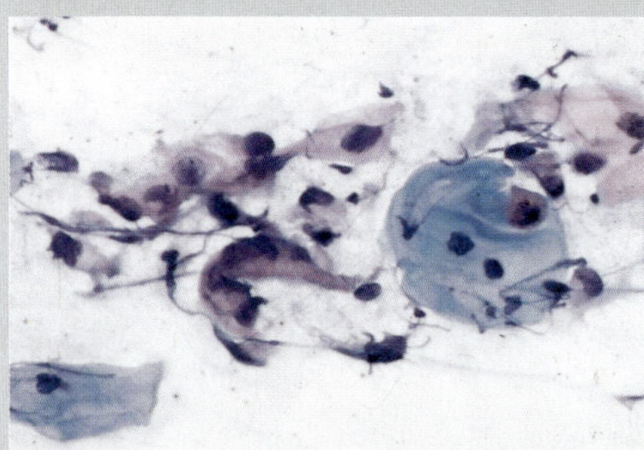

Abb. 3.16 Färb.: Pap; Vergr.: 160 x
Unruhig erscheinendes Zellbild. Ödematöse Epithelien mit ungleichförmigen Kernen von wabiger Struktur. Wegen des ursprünglichen anaplastischen Tumortypes ist diese Beurteilung unsicher (Pap. Gr. III), z. Z. der Zytol.: 5 J. 1 Mon. nach Strahlentherapie. Gyn.-Kolp.: Normalbefund. Zustand nach hormonaler Aufhellung. 3 J. später kein Tumorrezidiv.
Alter: 47 J. PT-Diagn.: Carcinoma cervicis uteri ($T_{2a}N_1M_0$). *Histol.*: anaplastisches Karzinom.
Ther.: Biaxiale Telekobaltpendelbestrahlung kleines Becken ED 200 cGy, GD 4800 cGy HD – Split course technique: 3 Wochen Pause. Zusätzlich ^{60}Co-Kontakttherapie – große Platte-großer Stift bis 2500 cGy GOD. Aufsättigung der Parametrien ^{60}Co-Stehfeldbestrahlung – Unterbauch- und Gesäßfeld alt. ED 200 cGy, GD 4400 cGy HD.

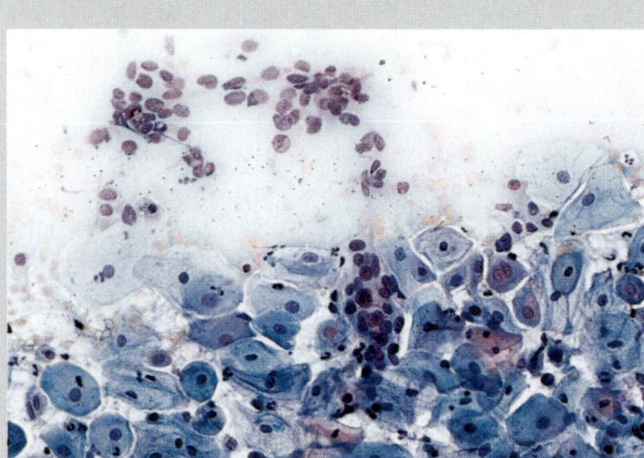

Abb. 3.17 Färb.: Pap; Vergr.: 66 x
Dorsales Drittel der Vagina: Einesteils normale Superfizial- und Intermediärzellen, anderenteils dazwischen und daneben Konzentrate aus atypischen Zellen z. T. als sog. Nacktkernige (Zellkerne ohne Zellplasma), d. h. sog. hormontaube atypische Zellen (Pap. Gr. V), z. Z. der Zytol.: 5 J. 10 Mon. nach Strahlentherapie. Jetzt nach hormonaler Aufhellung Gyn.-Kolp.: Vaginitis bei Tumorrezidivverdacht.
Alter: 73 J. PT-Diagn.: Carcinoma cervicis uteri ($T_1N_0M_0$). *Histol.*: Plattenepithelkarzinom.
Ther.: ^{60}Co-Kontakttherapie Stift-Platte-Kombination, 2 Einlagen in 14tägigem Abstand 2 × 3000 cGy GOD. Aufsättigung der Parametrien mit ^{60}Co-Stehfeldbestrahlung 200 cGy, GD 4600 cGy HD. Jetzt Tumorrezidiv. *Histol.*: mäßig differenziertes Plattenepithelkarzinom.

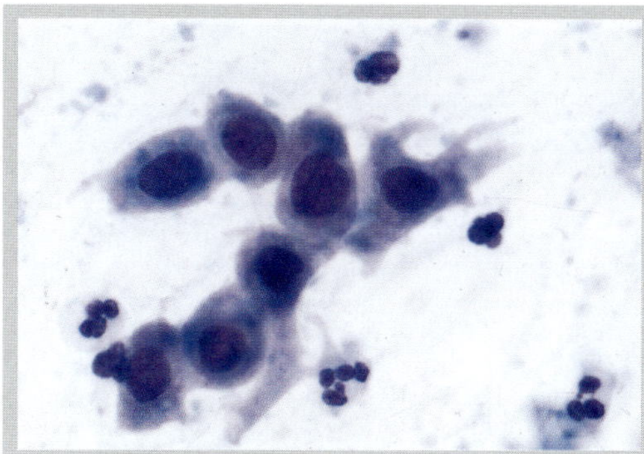

Abb. 3.18 Färb.: Pap; Vergr.: 330 x
Einzelne Leukozyten. Epithelien mit veränderter Kern-Plasma-Relation zugunsten der Kerne. Zellkernschwellung mit betontem gitterförmigen Chromatingerüst bei geringen Größenunterschieden. Fliederfarbenes Zytoplasma. Krallenförmige Zytoplasmaausläufer (Pap. Gr. III ⚡ D), z. Z. der Zytol.: 6 J. 7 Mon. nach Strahlentherapie. Klin.: kein Tumor. Kolp.: Atrophie und Gefäßerweiterungen. Zustand nach hormonaler Aufhellung.
Alter: 48 J. PT-Diagn.: Carcinoma cervicis uteri ($T_{3b}N_0M_0$). *Histol.*: mittel- bis unreifes Plattenepithelkarzinom.
Ther.: Biaxiale Telekobaltpendelbestrahlung kleines Becken ED 200 cGy, GD 8000 cGy HD (100%-Isodose) Split course technique: 5 Wochen Pause.

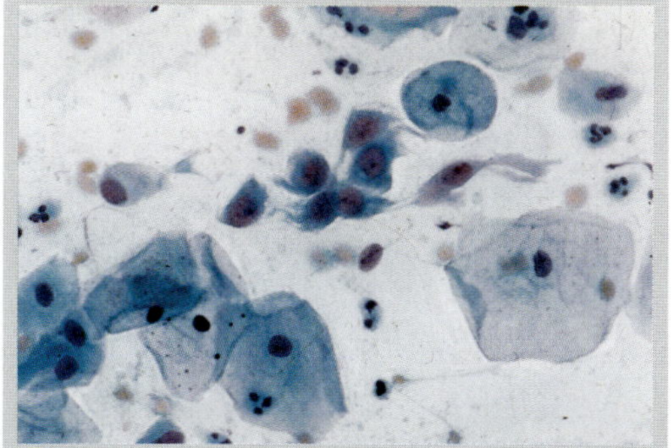

Abb. 3.19 Färb.: Pap; Vergr.: 132 x
Ödematöses Zytoplasma von Superfizial- und Intermediärzellen. Im Zentrum, zwischen einzelnen Erythrozyten, einige Epithelien mit ausgefransten Zellmembranen bzw. mit geschwänzten Zytoplasmaausläufern. Vergrößerte Nukleoli in den Zellkernen. zyanophiles Zytoplasma (Pap. Gr. III D), z. Z. der Zytol.: 7 J. 4 Mon. nach Strahlentherapie, z. Z. nach lokaler Aufhellung. Gyn.: kein Tumorrezidiv. Kolp.: Atrophie.
Alter: 74 J. PT-Diagn.: Carcinoma cervicis uteri ($T_1N_0M_0$). *Histol.*: verhornendes Plattenepithelkarzinom.
Ther.: 2 x Ra-Kontakttherapie im monatlichen Abstand Stift-Platte-Kombination bis 3300 cGy und 2700 cGy GOD. ^{60}Co-Stehfeldbestrahlung der Parametrien – Unterbauch- und Gesäßfeld ED 200 cGy, GD 4600 cGy HD.

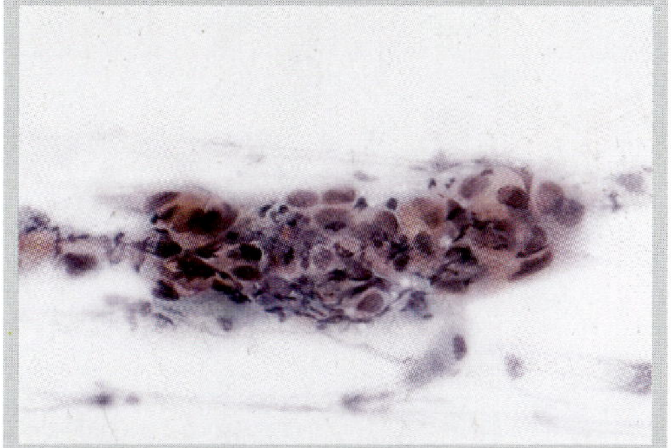

Abb. 3.20 Färb.: Pap; Vergr.: 100 x
Portiobereich: Konglomerat aus Detritus, Leukozyten und fraglich atypischen Zellen mit Kernvergrößerung und mäßiger Polymorphie (bei Pap. Gr. IV), z. Z. der Zytol.: 18 J. nach Bestrahlungsende, z. Z. Zustand nach hormonaler Aufhellung. Gyn.-Kolp.: Vaginitis. Befund fraglich. Fistel: Rektum – Vagina.
Alter: 54 J. PT-Diagn.: Carcinoma cervicis uteri ($T_{2b}N_0M_0$). *Histol.*: exophytisch wachsendes Karzinom.
Ther.: Biaxiale Telekobaltpendelbestrahlung kleines Becken ED 200 cGy, GD 7600 cGy HD (100%-Isodose) Split course technique: 5 Wochen Pause.

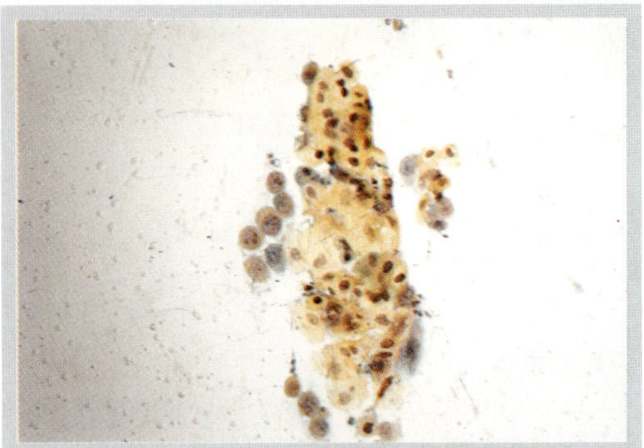

Abb. 3.21 Färb.: Pap; Vergr.: 126 x
Suspekter Portiobereich: Atypische Zellen mit Kernpolymorphie und Hyperchromatose. Körniges Chromatingerüst randständiger Zellen.

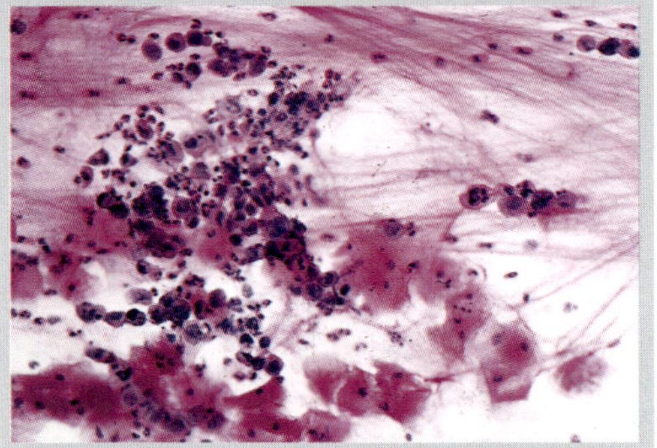

Abb. 3.21 a Färb.: PAS-Reaktion; Vergr.: 126 x (gleicher Fall wie Abb. 3.21)
Zwischen neutralen Mucopolysacchariden peripher normale Superfizialzellen. Zentral Anhäufung atypischer Epithelien mit z. T. schieferblauen Kernen bei Merkmalen der Malignität (Pap. Gr. V), z. Z. der Zytol.: laufende Hormontherapie mit Deca-Turabolin sowie nach lokaler Aufhellungstherapie mittels Östrasid-Ovula. PE: *Histol.* bestätigte schwere Dysplasie.
Alter: 70 J. PT-Diagn.: Zustand nach Carcinoma mammae ($T_{3a}N_0M_0$). *Histol.*: duktales Karzinom vor 19 Jahren. Jetzt außerdem Carcinoma corporis uteri ($T_{1a}N_0M_0$). *Histol.*: teils drüsiges, teils solides Karzinom.
Ther.: z. Z. vor geplanter Strahlentherapie.

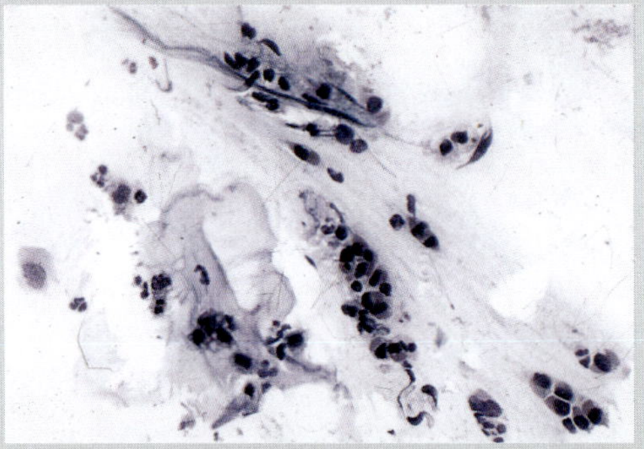

Abb. 3.22 Färb.: Pap; Vergr.: 100 x
Portiobereich: Atypische Zellen mit mäßig polymorphen, stark hyperchromatischen Zellkernen. Erscheinungsbild nach Art eines Zustandes der Zellschrumpfung. Nur vereinzelte randständige Zellen zeigen Zellkernschwellung (bei Pap. Gr. V), z. Z. der Zytol.: 1 Mon. nach Strahlentherapie. Progesteron-Langzeittherapie. Außerdem noch z. Z. Zytostatika-Therapie. Gyn.-Kolp.: tumorverdächtige Gefäßzeichnung (später Tumorprogression).
Alter: 43 J. PT-Diagn.: Carcinoma corporis uteri ($T_3N_1M_1$). *Histol.*: gut differenziertes Adenokarzinom.
Ther.: Probelaparotomie: weil nicht operabel erfolgt Bestrahlung: Gegenständige Stehfelder – ultraharte Röntgenstrahlen LB-Neptun 9 MeV bzw. Betatron 43 MV ED 200 cGy, GD 4000 cGy HD. Progesteron-Langzeittherapie. Anschließend Chemotherapie mit Adriblastin (bis z. Z. 120 mg) und Cyclophosphamid (bis z. Z. 1,5 g) – 3 Infusionen.

Abb. 3.23 Färb.: Pap; Vergr.: 55 x
Dorsale Vagina: Gemischtförmiges Zellbild aus teils östrogen-, teils gestagenbetonten Epithelien. Einzelne abnorme Zellen mit etwas vergrößerten Nukleoli. Zytoplasmaausläufer einzelner Zellen (Pap. Gr. III), z. Z. der Zytol.: nach Strahlentherapie vor 1 J. Hormonapplikation mit Noraethylsteron (5 mg/d).
Alter: 55 J. PT-Diagn.: Carcinoma corporis uteri ($T_1N_xM_x$). *Histol.*: mäßig differenziertes Adenokarzinom.
Ther.: Biaxiale Telekobaltpendelbestrahlung kleines Becken. Pendelwinkel: $2 \times 160°$ ED 200 cGy, GD 6000 cGy HD (100%-Isodose) Split course technique: 4 Wochen Pause. Kolp.: jetzt Gefäßatypien, aber später kein Hinweis auf Tumorrezidiv.

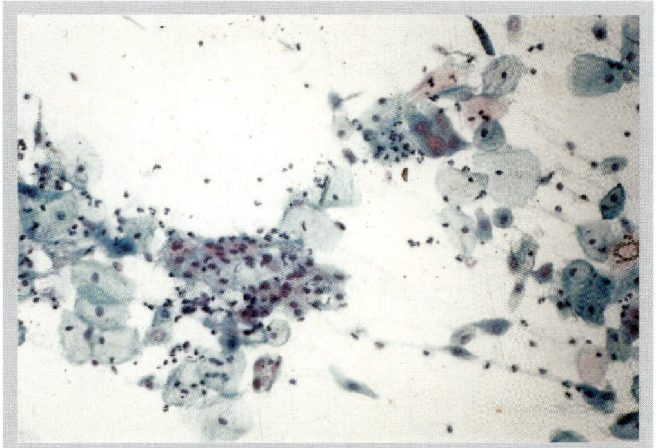

Abb. 3.24 Färb.: PAS-Reaktion; Vergr.: 220 x
Dorsales Scheidengewölbe: Interzelluläre Mukopolysaccharide. Dicht gelagerte atypische Zellen mit z. T. verwaschener Struktur. Kernpolymorphie, ausgeprägte Schwellung und wabige Auflockerung der Kerne bzw. beginnende Zytolyse. Zytoplasma feinkörnig verändert (bei Pap; Gr. V), z. Z. der Zytol.: nach Bestrahlung vor 7 J., nach Hormontherapie mit Progesteron vor 3 J. sowie vor 1 J. und zum gegenwärtigem Zeitpunkt (bisher 30 g). Klin.-Kolp.: Portioatrophie. PE. *Histol.*: Rezidiv eines Adenokarzinoms.
Alter: 79 J. PT-Diagn.: Carcinoma corporis uteri. *Histol.*: Adenokarzinom.
Ther.: Biaxiale Telekobaltbestrahlung kleines Becken ED 200 cGy bis GD 5400 cGy HD.

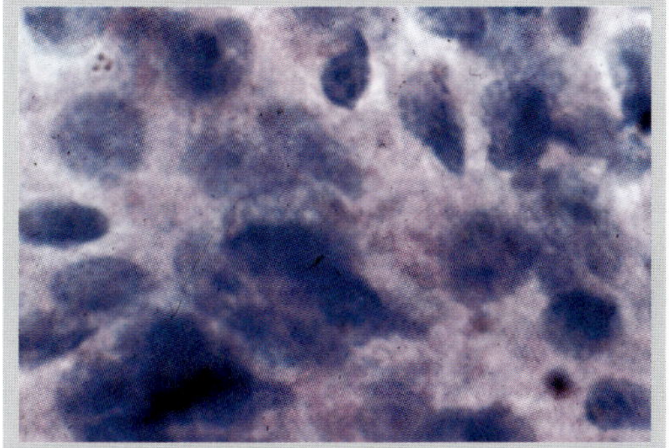

Abb. 3.25 Färb.: Pap; Vergr.: 200 x
Vaginalwand: Konfluierendes Zytoplasma. Reichlich Detritus. Schwellung der Zellkerne bei körniger Struktur = sog. Pfeffer- und Salz-Chromatin (Pap; Gr. II), z. Z. der Zytol.: während Zytostatikatherapie mittels Cyclophosphamid (bis z. Z. 44 g) und Hormontherapie mit Progesteron (bis z. Z. 94 g). Kolp.: o. B.
Alter: 50 J. PT-Diagn.: Carcinoma tubae. *Histol.*: teils drüsig-papilläres, teils solides Karzinom.
Bisherige Ther.: Abdominale Hysterektomie mit beiden Adnexen und Nachbestrahlung: Biaxiale Telekobaltpendelbestrahlung kleines Becken ED 200 cGy, GD 3000 cGy HD (100%-Isodose) vor 1½ J.

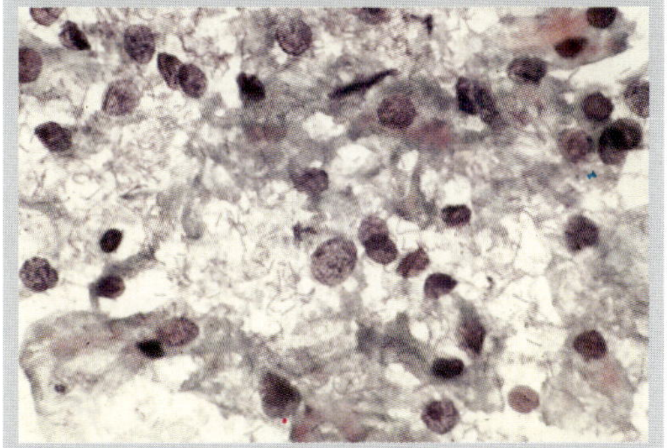

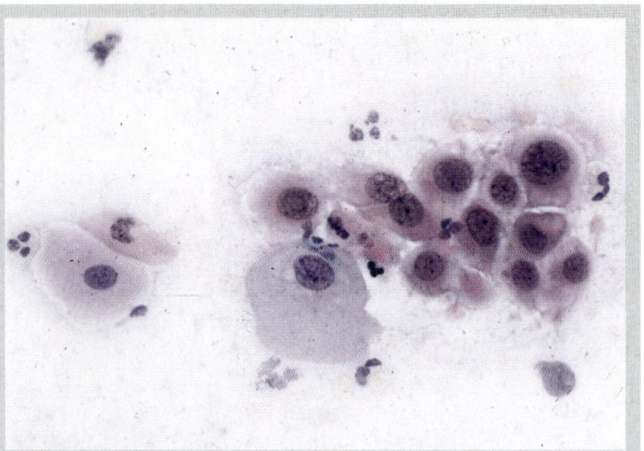

Abb. 3.26 Färb.: Pap; Vergr.: 132 x
Dorsaler Vaginalbereich: Ödematöse Zytoplasmavergrößerung erheblichen Grades. Zellkerngrößenunterschiede. Stark vergröbertes Chromatingerüst, Nukleolivermehrung. Ganz vereinzelt Leukozyten (Pap. Gr. III), z. Z. der Zytol.: 9 Mon. nach Strahlentherapie nach lokaler Aufhellung mit Östriol. Gyn.: kein Tumorrezidiv. Kolp.: Gefäßatypien.
Alter: 29 J. PT-Diagn.: Carcinoma ovarii ($T_3N_1M_1$). *Histol.*: verkrebstes papilläres Ovarialkystom, Metastase im Douglas.
Ther.: Abdominale Hysterektomie mit beiden Adnexen, Teilresektion des Omentum majus. Nachbestrahlung: Biaxiale Telekobaltpendelbestrahlung kleines Becken: ED 200 cGy, GD 7000 cGy HD (100%-Isodose) Split course technique: 5 Wochen Pause. Abdomenabschnittsbestrahlung: ^{60}Co von ventral und dorsal ED 100 cGy bis 1000 cGy pro Feld.

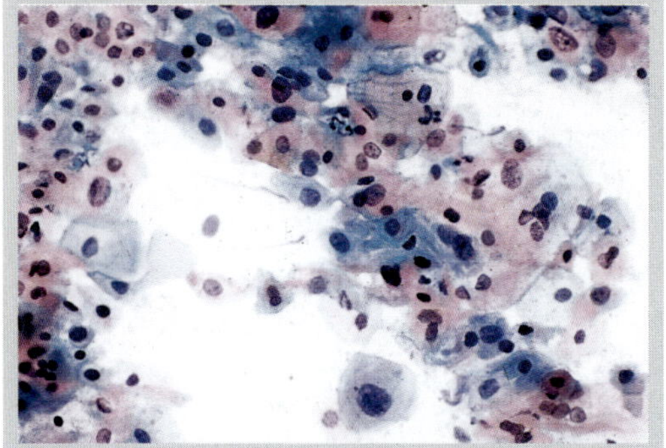

Abb. 3.27 Färb.: Pap; Vergr.: 100 x
Vaginale Abschlußnarbe: Buntes Zellbild aus einer Mischung unterschiedlicher Zellformen. Eingestreut einzelne abnorme und atypisch erscheinende Zellen mit vergrößerten wabenförmigen Kernen (bei Kenntnis des *histol.* Types des PT sind Tumorzellen nicht auszuschließen) (bei Pap. Gr. IV) – Kontrolle erforderlich, z. Z. der Zytol.: 7 J. nach Strahlentherapie, Zustand nach hormonaler Aufhellung. Gyn.-Kolp.: Vaginitis, atypische Gefäße in der vaginalen Abschlußnarbe.
Alter: 37 J. PT-Diagn.: Tumor ovarii. *Histol.*: Disgerminom.
Ther.: Ovarektomie re. – 2 Mon. danach: Abdominale Hysterektomie mit li. Adnexe. Lymphographie: LK-Metastasen re. paraaortal. Ther.: ^{60}Co-Paraortale Pendelbestrahlung ED 150 cGy bis 4500 cGy HD. 1 Mon. danach: Biaxiale Telekobaltpendelbestrahlung kleines Becken: ED 200 cGy, GD 8000 cGy HD (100%-Isodose) Split course technique: 5 Wochen Pause.

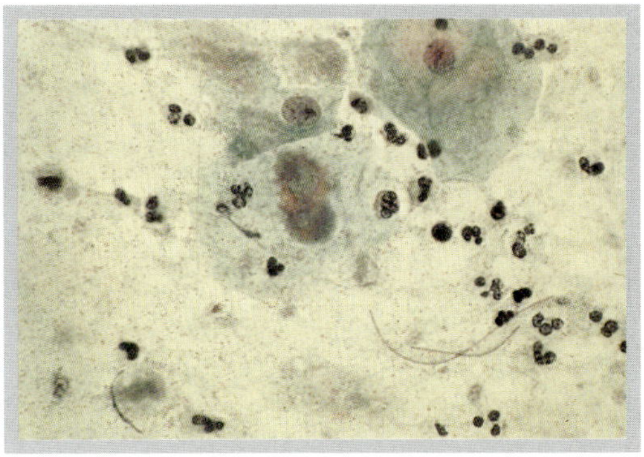

Abb. 3.28 Färb.: Pap; Vergr.: 200 x
Portio: Schmutziges Zellbild mit reichlich Bakterien. In fortgeschrittener Degeneration befindliche Trichomonaden mit angedeuteten Darmsäckchen. Außerdem einzelne sog. Fadenbakterien: Leptothrix vaginalis (Pap. Gr. II K), z. Z. der Zytol.: fortlaufende Medikation mit Deca-Turabolin und Depot-Testosteron. Alter: 62 J. PT-Diagn.: Carcinoma mammae ($T_{3a}N_1M_0$). *Histol.*: Adenoides Karzinom. Ther.: Vorbestrahlung 6 Felder mit Röntgen-Tiefentherapie bis GD 3000 cGy HD pro Feld. Ablatio mammae li. – Kastrationsbestrahlung Betatron 43 MV ultraharte Röntgenstrahlen GD 400 cGy HD pro Ovar.

Literatur

Smolka, H., H.J. Soost: Grundriß und Atlas der gynäkologischen Zytodiagnostik. Kap. Veränderungen des Zellbildes unter künstlicher Hormonzufuhr. Georg Thieme Verlag Stuttgart (1956) 41–54.

Stoll, P., J. Jaeger, G. Dallenbach-Hellweg: Gynäkologische Zytologie. 9. Veränderungen des Vaginalzellbildes unter Hormonzufuhr. Verlag Springer Berlin-Heidelberg-New York (1968) 158–170.

Zimmer, S. , K. Kühndel, G. Albrecht: Vaginale und zervikale Zytodiagnostik. Hormonale Zytodiagnostik. Verlag Georg Thieme Leipzig (1986) 75–85.

Weiterführende Literatur

Ebeling, K., B. Ruckhäberle, K. Kühndel, St. Schulz, M. Krönert: Ergebnisse zytologischer und histologischer Untersuchungen der Cervix uteri nach längerer Einnahme homonaler Kontrazeptica. Zentralblatt für Gynäkologie, Verlag Ambrosius Barth Leipzig, 97 (1975) 385–392.

Efstratiades, M., E. Tamvakopoulou, B. Papatheodorou, M. Batrinos: Postmenopausal vaginal cytohormonal pattern in 597 healthy woman an 301 patients with genital cancer. ACTA Cytologica Vol. 26 Nr. 2 (1982) 126–130.

Soost, H.J., S. Baur: Gynäkologische Zytodiagnostik. Hormonzytologie – Veränderungen des Vaginalepithels unter exogener Zufuhr von Hormonen und anderen Medikamenten. Verlag Georg Thieme Stuttgart-New York. 5. Auflage (1990) 75–92.

4 Zytologische Nebenbefunde als Folge einer vaginalen Infektion durch pathogene Erreger bei Zustand nach Therapie

Die zytologische Beurteilung in Fällen nach Strahlen- oder Tumorchemotherapie wird zusätzlich erschwert, wenn z. B. neben der therapiebedingten Beeinträchtigung außerdem noch vaginale Infektionen, bedingt durch unterschiedliche Erreger, bestehen (L. Szalay et al. 1987). Diese bewirken meistens eine leukozytäre Invasion und damit kombiniert reaktive Zellveränderungen, welche Zellabnormitäten oder u. U. sogar Atypien im Sinne eines vermeintlichen Tumorrezidivs vortäuschen können. Ein Ausschluß solcher Faktoren ist nur dann möglich, wenn zunächst eine Behandlung des entzündlichen Prozesses oder besser der eigentlichen Ursache erfolgt, bevor weitere Kontrollabstriche entnommen werden. Deshalb sollte der Zytodiagnostiker nach möglichen pathogenen Verursachern fahnden. Das betrifft z. B. häufiger vorkommende Infektionen mit Trichomonas vaginalis, Leptothrix vaginalis, Haemophilus vaginalis oder auch Chlamydien und andere lokale pathogene Mikroorganismen, wie z. B. Sproßpilze, aber auch Viren (Herpes simplex, Papillomavirus u.s.w.), seltener Gonokokken (D.R. Santos et al. 1989, S. Zimmer et al. 1986). Die alleinige mikroskopische Feststellung dieser Entzündungsursachen ist bekanntlich nur zum Teil möglich. Deshalb sollte in Zweifelsfällen stets eine ergänzende und gezielte mikroskopische Spezifizierung durch den in der Zellkultur erbrachten Nachweis spezieller Krankheitserreger erfolgen. Mittels dieser Zusatzuntersuchung ergibt sich nachweislich eine Reduzierung zytologisch zweifelhafter Befunde der Pap. Gr. III, die reaktiv aber auch postradiogen bedingt sein können. Sogar eine Klärung fraglicher atypischer Zellen der Pap. Gr. IV ist meistens möglich. Durch Beachtung dieser Faktoren kann in vielen Fällen ein vermeintliches Tumorrezidiv weitgehend ausgeschlossen werden, was wiederum auch eine Verunsicherung des Gynäkologen verringert.

Dazu einige in der Praxis ehemals übliche und nützliche Verfahrensweisen zur Klärung von Zellabnormitäten oder Pseudoatypien:

a) *Gezielte Entzündungstherapie:* Vaginale Applikation von Östrogenen und Antiphlogistika im Wechsel für die Dauer von 2 Wochen. Anschließend zytologische Kontrolle.
b) *Therapie als intensive Scheidensanierung:* Keim- und Resistenzbestimmung der Scheidenflora; danach gezielte antibiotische Behandlung für 14 Tage, erst dann Abstrich zur Kontrolle.
c) *Speziallltherapie bei Trichomonas vaginalis* mit Partnerbehandlung für die Dauer von 14 Tagen, danach zytologische Kontrolle (K. Amon et al. 1977).
d) *Sog. „2-Phasenabstrich“:* Anfertigung von 2 Abstrichen, auf 2 verschiedene Objektträger geben. Abstriche nacheinander vom gleichen Bezirk, zur Erfassung der tieferen Zellschichten.

Weitere sog. Nebenbefunde mit zytomorphologischen Abartigkeiten

Spezielle zytologische Veränderungen als besondere Zellarten sind festzustellen bei lichtoptisch nachweisbarer, aber auch bei fehlender Infektion durch pathogene Keime, besonders *während* oder relativ *kurzzeitig* nach Strahlentherapie. Es entsteht der Eindruck, daß im Rahmen der Tumornachsorge in diesen Fällen bestimmte Merkmale gehäuft auftreten und möglicherweise zytodiagnostisch als sog. Nebenbefunde ergänzend richtungsweisend zur exakten Diagnosefindung sein könnten. Zytologische Abstriche aus der gynäkologischen Tumornachsorge sind deshalb entsprechend überprüft worden. Das Material wurde gezielt in 2 Gruppen unterteilt:

a) Portioabstriche bei Zervixkarzinom als Primärtumor *während* und kurzzeitig *nach* Strahlentherapie (bis zu 5½ Monate danach) = 60 Fälle.
b) Portioabstriche von Patienten mit Zervixkarzinom *vor* einer Strahlentherapie als Kontrollreihe zum Vergleich = 60 Fälle.

Der Häufigkeitsgrad sog. zytologischer Nebenbefunde von *Kernschwellung, Metaplasiezellen* und *Dyskaryosen* wurde ermittelt (Abb. 4.I-4.III). Hinsichtlich des Häufigkeitsnachweises von *Leukozyten* und *Zellverhornung* gab es keine Unterschiede zwischen

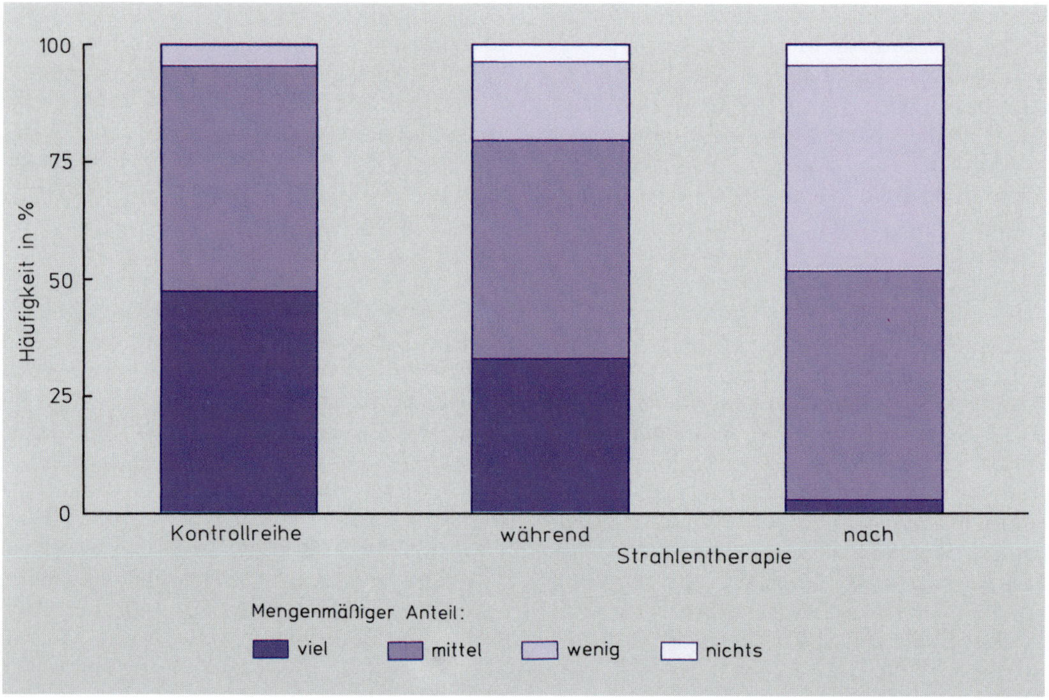

Abb. 4.I Kernschwellung. Durch die zytologischen Zustandsbilder hinsichtlich der *Kernschwellung* sollten Häufigkeitsgrade ermittelt werden. Es erfolgte eine Unterteilung in mengenmäßig geschätzte Unterschiede von viel (▬), mittel (▬), wenig (▬) und nichts (▭). Es wurde festgestellt, daß *Zellkernschwellungen* in der untersuchten *Kontrollgruppe* (ohne Strahlentherapie) häufiger vorkommen als nach einer Strahleneinwirkung. Weshalb das so ist, konnte nicht geklärt werden. Bei der Unterscheidung hinsichtlich des Zustandes *während* und *nach* Strahlentherapie ergibt sich eine mengenmäßige Häufigkeit während der Therapie (als Summe bezogen auf reichliches und mittelmäßiges Vorkommen). Dieser Unterschied ist zwar signifikant, jedoch resultiert daraus keine Bereicherung im Rahmen der Zytodiagnostik.

der Hauptuntersuchungsreihe und der Kontrollgruppe, deshalb blieben diese bzgl. einer graphischen Darstellung unberücksichtigt.

Die *Kernschwellung* oder auch *Kernquellung* genannt, entsteht durch vermehrte Flüssigkeitsaufnahme. Sie ist reaktiv bedingt, unspezifisch und vorwiegend bei vaginalen Entzündungen, bei oder nach toxischen Einwirkungen, auch in der Meno- bzw. Postmenopause sowie infolge von Degenerationsprozessen festzustellen. Das betrifft auch Situationen *während* oder kurzzeitig *nach* Einwirkung einer Strahlentherapie. Die Kern-Plasma-Relation ist nur geringfügig zugunsten des Kernes verändert, bei unauffälliger Form des Zellkernes. Trotzdem sollte dieses Zustandsbild im Komplex andersartiger Veränderungen nicht völlig unbeobachtet bleiben, ergibt sich doch der Hinweis auf eine reaktive Zellbeeinflussung aus unterschiedlicher Ursache.

Metaplasiezellen kommen sowohl ohne therapeutische Beeinflussung als auch nach Strahlentherapie vor. Eine zytomorphologische Zuordnung zu einer dieser Rubriken, ohne klinische Information, gelingt nicht. Es sind exfoliierte epitheliale Zellen, die beim Ersatz des Zylinderepithels durch Plattenepithel bei einer sog. Umwandlungszone im Portio-Zervixbereich entstehen. Auch an Ektopien und Polypen können derartige funktionell bedingte Veränderungen auftreten. Es handelt sich um Anpassungsvorgänge, z. B. ausgelöst durch entzündliche, chemische oder andere Reize. Dieser ortsungewöhnliche neu gebildete Zellersatz ist in dieser Struktur

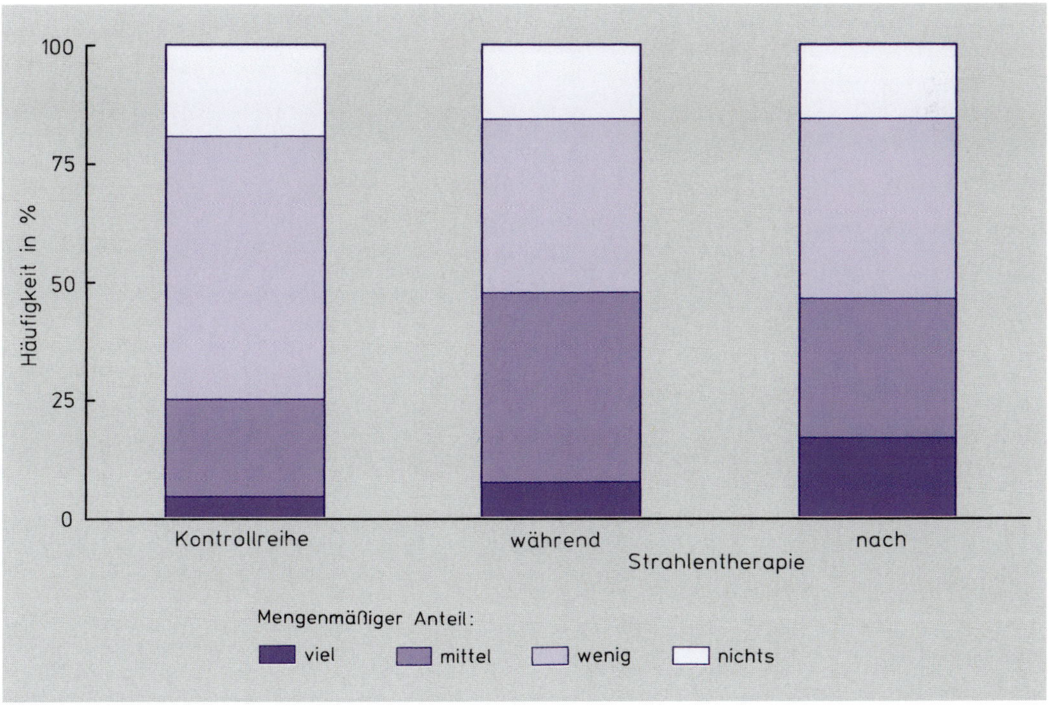

Abb. 4.II Metaplasiezellen. Hier wurde hinsichtlich des Reifegrades der *Metaplasiezellen* nicht unterschieden. Die Gegenüberstellung der *Kontrollreihe ohne* Strahlentherapie zur *Untersuchungsreihe während* und *nach* Radiatio zeigt vergleichend die mengenmäßige Relation. Werden diese beiden zeitlich verschiedenen Phasen – während und nach Bestrahlung – summiert und der Kontrollreihe gegenübergestellt, so sind Metaplasiezellen in reichlicher und mittlerer Menge bei strahlentherapeutischer Einwirkung als gehäuft vorkommend festzustellen, was sich als signifikant erweist. Bezüglich der Situation während und nach Strahlentherapie resultiert kein wesentlicher Unterschied. Obwohl durch die Radiatio eine Häufung von Metaplasiezellen festzustellen ist, dürfte das trotzdem keine wesentliche Hilfe zur Präzisierung der Diagnose ergeben.

meistens weniger differenziert als das ursprüngliche Gewebe. Demzufolge bieten Metaplasiezellen auch besondere Merkmale, je nach Reifegrad. Sie sind oftmals vielgestaltig, mit scharfen Zellgrenzen, auch mit Plasmaausläufern. Die Zellkerne sind meistens oval oder rund. Es wird unterschieden zwischen *direkter Metaplasie*, wobei eine direkte Umwandlung einer differenzierten Zelle in eine andersgeartete differenzierte Zelle erfolgt. Bei der *indirekten Metaplasie* findet eine Umdifferenzierung statt, wobei vorher eine Entdifferenzierung bestand. Eine zytomorphologische Unterscheidung dieser beiden Zustandsformen nach radiogener Belastung ist im Rahmen der Diagnostik kaum möglich. Von Interesse war das Vorkommen und der Häufigkeitsgrad nach Radiatio.

Dyskaryosen als zytologisches Erscheinungsbild zeichnen sich durch Irregularitäten bzw. Anomalien der Zellkerne mit Hyperchromatose, Kernvergrößerung, Anisonukleose oder auch durch Polymorphie aus. Diese Veränderungen entsprechen meistens den Zellen einer *Dysplasie* als Fehlentwicklung von Geweben, allerdings bei erhaltener Zytoplasmadifferenzierung. Neuerdings werden Dyskaryosen nur als ein morphologisches Zustandsbild betrachtet und demzufolge als mit Dysplasiezellen identisch angesehen. Wir haben trotzdem die Bezeichnung Dyskaryose als morphologisches Merkmal

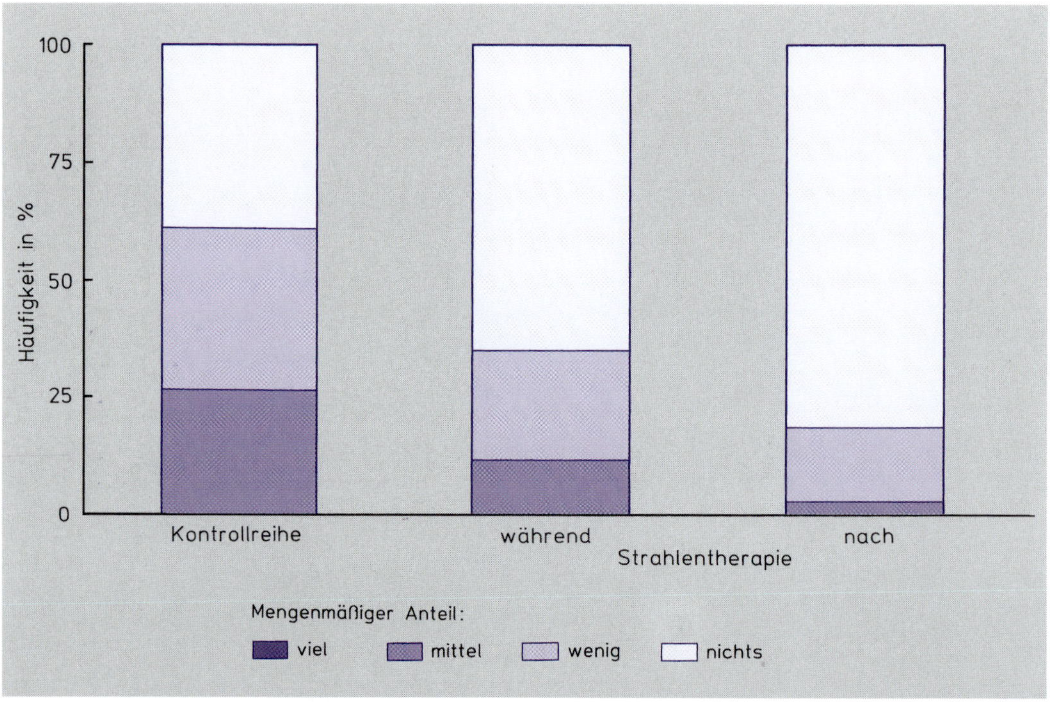

Abb. 4.III Dyskaryosen. Aus der Abbildung kann der mengenmäßige Anteil von *Dyskaryosen* ermittelt werden. Der eigentlichen *Untersuchungsreihe während* sowie *nach* Strahlentherapie eines Zervixkarzinoms ist eine *Kontrollreihe* ohne bisherige Therapie gegenübergestellt worden. Das Resultat ergab eine statistisch signifikante Häufung von Dyskaryosen in der Kontrollreihe beim Vergleich mit der therapiebelasteten Untersuchungsreihe (während und nach Bestrahlung). Offenbar wird das zytomorphologische Bild einer Dysplasie nach Strahlentherapie mit dem Vorkommen von Dyskaryosen bzw. sog. Dysplasiezellen, wie schon erwähnt, mitunter auch noch später als nach 3–6 Monaten manifest. Dyskaryosen während der Therapie sind für die Zytodiagnostik von untergeordneter Bedeutung. Eine diagnostische Präzisierung durch erhofftes gehäuftes Vorkommen von Dyskaryosen als Ausdruck einer *postradiogen bedingten Dysplasie* ist demzufolge nicht relevant.

bevorzugt, um möglicherweise Unterschiede zwischen unbestrahltem und bestrahltem Zellmaterial zu ermitteln.

Entsprechend dem Grad der Zellreife und bezogen auf die Zellschicht gibt es superfiziale, intermediäre und parabasale Dyskaryosen. Sie sind in Abstrichen von Dysplasien des Plattenepithels im Zervixbereich zu finden. Diese werden wiederum als leichte, mittelschwere und schwere Dysplasien differenziert. Letztere Form ist oftmals gegenüber dem Carcinoma in situ schwer zu unterscheiden.

Der echten Dysplasie steht die *postradiogene Dysplasie* gegenüber. Letztere ist das Produkt einer Strahlenbelastung nach unterschiedlich lang zurückliegender Strahlentherapie, wobei die ersten Anzeichen dieser Dysplasie frühestens ab 3. bis 6. Monat nach Therapieende auftreten, allerdings individuell unterschiedlich.

Eine Unterscheidung zwischen echter und radiogen bedingter Dysplasie ist zytomorphologisch nicht möglich. Deshalb werden Dysplasien nach Bestrahlung generell als postradiogene Dysplasien diagnostiziert. Ähnliche Zellveränderungen nach Art einer Dysplasie gibt es mitunter auch nach Verabreichung von Zytostatika (H.J. Soost, S. Baur 1990).

Schlußfolgerungen

Zu den sog. zytologischen Nebenbefunden zählen somit *einerseits* reaktive, meistens entzündlich bedingte Veränderungen, verursacht durch pathogene Mikroorganismen, und *andererseits* morphologische Veränderungen von Epithelien, entstanden durch multifaktorielle, milieubedingte lokale Gewebsumwandlungen, mit und ohne vaginale Infektion.

Obwohl diese Zellbefunde allein nicht ausschlaggebend für eine Diagnose sind, so können sie, je nach gradueller Ausprägung, mitunter die endgültige Beurteilung beeinflussen und diagnostische Verunsicherungen verursachen. Der Zytodiagnostiker sollte deshalb diese Zustandsbilder und ihre Einflußfaktoren trotzdem beachten und ihre Wertigkeit in Beziehung zum Hauptbefund integrieren.

Ursprünglich entstand nämlich der Eindruck, daß vermutlich eine Häufigkeit der Kernschwellung sowie ein gehäuftes Vorkommen von Metaplasiezellen und Dyskaryosen (Dysplasiezellen) hauptsächlich bei einer radiogenen Einwirkung zu verzeichnen ist, was als richtungsweisender Faktor für diese Therapie hätte gedeutet werden können. Diese Erwartung war, wie die Säulendiagramme zeigen (Abb. 4.I-4.III), nicht zutreffend. Demzufolge ergibt sich aus dieser Analyse leider auch keine Entscheidungshilfe in Form richtungsweisender Merkmale. Das wäre besonders für solche Fälle wünschenswert und nützlich gewesen, bei denen Informationen über eine stattgefundene Radiatio unterlassen worden sind.

Zytologie von Abstrichen mit sog. Nebenbefunden

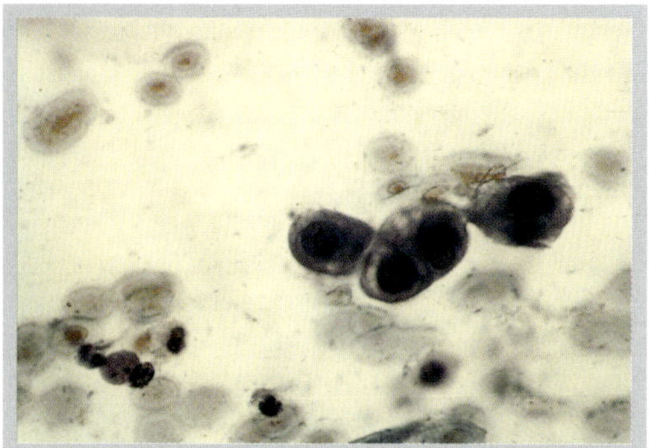

Abb. 4.1 Färb.: Pap; Vergr.: 200 x
Locker verstreute Bakterien. Vereinzelte auffällig große Zellen mit vergrößerten hyperchromatischen Kernen. Zytoplasma z. T. von dichter z. T. von transparenter glasiger Struktur. Einschlußkörperchen nicht exakt spezifizierbar.

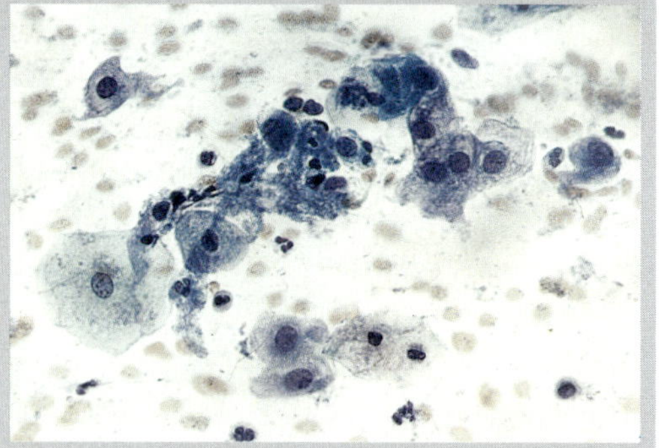

Abb. 4.1 a Färb.: Pap; Vergr.: 132 x (gleicher Fall wie Abb. 4.1)
Reichlich Erythrozyten, einzelne Leukozyten, Superfizial- und Intermediärzellen. Wenige abnorme Zellen mit transparentem hellen Zytoplasma und hyperchromatischen, ödematösen Kernen.
Diagn.: Dringender Verdacht auf Infektion mit Herpes simplex genitalis (Pap. Gr. III D), z. Z. der Zytol.: 5 J. 6 Mon. nach Strahlentherapie, z. Z. ohne Tumor.
Alter: 82 J. PT-Diagn.: Carcinoma clitoris ($T_1N_0M_0$). *Histol.*: epidermoides Plattenepithelkarzinom.
Ther.: Vulvektomie. Betatron schnelle Elektronen 15,6 MeV. Bestrahlung der Restvulva und inguinal bds. ED 180 cGy, GD 5040 cGy HD pro Feld.

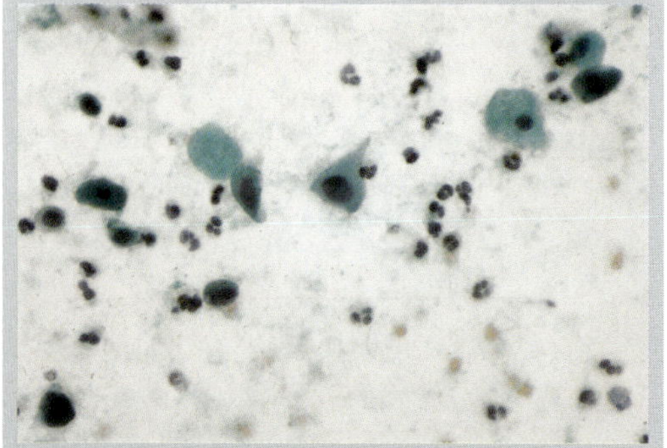

Abb. 4.2 Färb.: Pap; Vergr.: 139 x
Locker verstreute Leukozyten. Im Zentrum Zelle mit postradiogen bedingtem dornartigen Zytoplasmaausläufer. Sonstige Zellkerne mit mäßiggradiger Hyperchromatose. In der Nähe Dauerform einer Trichomonade.

Abb. 4.2 a Färb.: Pap; Vergr.: 100 x (gleicher Fall wie Abb. 4.2)
Reichlich Detritus, Leukozyten und einzelne gering abnorme Epithelien nach Art von Metaplasiezellen (Pap. Gr. II K), z. Z. der Zytol.: 2 J. nach Strahlentherapie.
Alter: 47 J. PT-Diagn.: Carcinoma cervicis uteri ($T_1N_0M_0$). *Histol.*: Plattenepithelkarzinom.
Ther.: Operation nach *Wertheim* – Nachbestrahlung: Biaxiale Telekobaltpendelbestrahlung kleines Becken: ED 200 cGy, GD 6000 cGy HD (100%-Isodose) Split course technique: 4 Wochen Pause.

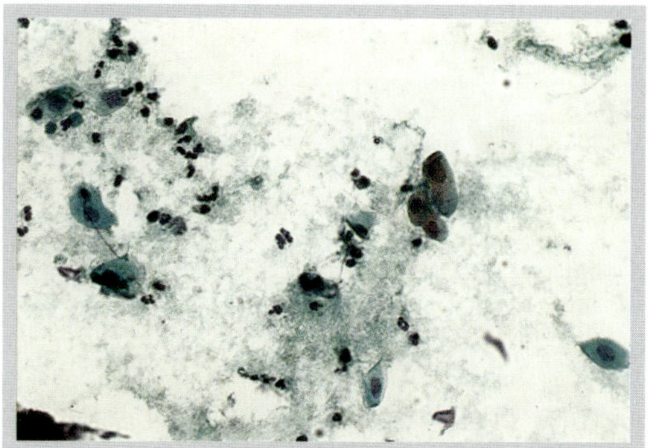

Abb. 4.3 Färb.: Pap; Vergr.: 230 x
Neben einer Intermediärzelle angrenzende Epithelien mit verwaschenen Zellgrenzen bei *Zellkernschwellung*. Keine Abnormitäten. Zustand nach länger zurückliegender Strahlentherapie.

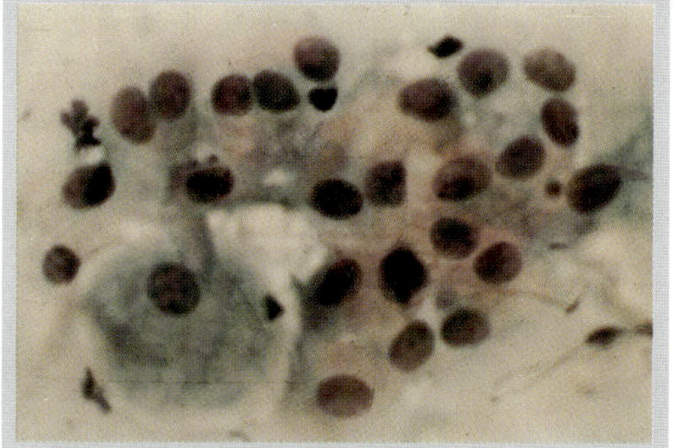

Abb. 4.4 Färb.: Pap; Vergr.: 230 x
Im Zentrum eine Superfizialzelle. Peripher z. T. vereinzelte, z. T. herdförmig konzentrierte *Metaplasiezellen* mit mäßiger Kernhyperchromatose. Dazwischen locker verstreute Leukozyten.

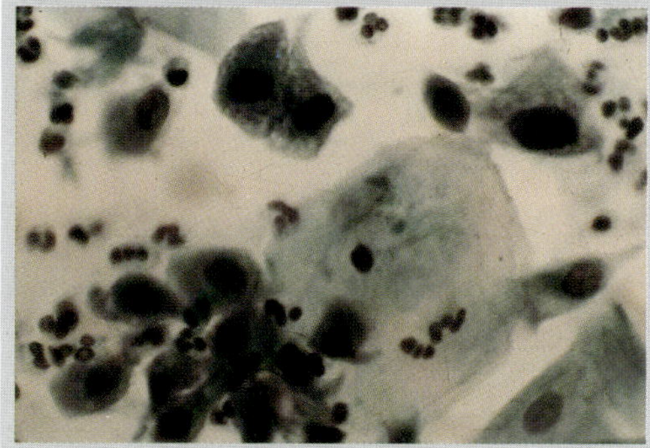

Abb. 4.5 Färb.: Pap; Vergr.: 230 x
Superfizial- und Intermediärzellen. Zentral z. T. entrundete, z. T. ödematös veränderte Zellkerne: *Dyskaryosen*. Dazwischen vereinzelte segmentkernige Leukozyten. Zustand nach Strahlentherapie vor längerer Zeit.

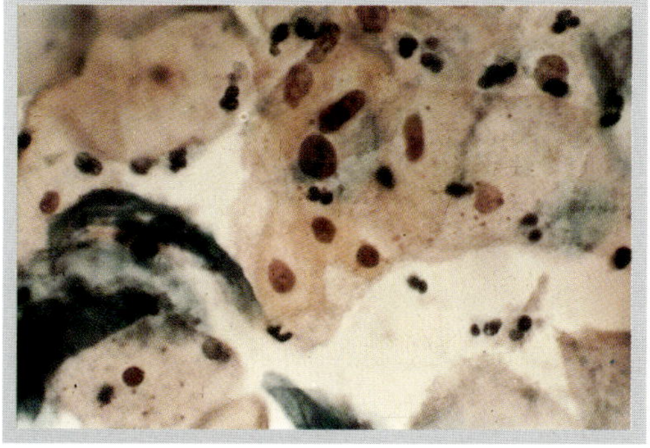

Tabelle 4.1 Zytologie nach Strahlentherapie in der Gynäkologie (nach H.-W. Boschann 1981) Differentialdiagnose der Bestrahlungsveränderungen (Zytodiagnostik)

Ursache	Morphologie	Differentialdiagnose durch
Leichte Differentialdiagnose:		
1. Herpes-Virus II	Mehrkernigkeit, Milchglaskerne, Einschlußkörperchen	kurzfristige Wiederholung (Herpesbild passager!)
2. Atrophie	Anisokaryose, Anisozytose, degenerative Autolyse	kurzfristige Wiederholung nach Östrogen-Aufhellung (Bestrahlungsveränderungen: „hormontaub!")
3. Vitamin-B_{12}-Mangel, Folsäure-Mangel	Mehrkernigkeit	Anamnese und Substitution
4. Zytostatika-Therapie („Radiomimetika")	wie Bestrahlungsfolgen an Kern und Zytoplasma	Anamnese
schwere Differentialdiagnose*:		
1. Bestrahlungsveränderungen an benignen Zellen	s.o.	Kern-Plasma-Relation zugunsten des Zytoplasmas, Chromatinstruktur: fein granuliert, Hyperchromasie nur durch Pyknose (Kondensation), Isokaryose, keine Beeinflussung durch Östrogene („hormontaub"), da genetisch (heredozellulär)
2. persistierende Tumorzellen	Tumorzellen mit und ohne Bestrahlungsveränderungen	Kern-Plasma-Relation zugunsten des Kerns, Chromatinstruktur: grobschollig, echte Hyperchromasie, Anisokaryose, wie bei Bestrahlungsveränderungen an benignen Zellen „hormtaub"
3. Tumorrezidiv	Wiederauftreten morphologisch „vitaler" Tumorzellen (meist ohne Bestrahlungsveränderungen)	wie bei persistierenden Tumorzellen, jedoch meist ohne Bestrahlungsveränderungen
4. Postirradiationsdysplasie und -karzinom	Zellen wie bei zervikaler intraepithelialer Neoplasie oder Karzinom: neu aufgetreten auf früher bestrahltem Gewebe (s.u.)	Abgrenzung gegen Bestrahlungsveränderungen an benignen Zellen wie dort und wie beim Tumorrezidiv Abgrenzung nur bei vorhergehender regelmäßiger Kontrolle möglich

*) erleichtert bei regelmäßiger Langzeitkontrolle nach Bestrahlung!

Leitsätze
1. Bestrahlungsveränderungen an Portio- und Vaginalepithel können lebenslang bestehenbleiben.
2. Keine Veränderung des Zellbildes ist für sich spezifisch, nur Häufung, extremes Ausmaß und zeitlicher Verlauf sprechen bei Bestrahlungsanamnese für Bestrahlungsveränderungen.

Literatur

Amon, K., I. Amon, H. Birnbaum: Kurztherapie der Trichomoniasis urogenitalis mit Vagimid (Metronidazol) medicamentum. Berlin 18 (1977) 172–175.

Santos, D.R., A. Longatto-Filho, M.Y. Maeda, M. Oyafuso, L.W. Shih, M.J. Cavaliere, F. Marziona, M.I. De-Carvalho: „Chlamydia trachomatis" em esfregacos de colo uterino irradiado: aspectos citologicos e imuncitoquimicos. Rev-Paul-Med. 107 (4–6): (1989) 229–32.

Soost, H.J., S. Baur: Gynäkologische Zytodiagnostik. Georg Thieme Verlag Stuttgart-New York (1990) 151–181.

Szalay, L. unter Mitarbeit von M. Hilgarth, J.H. Holzner, J. Jenny, A. Varga: Zervix-Cytologie-Magyr Tavirati Iroda (1987) 111–141.

Zimmer, S. , K. Kühndel, G. Albrecht: Vaginale und zervikale Zytologie. VEB Georg Thieme Verlag Leipzig (1986) 37–46 und 210.

5 Die PAS (Periodic Acid Schiff)-Reaktion als Hilfsmittel bei zytologisch-differentialdiagnostischer Problematik

Trotz jahrzehntelanger Erfahrung bezüglich therapiebedingter Zellveränderungen und Berücksichtigung der Vielfalt morphologischer Varianten sowie Einbeziehung des zeitlichen Faktors in bezug zur Therapie bleibt zytodiagnostisch ein Unsicherheitsfaktor bestehen. Das betrifft zwar vorwiegend radiogen bedingte Veränderungen, aber auch Auswirkungen einer Tumorchemotherapie sowie zusätzliche reaktive Veränderungen als sog. Nebenbefunde (H. Ebner 1954). Demzufolge resultiert das Bedürfnis, nach

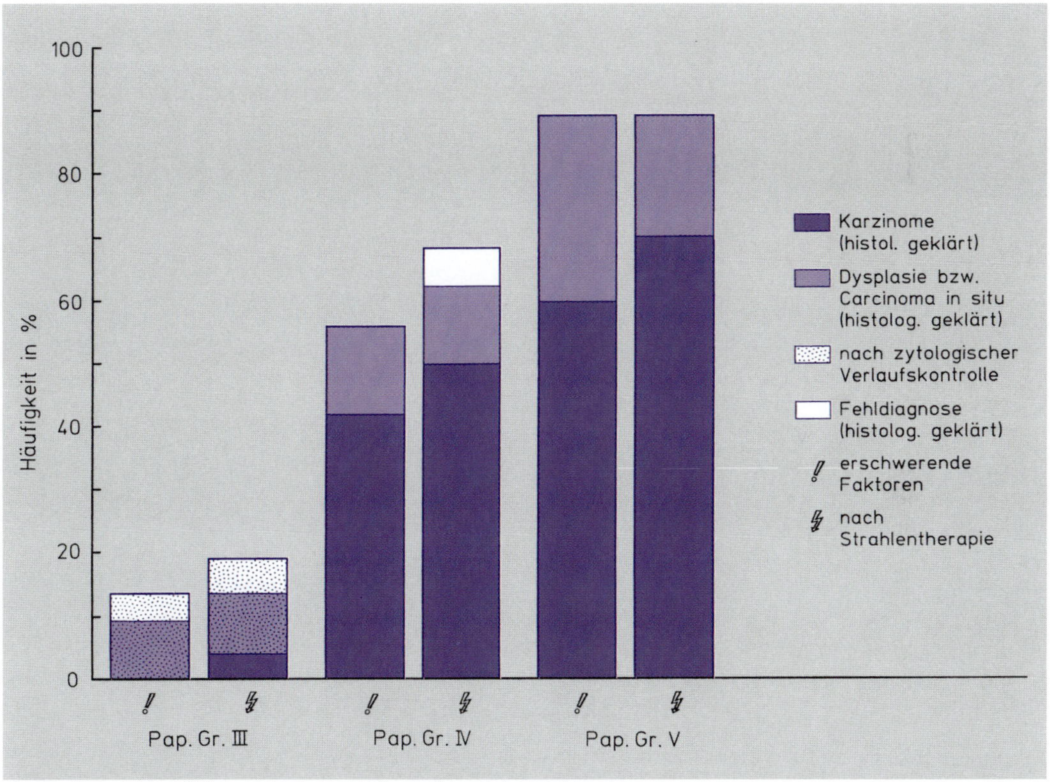

Abb. 5.I Vergleich zwischen Fällen mit diagnostisch erschwerenden Faktoren ohne bzw. nach Strahlentherapie in bezug auf schieferblaue Zellkerne (PAS-Reaktion nach McManus). Eine nähere Überprüfung des aufgetretenen *schieferblauen Farbtones der Zellkerne,* entweder bezogen auf Fälle mit diagnostisch erschwerenden Faktoren ohne Strahlentherapie oder bezogen auf Fälle nach erfolgter Strahlentherapie, ergibt folgendes Resultat: Hinsichtlich der Pap. Gruppen IV und V überwiegen bei dieser *schieferblauen Kernbeschaffenheit* eindeutig histologisch bestätigte Karzinome. Bei sog. Karzinomvorstufen, wie z. B. bei schweren Dysplasien, kommen diese Merkmale weniger häufig vor.

praxisrelevanten, relativ unkomplizierten, ergänzenden Färbemethoden zur Präzisierung der diagnostischen Aussage zu suchen. Das betrifft hauptsächlich Zellbilder, die als sog. Grenzfälle gelten, mit problematischer Zuordnung zwischen Pap. Gr. III, III D oder schon Pap. Gr. IV.

Interessanterweise gelingt eine weitestgehende Differenzierung solcher nicht exakt spezifizierbarer Zellen durch die Anwendung der PAS-Reaktion. Das betrifft sowohl Material nach therapeutischer Beeinflussung im Rahmen der Tumornachsorge als auch Präparate ohne bisherige Therapie mit zusätzlicher diagnostischer Unsicherheit durch andere erschwerende Faktoren, wie z. B. nach Zusatzmedikation mit speziellen Hormonen oder bei chronisch rezidivierender Zervizitis. Auch bei Infektionen mit pathogenen Erregern bzw. kombiniert mit Menopause- und Postmenopauseveränderungen können stärkere Abnormitäten auftreten.

Bisher gibt es außer den bereits bekannten morphologischen Kennzeichen, die nicht immer eindeutig sind, keine zusätzlichen technischen einfachen Methoden, die eine entsprechende Spezifizierung von Tumorzellen ermöglichen. Einige Autoren (H. Runge et al. 1959, G. Gomori 1955) haben vor mehr als 40 Jahren darauf hingewiesen, daß durch die PAS-Reaktion eine Vielzahl morphologischer Strukturen brillant darstellbar sind, was auch wir bestätigen können (E. Hoppe 1977 und 1978). Diese Zusatzbearbeitung ist aller-

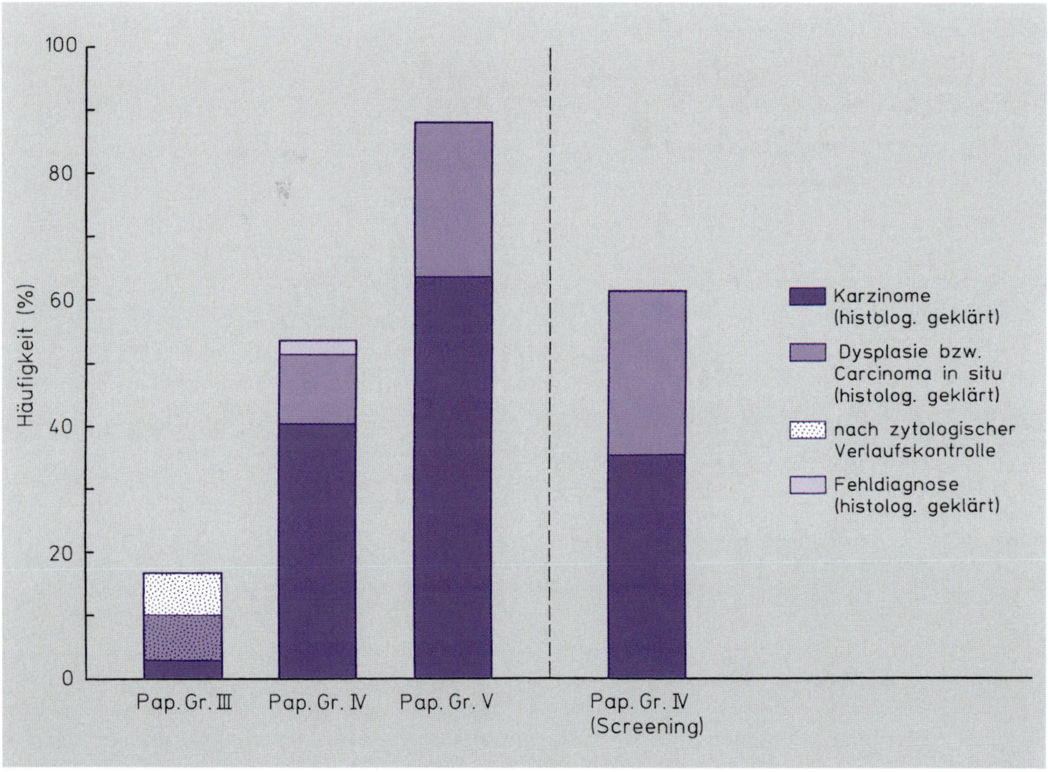

Abb. 5.II Anteil der Fälle mit schieferblauen Zellkernen (PAS-Reaktion nach McManus) **und Verteilung der Diagnosen in den Papanicolaou-Gruppen.** Anteilig überwiegen eindeutig die *schieferblauen Zellkerne* bei den Pap. Gruppen IV und V, also bei tumorverdächtigen bzw. *nahezu sicheren Tumorzellen.* Bei Fällen mit Dysplasie oder Carcinoma in situ sind hinsichtlich der Häufigkeit einer Farbänderung von Zellkernen diese Befunde weniger aussagekräftig. Auch beim besonders ausgewiesenen Screening im Rahmen von Vorsorgeuntersuchungen wird dieses belegt. Analoge histologische Befunde dazu bestätigten die Korrelationen.

dings nur an ausgewählten Präparaten sog. diagnostischer Problemfälle lohnenswert (Abb. 5.I-5.II). Weil meistens nur ein einziges Präparat existiert, wird der unklare zytologische Bezirk auf der Objektträgeroberfläche mit Punkten begrenzt. Danach wird an der Objektträgerrückseite analog mittels Diamantstift eine Markierung eingeritzt. Dann folgt eine Entfärbung des Präparates, damit anschließend die PAS-Reaktion angeschlossen werden kann. Durch dieses Verfahren ist der gekennzeichnete Bezirk schnell auffindbar und unter ergänzenden Gesichtspunkten zu beurteilen.

Bei der Überprüfung einer größeren Anzahl von Fällen ergab sich einerseits eine nur noch schattenhafte Darstellung von Erythrozytenbeimengungen, wodurch dieser bei der Beurteilung störende Faktor reduziert wurde. Andererseits imponierte als besonderes Merkmal eine betonte Darstellung von Zellkernelementen, verbunden mit einer auffälligen *schieferblauen Tönung* der Kerne von Tumorzellen. Dieser, mittels der PAS-Reaktion veränderte farbliche Zustand der Zellkerne, war allerdings nur an Tumorzellen von Plattenepithelkarzinomen erkennbar.

Die erhobenen Diagnosen von Pap. Gr. IV und V standen zu dieser farblichen Nunacierung in Beziehung (histologisch bestätigte Karzinomrezidive). Es ergab sich eine statistisch gesicherte Signifikanz bei einer Irrtumswahrscheinlichkeit von 5%.

Daraus resultiert die Schlußfolgerung, daß dieses Merkmal eindeutig als wegweisender Hilfsfaktor bei der Diagnosefindung verwendbar ist. Graphische Darstellungen und Bilddokumente zu dieser Verfahrensweise dienen als Beleg.

Zytologische Befunde von Abstrichen nach PAS-Reaktion

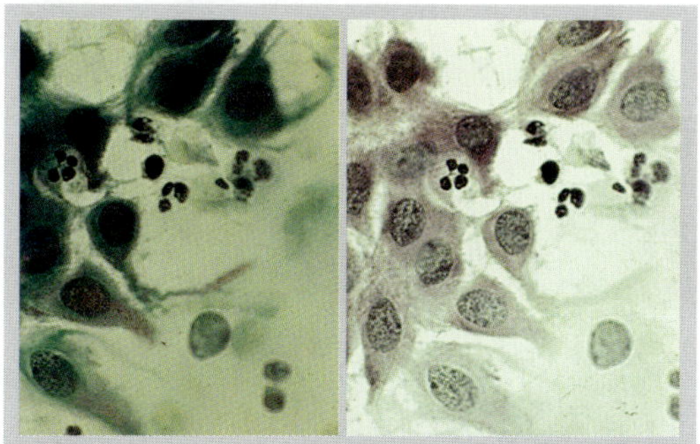

a) b)

Abb. 5.1 Färb.: **a)** Pap.; **b)** PAS-Reaktion;-Vergr.: 200 x
a) Zahlreiche Zytoplasmaausläufer von dysplastischen Zellen bei Kernschwellung mäßigen Grades.
b) Erhöhte *Transparenz der Zellkerne* mit Vergröberung des Chromatingerüstes nach Art einer postradiogenen Dysplasie (III ⚡ D).
Alter: 43 J.; z. Z. Kontrazeptionstherapie (Ovosiston). Zustand nach Strahlentherapie wegen Carcinoma vulvae vor 3 J.

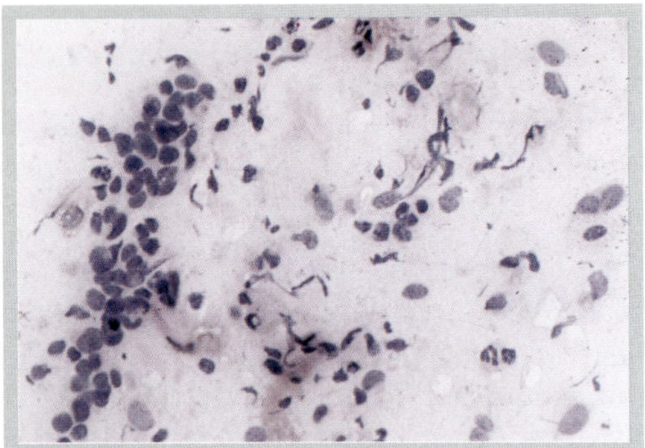

Abb. 5.2 Färb.: PAS-Reaktion; Vergr.: 132 x
Laterale Vaginalwand: Atypische Zellkerne als sog. Nacktkernige diffus verstreut und straßenförmig konzentriert. *Schieferblaue Kerne,* vereinzelt Kernvakuolen, insgesamt wabenförmige Struktur und mäßige Polymorphie. Hier keine radiogenen Veränderungen, deshalb eher neu gewachsene atypische Zellen (Pap. Gr. V), z. Z. der Zytol.: 1 J. 9 Mon. nach Strahlentherapie. Gyn.: dringender *Verdacht auf Tumor.* Kolp.: glasiges Gewebe in der Vagina.
Alter: 56 J. PT-Diagn.: Carcinoma corporis uteri ($T_2N_0M_0$). *Histol.*: Endometrium: anepidermoides Plattenepithelkarzinom. Später Carcinoma vulvae. *Histol.*: gemischtzelliges Karzinom.
Ther.: Hysterektomie nach *Wertheim*. 8 J. danach: Rezidivtumor an vaginaler Abschlußnarbe. Biaxiale Telekobaltpendelbestrahlung kleines Becken ED 200 cGy, GD 5000 cGy HD (100%-Isodose) Split course technique: 3 Wochen Pause.
3 Mon. danach wegen Vulva-Karzinom Stehfeldbestrahlung der Vulva: Betatron schnelle Elektronen 15,6 MeV ED 200 cGy, GD 3600 cGy HD. 3 Mon. nach letzter Bestrahlung Rezidivtumor, deshalb Vulvektomie.

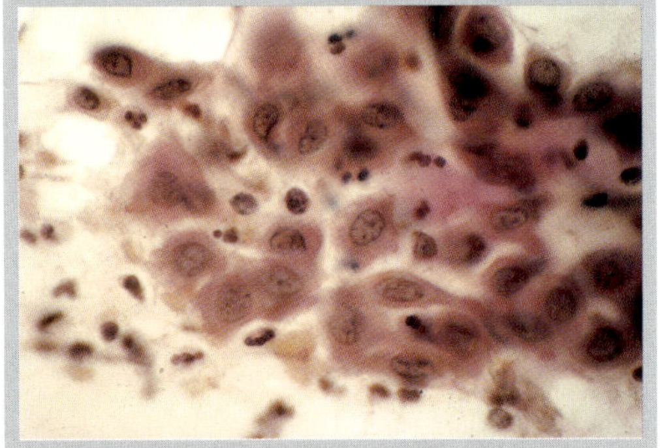

Abb. 5.3 Färb.: PAS-Reaktion; Vergr.: 200 x
Vagina lateral: Komplex aus dichtgelagerten, z. T. miteinander verschmolzenen atypischen Epithelien. Unterschiede von Größe und Form der Zellkerne. Auffällig filigrane Struktur der Kerne bei betonter Zellmembran, aber *keine schieferblauen Kerne.* Rötlich dargestellte mukoide Zwischensubstanzen. Vereinzelte Zytoplasmaausläufer (bei Pap. Gr. V), z. Z. der Zytol.: 6 Mon. nach Strahlentherapie. Gyn.-Kolp.: Atrophie und Gefäßvermehrung. Krankheitsverlauf: 4 J. später kein Tumorrezidiv, d. h. zytol. Fehlbeurteilung, weil nur postradiogene Veränderungen (das negative Schieferblau wurde leider nicht berücksichtigt).
Alter: 32 J. PT-Diagn.: Carcinoma vaginae ($T_1N_0M_0$). *Histol.*: nichtverhornendes Plattenepithelkarzinom.
Ther. bis zur Zytol.: Betatron ultraharte Röntgenstrahlen 43 MV Stehfeldbestrahlung Unterbauch- und Gesäßfeld alt. ED 200 cGy, GD 4800 cGy HD. 1 Mon. danach: ^{60}Co-Vaginal-Moulagen 10 Applikationen ED 400 cGy bis 4000 cGy GOD.

Abb. 5.4 Färb.: PAS-Reaktion; Vergr.: 138 x
Kleine Zellgruppe mit Atypien. Grobkörnige *schieferblaue Granulierung der Zellkerne* (bei Pap. Gr. IV), z. Z. der Zytol.: bisher ohne Therapie.
Alter: 36 J. Klin. Daten: Dringender Verdacht auf Karzinom im Portio-Zervixbereich. *Histol.*-Diagn. des Konisationspräparates: dringend tumorverdächtige, gesteigert *atypische Hyperplasie.*

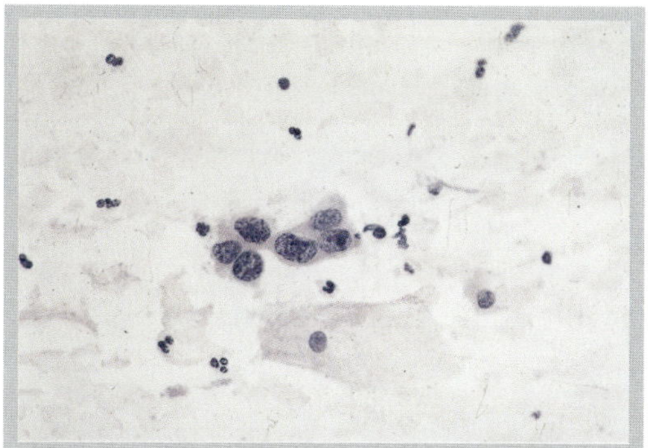

Abb. 5.5 Färb.: PAS-Reaktion; Vergr.: 200 x
Im Blickfeld: 3 atypische Zellen mit monströsen Kernen und von feingranulärer wolkiger Struktur sowie *schieferblauer Farbe der Zellkerne* (Pap. Gr. V), z. Z. der Zytol. bisher ohne Therapie.
Alter: 40 J. Klin. Daten: suspekter Befund an der Portio, Gefäßatypien und Umwandlungszone. 1 Mon. später Portiokonisation. *Histol.*: *Plattenepithelkarzinom.*

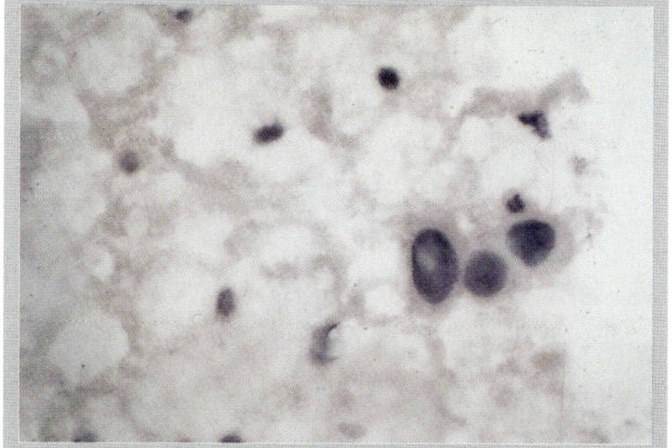

Abb. 5.6 Färb.: PAS-Reaktion; Vergr.: 220 x
Zentral stark atypische Zellen mit *schieferblauer Tönung der Kernstruktur.* Auffallend ungleichförmig grobkörniges Chromatingerüst mit Zytoplasmaverlust (bei Pap. Gr. V).
Es ergibt sich ein Blickfang gegenüber den kontrastreichen angrenzenden Epithelien, die reichlich PAS-positive Substanzen enthalten.
Tumorrezidiv eines operierten, unbestrahlten Zervixkarzinoms.

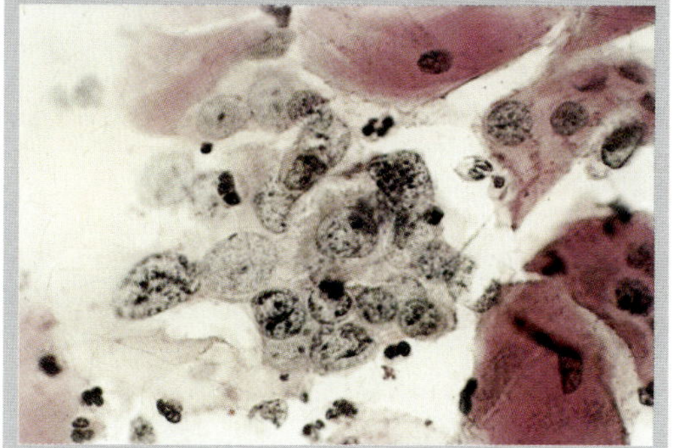

Abb. 5.7 Färb.: **a)** Pap.; **b)** PAS-Reaktion; Vergr.: 220 x
a) Konglomerat aus atypischen Zellen mit Kernhyperchromatose, Kernschwellung. Partiell pathologische Kern-Plasma-Relation.
b) PAS-positive Substanzen im Zytoplasma. Zellkerne grobgranulär verändert, *angedeutet* sog. *schieferblaue Tönung* der *Zellkerne* (Pap. Gr. IV).
Zustand nach Operation eines Zervixkarzinoms, z. Z. während Strahlentherapie wegen eines *Tumorrezidivs.*

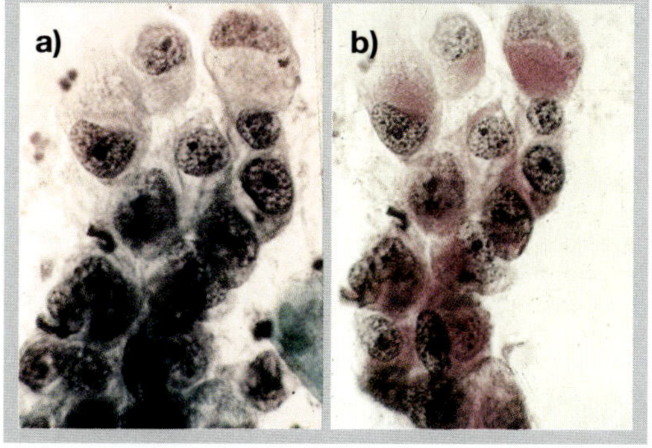

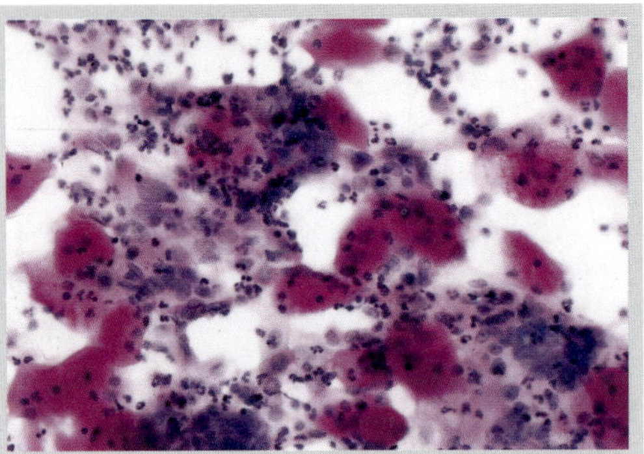

Abb. 5.8 Färb.: PAS-Reaktion; Vergr.: 100 x
Herdförmige Einlagerung neutraler Mucopolysaccharide im Zytoplasma normaler Epithelien. Dazwischen Leukozyten und abnorme Zellen mit nur *mäßig lividen Kernen* bei geringer Polymorphie und aufgelockerter Struktur (Pap. Gr. III), z. Z. der Zytol.: 6 Mon. nach Strahlentherapie. Gyn.: *kein Tumorrezidiv.* Kolp.: infolge von Verklebungen nicht beurteilbar.
Alter: 69 J. PT-Diagn.: Carcinoma cervicis uteri ($T_{1b}N_0M_0$). *Histol.*: mittelreifes Plattenepithelkarzinom.
Ther.: Kontakttherapie ^{137}Cs-Einlagen 2 x in 3wöchentlichem Abstand – großer Stift-große Platte bis 3000 cGy bzw. 2000 cGy GOD. Aufsättigung der Parametrien: ^{60}Co-Stehfeldbestrahlung Unterbauch- und Gesäßfeld alt. ED 180 cGy, GD 4600 cGy HD (Abdeckung Kontakttherapiegebiet mit Pb-Block).

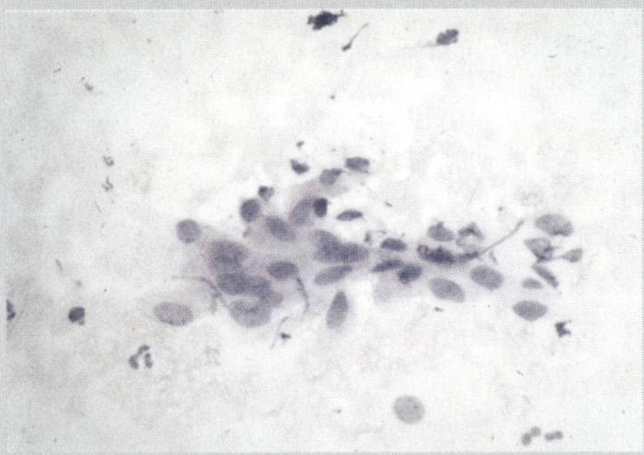

Abb. 5.9 Färb.: PAS-Reaktion; Vergr.: 126 x
Anhäufung atypischer Zellen mit Kernschwellung, mäßiger Polymorphie, feingranulärer Kernstruktur und *bläulicher Farbe der Kerne* (Pap. Gr. IV), z. Z. der Zytol.: 8 Mon. nach Abschluß der Strahlentherapie. Jetzt Kolp.: starke Vaskularisation, *tumorrezidivverdächtig. Histol.* Klärung erforderlich.
Alter: 72 J. PT-Diagn.: Carcinoma cervicis uteri Stad. ($T_4N_0M_1$). *Histol.*: nichtverhornendes Plattenepithelkarzinom.
Ther.: Biaxiale Telekobaltpendelbestrahlung ED 200 cGy, GD 4800 cGy HD (100%-Isodose).

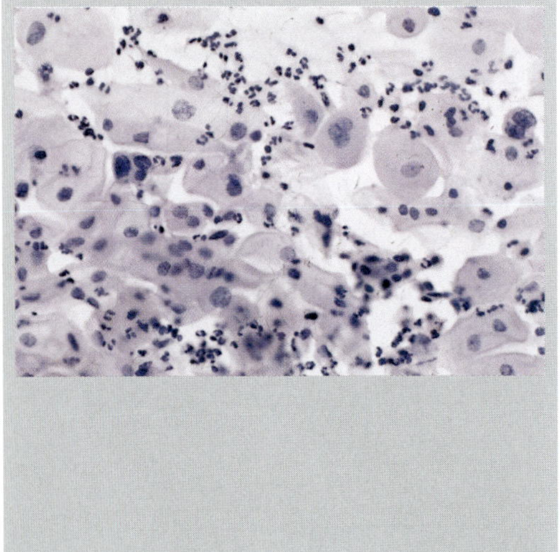

Abb. 5.10 Färb.: PAS-Reaktion; Vergr.: 100 x
Vaginale Hinterwand: Zwischen unauffälligen Epithelien und Leukozyten vereinzelt bzw. kleine Grüppchen atypischer Zellen mit körnigem Chromatingerüst und *schieferblauer Farbe der Zellkerne* (bei Pap. Gr. V), z. Z. der Zytol.: 1 J. 2 Mon. nach Strahlentherapie. Gyn.-Kolp.: tumorverdächtige Gefäßzeichnung und glasiges Gewebe am Vaginalstumpf (4 Mon. vor Zytol.: *PE. Histol.*: nichtverhornendes Plattenepithelkarzinom – später Tumorprogression).
Alter: 71 J. PT-Diagn.: Carcinoma cervicis uteri ($T_{1b}N_0M_0$). *Histol.*: nichtverhornendes Plattenepithelkarzinom.
Ther.: Vaginale Radikaloperation nach *Schauta-Stöckel* ohne Adnexe. Bestrahlung: Biaxiale Telekobaltpendelbestrahlung kleines Becken ED 200 cGy, GD 6400 cGy HD (100%-Isodose) Split course technique: 4 Wochen Pause. 16 J. danach: Rezidiv am Vaginalstumpf. Ther.: ^{60}Co-Vaginal-Moulagen ED 400 cGy bis 4000 cGy GOD.

a) b)

Abb. 5.11 Färb.: **a)** Pap.; **b)** PAS-Reaktion; Vergr.: 138 x
a) Zahlreiche Erythrozyten und zwei abnorme Epithelien mit Kernschwellung bei noch normaler Kern-Plasma-Relation.
b) Nach PAS-Reaktion betontes Chromatingerüst. Erythrozyten nur noch schattenhaft angedeutet, also visuell nicht mehr störend. Vermutlich durch die Perjodsäure verändert (s. Methodik), (Pap. Gr. III).
Alter: 53 J. Zustand nach Strahlentherapie vor 2 J. wegen Carcinoma cervicis uteri.

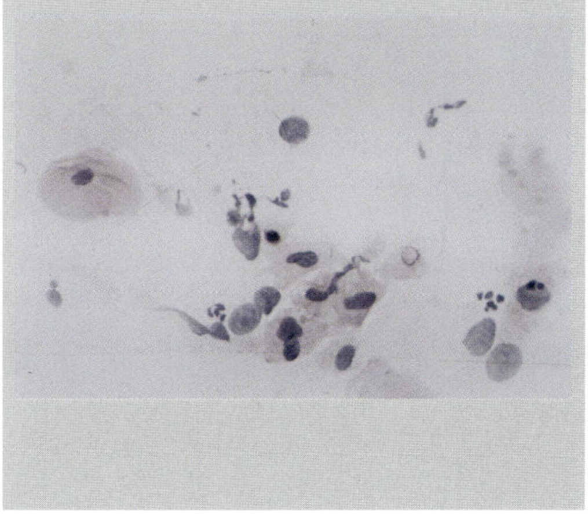

Abb. 5.12 Färb.: PAS-Reaktion; Vergr.: 132 x
Eine unveränderte Superfizialzelle. Mehrere sog. Nacktkernige mit deutlicher Schwellung. Etwas deformierte Kerne mit zarten Plasmaanteilen. *Keine typischen schieferblauen Zellkerne* im vorliegenden Präparat (Pap. Gr. III), z. Z. der Zytol.: 14 J. 5 Mon. nach Strahlentherapie. Gyn.: kein Tumornachweis. Kolp.: verletzliches Epithel (5 Mon. danach PE, *histol.*: verhornendes Plattenepithelkarzinom-Rezidiv).
Alter: 55 J. PT-Diagn.: Carcinoma cervicis uteri ($T_2N_0M_0$). *Histol.*: Plattenepithelkarzinom.
Ther.: Biaxiale Telekobaltpendelbestrahlung kleines Becken ED 170 cGy, GD 5950 cGy HD (100%-Isodose) Split course technique: 4 Wochen Pause.

Literatur

Gomori, G.: Die Anwendung der PAS-Technik im pathologischen Labor. Amer. J. Clin. Path. 25 (1955) 1336.

Hoppe (Wolfram), E.: E. Wegewitz, E. Herold: Praxisbezogene Versuche zur Präzisionsdiagnostik in der Gynäko-Zytologie. Archiv Geschwulstforschung. Bd. 47, H. 5 (1977) 462–472.

Hoppe, E.: Methodische Modifikationen zur Erhöhung der Aussagefähigkeit der onkologischen Zytodiagnostik. Habilitationsschrift, Humboldt-Universität zu Berlin (Charité) (1978).

Runge, H., H. Ebner, W. Lindenschmidt: Vorzüge der kombinierten Alcianblau-Perjodsäure-Schiff-Reaktion für die gynäkologische Histopathologie. Dtsch. med. Wschr., 38 (1956) 1525.

Weiterführende Literatur

Ebner, H.: Zytotopochemie, Möglichkeiten und Grenzen der Anwendung histochemischer Reaktionen in der Zytologie. In: Gynäkologische Zytologie von H. Runge, Verlag Theodor Steinkopff, Dresden und Leipzig (1954) 77.

6 Zytodiagnostik aus Aspirationsbiopsien pathologischer Resistenzen mit Verdacht auf Tumorrezidive oder Metastasen – ohne bildgebende Lokalisationshilfen – bei Zustand nach Radiatio

Informative oder richtungsweisende zytologische Befunde aus bestrahlten Regionen bei erneut aufgetretenen tumorverdächtigen palpablen Resistenzen sind auch ohne Lokalisationshilfen, wie US und CT, allein durch Nadelaspirate zu gewinnen. Die Kenntnis der bereits erwähnten Parameter, wie z. B. Therapieart, laufende Therapie oder Zeitintervall zwischen Therapieabschluß und Materialgewinnung bzw. histologischer Typ des Primärtumors sind Voraussetzungen für eine exakte zytodiagnostische Beurteilung der Aspirate. Bestehen Zweifel bei der Zellspezifizierung, dann sind weitere Punktionen ambulant und ohne Narkose möglich und für die Patienten zumutbar.

Bei zytodiagnostischen Unklarheiten ist als Ergänzung eine Exstirpation mit histologischer Klärung erforderlich, allerdings in Abhängigkeit von der Lokalisation. Sind bei der Aspirationsbiopsie kleine Gewebsbröckel zu gewinnen, dann sollten diese unbedingt als Mini-Histologie verarbeitet werden (W.H. Kern et al. 1986). Radiogen bedingte oder durch Chemotherapie entstandene Zellveränderungen in Ausstrichen von

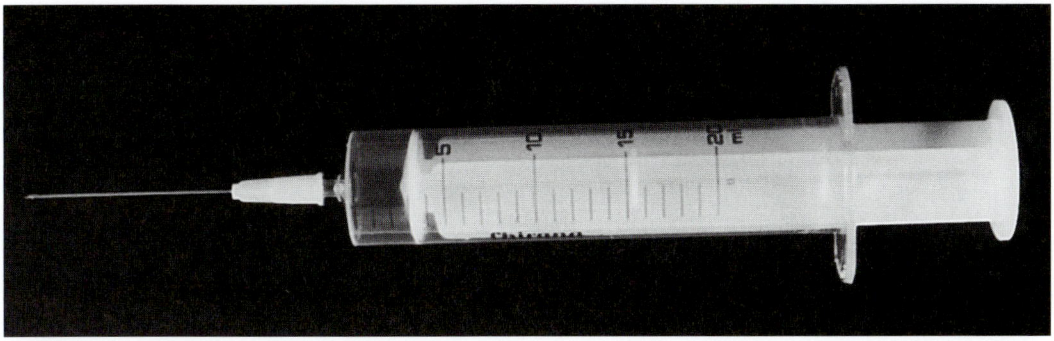

Abb. 6.I Plastespritze (20 ml) ohne Halterung. Erläuterungen dazu siehe Kapitel Methodik.

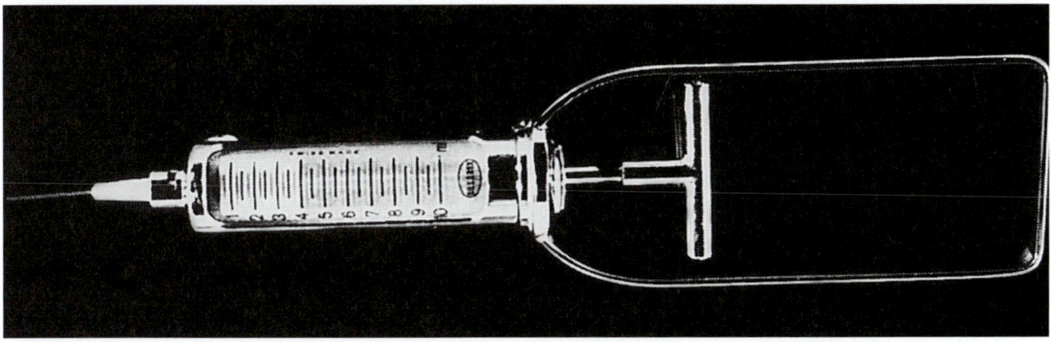

Abb. 6.II Franzèn-Spritze (Originalbesteck). Erläuterungen dazu siehe Kapitel Methodik.

Aspiraten entsprechen gleichartigen Veränderungen von Abstrichpräparaten aus der gynäkologischen Region. Demzufolge sind auch färbetechnische Hilfsmittel gleichgeartet. Das betrifft z. B. die Färbung nach Papanicolaou, bei der Tumorzellen mit orangefarbenem Zytoplasma auf Verhornung hinweisen und beim *verhornenden* Plattenepithelkarzinom als Primärtumortyp auch nach Strahlentherapie noch spezifizierbar sind.

Ein weiterer zytodiagnostischer Hilfsfaktor ist durch die PAS-Reaktion gegeben. Die sog. *schieferblauen Zellkerne* ermöglichen mit größter Wahrscheinlichkeit auch an diesem Material eine weitgehende Spezifizierung hinsichtlich der Malignität. Schwierigkeiten bei der Zellbeurteilung bestehen allerdings dann, wenn das Aspirat aus Nekrosebezirken oder aus Granulationsgewebe, nach Therapieeinwirkung in diesem Bereich, gewonnen wurde und reaktiv bedingte Zellabnormitäten oder Pseudoatypien u. U. falsch interpretiert werden können. Ein Mangel an ausreichend gut erhaltenen epithelialen Zellen oder ein Fehlen derselben ist bekanntlich bei Strahlenfibrose festzustellen, woraus die Pap. Gr. 0 resultiert. In solchen Fällen erübrigt sich eine zytodiagnostische Aussage.

Der zytologische Befund einschließlich entsprechender Merkmale und Spezifitäten wurde grundsätzlich deskriptiv erhoben, mit anschließender Diagnose. Als untergeordnete Ergänzung erfolgte die Zuordnung zur Gruppe nach Papanicolaou (Pap. Gr. 0 – V). Diese Verfahrensweise ist praxisrelevant und zwingt den Zytodiagnostiker zu einer wiederholten Überprüfung des Befundes. Außerdem erweist sich diese Kategorisierung als nützlich für spätere wissenschaftliche Studien mit Signifikanzberechnungen. Gleichzeitig ergibt sich eine platzsparende schnelle Übersicht bei der Registratur.

Zur Ermittlung mehrerer bisher wenig beachteter Fakten erschien eine detaillierte Analyse wissenswert, deren differente Daten und Korrelationen aus den entsprechenden graphischen Darstellungen ersichtlich sind.

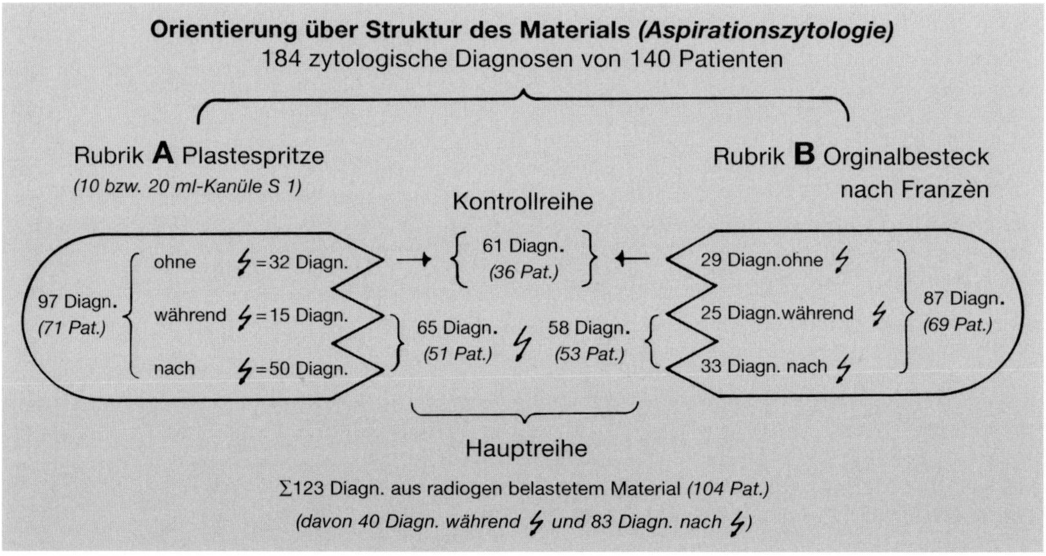

Abb. 6.III Diese Darstellung vermittelt einen *Überblick* über die *Zusammensetzung* des *Materials* bei Berücksichtigung der Verwendung von zwei Spritzenmodellen mit Unterteilung in Rubrik A mit Plastespritze und Rubrik B mit Franzèn-Spritze. Gleichzeitig sind die zytologischen Diagnosen jeweils zugeordnet worden, auch bei Berücksichtigung des zeitlichen Ablaufes der Strahlentherapie. Eine Kontrollreihe zur Signifikanzberechnung entstand beiderseits aus dem Zustand ohne/vor Bestrahlung. Die *Hauptreihe* umfaßt jeweils den Zustand während und nach Radiatio. Die 123 zytologischen Diagnosen resultieren aus Mehrfachuntersuchungen von 104 Patienten.

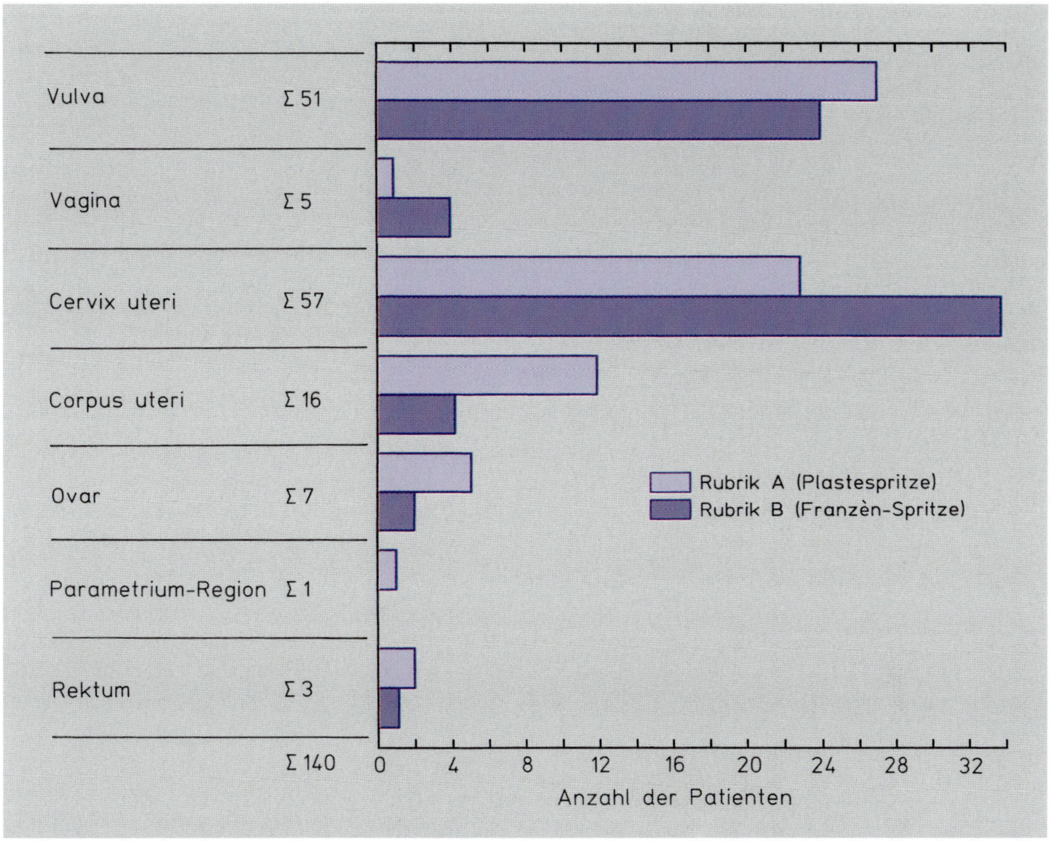

Abb. 6.IV Lokalisation des Primärtumors (140 Patienten). Diese Graphik orientiert über die unterschiedliche Lokalisation der Primärtumoren, wobei gleichzeitig dieser Bereich zum Spritzenmodell (waagerechte Säulen) sowie zur Anzahl der Patienten in Beziehung gesetzt wurde.

Das gesamte überprüfte Material umfaßt 184 zytologische Diagnosen (z. T. Mehrfachuntersuchungen) von 140 Patienten. Das Alter der jüngsten Patientin beträgt 24 Jahre (Ovarialkarzinom), das der ältesten 85 Jahre (Vulvakarzinom). Der Altersdurchschnitt liegt bei 66 Jahren und 6 Monaten.

Die Tumorstadien umfassen sämtliche Varianten. Die klinischen Verlaufskontrollen beziehen sich im Durchschnitt auf 10 Monate 13 Tage (minimal 7 Tage und maximal 1 Jahr 8 Monate). Die im Detail erhobenen Resultate erlauben eine Widerspiegelung vielfältiger diagnostischer Situationen sowie deren klinische und paraklinische Parameter. Daraus ist ersichtlich, daß bei einer zytologischen Diagnosestellung die zu beachtenden Faktoren multidisziplinär bedingt sind. Hinsichtlich vielfältiger Korrelationen, auch in Hinblick auf die beiden Spritzenmodelle, wurden Signifikanzberechnungen durchgeführt (Abb. 6.I-6.XI).

Mathematisch statistisch ergeben sich mittels des *Chi-Quadrat-Testes* bei einer Irrtumswahrscheinlichkeit von $\alpha = 5\%$ folgende Resultate:

1. In bezug auf die *Häufigkeit zytologischer Diagnosegruppen* nach Papanicolaou bei Methode A (Plastespritze) und Methode B (Franzèn-Spritze) sowie vor, während und nach Strahlentherapie resultieren keine signifikanten Unterschiede.
2. Hinsichtlich der *Zeitspanne* zwischen Abschluß der Strahlentherapie und Datum der Materialgewinnung ergeben sich ebenfalls keine signifikanten Unterschiede.

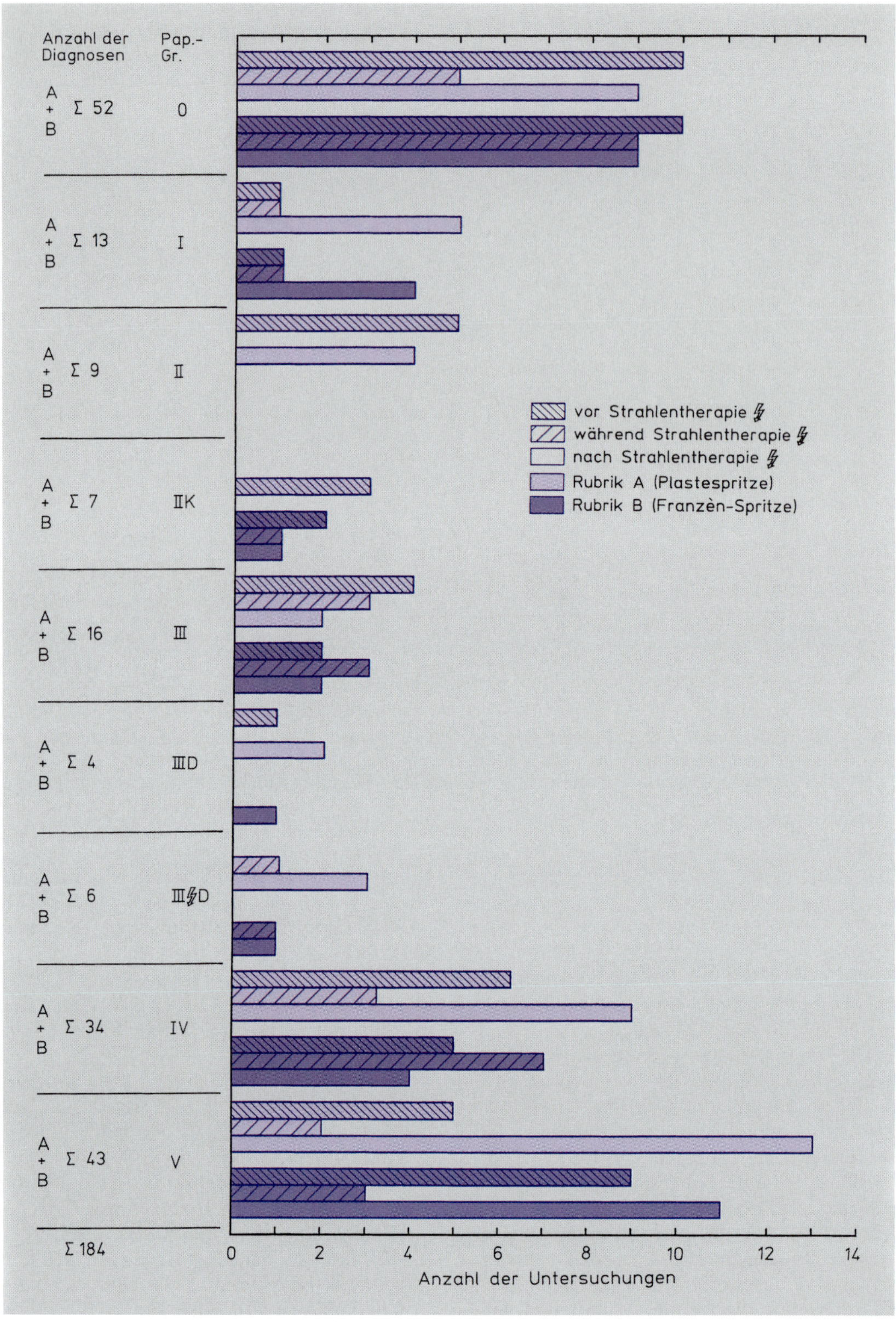
Anzahl der Diagnosen
Pap.-Gr.
A + B Σ 52
0
A + B Σ 13
I
A + B Σ 9
II
A + B Σ 7
IIK
A + B Σ 16
III
A + B Σ 4
IIID
A + B Σ 6
III↯D
A + B Σ 34
IV
A + B Σ 43
V
Σ 184
0
2
4
6
8
10
12
14
Anzahl der Untersuchungen
vor Strahlentherapie ↯
während Strahlentherapie ↯
nach Strahlentherapie ↯
Rubrik A (Plastespritze)
Rubrik B (Franzèn-Spritze)

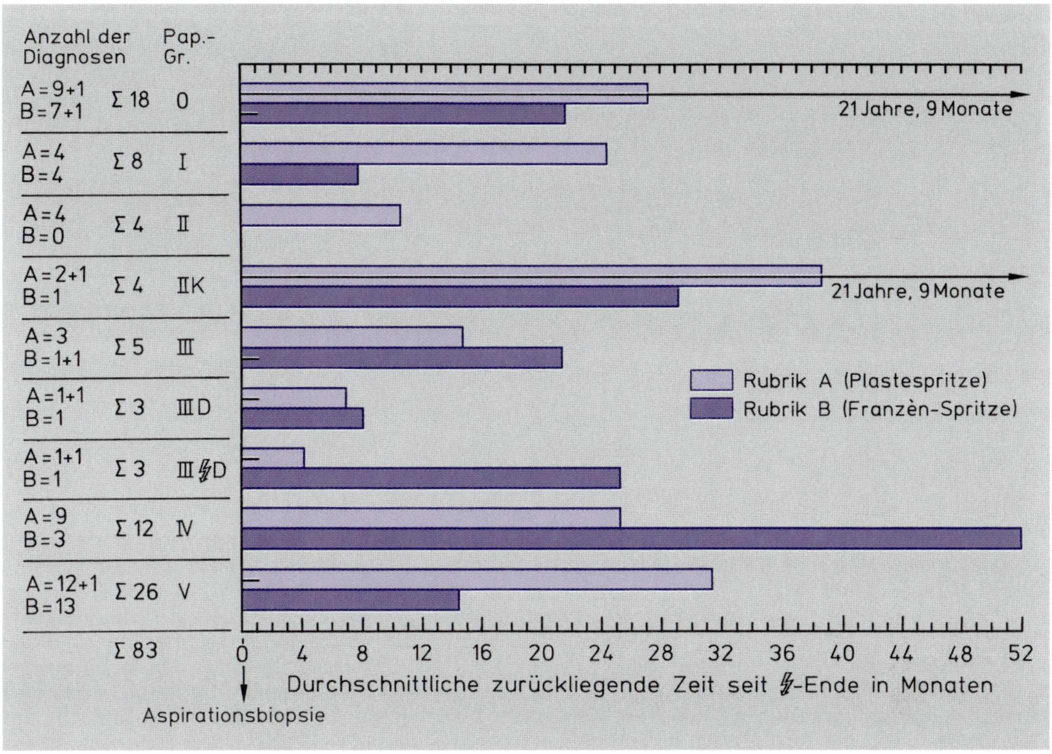

Abb. 6.VI Durchschnittliche zurückliegende Zeitspanne zwischen Abschluß der Strahlentherapie und Aspirationsbiopsie – Zytologische Diagnosen (Papanicolaou-Gruppen aus radiogen belastetem Material, (83 Diagn. nach Strahlentherapie). Das durchschnittlich zurückliegende *Zeitintervall* zwischen Strahlentherapieabschluß und Zeitpunkt der Aspirationsbiopsie wurde als Säulendiagramm dargestellt. Ausgewählt sind nur Fälle *nach Bestrahlung*. Andere Situationen wie vor oder während Therapie bleiben hierbei unberücksichtigt. Daraus ergibt sich eine umfassende Information über den temporären Zustand in bezug auf die Therapie. Die Gruppen nach Papanicolaou sowie die Anzahl der Fälle wurden als senkrechte Kolumne zu den waagerechten Säulen in Relation gesetzt.

3. Außerdem waren hinsichtlich der *Lokalisation der Punktion* zwischen Methode A und B sowie der zeitlichen Situation zur Strahlentherapie keine signifikanten Unterschiede festzustellen.
4. Bei der Materialgewinnung durch die zwei verschiedenen „Spritzenmodelle" gab es bezüglich der *zytologischen Diagnosen* keine signifikanten Unterschiede.
5. Bei einer begrenzten Anzahl von Fällen, bei denen nach der zytologischen Diagnostik zur weiteren Klärung eine *histologische* Untersuchung erfolgte, gab es durch die Histologie mehr richtige Resultate als

◄ **Abb. 6.V Gegenüberstellung der zytologischen Diagnosen** (Papanicolaou-Gruppen) **zur Strahlentherapie.** Von Interesse sind die zytologischen Diagnosen in Form von Pap. Gruppen (seitliche Kolumne li. bei Aufsicht) in Beziehung zur unterschiedlichen Situation der Strahlentherapie (vor – während – nach) als waagerechtes Säulendiagramm. In der gegenüberliegenden randständigen Kolumne re. ist die Anwendung der beiden Spritzenmodelle (Rubrik A und B) sowie die Anzahl der zytologischen Diagnosen in Korrelation gebracht worden. Beide Aspirationsmethoden wurden bei den verschiedenen strahlentherapeutischen Situationen angewandt.

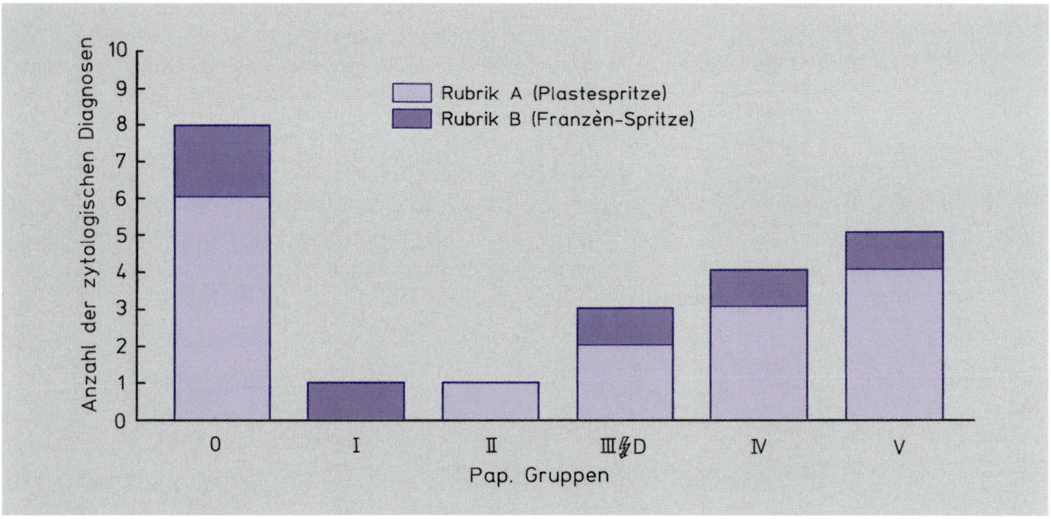

Abb. 6.VII Beziehungen zwischen klinischen Tumorrezidiven bzw. -progressionen und Aspirationszytologie – Befund. (Klin. Beobachtungszeit = minimal 7 Tage und maximal 1 Jahr 8 Monate, Mittelwert = 10 Monate 13 Tage) 22 zytol. Diagnosen (17 Pat.) von 184 Diagnosen-Gesamtmaterial. *Tumorrezidive bzw. -progressionen* gab es im vorliegenden Material zum Zeitpunkt der Auswertung bei 17 Patienten mit 22 zytologischen Diagnosen (dabei Mehrfachuntersuchungen) aus Aspirationsbiopsien. Die klinische Beobachtungszeit mit einem Mittelwert von 10 Mon. 13 Tg. nach Therapieende erlaubt eine gewisse Aussage. Die Resultate nach Verwendung beider Spritzenarten werden verglichen. Auffällig ist, daß bei der Aspiration mit der Plastespritze (Rubrik A) die Anzahl nicht auswertbarer Materialien (Pap. Gr. 0) größer ist als bei Anwendung der Franzèn-Spritze (Rubrik B). Dabei muß allerdings der sog. Fehler der kleinen Zahl berücksichtigt werden. Eine weitere Erklärung dafür könnte eine stärker ausgeprägte Strahlenfibrose sein, wobei Zellen erschwert zu gewinnen sind. Daß die Materialgewinnung mittels der Plastespritze auch ohne Halterungsmechanismus bei Tumorrezidiven erfolgreich sein kann, ergibt sich durch den Nachweis verdächtiger bzw. sicherer Tumorzellen der Pap. Gruppen IV und V.

mittels der Zytologie. Dieser Unterschied ist signifikant. Durch den klinischen Krankheitsverlauf (Status progressus) erwiesen sich allerdings 5 Histologien als falsch negativ. Verantwortlich dafür sind u. U. Fibrosebezirke, bzw. nur erfaßte periphere Randpartien oder erst spätere Tumorprogressionen. Auch therapiebedingte Faktoren sind einzubeziehen (M. Haberich 1979). Bezogen auf die zytologische Aussagekraft ergibt sich als Resumé, daß die Trefferquote der Aspirationszytologie *aus bestrahlten Regionen* unseres Materials nicht beeindruckend hoch ist, was durch die radiogene Belastung mit reaktiv bedingten oft schwer verifizierbaren Zellabnormitäten erklärbar sein dürfte (N. Einhorn and Zajicek 1978). Es sind jedoch auch gegenteilige Ergebnisse bekannt (A.T. Mariarty et al. 1986).

Abb. 6.VIII Übersicht zur Lokalisation der Aspirationsbiopsie in bezug auf die Strahlentherapie. In dieser graphischen Darstellung ist derjenige Bezirk ausgewiesen, aus dem die Aspirationsbiopsien erfolgten. Außer Regionen des gynäkologischen Bereiches wurden auch Punktate aus pathologischen Resistenzen extragenitaler Lokalisationen untersucht. Hierbei bestand der Verdacht auf Metastasen gynäkologischer Primärtumoren. Gleichzeitig ist die Anzahl der Aspirate ersichtlich, die vor – während – nach Bestrahlung gewonnen wurden. Dabei zeigt sich, daß jede dieser Therapiephasen vorkommt. Weiterhin sind diese zeitlichen Abläufe hinsichtlich der Therapie den Methoden von Rubrik A (Plastespritze) als auch Rubrik B (Franzèn-Spritze) zugeordnet. Die Anzahl der Fälle (zytologische Diagnosen) ist aus der entsprechenden randständigen Sparte ersichtlich. ▶

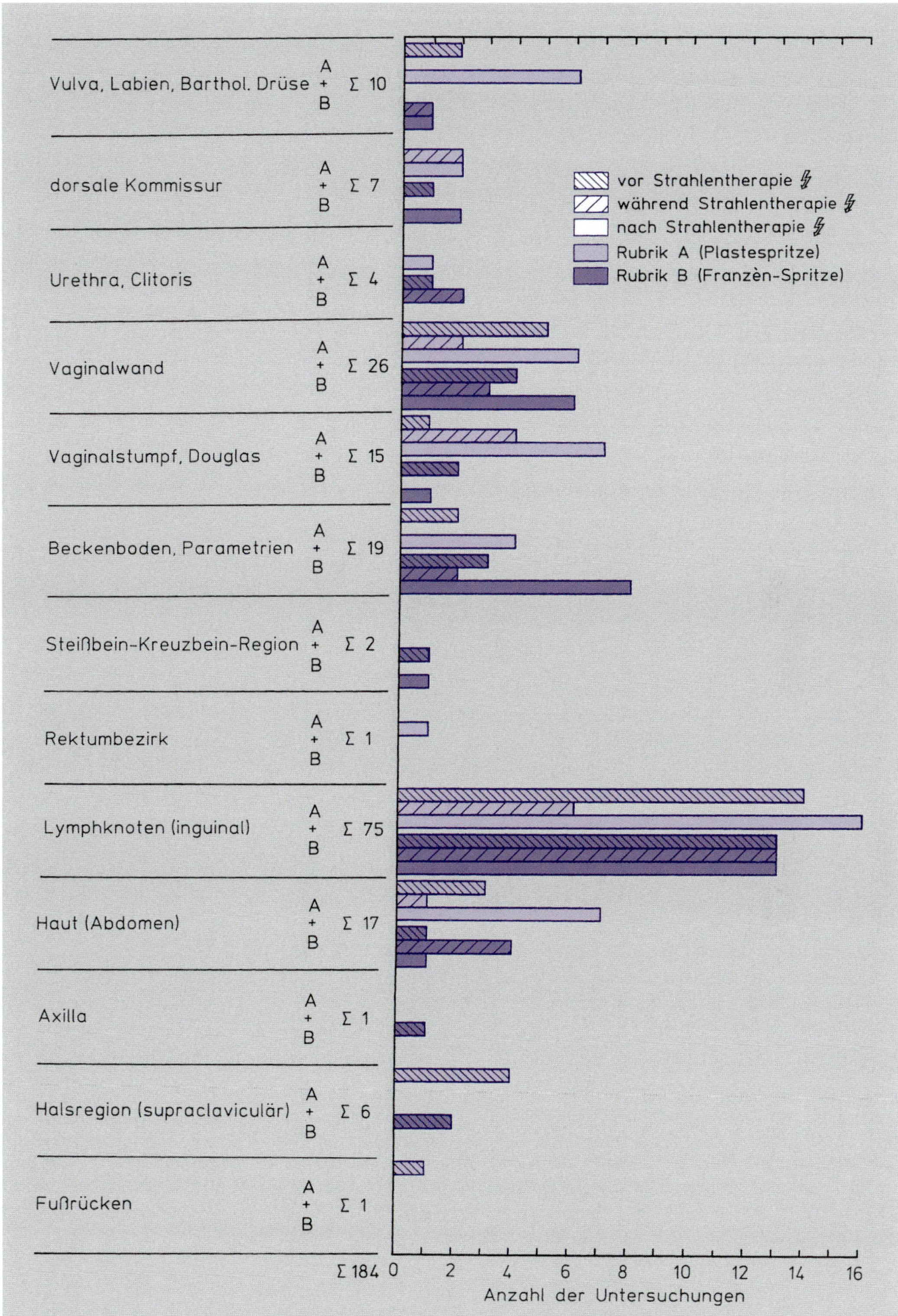
Vulva, Labien, Barthol. Drüse A + B Σ 10
dorsale Kommissur A + B Σ 7
Urethra, Clitoris A + B Σ 4
Vaginalwand A + B Σ 26
Vaginalstumpf, Douglas A + B Σ 15
Beckenboden, Parametrien A + B Σ 19
Steißbein-Kreuzbein-Region A + B Σ 2
Rektumbezirk A + B Σ 1
Lymphknoten (inguinal) A + B Σ 75
Haut (Abdomen) A + B Σ 17
Axilla A + B Σ 1
Halsregion (supraclaviculär) A + B Σ 6
Fußrücken A + B Σ 1
Σ 184
0 2 4 6 8 10 12 14 16
Anzahl der Untersuchungen
vor Strahlentherapie
während Strahlentherapie
nach Strahlentherapie
Rubrik A (Plastespritze)
Rubrik B (Franzèn-Spritze)

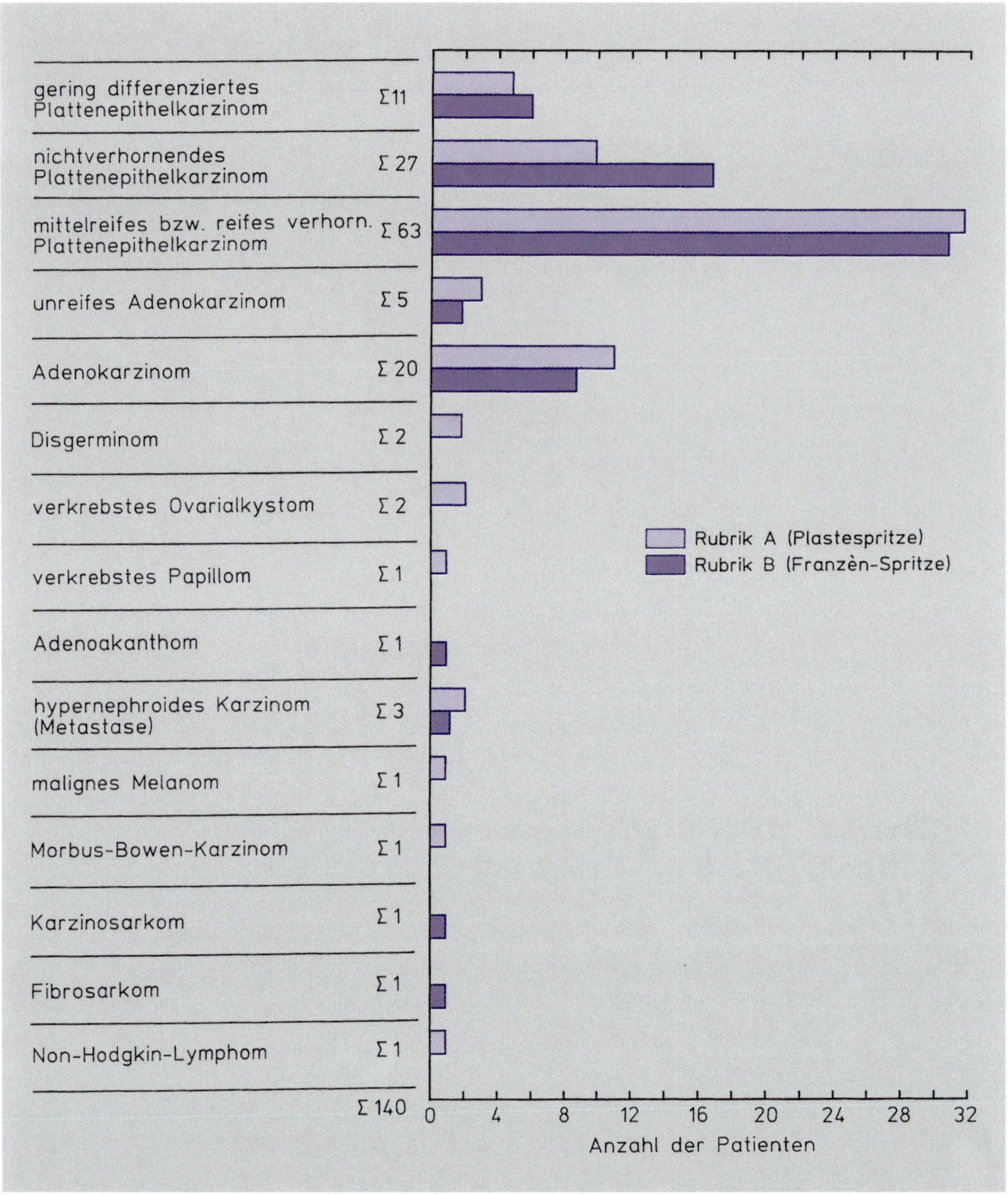

Abb. 6.IX Histologische Tumortypen (Primärtumoren) **von 140 Patienten.** Vorliegende Übersicht zeigt den histologischen Typ des Primärtumors aus dem gynäkologischen Bereich. Außerdem sind histologische Diagnosen von einigen extragenitalen Primärtumoren einbezogen worden, weil pathologische Resistenzen im Rahmen gynäkologischer Untersuchungen punktiert wurden. Die Anzahl der Aspirate mittels Plastespritze (Rubrik A) sowie mittels Franzèn-Spritze (Rubrik B) sind parallel als Säulen in unterschiedlicher Farbe dargestellt. Randständig ist die Anzahl der Patienten zum histologischen Tumortyp in Beziehung gesetzt worden.

Rubrik **A** (Plastespritze)	Rubrik **B** (Franzèn-Spritze)
29 zytolog. Diagn. *(**ohne** Pap.- Gr. 0 = **22 Diagn.**)*	12 zytolog. Diagn. *(**ohne** Pap.- Gr. 0 = **11 Diagn.**)*
↓ ↓	↓ ↓
12 richtig pos. bzw. neg. = 41,4 % ***(54,5 %)***	8 richtig pos. bzw. neg. = 66,7 % ***(72,7 %)***
10 falsch pos. bzw. neg. = 34,5 % ***(45,4 %)***	3 falsch pos. bzw. neg. = 25,0 % ***(27,3 %)***
7 keine Diagn., Pap.- Gr. 0 = 24,1 % ***(–)***	1 keine Diagn., Pap.- Gr. 0 = 8,3 % ***(–)***

Resultat:

Rubrik **A** = 25,3 % *(18,2 %)* } weniger zytolog. richtige Diagnosen als Rubrik **B**

Rubrik **A** = 9,5 % *(18,1 %)* } mehr zytolog. falsche Diagnosen als Rubrik **B**

Abb. 6.X Unterschiede der zytologischen Treffsicherheit *(zu Histologie und klinischem Verlauf)* zwischen beiden Aspirationsmethoden. Die parallele Darstellung der Rubrik A (Plastespritze) und Rubrik B (Franzèn-Spritze) erlaubt einen Vergleich beider Punktionsmethoden einerseits und andererseits einen Vergleich der Korrelation zum histologischen Ergebnis und klinischen Verlauf. Aus diesen Zusatzbefunden resultiert die zytologische Treffsicherheit. Die Gruppe, bei der diese Ermittlungen getroffen werden konnten, ist relativ klein und verringert sich noch durch Abzug der Pap. Gr. 0 bei nicht auswertbarem Material. Korrelationen konnten nur von denjenigen Fällen ermittelt werden, bei denen zur exakten zytologischen Klärung anschließend Probeexzisionen oder Exstripationen mit histologischen Untersuchungen erfolgten. Das betrifft somit nur die zytologischen Diagnosen mit Tumorzellverdacht oder nahezu sicheren Tumorzellen (Pap. Gr. IV und V). Die richtig positiven und richtig negativen zytologischen Diagnosen sowie die falsch positiven und falsch negativen Befunde sind nach Rubrik A und B getrennt und somit zueinander vergleichbar.
Unter gewissem Vorbehalt ist es wahrscheinlich, daß sich bei Verwendung der Franzèn-Spritze etwas bessere Resultate ergeben, was möglicherweise mit einer stärkeren Sogwirkung erklärbar sein könnte.

Damit ist bewiesen, daß bei dieser Spezies der Zytodiagnostik eindeutig ein erhöhter Schwierigkeitsgrad besteht. Trotzdem erscheint die zytologische Beurteilung von Nadelaspiraten sinnvoll und nützlich. Generelle Exstirpationen pathologischer Resistenzen aus radiogen belasteten Bereichen sollten allerdings nur unter gewissem Vorbehalt erfolgen. Aus der Praxis ist bekannt, daß in bestrahlten Bezirken u. U. eine gesteigerte Blutungsneigung durch sklerosierte Gefäßwände besteht und möglicherweise auch eine verminderte Heilungstendenz infolge einer Strahlenfibrose zu verzeichnen ist. Bei diagnostischen Problemfällen und bei entsprechender klinischer Indikation sollte allerdings trotzdem eine zusätzliche histologische Diagnostik erfolgen.

Durch die Vorzüge der Aspirationszytologie, welche schonend, primär ambulant anzuwenden und mehrfach wiederholbar ist, können operative Maßnahmen weitestgehend eingeschränkt werden. Eine der Histologie vorgeschaltete Zytodiagnostik ist demzufolge empfehlenswert, trotz gewisser Einschränkungen bei der Beurteilung nach verabfolgter Radiatio.

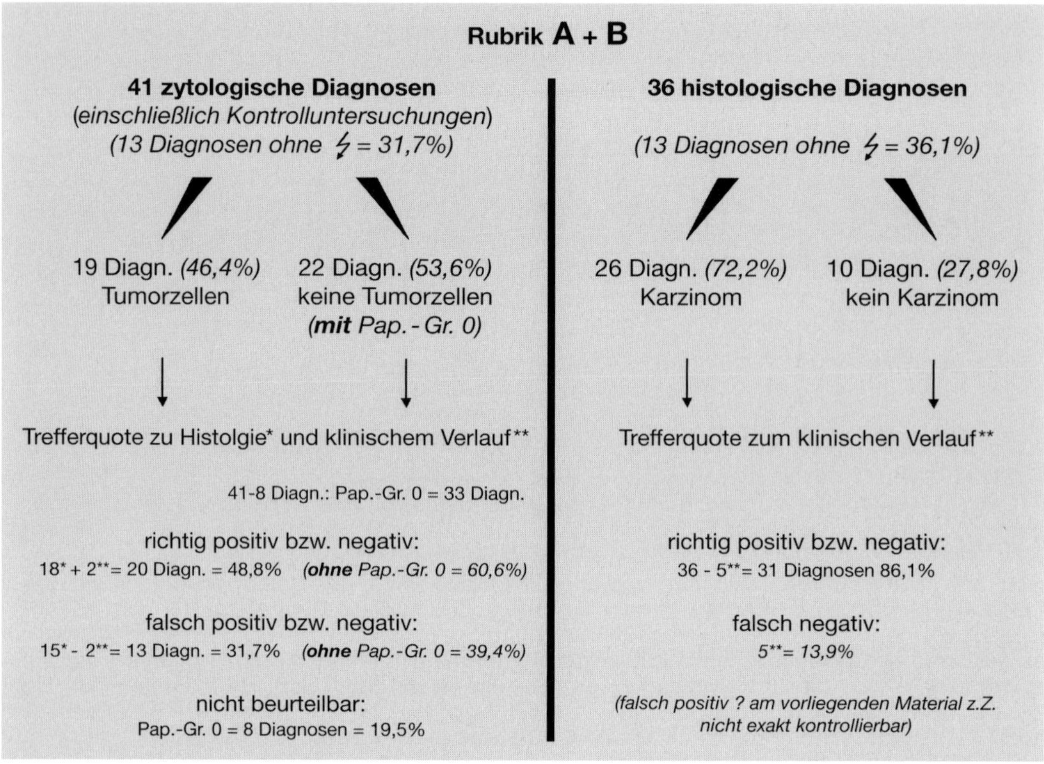

Abb. 6.XI Gegenüberstellung der zytologischen Diagnosen *(Aspirationsbiopsen)* zu histologischen Diagnosen *(Probeexzisionen aus annähernd gleicher Lokalisation)* und klinischem Verlauf. Eine analoge Darstellung der zytologischen Diagnosen aus Nadelaspiraten der Pap. Gr. IV und V, von denen anschließend Probeexzisionen oder Exstirpationen der pathologischen Resistenzen durchgeführt worden sind, bezieht sich auf beide Rubriken A und B insgesamt, ohne Trennung in die unterschiedlichen Spritzenmodelle. Die exaktere Ermittlung der Malignität erfolgte sowohl durch Histologie als auch durch Verlaufskontrollen. Die Pap. Gr. 0 wurde im Endresultat der Trefferquote ausgeschlossen wegen nicht auswertbarem Materials. Bei der Gegenüberstellung von zytologischen Diagnosen zum histologischen Befund sind erhebliche Unterschiede feststellbar, insofern, daß die zytologische Trefferquote mit *richtig* positiver und *richtig* negativer Diagnose von 60,6 % einer analogen histologischen Trefferquote von 86,1 % gegenübersteht. Bezogen auf *falsch* positive und *falsch* negative zytologische Diagnosen beträgt die Quote 39,4 %. Falsch negative Befunde bei der Histologie gibt es in 13,9 %. Auch die relativ hohe zytologische Versagerquote (Pap. Gr. 0) von 19,5 % bei Punktaten belegt eine eingeschränkte Aussagemöglichkeit am radiogen belasteten Material. Außerdem ist die Einarbeitungsphase in diese Punktionstechnik zu berücksichtigen.

Zytologie (Ausstriche) von Feinnadel-Aspiraten (FA) – ohne bildgebende Verfahren – aus oberflächlich lokalisierten Lymphknoten (LK) bei Verdacht auf Metastasen oder aus pathologischen Resistenzen

Verschiedentlich findet sich dazu auch Histologie (Schnittpräparate) aus Probeexzisionen (PE).

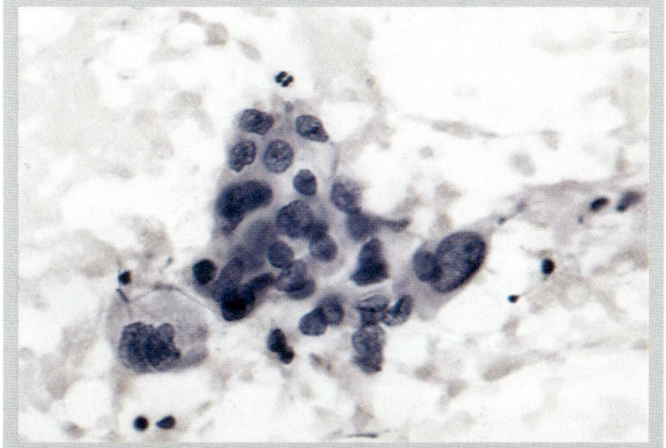

Abb. 6.1 Färb.: PAS-Reaktion; Vergr.: 139 x
FA-LK inguinal li.: Im Hintergrund konfluierende zytolytische Erythrozyten. Einzelne Leukozyten und Lymphozyten. Herdförmiges Konzentrat aus atypischen Zellen mit erheblichen Größenunterschieden der Zellkerne. Prominente Nukleoli bei gitterförmiger Kernstruktur. Deutliche schieferblaue Zellkerne.
Diagn.: Tumorzellen (Pap. Gr. V), Exzision des LK, *Histol.*: Plattenepithelkarzinom, z. Z. der Zytol.: Gyn.: dringender Verdacht auf Lymphknotenmetastasen.
Alter: 55 J. PT-Diagn.: Carcinoma vulvae ($T_1N_{1b}M_k$). *Histol.*: verhornendes Plattenepithelkarzinom.
Ther.: Vulvektomie, keine Strahlentherapie.

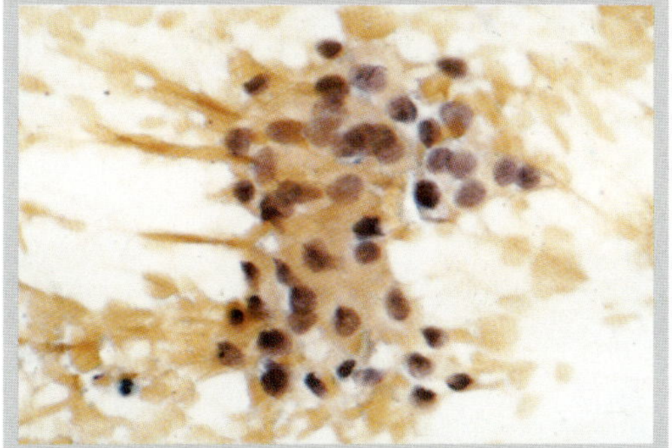

Abb. 6.2 Färb.: PAS-Reaktion; Vergr.: 139 x
FA aus LK inguinal li.: Deformierte Erythrozyten, ganz vereinzelt Leukozyten. Herdförmiges Konzentrat aus abnormen und atypischen Zellen. Chromatingerüst der Zellkerne etwas betont und ödematös verändert.
Diagn.: Tumorverdächtige Zellen (Pap. Gr. IV), z. Z. der Zytol.: während Strahlentherapie (1 Tag nach Beginn). Gyn.: Verdacht auf LK-Metastase inguinal li.

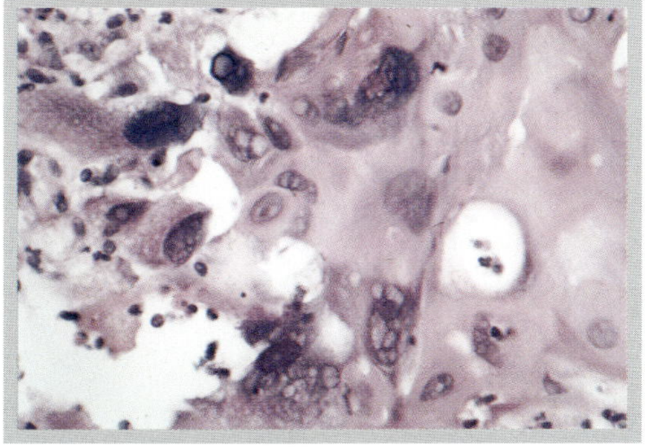

Abb. 6.2 a Färb.: HE; Vergr.: 126 x (gleicher Fall wie Abb. 6.2)
PE aus Vulvabereich: Histol.: Rezidiv eines Plattenepithelkarzinoms mit radiogen bedingten Veränderungen (1 Mon. nach Zytol.).
Alter: 61 J. PT-Diagn.: Carcinoma vulvae ($T_4N_{2b}M_1$). *Histol.*: Plattenepithelkarzinom.
Ther.: ^{60}Co-Stehfeldbestrahlung ED 200 cGy, GD 4600 cGy HD. ^{60}Co-Stehfeldbestrahlung Inguinalregion bds. GD 4000 cGy HD (ED 200 cGy).

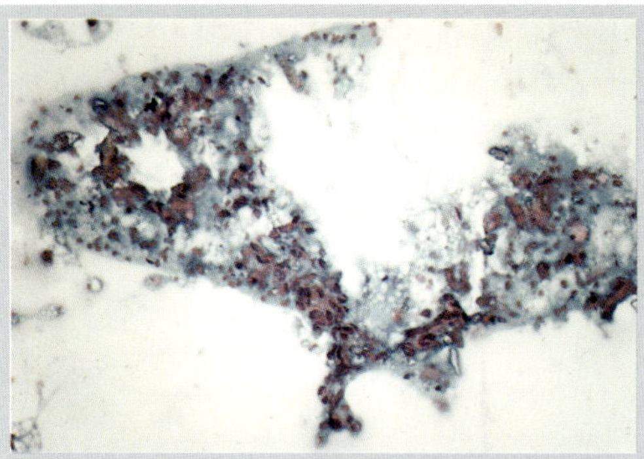

Abb. 6.3 Färb.: Pap; Vergr.: 55 x
FA-LK subinguinal re.: Inmitten von Detritus zahlreiche atypische Zellen mit Merkmalen der Malignität.
Diagn.: Nahezu sicherere Tumorzellen (Pap. Gr. V), z. Z. der Zytol.: 1 Mon. nach Strahlentherapie. Gyn.: Verdacht auf LK-Metastasen. PE: *Histol.* bestätigtes Tumorgewebe.
Alter: 74 J. PT-Diagn.: Carcinoma vulvae ($T_2N_1M_0$). *Histol.*: Plattenepithelkarzinom.
Ther.: Betatron Stehfeldbestrahlung der Vulva schnelle Elektronen 12 MeV ED 180 cGy, GD 5400 cGy HD.

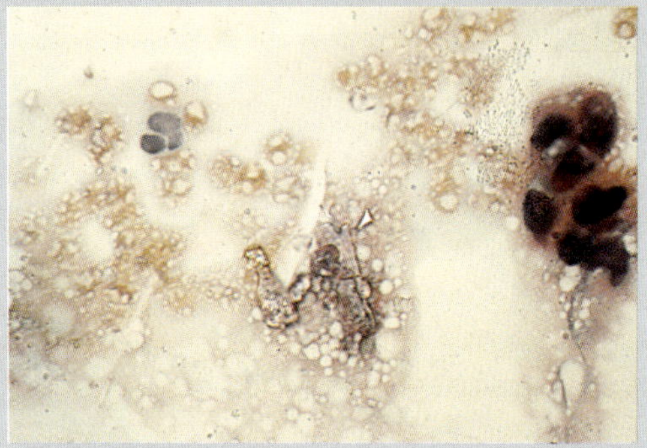

Abb. 6.4 Färb.: Pap; Vergr.: 126 x
FA-LK inguinal li.: Wabenförmig degenerierte Substanzen. Dazwischen Erythrozyten. Randständig atypische Zellen mit ausgeprägter Hyperchromatose und Kernpolymorphie. Partiell beginnende vakuolige Degeneration neben einer Anhäufung von Bakterien.
Diagn.: Nahezu sichere Tumorzellen mit beginnender Degeneration (Pap. Gr. V), z. Z. der Zytol.: 5 Mon. nach Strahlentherapie. Gyn.: Verdacht auf LK-Metastase inguinal li.
Alter: 72 J. PT-Diagn.: Carcinoma vulvae ($T_4N_{2b}M_x$). *Histol.*: Plattenepithelkarzinom.
Ther.: Vulvektomie. Nachbestrahlung: ^{60}Co-Stehlfeldbestrahlung ED 200 cGy, GD 4000 cGy HD. Wegen Resttumor zusätzlich: Betatron schnelle Elektronen 4 MeV, ED 180 cGy, GD 1620 cGy HD.

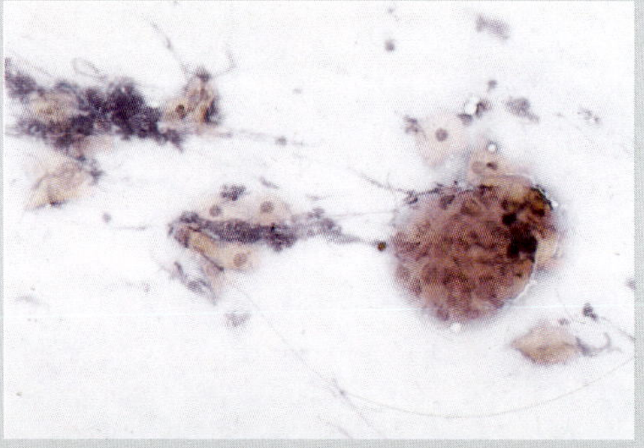

Abb. 6.5 Färb.: Pap; Vergr.: 80 x
FA aus vorderer Kommissur: Strukturlose nekrotische Substanzen und Detritus mit angrenzenden unauffälligen Superfizialzellen. Herdförmiges Zellkonzentrat bestehend aus nicht exakt spezifizierbaren Zellen bei Anisokaryose und Auflockerung der Kernstruktur.
Diagn.: Abnorme Zellen, sehr wahrscheinlich reaktive Veränderungen bei fraglichem Strahlenulkus. Dignität unsicher (Pap. Gr. III), z. Z. der Zytol.: 2 J. 3 Mon. nach Bestrahlung. Gyn.: Fibrose. Strahlenulkus. Verdacht auf Tumorinfiltrat.
Alter: 66 J. PT-Diagn.: Carcinoma vulvae ($T_2N_0M_0$). *Histol.*: Plattenepithelkarzinom.
Ther.: Biaxiale Telekobaltpendelbestrahlung kleines Becken ED 200 cGy, GD 6000 cGy HD (100%-Isodose), Split course technique: 4 Wochen Pause.

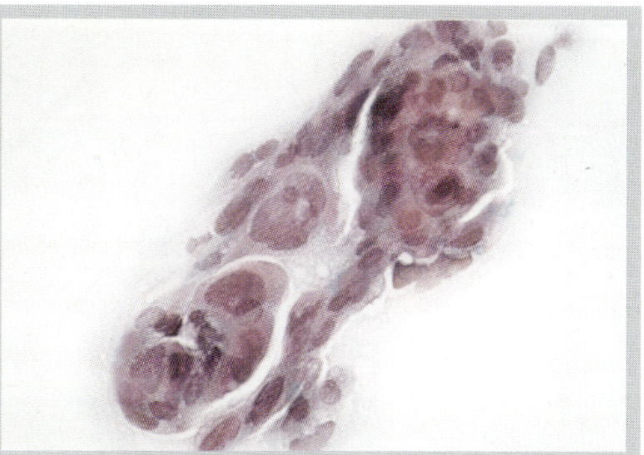

Abb. 6.6 Färb.: Pap; Vergr.: 126 x
FA-LK inguinal re.: Konglomerat aus miteinander verklumpten z. T. konfluierenden fraglich atypischen Zellen. Ödematöse Schwellung polymorpher Kerne. Wabig-schwammartige Kernstruktur. Einzelne Vakuolen.
Diagn.: Dringender Verdacht auf erheblich radiogen geschädigte Tumorzellen (Pap. Gr. IV), z. Z. der Zytol.: 3 Mon. nach Strahlentherapie.
Gyn.: Nahezu sichere LK-Metastase. Weiterer Verlauf unbekannt.
Alter: 69 J. PT-Diagn.: Carcinoma vaginae ($T_2N_0M_0$). *Histol.*: entdifferenziertes Adenokarzinom.
Ther.: Biaxiale Telekobaltpendelbestrahlung kleines Becken ED 200 cGy, GD 4800 cGy HD. Wegen noch bestehenden kastaniengroßen Tumorknoten in der Vagina: Spickung mit 10 ^{60}Co-Nadeln ED 400 cGy bis 4000 cGy GOD. Nach 1½ Mon. erneute Spickung mit 6 ^{60}Co-Nadeln bis 2000 cGy GOD. Wegen LK-Metastase re. inguinal: Betatron schnelle Elektronen 9 MeV ED 180 cGy, GD 3960 cGy HD.

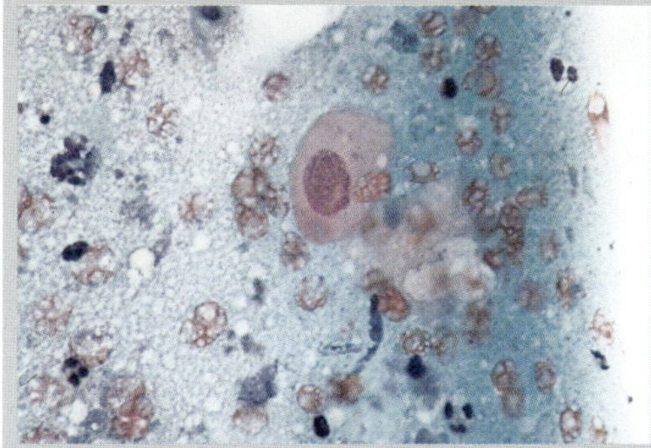

Abb. 6.7 Färb.: Pap; Vergr.: 200 x
FA-Infiltrat – Vaginalwand: Blasig-grießeliger Detritus. Erythrozyten vakuolig degeneriert und Leukozyten z. T. in beginnender bzw. fortgeschrittener Zytolyse. Im Zentrum größere abnorme bis atypische Zelle bei nahezu normaler Kern-Plasma-Relation, jedoch mit wabenförmiger Kernstruktur.
Diagn.: Vermehrt degenerative Veränderungen. Tumorzellen nicht mit Sicherheit auszuschließen (bei Pap. Gr. IV), z. Z. der Zytol.: 3 Mon. nach Strahlentherapie.
Alter: 62 J. PT-Diagn.: Carcinoma vaginae ($T_2N_{2a}M_0$). *Histol.*: verhornendes Plattenepithelkarzinom.
Ther.: Biaxiale Telekobaltpendelbestrahlung kleines Becken ED 200 cGy, GD 4800 cGy HD. ^{60}Co-Moulagen in 2 Serien mit 13 Applikationen ED 400 cGy bis 5200 cGy GOD.

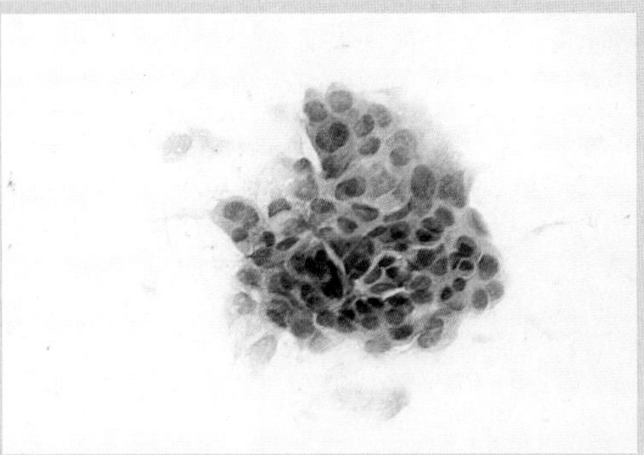

Abb. 6.8 Färb.: PAS-Reaktion; Vergr.: 100 x
FA aus LK inguinal re.: Konzentrat aus dicht gelagerten atypischen Zellen. Anisokaryose. Vakuolen in Zellkernen, z. T. wabige Kernstruktur. Hyperchromatose mehrerer Kerne. Keine postradiogenen Veränderungen.
Diagn.: Nahezu sichere, vital aussehende Tumorzellen (Pap; Gr. V), z. Z. der Zytol.: 7 Mon. nach Strahlentherapie. Gyn.: Hochgradiger Verdacht auf LK-Metastase.
Alter: 68 J. PT-Diagn.: Carcinoma vaginae ($T_2N_0M_0$). *Histol.*: entdifferenziertes Plattenepithelkarzinom.
Ther. bis zur Zytol.: Biaxiale Telekobaltbestrahlung kleines Becken ED 200 cGy, GD 4800 cGy HD (100%-Isodose). Wegen Resttumor Kontakttherapie: ^{60}Co-Spickung mit 9 kleinen Nadeln bis 4000 cGy GOD. 1 Mon. später erneute Spickung mit 6 kleinen ^{60}Co-Nadeln bis 2000 cGy GOD.

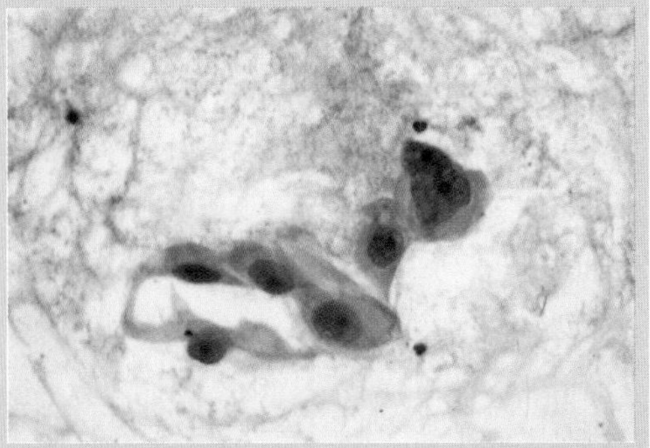

Abb. 6.9 Färb.: Pap; Vergr.: 139 x
FA-Tumorinfiltrat Vaginalwand: Wolkig, grießeliger Detritus. Atypische miteinander konfluierende Zellen mit auffallend vergrößerten Nukleoli. Grobgranuläre bzw. gitterförmige Zellkernstruktur.
Diagn.: Hochgradiger Verdacht auf Tumorzellen mit Merkmalen therapiebedingter Veränderungen (Pap. Gr. IV), z. Z. der Zytol.: 1 J. 1 Mon. nach Strahlentherapie, z. Z. Progesteron-Dauertherapie und unmittelbar nach intratumoraler Applikation von Bleomycin. Gyn.: Tumorrezidiv.
Alter: 80 J. PT-Diagn.: Carcinoma vaginae (Stadium unbekannt). *Histol.*: papilläres Adenokarzinom.
Ther. bis zur Zytol.: Telekobaltstehfeldbestrahlung kleines Becken-, Unterbauch- und Gesäßfeld ED 200 cGy, GD 4600 cGy HD. 2 J. danach Rezidivtumor in der Vagina: Spickung mit 4 kleinen Nadeln bis 4000 cGy GOD. Progesteron-Dauertherapie. 4 J. danach erneutes Wachstum in der Vagina: ^{60}Co-Moulagen ED 400 cGy bis GD 4000 cGy GOD. 7 J. nach Erstbehandlung wiederum Vaginalrezidiv: Bleomycin lokale Auflage in Schwämmchen $7 \times 7{,}5$ mg = 52,5 mg GD.

Abb. 6.10 Färb.: PAS-Reaktion; Vergr.: 126 x *FA-LK inguinal re.:* Nekrotische Substanzen. Zellkerne im Zustand fortgeschrittener Zytolyse. Diffus verstreute Leukozyten (z. T. PAS-positiv). Außerdem monströse, polymorphe, atypische Zellkerne von schieferblauer Farbe. Diagn.: Hochgradige nahezu sichere LK-Metastase (Pap. Gr. V), z. Z. der Zytol.: bisher ohne Therapie.

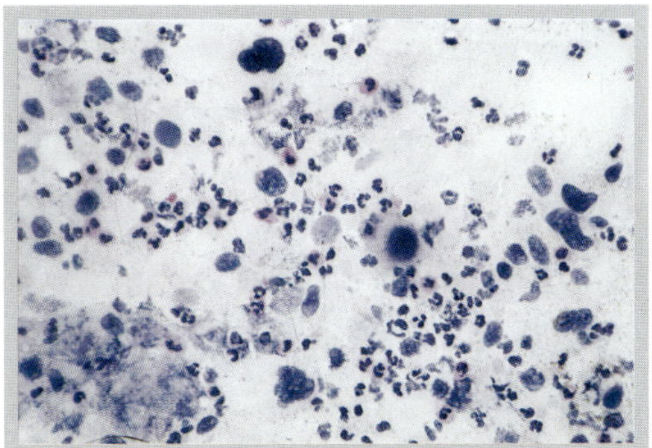

Abb. 6.10 a Färb.: HE; Vergr.: 50 x (gleicher Fall wie Abb. 6.10)
PE aus Inguinalregion re. *Histol.*: Plattenepithelkarzinom (7 Tage nach Zytol.).
Alter: 49 J. PT-Diagn.: Carcinoma cervicis uteri ($T_{3b}N_1M_0$). *Histol.*: Plattenepithelkarzinom.
Ther.: z. Z. vor Beginn der Therapie.

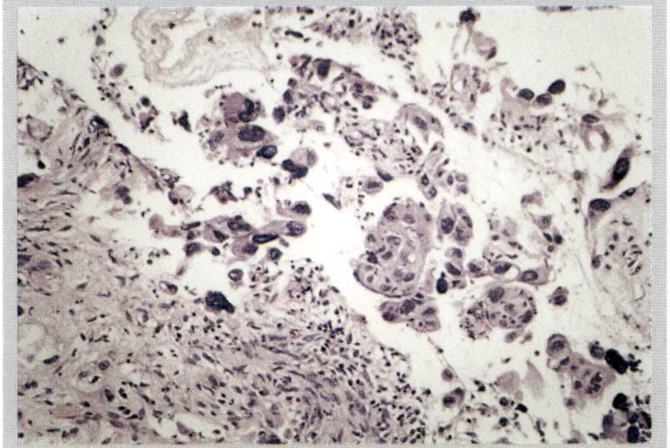

Abb. 6.11 Färb.: PAS-Reaktion; Vergr.: 200 x *FA aus Infiltrat der Abdominalhaut:* Herdförmiges Konzentrat aus atypischen Zellen. Ungleichförmige Zellkerne mit teils wabenförmiger, teils vakuoliger Umwandlung. Mehrfach sog. schieferblaue Zellkerne.
Diagn.: Dringender Verdacht auf radiogen geschädigte Tumorzellen (Pap. Gr. IV), z. Z. der Zytol.: während der Strahlentherapie (aus Bestrahlungsgebiet). Gyn.: Bauchdeckeninfiltrat – Verdacht auf Metastase.
Alter: 32 J. PT-Diagn.: Carcinoma cervicis uteri ($T_2N_0M_0$). *Histol.*: nichtverhornendes Plattenepithelkarzinom.
Ther. bis zur Zytol.: Operation nach *Wertheim-Meigs*. Nachbestrahlung: Biaxiale Telekobaltpendelbestrahlung kleines Becken ED 200 cGy bis GD 3600 cGy HD (Ziel GD 6000 cGy HD).

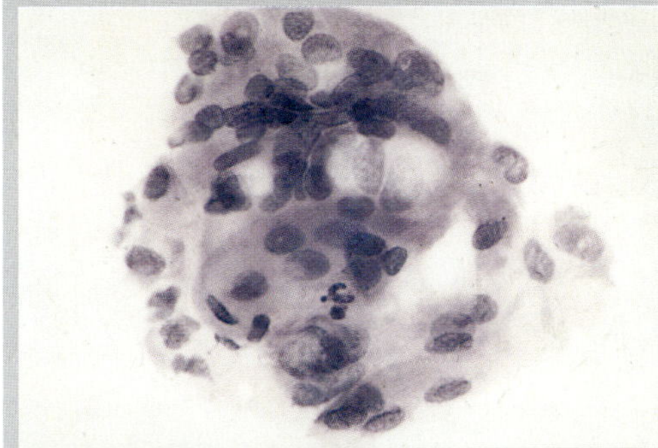

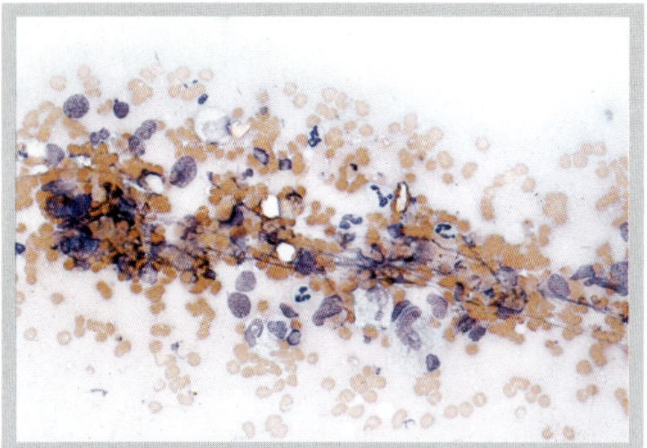

Abb. 6.12 Färb.: Pap; Vergr.: 100 x
FA aus Infiltrat im Bereich der Bartholini-Drüse li.: Reichlich Erythrozyten. Detritus. Degenerierte Leukozyten. Diffus verstreute sog. nackte Zellkerne mit ausgeprägter Atypie, Kernpolymorphie und granuläre z. T. vakuolig-wabenförmige Struktur.
Diagn.: Tumorzellen, am ehesten vom Typ eines Adenokarzinoms (Pap. Gr. V), z. Z. der Zytol.: 5 Mon. nach Strahlentherapie. Gyn.: Verdacht auf Tumorinfiltrat bei Status progressus.
Alter: 64 J. PT-Diagn.: Carcinoma cervicis uteri ($T_3N_xM_x$). *Histol.*: Adenokarzinom.
Ther.: Biaxiale Telekobaltpendelbestrahlung kleines Becken ED 200 cGy, GD 8000 cGy HD (100%-Isodose), Split course technique: 5 und 2 Wochen Pause.

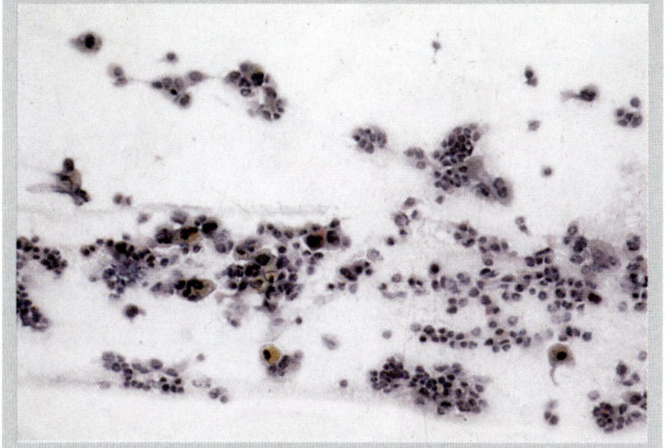

Abb. 6.13 Färb.: Pap; Vergr.: 33 x
FA auch Hautinfiltrat – Abdomen: Vermehrt abnorme Epithelien, z. T. mit hyperchromatischen Kernen. Im Randgebiet eine Zelle mit Kernhyperchromatose und schweifartigen Zytoplasmaausläufern als Merkmal einer erfolgten Bestrahlung. Außerdem atypische, etwas größere Zellen mit Polymorphie.

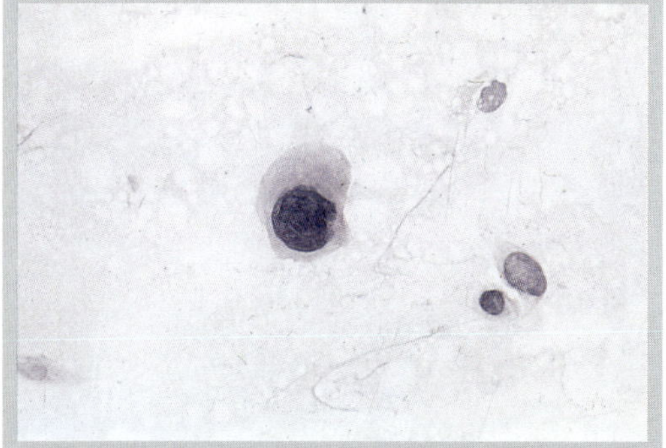

Abb. 6.13 a Färb.: PAS-Reaktion; Vergr.: 132 x (gleicher Fall wie Abb. 6.13)
Einzelne stark atypische Zellen. Zellkerngrößenunterschiede. Eine „Riesenzelle“ mit wolkig-granulärer Kernstruktur und schieferblauem Zellkern. Vakuolisierung von Zellkernen mit zartem transparenten Zytoplasma.
Diagn.: Nachweis von Tumorzellen und Merkmalen einer Radiatio (bei Pap. Gr. V), z. Z. der Zytol.: 8 Mon. nach Strahlentherapie. Gyn.: Verdacht auf Hautmetastasen und intraabdominale Metastasen.
Alter: 41 J. PT-Diagn.: Carcinoma cervicis uteri (Stadium unbekannt). *Histol.*: Adenokarzinom.
Ther.: Operation nach *Wertheim*. Nachbestrahlung mit Röntgentiefentherapie außerhalb: GD 3600 cGy pro Parametrium. Kontakttherapie: ^{60}Co-Platte vor Abschlußnarbe bis 1200 cGy GOD.

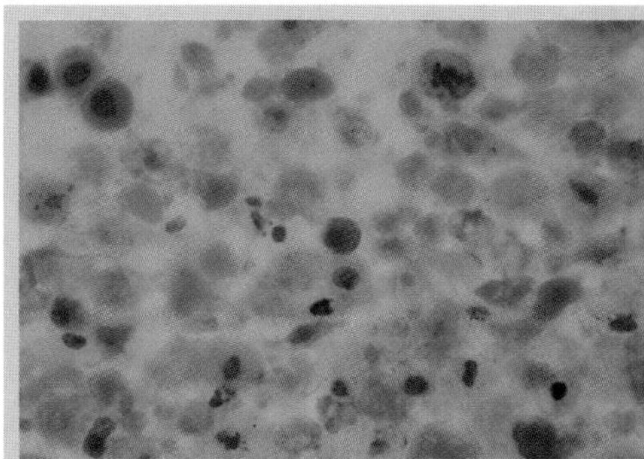

Abb. 6.14 Färb.: Pap; Vergr.: 139 x
FA-LK subinguinal li.: Total zytolytische Partikel und Zellen in fortgeschrittener Zytolyse. Vereinzelt ausgeprägte Karyorrhexis. Einzelne abnorm-atypische Zellen mit mäßiger Kernhyperchromatose bei betont vergröbertem Chromatingerüst. Randständig atypische Mitose oder fortgeschrittene Karyorrhexis?
Diagn.: Dringender Verdacht auf therapiegeschädigte Tumorzellen (Pap. Gr. IV), z. Z. der Zytol.: 10 Mon. nach Strahlentherapie und während Tumorchemotherapie (vaginal – lokal Bleomycin). Gyn.: Vaginales Tumorrezidiv und Verdacht auf LK-Metastasen. Tumorperforation in die Harnblase.
Alter: 67 J. PT-Diagn.: Carcinoma cervicis uteri ($T_{2a}N_1M_0$). *Histol.*: nichtverhornendes Plattenepithelkarzinom.
Ther. bis zur Zytol.: Biaxiale Telekobaltpendelbestrahlung kleines Becken ED 200 cGy, GD 8000 cGy HD (100%-Isodose), Split course technique: 4 und 2 Wochen Pause. Auftreten von Vaginalrezidiven. 2, 4, 7, 8 J. danach: Mehrfach ^{60}Co-Vaginal-Moulagen bis 5600, 3000 und 4000 cGy GOD. Außerdem lokale Bleomycin-Applikation i. t. 120 mg, Polychemotherapie mit Cyclophosphamid und MTX.

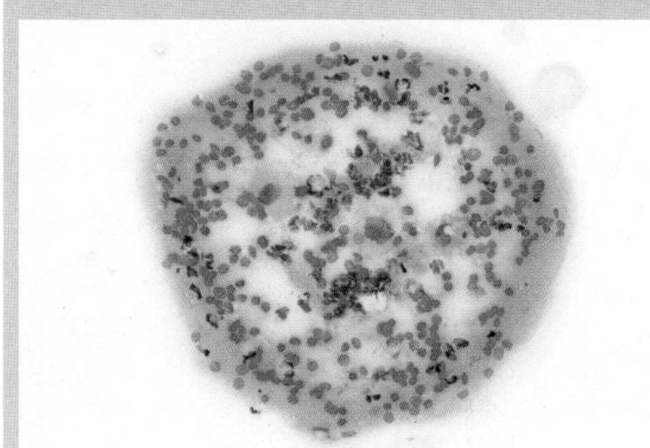

Abb. 6.15 Färb.: HE; Vergr.: 80 x
FA aus Vaginalwandinfiltrat: Rundes, dem Nadelvolumen entsprechendes Zellkonzentrat aus Erythrozyten, Leuko- und Lymphozyten. Zentral Detrituspartikel, Zellen nicht mehr identifizierbar. Außerdem zwei größere auffällige Zellen mit feingranulär-wabenförmigen Kernen, z. T. entrundet. Zytoplasma im Zustand der Verdämmerung.
Diagn.: Vereinzelte atypische Zellen, wahrscheinlich Tumorzellen in beginnender Zytolyse (bei Pap. Gr. IV), z. Z. der Zytol.: 10 Mon. nach letzter Bestrahlung und 4 Mon. nach Tumorchemotherapie (Bleomycin intratumoral-Vaginalwand). Gyn.: Höckeriges, tumorverdächtiges Infiltrat in der Vaginalwand.

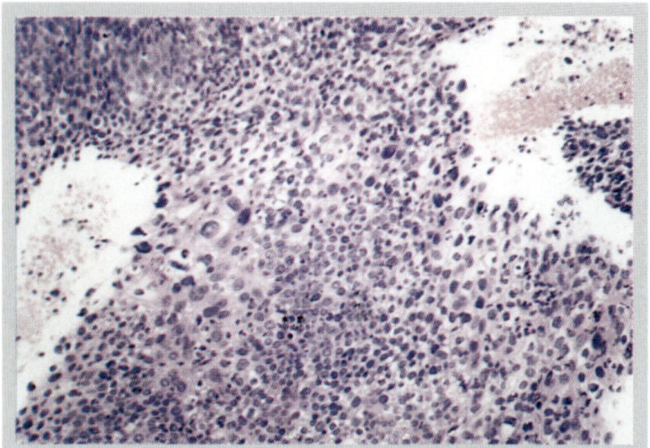

Abb. 6.15 a Färb.: HE; Vergr.: 50 x (gleicher Fall wie Abb. 6.15)
PE Vaginalwandinfiltrat (1 Mon. nach Zytol.) *Histol.*: nichtverhornendes Plattenepithelkarzinom.
Alter: 68 J. PT-Diagn.: Carcinoma cervicis uteri ($T_1N_0M_0$). *Histol.*: nichtverhornendes Plattenepithelkarzinom.
Ther.: Uterusexstirpation ohne Adnexe. Nachbestrahlung: Biaxiale Telekobaltpendelbestrahlung kleines Becken ED 200 cGy, GD 6000 cGy HD (100%-Isodose), Split course technique: 4 Wochen Pause. 12 J. danach: Spätrezidiv Vaginalwand. Ther.: ^{60}Co-Spikkung 6 große Nadeln bis 3000 cGy GOD. 10 x ^{60}Co-Vaginalmoulagen ED 400 cGy bis 4000 cGy. Lokal 9 Bleomycinauflagen ED 7,5mg bis 67,5 mg GD.

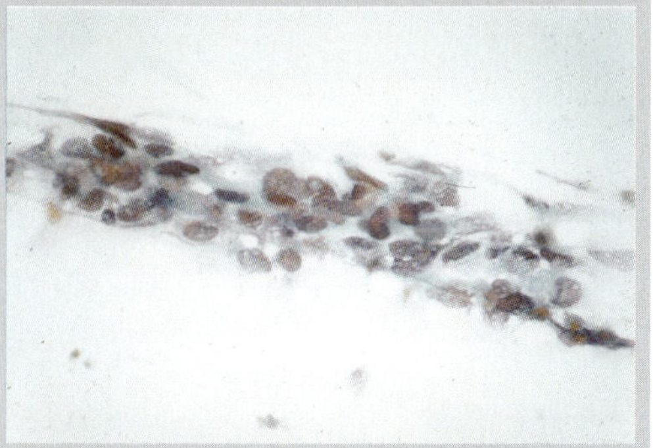

Abb. 6.16 Färb.: Pap; Vergr.: 126 x
FA-LK inguinal re.: Abnorme bis atypische, größtenteils in beginnender Zytolyse befindliche Zellen. Polymorphie und Vakuolisierung der Zellkerne.
Diagn.: Verdacht auf degenerativ veränderte Tumorzellen (Pap. Gr. IV), z. Z. der Zytol.: 1 J. nach Strahlentherapie. Gyn.: Fragliche LK-Metastase inguinal bei vaginalem Tumorrezidiv.

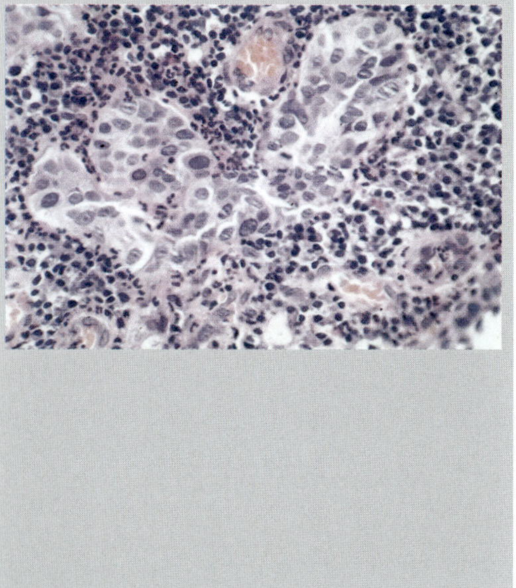

Abb. 6.16 a Färb.: HE; Vergr.: 126 x (gleicher Fall wie Abb. 6.16)
PE: Vaginalwand dorsal. *Histol.*: Rezidiv eines Plattenepithelkarzinoms (1 Tag nach Zytol.).
Alter: 57 J. PT-Diagn.: Carcinoma cervicis uteri ($T_{2b}N_1M_1$). *Histol.*: nichtverhornendes Plattenepithelkarzinom.
Ther.: Operation: Hysterektomie mit beiden Adnexen und Scheidenmanschette. Nachbestrahlung: Biaxiale Telekobaltpendelbestrahlung kleines Becken ED 200 cGy, GD 7000 cGy HD (100%-Isodose), Split course technique: 5 Wochen Pause. Lymphographie: paraaortaler metastatischer LK-Befall. Ther.: Paraaortale Telekobaltpendelbestrahlung ED 150 cGy, GD 4500 cGy HD.

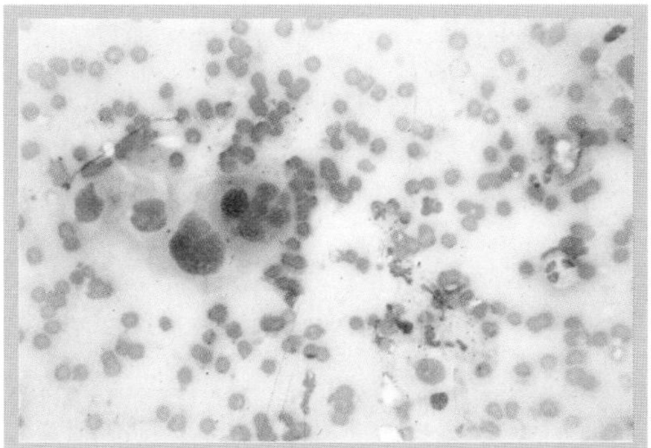

Abb. 6.17 Färb.: Pap; Vergr.: 126 x
FA aus vaginalem Tumorinfiltrat: Diffus verstreute Erythrozyten. Gruppenförmig gelagerte, stark atypische Zellen mit z. T. monströs veränderten aufgelockerten Zellkernen. Daneben mehrkernige Zelle. Unterschiedliche Größen der Kerne bei partieller Hyperchromatose. Kernstruktur grobgranulär bzw. gitterförmig nach Art von sog. Pfeffer- und Salz-Chromatin.
Diagn.: Nahezu sichere Tumorzellen mit therapiebedingter Schädigung (Pap. Gr. V), z. Z. der Zytol.: 1 J. nach Strahlenbehandlung und z. Z. während antineoplastischer Chemotherapie (Bleomycin intratumoral und i. v.). Gyn.: Tumorrezidiv, Status progressus.
Alter: 68 J. PT-Diagn.: Carcinoma cervicis uteri ($T_1N_0M_0$). *Histol.*: Plattenepithelkarzinom.
Ther.: Operation nach *Wertheim*. Nachbestrahlung: Biaxiale Telekobaltpendelbestrahlung kleines Becken ED 200 cGy, GD 6000 cGy HD (100%-Isodose) Split course technique: 4 Wochen Pause. 13 J. danach: Rezidivtumor Vagina. Ther.: ^{60}Co-Vaginalmoulagen ED 400 cGy bis 4000 cGy GOD. 1 J. danach: Tumorprogression, deshalb lokale Bleomycinapplikation intratumoral 4 × 15 mg, außerdem 2 x Bleomycin intravenös.

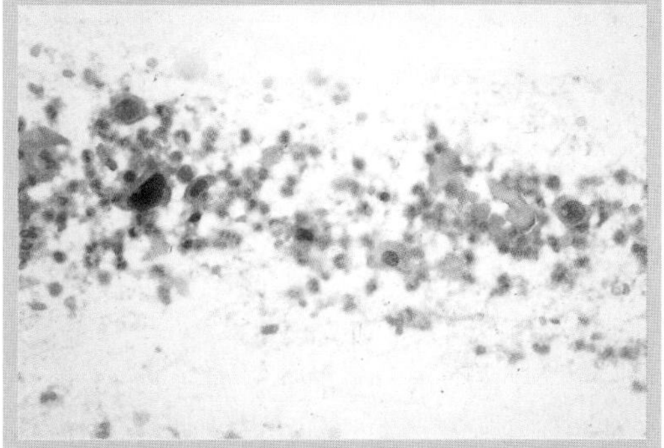

Abb. 6.18 Färb.: Pap; Vergr.: 75 x
FA-Tumorinfiltrat aus Parametrium: Detritus. Fortgeschrittene Zytolyse. Vereinzelt deutlich atypische Zellen mit Zellkernverklumpung, Hyperchromatose bzw. pathologische Kern-Plasma-Relation.
Diagn.: Ausgeprägte Zytolyse. Einzelne Tumorzellen (Pap. Gr. V), z. Z. der Zytol.: 1 J. 4 Mon. nach Strahlentherapie. Gyn.: Tumorrezidiv-Tumorinfiltration bis zur Beckenwand bds. Status progressus.
Alter: 49 J. PT-Diagn.: Carcinoma cervicis uteri ($T_{3b(a)}N_0M_0$). *Histol.*: nichtverhornendes Plattenepithelkarzinom.
Ther.: Biaxiale Telekobaltpendelbestrahlung kleines Becken ED 200 cGy, GD 4800 cGy HD. Nach 1 Mon. ^{60}Co-Kontakttherapie große Platte-großer Stift bis 3000 cGy GOD. Aufsättigung der Parametrien. ^{60}Co-Stehfeldbestrahlung Unterbauch- und Gesäßfeld alt. ED 200 cGy, GD 2200 cGy HD (Abdeckung Kontakttherapiegebiet mit Pb-Block).

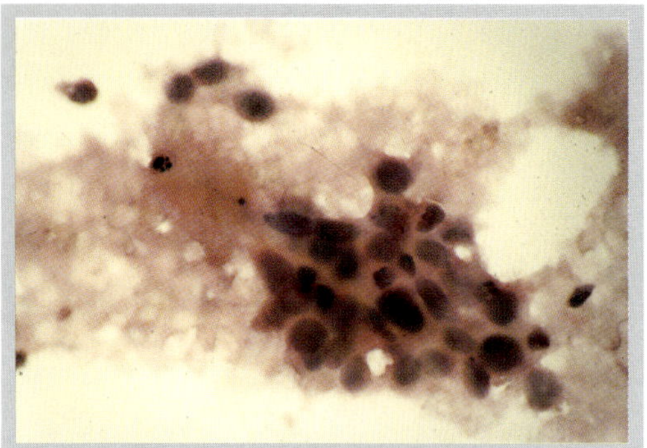

Abb. 6.19 Färb.: HE; Vergr.: 180 x
FA aus parametraner Resistenz: Hämorrhagische Grundsubstanzen. Konzentrat aus stark atypischen Zellen mit Kernpolymorphie und Hyperchromatose. Keine radiogenen Veränderungen.
Diagn.: Tumorzellen (Pap; Gr. V), z. Z. der Zytol.: 2 J. nach Strahlentherapie. Gyn.: dringender Verdacht auf ausgedehntes Beckenwandrezidiv.
Alter: 50 J. PT-Diagn.: Carcinoma cervicis uteri (Stadium nicht bekannt). *Histol.*: undifferenziertes Plattenepithelkarzinom.
Ther.: Biaxiale Telekobaltpendelbestrahlung kleines Becken. Pendelwinkel $2 \times 160^\circ$ ED 200 cGy, GD 8000 cGy HD (100%-Isodose), Split course technique: 4 und 2 Wochen Pause.

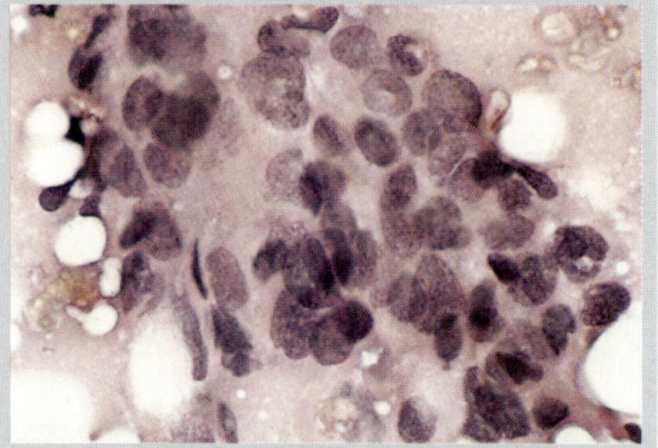

Abb. 6.20 Färb.: Pap; Vergr.: 200 x
FA aus Hautinfiltrat (Abdomen): Dicht gelagerte atypische Zellen mit konfluierendem Zytoplasma. Zellkerne aufgedunsen bei gitterförmiger Struktur.
Diagn.: Nahezu sichere Tumorzellen (Pap. Gr. V), z. Z. der Zytol.: 3 J. 6 Mon. nach Ende der Strahlentherapie. Gyn.: Verdacht auf Hautmetastase.

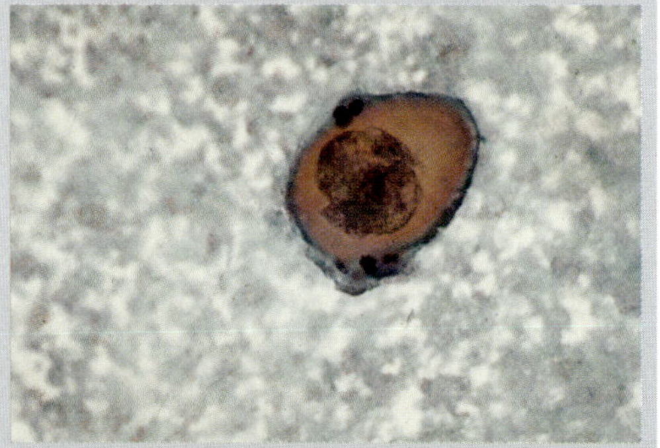

Abb. 6.20 a Färb.: Pap; Vergr.: 240 x (gleicher Fall wie Abb. 6.20, aber späterer Zeitpunkt)
FA aus Infiltrat der Haut (Abdomen): Doppelkernige Riesenzelle bei Kernüberlappung und wabenartiger Struktur. Orangefarbenes Zytoplasma. Außenmembran dieser Zelle zeigt zähnchenförmige Defekte und Plasmaausstülpungen mit Lymphozyteneinschlüssen.
Diagn.: Tumorzelle mit therapiebedingten Veränderungen (Pap. Gr. V), z. Z. der Zytol.: 4 J. nach Ende der Strahlentherapie und Zustand während Tumorchemotherapie. Gyn.: Verdacht auf Hautmetastase.

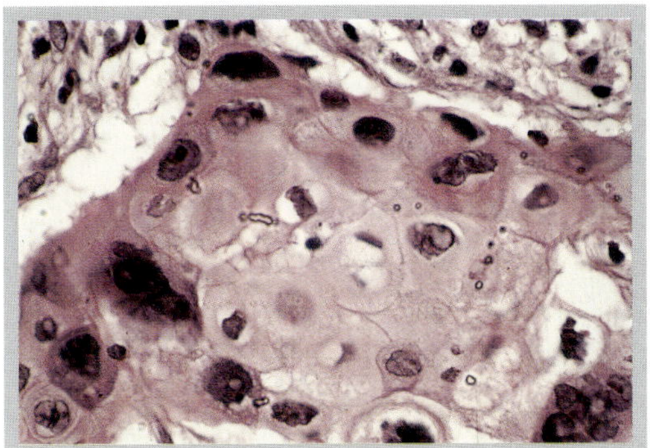

Abb. 6.20 b Färb.: HE; Vergr.: 200 x (gleicher Fall wie Abb. 6.20 und 6.20 a)
Exstirpation des Hautinfiltrates. *Histol.*: Metastase eines Plattenepithelkarzinoms (6 Tage nach letzter Zytol.).
Alter: 62 J. PT-Diagn.: Carcinoma cervicis uteri ($T_{2b}N_1M_0$). *Histol.*: Plattenepithelkarzinom.
Ther. bis zur Zytol.: **a)** Biaxiale Telekobaltpendelbestrahlung kleines Becken ED 200 cGy, GD 6000 cGy HD (100%-Isodose), Split course technique: 4 Wochen Pause.
Ther. bis zur Zytol.: **b)** Polychemotherapie – Cyclophosphamid 600 mg und 5-Fluorouracil 500 mg im Wechsel bei 10tägigem Abstand.

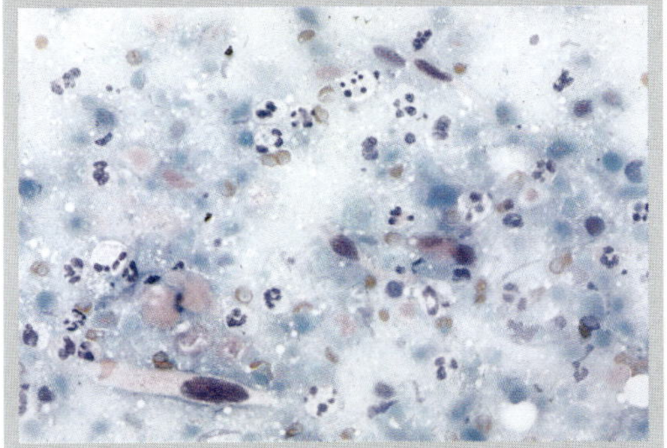

Abb. 6.21 Färb.: Pap; Vergr.: 132 x
FA aus Parametriumbereich: Strukturlose Grundsubstanzen, Leukozyten, Zellkerntrümmer und Zellfragmente bei fortgeschrittener Zytolyse. Diffus verstreute atypische Einzelzellen mit Kernpolymorphie, Anisonukleose. Randständig größere, stark atypische Zelle mit granuliertem spindelförmigen Kern.
Diagn.: Nachweis von Tumorzellen (Pap. Gr. V), z. Z. der Zytol.: 8 J. 10 Mon. nach Strahlentherapie. Gyn.: Verdacht auf Tumor-Spätrezidiv. Bestätigung durch Lymphographie: lumbale LK-Metastasen.
Alter: 51 J. PT-Diagn.: Carcinoma cervicis uteri ($T_2N_0M_0$). *Histol.*: nichtverhornendes Plattenepithelkarzinom.
Ther.: Vaginale Totaloperation ohne Adnexe. Nachbestrahlung: Biaxiale Telekobaltpendelbestrahlung kleines Becken ED 200 cGy, GD 5400 cGy HD (100%-Isodose), Split course technique: 4 Wochen Pause.

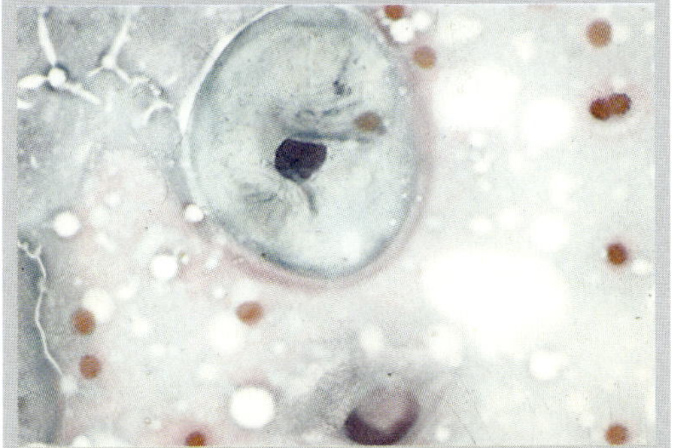

Abb. 6.22 Färb.: Pap; Vergr.: 200 x
FA parametraner suspekter Bezirk li.: Teils homogene, teils grießelige Grundsubstanz mit diffus verstreuten Fettvakuolen und Erythrozyten. Randständig sichelförmig degenerierter Zellkern. Gegenüber monströse, ödematös aufgedunsene Zelle mit mäßiger Dyskaryose und Hyperchromatose.
Diagn.: offenbar reaktiv veränderte abnorme Zellen (Pap. Gr. III), z. Z. der Zytol.: am Ende der Strahlentherapie. Gyn.: fragliches Tumorinfiltrat im Bereich des kleinen Beckens.
Alter: 54 J. PT-Diagn.: Carcinoma corporis uteri ($T_3N_4M_0$). *Histol.*: Adenokarzinom.
Ther. bis zur Zytol.: Vaginale Radikaloperation mit beiden Adnexen. 2 Mon. danach: Biaxiale Telekobaltpendelbestrahlung kleines Becken Pendelwinkel 2 × 160°, ED 200 cGy, GD 8000 cGy HD (100%-Isodose), Split course technique: 4 und 2 Wochen Pause.

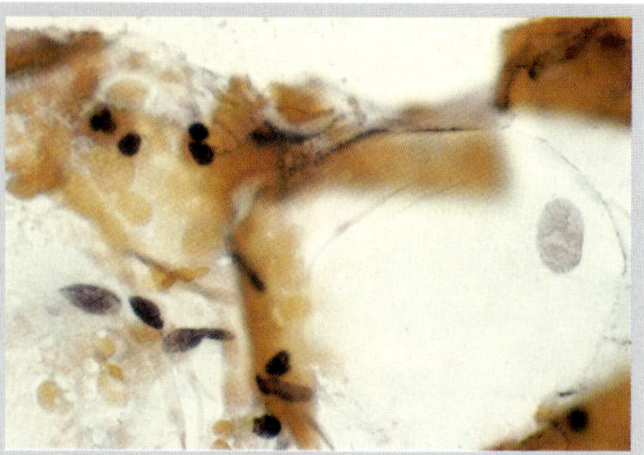

Abb. 6.23 Färb.: Pap; Vergr.: 220 x
FA-LK subinguinal li.: Reichlich orangefarbene Grundsubstanzen mit nur noch schattenhaft erkennbaren Zellkernen. Einzelne Lymphozyten bzw. Leukozyten. Außerdem atypische schwammartig strukturierte, meistens ovale bzw. spindelförmige Zellkerne.
Diagn.: In Anbetracht der übermittelten *histol.* Diagn. des PT (Karzinosarkom) sind Tumorzellen nicht auszuschließen (Pap. Gr. III), z. Z. der Zytol.: 8 Mon. nach Abschluß der Strahlentherapie. Gyn.: Verdacht auf Metastasen der subinguinalen Lymphknoten.
Alter: 37 J. PT-Diagn.: Tumor des Corpus uteri. *Histol.*: Karzinosarkom.
Ther.: Biaxiale Telekobaltpendelbestrahlung kleines Becken ED 200 cGy, GD 6000 cGy HD (100%-Isodose), Split course technique: 4 Wochen Pause.

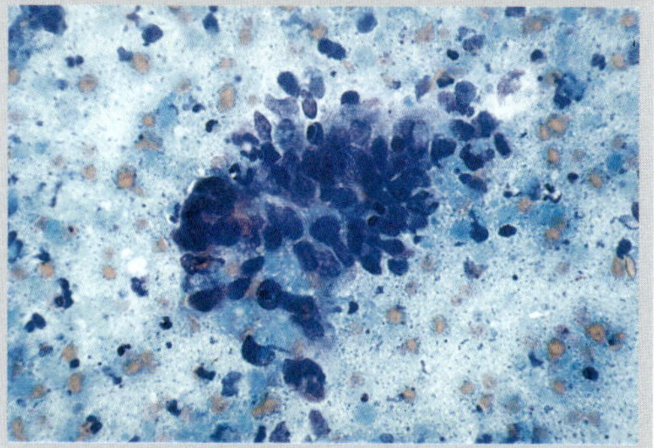

Abb. 6.24 Färb.: Pap; Vergr.: 126 x
FA aus Tumor im kleinen Becken: Detritus, einzelne Erythrozyten, Leukozyten und Lymphozyten, z. T. degeneriert. Zentral dichtes Konzentrat aus atypischen Zellen.
Diagn.: Tumorzellkomplex, analog dem *histol.* Typ des PT. Keine Strahlenveränderungen, am ehesten neu gewachsene Tumorzellen (Pap. Gr. V), z. Z. der Zytol.: 4 J. 7 Mon. nach Strahlentherapie. Gyn.: Ausgedehntes Tumorrezidiv im kleinen Becken (1 J. 2 Mon. später Exitus letalis).
Alter: 56 J. PT-Diagn.: Carcinoma corporis uteri ($T_2N_0M_0$). *Histol.*: anaplastisches Adenokarzinom.
Ther.: ^{60}Co-Kontakttherapie intracorporal 10 eiförmige Elemente bis 3000 cGy GOD. ^{60}Co-Stehfeldbestrahlung Parametrien-Unterbauch- und Gesäßfeld ED 200 cGy, GD 4600 cGy HD. 2 Wochen danach: nochmals ^{60}Co-Kontakttherapie intracorporal 12 Elemente bis 3600 cGy GOD.

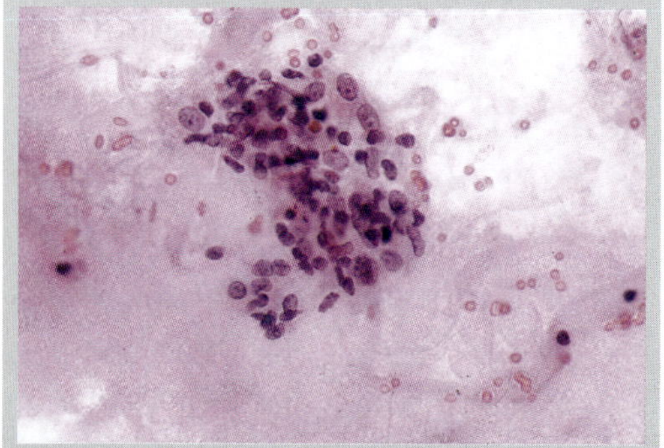

Abb. 6.25 Färb.: HE; Vergr.: 132 x
FA-LK inguinal re.: Grießeliger Präparatehintergrund mit Erythrozyten und einzelnen Lymphozyten. Zentrales Zellkonzentrat aus Lymphozyten und atypischen Kernen von runder und ovaler Form. Nukleoli deutlich vergrößert bei transparenter bis feinstgranulärer Kernstruktur.
Diagn.: Dringender Verdacht auf Tumorzellen (Pap. Gr. IV), z. Z. der Zytol.: 5 J. 7 Mon. nach Strahlentherapie. Gyn.: Verdacht auf LK-Metastase re. inguinal.

Abb. 6.25 a Färb.: HE; Vergr.: 25 x (gleicher Fall wie Abb. 6.25)
PE Inguinalbereich re (2 Mon nach Zytol.). *Histol.*: Papilläres Adenokarzinom (LK-Metastase).
Alter: 54 J. PT-Diagn.: Carcinoma ovarii ($T_3N_0M_1$). *Histol.*: Adenokarzinom.
Ther.: Abdominale Hysterektomie mit beiden Adnexen und Teilresektion des Omentum majus. Entfernung einer Metastase aus der Harnblasenwand. Nachbestrahlung: Biaxiale Telekobaltpendelbestrahlung kleines Becken. Pendelwinkel 2 × 180° ED 200 cGy, GD 8000 cGy HD (100%-Isodose), Split course technique: 4 und 2 Wochen Pause.

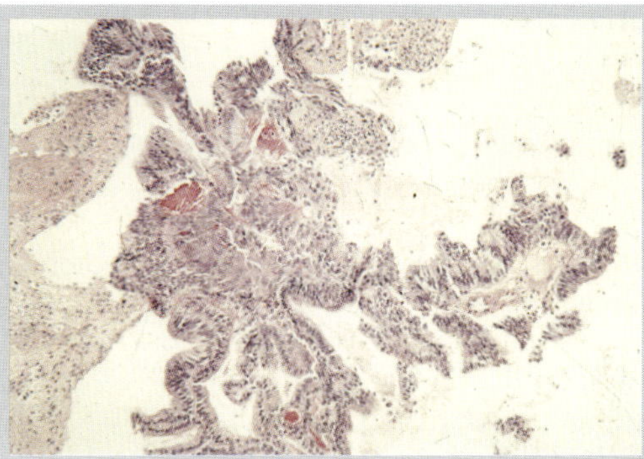

Abb. 6.26 Färb.: Pap; Vergr.: 200 x
FA Vaginalwand dorsal: Inmitten nekrotischer Substanzen zahlreiche ungewöhnlich polymorphe hyperchromatische Zellkerne sowie hochgradig atypische Epithelien mit Merkmalen der Malignität.
Diagn.: Verdacht auf radiogen deformierte Tumorzellen (Pap. Gr. IV), z. Z. der Zytol.: 1 Mon. nach Strahlentherapie. Gyn.: Fragliches vaginales Tumorinfiltrat.

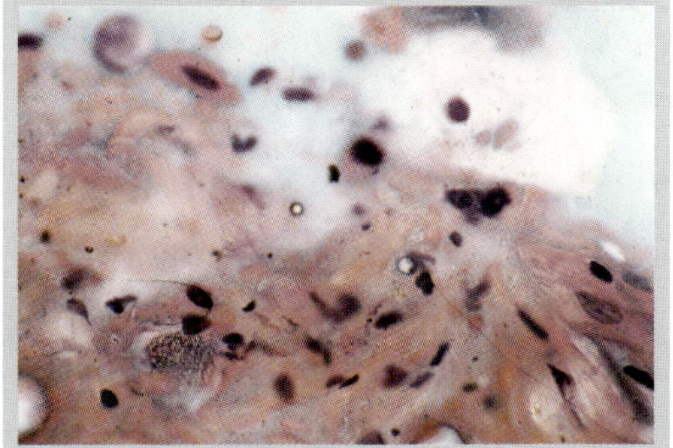

Abb. 6.26 a Färb.: Muzikarmin; Vergr.: 200 x (gleicher Fall wie Abb. 6.26)
PE Vaginalwand dorsal. *Histol.*: Entdifferenziertes drüsig-papilläres Adenokarzinom (6 Mon. nach Zytol.).
Alter: 50 J. PT-Diagn.: Carcinoma recti. *Histol.*: mittelreifes Adenokarzinom.
Ther.: Rektumamputation, Anus praeter naturalis. 2 J. danach: vaginales Tumorinfiltrat. Ther.: ^{60}Co-Spickung mit 12 großen Nadeln bis 4000 cGy GOD. Nach 4 Wochen erneute Spickung mit 11 Nadeln bis 2000 cGy GOD.

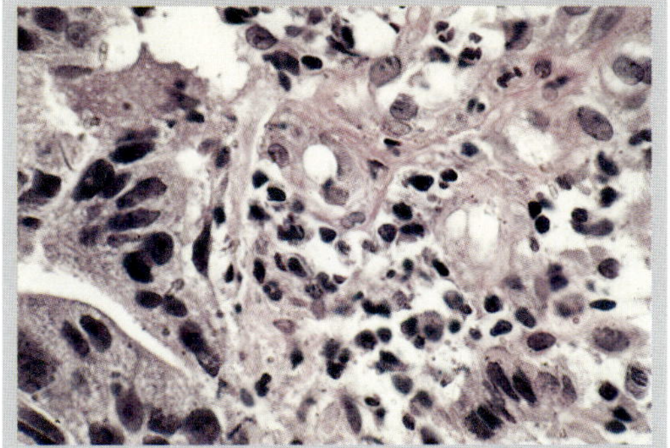

Literatur

Einhorn, N., J. Zajicek: Aspiration biopsy of intrapelvic metastases of cervical carcinom. ACTA Radiologica Vol. 17, Fasc. 4 (1978) 257–262.

Haberich, M.: Leistungsfähigkeit der radiologischen Punktionszytologie aus der Sicht des Pathologen. Röntgen-Bl. 32, (1979) 476–477.

Kern, W.H., H. Haber: Fine needle aspiration minibiopsies. ACTA Cytol. Vol. 30 (1986) 403–408.

Moriarty, A.T., M.D. Glant, F.B. Stehmann: The role of fine needle aspiration cytology in the managment of gynecologic malignancies. ACTA Cytol. Vol. 30 Nr. 1 (1986) 59–64.

Weiterführende Literatur

Bottels, K., Th.R. Miller, M.B. Cohen, B.-M. Ljung: Fine needle aspiration biopsy. The American Journal of Medicine Vol. 81 (1986) 525–531.

Ducatmann, B. S. , C.L. Hogan, H.H. Wang: A triage system for processing fine needle aspiration cytology specimens. ACTA-Cytologica Vol. 3 Nr. 6 (1986) 797–799.

Frank, S. , R. Heyn, W. Pennig: Ergebnisse der Feinnadelpunktion suspekter Infiltrationen bei gynäkologischen Tumorpatientinnen. Geburtsh. u. Frauenheilk. 37. JG, Heft 5 (1977) 429–432.

Geier, G.: Aspirationszytologie am Parametrium. Geburtsh. u. Frauenheilk. 37. JG, Heft 5 (1977) 423–428.

Hajdu, S. I., H. Ehya, W.J. Frable, K. R. Geisinger, C.M. Gompel, W.H. Kern, T. Löwhagen, Y.C. Oertel, I. Ramzy, F.O. Rilke, P.E. Saigo, H.Z. Suprun et H.M. Yazdi: The value and limitations of aspiration cytology in the diagnosis of primary tumors. ACTA Cytologica Vol. 33, Nr. 6 (1989) 741–790.

Hoppe (Wolfram), E.: Zur Wertigkeit der intra- und postradiogenen gynäkologischen Aspirationszytologie. Vortrag auf dem 11. Zytologenkongress in Praha (Prag), September 1982 (Europakongress).

Kline, T.A., S. Neal, Ch.P. Holroyde: Nadelaspirationsbiopsie – Diagnostik subkutaner Knoten und Lymphknoten. Jama 235 (1976) 2848–2850.

Links, J.A., S. Franzen: Clinical aspiration cytology. J.B. Lippincott Com., Philadelphia, Pennsylvania (1983).

Lopes-Cardozo, P.: Die Zytologie in der Tumordiagnostik. Die Ärztliche Fortbildung Bd. XVIII, H. 2. (1970) 69–72.

Lopes-Cardozo, P.: Atlas of clinical cytology. Targe b.v.s. Hertogenbosch Leiden/Netherlands (1973).

Mennemeyer, R., M. Bartha, C.R. Kidd: Diagnostic cytology and electron mikroscopy of fine needle aspirates of retroperitoneal lymph nodes in the diagnosis of metastatic pelvic neoplasms. ACTA Cytologica Journal Vol. 23, Nr. 5 (1979) 370–373.

Nadji, M., S. E. Greening, B.U. Sevin, H.E. Averette, S. R. Nordqvist, A.B. Ng: Fine needle aspiration cytology in gynecologic oncology, II. morphologic aspects. ACTA Cytologica Vol. 23, Nr. 5 (1979) 380–388.

Sevin, B.U., Sh.E. Greening, M. Nadji, A.B.P. Ng, H.E. Avarette, St.R.B. Nordquist: Fine needle aspiration cytology in gynecologic oncology I. clinical aspects. ACTA Cytologica Vol. 23, Nr. 4 (1979) 277–281.

Sevin, B.U., M. Nadji, Sh.E. Greening, A.B.P. Ng, St.R.B. Nordqvist, R.E. Girtanner and H.E. Averette: Fine needle aspiration cytologic in gynecologic oncology: Early detection of occult persistent or recurrent cancer after radiation therapy. Gynecologic Oncology 9 (1980) 351–360.

Sevin, B.U.: Effect of radiation and chemotherapy on gynecologic fine needle aspiration cytology. Clinical Aspiration Cytology Verlag J.B. Lippincott Company (1983) 239–241.

Silverman, J.F., J.L. Finley, K.F. O'Brien, D.J. Dabbs, H.K. Park, E.W. Larkin, H.Th. Norris: Diagnostic accuracy and role of immediate interpretation of fine needle aspiration biopsy specimens from various sites. ACTA Cytologica Vol. 33, Nr. 6 (1989) 791–796.

Zajicek, J.: Aspiration biopsy cytology. Part 2: Cytology of infradiaphragmatic organs. Karger, Basel (1979).

7 Aspirationsbiopsien (durchleuchtungs- oder computertomographisch gestützt) bei Verdacht auf Lymphknotenmetastasen oder Tumorrezidive der gynäkologischen Region – nach Radiatio

Während oberflächlich lokalisierte und damit relativ gut erfaßbare pathologische Resistenzen auch ohne die Hilfe bildgebender Verfahren der Aspirationspunktion durch den Gynäkologen zugänglich sind, ist die Zuhilfenahme dieser Methoden zur Erfassung tiefer gelegener Zielobjekte notwendig (E. Schumann et al. 1980). Dazu dienen heute vorrangig die Computertomographie (CT) und die Ultraschalltomographie (US). Große Bedeutung hatte ebenfalls die durchleuchtungsgezielte Lokalisationsdiagnostik nach Lymphographie. Diese Verfahren gestatten es, bei tiefer gelegenen Lymphknoten mit Verdacht auf Metastasen (z. B. der Lymphonodi iliaci interni et externi, lumbales, sacrales usw.) das Zielobjekt für die Punktion sicher zu orten.

Bei tumorverdächtigen Veränderungen ist mittels eines Aspirationspunktates zytologisch eine Ergänzungsdiagnostik möglich. Sie ist in den diagnostischen Komplex von klinischer Symptomatik, paraklinischen Resultaten sowie der Verlaufsform einzuordnen. Eine exakte Überprüfung der zytologischen Treffsicherheit ist allerdings bei dieser Lokalisation von Lymphknotenveränderungen nur selten möglich, weil die zur histologischen Bestätigung erforderliche Exstirpation des pathologischen Substrates nur operativ durchführbar und deshalb individuell abzuwägen ist.

Nach erfolgter Strahlentherapie ist die radiogene Belastung mit der Vielfalt postradiogener Zellveränderungen zu berücksichtigen und in die zytologische Diagnostik einzubeziehen. Dieser Umstand trifft ebenfalls auf Aspirationsbiopsien aus Lymphknoten bei Zustand nach Radiatio zu und erklärt Unsicherheiten bzw. gelegentliche Fehlbeurteilungen. Das betrifft auch Zellabnormitäten bei postoperativ auftretenden entzündlichen Reaktionen.

Eine besondere zytodiagnostische Problematik bietet sich bei Fällen, in denen zuvor eine Lymphographie durchgeführt wurde. Infolge der langzeitig nachweisbaren Restbestände des Kontrastmittels sind Fremdkörperreaktionen mit Zellabnormitäten und sogar Atypien keine Seltenheit. Die entsprechende Kenntnis über vorangegangene derartige diagnostische Verfahren ist deshalb notwendig und bei der Beurteilung zu berücksichtigen.

Ist der histologische Typ des Primärtumors bekannt, können die Zellen auch bei kontrastmittelbedingten Veränderungen besser und sicherer identifiziert werden. Dazu sind mitunter Spezialfärbungen als Entscheidungshilfe nützlich, z. B. außer der Färbung mittels Hämatoxylin-Eosin zusätzlich eine Färbung nach Papanicolaou zum Nachweis von Hornsubstanzen beim histologisch diagnostizierten verhornenden Plattenepithelkarzinom des Primärtumors oder die PAS-Reaktion zum Nachweis von Schleimbestandteilen beim Adenokarzinom (Th.A. Bonfiglio et al 1979).

Lymphographie

Ziel ist die Darstellung des Lymphabflußsystems mit Hilfe von Kontrastmitteln, wobei als gravierender Nachteil die fehlende Darstellung der internen iliakalen, der hohen lumbalen und der mesenterialen Lymphknoten bekannt ist.

Untersuchungstechnik: Mit einem Farbstoff, der subkutan bzw. intrakutan in den Fußrücken injiziert wird, erfolgt die Darstellung der Lymphgefäße. Ein geeignetes größeres Gefäß wird aufgesucht und mit einer Spezialkanüle punktiert. Anschließend folgt die Injektion eines öligen Kontrastmittels. Röntgenaufnahmen dokumentieren dann die verschiedenen Phasen des Kontrastmittelabflusses im Lymphsystem (Füllungsphase = Lymphangiogramm, Speicherphase = Lymphadenogramm).

Computertomographie (CT)

Zielstellung ist die überlagerungsfreie Darstellung von Körperquerschnitten mit oder ohne Hilfe von Kontrastmitteln.

Untersuchungstechnik: Die abzubildende Körperquerschicht wird von Röntgenstrahlenbündeln durchstrahlt, die in einer Ebene liegen und den Körper in einer Vielzahl von Strahlenrichtungen durchdringen. Die gemessenen Schwächungswerte werden mit Hilfe eines Computers in Bilder umgesetzt. Zur besseren Darstellung von Gefäßen und parenchymatösen Organen ist der intravasale Einsatz von Kontrastmitteln hilfreich.

Eine komplette CT-Untersuchung besteht aus einem oder mehreren Übersichtsbildern (Topogrammen) und einer Vielzahl von in bestimmten Abständen (0,2 bis 1,0 cm) angefertigten Querschnittsbildern (Scans).

Biopsien

Gezielte Zellentnahme mittels Aspiration zur differentialdiagnostischen Abklärung von pathologischen oder auf Metastasen verdächtigen, raumfordernden oder entzündlichen Prozessen intra vitam.

Untersuchungstechnik: Nach Markierung, Hautdesinfektion, steriler Abdeckung und Lokalanästhesie Punktion des Zielobjektes mit Kanülen (Nadeln) verschiedener Längen und unterschiedlichen Durchmessers. Die *Aspirationsbiopsie* (Feinnadelbiopsie) erfolgt mit Nadeln von 0,6 bis 0,9 mm Außendurchmesser zur Gewinnung von Material für zytologische Untersuchungen. Gelegentlich werden kleine Gewebsbröckel für eine sogenannte Minihistologie miterfaßt, wobei mitunter bei positivem Befund sogar eine Tumortypisierung möglich ist (G. Mikuz et al. 1983). Zum anderen bieten Biopsien nach dem *Schneid- und Stanzprinzip* mit stärkerkalibrigen Kanülen (1,0 bis 1,2 mm Außendurchmesser) die bessere Möglichkeit zur Gewinnung von Material für histologische Untersuchungen. Abhängig von der Tiefe des Zielobjektes können Nadeln bis 200 mm Länge eingesetzt werden.

Die Punktionen erfolgen:

- „blind“ (ohne Kontrolle durch bildgebende Verfahren, inzwischen weitgehend verlassen),
- durchleuchtungsgezielt (Zieldarstellung und Zielkontrolle mittels Röntgendurchleuchtung),
- durchleuchtungsgezielt nach Gabe von Kontrastmitteln (z. B. nach Lymphographie),
- ultraschallgestützt (Zieldarstellung und -kontrolle mit Hilfe der Ultraschalltomographie),
- computertomographiegestützt (Zieldarstellung und -kontrolle mit Hilfe der Computertomographie).

CT-gestützte Biopsien, Methodik: Voraussetzung zur Punktion ist die einwandfreie Darstellung des Zielobjektes auf dem entsprechenden CT-Scan und die dann mögliche Vermessung. Letztere gestattet die Festlegung des Punktionsweges bzw. die Tiefe der Punktion. Mittels eines Markierungsgitters in einer speziellen Form (unterschiedliche Länge der nebeneinander angeordneten im CT-Bild sichtbaren Gitterbestandteile) gelingt die genaue Anzeichnung des Punktionsortes. Die Tiefe wird durch einen auf die Nadel aufzubringenden Plasteteil markiert. Nach durchgeführter Punktion wird anhand eines weiteren CT-Scans die wahre Position kontrolliert und dokumentiert. Bei Fehllage erfolgt eine entsprechende Korrektur, wiederum mit Kontrolle und Dokumentation. Die Notwendigkeit einer mehrmaligen Materialentnahme ist allgemein anerkannt. Die Komplikationen und Risiken des genannten Verfahrens sind im Vergleich zu den früher üblichen Blindbiopsien wesentlich geringer (M. Lüning 1981).

Beim genannten Aspirationsmaterial aus Lymphknoten gelten hinsichtlich technischer Verarbeitung und zytologischer bzw. zytohistologischer Auswertung gleichartige Kriterien wie bei Feinnadelpunktaten ohne bildgebende Verfahren (s. Kap. 6).

A) Zytologie (Ausstriche) von Feinnadel-Aspiraten (FA) aus tiefliegenden Lymphknoten (LK) bei Verdacht auf Metastasen *nach Lymphographie.*

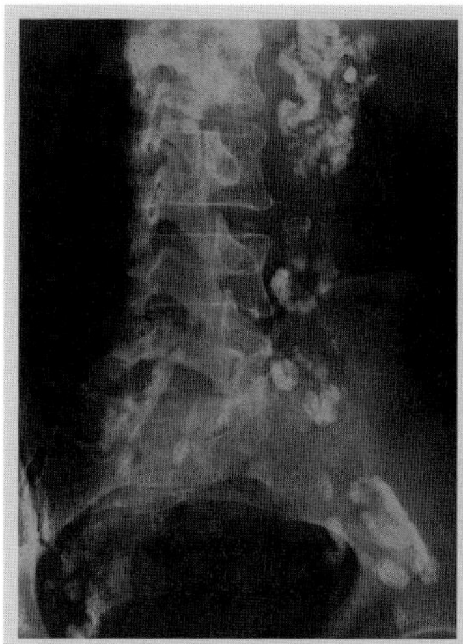

Abb. 7.1 Röntgenbild einer Lymphographie (Lymphadenogramm) mit Darstellung vergrößerter iliakaler und lumbaler Lymphknoten mit pathologischem Speichermuster.

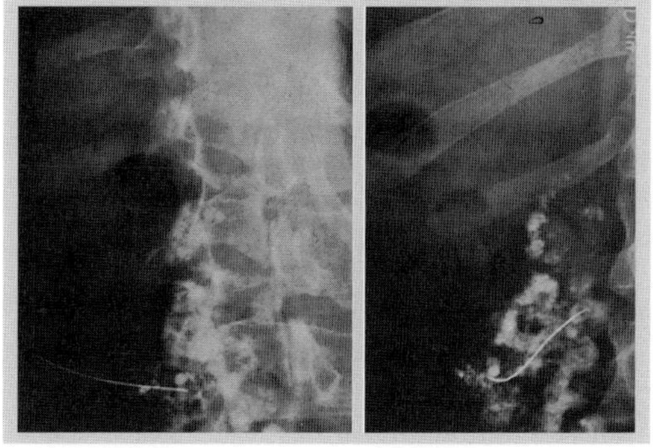

Abb. 7.1 a Röntgenbilder einer perkutanen durchleuchtungsgezielten Lymphknotenpunktion bei Zustand nach Lymphographie mit Darstellung suspekter und pathologisch veränderter Lymphknoten. Kanülenspitze in einem Lymphknoten, abgebildet in unterschiedlichen Projektionen.

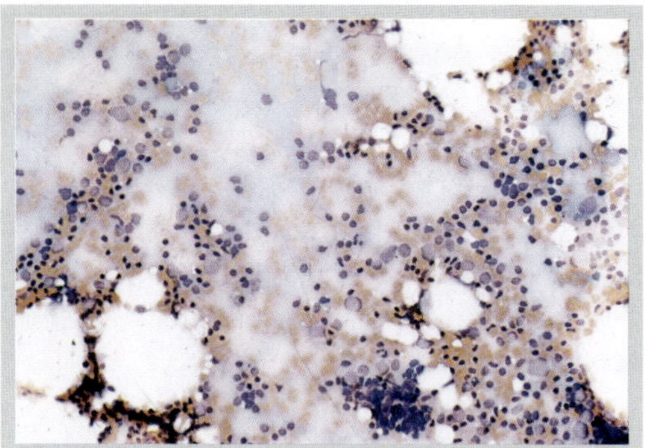

Abb. 7.2 Färb.: Pap; Vergr.: 66 x
FA-LK lumbal re. und li.: Zahlreiche Lymphozyten, z. T. ödematös vergrößerte, schwammartig strukturierte, polymorphe, abnorm erscheinende Zellkerne, größer als Leukozyten. Dazwischen leere vakuolige Hohlräume.

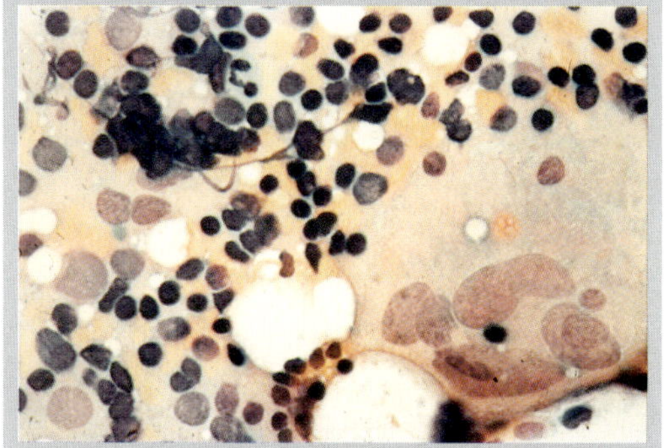

Abb. 7.2 a Färb.: Pap; Vergr.: 200 x (gleicher Fall wie Abb. 7.2)
Ödematöser Präparatehintergrund. Dicht gelagerte Lymphozyten, meistens monomorph mit ganz vereinzelten Vakuolen. Partiell herdförmige Verklumpung von Lymphozyten. Im Randbezirk ungleich große, schwammartige, aufgedunsene Zellen (am ehesten reaktiv veränderte Retikulumzellen). Inmitten eines ödematösen herdförmigen Bezirkes eine Gruppe monströs veränderter Zellkerne, z. T. von nierenförmiger Gestalt und wabenförmiger Struktur. Vakuolige Hohlräume.
Diagn. (zu Abb. 7.2 und 7.2 a): Tumorzellen (Pap. Gr. V), z. Z. der Zytol.: vor Strahlentherapie. Gyn. und Rö.: nach Lymphographie: Verdacht auf LK-Metastasen, lumbal re. und li. (zytol. Fehlbeurteilung), sehr wahrscheinlich nur reaktive Veränderungen infolge Injektion von Lipoidol zur Lymphographie (später bei Obduktion keine LK-Metastasen).
Alter: 66 J. PT-Diagn.: Carcinoma vaginae ($T_3N_1M_0$). *histol.*: nichtverhornendes Plattenepithelkarzinom.
Ther.: keine Strahlen- und antineoplastische Chemotherapie (Verdacht auf embolischen Verschluß der großen abdominalen Gefäße).

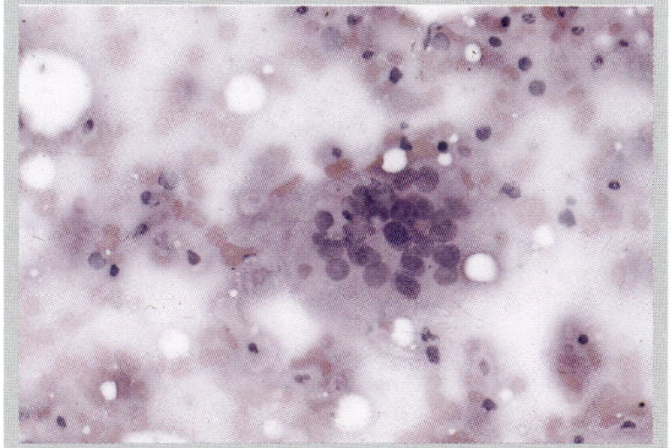

Abb. 7.3 Färb.: HE; Vergr.: 100 x
FA-LK iliakal li.: Strukturlose Grundsubstanz mit Erythrozyten und einzelnen Leukozyten und Lymphozyten. Dazwischen vakuolenförmige leere Hohlräume. Zentral herdförmige Ansammlung aus abnormen bis fraglich atypischen wabig aufgedunsenen Zellkernen.
Diagn.: Tumorverdächtige Zellen, jedoch reaktive Veränderungen durch Kontrastmittel nach Lymphographie nicht völlig auszuschließen (Pap. Gr. IV), z.Z. der Zytol.: Zustand vor Strahlentherapie. Rö.: nach Lymphographie: LK-Metastasen lumbal und iliakal li. 2 J. später Obduktion: sehr weit fortgeschrittenes Zervixkarzinom. LK-Metastasen nachgewiesen.
Alter: 53 J. PT-Diagn.: Carcinoma cervicis uteri ($T_{3b(a)}N_1M_1$). *histol.*: nichtverhornendes Plattenepithelkarzinom.
Ther.: Planung einer Perkutanbestrahlung und Kontakttherapie.

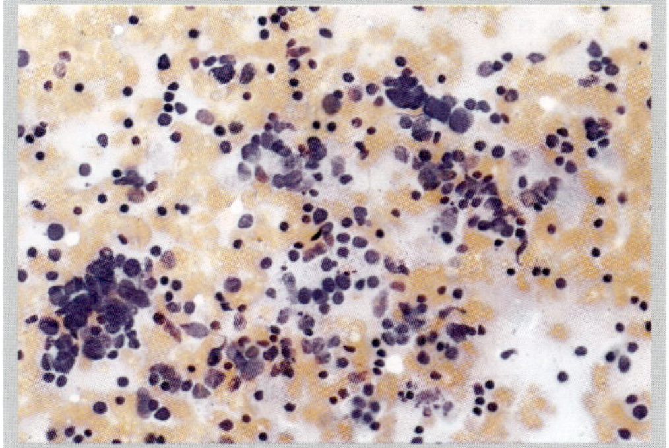

Abb. 7.4 Färb.: Pap; Vergr.: 100 x
FA-LK lumbal re.: Zwischen Lymphozyten und Erythrozyten diffus verstreute stärker abnorme bzw. atypische Einzelzellen mit größeren polymorphen, hyperchromatischen Kernen, z.T. übereinandergelagert (Beispiel einer erschwerten Beurteilung).
Diagn.: Hochgradiger Verdacht auf Tumorzellen (Pap. Gr. IV), z.Z. der Zytol.: Zustand während Strahlentherapie. Gyn. und Rö.: Zustand nach Lymphographie: Verdacht auf Lymphknotenmetastasen (später bei Obduktion LK-Metastasen bestätigt).
Alter: 51 J. PT-Diagn.: Carcinoma cervicis uteri ($T_{3b}N_1M_1$). *histol.*: nichtverhornendes Plattenepithelkarzinom.
Ther. bis zur Zytol.: Biaxiale Telekobaltpendelbestrahlung kleines Becken mit Überpendelung $2 \times 190^\circ$ ED 200 cGy bis GD 3000 cGy HD, Split course technique 4 Wochen Pause, Fortsetzung mit dem Ziel GD 6800 cGy HD (100%-Isodose).

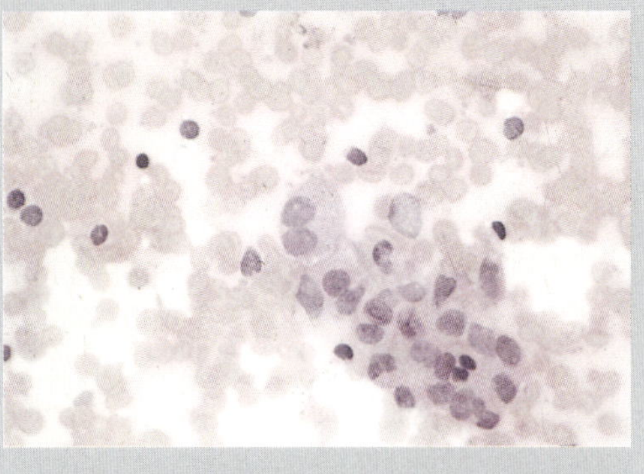

Abb. 7.5 Färb.: HE; Vergr.: 139 x
FA-LK iliakal ext. li.: Reichlich Erythrozyten und vereinzelt Lymphozyten. Im Vordergrund polymorphe wabenförmige atypische Zellkerne, z. T. mit Kernvakuolen.
Diagn.: Verdacht auf Tumorzellen (Pap. Gr. IV). Hinsichtlich des Krankheitsverlaufes offenbar Fehlinterpretation, sehr wahrscheinlich nur reaktive Zellveränderungen nach Lymphographie, z. Z. der Zytol.: 1 J. nach Strahlentherapie und Zustand nach Lymphographie. Gyn.: fragliche LK-Metastasen. Lymphographie-Verlaufskontrolle: suspekter LK. Später nach 5 J. 6 Mon. kein Metastasenverdacht.
Alter: 48 J. PT-Diagn.: Carcinoma cervicis uteri ($T_3N_0M_0$). *histol.*: exophytisch wachsendes verhornendes Plattenepithelkarzinom.
Ther.: Biaxiale Telekobaltpendelbestrahlung kleines Becken ED 200 cGy, GD 7000 cGy HD (100%-Isodose), Split course technique: 5 Wochen Pause.

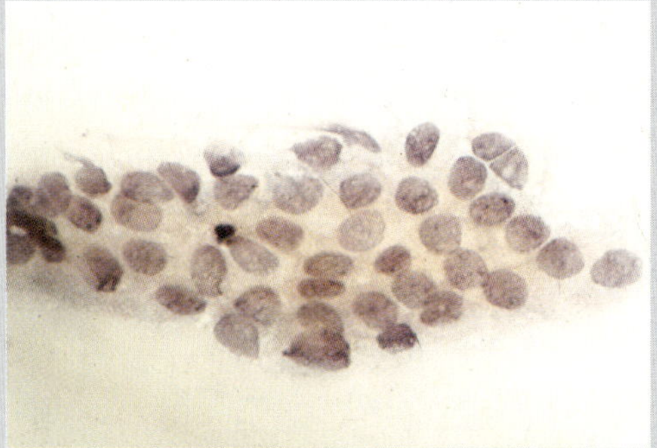

Abb. 7.6 Färb.: HE; Vergr.: 200 x
FA-LK lumbal li.: Dichter Zellkomplex aus atypischen Zellen mit geringen Unterschieden der Zellkonfiguration, Kernvakuolen. Vergrößerung und Vermehrung der Nukleoli. Ödematöse Beschaffenheit der Kerne.
Diagn.: Dringender Verdacht auf Tumorzellen (Pap. Gr. IV), z. Z. der Zytol.: 1 J. 7 Mon. nach Strahlentherapie. Zustand nach Lymphographie. Gyn. und Rö.: Verdacht auf LK-Metastasen. Später generalisierte Metastasierung vorwiegend der LK iliakal und lumbal. Danach Exitus letalis.
Alter: 56 J. PT-Diagn.: Carcinoma cervicis uteri ($T_2N_0M_0$). *histol.*: mittelgradig differenziertes Plattenepithelkarzinom.
Ther.: Radikaloperation nach *Wertheim*. Nachbestrahlung: Biaxiale Telekobaltpendelbestrahlung kleines Becken ED 200 cGy, GD 6000 cGy HD (100%-Isodose), Split course technique: 4 Wochen Pause.

Abb. 7.7 Färb.: HE; Vergr.: 75 x
FA-LK lumbal: Herdförmige Konzentrate aus Lymphozyten. Dazwischen auffallend große atypische Zellen mit erheblicher Kernschwellung, Hyperchromatose und pathologischer Kern-Plasma-Relation. Defekte der Außenmembran dieser Zellen als füßchenförmige Zytoplasmaaustritte.
Diagn.: Nahezu sichere Tumorzellen (Pap. Gr. V), z. Z. der Zytol.: 2 J. nach Strahlentherapie. Gyn. und Rö.: Lymphographie: Verdacht auf LK-Metastasen (danach wegen Tumorprogression Polychemotherapie).
Alter: 54 J. PT-Diagn.: Carcinoma cervicis uteri ($T_2N_1M_0$). *histol.*: Plattenepithelkarzinom.
Ther.: Biaxiale Telekobaltpendelbestrahlung kleines Becken ED 200 cGy, GD 6000 cGy HD (100%-Isodose), Split course technique: 4 Wochen Pause.

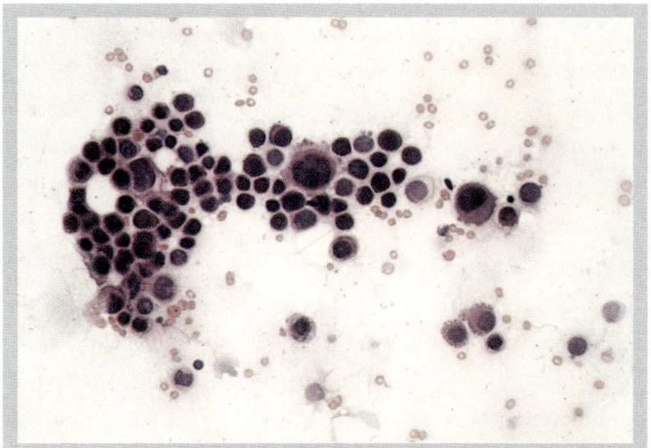

Abb. 7.8 Färb.: HE; Vergr.: 200 x
FA-LK iliakal bds.: Ungleich große, schwammige, hyperchromatische atypische Zellkerne, z. T. mit gitterförmiger Struktur. Präparatehintergrund verwaschen, vakuolige große leere Hohlräume.
Diagn.: Verdacht auf Tumorzellen (Pap. Gr. IV), z. Z. der Zytol.: 8 Mon. nach Strahlentherapie und am Ende der Tumorchemotherapie. Gyn.: Verdacht auf LK-Metastasen, später Tumorprogression. Rö.: Zustand nach Lymphographie.
Alter: 58 J. PT-Diagn.: Carcinoma corporis uteri (Stadium unbekannt). *histol.*: hochdifferenziertes, papilläres Adenokarzinom.
Ther.: Operation: Abdominale Hysterektomie mit beiden Adnexen. 2 Jahre danach Scheidenstumpfrezidiv.
Ther.: Biaxiale Telekobaltpendelbestrahlung kleines Becken ED 200 cGy, GD 4800 cGy HD (100%-Isodose). Kontakttherapie: Flächenspickung mit 7 ^{60}Co-Nadeln 2x im monatlichen Abstand bis jeweils 3000 cGy GOD. Tumorchemotherapie: 8 Infusionen mit je 2 g Cyclophosphamid im 15tägigen Abstand.

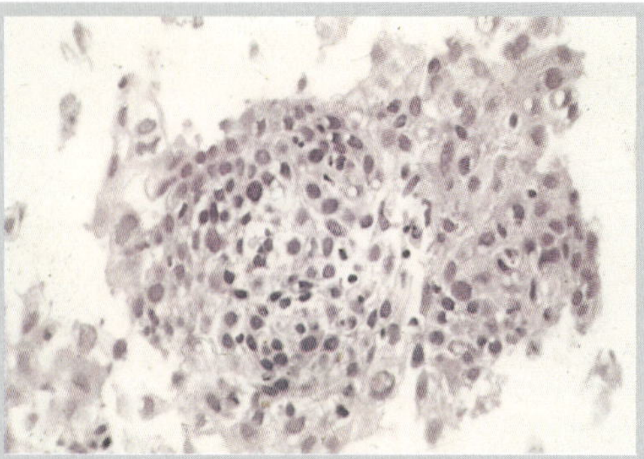

Abb. 7.9 Färb.: Pap; Vergr.: 200 x
FA-LK lumbal li.: Komplex aus polymorphen atypischen Zellen in lockerer Verbindung. Mehrfach Vakuolenbildungen mit Merkmalen der Zellkernverdrängung.
Diagn.: Verdacht auf Tumorzellen nach Art des *histol.* PT-Types (Pap. Gr. IV), z. Z. der Zytol.: Zustand während Strahlentherapie (seit 10 Tagen). Zustand nach Lymphographie. Gyn.: Verdacht auf LK-Metastasen. Später Tumorprogression. Rö.: Verdacht auf LK-Metastasen.
Alter: 56 J. PT-Diagn.: Carcinoma ovarii li. ($T_1N_xM_x$). *histol.*: undifferenziertes endometroides Karzinom.
Ther. bis zur Zytol.: Abdominale Hysterektomie mit beiden Adnexen. Nachbestrahlung: Biaxiale Telekobaltpendelbestrahlung kleines Becken ED 200 cGy bis GD 2000 cGy HD (Ziel: GD 7000 cGy HD).

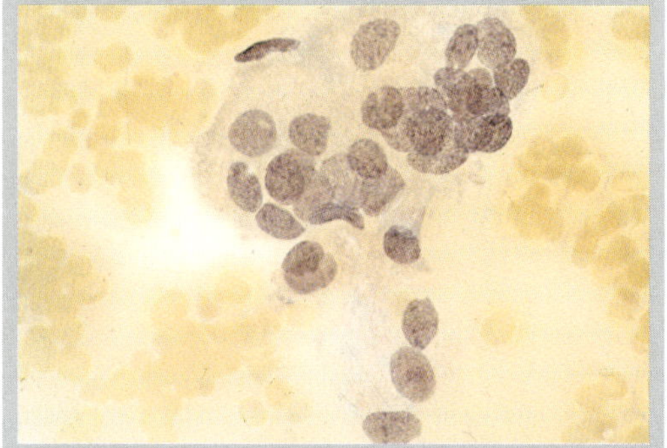

Abb. 7.10 Färb.: HE; Vergr.: 200 x
FA-LK lumbal re.: Zwischen Erythrozyten ein Konzentrat aus abnormen bis fraglich atypischen Zellen. Auffallend wabenförmige Kernstruktur bei überwiegender Gleichförmigkeit.
Diagn.: Fragliche Tumorzellen (Pap. Gr. IV) (bzgl. des Krankheitsverlaufes offenbar zytol. Fehlinterpretation bei Radiogoldinstillation), z. Z. der Zytol.: 2 Mon. nach Strahlentherapie mittels Radiogold intraabdominal. Gyn., Lymphographie und Rö.: Verdacht auf LK-Metastasen, aber 6 Wochen später bei Lymphographiekontrolle keine suspekten LK.
Alter: 43 J. PT-Diagn.: Tumor im Ovar. *histol.*: papillär-seröses Ovarialkystom (semimaligne).
Ther.: Abdominale Hysterektomie mit beiden Adnexen. Instillation von kolloidalem ^{198}Au intraabdominal bis 5700 MBQ.

B) Zytologie (Ausstriche) von Feinnadel-Aspiraten (FA) – gestützt durch Computertomographie (CT) – aus tiefliegenden Lymphknoten (LK) bei Verdacht auf Metastasen bzw. aus pathologischen Resistenzen verschiedener Lokalisation.

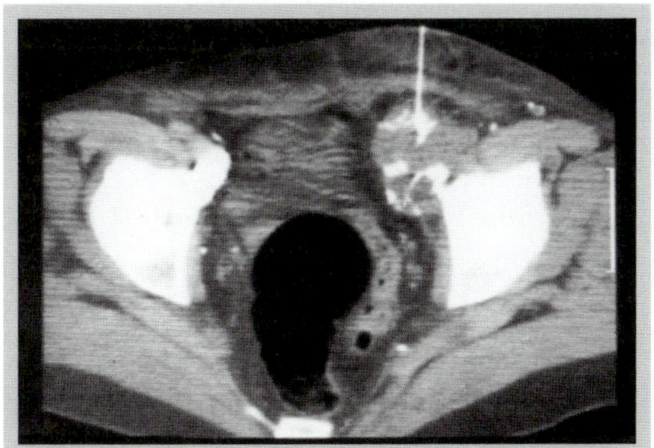

Abb. 7.11 CT-Scan einer CT-gestützten Biopsie bei Zustand nach Lymphographie. Kanülenspitze in einem stark vergrößerten externen iliakalen Lymphknoten links.

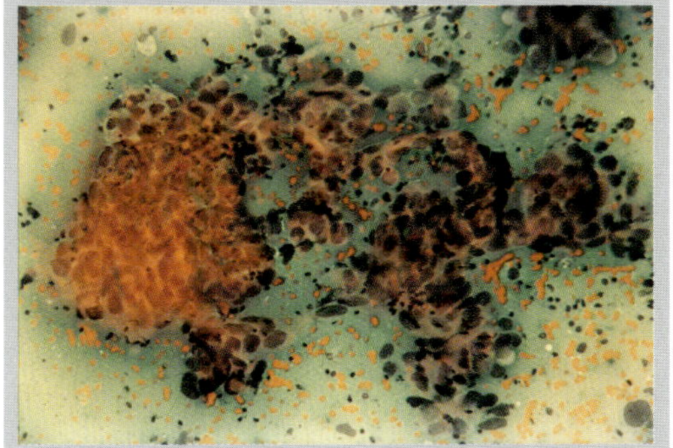

Abb. 7.11 a Färb.: Pap; Vergr.: 180 x (gleicher Fall wie Abb. 7.11)
FA-LK iliakal extern. li.: Zellkomplexe aus stark atypischen Zellen mit Hyperchromatose und Kernpolymorphie sowie Merkmalen von Verhornung.
Diagn.: Tumorzellen vom Typ eines verhornenden Plattenepithelkarzinoms (Pap. Gr. V), z. Z. der Zytol.: Keine Strahlentherapie. Gyn. und Rö.: Verdacht auf LK-Metastasen. Schwellung des li. Beines.
PT-Diagn.: Carcinoma cervicis uteri. *histol.*: verhornendes Plattenepithelkarzinom.
Ther.: Hysterektomie vor 6 J. Weiterer Krankheitsverlauf unbekannt.

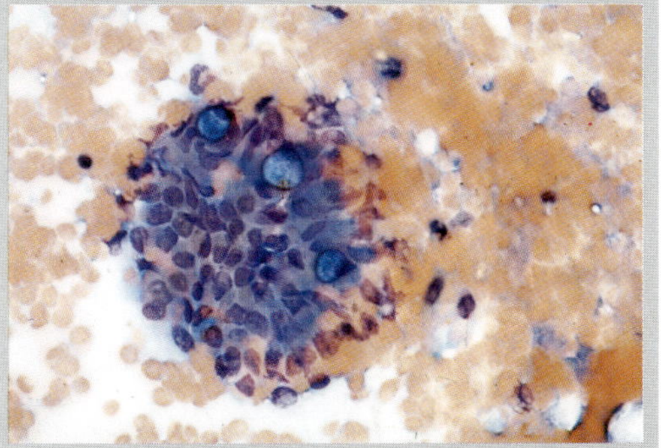

Abb. 7.12 Färb.: Pap; Vergr.: 132 x
FA aus Beckenwandbereich re.: Erythrozyten z. T. in Zytolyse. Herdförmiges Konzentrat aus abnormen bzw. atypischen epithelialen Zellen. Randständig reduzierter Erhaltungszustand. Dazwischen drei blasenförmige Gebilde mit starren Konturen und grießeligem Inhalt.
Diagn.: Dringender Verdacht auf Tumorzellen bei reaktiven Deformierungen (Pap. Gr. IV).

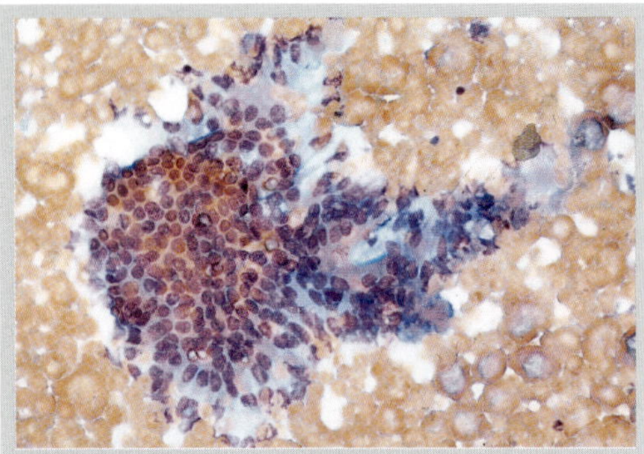

Abb. 7.12 a Färb.: Pap; Vergr.: 100 x (gleicher Fall wie Abb. 7.12)
Inmitten von Blut umfangreicher Zellkomplex aus ziemlich gleichförmigen Zellkernen mit vereinzelten Vakuolen. Lateral strangförmige Ausläufer aus ungeordneten, polymorphen atypischen Zellen mit aufgelockerten und z. T. deformierten Zellkernen.
Diagn.: Nahezu sichere Tumorzellen mit degenerativen Veränderungen (Pap. Gr. V), z. Z. der Zytol.: 1 J. 4 Mon. nach Strahlentherapie. CT und Gyn.: Verdacht auf Beckenwandrezidiv.
Alter: 65 J. PT-Diagn.: Carcinoma cervicis uteri ($T_{2a}N_0M_0$). *histol.*: gering verhornendes Plattenepithelkarzinom.
Ther.: Abdominale Hysterektomie mit beiden Adnexen und Scheidenmanschette. Nachbestrahlung: Biaxiale Telekobaltpendelbestrahlung kleines Becken ED 200 cGy, GD 6000 cGy HD (100%-Isodose), Split course technique: 4 Wochen Pause.

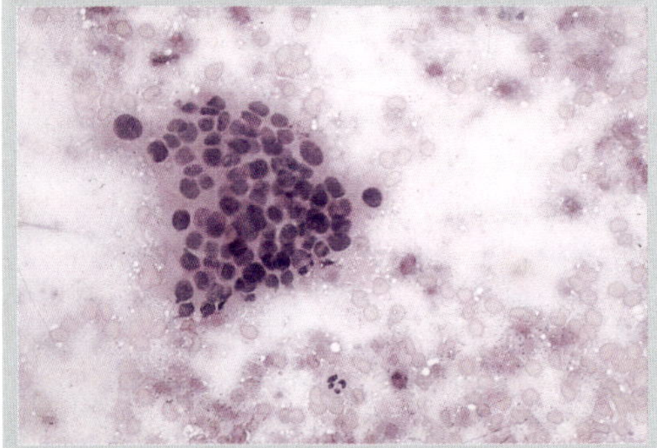

Abb. 7.13 Färb.: HE; Vergr.: 100 x
FA aus Bauchdeckeninfiltrat: Schattenhafte Strukturen von Erythrozyten in fortgeschrittener Zytolyse. Am Bildrand segmentkerniger Leukozyt. Im Zentrum herdförmig dicht gelagerte atypische Zellen mit nur hauchzart angedeutetem Zytoplasma. Ungleiche Kerngröße. Kernstruktur feingranulär, vereinzelt Kernvakuolen.
Diagn.: Tumorzellkomplex (Pap. Gr. V), z. Z. der Zytol.: 2 J. 10 Mon. nach Strahlentherapie. CT und Gyn.: Hämatom im Zustand fortgeschrittener Organisation oder Tumorinfiltrat? Später PE: Metastase *histol.* bestätigt.
Alter: 61 J. PT-Diagn.: Carcinoma cervicis uteri ($T_{2b}N_1M_0$). *histol.*: mittelmäßig bis undifferenziertes Plattenepithelkarzinom.
Ther.: Radikaloperation nach *Wertheim*. Biaxiale Telekobaltpendelbestrahlung kleines Becken ED 200 cGy, GD 6000 cGy HD (100%-Isodose), Split course technique: 4 Wochen Pause.

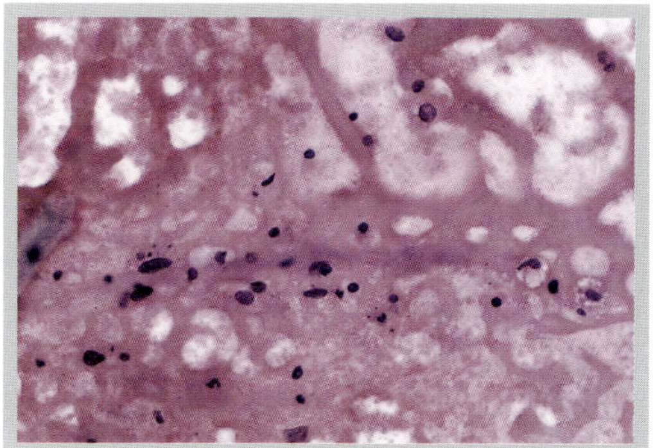

Abb. 7.14 Färb.: HE; Vergr.: 100 x
FA aus Tumor im Bereich des kleinen Bekkens: Dichte grießelige strukturlose Grundsubstanz. Locker eingestreut einzelne Lymphozyten sowie vereinzelte Leukozyten und stärker abnorme, z.T. ovale, schwammartige Zellen, meistens ohne erkennbares Zytoplasma wie bei Zellen eines Adenokarzinoms. Mäßige Hyperchromatose bei geringer Kernpolymorphie.
Diagn.: Dringender Verdacht auf vereinzelte Tumorzellen (Pap. Gr. IV), z.Z. der Zytol.: Zustand nach Operation ohne Strahlentherapie. Gyn.: tumorverdächtiges Infiltrat. CT: ausgedehntes Tumorrezidiv.
Alter: 46 J. PT-Diagn.: Carcinoma corporis uteri (Stadium nicht bekannt). *histol.*: papilläres Adenokarzinom.
Ther.: Abdominale Hysterektomie mit beiden Adnexen – keine Nachbestrahlung.

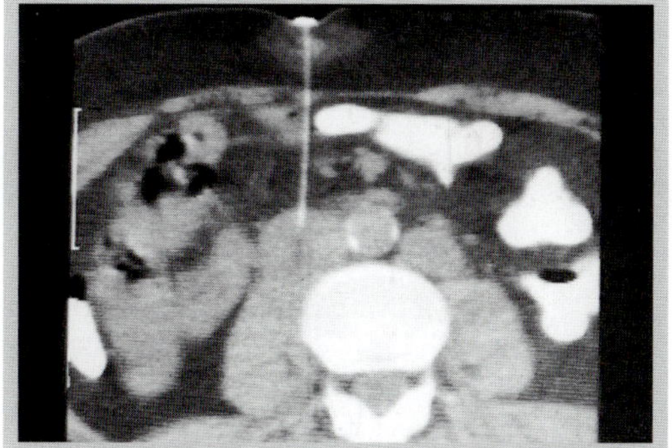

Abb. 7.15 CT-Scan einer CT-gestützten Biopsie bei Zustand nach Lymphographie. Kanülenspitze in einem deutlich vergrößerten Lymphknoten lumbal rechts der Aorta.

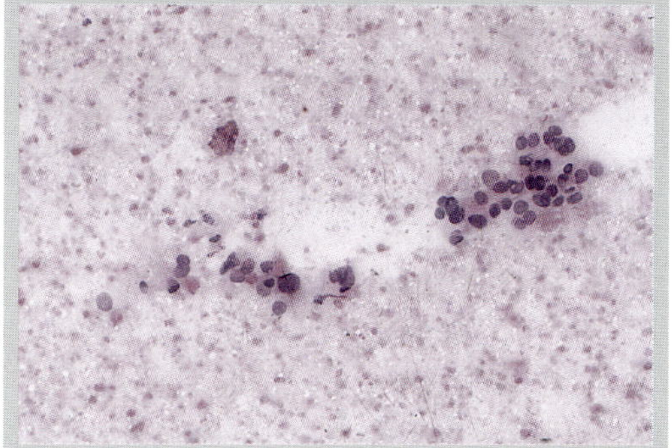

Abb. 7.15 a Färb.: HE; Vergr.: 50 x (gleicher Fall wie Abb. 7.15)
FA-LK lumbal: Reichlich Detritus. Multiple Vakuolen. Konzentrate zytologischer Substanzen. Zentral herdförmige Anhäufung polymorpher, atypischer Zellkerne mit nur zartem angedeuteten Zytoplasma. Partiell Kernvakuolen. Fadenförmige Ausziehungen der Kernsubstanz.

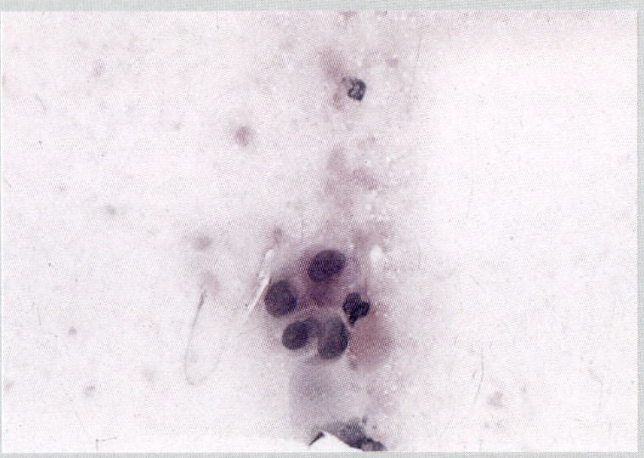

Abb. 7.15 b Färb.: PAS-Reaktion; Vergr.: 100 x (gleicher Fall wie Abb. 7.15 und 7.15 a) Inmitten von Detritus durch Spezialfärbung nachgewiesene Schleimsubstanzen. Atypische Zellen, PAS-positiv im Zytoplasma. Wabenförmig strukturierte, ungleich große Zellkerne. Vereinzelt Vakuolisierung.
Diagn.: Mukoide Grundsubstanz mit schleimbildenden Tumorzellen (Pap. Gr. V), z. Z. der Zytol.: Zustand nach Operation, noch keine Strahlentherapie. Gyn.: LK-Metastasen oder Lymphangitis? – Postoperative Lymphographie ergibt keine LK-Darstellung, d. h. nahezu sichere Metastasen. CT: hochgradiger Verdacht auf LK-Metastasen, durch Obduktion bestätigt.
Alter: 62 J. PT-Diagn.: Carcinoma ovarii ($T_{2c}N_1M_0$). *histol.*: teils solides, teils papilläres Adenokarzinom.
Ther.: Abdominale Hysterektomie mit partieller Resektion des Omentum majus sowie Teilresektion der Harnblase.

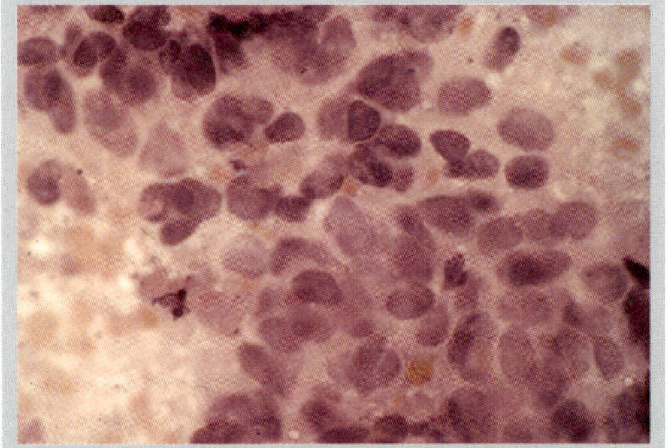

Abb. 7.16 Färb.: HE; Vergr.: 200 x
FA pathologische Resistenz im kleinen Bekken: Dicht gelagerte, stark atypische Zellen mit wabiger Kernstruktur und Polymorphie.
Diagn.: Tumorzellkomplex (Pap. Gr. V), z. Z. der Zytol.: bisher keine Strahlen- oder zytostatische Chemotherapie. Gyn.: Zustand nach abdominaler Totalexstirpation des Uterus vor 2 J. Jetzt im CT: Verdacht auf Tumorrezidiv im kleinen Becken.
Alter: 71 J. PT-Diagn.: Tumor im Ovar. *histol.*: Granulosazelltumor und gleichzeitig Zustand nach Mammakarzinom bds. vor 3 Jahren.
Ther.: Zustand nach abdominaler Hysterektomie mit beiden Adnexen.

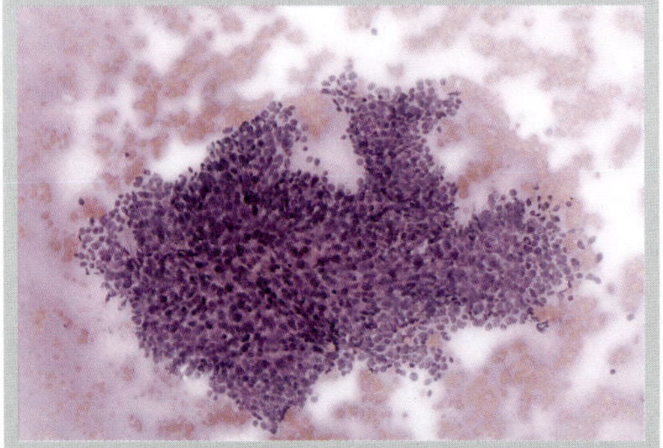

Abb. 7.17 Färb.: HE; Vergr.: 40 x
FA aus retroperitonealem Tumor: Massiver Komplex aus dicht gelagerten atypischen Zellen. Zentral Zellüberlagerung. In Randgebieten Epithelien mit überwiegend gleichförmigen runden, undifferenzierten Kernen. Keine therapiebedingten Zellveränderungen.
Diagn.: Tumorzellformation (bei bekanntem *histol.* Tumortyp besteht Ähnlichkeit mit Zellen eines Granulosazelltumors, d. h. jetzt Tumorrezidiv) (Pap. Gr. V), z. Z. der Zytol.: Tumorchemotherapie. Keine Strahlentherapie. Gyn.: Unklare Genese eines retroperitonealen Tumors. US und CT: Gyn. Befund bestätigt.
Alter: 43 J. PT-Diagn.: Tumor ovarii. *histol.*: diffuse Form eines Granulosazelltumors.
Ther.: Vor 2 J. Hysterektomie mit beiden Adnexen Tumorchemotherapie. Kombination: Adriblastin 80 mg, Cisplatin 75 mg, Cyclophosphamid 800 mg i. v., 6 Zyklen in 3wöchigem Abstand.

Literatur

Bonfiglio, Th.A., P.K. MacIntosh, St.F. Patten, Jr., D.J. Cafer, F.E. Woodworth, C.W. Kim: Fine needle aspiration cytopathology of retroperitoneal lymph nodes in the evaluation of metastatic disease. ACTA Cytologica Vol. 23, Nr. 2 (1979) 126–130.

Lüning, M.: Twelve years of experience with percutaneous, paravascular biopsy of pelvic lymph nodes. Europ. J. Radiol. 1 (1981) 123–125.

Mikuz, G., F. Hofstädter, M. Aufschnaiter, G. Judmaier: Erfahrungen mit der sonographisch gezielten Feinnadelbiopsie abdomineller und retroperitonealer Organe. Der Pathologe 4 (1983) 142–148.

Schumann, E., G. Endert, K. Keinert, H. Ritter, U. Schalldach: Interventionsradiologische Möglichkeiten zur gezielten Punktionszytodiagnostik. Zbl. Chirurgie 105 (1980) 594–604.

Weiterführende Literatur

Jackson, W.K., L.H. Archibald: Fine-needle aspiration biopsy of thyroid, neck masses and lymph nodes, and breast masses. Primary Care Vol. 13, Nr. 3 (1986) 549–564.

Kern, W.H., H. Haber: Fine needle aspiration minibiopsies. ACTA Cytologica Vol. 30, Nr. 4 (1986) 403–408.

Kline, T.A., H.S. Neal, Chr.P. Holroyde: Needle aspiration biopsy. Diagnosis of subcutaneous nodules and lymph nodes. Jama, Vol. 235, Nr. 26 (1976) 2848–2850.

Lee, R.E., J. Valaitis, O. Kalis, A. Sophian, E. Schultz: Lymph node examination by fine needle aspiration in patients with known or suspected malignancy. ACTA Cytologica Vol. 31, Nr. 5 (1987) 563–572.

Lopes-Cardozo, P.: The cytologic diagnosis of lymphnode punctures. Symposium on diagnostic. Accuracy of Cytologic Technics Vol. 8, Nr. 3 (1964) 194–205.

Zaijcek, J.: Aspiration biopsy cytology. Lymphology 10 (1977) 94–101.

Anmerkungen

Die Angaben zu den bildgebenden Verfahren sind dem Charakter des Buches entsprechend nicht im Detail abgehandelt. Der darüber hinaus interessierte Leser sei deshalb auf die entsprechende radiologische Fachliteratur verwiesen.

z. B.: Lüning, M., M. Wiljasalo und H. Weissleder: Lymphographie bei malignen Tumoren. Thieme Stuttgart – New York 1983.

Lüning, M., R. Felix: Komplexe bildgebende Diagnostik Abdomen. Thieme Leipzig 1989.

Wegener, O.H.: Ganzkörpercomputertomographie. Blackwell Wissenschaft Berlin 1992.

8 Aszites mit therapiebedingten Zellveränderungen nach vorangegangener Bestrahlung oder Tumorchemotherapie bei gynäkologischen Malignomen

Die Entstehung von Körperhöhlenergüssen hat bekanntlich mannigfaltige Ursachen. Das zytologische Bild im Aszites und Pleuraerguß ist bezüglich der normalerweise vorkommenden Zellarten sowie der therapeutischen Veränderungen gleichgeartet. Ausgewählt und erörtert wird hier nur das mikroskopisch ermittelte zytologische Erscheinungsbild von Aszites, entweder verursacht durch lokales invasives Tumorwachstum mit Exulzeration oder durch Peritonealkarzinose infolge Metastasierung maligner Tumoren des gynäkologischen Bereiches. Bisher noch unklar ist die Feststellung, daß der Fibringehalt im Aszites geringer ist als in Pleurahöhlenergüssen (E. Hoppe 1978). Demzufolge steht auch bei der Materialbearbeitung von Aszites die Anfertigung von Ausstrichpräparaten des Zentrifugates im Vordergrund. Die ergänzende sog. zyto-histologische Zwei-Phasen-Methode mit zusätzlicher Aufbereitung eines Fibringerinnsels vom gleichen Material durch die *Zellblock-Technik* mittels Paraffineinbettung ist deshalb nur gelegentlich anwendbar (E. Hoppe [Wolfram] 1976).

Obwohl dieses Zusatzverfahren durch die Konzentration der Zellen im Fibrinnetz diagnostisch aussagekräftiger ist, bieten Ausstrichpräparate im Rahmen der zytologischen Beurteilung andersartige Vorzüge.

Bei der Kombinationsmethodik (Ausstrich und Fibringerinnselschnittpräparat) ist, durch die schonende Fixierung in Alkohol, ein Schrumpfungsprozeß der Zellen nur geringgradig ausgeprägt. Insbesondere sind in Ausstrichpräparaten bestimmte therapiebedingte Zellveränderungen, vorwiegend an isoliert liegenden Einzelzellen, gut sichtbar und wesentlich exakter zu beurteilen als z. B. Zelldegenerationen am kompakten Gewebe histologischer Präparate nach Formalinfixierung.

Als Färbemethoden haben sich in der Praxis bewährt: die Methode nach Papanicolaou bzw. die HE-Färbung sowie die PAS-Reaktion. Letztere bringt muzinhaltige Substanzen durch eine ausgeprägte Rotfärbung besonders gut zur Darstellung.

Therapiebedingte Veränderungen bzw. Schädigungen sind sowohl an Tumorzellen als z. T. auch an Mesothelien festzustellen, was die Differentialdiagnose erheblich erschweren kann (E. Haam 1977). Sie sind in diesem Material nicht spezifisch für eine spezielle Behandlungsform, wie z. B. für Strahlentherapie, Tumorchemotherapie oder eine Kombination beider Therapiearten. Zumindest sind zytomorphologisch keine deutlichen Unterschiede erkennbar (Z. Asay, Th. Topalidis 1994). Demnach gelten Zellkern- und aber besonders *Zellmembranschädigungen* als Degenerationsmerkmale im Prozeß der Zytolyse.

Ein gehäuftes Auftreten derartiger Veränderungen sowie zusätzliche unspezifische Abartigkeiten, wie z. B. Mehrkernigkeit bzw. Vakuolen im Zytoplasma und Kernpyknosen bzw. Pseudoatypien von Mesothelien oder degenerierte atypische Zellen, weisen den Diagnostiker, auch bei unterlassener Information durch den Einsender des Materials, auf eine therapeutische Beeinflussung hin (P. Spieler).

Bei einem rasanten Wachstum sind jedoch verständlicherweise neu gewachsene Tumorzellen nicht oder nur wenig geschädigt, so daß sich diese morphologisch meistens durch vitales Aussehen auszeichnen.

Aufgrund aller dieser Kriterien sind mitunter sogar zytologisch Hinweise auf die therapeutische Wirksamkeit möglich.

Eine durch *Therapie ausgelöste Zellveränderung* wurde von uns hauptsächlich an den Konturen der Außenmembran von Tumorzellen festgestellt. Sie gelangen mittels der Papanicolaou-Färbung, aber besonders eindrucksvoll nach der PAS-Reaktion als *füßchenförmige Substanzaustritte* zur Darstellung und werden als *Zellmembrandefekte* bezeichnet (E. Hoppe, D. Hoppe 1981).

Auch in Kombination mit sog. *Lymphozyten-Rosettenbildungen,* wobei die atypische Zelle jeweils zentral lokalisiert und zirkulär mit einem Kranz von Lymphozyten umgeben ist, gibt es solche Defekte der Zellmembran. Diese Rosettenbildung erlaubt außerdem eine nahezu sichere Spezifizierung der zentral gelegenen Zelle als Tumorzelle. Das Erscheinungsbild beruht offenbar auf einer immunologisch-serologischen Reaktion (E. Hoppe [Wolfram] 1982).

Mikroskopische Fotos dokumentieren die genannten therapiebezogenen Veränderungen.

Zytologie (Ausstriche) bzw. Zyto.-Histologie (Schnitte aus Fibringerinnsel) – Aszites

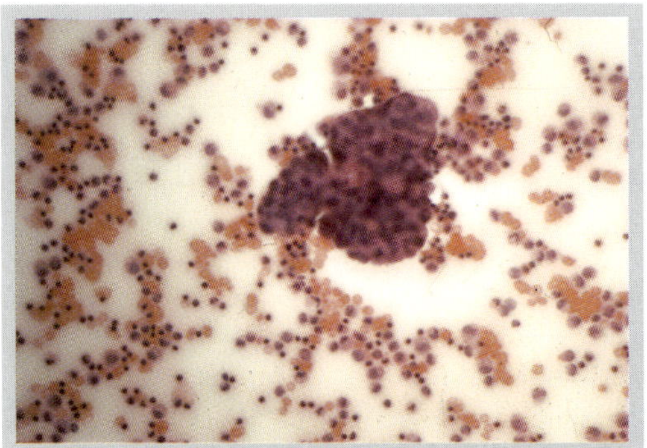

Abb. 8.1 Färb.: HE; Vergr.: 160 x
Diffus verstreute, zahlreiche Mesothelien, vermischt mit Erythrozyten und Lymphozyten. Zentral Konglomerat aus kohärenten, relativ kleinen atypischen Zellen nach Art einer sog. schwimmenden Mikrometastase.
Diagn.: Nachweis von Tumorzellkonglomeraten vom Typ eines vorwiegend undifferenzierten Karzinoms. Keine erkennbaren therapiebedingten Veränderungen (Pap. Gr. V), z. Z. der Zytol.: *während antineoplastischer Chemotherapie.* Klin. Lymphknotenmetastasen iliakal und paraortal, Peritonealkarzinose, Verdacht auf Lebermetastasen.
Alter: 74 J. PT-Diagn.: Carcinoma cervicis uteri ($T_4N_3M_2$). *Histol.*: nichtverhornendes Plattenepithelkarzinom.
Ther.: Für Perkutanbestrahlung und Kontakttherapie nicht geeignet – Versuch einer Tumorchemotherapie mit Cyclophosphamid-Infusionen – danach ohne Tumorregression.

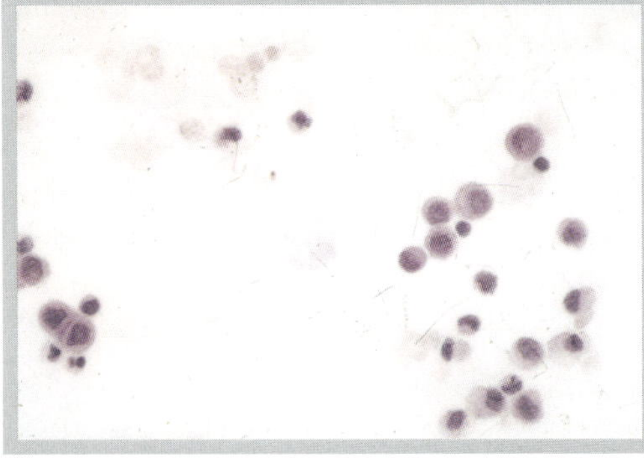

Abb. 8.2 Färb.: PAS-Reaktion; Vergr.: 139 x
Diffus verstreute Mesothelien, partiell mit Kernschwellung und geringen Unregelmäßigkeiten.

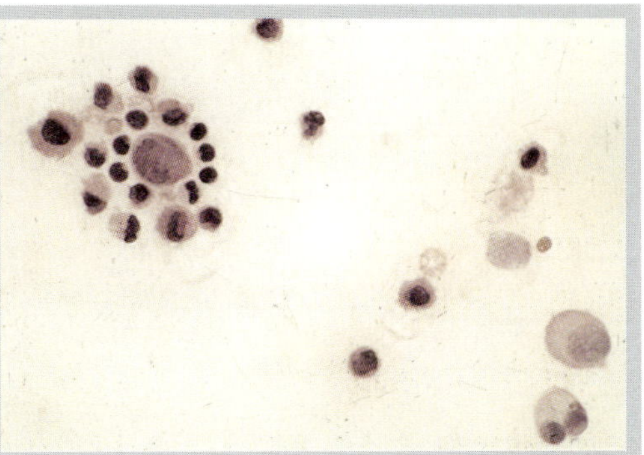

Abb. 8.2 a Färb.: PAS-Reaktion; Vergr.: 200 x (gleicher Fall wie Abb. 8.2)
Zellarmes Bild. Abnorme, nicht sicher spezifizierbare Zellen mit wabenförmig aufgelockerten, ungleichmäßig gestalteten Kernen. An einer Stelle zentrale atypische Zelle mit peripherer kreisförmiger Anordnung von Lymphozyten und Mesothelien.
Diagn.: Nachweis von abnormen Zellen, am ehesten reaktiv veränderte Mesothelien, *Lymphozytenrosette* mit zentraler atypischer Zelle, Verdacht auf geschädigte Tumorzelle (Pap. Gr. IV), z. Z. der Zytol.: 5 Mon. nach Strahlentherapie und Applikation von Turinabol.
Alter: 70 J. PT-Diagn.: Carcinoma cervicis uteri ($T_{1b}N_xM_0$). *Histol.*: gering differenziertes Plattenepithelkarzinom.
Ther.: Biaxiale Telekobaltpendelbestrahlung kleines Becken ED 200 cGy, GD 7000 cGy HD (100%-Isodose), Split course technique: 5 Wochen Pause.

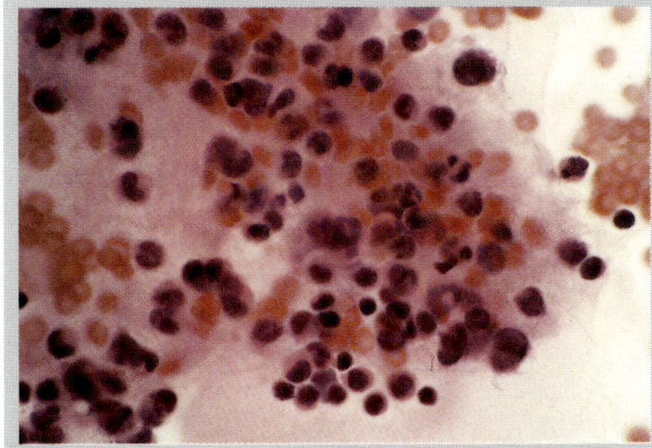

Abb. 8.3 Färb.: HE; Vergr.: 200 x
Vermehrt Erythrozyten. Dicht gelagerte, atypische teilweise monströse Zellen mit Zellkernpolymorphie und Hyperchromatose. Dazwischen Mesothelien, z. T. mit reaktiven Veränderungen.
Diagn.: Zahlreiche vital erscheinende Tumorzellen ohne erkennbare therapiebedingte Veränderungen (Pap. Gr. V), z. Z. der Zytol.: 6 Mon. nach *Strahlentherapie* (später Tumorprogression, lumbale LK-Metastasen).
Alter: 72 J. PT-Diagn.: Carcinoma cervicis uteri ($T_2N_1M_0$). *Histol.*: verhornendes Plattenepithelkarzinom.
Ther.: 2 x ^{60}Co-Kontakttherapie – Stift-Platte-Kombination jeweils bis 3000 cGy GOD. Telekobalt-Stehfeldbestrahlung Unterbauch- und Gesäßfeld alt., mit Aussparung der Kontakttherapieregion (Pb-Block) ED 200 cGy, GD 4600 cGy HD.

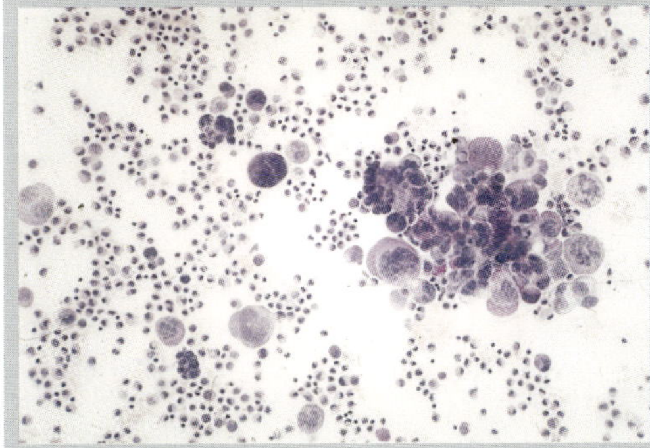

Abb. 8.4 Färb.: PAS-Reaktion; Vergr.: 50 x
Zwischen zahlreichen Mesothelien einzelne oder als Komplex formierte, z. T. adenoid-papilläre hochgradig atypische Zellen. Monströse Zellfiguren. Doppel- bzw. Mehrkernigkeit. Mukoide Substanzen im Zytoplasma.

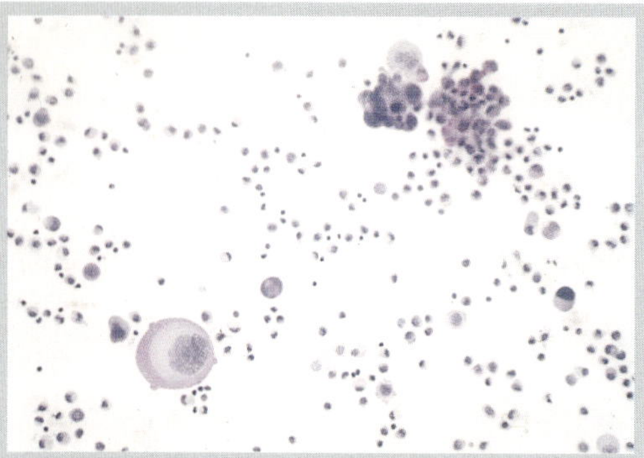

Abb. 8.4 a Färb.: PAS-Reaktion; Vergr.: 50 x (gleicher Fall wie Abb. 8.4)
Diffus verstreute Mesothelien. Traubenförmige Komplexe atypischer Epithelien. Eine isoliert liegende große Zelle mit wabiger Kernstruktur. Äußere Zellmembran z. T. glatt konturiert, aber auch einzelne knotenartige Membranausstülpungen als Merkmal degenerativer, *radiogen bedingter Zellmembrandefekte.*
Diagn.: Nachweis zahlreicher Tumorzellkomplexe, z. T. nach Art sog. schwimmender Mikrometastasen – Radiogen bedingte Veränderungen geringen Grades (Pap. Gr. V), z. Z. der Zytol.: 1 Tag nach *Strahlentherapie.*
Alter: 47 J. PT-Diagn.: Tubenkarzinom. *Histol.*: zystisch-papilläres Karzinom.
Ther. Palliativoperation. Telekobalt-Stehfeldbestrahlung von ventral ED 200 cGy, GD 3000 cGy HD (100%-Isodose).

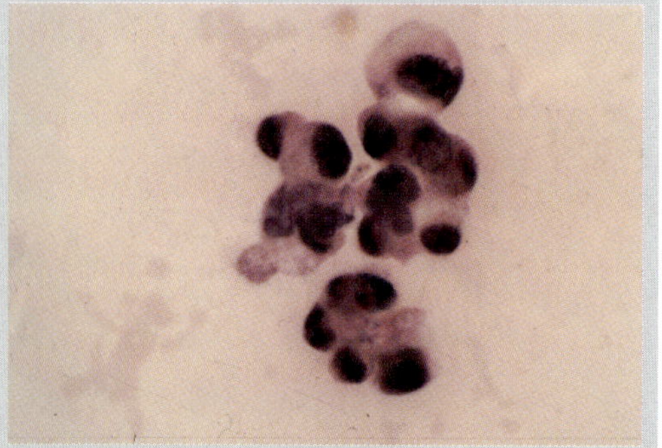

Abb. 8.5 Färb.: HE; Vergr.: 250 x
Traubenförmig gestalteter Komplex aus hochgradig atypischen Zellen mit großen, hyperchromatischen Kernen und aufgebläht erscheinenden, z. T. konfluierenden Zytoplasmaanteilen.

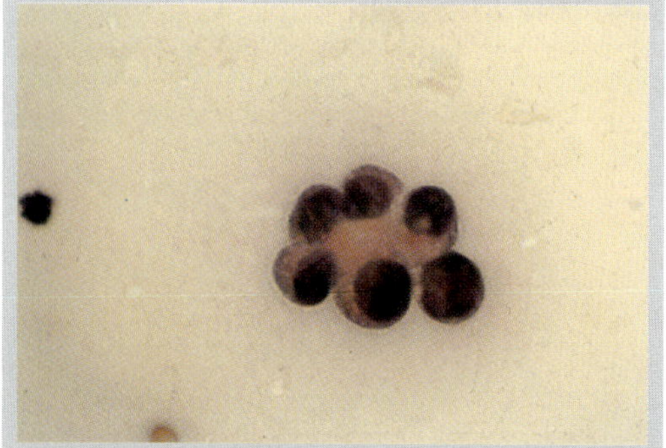

Abb. 8.5 a Färb.: HE; Vergr.: 250 x (gleicher Fall wie Abb. 8.5)
Rosettenförmige Figuration stark atypischer Epithelien mit Zytoplasmakoagulat im Zentrum. Äußere Zellmembran glatt konturiert.
Diagn.: Papillär-adenoide Tumorzellkomplexe (Pap. Gr. V), z. Z. der Zytol.: bisher keine Therapie.
Alter: 55 J. PT-Diagn.: Ovarialtumor bds. Aszites. *Histol.*: Schnellschnittdiagn.: Borderline-Tumor.

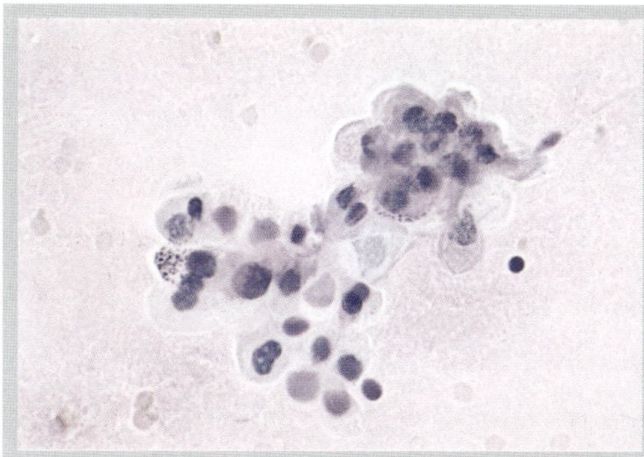

Abb. 8.6 Färb.: PAS-Reaktion; Vergr.: 139 x
Papillärer Komplex aus hochgradig atypischen Zellen. Ausgeprägte Polymorphie der Zellkerne. Zellkernvakuolen. Zytolyse mehrerer Kerne mit verwaschenen Konturen. Zytoplasma z. T. konfluierend. An zwei Stellen *Zellmembrandefekte* mit PAS-positiver feinkörniger Zytoplasmaemigration als Merkmal einer therapiebedingten Schädigung.

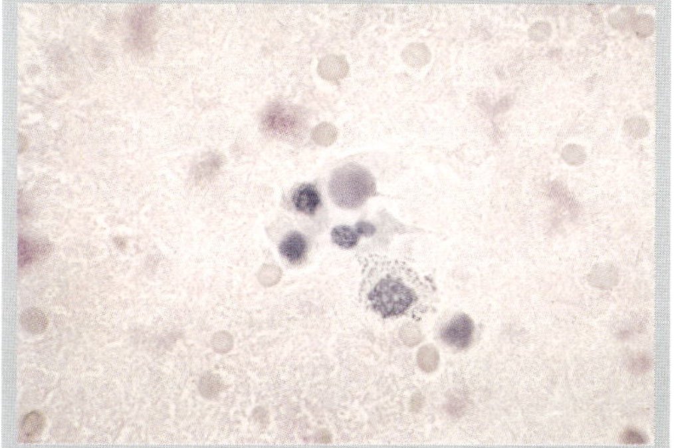

Abb. 8.6 a Färb.: PAS-Reaktion; Vergr.: 200 x (gleicher Fall wie Abb. 8.6)
Flächenhaft verteilte mukoide Substanzen mit herdförmiger Konzentration. Detritus. Einzelne Erythrozyten. Im Zentrum atypische Zellen in beginnender Zytolyse. Angrenzend eine Zelle im Zustand der Karyolyse mit vakuoliger Kerndegeneration und ungleichförmiger Kontur der Zellmembran. Granuläre Beschaffenheit des Zytoplasmas und ausgefranste Kontur der Zellmembran.
Diagn.: Papilläre Tumorzellkomplexe mit *Merkmalen einer therapeutischen Zellschädigung* (Pap. Gr. V), z. Z. der Zytol.: Zustand nach abdominaler Hysterektomie mit beiden Adnexen, jetzt *während antineoplastischer Chemotherapie.*
Alter: 61 J. PT-Diagn.: Carcinoma ovarii ($T_2N_1M_1$). *Histol.*: serös-papilläres Kystadeno-Karzinom.
Ther. bis zur Zytol.: Abdominale Uterusexstirpation mit beiden Adnexen und Teilresektion des Omentum majus. Versuch einer Tumor-Chemotherapie mit Cyclophosphamid, Methotrexat (MTX) und 5-Fluorouracil.

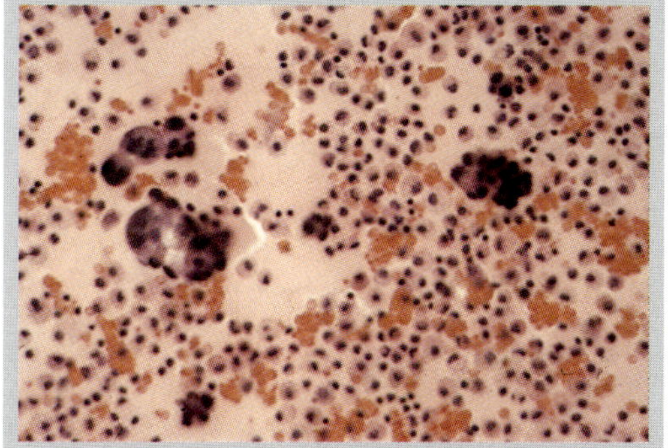

Abb. 8.7 Färb.: HE; Vergr.: 110 x
Massenhaft Erythrozyten und Mesothelien. Mehrere ballenartig formierte Konglomerate aus stark atypischen Zellen mit Polymorphie. Kernhyperchromatose. Eine atypische Mitose. Zellmembran z. T. ausgefranst mit angedeutet *füßchenförmigen Substanzaustritten.*

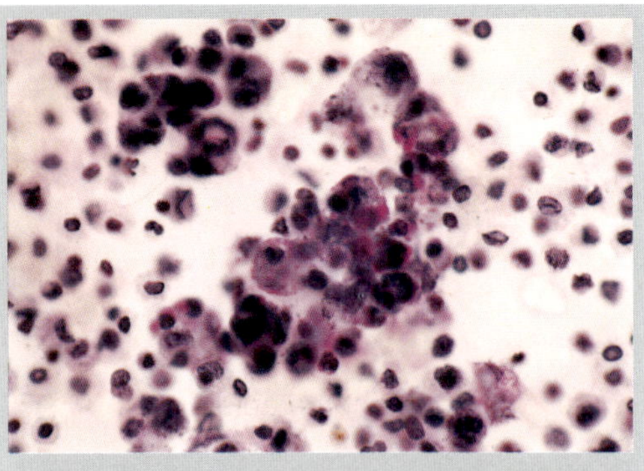

Abb. 8.7 a Färb.: PAS-Reaktion; Vergr.: 200 x (gleicher Fall wie Abb. 8.7)
Diffus verstreute Mesothelien. Konzentrate aus in beginnender Zytolyse befindlichen hochgradig atypischen Zellen mit ausgeprägter Kernpolymorphie und Hyperchromatose. Im Zytoplasma reichlich PAS-positive Substanzen bei granulärer, gitterförmiger Struktur. *Defekte Zellmembranen nach therapiebedingter Schädigung.*
Diagn.: Tumorzellgruppen mit Merkmalen der Degeneration bedingt durch Tumor-Chemotherapie (Pap. Gr. V), z. Z. der Zytol.: 3 Tage nach *antineoplastischer Chemotherapie.*
Alter: 45 J. PT-Diagn.: Carcinoma ovarii ($T_4N_xM_x$). *Histol.*: undifferenziertes Carcinoma solidum.
Ther.: Probelaparotomie: großer inoperabler Konglomerattumor, deshalb Tumorchemotherapie: 5 × 1,6 g Cyclophosphamid als Infusion. Polychemotherapie nach *Smith*: 4 Infusionen mit Aktinomycin, 5-Fluorouracil und Cyclophosphamid in 500 ml 10%iger Fructoselösung. Infusionen jeweils im Abstand v. 3 Wochen.

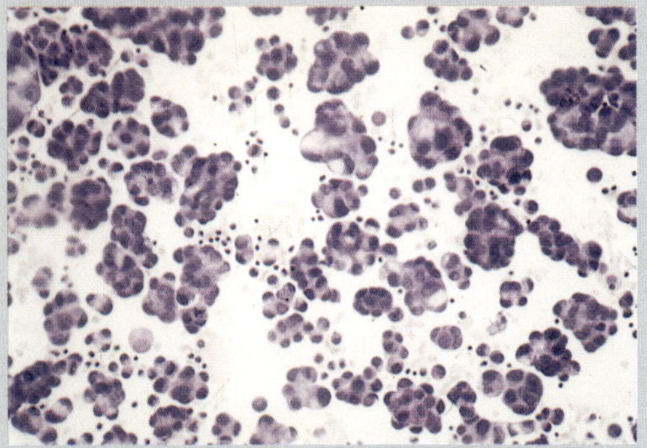

Abb. 8.8 Färb.: HE; Vergr.: 55 x
Dicht gelagerte, kleine brombeerartige Träubchen aus zusammenhängenden, deutlich atypischen Zellen, z. T. auch adenoid bzw. papillär formiert. Einige Zellen mit verdrängten randständigen, sichelförmigen Kernen bei aufgeblähtem, glasig erscheinenden Zytoplasma (sehr wahrscheinlich mukoide Einlagerungen). Diffus verstreute Mesothelien und Lymphozyten. Keine deutlichen Zellkerndegenerationen.
Diagn.: Massenhaft z. T. papilläre, z. T. adenoide Tumorzellkomplexe. Kein Nachweis von therapiebedingten Veränderungen (Pap. Gr. V), z. Z. der Zytol.: 2 Wochen nach *antineoplastischer Chemotherapie.*
Alter: 56 J. PT-Diagn.: Ovarialtumor. *Histol.*: verkrebstes Ovarialkystom.
Ther.: Antineoplastische Chemotherapie mit Cyclophosphamid und 5-Fluorouracil – insgesamt 9 Infusionen. GD: Cyclophosphamid 16 g, 5-Fluorouracil 9 x 375 mg.

Abb. 8.9 Färb.: Pap.; Vergr.: 50 x
Zytol.-Ausstrich: Inmitten von reichlich Erythrozyten ein Konzentrat aus stark atypischen, polymorphen Zellen mit partieller Kernhyperchromatose und beginnender *Zytolyse* (offenbar therapiebedingt).

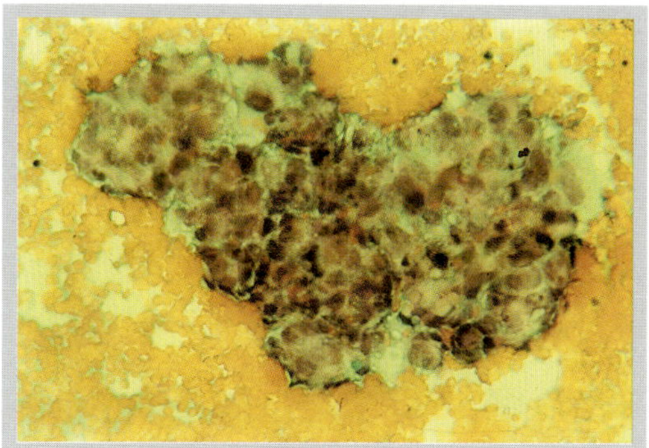

Abb. 8.9 a Färb.: HE; Vergr.: 80 x (gleicher Fall wie Abb. 8.9)
Zytol.-Ausstrich.: Traubenförmiges Konglomerat aus hochgradig atypischen Zellen mit Merkmalen der Malignität und beginnender *therapiebedingter Zytolyse.*

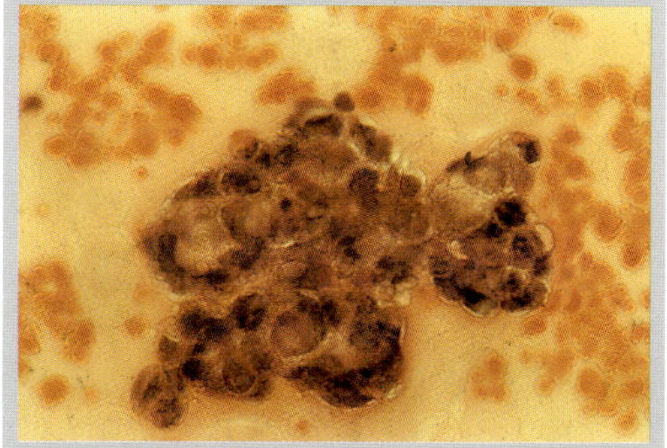

Abb. 8.9 b Färb.: HE; Vergr.: 60 x (gleicher Fall wie Abb. 8.9 und Abb. 8.9 a)
Zytol.-Histol. (Fibringerinnsel): Dichte Fibrinsubstanzen mit eingestreuten Mesothelien. Gruppen aus ringförmig, z. T. papillär formierten atypischen Zellen.

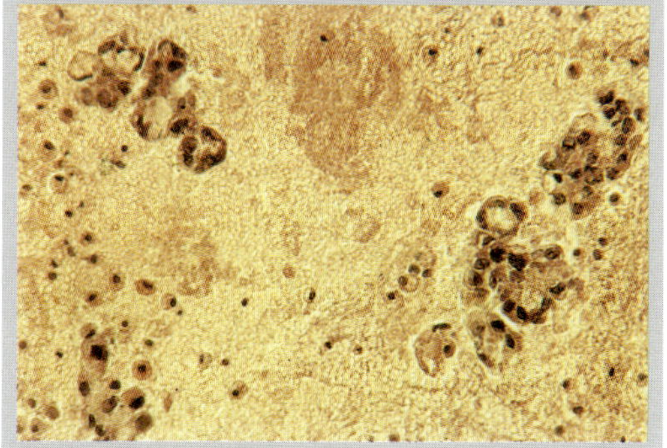

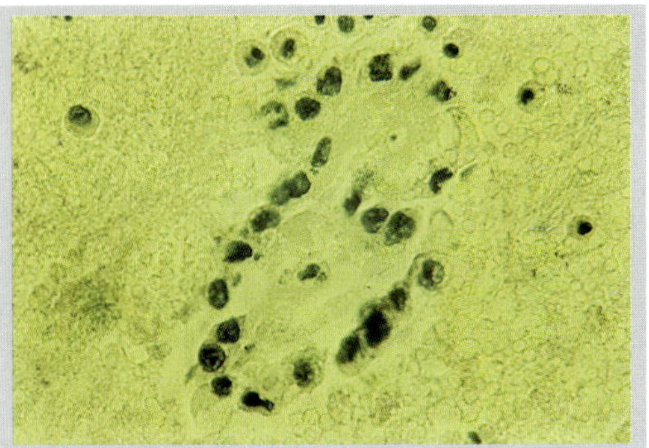

Abb. 8.9 c Färb.: PAS-Reaktion; Vergr.: 112 x (gleicher Fall wie Abb. 8.9, Abb. 8.9 a und Abb. 8.9 b)
Zytol.-Histol. (Fibringerinnsel): Fibringerüst mit einzelnen Mesothelien. *Kettengliedartige* bzw. *mikrozystische* Formation aus atypischen Zellen. Keine mukoiden Substanzen. Diagn.: Nachweis von Tumorzellen mit unterschiedlichen Figurationen. *Zytolytische therapiebedingte Veränderungen* sind wahrscheinlich, jedoch nicht hinreichend spezifizierbar (Pap. Gr. V), z. Z. der Zytol.: 1 Mon. nach *Tumorchemotherapie* und 2 Wochen nach Abschluß der *Strahlentherapie.*
Alter: 23 J PT-Diagn.: Tumor ovarii re. *Histol.*: Endodermaler Sinustumor.
Ther.: Abdominale Hysterektomie mit beiden Adnexen (und palliative Teilexstirpation des vom re. Ovar ausgehenden und das kleine Becken ausfüllenden Tumors). Ultraharte Röntgenstrahlen 9 MV, Moving-strip-technique für die Dauer von 12 Wochen (GD im Bereich des kleinen Beckens: 42,5 Gy, im Mittel- und Oberbauch 22,5 Gy) zusätzlich 3 Zyklen Tumor-Chemotherapie – pro Zyklus: 1. Tag = 500 mg Cyclophosphamid, 2. – 5. Tag tgl. 15 mg Alkeran. GD Cyclophosphamid 1500 mg. GD Alkeran 180 mg.

Literatur

Asay, Z., Th. Topalidis: Cytodiagnostik der serösen Höhlen. Kap. Strahlen- und Cytostatikainduzierte Zellveränderungen. Verlag Wolfgang Papst, D-49525 Lengerich, Berlin, Prag, Riga, Wien, Zagreb (1994) 73.

Haam, von E.: Cytology of transudates and exudates VIII. The effect of chemotherapy and radiotherapy upon the cells of transsudates and exudates. Karger, Basel, München, Paris, London, New York, Sydnay (1977) 93–108.

Hoppe (Wolfram), E.: Lymphozyten-Rosetten als Hilfsfaktor der Zytodiagnostik von Körperhöhlenergüssen. Radiobiol. Radiother. 23 H. 2 (1982) 134–148.

Hoppe, E., D. Hoppe: Die Bedeutung von Zellmembrandefekten an Tumorzellen aus Körperhöhlenergüssen während und nach Strahlenbehandlung und/oder Tumorchemotherapie. Radiobiol. Radiother. 22H. 4 (1981) 484–497.

Hoppe, E.: Methodische Modifikationen zur Erhöhung der Aussagekraft der onkologischen Zytodiagnostik. Habilitationsschrift, Humboldt-Universität zu Berlin, 1978.

Hoppe (Wolfram), E.: Kasuistische Beispiele zur Differentialdiagnostik der Tumorzytologie aus Körperhöhlenflüssigkeiten. Radiobiol. Radiother. 5/76 (1976) 555–569.

Spieler, P., St. Gallen, H. Grunze, A. Haidenthaler, J. Rucks, A.J. Spriggs: Zytologie der Körperhöhlenergüsse. Kap. XI. Therapiebedingte Zellatypien. In „Die Körperhöhlenergüsse“. Hrsg.: Dr. Jacques Jenny, Ottenbergstraße 71, 8049 Zürich. Krebsliga des Kantons Zürich, Schweizerische Gesellschaft für klinische Zytologie.

Weiterführende Literatur

Croll, M.N., L.W. Brady: Intracavitary usus of colloids. Semin. Nucl. Med. 9 (29) (1979) 108–113.

Ehrhart, St.: Zur Wirkungsweise der Chemotherapie auf die Tumorzelle. Münch. med. Wschr. 115/118 (1973) 814–832.

Lopes Cardozo, P.: Ursprung und zytologisches Bild von metastatisch bedingten Ergüssen. Verhandl. d. Deutsch. Gesellschaft f. innere Medizin Bd. 78 (1972) 259–265.

Maahys, H.: Diagnostik und Therapie maligner Pleuraergüsse. In: H.G. Meerpohl, A. Pfleiderer, Chr. Z. Profous: Das Rezidiv in der gynäkologischen Onkologie. Springer-Verlag Berlin-Heidelberg-New York-London-Paris-Hong Kong-Barcelona (1990) 60–64.

O'Bryan, R.M., R.W. Talley, M.J. Brennan, E. San Diego: Critical analysis of the control of malignant effusions with radioisotopes. Henry Fort Hosp. med. J. 16 (1) (1968) 3–14.

Pfitzer, P.: Exfoliativzytologie der Pleura und des Peritoneums. Z. allg. Path. path. Anat. 117 (1973) 585.

Pfitzer, P.: Growth pattern of adenocarcinoma in effusions. GBK-Mitteilungsdienst Nr. 55 17. Jg. (1989) 61–64.

Sagae, S. , J.S. Berek, Y.S. Fu, N. Chang, J. Dauplat, N.F. Hacker: Peritoneal cytology of ovarian cancer patients receiving intraperitoneal therapy: Quantitation of malignant cells and response. Obstet-Gynecol. 72 (5) (1988) 782.

9 Urinzytologie bei Verdacht auf Tumorinfiltration bzw. -penetration in die Harnblasenwand durch Karzinome des gynäkologischen Bereiches bei Zustand während und nach Strahlentherapie oder Zytostatikaapplikation

Bedingt durch die Nähe der weiblichen Genitalorgane zur Harnblase ist es bei fortgeschrittenen Tumorstadien durchaus keine Seltenheit, daß die Harnblasenwand durch den Primärtumor, bevorzugt aber durch ein Tumorrezidiv beteiligt ist. Die klinische Symptomatik kann fehlen oder sich durch Miktionsbeschwerden bzw. Hämaturie äußern.

Bei einer Infiltration oder beim penetrierenden Tumorwachstum in die Harnblase ist eine Exfoliation von Tumorzellen in den Urin zu erwarten (D. Ullrich und R. Bergleiter 1983). Diese Zellen entsprechen dann dem histologischen Typ des Primärtumors. Deshalb ist die komplette Mitteilung zur Anamnese für den Zytodiagnostiker eine wichtige Entscheidungshilfe bei der Zellidentifikation. Erschwerend wirkt sich aus, daß durch die Strahlentherapie oder eine Zystostatikaapplikation sowohl normale Übergangsepithelien als auch Tumorzellen betroffen sind, welche somit therapiebedingt verändert sein können (R. Schrage 1975). Ausgenommen sind schnell wachsende Tumoren oder Tumorrezidive mit Penetration

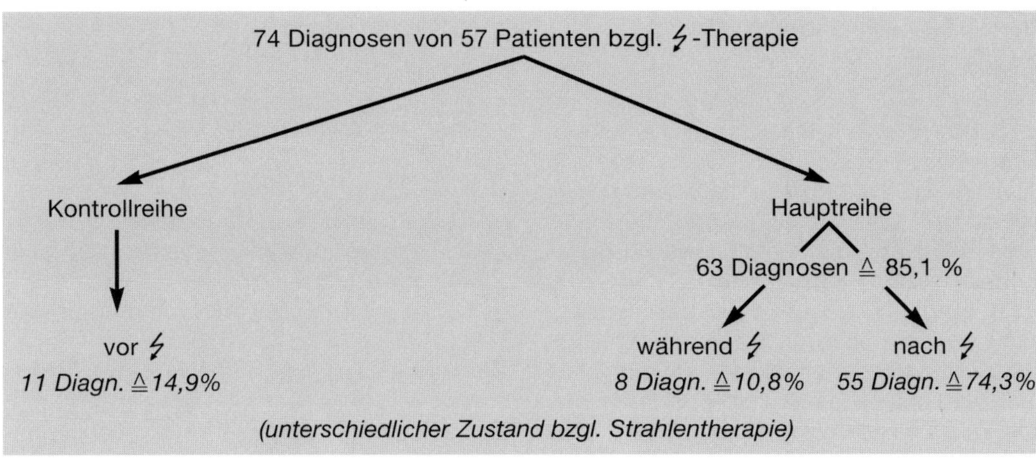

Abb. 9.I Zytodiagnostik aus Urin bei gynäkologischen Tumoren. Übersicht zur retrospektiven Überprüfung einer Gruppe von Patienten mit zytologischen Urinuntersuchungen bei Karzinomen des gynäkologischen Bereiches unterschiedlicher Lokalisation sowie während und nach Strahlentherapie. – Wegen mehrfacher Urinuntersuchungen von 13 Patienten resultieren bei 57 Patienten 74 zytologische Diagnosen (Fälle). Als Kontrollreihe dienten Urinbefunde aus dieser Gruppe *vor* der Therapie, also ohne bisherige Strahleneinwirkung. 48 Patienten erhielten eine alleinige Strahlentherapie und 9 Patienten eine Operation mit Nachbestrahlung. – Die *Methoden* der *Strahlenbehandlung* und die Strahlendosis waren unterschiedlich, entsprechend der Art und Ausdehnung des Tumors. Angewendet wurden: Telegamma-Therapie ^{60}CO als Stehfeld- oder Pendelbestrahlung oder als Kontakttherapie in Form von Einlagen oder Moulagen bzw. schnelle Elektronen und ultraharte Röntgenstrahlen eines Betatron 43 MV sowie eines Linearbeschleunigers 10 MV. Auch Spickungen mit Gold-Seeds sind erfolgt.

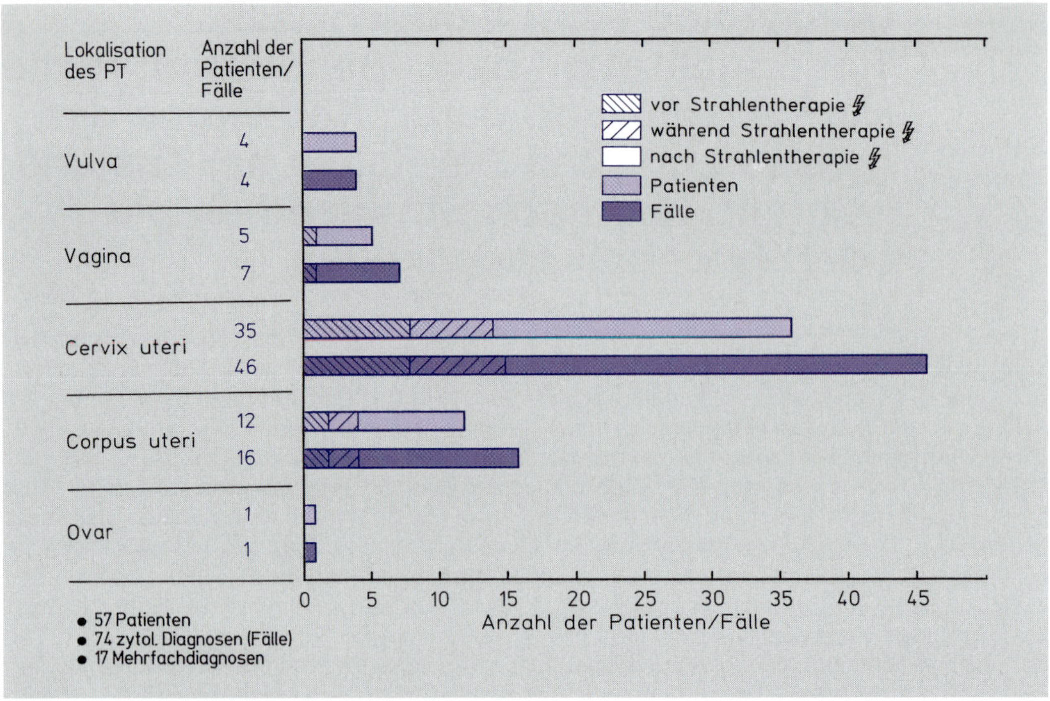

Abb. 9.II Lokalisation des Primartumors (57 Patienten) **und zytologische Diagnosen vor, während und nach Strahlentherapie.** Die differente Lokalisation des Primärtumors wurde zur zeitlichen Situation bezüglich der Strahlentherapie (vor, während, danach) und zu den zytologischen Diagnosen in Relation gesetzt.

in die Harnblase, bei denen die Zellneubildung rasant voranschreitet. Dabei sind neu gewachsene Tumorzellen unbeeinträchtigt und deshalb sicherer diagnostizierbar.

Von Bedeutung ist deshalb auch für dieses Zellmaterial die Kenntnis über den Zeitpunkt der Behandlung, d. h. ob es sich um einen Zustand *während* oder *nach* Therapie handelt. Das Zeitintervall zwischen Therapieende und Materialgewinnung ist ebenfalls wissenswert. Es ist bereits bekannt, daß infolge einer Bestrahlung die radiogene Belastung eine langzeitige bis jahrelange Nachwirkung haben kann, während infolge einer Tumorchemotherapie die zytomorphologische Beeinträchtigung bereits Monate nach Therapieabschluß rückbildungsfähig ist. Nach einer Strahlen- oder Chemotherapie kann demzufolge die zytologische Beurteilung problematisch bis extrem schwierig sein (E. Hoppe et al. 1988). Deshalb ist der Zytodiagnostiker unbedingt auf entsprechende richtungsweisende Informationen des Gynäkologen bzw. auch des Urologen angewiesen (P.L. Eposti et al. 1970).

Nach *Strahlentherapie* sind die bekannten und bereits anderenorts erwähnten multiplen Zellveränderungen auch in Präparaten aus dem Urin nachweisbar. Hervorzuheben sind besonders auffallende Merkmale, wie z. B. Zellvergrößerungen und Vakuolenbildung sowie vielgestaltige Zytoplasmaausläufer. Die Zellkerne sind polymorph, oftmals mit Vermehrung der Nukleoli. Ein weiteres hilfreiches Kriterium zur Differentialdiagnostik zwischen benignen und malignen Zellen ist auch bei diesem Material die unveränderte normale Kern-Plasma-Relation radiogen belasteter normaler Urothelien, was auf atypische Zellen nicht zutrifft. Bei gutem Erhaltungszustand der Urothelien sind diese, wahrscheinlich auch bedingt durch das flüssige Medium, in ihrer ursprünglichen Gestalt zwar erkennbar, aber z. T. erheblich verän-

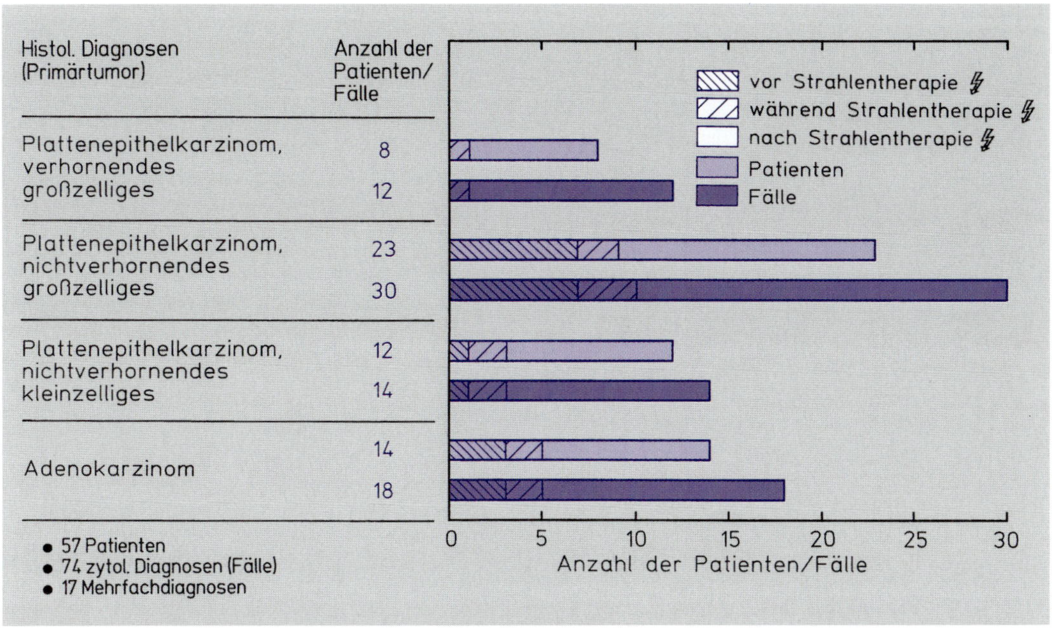

Abb. 9.III Histologische Typen des Primärtumors (57 Patienten) **und zytologische Diagnosen vor, während und nach Strahlentherapie.** Die Ermittlung des histologischen Tumortypes ergab 43 Plattenepithelkarzinome und 14 Adenokarzinome. Parallel dazu ist die Anzahl zytologischer Urindiagnosen aus dieser Sicht zahlenmäßig durch die waagerechten Säulen gekennzeichnet, auch bezüglich der zeitlichen Komponente zur Strahlentherapie.

dert, so daß mitunter groteske Zellformen mit bizarren Kern- und Plasmaveränderungen entstehen können. Im Prinzip sind jedoch Abartigkeiten, bedingt durch Radiatio oder Zytostatikatherapie, nahezu gleichgeartet wie in Abstrichen aus dem Portio-Zervix-Bereich.

Nach *Zytostatikamedikation* ist als ein bemerkenswertes, allerdings nur relativ spezifisches Charakteristikum das bereits bekannte sog. „Pfeffer- und Salz-Chromatin" zu erwähnen. Dieses offenbar zytotoxisch bedingte Merkmal nach Art einer Degeneration findet sich meistens in den Kernen von Tumorzellen, aber auch in normalen Urothelien, so daß, falls nur diesem Merkmal allein besondere Aufmerksamkeit geschenkt wird und andere Parameter vernachlässigt werden, zytologisch differentialdiagnostische Schwierigkeiten zu erwarten sind.

Ein weiterer bedeutender Unsicherheitsfaktor der Urinzytologie ist die gesteigerte Tendenz zur *Zytolyse*. Das beruht auf der Tatsache, daß der Urin eine geraume Zeit in der Harnblase gespeichert wird und gleichzeitig Abbauprodukte verschiedenartiger Qualität und Quantität auf sämtliche Zellen einwirken, was die Zytolyse begünstigt. Wird dazu u. U. auch noch die technische Bearbeitung des Urins, bei möglicherweise ungünstigen Außentemperaturen, zusätzlich verzögert, dann ergibt sich daraus eine Ausweitung und Beschleunigung des Zytolyseprozesses. Daraus resultiert wiederum die Tatsache, daß bedingt durch die Zytolyse, zahlreiche Zellen nicht mehr beurteilbar sind.

Die Folge ist eine größere Anzahl sog. negativer oder sogar falsch negativer Befunde (betr. Pap. Gr. 0, I, II, IIK). Das bedeutet, daß in solchen Fällen die diagnostische Treffsicherheit erheblich eingeschränkt ist.

Zur Feststellung von Fehlinterpretationen bzw. zur Ermittlung der Richtigkeit zytologischer Befunde ist demzufolge die Gegenüberstellung ergänzender Methoden erforderlich. – Als exaktes Kriterium zur weiterführenden Diagnostik dient das histologische

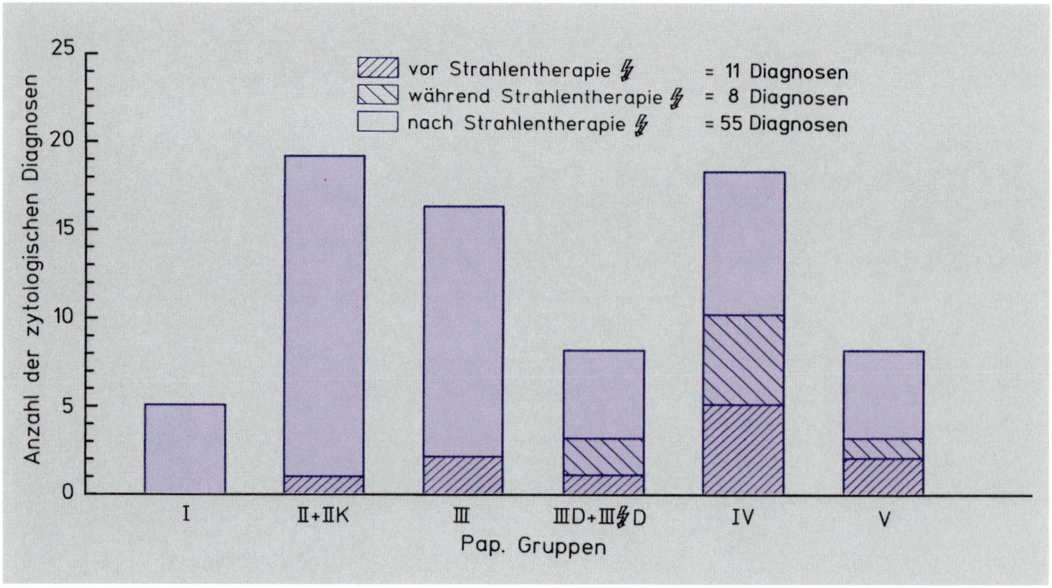

Abb. 9.IV Verteilung der zytologischen Diagnosen (Gruppen nach Papanicolaou) **vor während und nach Strahlentherapie.** Die Verteilung der zytologischen Diagnosen als Gruppen nach Papanicolaou wurde zahlenmäßig zum zeitlichen Ablauf der Strahlentherapie (verschiedene Therapiephasen) in Beziehung gesetzt. Nach der Radiatio resultierte eine größere Anzahl von Pap. Gr. I bis III als IV und V, das ist statistisch signifikant und könnte durch eine erhöhte Zytolyserate bedingt sein.

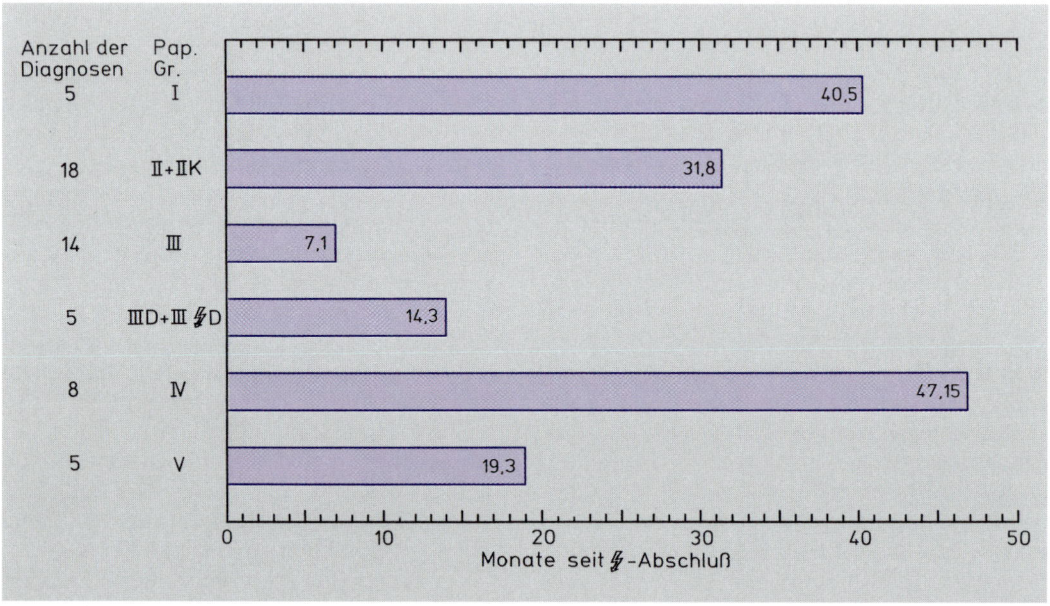

Abb. 9.V Durchschnittliche zurückliegende Zeitspanne zwischen Abschluß der Strahlentherapie und zytologischer Diagnose (Pap. Gruppen) **nach Strahlentherapie** (55 Diagnosen). Obwohl es bei den Diagnosen als Pap. Gruppen Unterschiede bezüglich der durchschnittlichen zurückliegenden Zeit seit der Bestrahlung gibt, liegen diese Differenzen noch im Zufallsbereich. Es besteht statistisch keine Signifikanz. Die Streuung ist unterschiedlich.

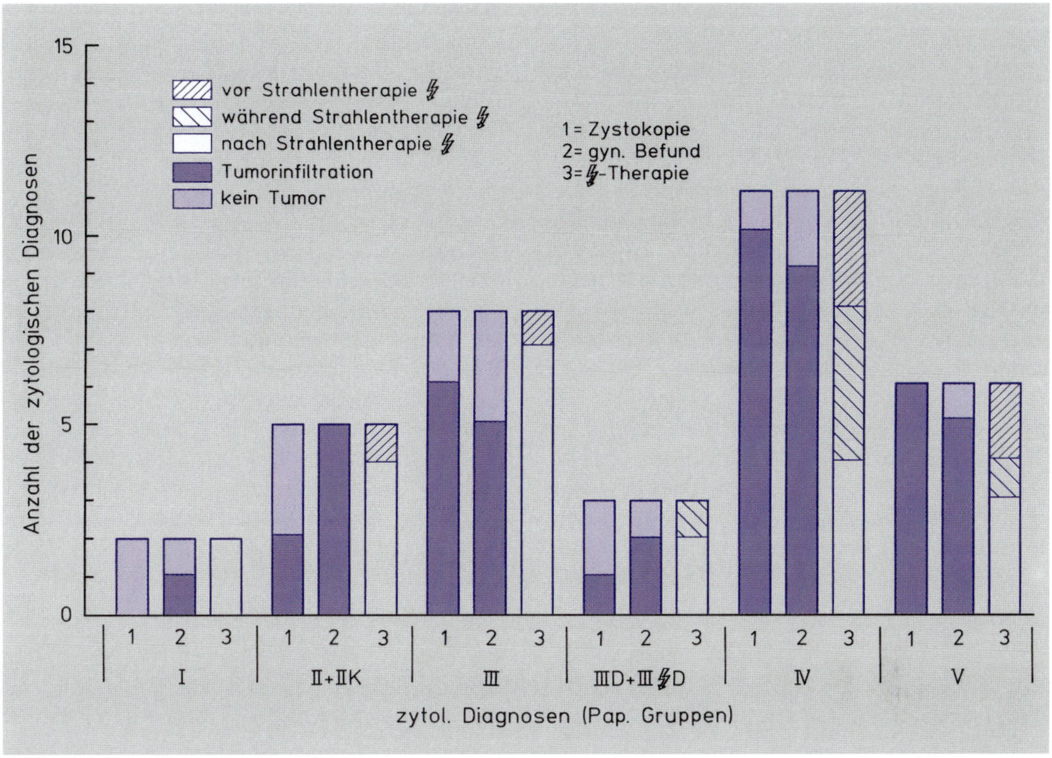

Abb. 9.VI Beziehungen zwischen zytologischen Diagnosen, Zytoskopie, gynäkologischem Befund und Zustand bezüglich Strahlentherapie (35 Diagnosen von 32 Patienten). Weil eine Zystoskopie nach Strahlentherapie bekanntlich unter entsprechender Indikation und nur bei individueller diagnostischer Problematik erfolgte, resultiert aus einem Zeitraum von 8 Jahren nur eine geringe Anzahl von 32 Patienten. Trotzdem wurde ausnahmsweise versucht, Korrelationen – insbesondere zwischen zytologischen und zystoskopischen Befunden – statistisch auszuwerten, als einzige Möglichkeit zur Ermittlung einer Trefferquote der Zytodiagnostik. Auf histologische Klärungen mußte, wie schon erwähnt, verzichtet werden. Die graphische Darstellung zeigt die Beziehungen zwischen 4 Komponenten: *Pap. Gruppe-Zystoskopie – gynäkologischem Befund* und Situation hinsichtlich der *Bestrahlung*. Durch die Zystoskopie ist etwas häufiger ein Tumorbefall der Harnblase erfaßt worden als durch die gynäkologische Untersuchung (betr. Kategorien der Pap.-Gruppen IV und V). Die Zeitspanne zwischen zytologischer Diagnose und Zystoskopie beträgt 2 Monate als Mittelwert. *Bezugsfaktor* für die Überprüfung der zytologischen Diagnosen war der *zystoskopische Befund* von 32 Patienten mit 35 zytologischen Untersuchungen. Bezüglich der *zytodiagnostischen Trefferquote* resultierten 2 „falschnegative Befunde". Das ergibt, bezogen auf die Anzahl der Diagnosen, eine Fehlerquote von 5,7 %. Sog. zweifelhafte nicht verifizierbare zytologische Resultate (Pap. Gr. III und III D) gab es in 7 Fällen (20 %). Diese erwiesen sich erst zu einem späteren Zeitpunkt bei der Zystoskopie als Tumorverdacht bzw. als sicheres Tumorinfiltrat der Harnblase. Es gab keine zytologisch falsch positiven Diagnosen.

Resultat. Dazu ist allerdings ein operativer Eingriff mit einer Probeexzision aus der Harnblasenwand notwendig (U. Maier et al. 1980).

Eine weitere Möglichkeit, kurzzeitig eine zytologische Diagnose ergänzend zu objektivieren, besteht durch die *Zystoskopie* als altbewährte Methode. Sie sollte stets Anwendung finden, wenn Verdacht auf intravesikales Tumorwachstum besteht. Die Indikation zur Zystoskopie wird durch eine mögliche Infektionsgefahr oder bei einer Strahlenzystitis bzw. Chemozystitis nach Zytostatikatherapie nicht wesentlich eingeschränkt.

Wir verfügen über eine Anzahl solcher Patienten aus einem größeren, länger zurückliegenden Zeitraum. Das ermöglichte uns, die diesbezügliche Treffsicherheit mit Vergleichsparametern zwischen zytologischem Befund und Zystoskopiebefund zu ermitteln. Zur Dokumentation dieser speziellen Zytodiagnostik aus dem Urin nach Therapieeinwirkung dienten retrospektiv angelegte Überprüfungen aus der gynäkologischen Tumornachsorge. Dazu wurden Analysen aus unterschiedlicher Sicht erstellt und in graphischen Darstellungen verdeutlicht.

Als *Schlußfolgerung* ist festzustellen, daß die Zytodiagnostik aus dem Urin nach einer Strahlenbehandlung oder einer antineoplastischen Chemotherapie von Tumoren der weiblichen Genitalorgane, bei fraglicher Einbeziehung der Harnblasenwand, eine informative und schonende Zusatzuntersuchung darstellt (H.J. de Voogt 1980). Sie kann parallel bzw. vor oder nach *Sonographie* erfolgen und zur endgültigen Diagnosefindung beitragen. In Fällen mit Verdacht auf Tumorbefall der Harnblase ist eine *Zystoskopie* als weiterführende Ergänzungsuntersuchung angezeigt.

Voraussetzung für eine akzeptable zytodiagnostische Trefferquote ist allerdings eine entsprechende Erfahrung hinsichtlich der möglichen therapiebedingten Abartigkeiten. Durch die Kenntnis vom histologischen Typ des Primärtumors, ergibt sich auch an diesem Material eine zusätzliche diagnostische Hilfe bei der zytologischen Beurteilung.

(Die zystoskopischen Untersuchungen wurden in der Urologischen Universitätspoliklinik der Charité/Berlin von Herrn Prof. Dr. H.M. Guddat durchgeführt. Wir danken für fachspezifische Hinweise.)

Zytologie (Ausstriche) und Histologie (Schnitte) von Probeexzisionen (PE) aus Tumorrezidiven – Urin

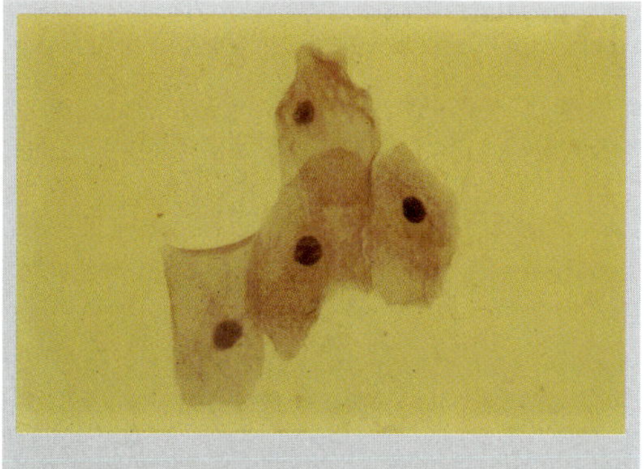

Abb. 9.1 Färb.: HE; Vergr.: 158 x
Diagn.: Unauffällige Übergangsepithelien aus dem Urin.

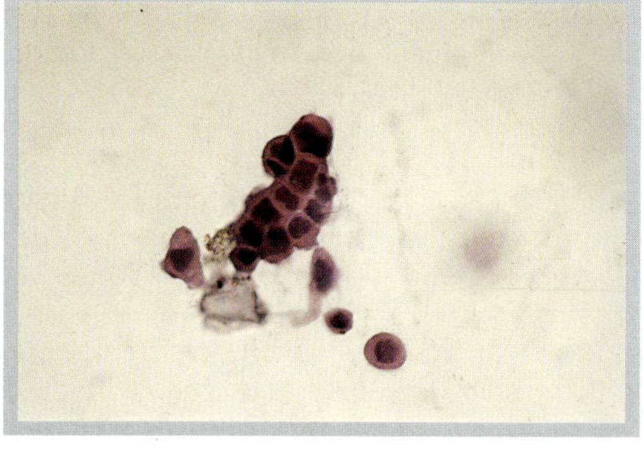

Abb. 9.2 Färb.: HE; Vergr.: 200 x
Traubenförmiges Konglomerat aus stark atypischen Zellen mit pathologischer Kern-Plasma-Relation, Hyperchromatose und Zellkernungleichheiten. Vital aussehende Zellen ohne therapeutische Schädigung.
Diagn.: Nachweis von Tumorzellen (Pap. Gr. V), z. Z. der Zytol.: Zustand vor Therapiebeginn. Gyn.: Zystoskopie: fragliche Tumorpenetration in die Harnblase.

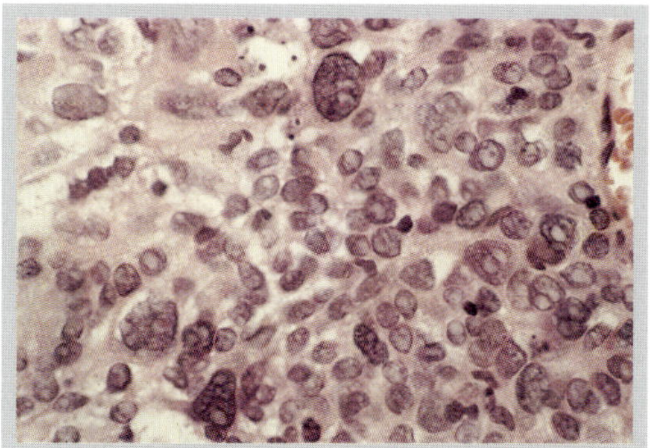

Abb. 9.2 a Färb.: HE; Vergr.: 200 x (gleicher Fall wie Abb. 9.2)
PE aus Vaginalwand. *Histol.*: Wahrscheinlich Randgebiet eines Plattenepithelkarzinoms (am gleichen Tag wie Zytol.).
Alter: 75 J. PT-Diagn.: Carcinoma vaginae ($T_4N_xM_x$). *Histol.*: Plattenepithelkarzinom.
Ther.: bisher keine Strahlen- oder Tumorchemotherapie.

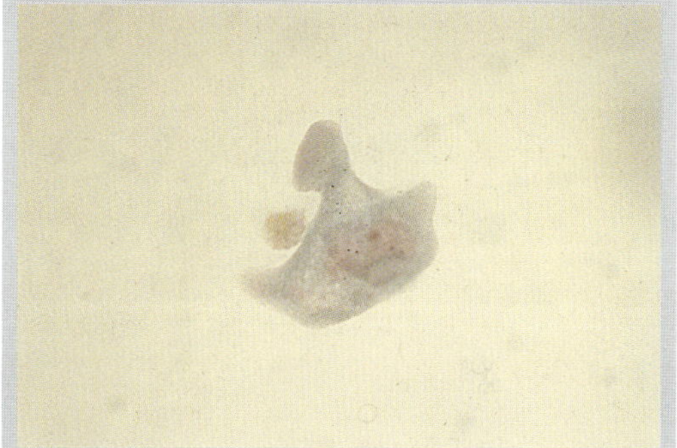

Abb. 9.3 Färb.: Pap.; Vergr.: 200 x
Eine epitheliale Zelle in beginnender Zytolyse. Zellkern und Zytoplasma mit ödematöser Schwellung. Außenmembran unregelmäßig gestaltet mit dornenförmigen Zytoplasmaausläufern.
Diagn.: postradiogen bedingte Veränderungen von Urothelien. Im vorliegenden Material keine Tumorzellen (Pap. Gr. III), z. Z. der Zytol.: 4 Mon. nach Strahlentherapie. Weitere 4 Mon. später: PE Vaginalwand: *Histol.*: verhornendes Plattenepithelkarzinom. Gyn.: fragliche Tumorperforation in die Harnblase.
Alter: 61 J. PT-Diagn.: Carcinoma vaginae ($T_2N_2M_x$). *Histol.*: Plattenepithelkarzinom.
Ther.: Biaxiale Telekobaltpendelbestrahlung kleines Becken ED 200 cGy, GD 6000 cGy HD (100%-Isodose), Split course technique: 4 Wochen Pause. Wegen Resttumor: 2 x ^{60}Co-Vaginal-Moulagen im monatlichen Abstand ED 400 cGy bis jeweils 4000 cGy GOD.

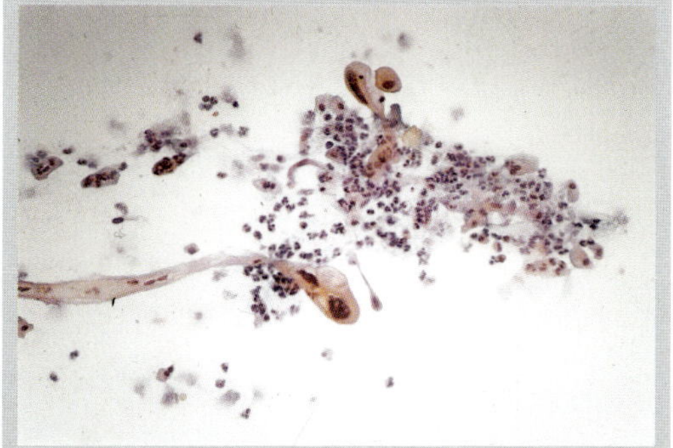

Abb. 9.4 Färb.: Pap.; Vergr.: 50 x
Leukozytenkonzentrat mit einzelnen hochgradig atypischen Zellen. Ausgeprägte Kernpolymorphie und Hyperchromatose. Schweifartige Ausläufer des orangefarbenen Zytoplasmas.
Diagn.: sichere, z. T. radiogen veränderte Tumorzellen (Pap. Gr. V), z. Z. der Zytol.: 4 Mon. nach Strahlentherapie. Gyn.: Verdacht auf Tumorinfiltrat in die Harnblasenwand.

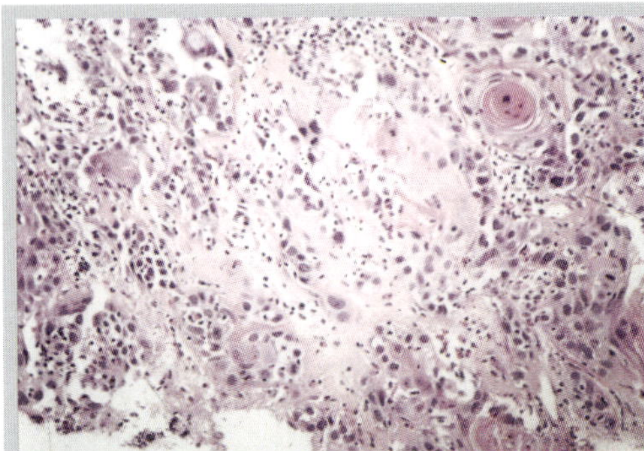

Abb. 9.4 a Färb.: HE; Vergr.: 50 x (gleicher Fall wie Abb. 9.4)
PE aus der Vaginalwand. *Histol.*: verhornendes Plattenepithelkarzinom, z. Z. der *Histol.*: 9 Mon. nach Strahlentherapie und 5 Mon. nach Zytol.
Alter: 62 J. PT-Diagn.: Carcinoma vaginae ($T_2N_2M_x$). *Histol.*: verhornendes Plattenepithelkarzinom.
Ther.: Biaxiale Telekobaltpendelbestrahlung kleines Becken ED 200 cGy, GD 6000 cGy HD (100%-Isodose), Split course technique: 4 Wochen Pause. Wegen Resttumor 4 Wochen danach: ^{60}Co-Vaginal-Moulagen ED 400 cGy bis 2800 cGy GOD.

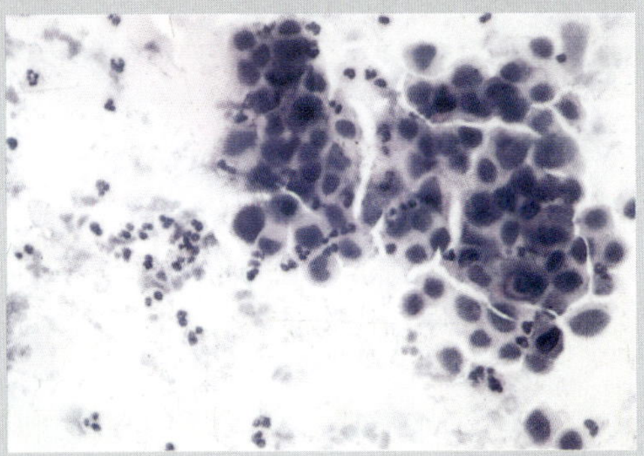

Abb. 9.5 Färb.: PAS-Reaktion; Vergr.: 126 x
Reichlich Detritus, Leukozyten und zytolytische Zellkerne. Massenhaft herdförmig konzentrierte, hochgradig atypische Zellen mit Merkmalen der Malignität und deutlich schieferblauen Zellkernen.
Diagn.: Zahlreiche Tumorzellen, noch in relativ gutem Erhaltungszustand (Pap. Gr. V), z. Z. der Zytol.: vor Beginn der Strahlentherapie. Gyn.: fragliche Tumorperforation in die Harnblase.
Alter: 53 J. PT-Diagn.: Carcinoma cervicis uteri ($T_{3/4}N_xM_x$). *Histol.*: Plattenepithelkarzinom.
Ther.: bisher keine Therapie.

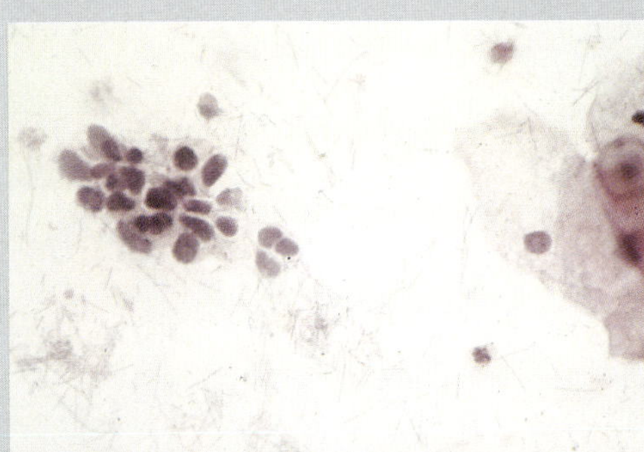

Abb. 9.6 Färb.: HE; Vergr.: 126 x
Im Randbezirk einzelne normale Übergangsepithelien. Gegenüber herdförmige Ansammlung atypischer, polymorpher, sog. nackter Zellkerne mit mäßiger Hyperchromatose, ohne radiogene Veränderungen.
Diagn.: atypische tumorverdächtige Zellen (Pap. Gr. IV), z. Z. der Zytol.: während Strahlentherapie. Gyn.: Verdacht auf Tumorinfiltration in die Harnblasenwand.
Alter: 45 J. PT-Diagn.: Carcinoma cervicis uteri (Stadium nicht bekannt). *Histol.*: Plattenepithelkarzinom.
Ther.: Biaxiale Telekobaltpendelbestrahlung des kleinen Beckens. Pendelwinkel $2 \times 160°$ ED 200 cGy bis 3200 cGy HD.

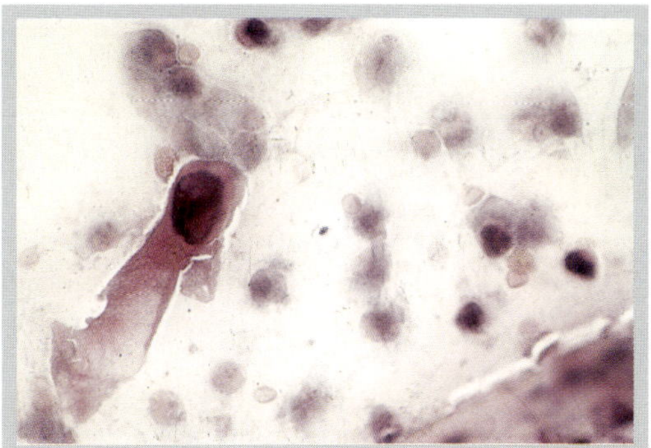

Abb. 9.7 Färb.: HE; Vergr.: 126 x
Schattenhaft erscheinende Zellen in fortgeschrittener Zytolyse. Detrituspartikel. Eine abnorm vergrößerte Zelle mit großem hyperchromatischen Kern und ausgefranster Kernmembran. Zytoplasma ödematös aufgedunsen, bei fahnenförmigen Ausläufern.

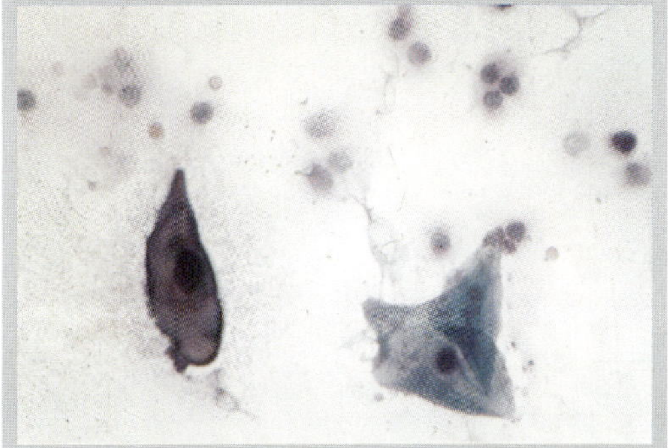

Abb. 9.7 a Färb.: Pap.; Vergr.: 126 x (gleicher Fall wie Abb. 9.7)
Diffus verstreute Zellen bzw. Zellkerne in fortgeschrittener Zytolyse. Randständig ödematös veränderte Urothelien. Daneben keulenartig gestaltete Zelle mit Doppelkern und wolkiger Zytoplasmastruktur. Füßchenförmige Defekte der äußeren Zellmembran.
Diagn.: Dringender Verdacht auf radiogen geschädigte Tumorzellen (Pap. Gr. IV), z. Z. der Zytol.: Zustand während Strahlentherapie. Gyn. und Zystoskopie: Tumorperforation in die Harnblase bei Status progressus.
Alter: 52 J. PT-Diagn.: Carcinoma cervicis uteri ($T_4N_1M_1$). *Histol.*: entdifferenziertes, anepidermoides Plattenepithelkarzinom.
Ther.: Betatron ultraharte Röntgenstrahlen 43 MV. Stehfeldbestrahlung – Unterbauch- und Gesäßfeld alt., ED 200 cGy, GD 3000 cGy HD. Danach: Biaxiale Telekobaltpendelbestrahlung kleines Becken: ED 200 cGy bis jetzt GD 1000 cGy HD.

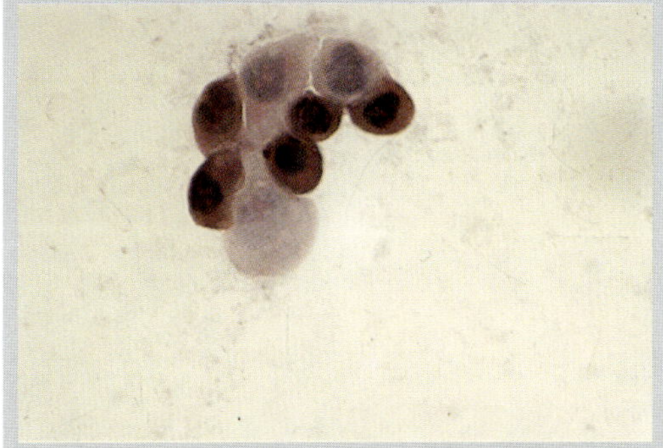

Abb. 9.8 Färb.: Pap.; Vergr.: 200 x
Traubenförmiges Konglomerat aus atypischen Zellen. Erhebliche Kernschwellung mit pathologischer Relation zum Zytoplasma. Teils ausgeprägte Hyperchromatose, teils Verdämmerung einzelner Zellkerne als Ausdruck beginnender Zytolyse.
Diagn.: Nicht sicher spezifizierbare, offenbar therapiegeschädigte atypische Zellen (Pap. Gr. IV), z. Z. der Zytol.: Zustand während Strahlentherapie. Gyn.: fragliche Tumorinfiltration in die Harnblasenwand.
Alter: 62 J. PT-Diagn.: Carcinoma cervicis uteri ($T_4N_1M_0$). *Histol.*: anaplastisches Plattenepithelkarzinom.
Ther. bis zur Zytol.: Biaxiale Telekobaltpendelbestrahlung kleines Becken ED 200 cGy, GD 5000 cGy HD (100%-Isodose), Split course technique: 3 Wochen Pause. Danach: Biaxiale Telekobaltpendelbestrahlung der Paraortalregion ED 150 cGy, GD 4200 cGy HD (100%-Isodose).

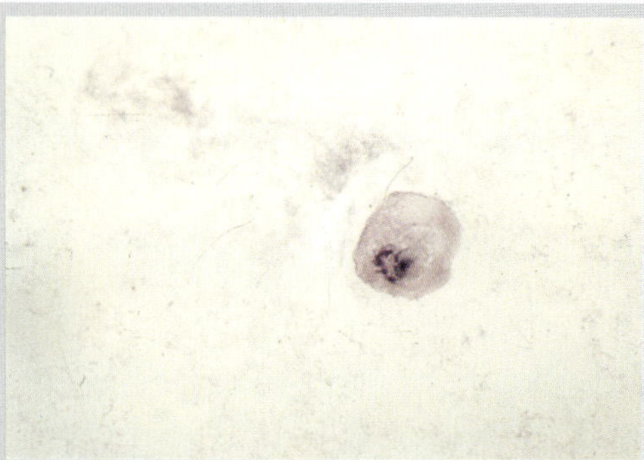

Abb. 9.9 Färb.: HE; Vergr.: 200 x
Grießelige Substanzen und eine große Zelle im Zustand fortgeschrittener Zytolyse bei Karyorrhexis. Zytoplasma wolkig-ödematös verändert. Äußere Membran der Zelle nicht völlig gleichförmig glatt konturiert.
Diagn.: Kein exakter Befund möglich. Tumorzellen nicht auszuschließen (Pap. Gr. III), z. Z. der Zytol.: während Strahlentherapie. Gyn.: Verdacht auf Tumorinfiltration in die Harnblasenwand.

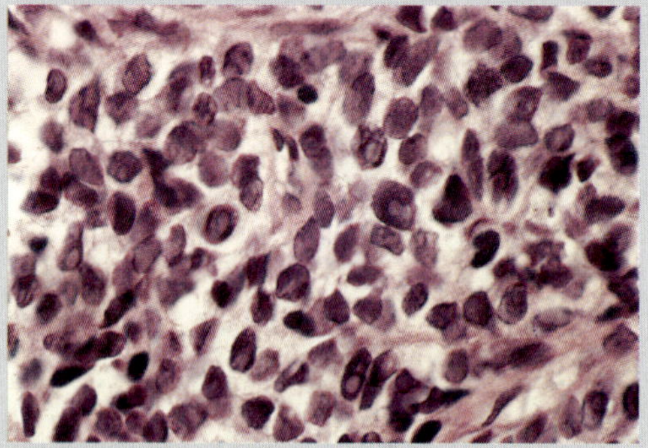

Abb. 9.9 a Färb.: Mucikarmin; Vergr.: 220 x (gleicher Fall wie Abb. 9.9)
PE Portiobereich: *Histol.*: anaplastisches Plattenepithelkarzinom (1 Tag vor Zytol. bzw. am Ende der 1. Bestrahlungsserie). Lymphographie: paraaortale LK-Metastasen.
Alter: 61 J. PT-Diagn.: Carcinoma cervicis uteri ($T_3N_4M_0$). *Histol.*: nichtverhornendes Plattenepithelkarzinom.
Ther.: Telekobaltpendelbestrahlung kleines Becken: ED 200 cGy, GD 4800 cGy HD (100%-Isodose).

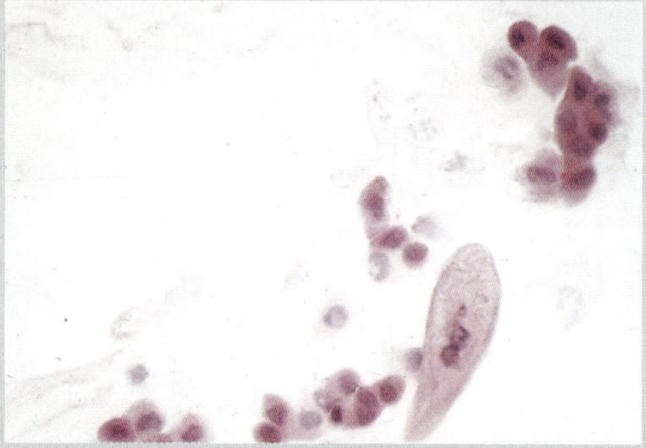

Abb. 9.10 Färb.: HE; Vergr.: 126 x
Mehrere atypische konfluierende Zellen mit aufgelockerten, ungleichförmigen Kernen, z. T. in beginnender Zytolyse. Dazwischen wolkige Substanzen. Eine ödematös veränderte, keulenförmige große Zelle mit zwei Kernen im Zustand der Karyolyse.
Diagn.: Radiogen geschädigte, atypische, dringend tumorverdächtige Epithelien (Pap. Gr. IV), z. Z. der Zytol.: während der Strahlentherapie. Gyn. und Zystoskopie: Tumorperforation in die Harnblase.

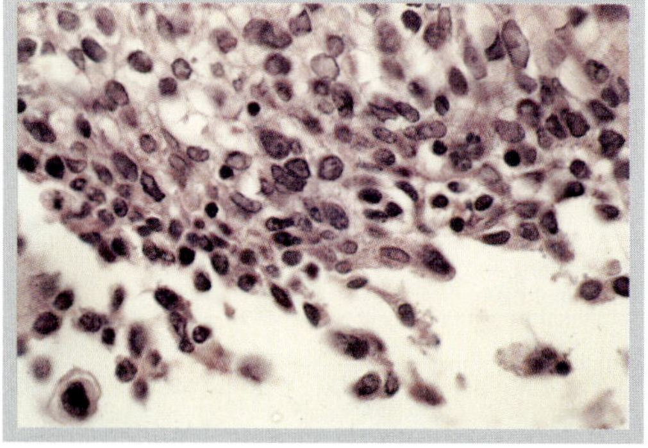

Abb. 9.10 a Färb.: HE; Vergr.: 200 x (gleicher Fall wie Abb. 9.10 a)
PE aus Zervixbereich. *Histol.*: papillär-exophytisch wachsendes verhornendes Plattenepithelkarzinom (3 Wochen vor Zytol.).
Alter: 63 J. PT-Diagn.: Carcinoma cervicis uteri ($T_4N_xM_x$). *Histol.*: papillär-exophytisch wachsendes verhornendes Plattenepithelkarzinom.
Ther.: Telekobaltstehfeldbestrahlung Unterbauch- und Gesäßfeld alt. ED 200 cGy, GD 2800 cGy HD. Danach Fortsetzung mit Telekobaltpendelbestrahlung.

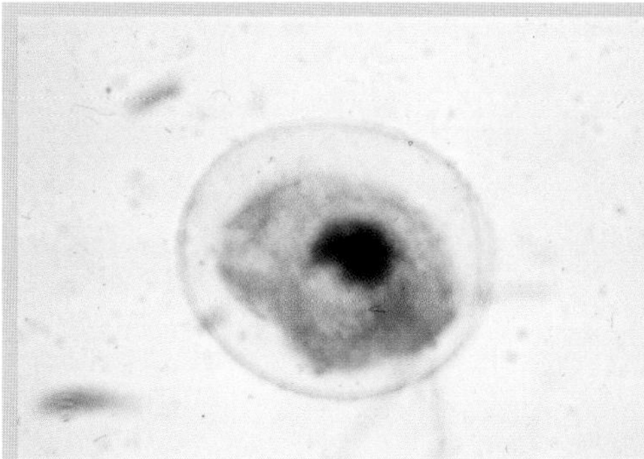

Abb. 9.11 Färb.: PAS-Reaktion; Vergr.: 250 x
Ödematös veränderte, fraglich atypische Zelle mit zirkulärem peripheren leeren Halo. Zytoplasma wolkig, granulär aufgedunsen, partielle Opaleszenz. Zellkern verklumpt, von ungleichförmiger Gestalt.
Diagn.: Degenerierte, fragliche Tumorzelle, offenbar im Zustand der Zellschrumpfung (technischer Artefakt?) (Pap. Gr. III), z. Z. der Zytol.: 6 Wochen nach Strahlentherapie. Gyn.: kein hinreichender Verdacht auf Tumorprogression. Zystoskopie: ausgedehntes Tumorinfiltrat der Harnblasenhinterwand.
Alter: 48 J. PT-Diagn.: Carcinoma cervicis uteri ($T_{3b}N_0M_0$). *Histol.*: mäßig differenziertes Plattenepithelkarzinom.
Ther.: Biaxiale Telekobaltpendelbestrahlung kleines Becken. Pendelwinkel $2 \times 160°$ ED 200 cGy, GD 6000 cGy HD (100%-Isodose), Split course technique: 4 Wochen Pause.

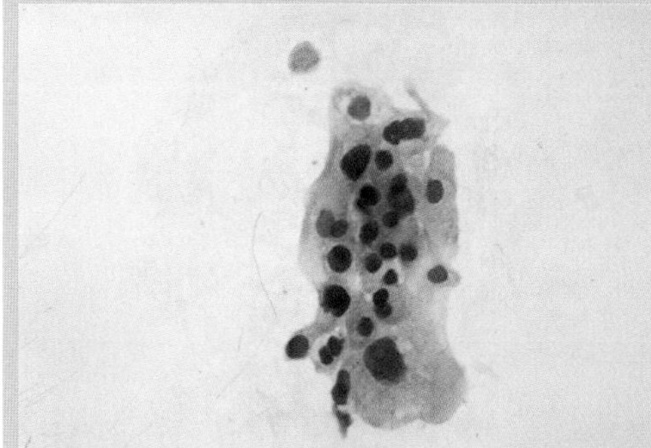

Abb. 9.12 Färb.: PAS-Reaktion; Vergr.: 126 x
Konzentrat aus abnormen bzw. fraglich atypischen Zellen. Ausgeprägte Kernpolymorphie. Einzelne Zellkerne mit auffälliger Vergrößerung und ödematös-wabigem Zytoplasma.
Diagn.: Dringender Verdacht auf Tumorzellen, radiogen bedingte Veränderungen von Übergangsepithelien weniger wahrscheinlich (Pap. Gr. IV), z. Z. der Zytol.: 4 Mon. nach Strahlentherapie. Gyn.: Verdacht auf Tumorpenetration in die Harnblasenwand bei Tumorrezidiv und Progression.
Alter: 55 J. PT-Diagn.: Carcinoma cervicis uteri ($T_3N_0M_0$). *Histol.*: nichtverhornendes Plattenepithelkarzinom.
Ther.: Biaxiale Telekobaltpendelbestrahlung kleines Becken. Pendelwinkel $2 \times 180°$, ED 200 cGy, GD 6000 cGy HD (100%-Isodose), Split course technique: 4 Wochen Pause.

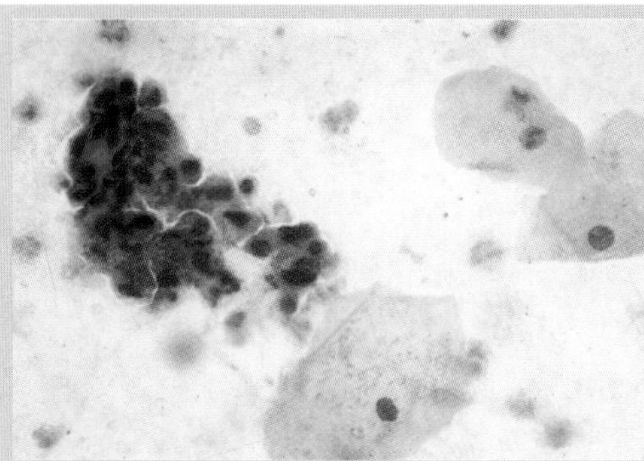

Abb. 9.13 Färb.: HE; Vergr.: 126 x
Normal strukturierte Übergangsepithelien. Detritus und Bakterien. Daneben Konglomerat aus z. T. übereinander liegenden, atypischen Zellen mit polymorphen, hyperchromatischen Kernen und konfluierendem Zytoplasma, z. T. in beginnender Zytolyse.
Diagn.: Dringender Verdacht auf therapeutisch geschädigte Tumorzellen (Pap. Gr. V), z. Z. der Zytol.: 5 Mon. nach Strahlentherapie. Gyn.: ausgedehntes Tumorrezidiv im kleinen Becken. In CT Tumorperforation in die Harnblase nachgewiesen.
Alter: 67 J. PT-Diagn.: Carcinoma cervicis uteri ($T_2N_0M_0$). *Histol.*: Plattenepithelkarzinom.
Ther. bis zur Zytol.: Abdominale Hysterektomie mit beiden Adnexen. Postoperative Nachbestrahlung: Biaxiale Telekobaltpendelbestrahlung kleines Becken ED 200 cGy, GD 6400 cGy HD (100%-Isodose), Split course technique: 5 Wochen Pause.

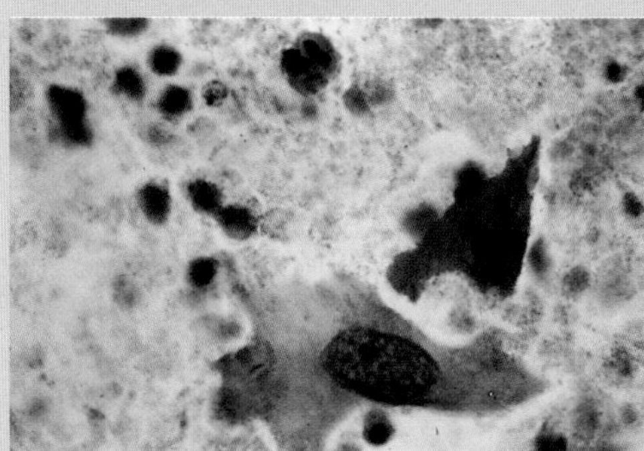

Abb. 9.14 Färb.: HE; Vergr.: 240 x
Atypische Zelle mit ödematösem Zytoplasma und schmetterlingsförmigen Zytoplasmaausläufern als Merkmal radiogener Schädigung. Gleichzeitig feinkörnige bis gitterartig umgewandelte Zellkernstruktur nach Art von sog. „Pfeffer- und Salz-Chromatin" als morphologisches Substrat nach Tumorchemotherapie. Grießelige Grundsubstanz mit Detrituskonzentrat. Locker verstreute, nicht mehr exakt spezifizierbare Zellen im Zustand fortgeschrittener Zytolyse.
Diagn.: Nachweis von therapeutisch veränderten Tumorzellen (Pap. Gr. V), z. Z. der Zytol.: 7 Mon. nach Bestrahlung und 3 Tage nach Tumorchemotherapie. Gyn.: Status progressus. Tumorperforation in die Harnblase (bestätigt durch Zystoskopie und spätere Obduktion).

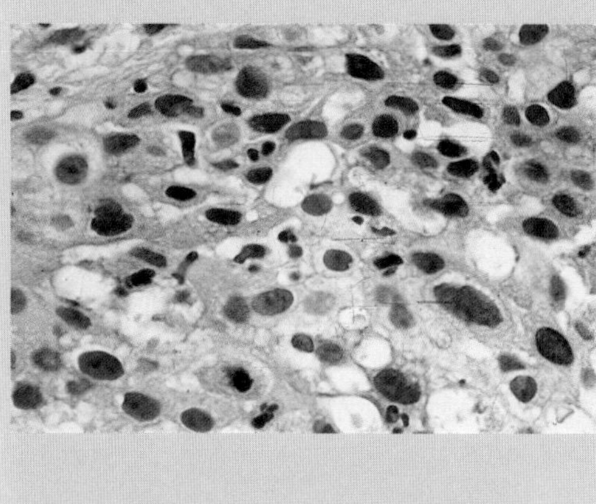

Abb. 9.14 a Färb.: HE; Vergr.: 220 x (gleicher Fall wie Abb. 9.14)
PE aus Portiobereich: *Histol.*: nichtverhornendes Plattenepithelkarzinom (7 Mon. nach Strahlentherapie und 4 Tage nach Zytostatikaverabreichung – Cyclophosphamid 5 × 2 g als Infusion im 14tägigen Abstand und 2 × 15 mg MTX sowie i. a. Bleomycin).
Alter: 36 J. PT-Diagn.: Carcinoma cervicis uteri ($T_3N_0M_0$). *Histol.*: exophytisch wachsendes nichtverhornendes Plattenepithelkarzinom.
Ther. bis zur Zytol.: Betatron ultraharte Röntgenstrahlen 43 MV. Stehfeldbestrahlung von ventral ED 150 cGy, GD 3900 cGy HD. Biaxiale Telekobaltpendelbestrahlung kleines Becken ED 200 cGy, GD 3600 cGy HD (100%-Isodose).

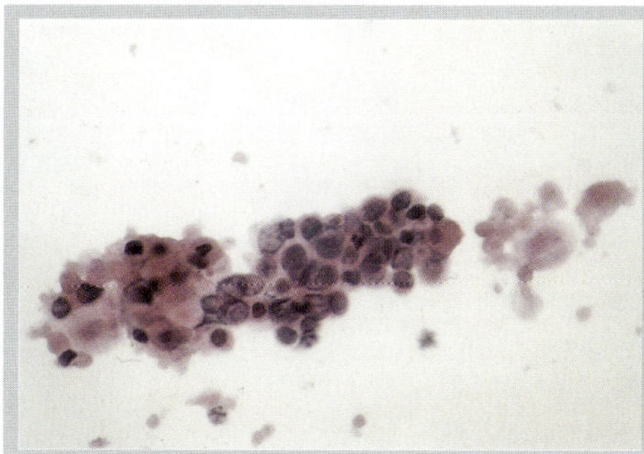

Abb. 9.15 Färb.: HE; Vergr.: 126 x
Neben Zytolysepartikeln herdförmiges Konzentrat aus abnormen und atypischen Zellen mit z. T. ödematösen, z. T. hyperchromatischen Zellkernen.
Diagn.: Dringender Verdacht auf Tumorzellen, jedoch reaktive Veränderungen bei bestehendem Ulkus der Harnblase nicht völlig auszuschließen (Pap. Gr. V), z. Z. der Zytol.: 1 J. 1 Mon. nach Strahlentherapie. Gyn.: Verdacht auf Tumorinfiltration in die Harnblasenwand bei Ulkus (später Exitus letalis).
Alter: 74 J. PT-Diagn.: Carcinoma cervicis uteri ($T_{3b}N_0M_0$). *Histol.*: gering verhornendes Plattenepithelkarzinom.
Ther.: Biaxiale Telekobaltpendelbestrahlung kleines Becken ED 200 cGy, GD 4800 cGy HD. ^{137}Cs-Kontakttherapie – Stift-Platte-Kombination bis 3000 cGy GOD, dazu atypische ^{60}Co-Stehfeldbestrahlung ED 200 Gy bis GD 2200 cGy HD.

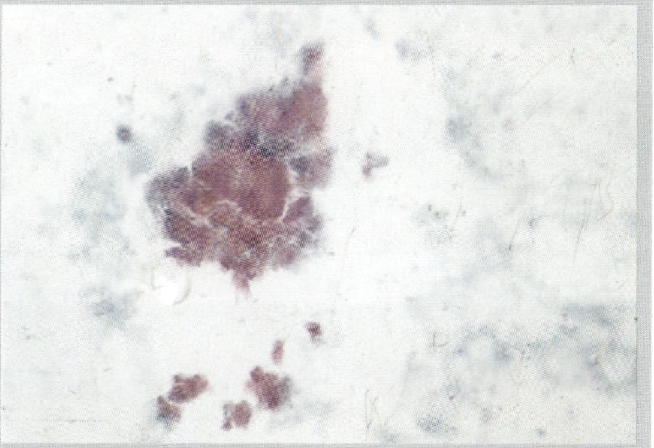

Abb. 9.16 Färb.: Pap.; Vergr.: 100 x
Zellgruppe mit verwaschenen Strukturen bei fortgeschrittener Zytolyse. Anderenorts Zellatypien.
Diagn.: Hochgradig zytolytischer Zellkomplex. Dignität z. T. nicht mehr exakt feststellbar (Pap. Gr. IV), z. Z. der Zytol.: 3 J. nach Strahlentherapie. Gyn.: Tumorprogression. Klin. und zystoskopisch: Sichere Harnblasenwandperforation durch Tumor.

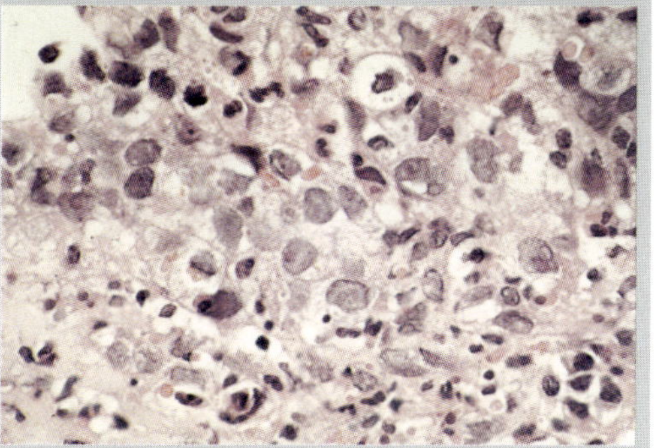

Abb. 9.16 a Färb.: HE; Vergr.: 100 x (gleicher Fall wie Abb. 9.16)
PE. *Histol.*: Plattenepithelkarzinom ohne radiogene Veränderungen.
Alter: 55 J. PT-Diagn.: Carcinoma cervicis uteri ($T_3N_xM_x$). *Histol.*: Plattenepithelkarzinom.
Ther.: Biaxiale Telekobaltpendelbestrahlung des kleinen Beckens. Pendelwinkel $2 \times 160^\circ$ ED 200 cGy, GD 6000 cGy HD (100%-Isodose), Split course technique: 4 Wochen Pause.

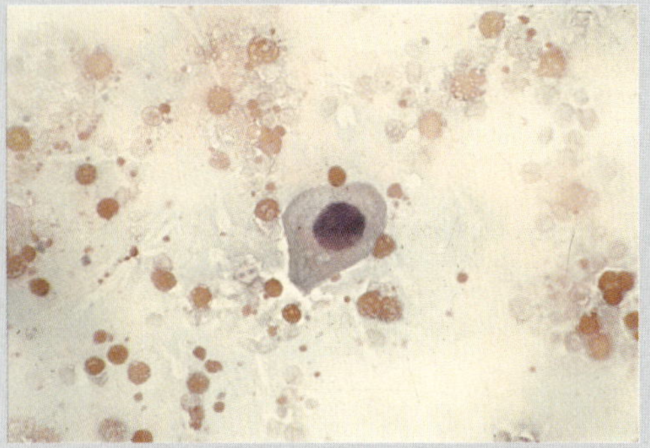

Abb. 9.17 Färb.: Pap.; Vergr.: 200 x
Zahlreiche, z. T. in fortgeschrittener Zytolyse befindliche Erythrozyten. Zentral eine größere epitheliale Zelle mit Zellkernschwellung und mäßiger Hyperchromatose. Wabiges Zytoplasma.
Diagn.: Verdacht auf eine Tumorzelle (Pap. Gr. IV), z. Z. der Zytol.: 4 J. nach Abschluß der Strahlentherapie. Gyn.: Hämaturie bei Verdacht auf Tumorperforation in die Harnblase.

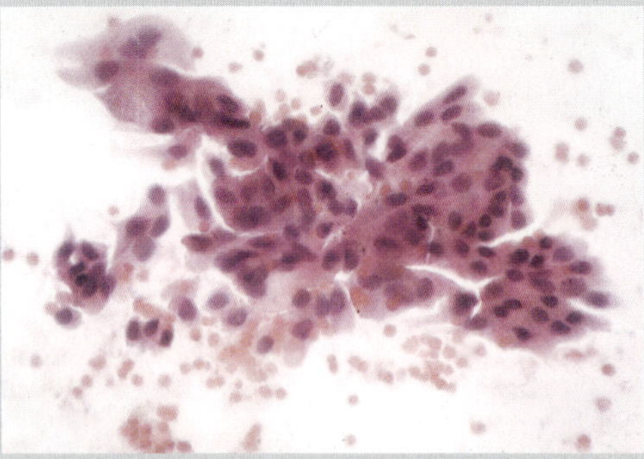

Abb. 9.17 a Färb.: HE; Vergr.: 100 x (gleicher Fall wie Abb. 9.17)
Kompakter Komplex aus abnormen bzw. atypischen Zellen an anderen Stellen. Geringgradige Kernpolymorphie.
Diagn.: Nachweis von nahezu sicheren Tumorzellen (Pap. Gr. V).
Alter: 67 J. PT-Diagn.: Carcinoma cervicis uteri ($T_{3b}N_0M_0$). *Histol.*: nichtverhornendes Plattenepithelkarzinom.
Ther.: Biaxiale Telekobaltpendelbestrahlung kleines Becken ED 200 cGy, GD 6000 cGy HD (100%-Isodose), Split course technique: 4 Wochen Pause.

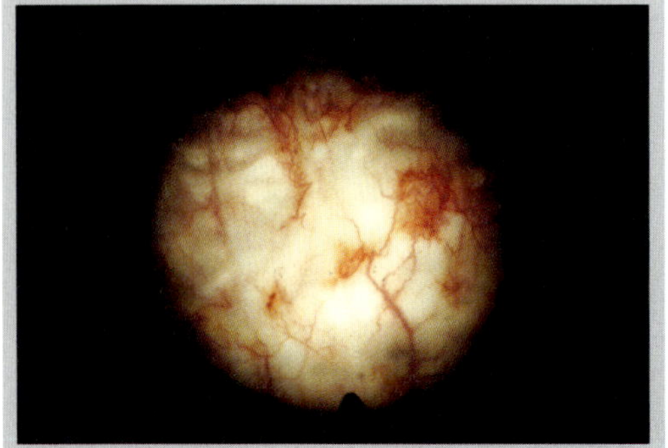

Abb. 9.18 Zystoskopisches Bild der Harnblase nach Radiatio. Befund: Typische sog. Strahlenblase mit charakteristischer Gefäßzeichnung und Teleangiektasien. Keine Tumorpenetration, z. Z. der Zytol.: 3 J. 2 Mon. nach Strahlentherapie. Gyn.: Verdacht auf Tumorbefall der Harnblasenwand.
PT-Diagn.: Carcinoma cervicis uteri ($T_1N_1M_0$). *Histol.*: verhornendes Plattenepithelkarzinom.
Ther. bis zur Zystoskopie: Operation nach *Wertheim*. Anschließend Strahlentherapie: ED 200 cGy bis GD 2000 cGy HD Photonen-Linearbeschleuniger. After-Loading-Technik Agat-W 2000 cGy GOD Telekobaltpendelbestrahlung ED 200 cGy bis GD 2000 cGy HD.

Abb. 9.19 Färb.: HE; Vergr.: 200 x
Zahlreiche stäbchenartige bambusförmige Gebilde, sehr wahrscheinlich Pilze. Konglomerat aus atypischen, epithelialen Zellen mit hyperchromatischen, aber weniger gut erhaltenen Kernen als Ausdruck einer beginnenden Zytolyse.
Diagn.: Dringender Verdacht auf Tumorzellen und Pilzbefall (Pap. Gr. IV), z. Z. der Zytol.: Zustand vor Strahlentherapie. Gyn. und Zystoskopie: Verdacht auf Tumorpenetration in die Harnblase.

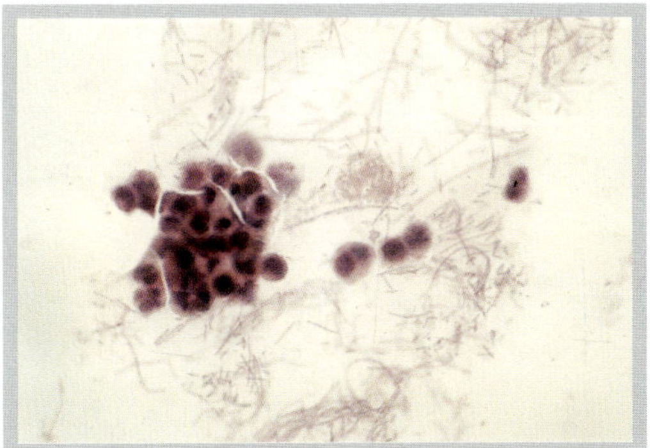

Abb. 9.19 a Färb.: HE; Vergr.: 200 x (gleicher Fall wie Abb. 9.19)
PE aus Zervixbereich. *Histol.*: Adenokarzinom mit ödematösen und degenerativen Veränderungen (5 Tage nach Zytol. und vor Kontakttherapie).
Alter: 72 J. PT-Diagn.: Carcinoma corporis uteri ($T_4N_xM_0$). *Histol.*: Adenokarzinom.
Geplante Ther.: Zur Blutstillung: Intrakorporale ^{60}Co-Kontakttherapie 3000 cGy GOD. Wegen hochgradiger Tumorkachexie keine weitere Strahlenanwendung.

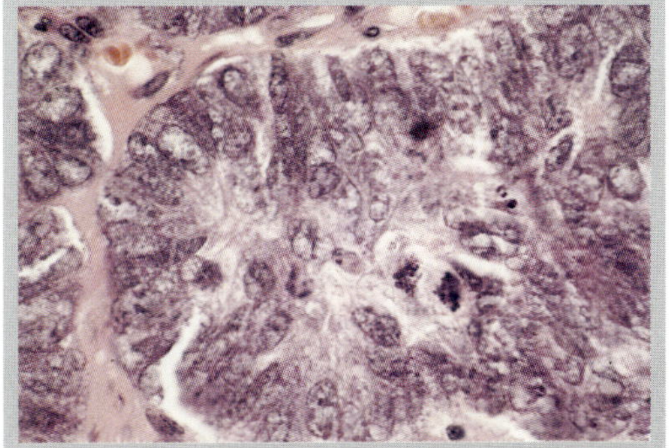

Abb. 9.20 Färb.: PAS-Reaktion; Vergr.: 126 x Deutlich papillär gestaltetes Konglomerat aus noch erkennbaren atypischen Zellen im Zustand beginnender radiogen bedingter Zytolyse.

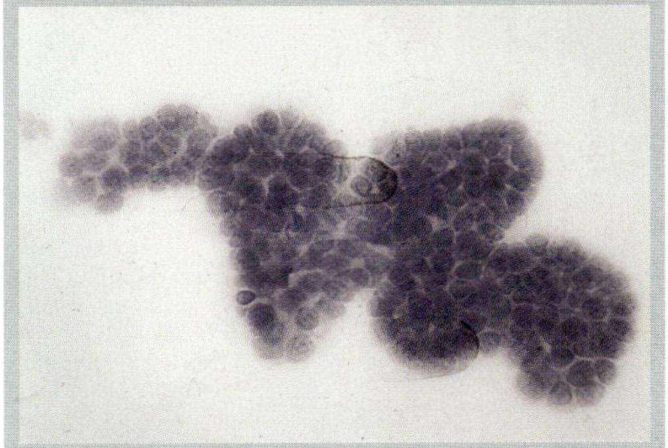

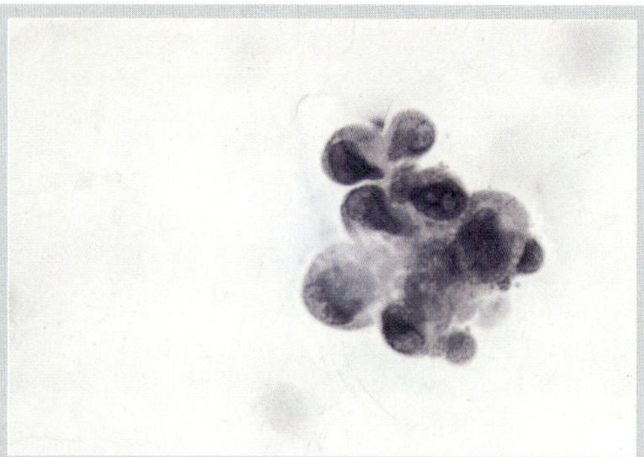

Abb. 9.20 a Färb.: PAS-Reaktion; Vergr.: 126 x (gleicher Fall wie Abb. 9.20)
Konzentrat aus eindeutig atypischen Zellen. Kernpolymorphie und Hyperchromatose. Vakuolisierung und Zytoplasmadegeneration bzw. Fusion als Merkmal beginnender Zytolyse.
Diagn.: Nachweis von Tumorzellkonglomeraten, z. T. als papilläre Formationen. Bei dem bekannten *Histol.* Tumortyp sind diese auch nach Degeneration noch zuzuordnen (Pap. Gr. V), z. Z. der Zytol.: Zustand während Bestrahlung. Gyn.: Tumorperforation in die Harnblase. Keine Tumorrückbildung.
Alter: 73 J. PT-Diagn.: Carcinoma corporis uteri ($T_4N_1M_0$). *Histol.*: Papilläres Adenokarzinom.
Ther.: Telekobaltstehfeldbestrahlung Unterbauch- und Gesäßfeld alt. ED 200 cGy bis jetzt GD 1000 cGy HD.

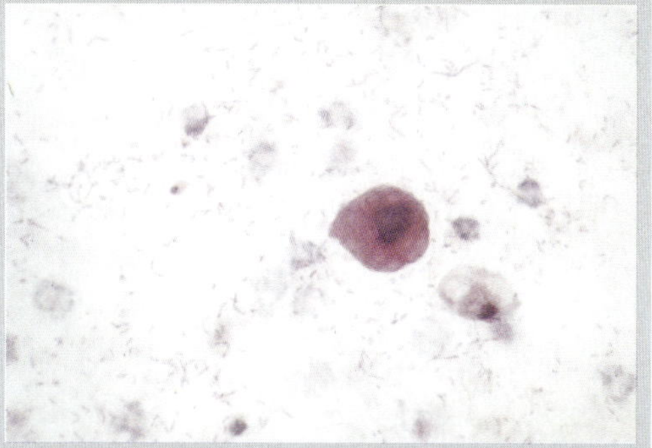

Abb. 9.21 Färb.: HE; Vergr.: 126 x
Schmutziger, bakterienreicher Hintergrund. Einzelne Zellen in fortgeschrittener Zytolyse. Zentral große atypische Zelle mit Zellkernentrundung und wolkig verändertem degenerierten Zytoplasma. Gleichartige Zellen auch anderenorts.
Diagn.: Atypische Zellen, sehr wahrscheinlich geschädigte Tumorzellen (Pap. Gr. IV), z. Z. der Zytol.: Zustand während Strahlentherapie. Gyn.: Tumorperforation in die Harnblase.

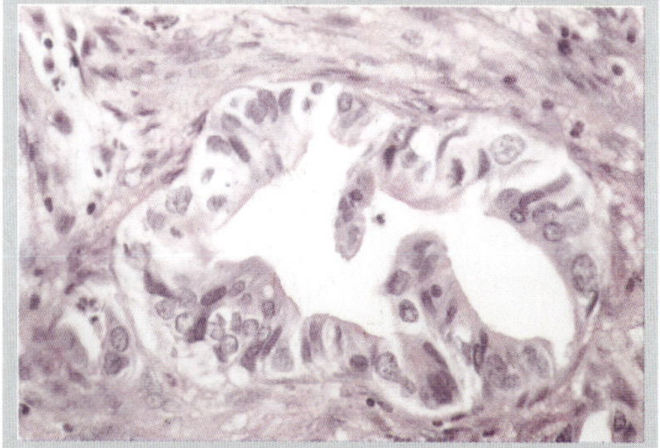

Abb. 9.21 a Färb.: HE; Vergr.: 126 x (gleicher Fall wie Abb. 9.21)
PE aus Vaginalwand. *Histol.*-Diagn.: Metastase eines Adenokarzinoms (3 Mon. vor Urin-Zytol. und vor Strahlentherapie.
Alter: 59 J. PT-Diagn.: Carcinoma corporis uteri ($T_4N_1M_0$). *Histol.*: Adenokarzinom.
Ther. bis zur Zytol.: Betatron ultraharte Röntgenstrahlen 43 MV. Unterbauch- und Gesäßfeld alt. ED 200 cGy, GD 3000 cGy HD. Split course technique 4 Wochen Pause. Anschließend: Biaxiale Telekobaltpendelbestrahlung kleines Becken ED 200 cGy, GD 3000 cGy HD (100%-Isodose), Progesteron-Therapie (bis jetzt 28 g).

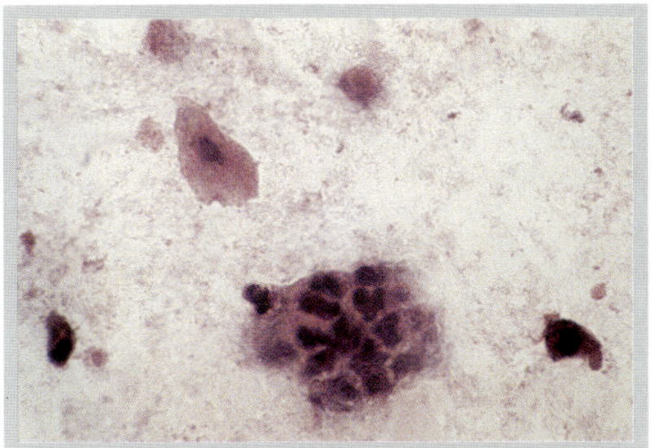

Abb. 9.22 Färb.: HE; Vergr.: 200 x
Detritus diffus verstreut. Eine größere, ödematös veränderte Zelle. Konglomerat aus stärker abnormen, in fortgeschrittener Zytolyse befindlichen Zellen. Davon entfernt bds. je eine atypische Zelle mit starker Hyperchromatose der Zellkerne.
Diagn.: Einzelne atypische, tumorverdächtige Zellen mit möglichen therapiebedingten Veränderungen (Pap. Gr. IV), z. Z. der Zytol.: 2 Mon. nach Strahlentherapie. Gyn.: Tumorprogression. Verdacht auf Perforation in die Harnblase.

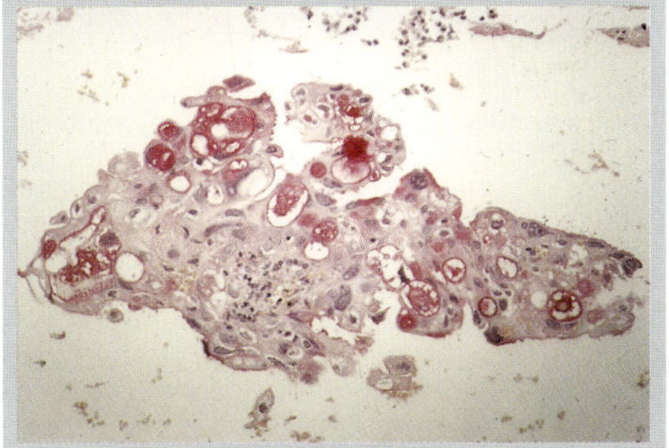

Abb. 9.22 a Färb.: Mucikarmin; Vergr.: 126 x (gleicher Fall wie Abb. 9.22)
Abrasat-Resttumor: *Histol.*: schleimbildendes Adenokarzinom (3 Mon. vor Urin-Zytol. und während Strahlentherapie).
Alter: 66 J. PT-Diagn.: Carcinoma corporis uteri ($T_4N_1M_1$). *Histol.*: stark schleimbildendes Adenokarzinom.
Ther.: Palliativoperation-Adnektomie. Telekobaltstehfeldbestrahlung Unterbauch- und Gesäßfeld alt. ED 200 cGy, GD 3000 cGy HD. Split course technique, 4 Wochen Pause. Biaxiale Telekobaltpendelbestrahlung ED 200 cGy, GD 4000 cGy HD (100%-Isodose). 2 x ^{137}Cs-Kontakttherapie großer Stift bis 1180 bzw. 1800 cGy GOD. (14 Tage Abstand) Telekobaltpendelbestrahlung Paraortalregion ED 150 cGy, GD 4500 cGy HD.

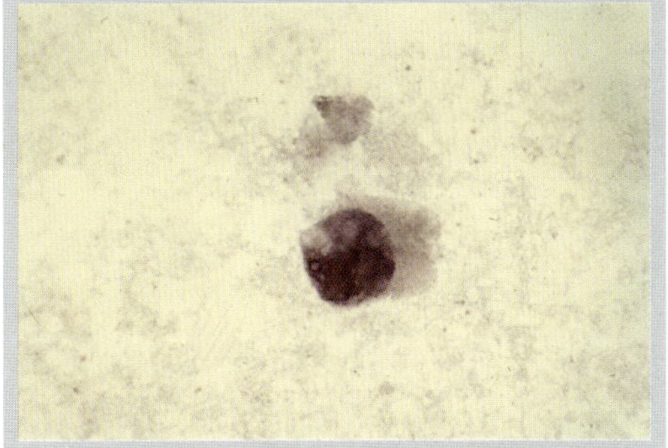

Abb. 9.23 Färb.: Pap.; Vergr.: 200 x
Flächenhaft verteilter Detritus. Zentral ungewöhnlich große, atypische Zelle in beginnender Zytolyse. Großer, vakuolig veränderter Zellkern mit partiellen Kernsubstanzkonzentraten. Anderenorts gleichartige Zellen.
Diagn.: Dringender Verdacht auf Tumorzellen (Pap. Gr. IV), z. Z. der Zytol.: 2 J. nach Strahlentherapie. Gyn.: Verdacht auf Tumorinfiltration der Harnblasenhinterwand. Zystitis chronica.
Alter: 65 J. PT-Diagn.: Carcinoma corporis uteri (Stadium unbekannt). *Histol.*: Adenokarzinom.
Ther.: Abdominale Hysterektomie mit beiden Adnexen. Nachbestrahlung: Biaxiale Telekobaltpendelbestrahlung kleines Becken ED 200 cGy, GD 5000 cGy HD (100%-Isodose), Split course technique: 3 Wochen Pause.

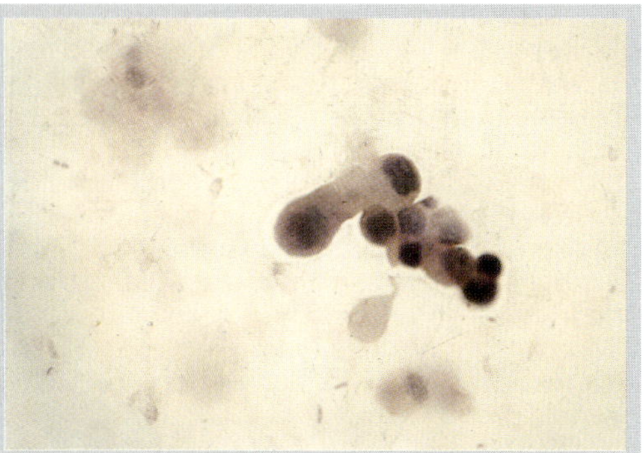

Abb. 9.24 Färb.: PAS-Reaktion; Vergr.: 200 x
Traubenförmig gestaltetes Konglomerat aus atypischen Zellen. Zellkernschwellung bei gitterförmig-granulärer Struktur und Hyperchromatose. Partiell Zellkernschrumpfung. Zytoplasmakonfluenz.
Diagn.: Dringender Verdacht auf Tumorzellen (Pap. Gr. IV), z. Z. der Zytol.: 2 J. nach Strahlentherapie, z. Z. Hormontherapie. Gyn.: Hämorrhagische Zystitis. Verdacht auf Tumorpenetration in die Harnblase.
PT-Diagn.: Carcinoma corporis uteri ($T_{1b}N_xM_0$). *Histol.*: Adenokarzinom.
Ther.: Kontakttherapie 2 x ^{60}Co-Eier intrakavitär bis jeweils 2500 cGy GOD im 14tägigen Abstand. Langzeitprogesteron-Therapie.

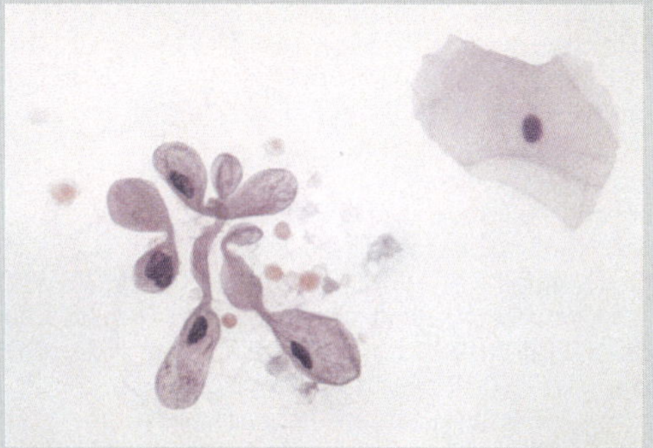

Abb. 9.25 Färb.: HE; Vergr.: 126 x
Eine unauffällige Zelle des Übergangsepithels. Herdförmige Anordnung bizarr gestalteter, abnormer Epithelien von keulenförmiger bzw. hantelartiger Konfiguration, mit Zytoplasmaausläufern. Mäßige Zellkernschwellung.
Diagn.: Abnorme, offenbar postradiogen veränderte Urothelien, z. T. mit fraglichen Malignitätsmerkmalen (bei Pap. Gr. IV), durch weiteren Krankheitsverlauf erwiesene Fehlinterpretation, z. Z. der Zytol.: 4 J. 1 Mon. nach Strahlentherapie. Gyn.: postradiogen bedingte Zystitis. Tumorperforation nicht auszuschließen. 6 J. danach kein Tumorrezidiv.
Alter: 66 J. PT-Diagn.: Carcinoma corporis uteri ($T_1N_xM_0$). *Histol.*: Adenokarzinom.
Ther.: 3 x ^{60}C0-Moulagen im 3wöchentlichen Abstand bis 3000 cGy, 2000 cGy und 1500 cGy GOD. Telekobaltstehfeldbestrahlung – Unterbauch- und Gesäßfeld alt. ED 200 cGy, GD 4400 cGy HD (100%-Isodose) (Aussparung Kontakttherapieregion mit Pb-Block). 2 Mon. danach: wegen Tumorrest 15 × ^{60}Co-Moulagen ED 400 cGy bis GD 6000 cGy GOD.

Literatur

De Voogt, H.J.: Bedeutung der Urinzytologie als Screening-Untersuchung für die Diagnose des Harnblasenkarzinoms. Onkologie 5 (1980) 233–237.

Eposti, P.I., G. Moberger, J. Zajicek: The cytologic diagnosis of transitional cell tumors of the urinary bladder and its histologic basis. A study of 567 cases of urinary traxt disorder including 170 untreated and 182 irradiated bladder tumors. ACTA Cytol. 14 (1970) 145–155.

Hoppe, E., B. Schicke, A. Banaschak: Zytologische Urinbefunde bei weiblichen Genitalkarzinomen – vor, während und nach Strahlentherapie. Zbl. Gynäkol. 110 (1988) 450–460.

Maier, U., W. Kuber, R. Krepler: Wertigkeit der Exfoliativzytologie des Harns bei der Diagnostik von Blasentumoren. Onkologie 6 (1980) 276–277.

Schrage, R.: Das Urogramm bei der Bleomyzinbehandlung. Zbl. Gynäkol. 97 (1975) 1298–1303.

Ullrich, D. und R. Bergleiter: Erste Erfahrungen mit der Urinzytologie bei gynäkologischen Tumoren. Zbl. Gynäkol. 105 (1983) 1284–1387.

Weiterführende Literatur

Bauchwitz, M.A.: Systematic cytology of the urinary tract. Part X. Hrsg. Lopes-Cardozo, P.: In: Atlas of clinical cytology. Printed by Targa b.v., s-Hertogenbosch, Leiden (Netherl.) (1975) 419–434.

Beyer-Boon, M.E.: Strahleneffekt am Urothel. Einfluß von Cytostatica. In: Voogt, H.J. de, P. Rattert, M.E. Beyer-Boon. Praxis der Urinzytologie. Springer-Verlag, Berlin, Heidelberg, New York (1979) 42.

Breinl, H.: Ergebnisse der Zytodiagnostik bei pathologischen Epithelprozessen im Bereich der unteren Harnwege. Geburtsh. Frauenheilkd. 28 (1968) 91.

De Voogt, H.J.: Klinische Anwendung der Urinzytologie. In: Voogt, H.J. de, P. Rathert, M.E. Meyer-Boon: Praxis der Urinzytologie. Springer-Verlag, Berlin, Heidelberg, New York (1979) 5–6.

Goodman, G.B., J. Balfour: Local-Recurrence of bladder cancer after supervoltage irradiation. J. of the Canadian Association of Radiologists Nr. 3 (1964) 92–98.

Koss, L.G.: Frühe neoplastische Veränderungen in der Harnblase. Verh. Dtsch. Ges. Path. 63 (1969) 241–245.

Lopes Cardozo, P.: Beitrag der Zytologie für die Wahl des Zytostatikums und für die Beurteilung seiner Wirksamkeit. Regensbg. ärztl. Fortbild. XIII, 5 (1965) 321–324.

Matsumura, Y., T. Tsushima, Y. Ozaki, J. Yoshimoto, T. Akagi, T. Obama, Y. Nasu, H. Ohmori: Intravesical chemotherapy with 4-epiadriamycin in patients with superficial bladder tumors. Cancer Chemother. Pharmacol. 16 (1986) 176–177.

Murphy, W.M., M.S. Soloway, Ch.J. Lin: Morphologic effects of thio-tepa on mammalian urothelium-changes in abnormal cells. Acta Cytologica Vol. 22, No. 6 (1978) 550–554.

Pust, R., H. Ebner, J. Kraushaar, C.F. Rothauge: Diagnostische Bewertung von Zellatypien nach Gabe von Mitomycin C (Mitomycin medac) und Adriamycin (Adriblastin). Therapiewoche 32/5 (1982) 507–514.

Rasmussen, K., B.L. Peterson, E. Jacobo, G.D. Penick, J. Sall: Cytologic effects of thiotepa and adriamcin on normal canine urothelium. Acta Cytologica Vol. 24, No. 3 (1980) 237–243.

Richter, A., P. Sülldorf: Die Bedeutung der Zytodiagnostik als differentialdiagnostisches Hilfsmittel zur Früherkennung von Blasentumoren. Z. Urol. u. Nephrol. 65 (1972) 573–579.

Soost, H.J., S. Baur: Zellveränderungen durch ionisierende Strahlen und Zytostatika. Gynäkologische Zytodiagnostik. Verl. Georg Thieme Stuttgart, New York (1990) 326–336.

Stella, F., R. Troccoli, C. Stella, S. Battistelli, St. Biagioni, C. Giardini, D. Baronciani, F. Manenti: Urinary cytologic abnormalities in bone marrow transplant recipients of cyclosporin. Acta Cytologica Vol 31, No. 5 (1987) 615–619.

Takahashi, M.: Color atlas of cancer cytology, urinary tract. Thieme-Verlag Stuttgart (1971) 292–307.

Voeth, Ch.: Zytodiagnostik des Harntraktes: Zytomorphologie nach Bestrahlung oder Chemotherapie. In: Lehrbuch der klinischen Zytodiagnostik. Hrsg.: Soost, H.J., G.-Thieme-Verlag Stuttgart (1978) 316, 303–323.

Will, P., R. Goertchen, S. Kammler, K. Eltahir: Ergebnisse der Urinzytologie bei der Diagnostik von Harnblasentumoren unter Berücksichtigung ihrer histologischen Klassifikation nach der WHO. Dtsch. Gesundh.-Wesen 34 (1979) 1074–1078.

10 Systematische zytologische Untersuchungen vor, während und nach Therapie bei 3 Gruppen von Patienten mit verschiedenen Therapievarianten

In Ergänzung zu dem aus der täglichen Praxis (Tumornachsorge) stammenden zytologischen Material, worüber bereits berichtet worden ist, werden im Rahmen unterschiedlicher gynäkologisch-klinischer Therapiegruppen zytologische Befunde erhoben.

Zu dieser zusätzlichen zytomorphologischen Informationsquelle gehört Zellmaterial aus drei Untersuchungsreihen mit differenter Therapie bei Patienten mit einem fortgeschrittenen Zervixkarzinom der Tumorstadien III bzw. IV (Gruppe A und B) bzw. mit einem Tumorrezidiv eines Zervixkarzinoms (Gruppe C).

Bei der **Gruppe A** wurde *zuerst* eine *intraarterielle Zytostatikatherapie* mittels Bleomycin angewandt, als sogenannte neoadjuvante Chemotherapie mit *anschließender Radiotherapie* = 25 Patienten. (Die älteste Patientin war 70 Jahre und die jüngste Patientin 29 Jahre alt. Altersdurchschnitt 52 Jahre.)

Die Materialentnahmen erfolgten systematisch parallel während der planmäßigen gynäkologischen Untersuchungen, also ohne zusätzliche Belastung der Patienten. Es konnten Abstriche sowohl aus dem Portiobezirk als auch von der Vaginalwand entnommen werden. Dadurch ergab sich die Möglichkeit, verschiedene Färbungen sowie zytochemische und enzymzytochemische Reaktionen durchzuführen. Dabei war gewährleistet, daß zytologische Resultate jeweils von der gleichen Stelle, bei gleicher Dosis, bei gleicher Therapieform und zum gleichen Zeitpunkt verfügbar waren.

Materialentnahmen während oder *nach i. a. Chemotherapie* mittels Bleomycin erfolgten nur bei einzelnen Fällen. Hingegen wurden systematisch Abstriche *während, kurz nach und längere Zeit nach der erfolgten* Strahlentherapie gefertigt (S. Gupta et al. 1987, J. Soost und S. Baur 1990). Demzufolge waren in dieser Therapiephase sowohl die Normalzellen als auch die Tumorzellen bereits durch die vorangegangene intraarterielle Zytostatikaapplikation beeinträchtigt, so daß durch die nachfolgende Bestrahlung eine Doppelbelastung bestand.

Die Patienten der **Gruppe B** wurden mit *alleiniger Strahlentherapie* behandelt = 35 Patienten (Kontrollgruppe zu A). (Die älteste Patientin war 70 Jahre, die jüngste 42 Jahre alt. Altersdurchschnitt 55 Jahre.)

Hierbei waren zytologische Veränderungen nur durch die Anwendung ionisierender Strahlung entstanden. Die Methode der Materialgewinnung erfolgte nach dem gleichen Prinzip wie bereits bei Gruppe A ausgeführt worden ist.

Bei beiden Gruppen wurden grundsätzlich auch *vor der Therapie* Abstrichpräparate entnommen, d. h. ohne jegliche schädigende Einwirkung durch therapeutische Maßnahmen, so daß diese Befunde als *zytologische Kontrollreihe* dienten (M. Begum 1993).

Zur Therapiegruppe A (Kombinationstherapie) und B (alleinige Strahlentherapie) gehören ausschließlich Patienten mit einem fortgeschrittenen Zervixkarzinom der klinischen Tumorstadien III und IV.

Unter diesem Aspekt erschien deshalb die Verabreichung einer Gesamtdosis von 72 Gy mit einer Einzeldosis von 2,0 Gy (jeweils bezogen auf das Dosismaximum, D_{max}:100%) in Split course technique vertretbar, wobei das Zielvolumen von der 80%-Isodose umschlossen war.

Nähere Ausführungen zur Methodik der Strahlentherapie siehe dort.

Daten zur angewandten Strategie der Zytostatikabehandlung und Strahlentherapie

Methodik der antineoplastischen Chemotherapie (betr. Gruppe A)

Bei der Gruppe A wurde primär eine 5tägige fortlaufende intraarterielle Infusion mit dem Zytostatikum Bleomycin vorgenommen. Tägliche Gaben von 20 mg, d. h. insgesamt 100 mg waren der Bestrahlung vorgeschaltet worden.

Nach perkutaner transfemoraler Katheterisierung wurden Polyäthylenkatheter in beide Arteriae iliacae internae eingelegt und bei einer Durchflußrate von 50 ml/h je Katheterseite über 24 h täglich je 20 mg Bleomycin (jeweils 4 mg Bleomycin in 500 ml 5% Glukose- oder Elektrolytlösung) kontinuierlich infundiert. Pro 500 ml Infusionslösung wurden 4000 IE Heparin zugesetzt. Bis zum Beginn der anschließenden Strahlentherapie wurde eine Pause von 8 Tagen eingelegt. Sowohl die Kombinationstherapie (intraarterielle antineoplastische Chemotherapie) mit folgender Strahlentherapie (Gruppe A) als auch die alleinige Strahlentherapie (Gruppe B) sowie die Tumorrezidivtherapie mittels Tumorchemotherapie nach früher erfolgter Strahlentherapie (Gruppe C) erfolgten in Abstimmung mit der Gynäkologin.

Die *Bestrahlung* in der Gruppe A sowie auch in der Gruppe B erfolgte nach einem einheitlichen Behandlungsregime.

Methodik der Strahlentherapie (betr. Gruppe A und Gruppe B)

Den Patienten beider Gruppen wurde übereinstimmend in dem ersten Bestrahlungsabschnitt eine ultraharte Röntgenbestrahlung des kleinen Beckens zur Erfassung des gesamten Beckengewebes einschließlich der Lymphonoduli iliacae externae und sacrales verabreicht. (Abb. 10.I a)

a) *Bestrahlungsbedingungen:*
- *ultraharte Röntgenstrahlung* von 43 MV (Betatron)

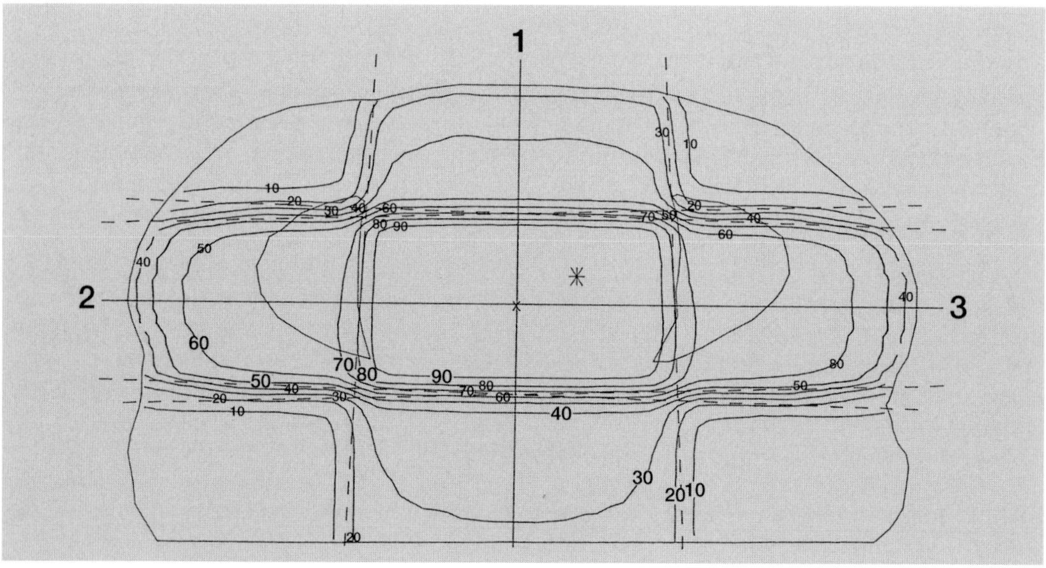

Abb. 10.I a 1. Bestrahlungsserie mit **ultraharten** Röntgenstrahlen von 43 MV (Betatron) Dosisverteilung in der Planungsebene.

- 3-Feldertechnik: ein ventrales und 2 laterale Stehfelder
- Feldbreite: 12–15 cm; Feldlänge: 15–18 cm
- tgl. ED: 2 Gy (bezogen auf das Dosismaximum, D_{max}:100%
- Bestrahlungsrhythmus: 5 Tage pro Woche
- GD: 30 Gy (bezogen auf das Dosismaximum, D_{max}:100%).

Mit der 3-Feldertechnik lag das Zielvolumen mindestens in der 80%-Isodose, in das alle Lymphabflußstationen eingeschlossen waren. Unmittelbar danach erfolgte bei allen Patientinnen unter stationären Bedingungen die Umstellung der Bestrahlungstechnik. Zur Schonung von Rektum, Sigma und Blasenhinterwand wurde als 2. Therapieabschnitt die *biaxiale Telekobaltbestrahlung* an dem Therapiegerät Gammatron 3 vorgenommen. (Abb. 10.I b)

b) *Bestrahlungsbedingungen:*
- Pendelwinkel 2 × 160 ° oder 2 × 180 ° bei Harnblasenbefall
- Achsenabstand: 8 cm (Erfassung bis an beide Beckenwände und aller iliakal kommunen und internen sowie der tiefen iliacal externen Lymphknoten mindestens mit der 80%- Isodose, andererseits Schonung der kritisch genannten Zonen)
- Feldlänge: 15–18 cm
- tgl. ED: 2 Gy (bezogen auf das Dosismaximum, D_{max}:100%)
- Bestrahlungsrhythmus: 5 Tage pro Woche
- GD: 18 Gy (bezogen auf das Dosismaximum, D_{max}:100%).

Nach Erreichen dieser Dosis wurde eine etwa 3wöchige Bestrahlungspause (Split course technique) eingeschaltet, und anschließend erfolgte die Fortsetzung der Bestrahlung unter den vorgenannten Bedingungen (biaxiale Pendelung) bis zu einer GD von 42 Gy (bezogen auf das Dosismaximum, D_{max}:100%).

c) Aus der Summe der beiden unterschiedlichen Bestrahlungstechniken resultiert die Gesamtdosis von 72 Gy im Referenzpunkt.

Der Referenzpunkt liegt im Dosismaximum, das auf D_{max}: 100% normiert wurde. (Abb. 10.I c).

Im Zeitraum der Jahre um 1971 bis 1985 galt weithin die Split-course-Strahlenthera-

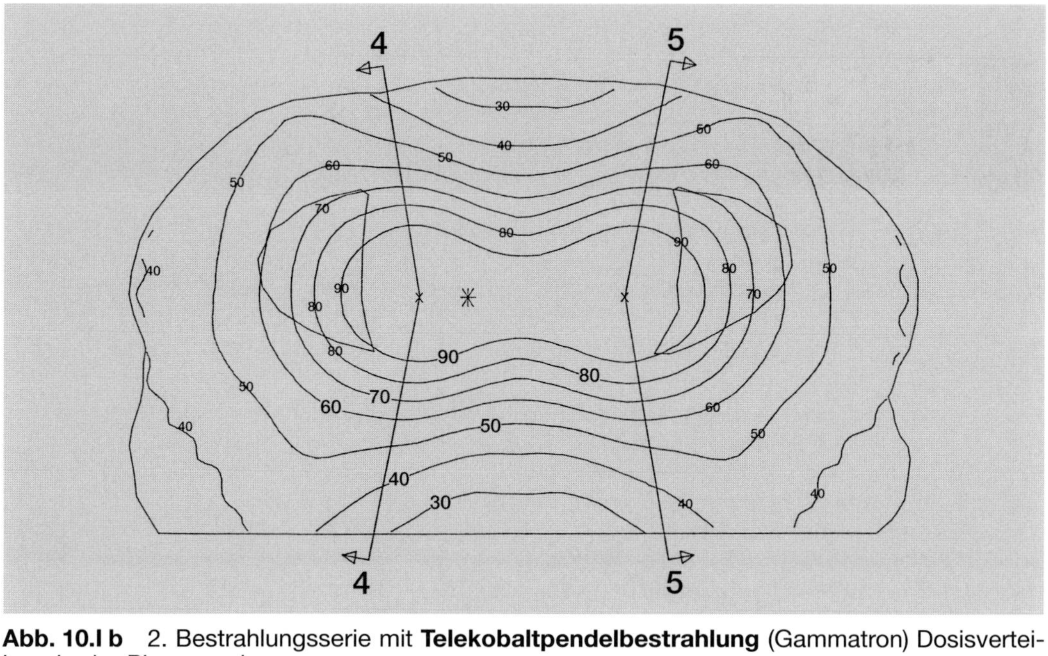

Abb. 10.I b 2. Bestrahlungsserie mit **Telekobaltpendelbestrahlung** (Gammatron) Dosisverteilung in der Planungsebene.

pie als allgemein gültiges Behandlungskonzept für lokal fortgeschrittene Zervixkarzinome. Die Unterbrechung der Bestrahlungsserie durch die etwa 3wöchige Pause ist mit einem Wirkungsverlust insbesondere auch an den Tumorstammzellen verbunden. Die Erkenntnisse über die hieraus resultierende Repopulation der Tumorzellen war der Anlaß, die Split-course-Strahlentherapie wieder aufzugeben.

Aus heutiger Sicht wird häufig ein Dosiswirkungsverlust durch die Bestrahlungspause in der Größenordnung von 0,6 Gy/Tg. veranschlagt. Diese Quantifizierung ist in vieler Hinsicht nicht unproblematisch und wird auch widersprüchlich in der zahlreich erschienenen Literatur behandelt. Die spezifischen tumorbiologischen Parameter und der unterschiedliche Anstieg der Dosiswirkungskurven können diesen Wirkungsverlust entscheidend beeinflussen.

Unter der Annahme dieses Wirkungsverlustes von 0,6 Gy/Tg. entspricht die physikalische Gesamtdosis der Split-course-Strahlentherapie mit 72 Gy im Dosismaximum (100%) – bei einer Pausendauer von 25 Tagen – der biologisch effektiven Dosis von 57 Gy (100%). Das ist die Dosis, die bei einer fraktionierten Strahlentherapie ohne Pausendauer, bei einer Einzeldosis von 2 Gy und einem Bestrahlungsrhythmus mit 5Tg./Wo., die gleiche biologische Wirkung wie die Split-course-Strahlentherapie ergeben würde. Damit entspricht diese Dosierung biologisch der gebräuchlichen Gesamtdosis einer strahlentherapeutischen Behandlung des fortgeschrittenen Zervixkarzinoms. Das wird auch durch die geringe klinische Komplikationsrate von 8% bei der alleinigen Strahlentherapie von fortgeschrittenen Zervixkarzinomen (Stadium T_{3b} und T_{4b}) belegt.

Diese Dosierungsangaben sind auf die in den Legenden der vorangegangenen Kapitel mitgeteilten Bestrahlungsbedingungen der Split course technique übertragbar.

Als **Gruppe C** wurden einige Sonderfälle = 12 Patienten überprüft. (Die älteste Patientin war 68 Jahre, die jüngste Patientin 36 Jahre alt. Altersdurchschnitt 57 Jahre.) Diese Patienten weisen bezüglich der Therapie keinerlei Übereinstimmungen auf.

Es handelt sich um *Tumorrezidive von Zervixkarzinomen*, welche vor längerer Zeit, z. T. auch in anderen klinischen Einrichtungen einer Strahlentherapie (mit oder ohne

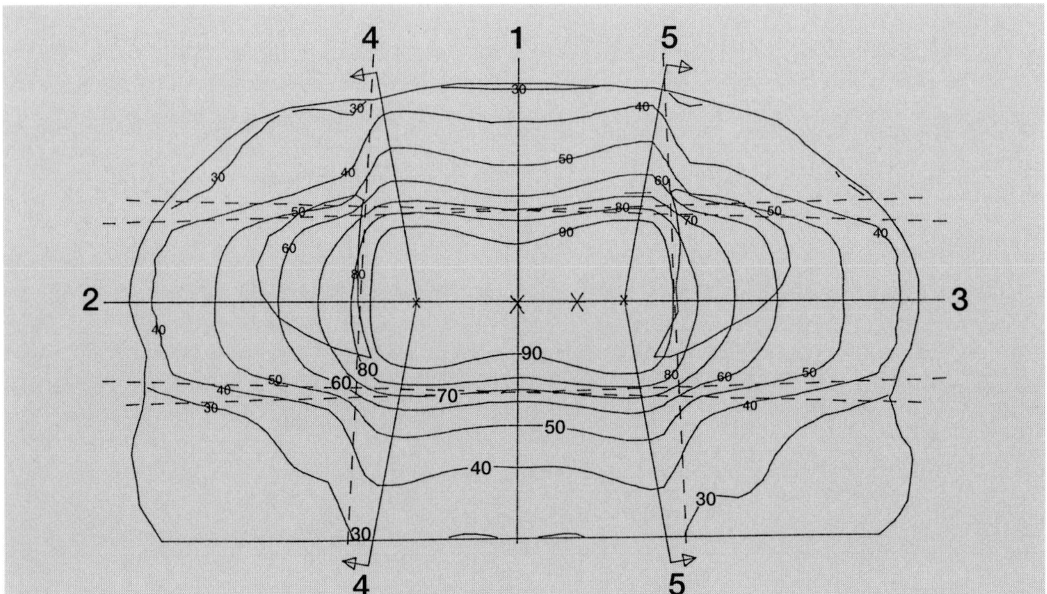

Abb. 10.I c Resultierende **Dosisverteilung** aus der 1. und 2. Bestrahlungsserie.

vorherige Operation) und noch dazu bei unterschiedlichen Bestrahlungsmodalitäten mit differenter Dosierung, bei verschieden lang zurückliegenden Zeiträumen hinsichtlich des Therapieabschlusses unterzogen worden sind.

Die ergänzende Behandlung dieser Tumorrezidive mittels *antineoplastischer Chemotherapie* erfolgte jedoch ebenfalls nicht einheitlich, jeweils angepaßt an den individuellen klinischen und paraklinischen Befund mit verschiedenen Zytostatika, wie z. B. Bleomycin, Methotrexat, 5-Fluorouracil, Cyclophosphamid, auch in unterschiedlichen Kombinationsformen. Hinsichtlich der Applikationsart bestand ebenfalls keine Systematik: intraarteriell, intravenös, intratumoral bzw. per os.

Insgesamt erfolgte eine den palliativen Zielen angepaßte Therapie. Die morphologischen Auswirkungen auf die Veränderungen am Vaginalepithel sind demnach auch entsprechend stärker ausgeprägt. – Gegenüber den Gruppen A und B ergab sich der Unterschied, daß zum Zeitpunkt der Tumorchemotherapie des Rezidivs bereits eine Belastung der Zellen durch die frühere, z. T. länger zurückliegende Strahlentherapie des Primärtumors bestand. – Radiogene Belastung und zusätzliche Zytostatikabehandlung ergeben demzufolge eine Summation von Zellabnormitäten und Atypien mit zum Teil erhebli-

Tab. 10.1 Verteilung der histologischen Tumortypen der Primärtumoren in den Gruppen A, B, C

Gruppe A	Patienten
Plattenepithelkarzinom	
ohne nähere Spezifizierung	7
undifferenziertes	5
nicht verhornendes	6
verhornendes	7
	25
Gruppe B	Patienten
Plattenepithelkarzinom	
ohne nähere Spezifizierung	2
undifferenziertes	6
nicht verhornendes	17
verhornendes	10
	35
Gruppe C	Patienten
Plattenepithelkarzinom	
ohne nähere Spezifizierung	3
undifferenziertes	4
nicht verhornendes	3
verhornendes	2
	12

chen Erschwernissen in der zytologischen Beurteilung. Zellveränderungen, die annähernd charakteristisch für eine der beiden Therapiearten sind, können somit nur sehr erschwert oder gar nicht differenziert werden.

Histologische Überprüfungen bei *Nachsorgeuntersuchungen* erfolgten mittels einer lokalen Biopsie aus dem jeweils kolposkopisch und zytologisch tumorverdächtigen Bezirk. Durch die Parallelität von Histologie und Zytologie ergeben sich Vergleichsmöglichkeiten sowie eine weitgehende Objektivierung der zytologischen Diagnosen. Die *zeitliche Beziehung* zur erfolgten Therapie war in den vorliegenden Fällen bei der Gegenüberstellung dieser beiden Diagnosearten gewährleistet. Deshalb wurde auch der Materialgewinnung von Zytologie und Histologie aus der *gleichen Lokalisation* besondere Beachtung geschenkt. Es ist allerdings bekannt, daß in bestimmten Fällen auch an der Richtigkeit einer histologischen Diagnose Zweifel bestehen können, z. B. dann, wenn nicht exakt von der gleichen Region, aus der der zytologische Abstrich gewonnen wurde, exzidiert worden ist, wenn die therapiebedingten Gewebs- und Zellveränderungen durch reaktive Pseudoatypien irreführend sind oder wenn durch Nekrosen bzw. proliferierende Fibrose stärkere Beeinträchtigungen bestehen.

Mittels einer Gewebsexzision sind jedoch bekanntlich tiefere Schichten erfaßbar, so daß die histologische Diagnostik im allgemeinen einen größeren Sicherheitsgrad ergibt. Zytologische Abstriche sind dagegen nur von der Oberfläche therapiebelasteter Regionen zu gewinnen und besitzen deshalb teilweise eine eingeschränkte Aussagekraft. Die Darstellung histologischer Befunde nach Strahlentherapie ist aufgrund dieser Situation einer speziellen Bewertung unterzogen worden.

Die Beurteilungskriterien dazu wurden von N. Mangakis erstellt und am vorliegenden Material angewandt (s. Kap. 1).

Begründung der für diese Gruppen ausgewählten Färbungen, Spezialfärbungen und zytochemischen Reaktionen

1. Mittels der Färbung nach Papanicolaou wird bekanntlich bei Verhornungsprozessen das Zytoplasma von Plattenepithelien orangefarben dargestellt. Ergab die histologische Diagnose des Primärtumors ein verhornendes Plattenepithelkarzinom, dann ist auch nach erfolgter Therapie ein Tumorrezidiv zytologisch unproblematischer festzustellen, wenn atypische Zellen mit Verhornungsmerkmalen gefunden werden. Diese sind dann mit größerer Sicherheit den Tumorzellen des entsprechenden Tumortyps zuzuordnen.
   Gewisse zytodiagnostische Probleme bereiten diesbezüglich radiogen bedingte zelluläre Pseudoatypien von Normalepithelien mit ähnlichen orangefarbenen Zytoplasmaveränderungen, welche allerdings auch reaktiv, infolge der Therapie entstehen können.
2. Durch die *PAS-Reaktion* ergibt sich die Möglichkeit einer exakteren Differenzierung zwischen Tumorzellen und den durch Therapie beeinflußten Normalzellen. Beweis für Tumorzellen ist eine auffällige *schieferblaue Kernfärbung*. Wie schon an anderer Stelle ausgeführt wurde, sind diese Unterschiede statistisch signifikant und dienen somit als Entscheidungshilfe bei der Diagnosefindung.
3. Die nußbraune Farbe von Kernen atypischer Zellen, nach der Methode von *Shorr-Pundel* gefärbt, könnte künftig als ein Hilfsfaktor bei differentialdiagnostischen Problemen dienlich sein. Dazu gibt es z. Z. unsererseits jedoch noch keine entsprechenden Auswertungen mit Signifikanzberechnungen. Auch andere Autoren (H.G. Seydel, zitiert von M. Takahashi 1971), versuchten bereits durch spezielle

Färbungen, wie z. B. mittels der Akridin-Orangemethode Spezifizierungen von Zellen bei Krebsläsionen zu erreichen. Es konnte angeblich mittels einer zytoplasmatischen Fluoreszenzveränderung von hellrot zu braunrot oder grün auf eine direkte Zellschädigung durch Bestrahlung geschlossen werden.

4. *Zytochemische bzw. enzymzytochemische Verfahren* beruhen methodisch auf der Grundlage der Histochemie (F. Tóth 1964). Sie wurden z. T. bewußt vereinfacht und für das gynäkologisch-zytologische Material adaptiert. Hinsichtlich einer geringer oder stark ausgeprägten *Aktivität* verschiedener *Enzyme* im Zytoplasma resultiert allerdings im Endeffekt zytodiagnostisch keine Präzisierung oder Differenzierung zwischen Tumorzellen eines Rezidivs gegenüber therapiebedingten Pseudoatypien. Demzufolge ergibt sich kein verwertbarer Hilfsfaktor zur exakteren Diagnosefindung (E. Hoppe et al. 1993).

Sämtliche Abstriche wurden parallel, sowohl von der Portio als auch von der Vaginalwand entnommen. Sie konnten deshalb vergleichsweise gegenübergestellt werden.

Die Demonstration der Mikrofotos erfolgte unter Berücksichtigung folgender Parameter

Zur Demonstration zytologischer Merkmale und Besonderheiten ist nur eine *begrenzte Anzahl von Fotos ausgewählt worden,* bei verschiedener Ausgangsposition, z. B. bzgl. des Alters der Patienten, des histologischen Types des Primärtumors sowie des Tumorstadiums usw.

a) Die zu den Fotos gehörenden Legenden wurden unter Einbeziehung anamnestischer onkologischer Befunde sowie in fortlaufender Reihenfolge zu therapeutischen Daten gefertigt.
b) Der Darstellung *zytologischer Befunde* in Beziehung zur Therapie (vor, während, nach) und zum gynäkologischen Befund sowie zum klinischen Krankheitsverlauf wird besondere Aufmerksamkeit gewidmet.
c) Zum Teil war bei bestimmten Therapiesituationen eine Gegenüberstellung des *histologischen* Tumortypes der PE zum *zytologischen* Resultat möglich.
d) Ergänzungsbefunde, durch Spezialfärbungen ermittelt, werden in die Bilddokumentation integriert. Das betrifft die PAS-Reaktion und z. T. auch die Shorr-Pundel-Färbung.
e) Einige Zellbefunde nach enzymzytochemischen Reaktionen werden ebenfalls einbezogen (NADH-Diaphorase, *saure* und *alkalische Phosphatase*, *unspezifische Esterase*).

Auch bei diesen ausgewählten Gruppen (A, B, C) bezieht sich die jeweils ermittelte Pap.-Gruppe, als zytologisches Endresultat, stets auf das gesamte Präparat. Mikroskopische Fotos zeigen dagegen auch hier nur begrenzte Blickfelder mit besonderen Merkmalen, so daß aufgrund eines Fotos allein keine zytologische Diagnose (Pap.-Gruppe) resultieren kann (s. auch Kap. 1).

Weitere ergänzende und richtungsweisende Faktoren

- Es wurden absichtlich von größeren Patientengruppen parallel zum Therapieablauf sowie auch *prä- und posttherapeutisch Abstriche* entnommen. Daher war es möglich, verschiedenartige Fragestellungen zu überprüfen (D. Muram et al. 1982).
- Je umfangreicher das Material, desto reichhaltiger ist bekanntlich die Möglichkeit einer Auswahl.
- Nur bei einer bestimmten Anzahl von Fällen sind mathematisch-statistische Auswertungen mit Signifikanzprüfungen vertretbar.
- Bei einer größeren Anzahl von systematisch erfolgten zytologischen Befunderhebungen, in Verbindung mit kontinuierlichen klinisch-gynäkologischen und kolposkopischen Kontrollen sowie Korrelationen zum späteren Krankheitsverlauf ist die Beziehung von Zellveränderungen zur entsprechenden Therapiephase zu ermitteln. Die Häufigkeit richtiger bzw. falscher zytologischer Diagnosen kann dadurch hinsichtlich des Therapieablaufes erkundet werden (vor und während der Therapie bzw. kurzzeitig und langzeitig danach).
- Die gefundene Fehlerquote der Zytodiagnostik ermöglicht Empfehlungen zu Schlußfolgerungen hinsichtlich einer empfehlenswerten Materialabnahme in bestimmten Zeitabschnitten der laufenden oder abgeschlossenen Strahlentherapie.
- Die Erkundung der *zytodiagnostischen Treffsicherheit* war durch folgende Verfahrensweisen möglich:

Modalitäten zur Ermittlung der Korrelationen zwischen gynäkologisch-klinischen Befunden bzw. dem Krankheitsverlauf und der Trefferquote zytologischer Diagnosen bei verschiedenen therapeutischen Situationen der Patientengruppen A, B, C:

Als Bezugskomponenten dienten einerseits die Beziehungen zwischen Zytodiagnostik und dem jeweils aktuellen gynäkologisch-palpatorischem und kolposkopischem Befund sowie andererseits die Korrelationen zwischen Zytodiagnostik und Krankheitsverlauf. Für die Auswertung hat der klinische Befund Priorität.

Eine vergleichsweise nahezu zeitgleiche Probeexzision für die aussagekräftigere histologische Diagnose gab es nur in Einzelfällen.

Zur *Vereinfachung der Signifikanzberechnungen* wurden die Gruppen nach Papanicolaou hinsichtlich ihrer Aussage folgendermaßen zusammengefaßt:

Die Pap. Gruppen I, II, II K galten als *„negative"* Befunde (keine Tumorzellen).

Die Pap. Gruppen IV und V galten als *„positive"* Befunde (verdächtige oder nahezu sichere Tumorzellen).

Die Pap. Gruppen III bzw. III D und III ⚡ D galten als sog. zweifelhafte Befunde mit nicht exakt spezifizierbaren Zellen, d. h. sie sind weder als negativ noch als positiv zu betrachten. Demzufolge sind sie kontrollbedürftig.

Die Pap. Gruppe 0 entfällt, weil entweder die Zellanzahl zu gering oder das Material wegen Zytolyse usw. für eine Diagnostik unbrauchbar ist.

Stimmen die sog. „positiven" oder „negativen" zytologischen Resultate mit den parallel dazu in Beziehung gesetzten gynäkologisch-klinischen Befunden oder dem Krankheitsverlauf überein, dann gilt das Ergebnis als richtig. Gibt es keine Übereinstimmung dieser Komponenten, dann gilt das Ergebnis als falsch.

Die sog. zweifelhaften zytol. Resultate ergeben deshalb eine besondere Gruppe, weil eine diagnostische Unentschiedenheit nicht für Vergleiche mit anderen Parametern geeignet ist. Die Ergebnisse werden demzufolge nur graphisch dargestellt (siehe Abb. 10.II-10.XI).

Spezifizierte Erläuterungen zu den Angaben in den Legenden finden sich auf den Seiten 187 – 193. Diese sind aus den damaligen Originalprotokollen zitiert und nicht modifiziert. Einzelne Patienten aus den Reihen A und B konnten aus betriebstechnischen Gründen nur eine biaxiale Telekobaltbestrahlung erhalten.

Gruppe A, Fall-Nr. 1

Klinische Daten: Alter: 55 J., Primärtumor: Carcinoma cervicis uteri ($T_{2b}N_oM_o$). Histol. Diagnose: nichtverhornendes Plattenepithelkarzinom.

Therapie: intraarterielle Zytostatikaapplikation – mit anschließender Strahlentherapie.

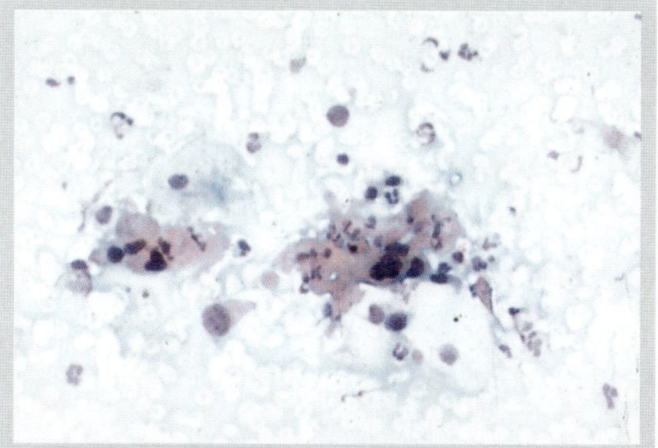

Abb. 10.A 1 Färb.: Pap; Vergr.: 100 x
Zytol. Portiobereich. Ausgeprägte atypische Zellen mit starker Kernhyperchromatose und Zellpolymorphie (Pap. Gr. V), z. Z. der Zytol.: Zustand *vor* Therapie.

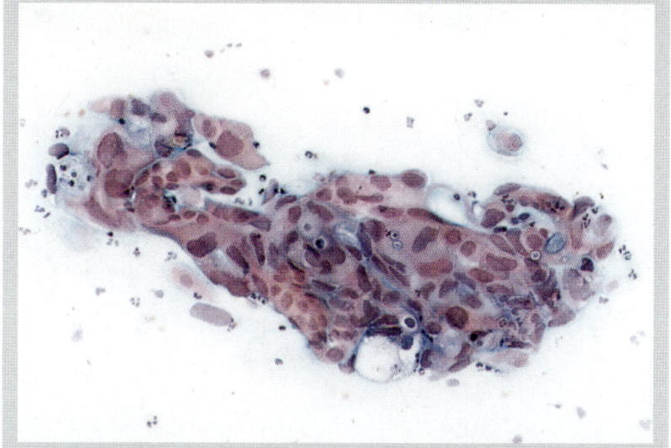

Abb. 10.A 1 a Färb.: Pap; Vergr.: 50 x
Zytol. Portiobereich. Konglomerat aus hochgradig atypischen, polymorphen Epithelien. Verschmelzung der Zellen untereinander. Bizarre Kernveränderungen, granulierte Kernstruktur (Pap. Gr. V), z. Z. der Zytol.: Zustand nach i. a. Chemotherapie mit 5 × 20 mg = 100 mg Bleomycin, Betatron ultraharte Röntgenstrahlen 43 MV, Stehfeldbestrahlung bis GD 30 GyHD. Biaxiale Telekobaltpendelbestrahlung bis 16 Gy HD (100%-Isodose).

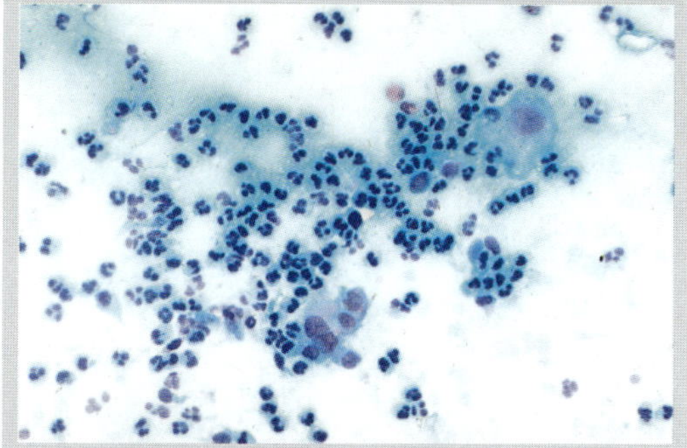

Abb. 10.A 1 b Färb.: Pap; Vergr.: 100 x
Zytol. Portiobereich. Inmitten eines Leukozytenkonzentrates atypische, miteinander konfluierende Zellen. Eine Zelle in fortgeschrittener Zytolyse mit Verdämmerung des Kernes und zerfließlichem Plasma (Pap. Gr. V), z. Z. der Zytol.: i. a. Chemotherapie mit 100 mg Bleomycin. Danach Betatron ultraharte Röntgenstrahlen 43 MV, Stehfeldbestrahlung GD 30 Gy HD. Biaxiale Telekobaltpendelbestrahlung GD 42 Gy HD (100%-Isodose), (Split course technique 18 Tage Pause einschließend). Ende der Strahlentherapie vor 3 Mon.

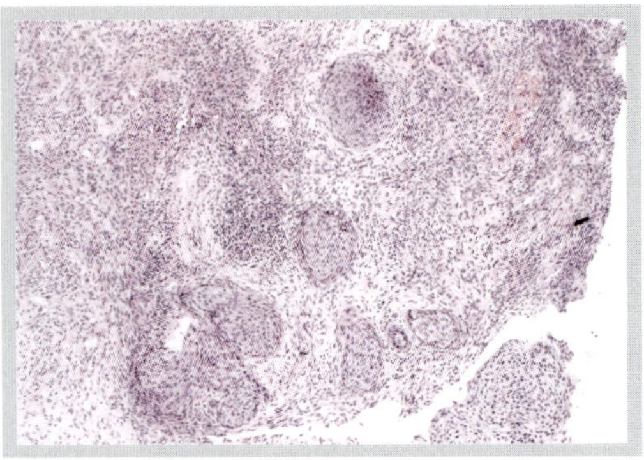

Abb. 10.A 1 c Färb.: HE Vergr.: 25 x *Probeexzision* aus Portiobereich. *Histol.* Diagnose: nichtverhornendes Plattenepithelkarzinom, z. Z. der Materialentnahme: Zustand nach i. a. Chemotherapie vor 7½ Mon. und Strahlentherapie vor 3½ Mon.

Gruppe A, Fall-Nr. 2

Klinische Daten: Alter: 68 J., Primärtumor: Carcinoma cervicis uteri ($T_{3b}N_oM_o$). Histol. Diagnose: nichtverhornendes Plattenepithelkarzinom.

Therapie: intraarterielle Zytostatikaapplikation – mit anschließender Strahlentherapie.

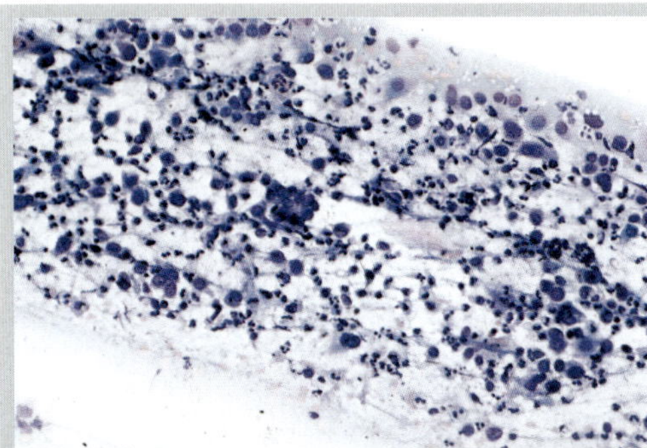

Abb. 10.A 2 Färb.: Pap; Vergr.: 66 x. Zytol. Portiobereich. Leukozyten. Mäßig atypische Zellen mit pathologischer Kern-Plasma-Relation. (Pap. Gr. IV), z. Z. der Zytol.: Zustand vor Therapiebeginn.

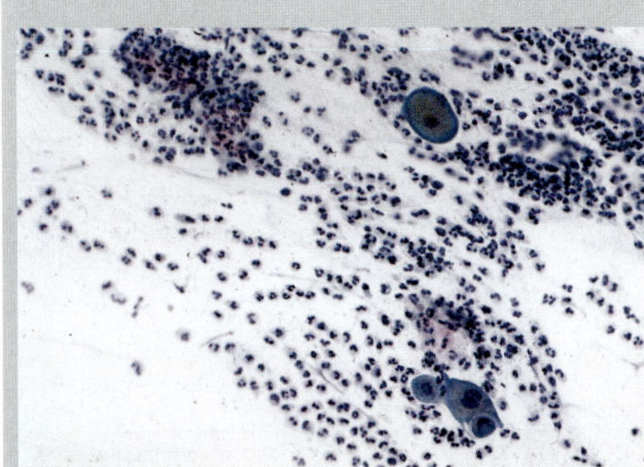

Abb. 10.A 2 a Färb.: Pap; Vergr.: 66 x. Leukozytenkonzentrat. Intermediärzelle mit starrer Zellmembran. Randständig fragliche Parabasalzellen mit Zytoplasmakonfluenz. Doppelkerne oder Zellverschmelzung (bei Pap. Gr. IV), z. Z. der Zytol.: Zustand nach i. a. Chemotherapie mit 5 × 20 mg = 100 mg Bleomycin. Danach Betatron: ultraharte Röntgenstrahlen 43 MV, GD 26 Gy HD.

Abb. 10.A 2 b Färb.: Pap; Vergr. 100 x. Zytol. Portiobereich. Langgestreckte, miteinander verschmolzene Epithelien mit Doppelkernigkeit und vergrößerten Nukleoli (bei Pap. Gr. V), z. Z. der Zytol.: 2 Monate nach i. a. Chemotherapie bis 100 mg Bleomycin, z. Z. Betatron: ultraharte Röntgenstrahlen 43 MV, Stehfelder: GD 26 Gy HD und biaxiale Telekobaltpendelbestrahlung bis HD 18 Gy. 2. Serie bis insgesamt GD 42 Gy HD (100%-Isodose), Split course technique 21 Tage Pause nach 1. Serie.

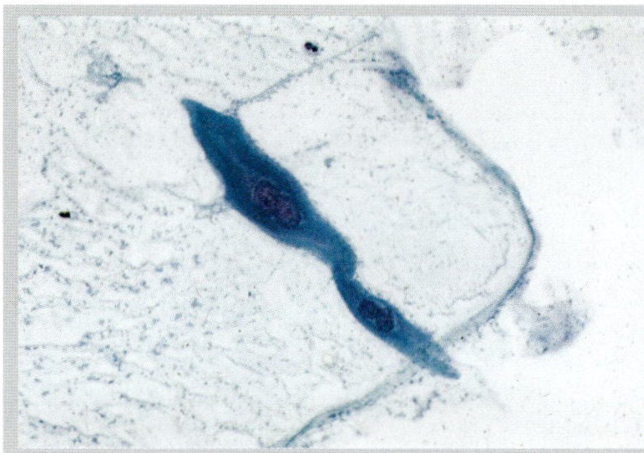

Abb. 10.A 2 c Färb.: Shorr-Pundel Vergr.: 66 x.
Zyanophile Epithelien und gemischtförmig zyanophil-orangefarbene Zellen bei beginnender Zytolyse, z. Z. der Zytol.: Zustand wie bei Abb. 10.A 2 b.

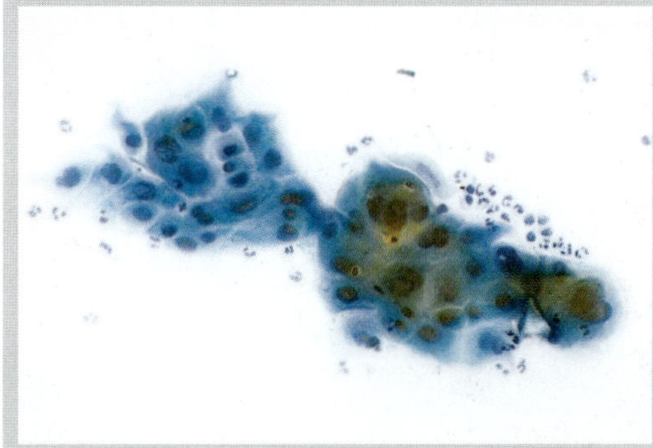

Abb. 10.A 2 d *Enzymzytochemie:* alkalische Phosphatase – Vergr.: 100 x.
Zellkomplex aus atypischen Zellen, z. T. mit beginnender Zytolyse, weil therapiegeschädigt. Ausgeprägte Enzymaktivität der alkalischen Phosphatase, insbesondere im Zytoplasma, z. Z. der Materialgewinnung: Zustand wie bei Abb. 10.A 2 b.

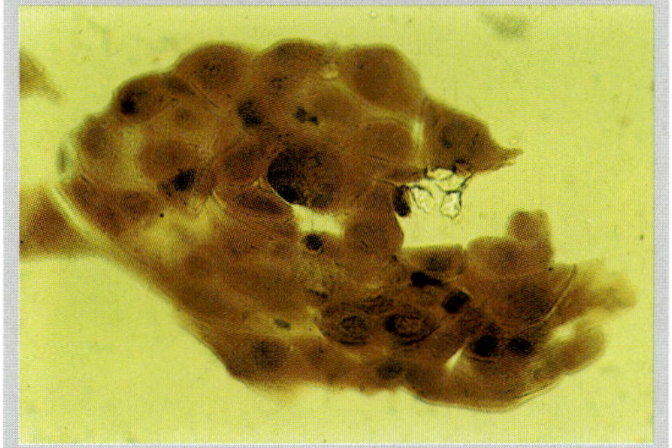

Abb. 10.A 2 e Färb.: Pap; Vergr.: 100 x. Zytol. Portiobereich. Reichlich Detritus. Konzentrat aus atypischen Zellkernen mit mäßiger Polymorphie und Hyperchromatose, Zytoplasmaauflösung (bei Pap. Gr. IV), z. Z. der Zytol.: 6 Mon. nach i. a. Chemotherapie mit 100 mg Bleomycin und 3 Mon. nach Abschluß der Strahlentherapie – GD 26 Gy HD ultraharte Röntgenstrahlen und GD 42 Gy HD. Biaxiale Telekobaltpendelbestrahlung. (100%-Isodose), Split course technique 21 Tage Pause einschließend.

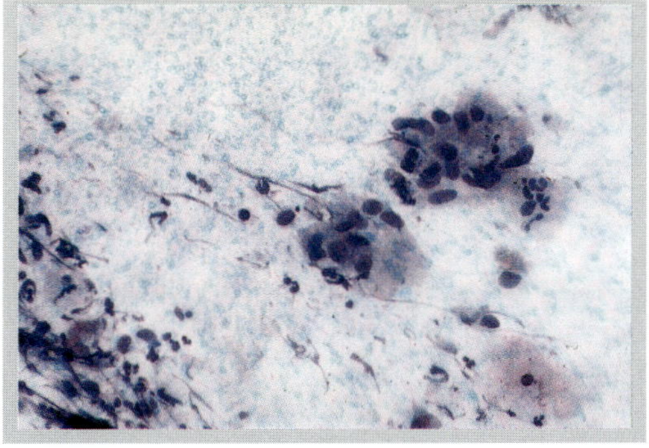

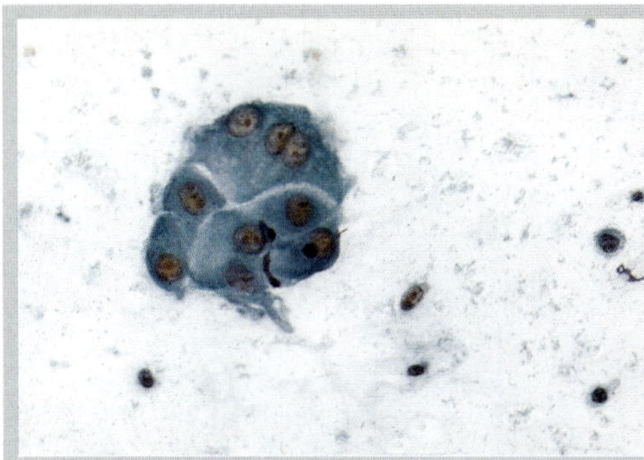

Abb. 10.A 2 f Färb.: Shorr-Pundel Vergr.: 132 x.
Gering abnorme Zellen, angedeutet orangefarbene gleichförmige Zellkerne mit vergrößerten und z. T. vermehrten Nukleoli. Verwaschene Zellgrenzen des wolkig veränderten zyanophilen Zytoplasmas (Pap. Gr. III), z. Z. der Zytol.: Gleicher Zustand wie bei Abb. 10.A 2 e.

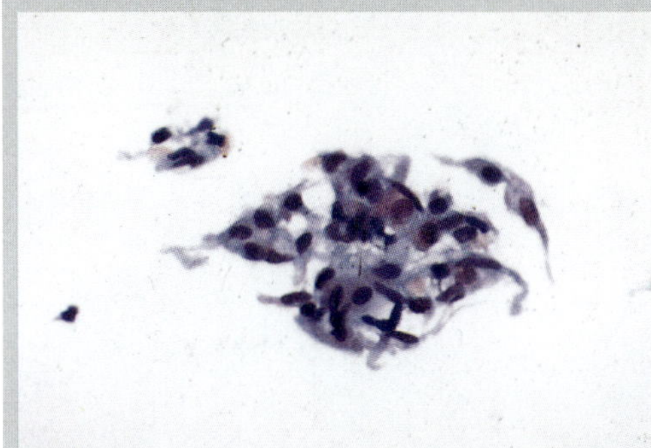

Abb. 10.A 2 g Färb.: Pap; Vergr.: 132 x.
Zytol. Vaginalwand. Geschwänzte Epithelien, z. T. mit Zigarrenkernen oder Kernschwellung (Pap. Gr. III), z. Z. der Zytol.: 1 J. 2 Mon. nach i. a. Chemotherapie und 11 Mon. nach Abschluß der Strahlentherapie.

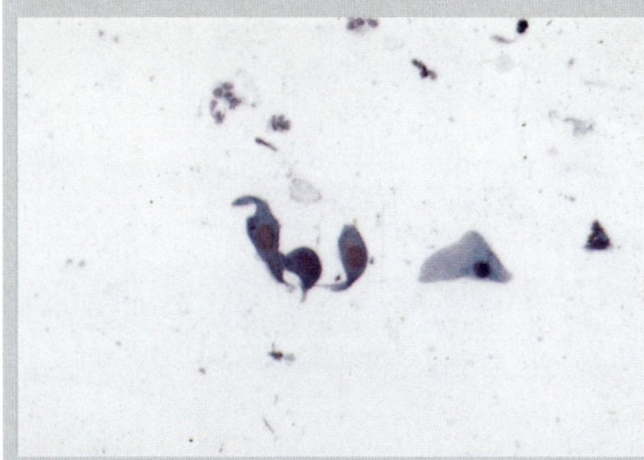

Abb. 10.A 2 h Färb.: Pap; Vergr.: 100 x.
Zytol. Vaginalwand. Bizarre amöboide Zytoplasmaausläufer. Ausgeprägte Kernschwellung ohne Polymorphie (Pap. Gr. III), z. Z. der Zytol.: 2 J. nach i. a. Chemotherapie mit Bleomycin und 1 J. 6 Mon. nach Beendigung der Strahlentherapie.

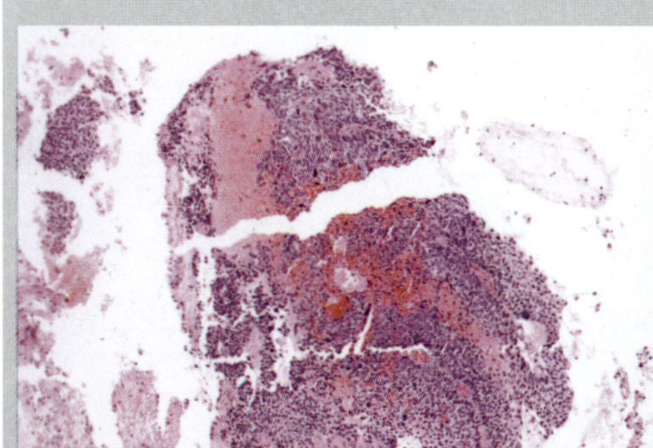

Abb. 10.A 2 i Färb.: HE Vergr.: 25 x.
Probeexzision: Histol. Diagnose: Anteile eines nichtverhornenden Plattenepithelkarzinoms aus dem Portiobereich, z. Z. der Materialgewinnung: Zustand nach abgeschlossener Chemo- und Strahlentherapie.

Abb. 10.A 2 j Färb.: Pap; Vergr.: 50 x.
Zytol. Vaginalwand. Zahlreiche atypische Zellen mit Merkmalen der Malignität (Pap. Gr. V), z. Z. der Zytol.: 2 J. 2 Mon. nach i. a. Chemotherapie und 1 J. 11 Mon. nach Abschluß der Strahlentherapie. Klinisch: eindeutiges Tumorrezidiv.

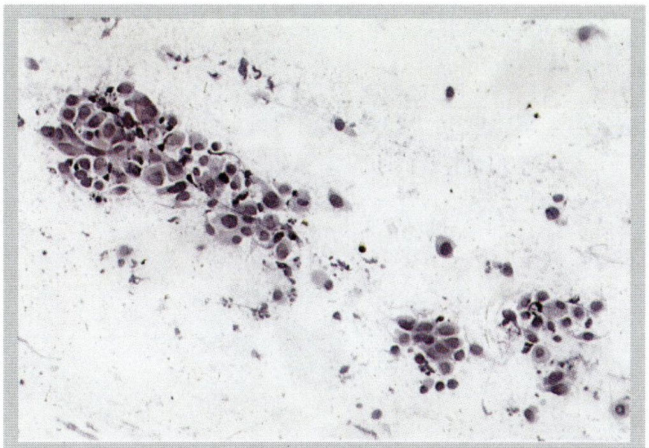

Abb. 10.A 2 k Färb.: Shorr-Pundel Vergr.: 132 x.
Atypische Zellen mit nußbraunen Kernen bei beginnender Zytolyse (Pap. Gr. V), z. Z. der Zytol.: Zustand wie bei Abb. 10.A 2 j.

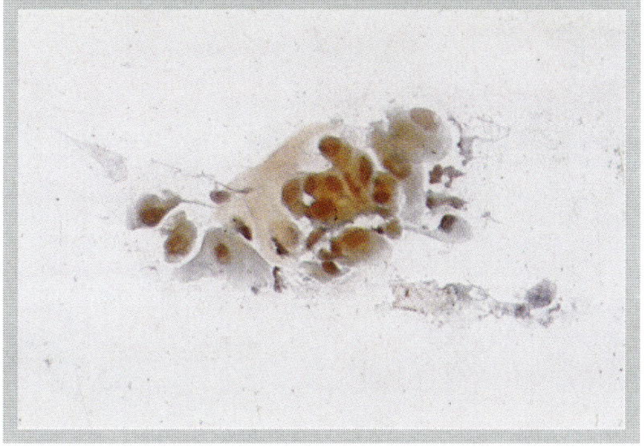

Gruppe A, Fall-Nr. 3

Klinische Daten: Alter: 50 J., Primärtumor: Carcinoma cervicis uteri ($T_4N_0M_0$)
Histol: Diagnose: gering verhornendes Plattenepithelkarzinom.

Therapie: intraarterielle Zytostatikaapplikation – mit anschließender Strahlentherapie.

Abb. 10.A 3 Färb.: Pap; Vergr.: 100 x
Zytol. Portiobereich. Konzentrat aus atypischen Zellen mit Merkmalen der Malignität von zytolytischen Material bedeckt (bei Pap. Gr. V), z. Z. der Zytol.: Zustand vor Therapie.

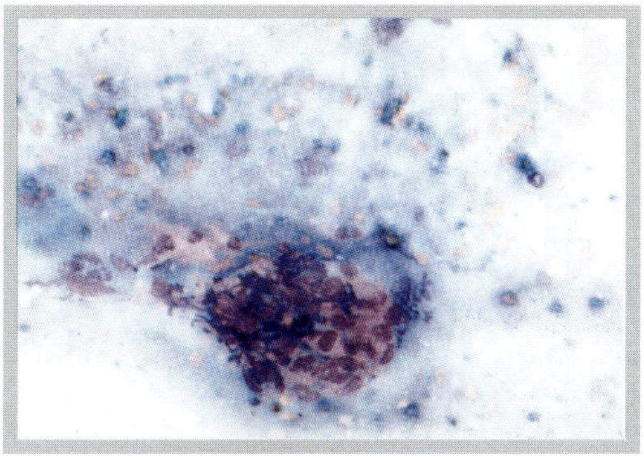

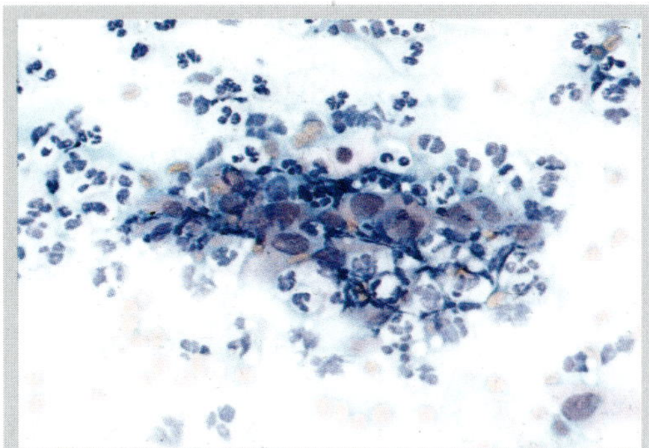

Abb. 10.A 3 a Färb.: Pap; Vergr.: 132 x
Zytol. Portiobereich. Zwischen Leukozyten und einigen Erythrozyten zytolytisches Material. Im Zentrum atypische Zellkerne mit sog. Pfeffer- und Salz-Chromatin und zerfließlich anmutendem Zytoplasma (Folge der i. a. Chemotherapie) (Pap. Gr. IV), z. Z. der Zytol.: nach i. a. Chemotherapie mit 5×20 mg = 100 mg Bleomycin.

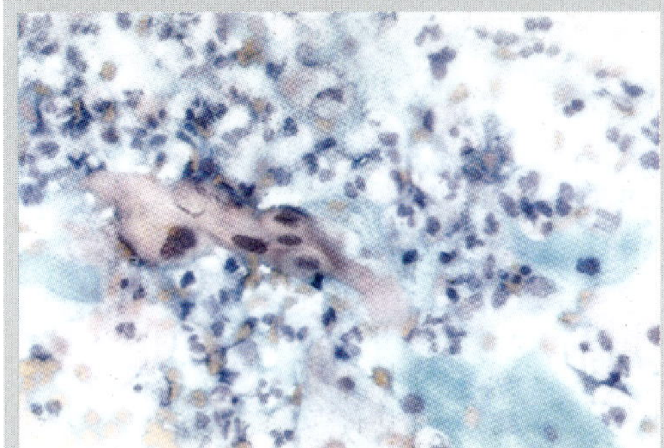

Abb. 10.A 3 b Färb.: Pap; Vergr.: 132 x
Zytol. Vaginalwand. Zellen in beginnender und fortgeschrittener Zytolyse. Zytoplasma eosinophil, konfluierend mit mäßig hyperchromatischen, polymorphen Zellkernen, die atypisch und noch relativ vital erscheinen (Pap. Gr. IV), z. Z. der Zytol.: gleicher Zustand wie bei Abb. 10.A 3 a.

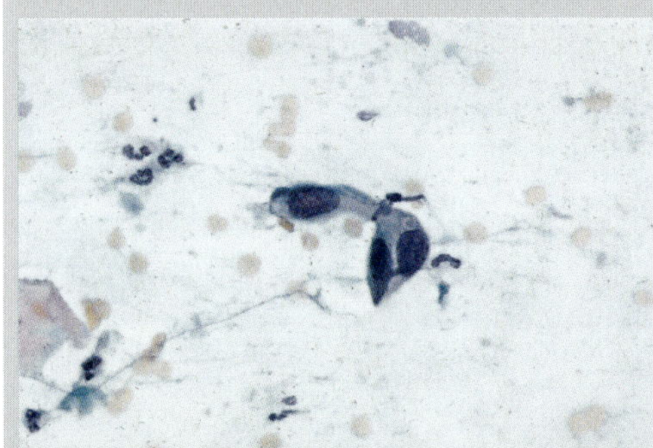

Abb. 10.A 3 c Färb.: Pap; Vergr.: 132 x
Zytol. Portiobereich. Drei atypische konfluierende Zellen mit grobkörnigen Kernen und Zytoplasmaausläufern (Folge der Strahlentherapie) (Pap. Gr. V), z. Z. Betatron ultraharte Röntgenstrahlen 43 MV, Stehfeldbestrahlung: bis GD 18 Gy HD. (100%-Isodose). Anschließend Split course technique 21 Tage Pause.

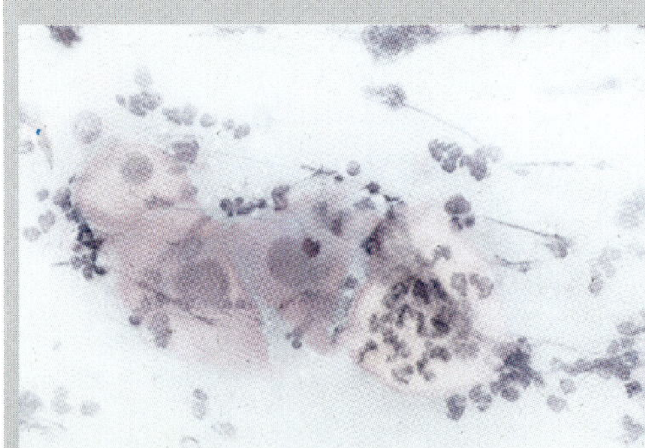

Abb. 10.A 3 d Färb.: Pap; Vergr.: 132 x
Zytol. Portiobereich. Zentral drei große, verblaßte Zellen. Noch sichtbare Zellkonturen. Kerne stark vergrößert, netzartig aufgelockert, in beginnender Zytolyse (Pap. Gr. III), z. Z. der Zytol.: 11 Wochen nach i. a. Chemotherapie und 14 Tage nach Abschluß der Strahlentherapie: GD 30 Gy HD ultraharte Röntgenstrahlen und GD 42 Gy HD Telekobaltbestrahlung. (100%-Isodose), Split course technique 21 Tage Pause einschließend.

Gruppe A, Fall-Nr. 4

Klinische Daten: Alter: 35 J., Primärtumor: Carcinoma cervicis uteri ($T_4N_1M_0$).
Histol. Diagnose: Plattenepithelkarzinom ohne nähere Spezifizierung.
Therapie: intraarterielle Zytostatikaapplikation mit anschließender Strahlentherapie.

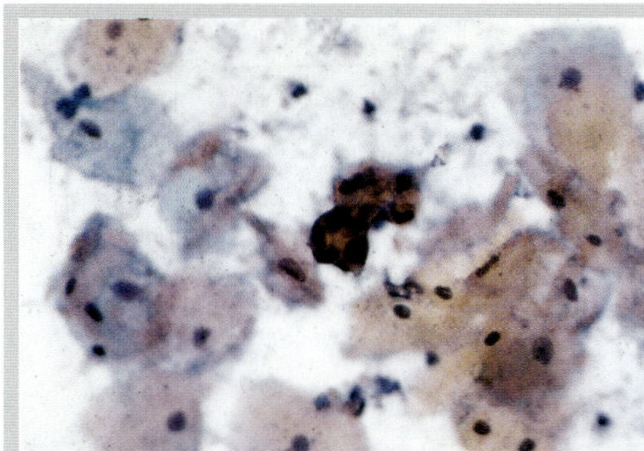

Abb. 10.A 4 Färb.: Pap; Vergr.: 132 x
Zytol. Vaginalwand. Inmitten normaler Superfizial- und Intermediärzellen ein Konglomerat aus stark atypischen Zellen mit hochgradiger Hyperchromatose der Kerne bei mäßiger Polymorphie (bei Pap. Gr. V), z. Z. der Zytol.: Zustand *vor* Therapie.

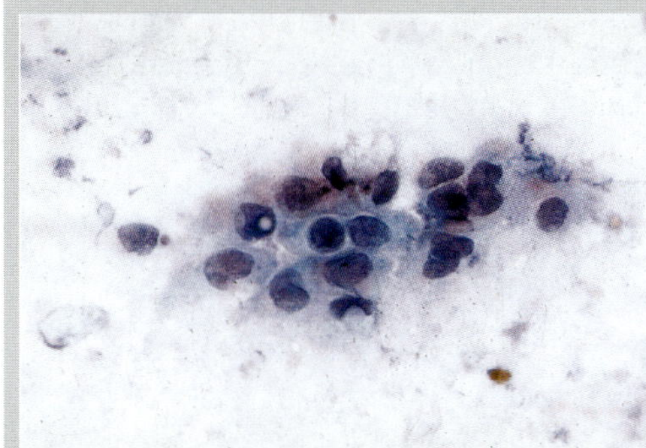

Abb. 10.A 4 a Färb.: Pap; Vergr.: 132 x
Zytol. Vaginalwand. Atypische Zellkerne stark aufgedunsen, Kernstruktur granulär, netzförmig, Kernvakuolen. Zellgrenzen z. T. verwaschen, bei wolkiger Verdämmerung des Zytoplasmas (Pap. Gr. V), z. Z. der Zytol.: Nach i. a. Chemotherapie mit 5×20 mg = 100 mg Bleomycin.

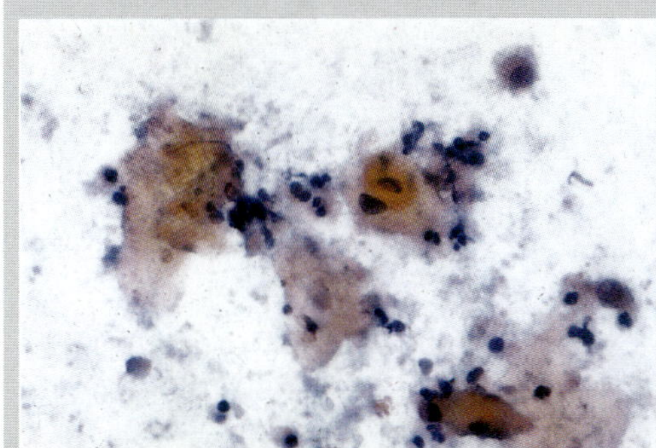

Abb. 10.A 4 b Färb.: Pap; Vergr. 132 x
Zytol. Portiobereich. Detritus. Verdämmerung der Zellkerne, granulierte ödematöse Kerne in zwei abnormen Zellen. In der Mitte ungleichförmige hyperchromatische Zellkerne im orangefarbenen Zytoplasma (Pap. Gr. III), z. Z. der Zytol.: 5 Wochen nach i. a. Chemotherapie und z. Z. Radiatio: Betatron ultraharte Röntgenstrahlen 43 MV Stehfeldbestrahlung GD bis 18 Gy HD.

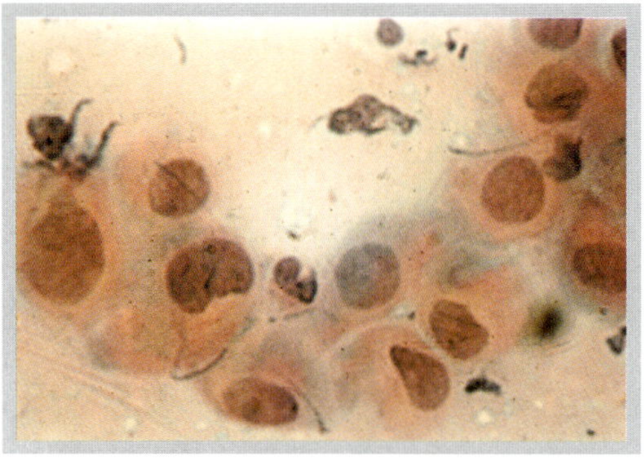

Abb. 10.A 4 c Färb.: Pap; Vergr.: 220 x
Portioabstrich. Zwischen Zellkernfragmenten dicht liegende, atypische epitheliale Zellen. Zellkernpolymorphie mäßigen Grades. Feinkörnige Beschaffenheit mehrerer Zellkerne. Pathologische Kern-Plasma-Relation. Konfluierendes orangefarbenes Zytoplasma (Pap. Gr. V), z. Z. der Zytol.: Zustand nach abgeschlossener intraarterieller Chemotherapie und anschließender Strahlentherapie. Eine Zuordnung spezieller Merkmale zur entsprechenden Therapieform ist nicht möglich. Klinisch und kolposkopisch Tumorrezidiv.

Gruppe A, Fall-Nr. 5

Klinische Daten: Alter: 67 J., Primärtumor: Carcinoma cervicis uteri ($T_{3b}N_0M_0$). Histol. Diagnose: mäßig verhornendes Plattenepithelkarzinom. Therapie: intraarterielle Zytostatikaapplikation – mit anschließender Strahlentherapie.

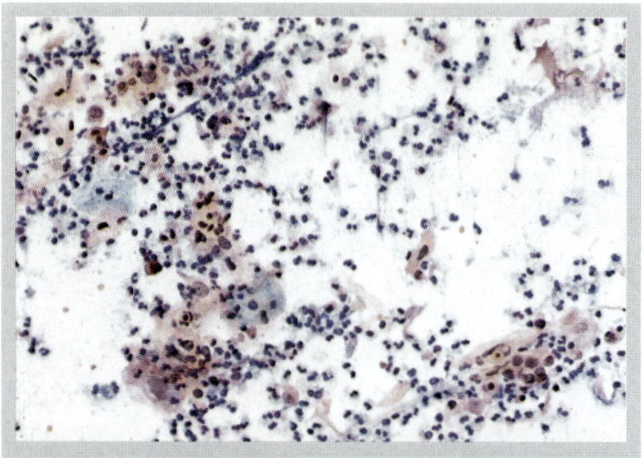

Abb. 10.A 5 Färb.: Pap; Vergr.: 66 x
Zytol. Portiobereich. Einzelne atypische Zellen mit hyperchromatischen, mäßig polymorphen Kernen, dicht gelagerten Lymphozyten und Leukozyten (bei Pap. Gr. IV), z. Z. der Zytol.: Zustand *vor* Therapie.

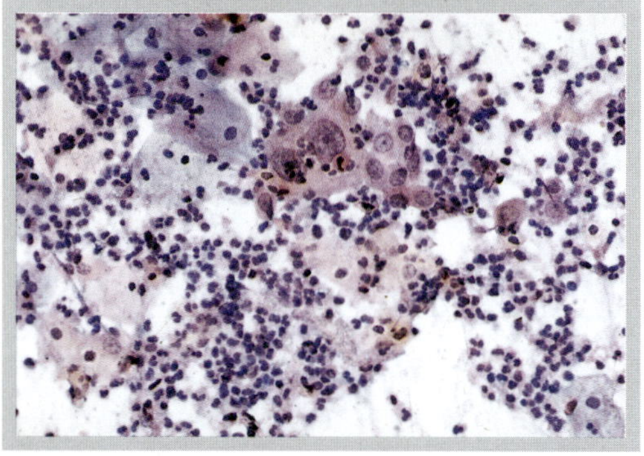

Abb. 10.A 5 a Färb.: Pap; Vergr.: 80 x
Zytol. Portiobereich. Inmitten dicht gelagerter Entzündungszellen mehrere atypische Zellen, ausgezeichnet durch z. T. starke Kernschwellung, vergrößerte Nukleoli, sog. Pfeffer- und Salz-Chromatin als Merkmal der Zytostatikaschädigung (bei Pap. Gr. V), z. Z. der Zytol.: nach intraarterieller Chemotherapie mit 5 × 15 mg = 75 mg Bleomycin.

Abb. 10.A 5 b Färb.: Pap; Vergr.: 132 x
Zytol. Portiobereich. Zellkonglomerat mit randständig gelagerten Zellkernen bei totalem Verlust der Zellgrenzen. Konfluierendes Zytoplasma. Kernstruktur feinkörnig, wabig aufgelockert (Pap. Gr. V), z. Z. der Zytol.: 1 Mon. nach i. a. Chemotherapie mit 75 mg Bleomycin, z. Z. Betatron ultraharte Röntgenstrahlen 43 MV, Stehfeldbestrahlung – Unterbauch- und Gesäßfeld gegenständig bis GD 18 Gy HD.

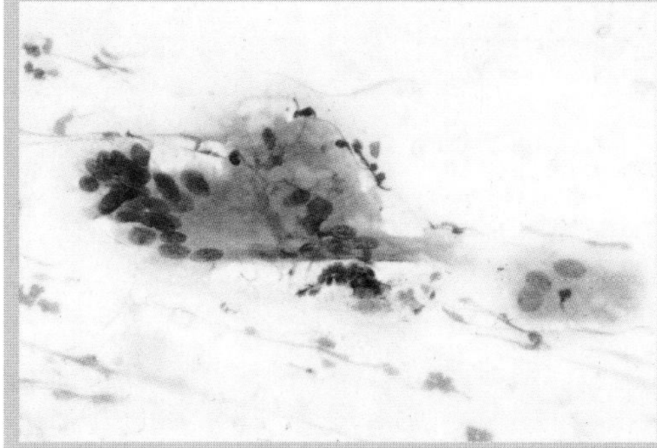

Abb. 10.A 5 c Färb.: Pap; Vergr.: 100 x
Zytol. Portiobereich. Zahlreiche atypische Zellkerne bei zytolytischem Zytoplasma. Kernpolymorphie, Vakuolisierung, schwammartige Veränderungen der Kerne (Pap. Gr. V), z. Z. der Zytol.: 2 Mon. nach i. a. Chemotherapie und Betatron ultraharte Röntgenstrahlen 43 MV Stehfeldbestrahlung bis GD 30 GY HD. Biaxiale Telekobaltpendelbestrahlung bis GD 18 HD. (100%-Isodose). Anschließend Split course technique 21 Tage Pause.

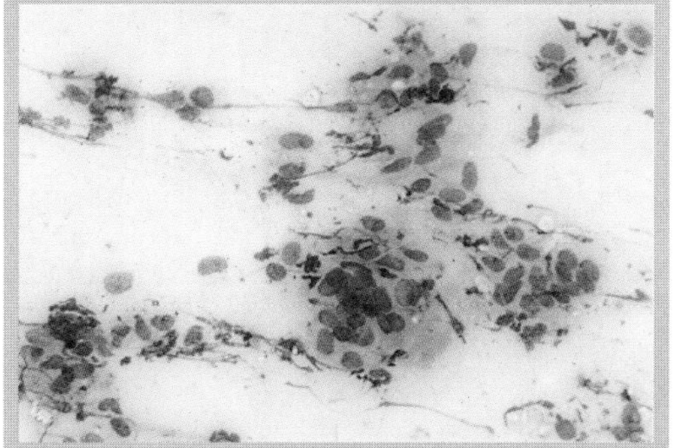

Abb. 10.A 5 d Färb.: Pap; Vergr.: 100 x
Zytol. Portiobereich. Polymorphe Zellkerne, überwiegend ohne Zytoplasma. Wabenförmige Struktur sowie vermehrte Kernvakuolen. Betonte Nukleoli (Pap. Gr. V), z. Z. der Zytol.: 3 Mon. nach i. a. Chemotherapie und danach z. Z. Betatron ultraharte Röntgenstrahlen, GD 30 Gy HD, Biaxiale Telekobaltpendelbestrahlung, GD 42 Gy HD (100%-Isodose), Split course technique 21 Tage Pause einschließend.

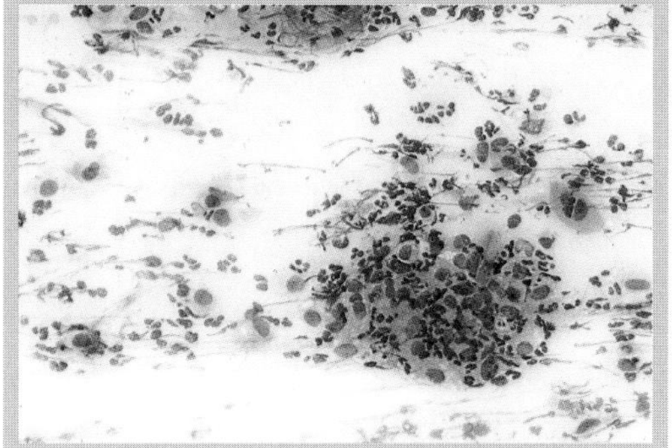

Abb. 10.A 5 e Färb.: Pap; Vergr.: 80 x
Zytol. Portiobereich. Diffus verstreute abnorme Zellkerne. Einzelne doppelkernige Zellen. Zytoplasma z. T. erhalten, aber in der Membranregion verdämmert bzw. mit geschwänzten Ausläufern (Pap. G. IV), z. Z. der Zytol.: Zustand 6 Mon. nach i. a. Chemotherapie mit Bleomycin und 3 Monate nach Abschluß der Strahlentherapie.

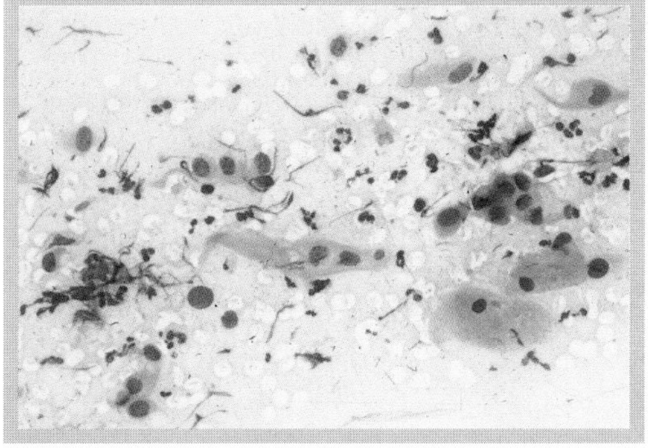

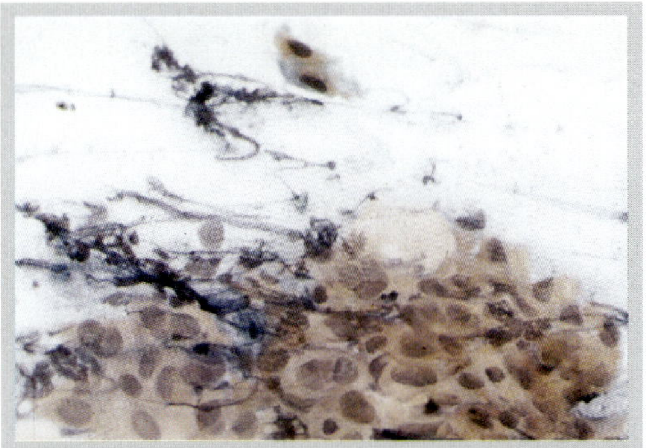

Abb. 10.A 5 f Färb.: Pap; Vergr.: 100 x
Zytol. Portiobereich. Konglomerat aus z. T. übereinandergelagerten, stärker abnorm erscheinenden Zellen mit ausgeprägter Kernschwellung und mäßiger Polymorphie. Randständig zwei atypische Zellen mit Hyperchromasie (reaktiv?) (Pap. Gr. IV), z. Z. der Zytol.: 1 J. und 8 Mon. nach i. a. Chemotherapie sowie 1 J. und 3 Mon. nach Beendigung der Strahlentherapie.

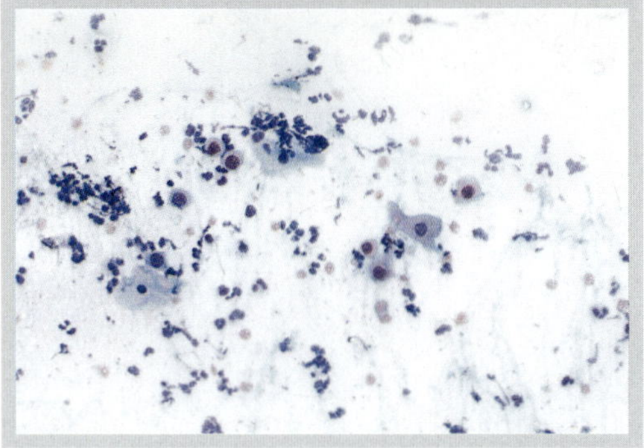

Abb. 10.A 5 g Färb.: Pap; Vergr.: 132 x
Zytol. Vaginalwand. Abnorme Zellen mit schmalem Plasmasaum. Gekörnte Kernstruktur. Einzelne Zytoplasmaausläufer (Pap. Gr. III), z. Z. der Zytol.: 2 J. nach i. a. Chemotherapie sowie 1 J. und 8 Mon. nach Abschluß der Strahlentherapie.

Gruppe A, Fall-Nr. 6

Klinische Daten: Alter: 29 J., Primärtumor: Carcinoma cervicis uteri ($T_3N_1M_0$).
Histol. Diagnose: nichtverhornendes Plattenepithelkarzinom.
Therapie: intraarterielle Zytostatikaapplikation – mit anschließender Strahlentherapie.

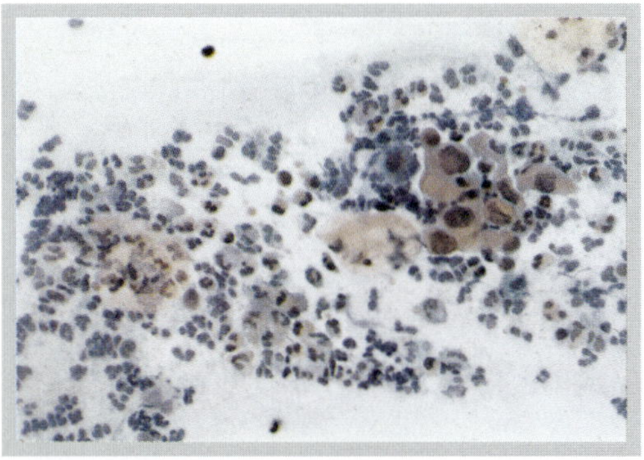

Abb. 10.A 6 Färb.: Pap; Vergr.: 100 x
Zytol. Portiobereich. Dicht gelagerte Leukozyten. Einzelne, hochgradig atypische Zellen mit Merkmalen der Malignität (Pap. Gr. V), z. Z. der Zytol.: Zustand *vor* Therapie.

Abb. 10.A 6 a Färb.: Pap; Vergr.: 100 x
Zytol. Portiobereich. Leukozyten. Detritus. Einzelne Epithelien mit Kernschwellung und staubförmiger, feinkörniger Granulierung. Verlust der Zellmembranen (Pap. Gr. IV), z. Z. der Zytol.: Zustand nach i. a. Chemotherapie mit Bleomycin ED 20 mg bis GD 100 mg.

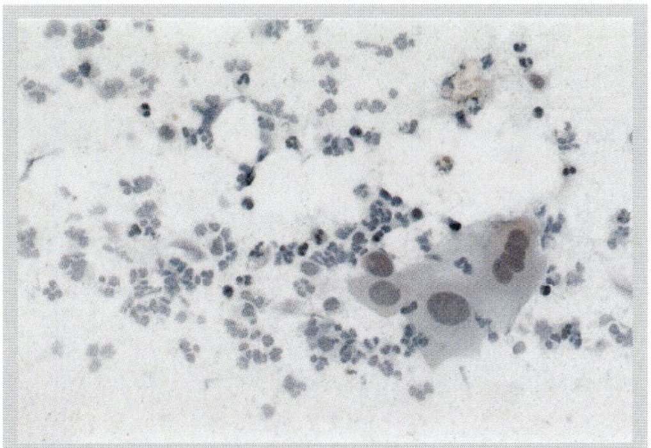

Abb. 10.A 6 b Färb.: Pap; Vergr.: 220 x
Portioabstrich: Komplex aus stark atypischen Zellen mit ausgeprägter grober Granulierung der Kerne als „Pfeffer- und Salz-Chromatin". Kernschwellung. Vereinzelte Kernvakuolen und Hyperchromatose. Zytoplasma feingranuliert. Lysis der Zellmembran mit Verschmelzung der Zytoplasmaanteile (Pap. Gr. V), z. Z. der Zytol.: abgeschlossene intraarterielle Chemotherapie mit Bleomycin – Strahlentherapie soll folgen.

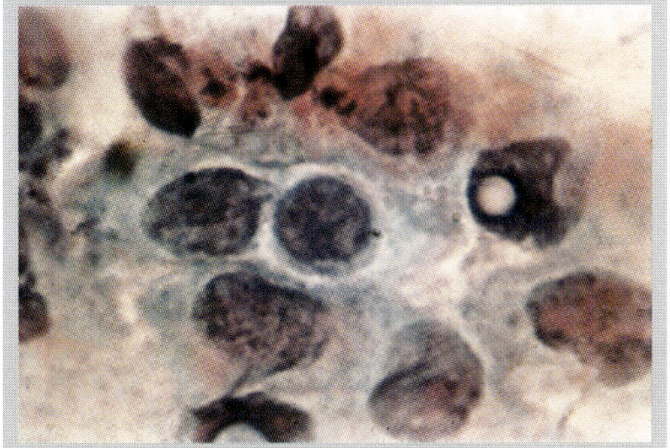

Abb. 10.A 6 c Färb.: Pap; Vergr.: 100 x
Zytol. Portiobereich. Detritus und häutchenförmig konfluierende atypische Epithelien. Unterschiedlich große, ödematös veränderte Zellkerne mit netzartiger bzw. granulärer Struktur. Zytoplasmaprolaps einer Zelle (bei Pap. Gr. V), z. Z. der Zytol.: 5 Wochen nach i. a. Chemotherapie mit 100 mg Bleomycin – und einer biaxialen Telekobaltpendelbestrahlung bis GD 42 Gy HD (100%-Isodose), Split course technique 3 Wochen Pause einschließend.

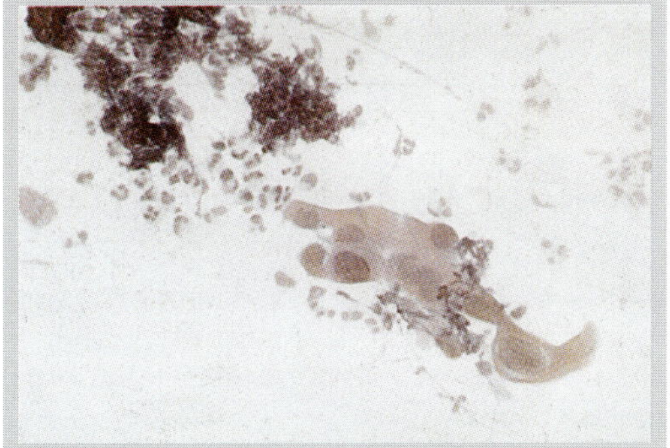

Abb. 10.A 6 d Färb.: Pap; Vergr.: 50 x
Zytol. Portiobereich. Therapiegeschädigte, deformierte Zellen mit partieller Karyolyse (bei Pap. Gr. IV), z. Z. der Zytol.: 7½ Wochen nach i. a. Chemotherapie mit 100 mg Bleomycin. Biaxiale Telekobaltpendelbestrahlung bis GD 64 Gy HD (100%-Isodose), Split course technique 2 Wochen Pause anschließend.

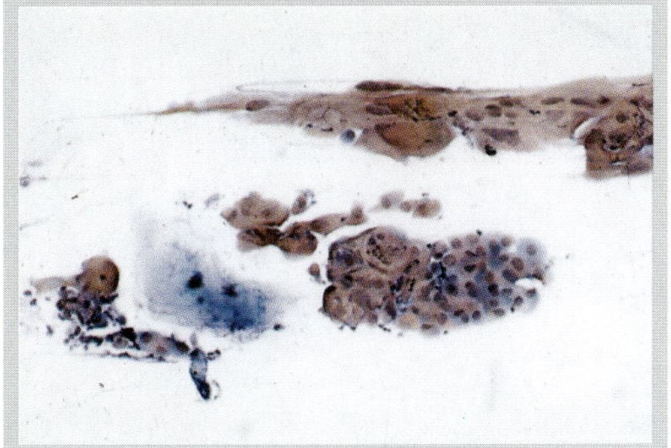

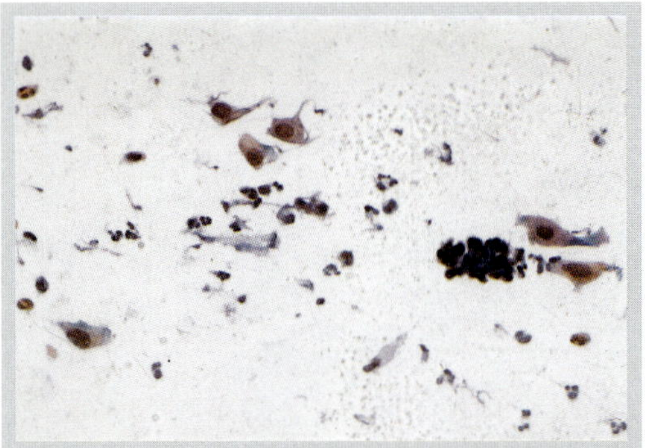

Abb. 10.A 6 e Färb.: Pap; Vergr.: 100 x
Zytol. Portiobereich. Neben Detritus einzelne abnorme bis atypische Epithelien mit Kernhyperchromatose. Geschwänzte Zytoplasmaausläufer (bei Pap. Gr. III), z. Z. der Zytol.: 6 Mon. nach i. a. Chemotherapie mit 100 mg Bleomycin und 3 Mon. nach biaxialer Telekobaltpendelbestrahlung, GD 80 Gy HD (100%-Isodose), Split course technique Pausen 3 und 2 Wochen einschließend.

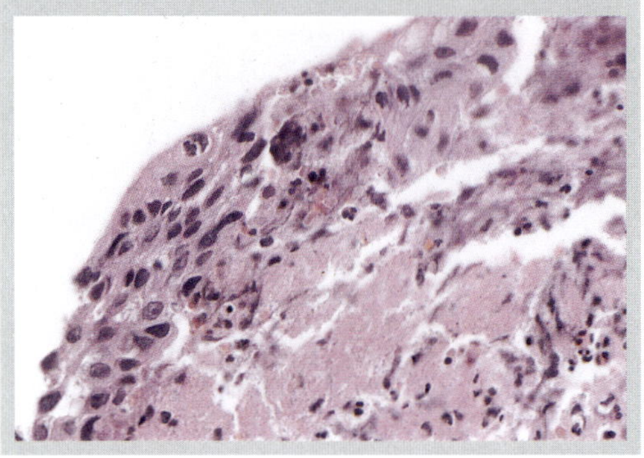

Abb. 10.A 6 f Färb.: HE Vergr.: 132 x
Probeexzision aus Portiobereich bei Zustand nach i. a. Chemotherapie mit 100 mg Bleomycin vor 8 Mon. und biaxialer Telekobaltpendelbestrahlung bis GD 80 Gy HD vor 5 Mon. *Histol.* Diagn.: reichlich Nekrosen und Anteile eines Plattenepithelkarzinoms.

Gruppe A, Fall-Nr. 7

Klinische Daten: Alter: 61 Jahre, Primärtumor: Carcinoma cervicis uteri ($T_3N_0M_0$). Histol. Diagnose: verhornendes Plattenepithelkarzinom.

Therapie: intraarterielle Zytostatikatherapie – mit anschließender Strahlentherapie.

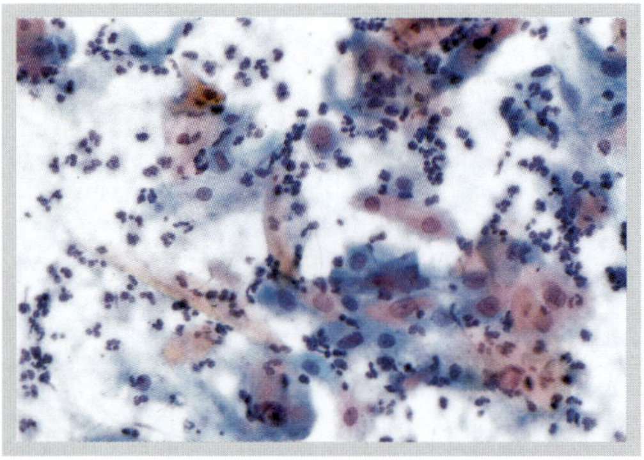

Abb. 10.A 7 Färb.: Pap; Vergr.: 100 x
Zytol. Vaginalwand. Leukozyten und diffus dazwischen liegende, abnorme und atypische Zellen mit Kernschwellung und mäßiger Polymorphie. Im Randgebiet eine atypische Zelle mit Kernhyperchromatose und orangefarbenem Zytoplasma als Merkmal einer Verhornung (Pap. Gr. V), z. Z. der Zytol.: Zustand *vor* Therapie.

Abb. 10.A 7 a Färb.: Pap; Vergr.: 50 x
Zytol. Portiobereich. Leukozyten und Zellen in fortgeschrittener Zytolyse. Zwei hochgradig vergrößerte, aufgedunsene atypische Epithelien mit zartem orangefarbenen Plasma und auffällig starker Kernschwellung bei wolkiger Segmentierung der Zellkerne, offenbar als Ausdruck einer Zytostatikaschädigung (Pap. Gr. V), z. Z. der Zytol.: nach i. a. Chemotherapie mit 5 × 15 mg = 75 mg Bleomycin.

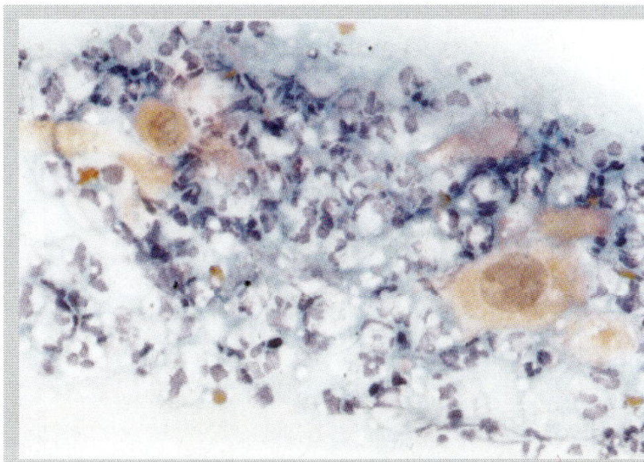

Abb. 10.A 7 b Färb.: PAS-Reaktion
Vergr.: 100 x
Dichte Leukozytenkonzentrate in flächenhafter Ausbreitung, meistens in beginnender oder fortgeschrittener Zytolyse. Einzelne, mäßig abnorme Zellen, offenbar Intermediärzellen, die neutrale Mukopolysaccharide enthalten und bläuliche, netzartig veränderte Kerne aufweisen (Pap. Gr. III), z. Z. der Zytol.: Zustand wie bei Abb. 10.A 7 a.

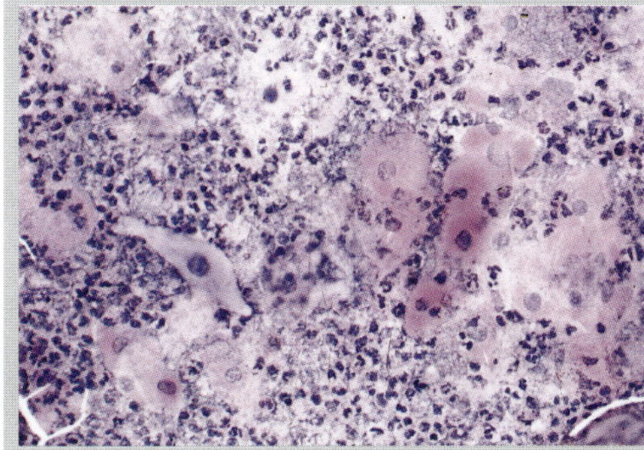

Abb. 10.A 7 c Färb.: Pap; Vergr.: 100 x
Zytol. Portiobereich. Zerflossenes Zytoplasma einstiger verhornender Zellen mit einem eingeschlossenen atypischen Kern (sog. Zigarrenkern) bei grobkörniger Granulierung (Pap. Gr. III), z. Z. der Zytol.: 3 Wochen nach i. a. Chemotherapie mit 75 mg Bleomycin, danach z. Z. Betatron ultraharte Röntgenstrahlen 43 MV Stehfeldbestrahlung – bis GD 18 Gy HD.

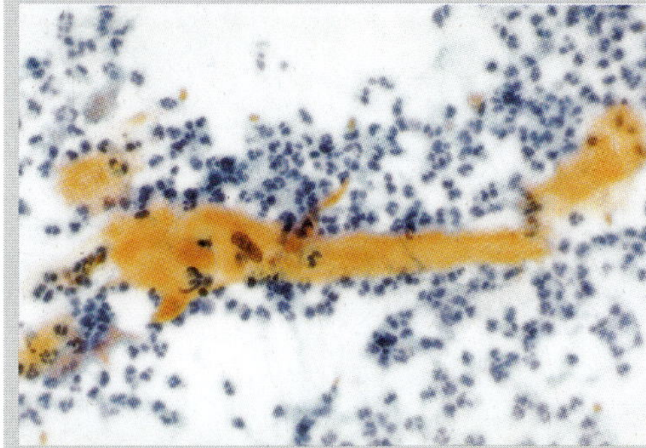

Abb. 10.A 7 d Färb.: Pap; Vergr.: 100 x
Zytol. Portiobereich. Zwischen zytolytischem Material kleine Zellgruppe mit mäßig polymorphen Kernen und nicht mehr identifizierbaren Zytoplasmagrenzen (Pap. Gr. III), z. Z. der Zytol.: 6 Wochen nach i. a. Chemotherapie mit 75 mg Bleomycin, z. Z. Betatron ultraharte Röntgenstrahlen 43 MV Stehfeldbestrahlung bis GD 30 Gy HD und biaxiale Telekobaltpendelbestrahlung kleines Becken bis GD 18 Gy HD (100%-Isodose), anschließend Split course technique 21 Tage Pause.

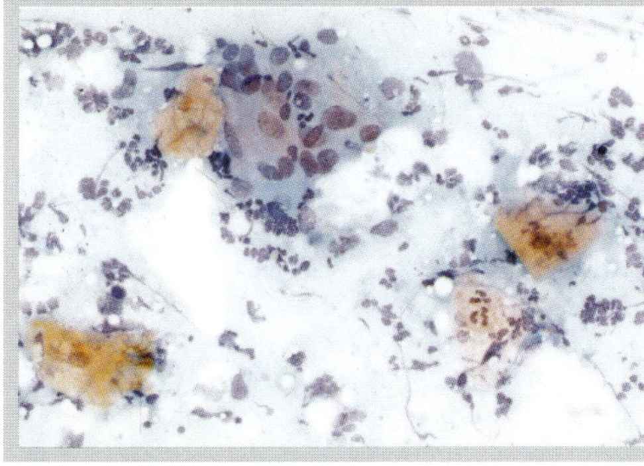

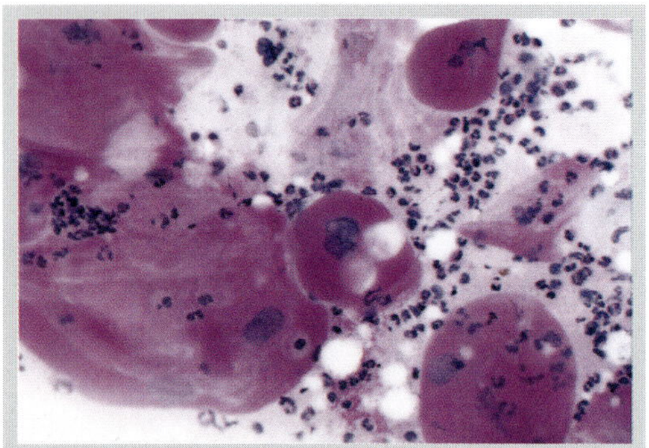

Abb. 10.A 7 e Färb.: PAS-Reaktion Vergr.: 100 x
Offenbar geschädigte Intermediärzellen mit PAS-positiven Substanzen im Zytoplasma. Zellkerne netzartig und vakuolig verändert (Pap. Gr. III), z. Z. der Zytol.: Gleicher Zustand wie bei Abb. 10.A 7 d.

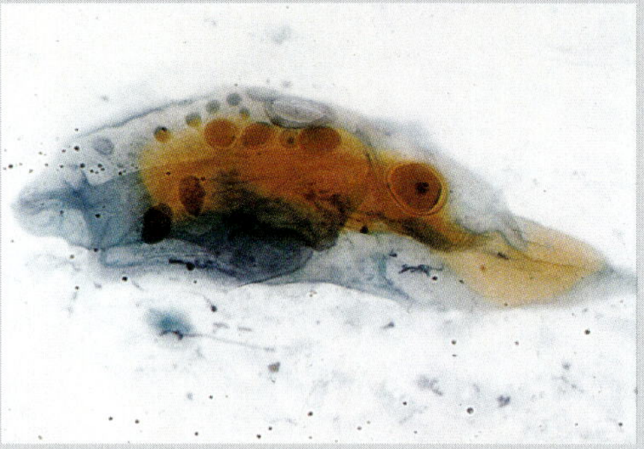

Abb. 10.A 7 f Färb.: Shorr-Pundel Vergr.: 100 x
Atypische Epithelien inmitten eines zerflossenen Zytoplasmasubstrates. Nußbraune Zellkerne, doppelwandige Kernkonturen, feinkörnige Beschaffenheit sowie Nukleolivergrößerung. BARR-Körperchen an Kernwandmembran als Geschlechtschromatin erkennbar; z. Z. der Zytol.: gleicher Zustand wie Abb. 10.A 7 d.

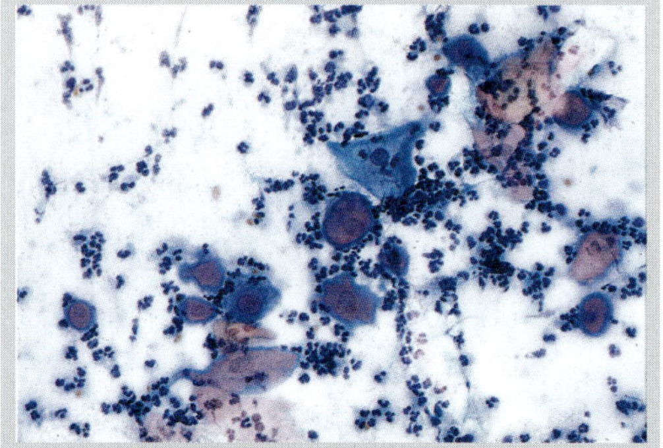

Abb. 10.A 7 g Färb.: Pap; Vergr.: 66 x
Zytol. Portiobereich. Zwischen Leukozyten abnorme Epithelien mit Kernschwellung und betonter Granulierung. Zellmembranen verdickt bzw. z. T. gezackt oder prolapsartig ausgestülpt. An einer Stelle Plasmaausläufer (bei Pap. Gr. IV), z. Z. der Zytol.: 10 Wochen nach i. a. Chemotherapie mit 75 mg Bleomycin und 6 Tage nach Radiatio: Betatron ultraharte Röntgenstrahlen 43 MV Stehfeldbestrahlung, GD 30 Gy HD und biaxiale Telekobaltpendelbestrahlung GD 40 Gy HD (100%-Isodose), Split course technique 21 Tage Pause einschließend.

Gruppe A, Fall-Nr. 8

Klinische Daten: Alter: 56 J., Primärtumor: Carcinoma cervicis uteri ($T_3N_1M_0$). Histol. Diagnose: kleinzelliges nichtverhornendes Plattenepithelkarzinom.

Therapie: intraarterielle Zytostatikaapplikation – mit anschließender Strahlentherapie.

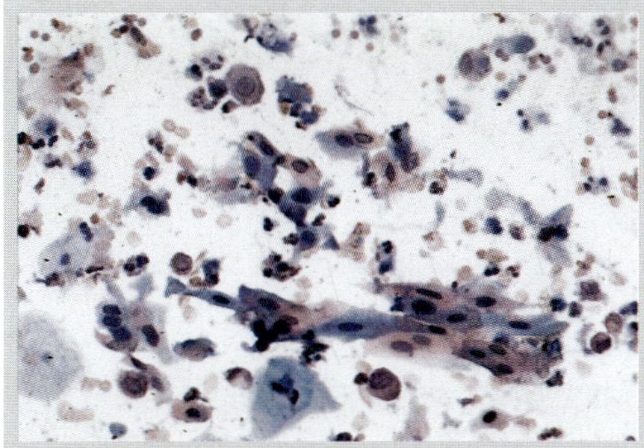

Abb. 10.A 8 Färb.: Pap; Vergr.: 100 x
Zytol. Portiobereich. Stark atypische Epithelien mit Merkmalen der Malignität, wie z. B. Kernpolymorphie, Hyperchromatose, pathologische Kern-Plasma-Relation (Pap. Gr. V), z. Z. der Zytol.: Zustand *vor* Therapie.

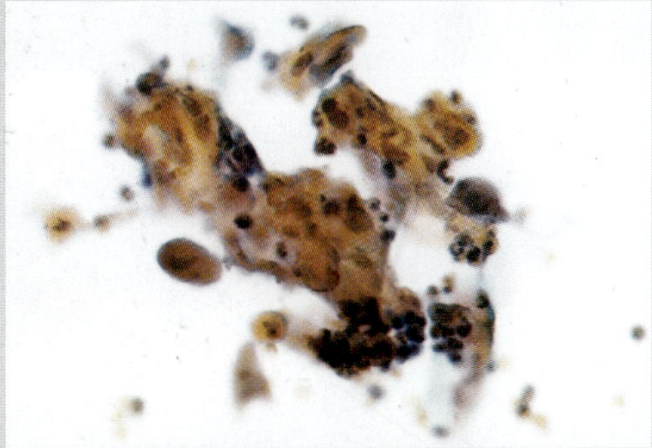

Abb. 10.A 8 a Färb.: Pap; Vergr.: 132 x
Zytol. Portiobereich. Verklumpung von Komplexen atypischer Zellen. Aufgedunsene polymorphe Zellkerne, z. T. verwaschene Konturen, betontes Kernchromatin (Pap. Gr. IV), z. Z. der Zytol.: Nach i. a. Chemotherapie mit 100 mg Bleomycin und Betatron ultraharte Röntgenstrahlen 43 MV Stehfeldbestrahlung GD 30 Gy HD. Biaxiale Telekobaltpendelbestrahlung kleines Becken GD 42 Gy HD (100%-Isodose), Split course technique 21 Tage Pause einschließend.

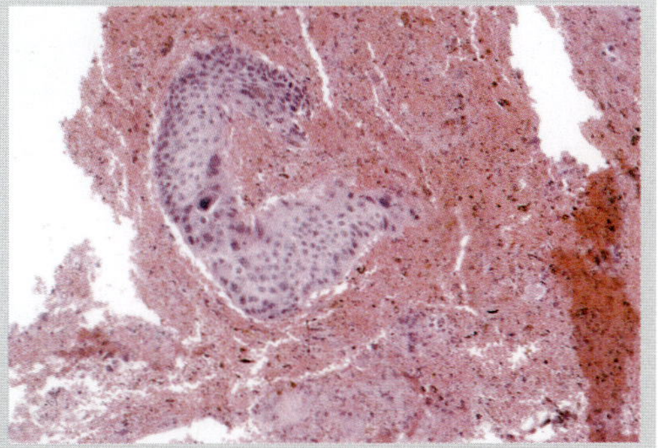

Abb. 10.A 8 b Färb.: HE Vergr.: 40 x
Probeexzision aus Portiobereich. *Histol.* Diagn.: fortgeschrittenes, z. T. verhornendes Plattenepithelkarzinom, z. Z. der Materialgewinnung: 6 Mon. nach i. a. Zytostatikatherapie und 3½ Mon. nach Strahlentherapie.

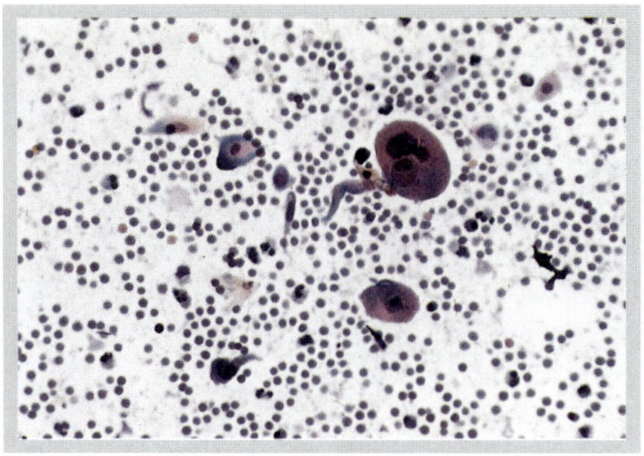

Abb. 10.A 8 c Färb.: Pap; Vergr.: 100 x
Zytol. Portiobereich. Diffus verstreute Rundzellen im Präparatehintergrund. Dazwischen vereinzelte grotesk gestaltete, z. T. monströse Zellen mit Mehrkernigkeit und geschwänzten peripheren Zytoplasmaausläufern (Pap. Gr. V), z. Z. der Zytol.: 7 Mon. nach i. a. Chemotherapie und 4½ Mon. nach Abschluß der Strahlentherapie.

Gruppe A, Fall-Nr. 9

Klinische Daten: Alter: 44 J., Primärtumor: Carcinoma cervicis uteri ($T_{3b}N_0M_0$).
Histol. Diagnose: undifferenziertes Plattenepithelkarzinom.
Therapie: intraarterielle Zytostatikaapplikation – mit anschließender Strahlentherapie.

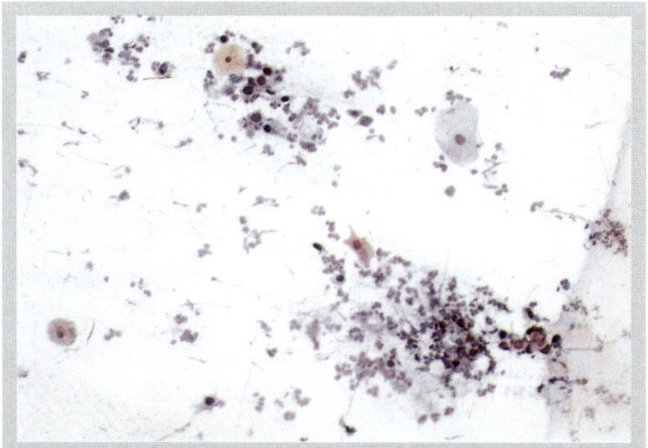

Abb. 10.A 9 Färb.: Pap; Vergr.: 50 x
Zytol. Portiobereich. Detritus, Leukozyten, diffus verstreute atypische Zellen mit Kernhyperchromatose und wenig Zytoplasma, undifferenziert erscheinend (Pap. Gr. V), z. Z. der Zytol.: Zustand *vor* Therapie.

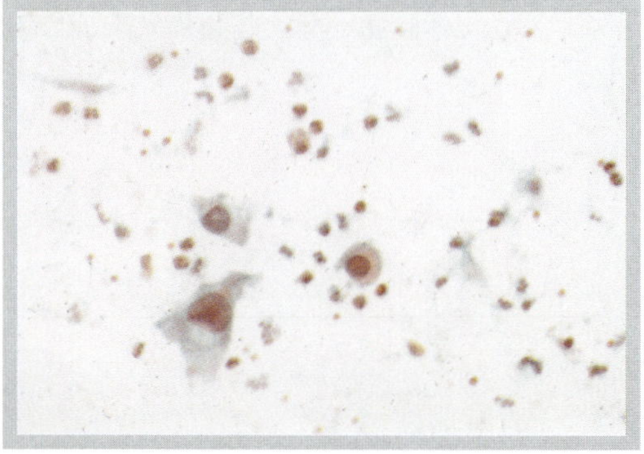

Abb. 10.A 9 a Färb.: Pap; Vergr.: 100 x
Zytol. Portiobereich. Drei stark atypische Zellen mit ödematös veränderten Kernen, bei wabiger Struktur. Eine Zelle mit monströser Schwellung. Das Zytoplasma zur Dreiecksform umgewandelt, bei Verdämmerung der Kontur im Bereich der Zellmembran (Pap. Gr. V), z. Z. der Zytol.: Zustand nach i. a. Chemotherapie von 5 × 20 mg Bleomycin = 100 mg GD vor 6 Wochen, z. Z. biaxiale Telekobaltpendelbestrahlung bis 26 Gy HD (100%-Isodose).

Abb. 10.A 9 b Färb.: Pap; Vergr.: 50 x
Zytol. Portiobereich. Zwischen Erythrozyten, Leukozyten und Lymphozyten einige abnorme Epithelien. Im Randbezirk zwei größere Zellen, konfluierend, insgesamt vakuolig umgewandelt. Daneben abnorme Zelle mit Plasmaausläufern (Pap. Gr. IV), z. Z. der Zytol.: Zustand nach i. a. Chemotherapie mit 100 mg Bleomycin vor 9 Wochen, biaxiale Telekobaltpendelbestrahlung bis jetzt 50 Gy HD (100%-Isodose), Split course technique 2 Wochen Pause einschließend.

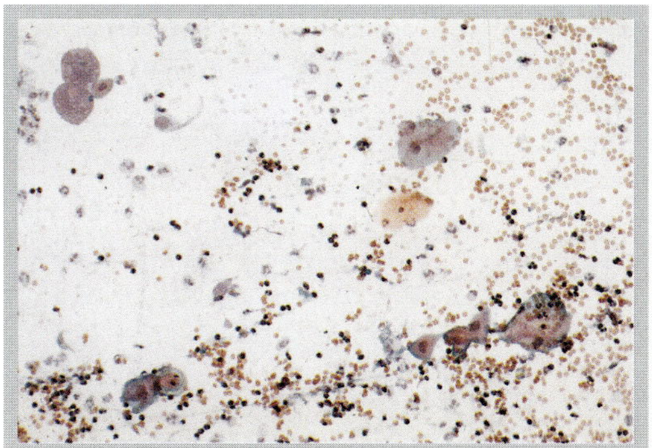

Abb. 10.A 9 c Enzymzytochemie: NADH-Diaphorase. Vergr.: 200 x
Stark ausgeprägte intrazytoplasmatische Enzymaktivität in stark atypischen, therapiegeschädigten Zellen. Im Zentrum grotesk veränderte Tumorzelle mit Zytoplasmaausläufern. Vakuolen im Kern. Zellmembrandefekt mit Prolaps (Pap. Gr. V), z. Z. der Zytol.: Gleicher Zustand wie bei Abb. 10.A 9 b.

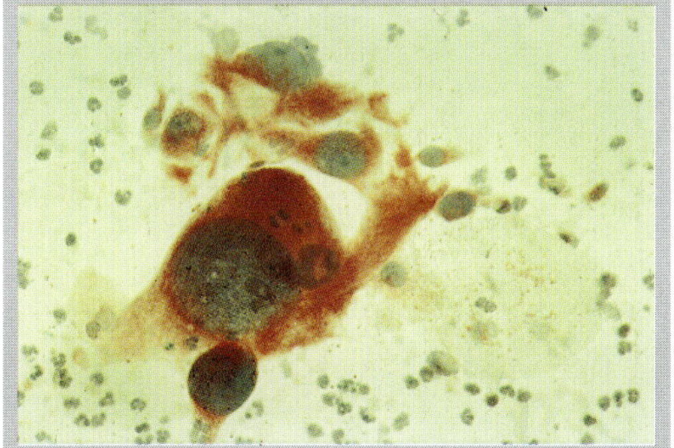

Abb. 10.A 9 d Färb.: Pap; Vergr.: 80 x
Zytol. Portiobereich. Opaleszierendes Zytoplasma neben einer Gruppe abnormer Zellen mit Kernödem bei mäßiger Polymorphie (Pap. Gr. IV), z. Z. der Zytol.: Zustand nach i. a. Chemotherapie mit 100 mg Bleomycin vor 3 Mon. und 7 Tagen. Am Ende der biaxialen Pendelbestrahlung mit ^{60}Co bei GD 80 Gy HD (100%-Isodose), Split course technique Pausen 3 und 2 Wochen einschließend.

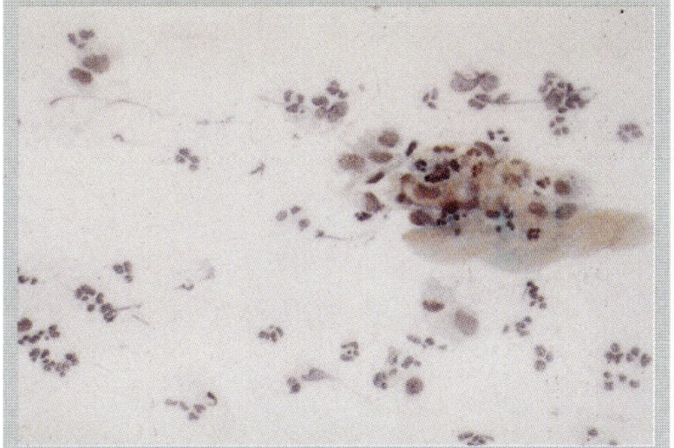

Abb. 10.A 9 e Färb.: Pap; Vergr.: 80 x
Zytol. Portiobereich. Superfizialzellen mit starrer verdickter Zellmembran. Daneben Intermediärzelle mit dornenartigen Zytoplasmaausläufern. Dichtes Konzentrat aus atypischen undifferenzierten Zellen mit ausgeprägter Kernhyperchromatose und einzelnen Zytoplasmaausläufern (Pap. Gr. V), z. Z. der Zytol.: Zustand nach i. a. Chemotherapie mit 10 mg Bleomycin vor 7 Mon. Abschluß der Strahlentherapie vor 4½ Mon.

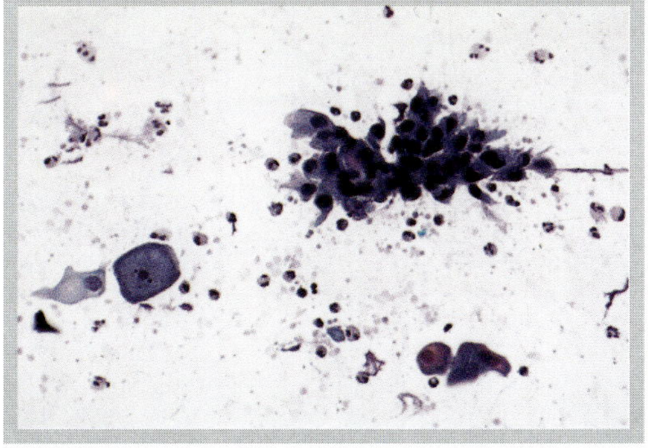

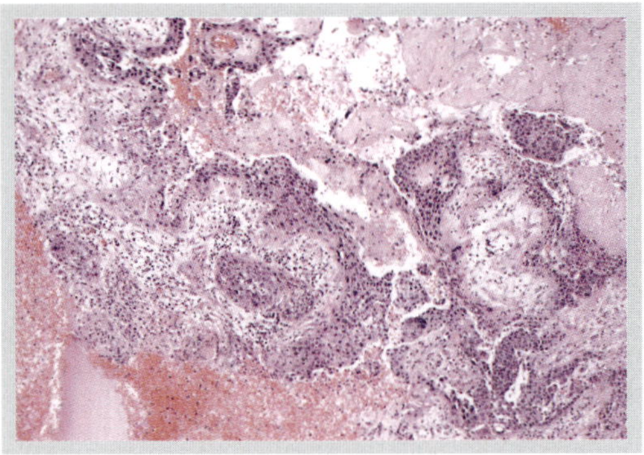

Abb. 10.A 9 f Färb.: HE Vergr.: 25 x Probeexzision Portiobereich. *Histol.* Diagn.: Anteile eines Plattenepithelkarzinoms. Zustand nach Zytostatika- und Strahlentherapie – 2 Mon. nach Therapieende.

Gruppe A, Fall-Nr. A X

Klinische Daten: Alter: 65 J., Primärtumor: Carcinoma cervicis uteri ($T_3N_1M_0$). Histol. Diagnose: mäßig differenziertes Plattenepithelkarzinom.

(Ausgewähltes Zusatzresultat ohne Demonstration der laufenden Befunde.)

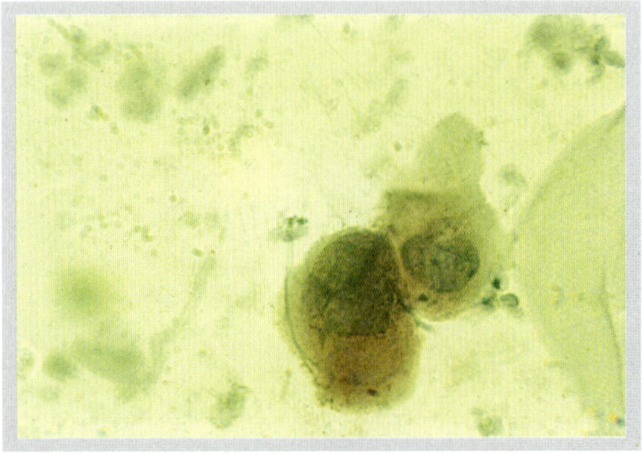

Abb. 10.A X Enzymzytochemie: *saure Phosphatase*, Vergr.: 252 x Zytol. Portiobereich. Zwei hochgradig atypische Zellen (Tumorzellen) mit starker Kernvergrößerung und diffuser Granulierung. Zellmembran partiell defekt. Im Zytoplasma bräunliche Substanzeinlagerungen als Ausdruck einer mittelmäßigen bis starken Enzymaktivität (bei Pap. Gr. V), z. Z. dieser Zytol.: Zustand *nach i. a. Chemotherapie* mit 100 mg Bleomycin sowie z. Z. *während* der *Strahlentherapie*: Betatron ultraharte Röntgenstrahlen 43 MV Stehfeldbestrahlung GD 30 Gy HD. Biaxiale Telekobaltpendelbestrahlung bis GD 18 Gy HD (100%-Isodose).

Gruppe A, Fall-Nr. A Y

Klinische Daten: Alter: 68 J., Primärtumor: Carcinoma cervicis uteri ($T_3N_1M_0$).
Histol. Diagnose: undifferenziertes Plattenepithelkarzinom.

Abb. 10.A Y Enzymzytochemie: *alkalische Phosphatase*, Vergr.: 200 x
Zytol. Portiobereich. Konglomerat aus atypischen, therapiegeschädigten Tumorzellen mit partieller Karyolyse. An Kernmembran BARR-Körperchen. Im Zytoplasma blasenförmige Degeneration sowie feingranuläre braunrötliche Substanzen als mittelmäßige Enzymaktivität (Pap. Gr. V), z. Z. dieser Zytol.: Zustand *nach i. a. Chemotherapie* mit 100 mg Bleomycin und *während* der *Bestrahlung*, Linearbeschleuniger „Neptun 10 p“: ultraharte Röntgenstrahlen 9 MV Stehfeldbestrahlung bis GD 18 Gy HD.

(Ausgewähltes Zusatzresultat ohne Demonstration der laufenden Befunde.)

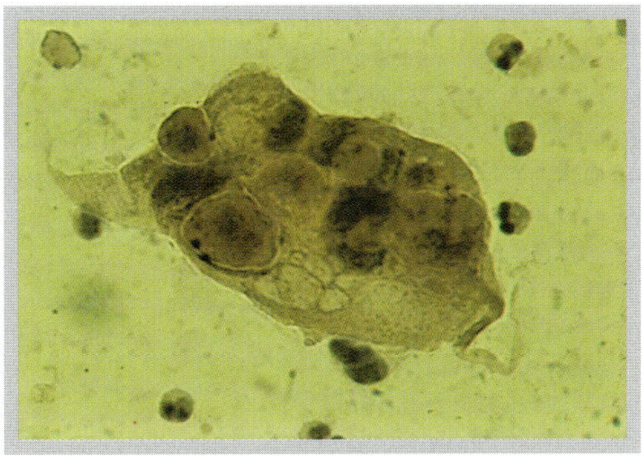

Gruppe A

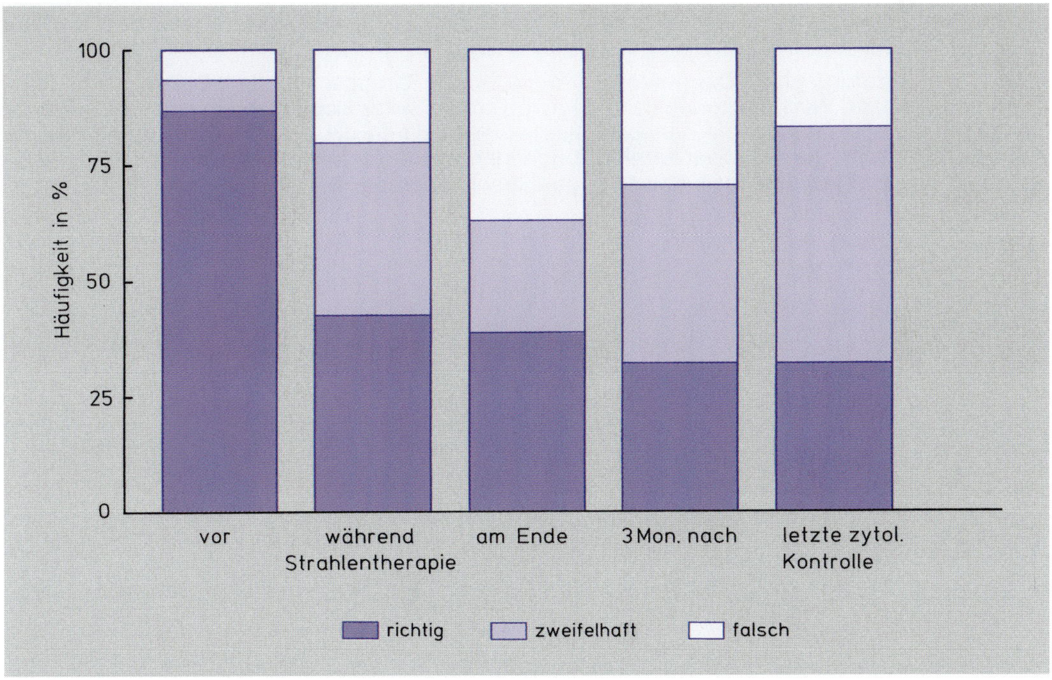

Abb. 10.II Zytologische Diagnosen (Portio) **der Gruppe A in bezug auf den jeweils aktuellen gynäkologischen Befund.** Ergebnis der zytologischen Untersuchungen aus Abstrichen von der Portio, deren Bewertung im Vergleich zum jeweils aktuellen gynäkologischen Befund *vor*, *während* und *nach* der *Strahlentherapie* erfolgte. Während der Anteil der richtigen Befunde vor der Therapie bei 90 % liegt, geht er im Verlauf der Kontrollen auf $^1/_3$ zurück. Die zweifelhaften Befunde erreichen 3 Monate nach der Strahlentherapie etwa 50 %. Die Bewertung zu den einzelnen Zeitpunkten ist signifikant unterschiedlich.

Gruppe A

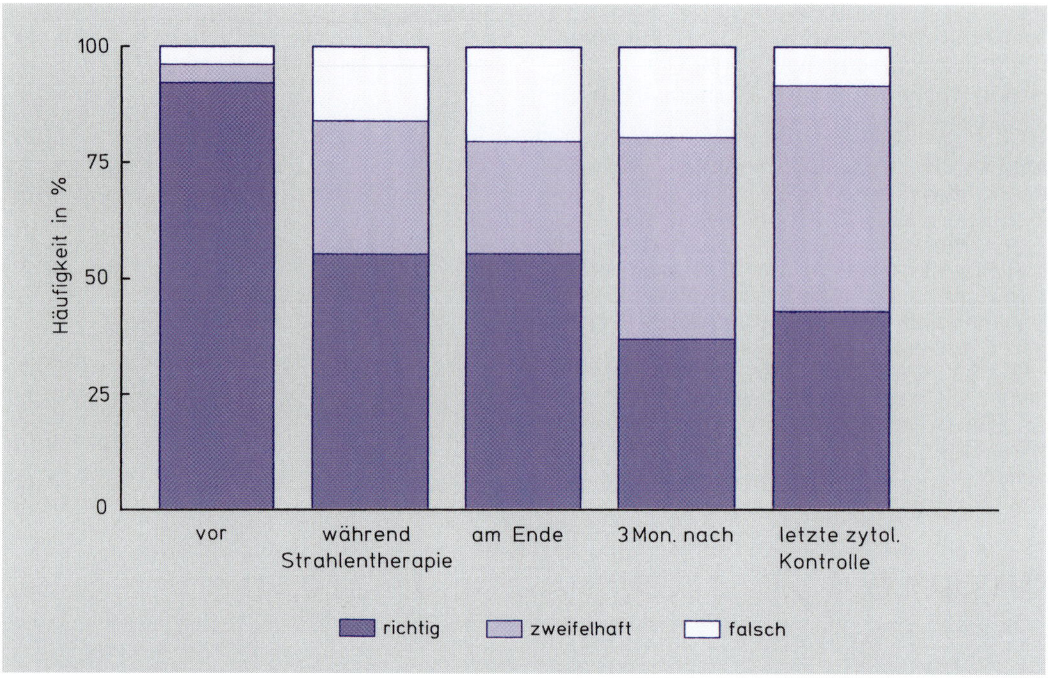

Abb. 10.III Zytologische Diagnosen (Portio) **der Gruppe A in bezug auf den Krankheitsverlauf.** Wird das Ergebnis der zytologischen Untersuchungen am Krankheitsverlauf gemessen, so ist der Anteil der richtigen Beurteilungen durch die Zytodiagnostik günstiger als in Abb. 10.II. Allerdings geht der Anteil der richtigen zytologischen Diagnosen von über 90 % vor der Therapie 3 Monate nach Abschluß der Strahlentherapie auf 40 % zurück.

Gruppe A

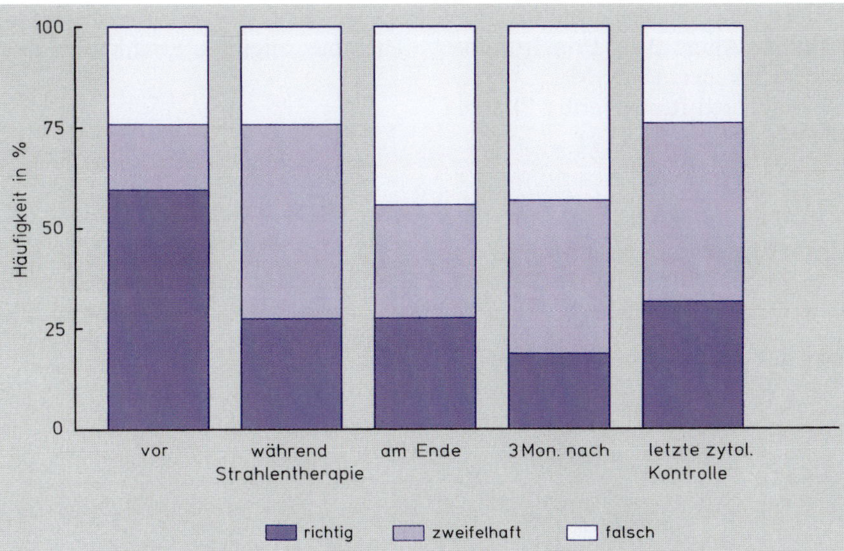

Zytologische Diagnosen *(Vaginalwand)* der Gruppe A
in bezug auf den jeweils aktuellen gynäkologischen Befund

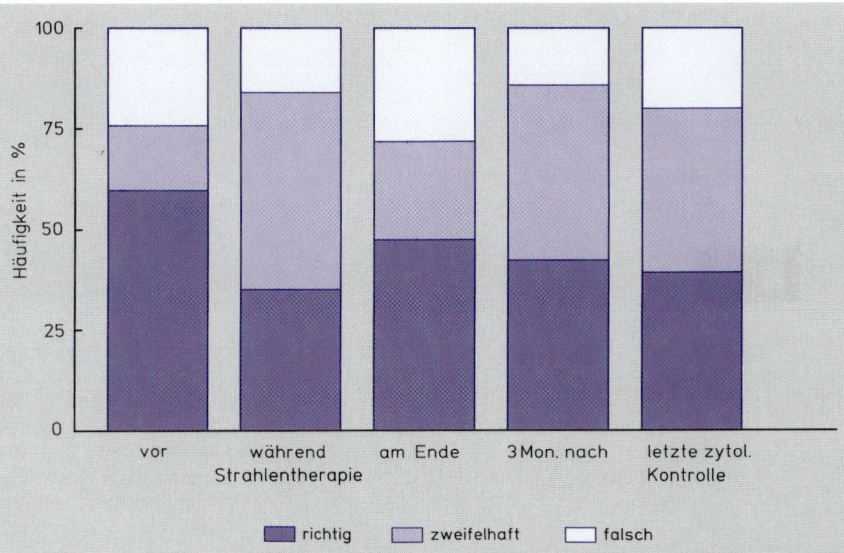

Zytologische Diagnosen *(Vaginalwand)* der Gruppe A
in bezug auf den Krankheitsverlauf

Abb. 10.IV und 10.V Auch die parallel zu Portioabstrichen gewonnenen Ergebnisse von der Vaginalwand wurden in bezug zum jeweils aktuellen gynäkologischen Befund (Abb. 10.IV) sowie in bezug auf den Krankheitsverlauf (Abb. 10.V) bewertet. Die Anzahl der richtigen zytologischen Diagnosen ist bei dieser Lokalisation geringer als in Abstrichen von der Portio. Zweifelhafte Befunde sind während und 3 Monate nach der Bestrahlung sowie bei der letzten Kontrolle am häufigsten.

Gruppe B, Fall-Nr. 1

Klinische Daten: Alter: 49 J., Primärtumor: Carcinoma cervicis uteri ($T_3N_1M_0$). Histol. Diagnose: undifferenziertes Plattenepithelkarzinom. Therapie: alleinige Strahlentherapie.

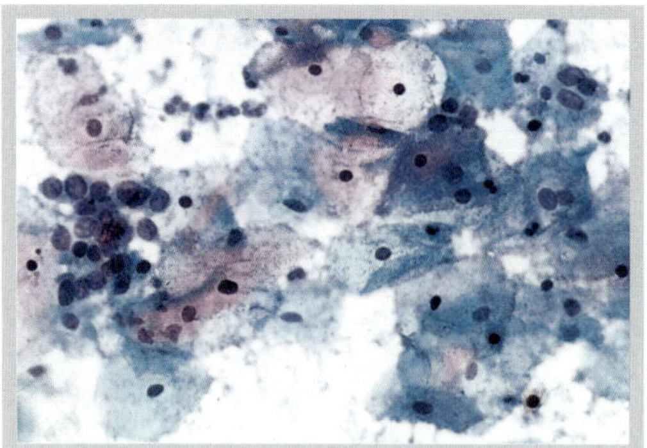

Abb. 10.B 1 Färb.: Pap.; Vergr.: 132 x
Zytol. Vaginalwand. Superfizialzellen und Intermediärzellen. Am Bildrand Anhäufung undifferenzierter atypischer Zellen mit Kernschwellung und Hyperchromatose (Pap. Gr. IV), z. Z. der Zytol.: Zustand *vor* Therapie.

Abb. 10.B 1 a Färb.: Shorr-Pundel; Vergr.: 100 x
Zwischen unauffälligen Epithelien mehrere atypische Zellen mit orangefarbenem Zytoplasma und nußbraunen Zellkernen, z. Z. der Zytol.: Zustand wie bei Abb. 10.B 1.

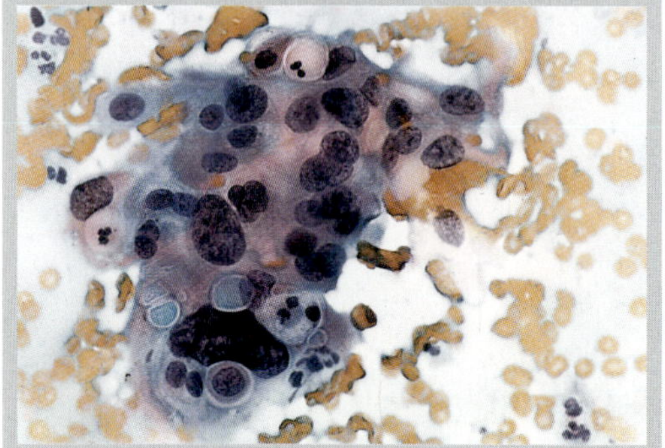

Abb. 10.B 1 b Färb.: Pap.; Vergr.: 132 x
Zytol. Portiobereich. Zwischen Erythrozyten und einzelnen Leukozyten hochgradig atypische polymorphe Zellen mit monströser Kernschwellung, Hyperchromatose, Vergröberung des Chromatingerüstes und Konfluenz von Zellmembranen und Kernen (Pap. Gr. V), z. Z. der Zytol.: ^{60}Co-Stehfeldbestrahlung Unterbauch- und Gesäßfeld alternierend bis GD 20 Gy HD.

Abb. 10.B 1 c Färb.: Pap.; Vergr.: 132 x
Zytol. Portiobereich. Intermediärzellen sowie Detritus. Zwei große Zellkerne mit ausgeprägter netzförmiger Struktur im Stadium der Lysis (Pap. Gr. III), z. Z. der Zytol.: ^{60}Co-Stehfeldbestrahlung bis GD 20 Gy HD. Biaxiale Telekobaltpendelbestrahlung bis Gy 18 Gy HD (100%-Isodose), Split course technique 2 Wochen Pause.

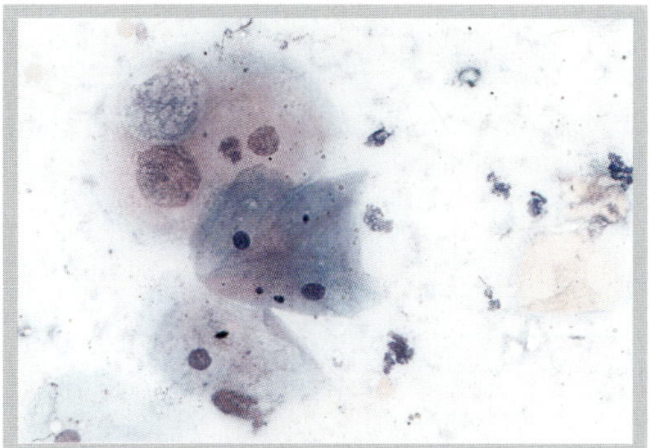

Abb. 10.B 1 d Färb.: PAS-Reaktion; Vergr.: 132 x
Reichlich neutrale Mukopolysaccharide im Plasma von Superfizial- und Intermediärzellen. Herdförmiges Konzentrat aus atypischen aufgelockerten Zellkernen mit schieferblauer Farbe (Pap. Gr. IV), z. Z. der Zytol.: Zustand wie bei Abb. 10.B 1 c.

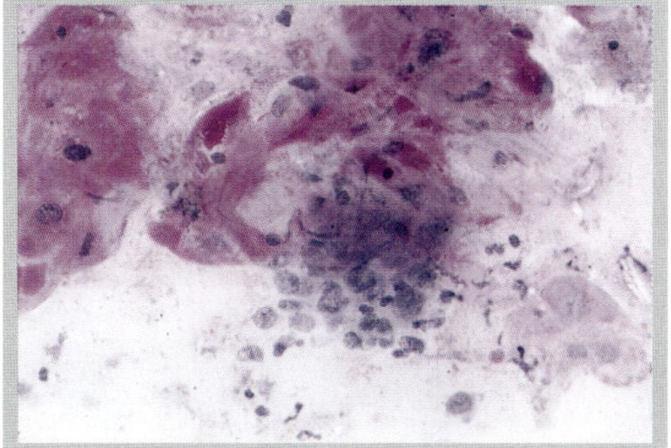

Abb. 10.B 1 e Färb.: Pap.; Vergr.: 132 x
Zytol. Vaginalwand. Epithelien mit erheblicher Kernvergrößerung. Betonte Nukleoli. Zytoplasmaausläufer (Pap. Gr. III), z. Z. der Zytol.: ^{60}Co-Stehfeldbestrahlung bis GD 20 Gy HD und biaxiale Telekobaltpendelbestrahlung GD 42 Gy HD (100%-Isodose), Split course technique 2 Wochen Pause einschließend.

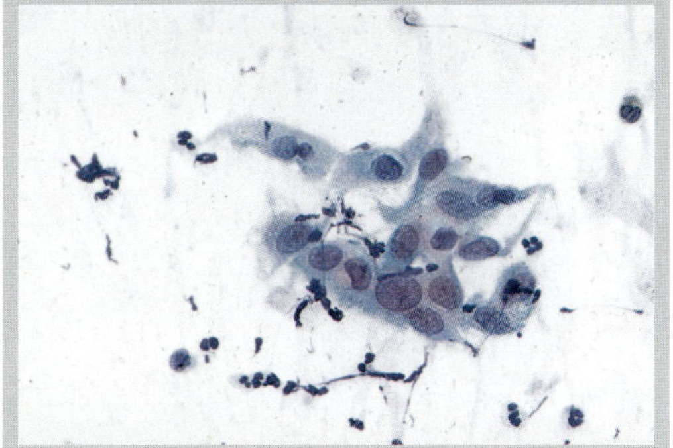

Abb. 10.B 1 f Färb.: Shorr-Pundel; Vergr.: 132 x
Zellen in Zytolyse. Monströse doppelkernige Zelle mit beginnender Karyolyse, orangefarbenem Zytoplasma und schwanzartigem Ausläufer, z. Z. der Zytol.: Zustand wie bei Abb. 10.B 1 e.

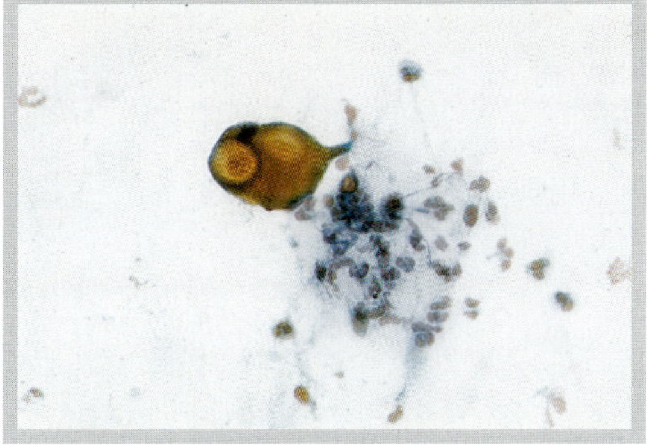

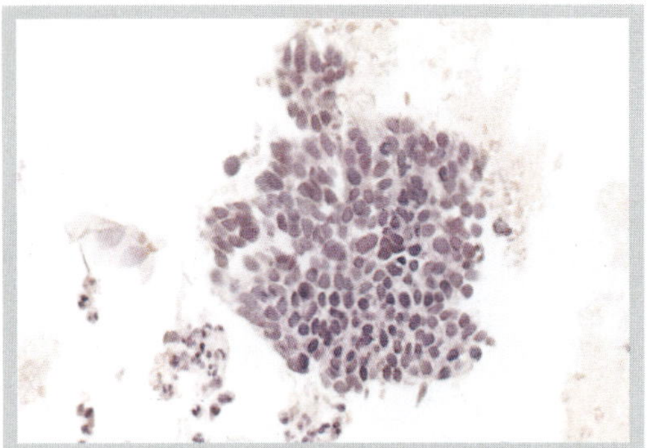

Abb. 10.B 1 g Färb.: HE; Vergr.: 132 x
Probeexzision. *Histol.* Diagn.: unsicherer Befund, weil radiogen geschädigte Zellkerne nicht exakt beurteilbar, z. Z. der *Histol.*: 2½ Mon. nach Zytodiagnostik.

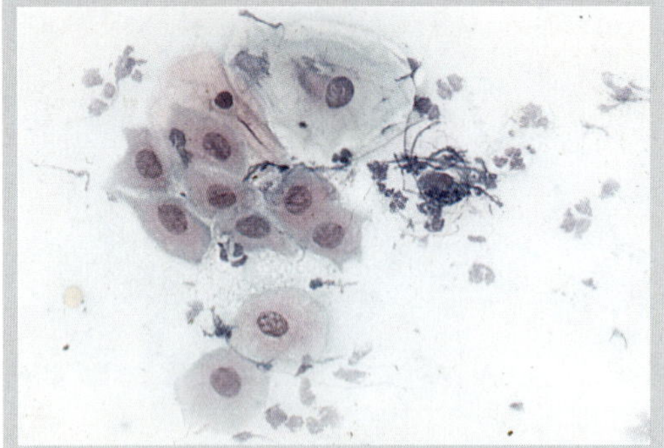

Abb. 10.B 1 h Färb.: Pap.; Vergr.: 132 x
Zytol. Portiobereich. Epithelien mit wabig und vakuolig veränderten Kernen. Einzelne angedeutet dornenartige Fortsätze der Zellmembran (Pap. Gr. II K), z. Z. der Zytol.: 3½ Mon. nach Abschluß der Strahlentherapie.

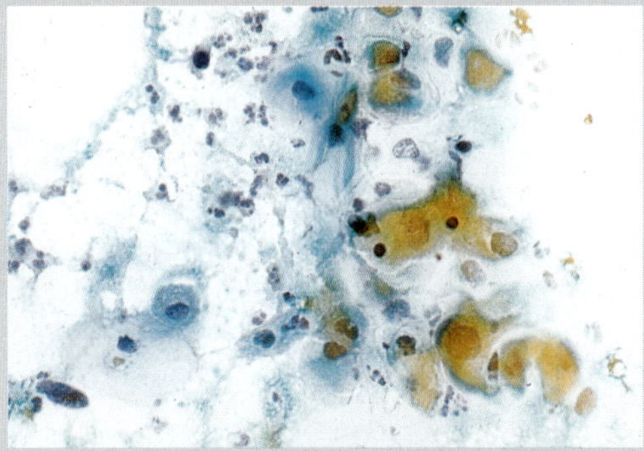

Abb. 10.B 1 i Färb.: Shorr-Pundel; Vergr.: 132 x
Zellen in beginnender Zytolyse. Einzelne abnorme bis fraglich atypische Zellen mit stark vergrößerten nußbraunen Zellkernen (Pap. Gr. III), z. Z. der Zytol.: Zustand wie bei Abb. 10.B 1 h.

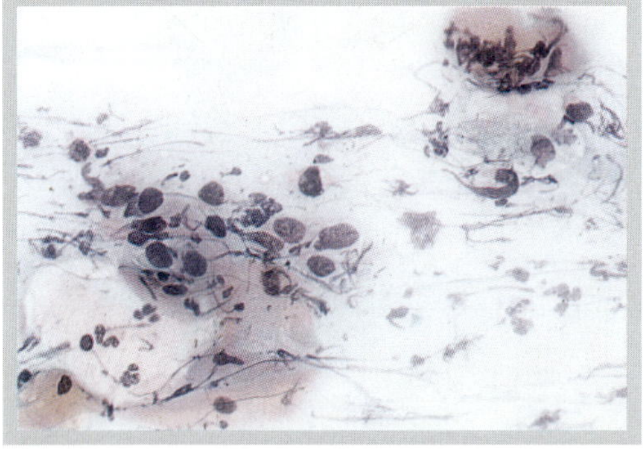

Abb. 10.B 1 j Färb.: Pap.; Vergr.: 132 x
Zytol. Portiobereich. Stark atypische, polymorphe, sog. nackte Zellkerne inmitten von Detritus (bei Pap. Gr. V), z. Z. der Zytol.: 7 Mon. nach Abschluß der Strahlentherapie.

Abb. 10.B 1 k Färb.: Shorr-Pundel; Vergr.: 132 x
Reichlich atypische zyanophile Zellkerne sowie kleine Gruppe aus gleichartigen, aber nußbraunen Kernen, z. Z. der Zytol.: Zustand wie bei Abb. 10.B 1 j.

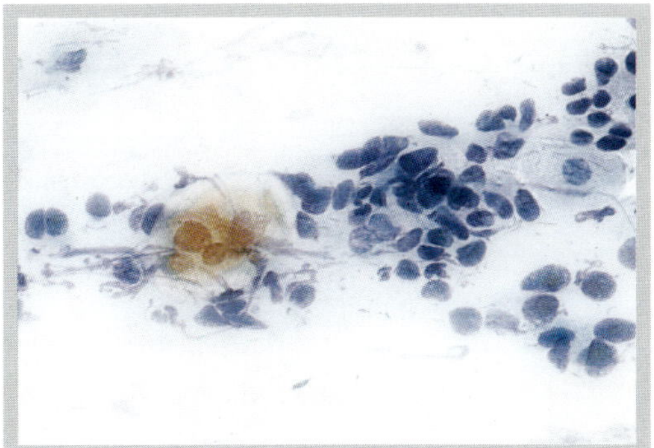

Abb. 10.B 1 l Färb.: PAS-Reaktion; Vergr.: 50 x
Haufenförmige Konzentrate aus atypischen Zellkernen von deutlich schieferblauer Farbe, auch bei geringer Vergrößerung gut erkennbar, z. Z. der Zytol.: Zustand wie bei Abb. 10.B 1 j.

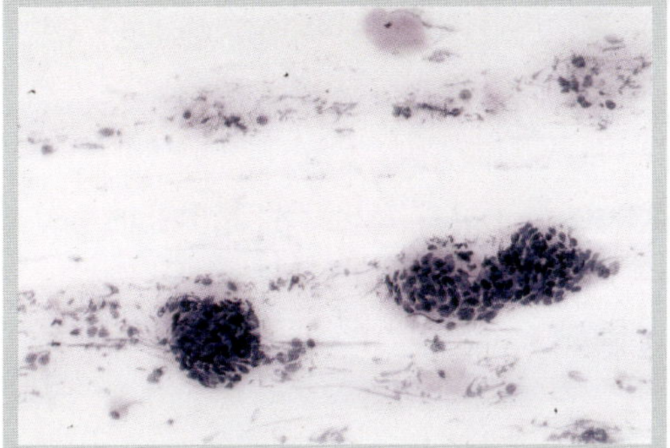

Abb. 10.B 1 m Färb.: Pap.; Vergr.: 132 x
Zytol. Portiobereich. Zytolyse. Zellkerne einzelner Zellen aufgedunsen und ungleichmäßig gestaltet. Eine Zelle mit besonderer Schwellung des Kernes, nicht sicher spezifizierbar (Pap. Gr. III), z. Z. der Zytol.: 9½ Mon. nach Beendigung der Strahlentherapie.

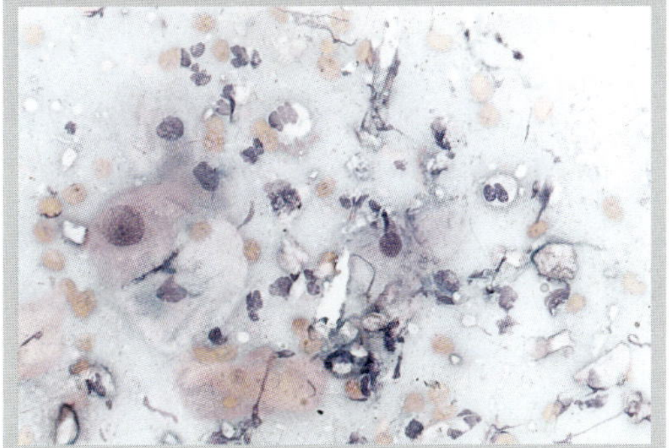

Abb. 10.B 1 n Färb.: Pap.; Vergr.: 100 x
Zytol. Portiobereich. Leukozyten. Epithelien in beginnender Zytolyse. Zentral dichtes Zellkonglomerat aus atypischen, vital erscheinenden Zellen mit pathologischer Kern-Plasma-Relation und grobkörniger Kernstruktur (Pap. Gr. V), z. Z. der Zytol.: 1 J. und 1½ Mon. nach Ende der Strahlentherapie.

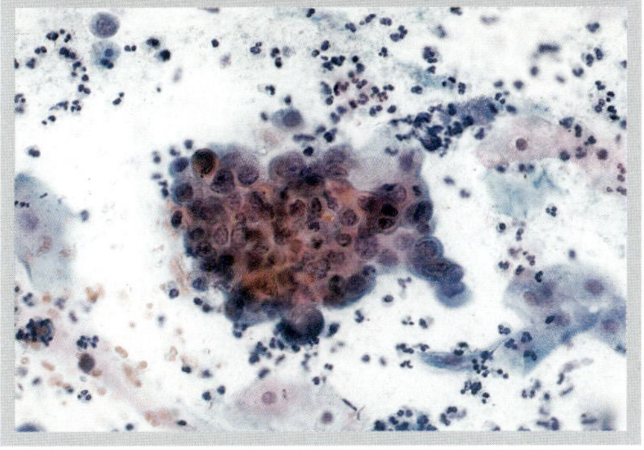

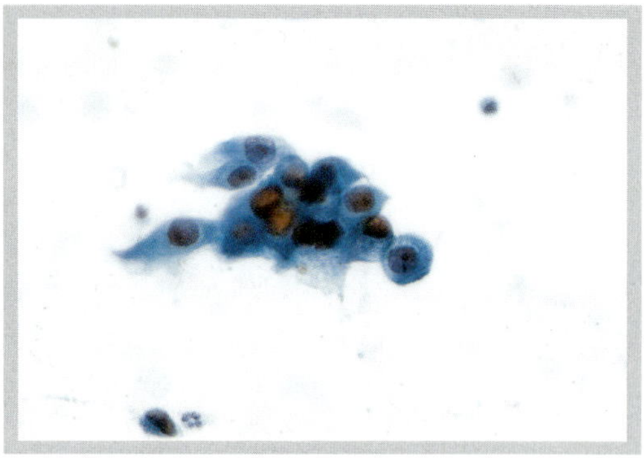

Abb. 10.B 1 o Färb.: Shorr-Pundel; Vergr.: 132 x
In beginnender Zytolyse befindliche atypische Zellen, Zellkerne z. T. nußbraun. Nukleoli vergrößert, Zytoplasma zyanophil, z. Z. der Zytol.: Zustand wie bei Abb. 10.B 1 n.

Gruppe B, Fall-Nr. 2

Klinische Daten: Alter: 62 J., Primärtumor: Carcinoma cervicis uteri ($T_{3a+b}N_1M_0$). Histol. Diagnose: undifferenziertes Plattenepithelkarzinom. Therapie: alleinige Strahlentherapie.

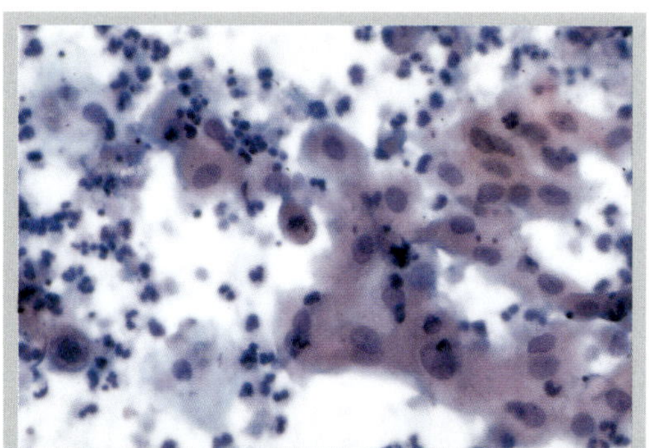

Abb. 10.B 2 Färb.: Pap.; Vergr.: 132 x
Zytol. Vaginalwand. Reichlich Leukozyten. Häutchenförmiger Komplex aus abnormen Zellen mit betonten bzw. vermehrten Nukleoli. Im Randgebiet eine atypische Zelle mit Hyperchromatose und ungleichförmigem Kern (bei Pap. Gr. V), z. Z. der Zytol.: *vor* Beginn der Strahlentherapie.

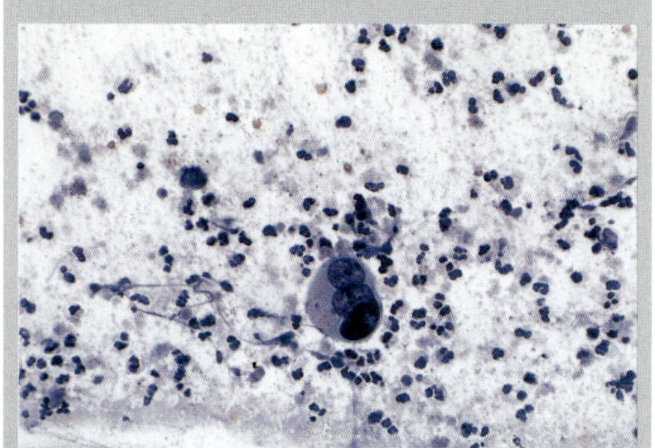

Abb. 10.B 2 a Färb.: Pap.; Vergr.: 132 x
Monströse dreikernige atypische Zelle. Verklumptes grobes Chromatingerüst. Vergrößerte Kernkörperchen. Leukozyten, Detritus, z. Z. der Zytol.: Zustand wie bei Abb. 10.B 2.

Abb. 10.B 2 b Färb.: PAS-Reaktion; Vergr.: 132 x
Diffus verstreute Leukozyten. Atypische Zellen in fortgeschrittener Zytolyse oder z. T. noch gut erhalten. Ausgeprägte schieferblaue Farbe der pathologisch veränderten Zellkerne, z. Z. der Zytol.: Zustand wie bei Abb. 10.B 2.

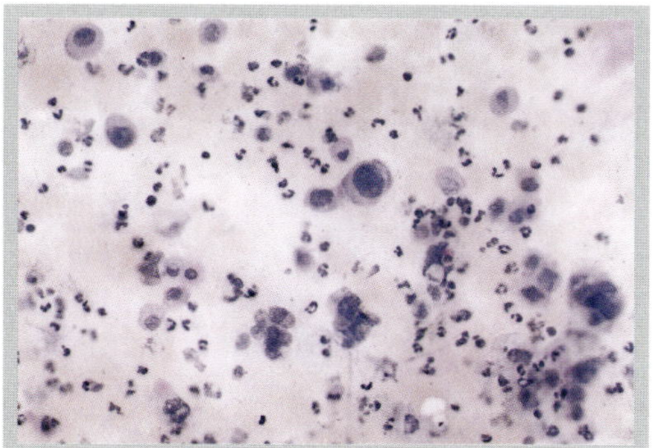

Abb. 10.B 2 c Färb.: Pap.; Vergr.: 100 x
Zytol. Portiobereich. Vermehrt Detritus, dazwischen atypische Zellen mit z. T. vakuoliger Degeneration der Zellkerne, Polymorphie und Konfluenz der Zellmembranen (Pap. Gr. V), z. Z. der Zytol.: Betatron ultraharte Röntgenstrahlen 43 MV, Stehfeldbestrahlung bis GD 18 Gy HD.

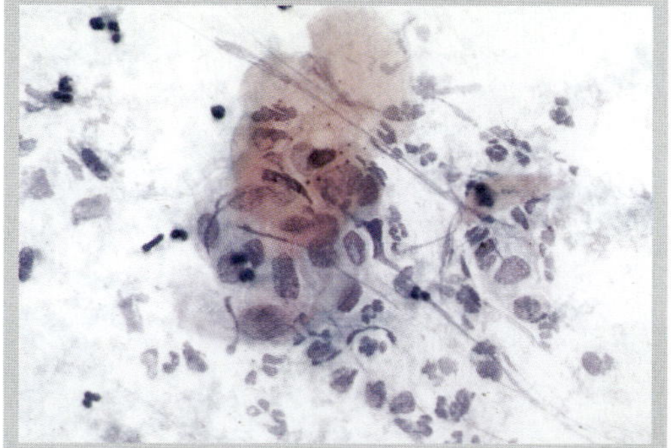

Abb. 10.B 2 d Färb.: PAS-Reaktion; Vergr.: 100 x
Monströses bizarres Zellkonglomerat von schieferblauer Farbe. Daneben atypische Zelle mit großem wabigen Kern und schmalem defekten Plasmasaum. Im Zentrum Konzentrat aus neutralen Mukopolysacchariden, z. Z. der Zytol.: Zustand wie bei Abb. 10.B 2 c.

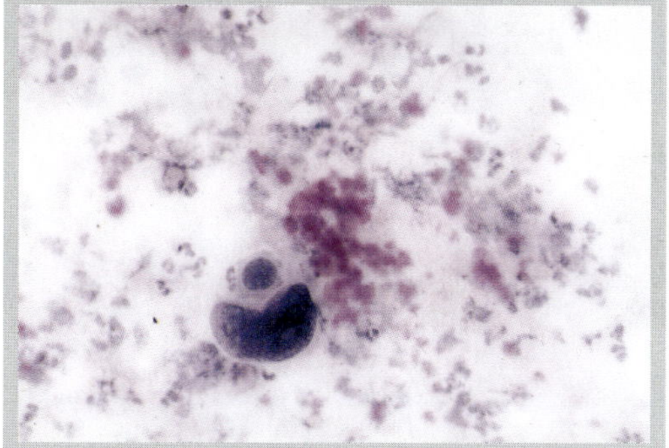

Abb. 19.B 2 e Färb.: PAS-Reaktion; Vergr.: 132 x
Zytol. Portiobereich. Differente Zellschädigung erheblichen Grades. Deutliche Polymorphie. Vergröberte netzförmige Chromatinstruktur. Ausgeprägte schieferblaue Farbe, auch der defekten Zellkerne als hinweisendes Merkmal der Atypie bzw. der Malignität (Pap. Gr. IV), z. Z. der Zytol.: Betatron ultraharte Röntgenstrahlen 43 MV, Stehfeldbestrahlung bis GD 30 Gy HD. Biaxiale Telekobaltpendelbestrahlung GD 42 Gy HD. (100%-Isodose), Split course technique 21 Tage Pause einschließend.

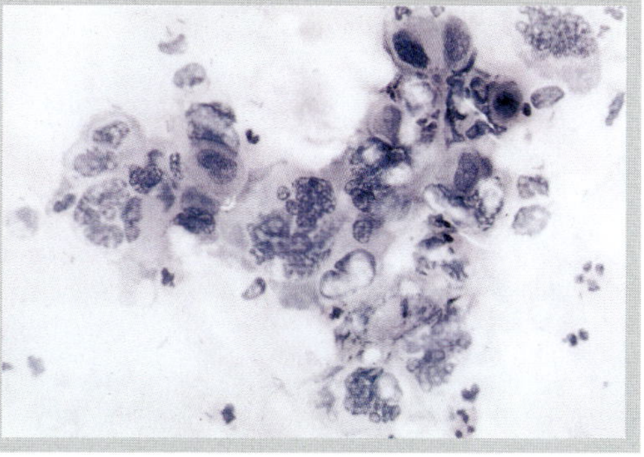

Gruppe B, Fall-Nr. 3

Klinische Daten: Alter: 60 J., Primärtumor: Carcinoma cervicis uteri ($T_{3b}N_1M_1$). Histol. Diagnose: undifferenziertes Plattenepithelkarzinom. Therapie: alleinige Strahlentherapie.

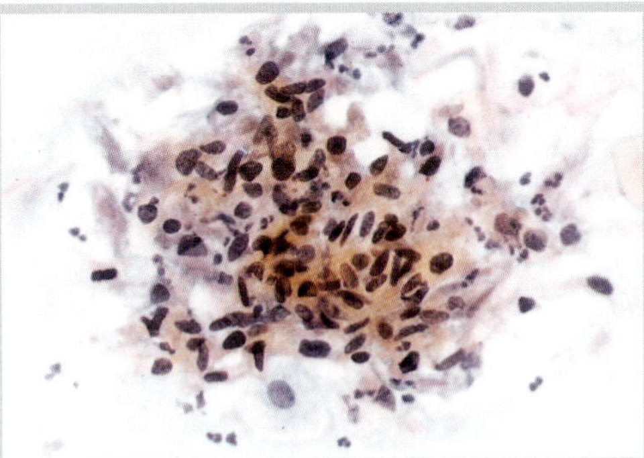

Abb. 10.B 3 Färb.: Pap.; Vergr.: 100 x
Zytol. Portiobereich. Hochgradig atypische undifferenzierte Zellen mit ausgeprägter Polymorphie und Hyperchromatose (Pap. Gr. V), z. Z. der Zytol.: *vor* Therapiebeginn.

Abb. 10.B 3 a Färb.: Pap.; Vergr.: 160 x
Zytol. Vaginalwand. Stark geschädigte Epithelien mit Kernpolymorphie und Hyperchromatose. Bizarre Zytoplasmaveränderungen (bei Pap. Gr. IV), z. Z. der Zytol.: Betatron ultraharte Röntgenstrahlen 43 MV Stehfeldbestrahlung bis GD 18 Gy HD.

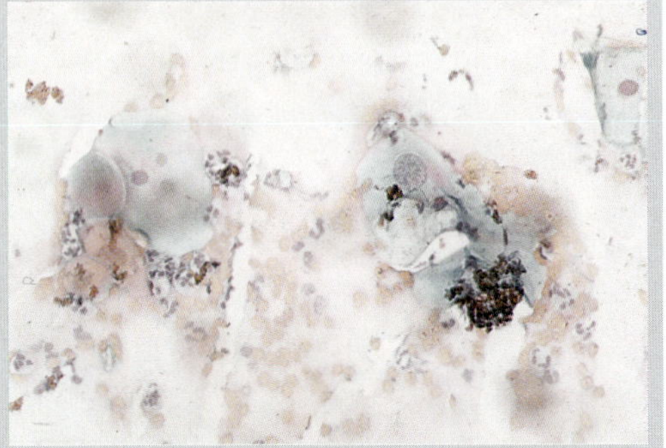

Abb. 10.B 3 b Färb.: Pap.; Vergr.: 80 x
Zytol. Portiobereich. Ausgeprägte allgemeine Zytolyse. Eine nicht spezifizierbare Zelle ist aufgedunsen und gitterförmig strukturiert (bei Pap. Gr. V), z. Z. der Zytol.: Betatron ultraharte Röntgenstrahlen 43 MV, Stehfeldbestrahlung bis GD 30 Gy HD. Biaxiale Telekobaltpendelbestrahlung bis GD 18 Gy HD (100%-Isodose), Split course technique 21 Tage Pause einschließend.

Abb. 10.B 3 c Färb.: Pap.; Vergr.: 132 x
Zytol. Portiobereich. Leukozyten. Schwammartig veränderte atypische Zellkerne mit einzelnen Vakuolen. Zellgrenzen größtenteils nicht mehr erkennbar (Pap. Gr. IV), z. Z. der Zytol.: Betatron ultraharte Röntgenstrahlen 43 MV, Stehfeldbestrahlung GD 30 Gy HD. Biaxiale Telekobaltpendelbestrahlung GD 42 Gy HD (100%-Isodose), Split course technique 21 Tage Pause einschließend.

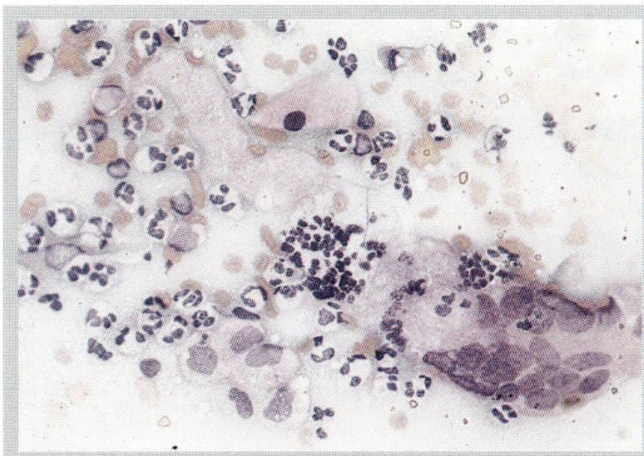

Abb. 10.B 3 d Färb.: Pap.; Vergr.: 132 x
Zytol. Portiobereich. Schwammartige Zellkerne bei Zytolyse (Pap. Gr. IV), z. Z. der Zytol.: Betatron ultraharte Röntgenstrahlen 43 MV, Stehfeldbestrahlung GD 30 Gy HD, Biaxiale Telekobaltpendelbestrahlung bis GD 42 Gy HD. (100%-Isodose). Biaxiale Telekobaltpendelbestrahlung der paraortalen Lymphknoten ED 1,5 Gy = GD 45 Gy HD (100%-Isodose).

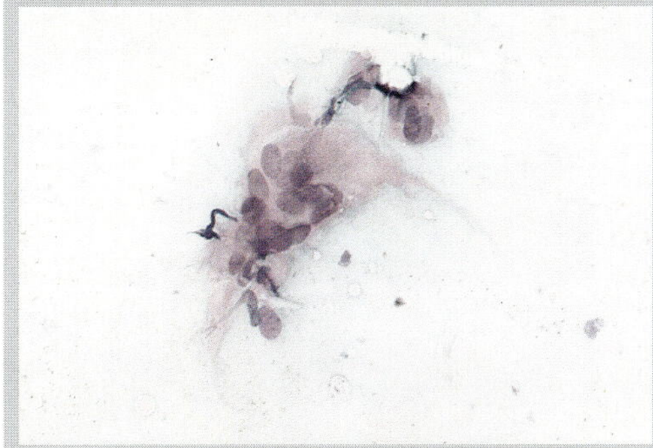

Abb. 10.B 3 e Färb.: Pap.; Vergr.: 132 x
Zytol. Portiobereich. Offenbar Intermediärzellen mit Kernschwellung. Daneben Epithelien mit konfluierendem Zytoplasma, sehr wahrscheinlich noch Merkmale der postradiogenen Belastung (Pap. Gr. III), z. Z. der Zytol.: Zustand nach Bestrahlung vor 1 J. und 1½ Mon.

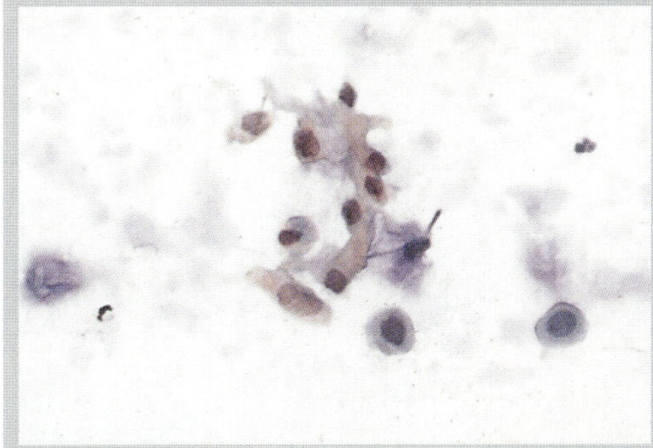

Gruppe B, Fall-Nr. 4

Klinische Daten: Alter: 66 J., Primärtumor: Carcinoma cervicis uteri ($T_{3b}N_1M_0$). Histol. Diagnose: verhornendes Plattenepithelkarzinom. Therapie: alleinige Strahlentherapie.

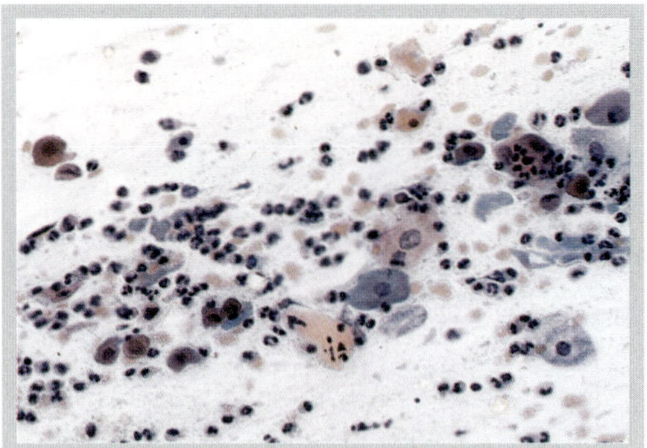

Abb. 10.B 4 Färb.: Pap.; Vergr.: 100 x Zytol. Portiobereich. Zwischen Leukozyten vereinzelte Superfizialzellen und einzelne atypische Zellen mit hyperchromatischen mäßig polymorphen Kernen sowie mit bräunlichem Zytoplasma (Pap. Gr. V), z. Z. der Zytol.: *vor* Beginn der Strahlentherapie.

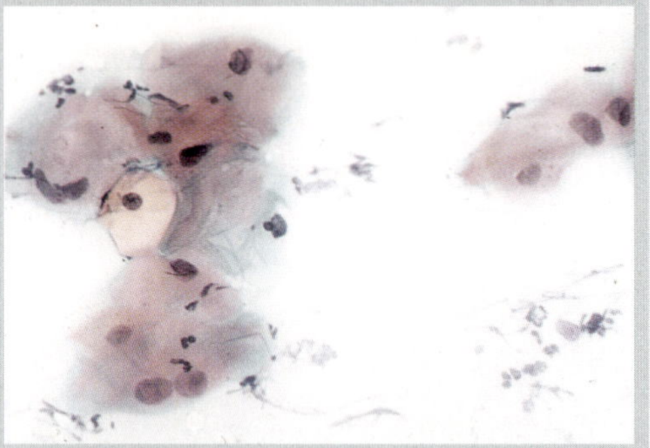

Abb. 10.B 4 a Färb.: Pap.; Vergr.: 100 x Zytol. Portiobereich. Verwaschene Zellgrenzen. Zellkerne aufgedunsen (bei Pap. Gr. V), z. Z. der Zytol.: Betatron ultraharte Röntgenstrahlen 43 MV, Stehfeldbestrahlung, bis GD 18 Gy HD.

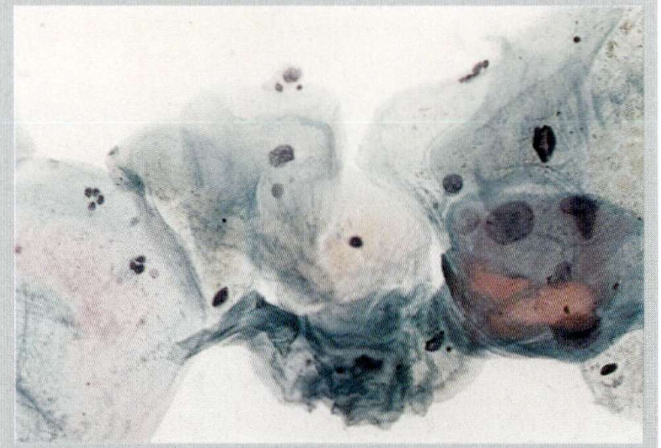

Abb. 10.B 4 b Färb.: Pap.; Vergr.: 100 x Zytol. Vaginalwand. Reichlich Schleimsubstanzen, einzelne monströse Zellkerne (Pap. Gr. III), z. Z. der Zytol.: Betatron ultraharte Röntgenstrahlen 43 MV, Stehfeldbestrahlung bis GD 30 Gy HD. Biaxiale Telekobaltpendelbestrahlung bis GD 18 Gy HD (100%-Isodose), Split course technique 21 Tage Pause einschließend.

Abb. 10.B 4 c Färb.: Pap.; Vergr.: 132 x
Zytol. Portiobereich. Ungleich große schwammartige Zellkerne. Konfluierendes Zytoplasma. Im Plasma zarte netzartige Struktur (bei Pap. Gr. IV), z. Z. der Zytol.: Betatron ultraharte Röntgenstrahlen 43 MV, Stehfeldbestrahlung GD 30 Gy HD. Biaxiale Telekobaltpendelbestrahlung bis GD 36 Gy HD (100%-Isodose), Split course technique 21 Tage Pause einschließend.

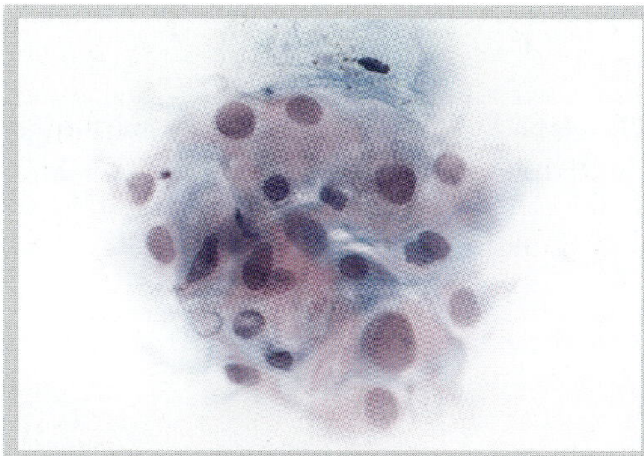

Abb. 10.B 4 d Färb.: Pap.; Vergr.: 66 x
Zytol. Vaginalwand. Inmitten von locker verstreuten Leukozyten zwei abnorme Zellen und eine Zelle mit sog. Zigarrenkern (Pap. Gr. III), z. Z. der Zytol.: 2 Mon. nach Abschluß der Strahlentherapie.

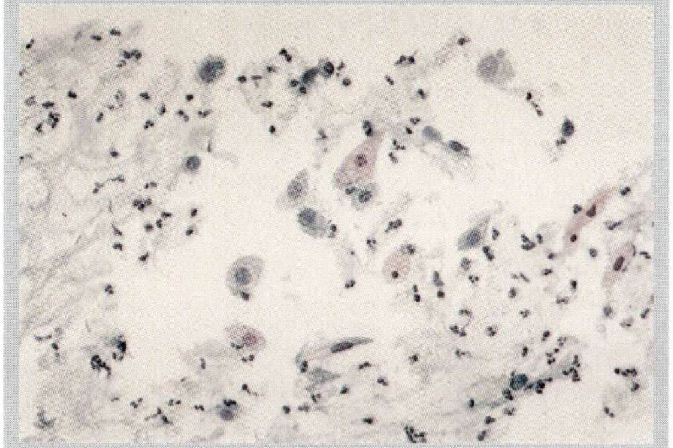

Abb. 10.B 4 e Färb.: Pap.; Vergr.: 132 x
Zytol. Portiobereich. Typische verklumpte Zellkomplexe ohne deutliche Zellgrenzen. Einzelne Zellkerne in beginnender Zytolyse (Pap. Gr. II K), z. Z. der Zytol.: 9 Mon. nach Abschluß der Strahlentherapie.

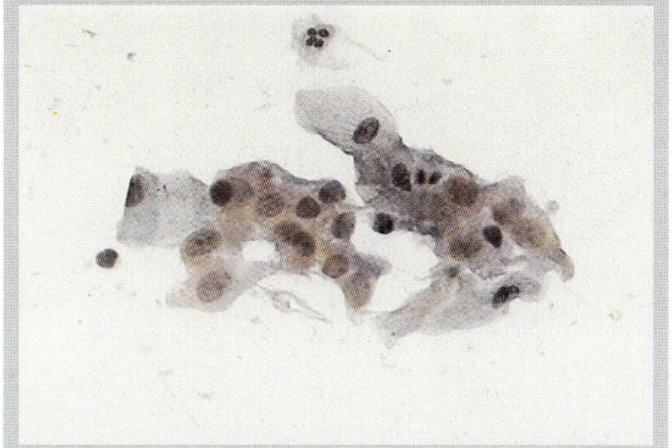

Abb. 10.B 4 f Färb.: Pap.; Vergr.: 100 x
Zytol. Portiobereich. Unruhiges Bild. Unterschiedliche Zellveränderungen, wie z. B. Kernschwellung, Zigarrenkerne, mäßige Polymorphie. Zytoplasmaausläufer bzw. feine Plasmagranulierung (Pap. Gr. III), z. Z. der Zytol.: 1 J. und 3½ Mon. nach Abschluß der Strahlentherapie.

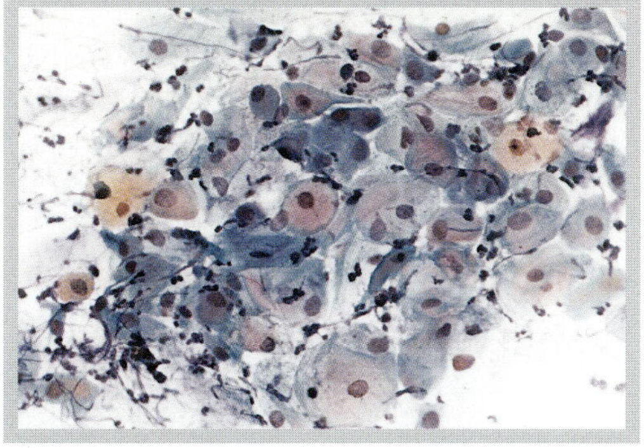

Gruppe B, Fall-Nr. 5

Klinische Daten: Alter: 66 J., Primärtumor: Carcinoma cervicis uteri/vaginae ($T_3N_0M_0$). Histol. Diagnose: verhornendes Plattenepithelkarzinom. Therapie: alleinige Strahlentherapie.

Abb. 10.B 5 Färb.: Pap.; Vergr.: 50 x Zytol. Portiobereich und Vaginalwand. Zwischen reichlich Leukozyten einige stark atypische Zellen mit Zell- und Kernpolymorphie und mäßiger Hyperchromatose. Vereinzelt Kernvakuolen (Pap. Gr. V), z. Z. der Zytol.: *vor* Therapiebeginn.

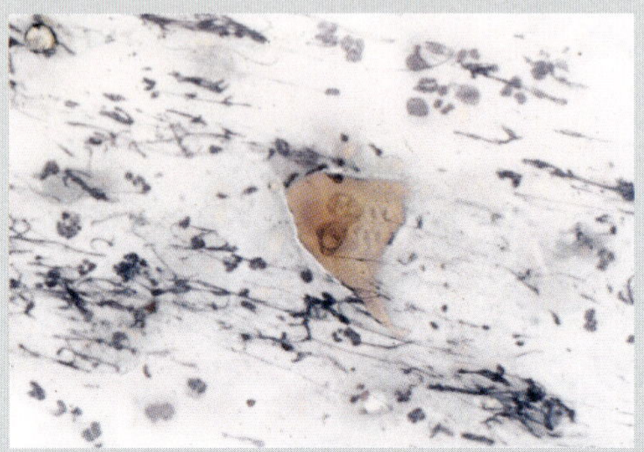

Abb. 10.B 5 a Färb.: Pap.; Vergr.: 50 x Zytol. Vaginalwand. Zytolytische Substanzen. Leukozytenfäden. Im Zentrum große, atypische doppelkernige Zelle mit wabiger Kernstruktur und schwanzartigem Zytoplasmaausläufer (Pap. Gr. V), z. Z. der Zytol.: Biaxiale Telekobaltpendelbestrahlung ED 2 Gy bis 18 Gy HD (100%-Isodose).

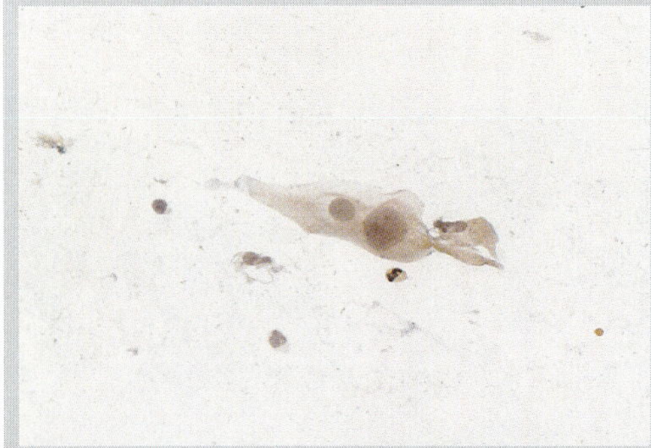

Abb. 10.B 5 b Färb.: Pap.; Vergr.: 100 x Zytol. Portiobereich/Übergang zur Vaginalwand. Zellverklumpung. Monströse Zellkernschwellung (bei Pap. Gr. IV), z. Z. der Zytol.: Am Ende der 1. Bestrahlungsserie – biaxiale Telekobaltpendelbestrahlung ED 2 Gy bis GD 40 Gy HD (100%-Isodose), Split course technique 21 Tage Pause einschließend.

Abb. 10.B 5 c Färb.: Pap.; Vergr.: 132 x
Zytol. Vaginalwand. Kernschwellung und Polymorphie. Zellmembran z. T. in Zytolyse. Zytoplasmaausläufer (bei Pap. Gr. IV), z. Z. der Zytol.: Am Ende der biaxialen Telekobaltpendelbestrahlung bei GD 70 Gy HD (100%-Isodose), Split course technique 21 Tage Pause einschließend.

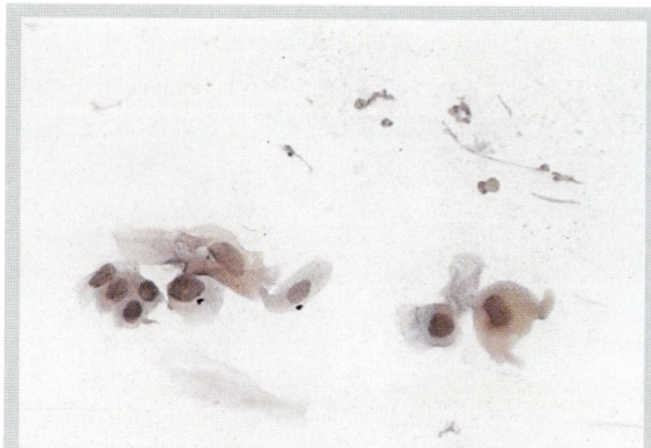

Abb. 10.B 5 d Färb.: Pap.; Vergr.: 100 x
Zytol. Vaginalwand. Verklumpung mäßig abnormer Zellen (Pap. Gr. III), z. Z. der Zytol.: 6 Mon. nach Beendigung der Strahlentherapie.

Gruppe B, Fall-Nr. 6

Klinische Daten: Alter: 61 J., Primärtumor: Carcinoma cervicis uteri ($T_3N_0M_0$).
Histol. Diagnose: nichtverhornendes Plattenepithelkarzinom.

Therapie: alleinige Strahlentherapie.

Abb. 10.B 6 Färb.: Pap.; Vergr.: 50 x
Zytol. Portiobereich. Leukozyten. Detritus. Diffus verstreute, atypische Zellen mit Polymorphie (Pap. Gr. V), z. Z. der Zytol.: *vor* Beginn der Strahlentherapie.

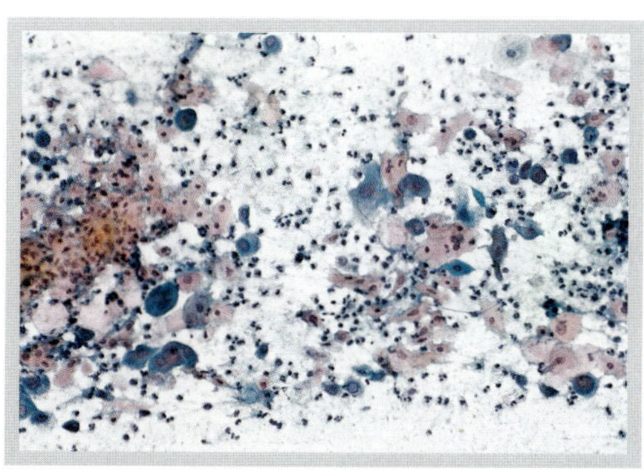

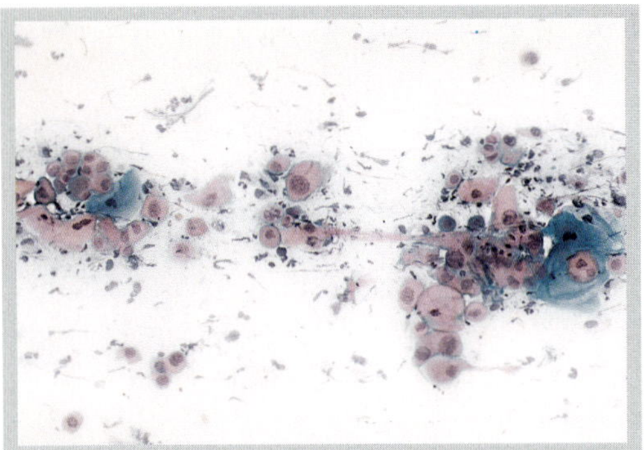

Abb. 10.B 6 a Färb.: Pap.; Vergr.: 50 x
Zytol. Portiobereich. Verklumpte Komplexe atypischer Zellen. Zellmembran betont bzw. verdickt, zarte Plasmaausläufer. Kernstruktur vergröbert (Pap. Gr. V), z. Z. der Zytol.: Bestrahlung mittels Linearbeschleuniger Neptun 10p 9MV ultraharte Röntgenstehfeldbestrahlung bis GD 24 Gy HD.

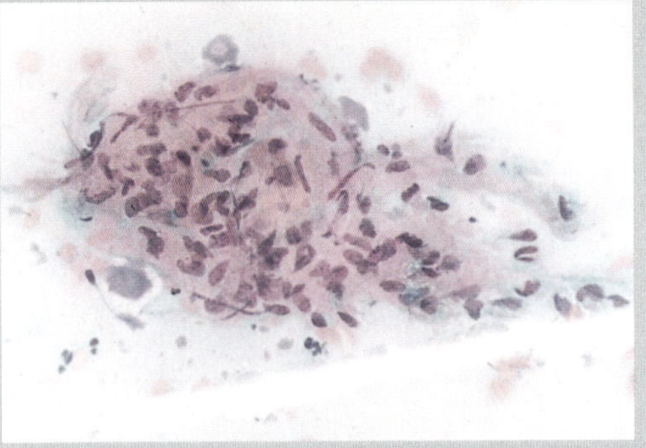

Abb. 10.B 6 b Färb.: Pap.; Vergr.: 132 x
Zytol. Portiobereich. Konglomerat aus geschädigten Zellen. Äußere Zellkonturen zerfließlich konfluierend. Zellkerne vielgestaltig, z. T. länglich nach Art von sog. Zigarrenkernen (bei Pap. Gr. IV), z. Z. der Zytol.: Ultraharte Röntgenstehfeldbestrahlungen bis GD 30 Gy HD. Biaxiale Telekobaltpendelbestrahlung bis 28 Gy HD (100%-Isodose), Split course technique 21 Tage Pause einschließend.

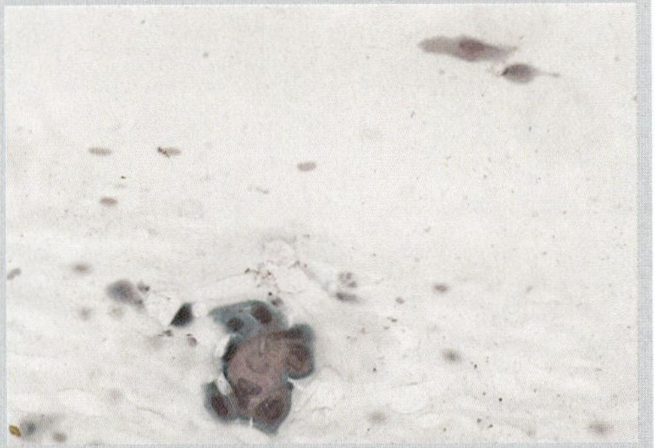

Abb. 10.B 6 c Färb.: Pap.; Vergr.: 80 x
Zytol. Portiobereich. Zellgruppe aus miteinander verschmolzenen Zellen. Zellkerne in beginnender Zytolyse (bei Pap. Gr. IV), z. Z. der Zytol.: Ultraharte Röntgenstehfeldbestrahlung GD 30 Gy HD. Biaxiale Telekobaltpendelbestrahlung GD 42 Gy HD (100%-Isodose), Split course technique 21 Tage Pause einschließend.

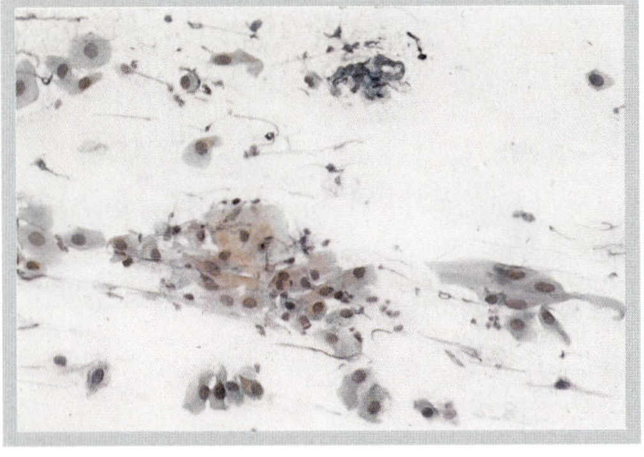

Abb. 10.B 6 d Färb.: Pap.; Vergr.: 66 x
Zytol. Portiobereich. Reaktiv bedingte Zellkernunregelmäßigkeiten bei geringer Kernschwellung. An einer Stelle langgestreckter Zytoplasmaausläufer (Pap. Gr. III), z. Z. der Zytol.: Zustand 3 Mon. nach Abschluß der gesamten Strahlentherapie.

Gruppe B, Fall-Nr. 7

Klinische Daten: Alter: 47 J., Primärtumor: Carcinoma cervicis uteri ($T_{3b}N_1M_0$). Histol. Diagnose: verhornendes Plattenepithelkarzinom. Therapie: alleinige Strahlentherapie.

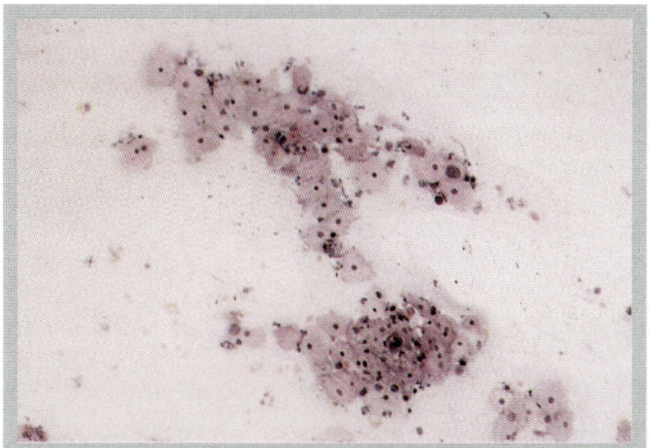

Abb. 10.B 7 Färb.: Pap.; Vergr.: 40 x
Zytol. Portiobereich. Im Bild nur zwei atypische Zellen (bei Pap. Gr. V), z. Z. der Zytol.: Zustand *vor* Therapiebeginn.

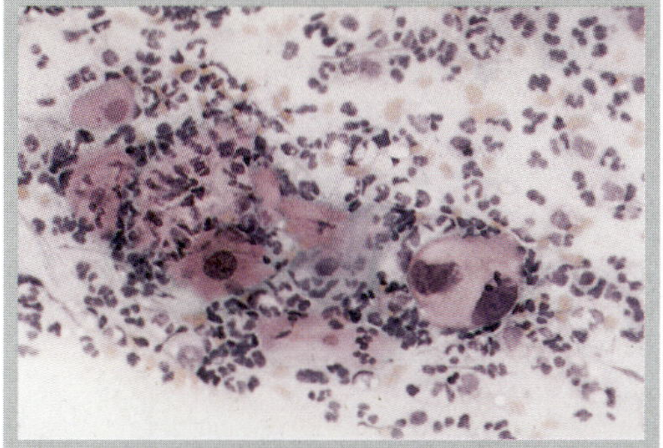

Abb. 10.B 7 a Färb.: Pap.; Vergr.: 100 x
Zytol. Portiobereich. Reichlich Leukozyten. Dazwischen atypische Zellen mit Kernschwellung und betontem Chromatingerüst. Beginnende Zytoplasmazytolyse. Monströse doppelkernige Zelle mit Deformierung des einen Zellkernes (Pap. Gr. V), z. Z. der Zytol.: Betatron ultraharte Röntgenstrahlen 43 MV Stehfeldbestrahlung bis 18 Gy HD.

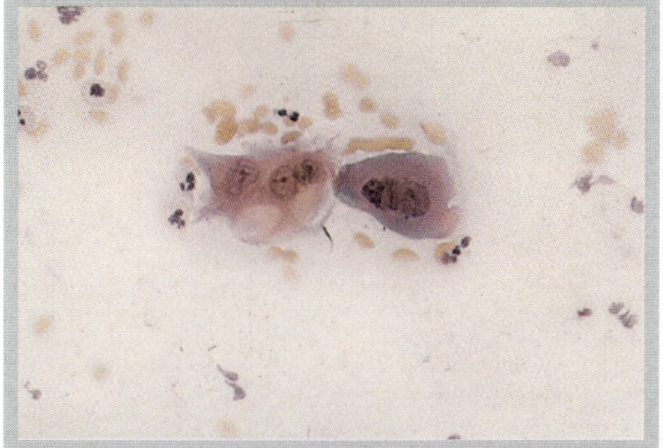

Abb. 10.B 7 b Färb.: Pap.; Vergr.: 100 x
Zytol. Portiobereich. Deformierte Zellen. Vergrößerte wabige Kerne. Nukleolivergrößerung, Mehrkernigkeit und Zytoplasmaausläufer (bei Pap. Gr. IV), z. Z. der Zytol.: Betatron ultraharte Röntgenstrahlen 43 MV, Stehfeldbestrahlung bis GD 30 Gy HD. Biaxiale Telekobaltpendelbestrahlung bis 18 Gy HD (100%-Isodose), Split course technique 21 Tage Pause einschließend.

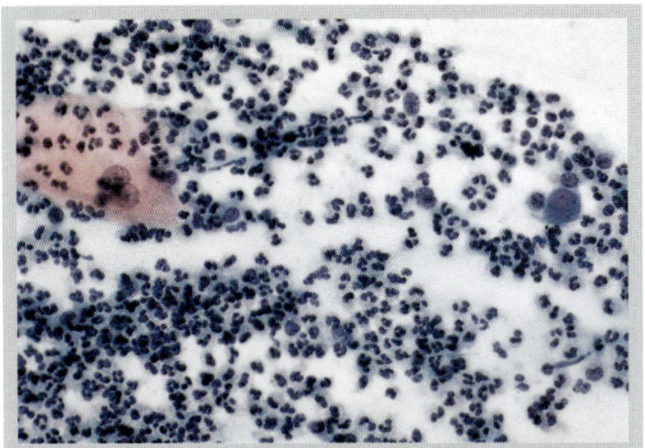

Abb. 10.B 7 c Färb.: Pap.; Vergr.: 100 x Zytol. Portiobereich. Leukozytenanhäufung. Ein- und doppelkernige, abnorme bis atypische Zellen, nicht exakt spezifizierbar (bei Pap. Gr. IV), z. Z. der Zytol.: Betatron ultraharte Röntgenstrahlen 43 MV, Stehfeldbestrahlung, GD 30 Gy HD. Biaxiale Telekobaltpendelbestrahlung GD 42 Gy HD (100%-Isodose), Split course technique 21 Tage Pause einschließend.

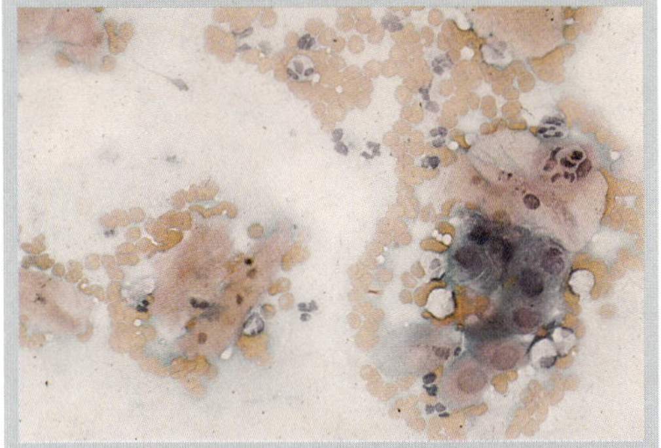

Abb. 10.B 7 d Färb.: Pap.; Vergr.: 100 x Zytol. Portiobereich. Vermehrt Erythrozyten, Leukozyten, zytolytische Substanzen. Zellkonglomerat mit Schwellung der Kerne und beginnende Zytolyse bei Konfluenz der Zellkonturen (bei Pap. Gr. IV), z. Z. der Zytol.: 2½ Mon. nach Abschluß der Strahlentherapie.

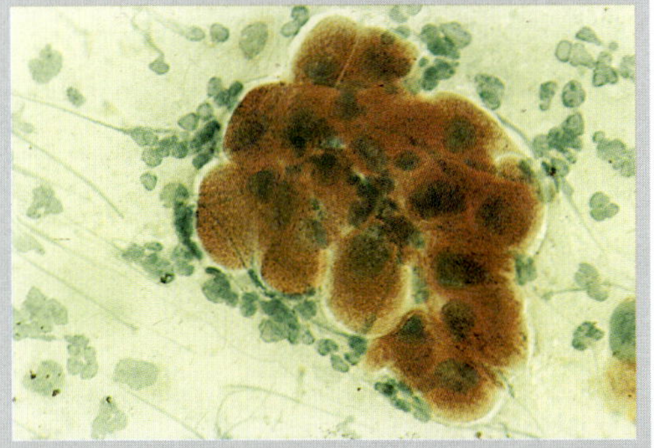

Abb. 10.B 7 e Enzymzytochemische Reaktion: NADH-Diaphorase – Vergr.: 160 x Portiobereich. Massive feinkörnige Enzymaktivität im Zytoplasma atypischer Zellen, z. Z. der Zytol.: analog Abb. 10.B 7 d.

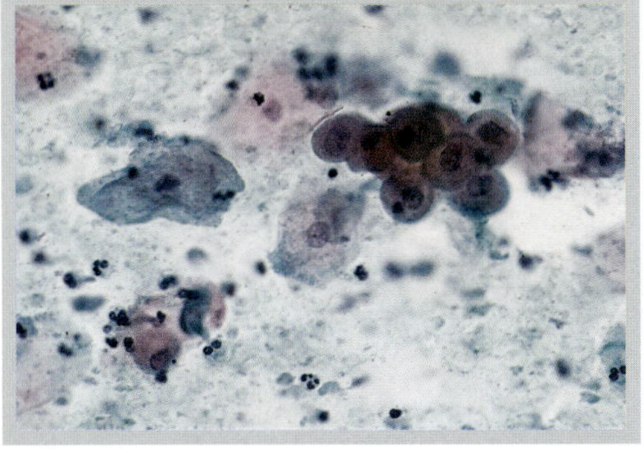

Abb. 10.B 7 f Färb.: Pap.; Vergr.: 132 x Zytol. Portiobereich. Superfizialzellen, Intermediärzelle. Konglomerat aus Basal- und Parabasalzellen mit Kernschwellung (Pap. Gr. III), z. Z. der Zytol.: 6 Mon. nach Strahlentherapieende.

Abb. 10.B 7 g Färb.: HE; Vergr.: 33 x
Probeexzision. *Histol.* Diagn.: Plattenepithelkarzinom mittlerer Reife, z. Z. der *Histol.*: 7½ Mon. nach Beendigung der Strahlentherapie.

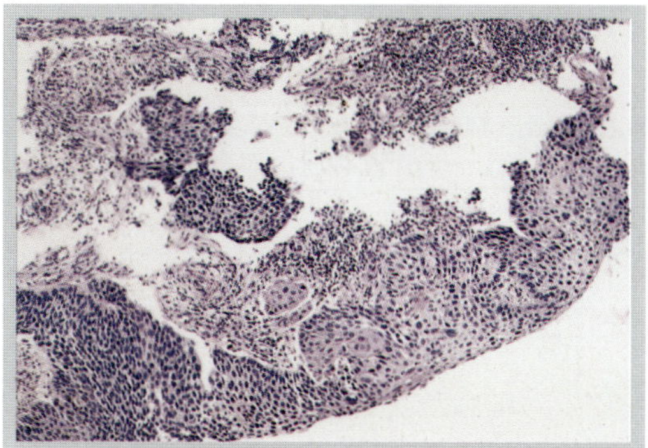

Abb. 10.B 7 h Färb.: Pap.; Vergr.: 132 x
Zytol. Vaginalwand. Isolierte Superfizialzelle. Deformierte Intermediärzellen mit Verschmelzung zu einem Konglomerat bei weitgehendem Verlust der Zellmembran (Pap. Gr. II), z. Z. der Zytol.: 9 Mon. nach Ende der Strahlentherapie.

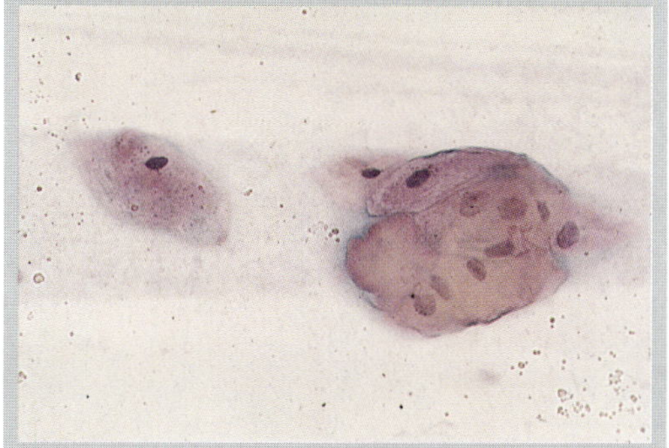

Abb. 10.B 7 i Färb.: Pap.; Vergr.: 100 x
Zytol. Portiobereich. Deformierte Epithelien mit Kernschwellung und Zytolysemerkmalen. Dornenförmige Zytoplasmaausläufer, z. T. Verschmelzung der Zellkonturen (Pap. Gr. III), z. Z. der Zytol.: 1 J. und 9 Mon. nach Strahlentherapieende.

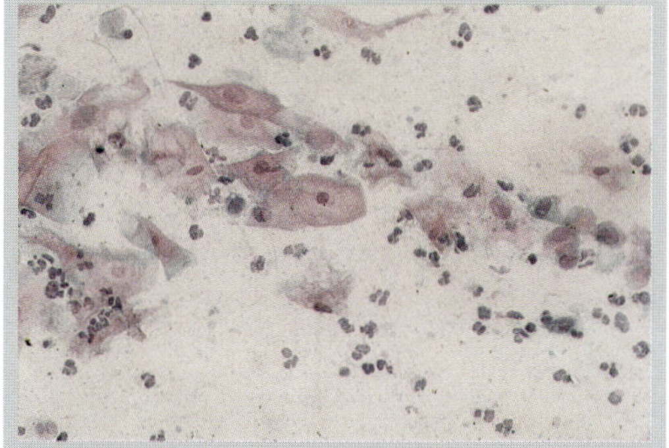

Gruppe B, Fall-Nr. BX

Klinische Daten: Alter: 57 J., Primärtumor: Carcinoma cervicis uteri ($T_3N_0M_0$). Histol. Diagnose: Plattenepithelkarzinom ohne nähere Spezifizierung.

(Ausgewähltes Zusatzresultat ohne Demonstration der laufenden Befunde.)

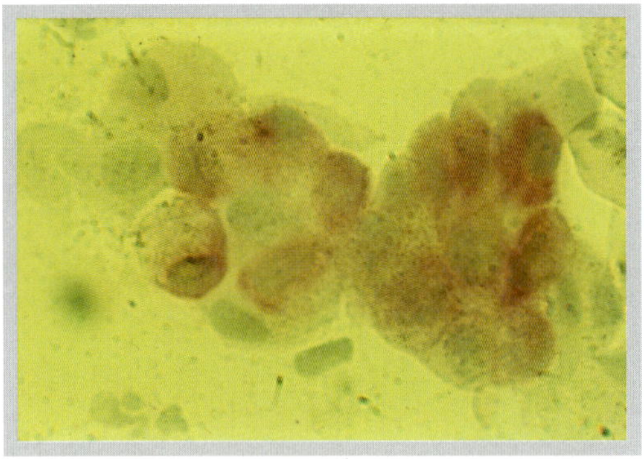

Enzymzytochemie: *unspezifische Esterase* – Vergr.: 280 x
Zytol. Portiobereich. Zellart nicht sicher spezifizierbar. Aufgedunsenes Zytoplasma. Zellkerne wabig aufgelockert. Verwaschene Kernmembran. Konfluierende Zellgrenzen. Im Plasma rotbraune Granula als Ausdruck mittelstarker Enzymaktivität (Pap. Gr. III), z. Z. dieser Zytol.: Zustand *nach Strahlentherapie* vor 6 Mon.: Betatron ultraharte Röntgenstrahlen 43 MV, GD 30 Gy HD Split course technique 21 Tage Pause. Fortsetzung unter den gleichen Bedingungen mit 3-Felder-Methode von ventral, links und rechts lateral GD 72 Gy HD, Split course technique 4 Wochen Pause.

Gruppe B, Fall-Nr. BY

Klinische Daten: Alter: 56 J., Primärtumor: Carcinoma cervicis uteri ($T_3N_1M_0$). Histol. Diagnose: gering verhornendes Plattenepithelkarzinom.

(Ausgewähltes Zusatzresultat ohne Demonstration der laufenden Befunde.)

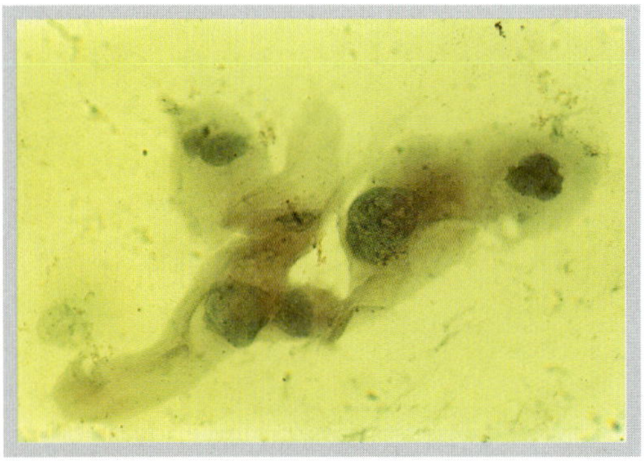

Enzymzytochemie: *saure Phosphatase* – Vergr.: 157 x
Zytol. Vaginalwand. Atypische Zellen mit stark vergrößerten, netzartig veränderten Kernen. Wolkig konfluierende Zytoplasmagrenzen. Partiell bräunliche feingranuläre Einlagerungen im Zytoplasma als Wertung einer mittelgradigen Enzymaktivität (bei Pap. Gr. IV), z. Z. dieser Zytol.: Zustand *während Strahlentherapie*. Biaxiale Telekobaltpendelbestrahlung kleines Becken Pendelwinkel $2 \times 160°$, ED 2 Gy. Bis zum Zeitpunkt der Entnahme GD 42 Gy HD – Ziel: GD 80 Gy HD, Split course technique 4 Wochen Pause.

Gruppe B

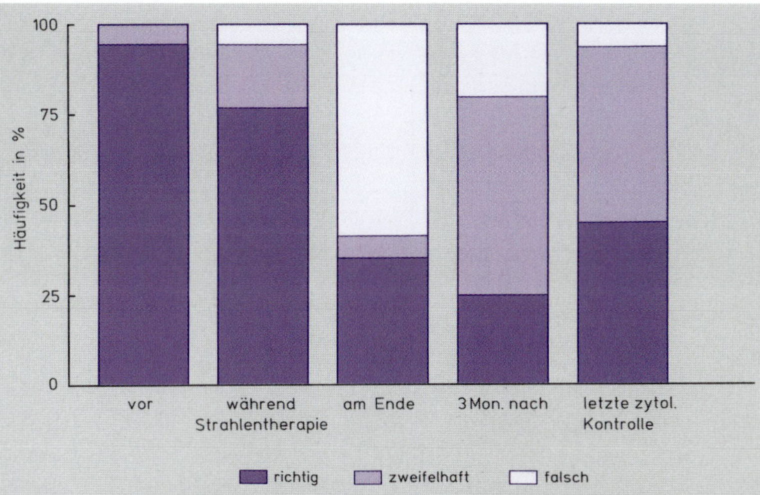

Zytologische Diagnosen *(Portio)* der Gruppe B
in bezug auf den jeweils aktuellen gynäkologischen Befund

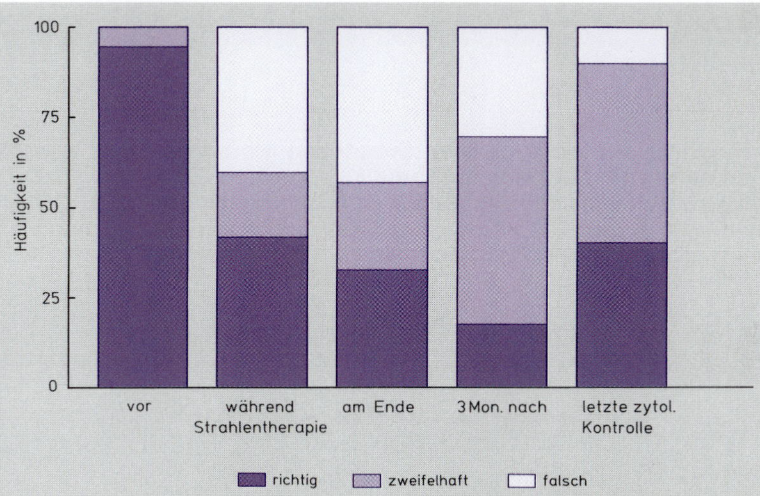

Zytologische Diagnosen *(Portio)* der Gruppe B
in bezug auf den Krankheitsverlauf

Abb. 10.VI und 10.VII Auch für die Gruppe B wurden zytologische Diagnosen bezüglich ihrer Richtigkeit aus Abstrichen von der Portio zum jeweils aktuellen gynäkologischen Befund (Abb. 10.VI) und in bezug auf den Krankheitsverlauf (Abb. 10.VII) zu den einzelnen Kontrollzeitpunkten dargestellt.
Von jeweils über 90 % der richtigen zytologischen Diagnosen vor der Therapie geht dieser Anteil 3 Monate nach Bestrahlungsende auf unter 30 % zurück. Auffällig hoch ist der Anteil der falschen Resultate unmittelbar am Ende der Bestrahlung mit nahezu der Hälfte. Die Anzahl der zweifelhaften zytologischen Befunde ist 3 Monate nach Bestrahlungsende besonders hoch. Die im Verlauf dargestellten Ergebnisse sind signifikant unterschiedlich.
Auf die weitere Darstellung von Resultaten aus Paralleluntersuchungen von Abstrichen der Vaginalwand wurde verzichtet, weil die Ergebnisse denen der Reihe A entsprechen.

Gruppe A und B

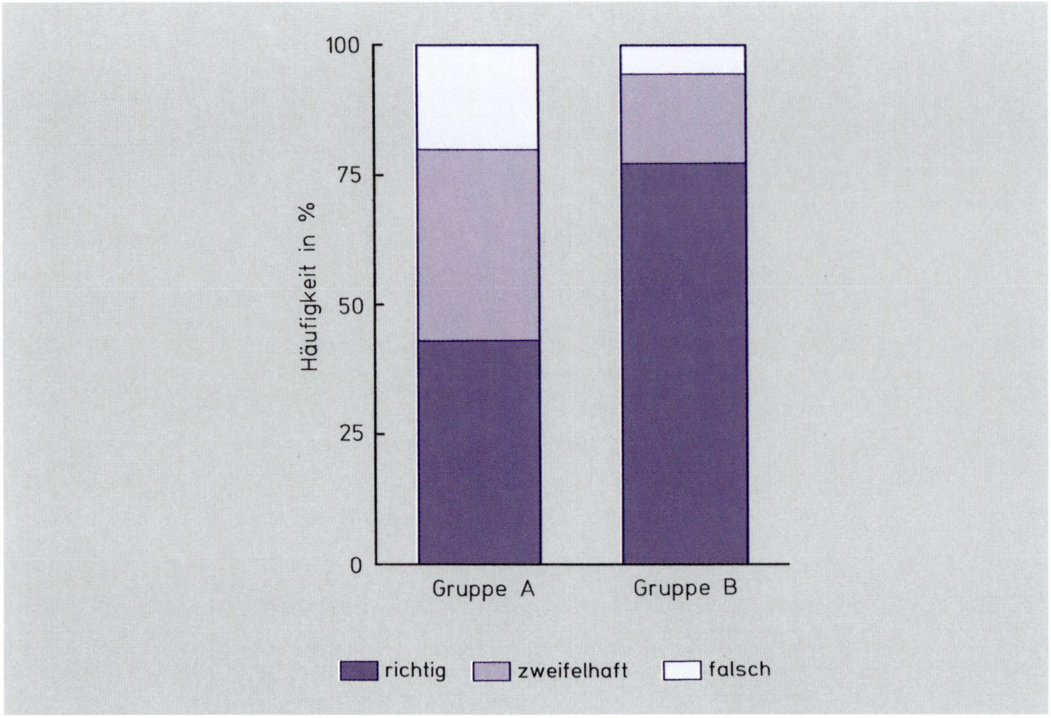

Abb. 10.VIII Vergleich der zytologischen Diagnosen (Portio) **während der Strahlentherapie in bezug auf den gynäkologischen Befund** (Gruppe A zu Gruppe B). Vergleich der zytologischen Diagnosen von Portioabstrichen zwischen Gruppe A und Gruppe B *während* der Strahlentherapie, gemessen am jeweils aktuellen gynäkologischen Befund. In der Gruppe B gibt es signifikant mehr richtige zytologische Ergebnisse als in der Gruppe A.

Gruppe A und B

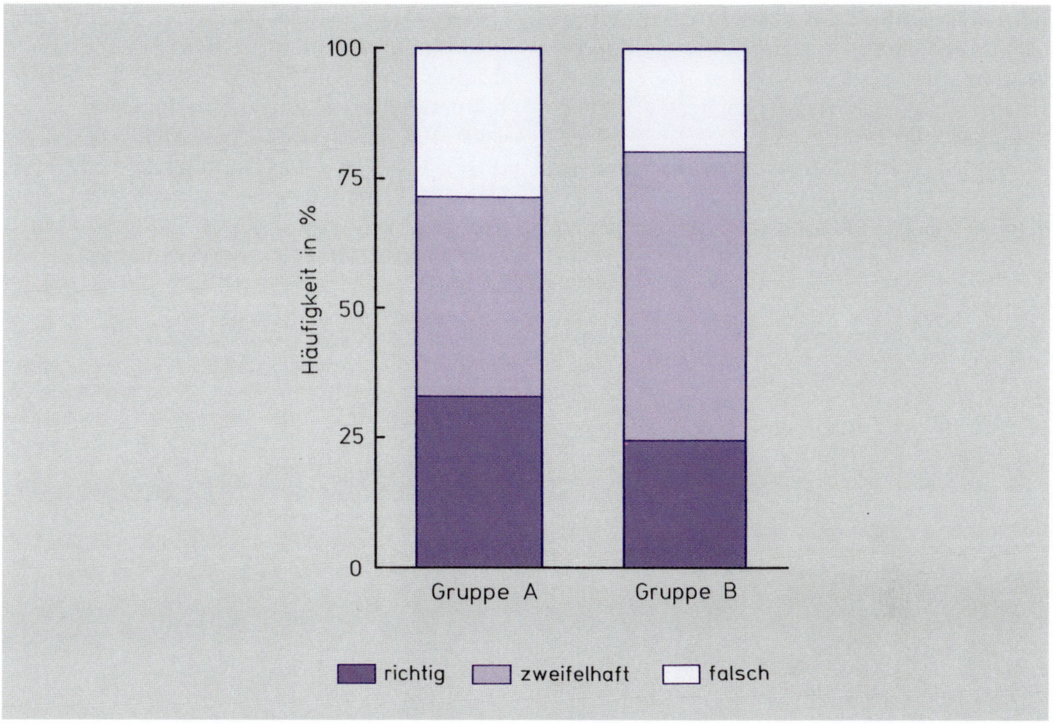

Abb. 10.IX Vergleich der zytologischen Diagnosen (Portio) **während der Strahlentherapie in bezug auf den gynäkologischen Befund** (Gruppe A zu Gruppe B). Zytologische Diagnosen von Portioabstrichen der Gruppen A und B – 3 Monate nach Abschluß der Strahlentherapie – werden gegenübergestellt. Es gibt hierbei keine signifikanten Unterschiede. Allerdings ist der Anteil der zweifelhaften Resultate in der Gruppe B besonders hoch.

Gruppe C, Fall-Nr. 1

Klinische Daten: Alter: 68 J., Primärtumor: Carcinoma cervicis uteri (Tumorstadium unbekannt).
Histol. Diagnose: undifferenziertes Plattenepithelkarzinom.
Therapie: Hysterektomia vaginalis ohne Adnexe.
4 Jahre später 1. Tumorrezidiv: Therapie außerhalb: ^{137}Cs-Einlage-Stift-Platte-Kombination, Röntgentiefentherapie: Kreuzfeuerbestrahlung – 4 Felder je 3000 ROD pro Feld.
2 Jahre danach 2. Rezidiv: Biaxiale Telekobaltpendelbestrahlung, Pendelwinkel 2 × 160°, ED 1,6 Gy, GD 24 Gy HD. (100%-Isodose). 10 × ^{60}Co-Vaginalmoulagen ED 4 Gy, GD 40 Gy Punkt A.
Weitere 10 Monate danach 3. Rezidiv, deshalb intraarterielle Zytostatikatherapie.

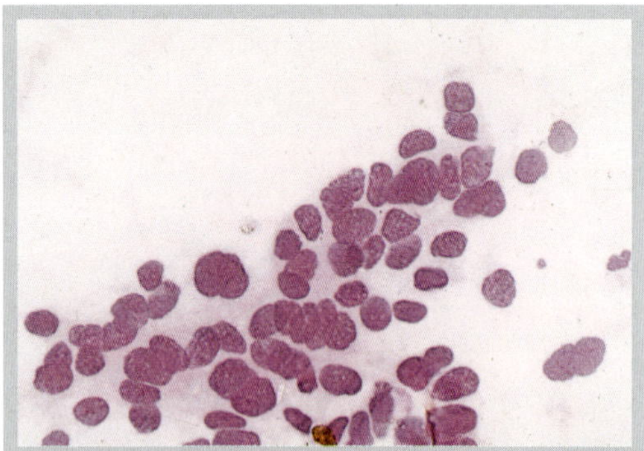

Abb. 10.C 1 Färb.: Pap.; Vergr.: 160 x
Zytol. Portiobereich. Zahlreiche hochgradig atypische Zellkerne mit verminderter Färbungsintensität und ausgeprägter Granulierung (Pap. Gr. V), z. Z. der Zytol.: Zustand nach Strahlentherapie vor 10 Mon., z. Z. i. a. Chemotherapie mit 5 × 20 mg Bleomycin.

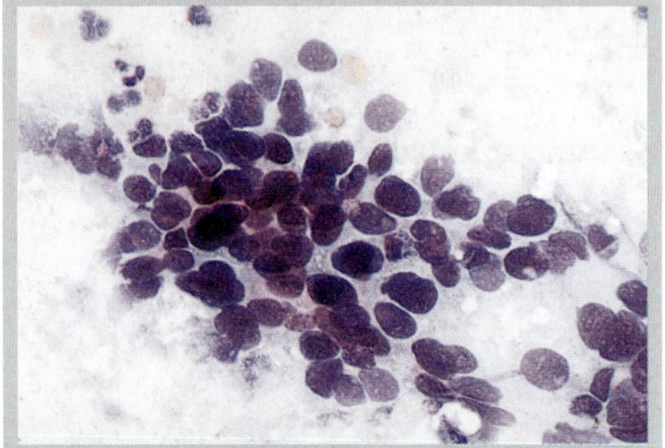

Abb. 10.C 1 a Färb.: Pap.; Vergr.: 160 x
Zytol. Vaginalwand. Tumorzellanhäufung. Intensive Anfärbbarkeit. Deutliche Granulierung. einzelne Vakuolen (Pap. Gr. V), z. Z. der Zytol.: 12 Mon. nach Strahlentherapie und 2 Mon. nach i. a. Chemotherapie (5 × 20 mg Bleomycin).

Gruppe C, Fall-Nr. 2

Klinische Daten: Alter: 46 J., Primärtumor: Carcinoma cervicis uteri (TNM unbekannt). Histol. Diagnose: mäßig bis undifferenziertes Plattenepithelkarzinom.
Therapie: Hysterektomia abdominalis mit Adnexen.
Nachbestrahlung: Röntgentiefentherapie außerhalb: 4-Felder-Methode je 3200 R GOD + Kontakttherapie mit Radium.
2 Jahre danach: Tumorrezidiv, deshalb i. a. Chemotherapie und zusätzliche Kontakttherapie vorgesehen.

Abb. 10.C 2 Färb.: Pap.; Vergr. 100 x
Zytol. Portiobereich. Zellatypien. Vermehrte Nukleoli. Vakuolen im Zytoplasma (Pap. Gr. IV), z. Z. der Zytol.: Zustand nach Strahlentherapie vor 2 J. Tumorrezidiv – jetzt *vor* i. a. Chemotherapie.

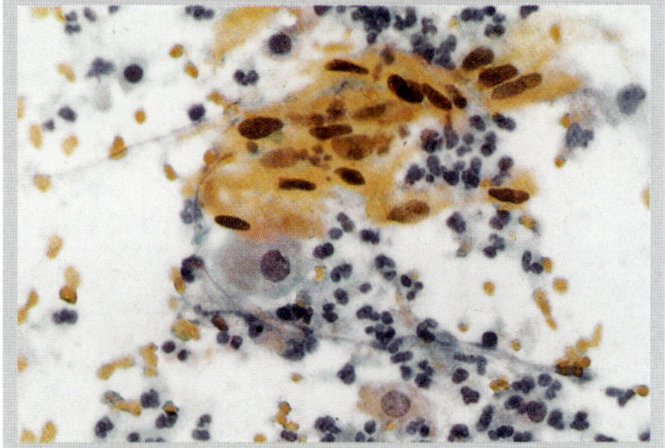

Abb. 10.C 2 a Färb.: Pap.; Vergr.: 160 x
Zytol. Portiobereich. Eindeutige Tumorzellen mit Kernpolymorphie und Hyperchromatose. Noch keine Therapieauswirkung erkennbar (Pap. Gr. V), z. Z. der Zytol.: 2 J. 1 Mon. nach Strahlentherapie und nach 1. Zyklus i. a. Chemotherapie 5 × 20 mg Bleomycin: GD 100mg.

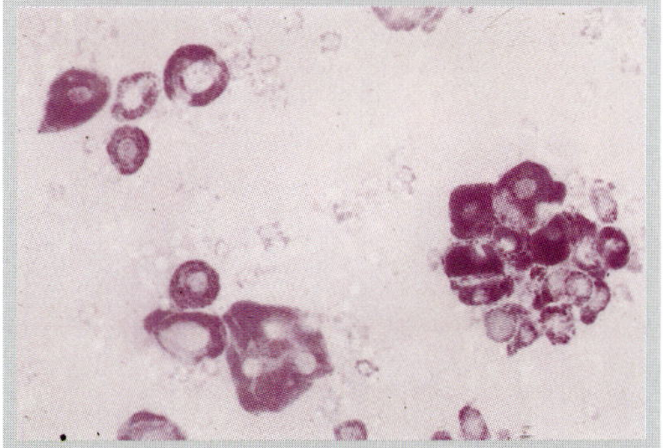

Abb. 10.C 2 b Färb.: PAS-Reaktion; Vergr.: 100 x
Zytol. Vaginalwand. Fortgeschrittene Zytolyse. Im PAS-positiven Zytoplasma kugelartige leere Felder der einstigen Zellkerne (gleicher Zustand wie bei Abb. 10.C 2 a).

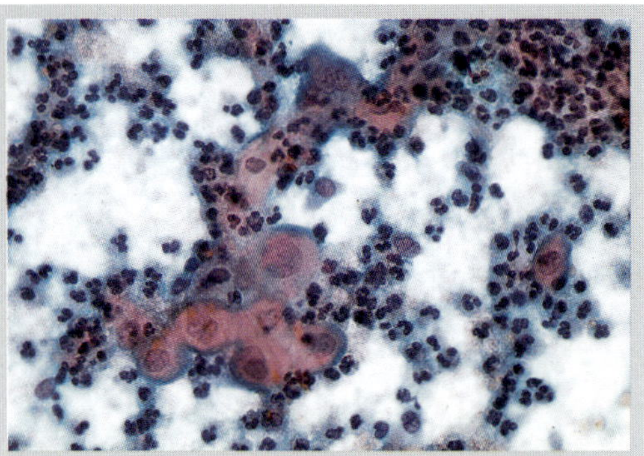

Abb. 10.C 2 c Färb.: Pap.; Vergr.: 132 x
Zytol. Portiobereich. Zwischen zahlreichen Leukozyten kleine Gruppen von untereinander kohärenten, stark atypischen Zellen. Kernschwellung, betonte Chromatinstruktur. Verwaschene Zellgrenzen (Pap. Gr. V), z. Z. der Zytol.: 2 J. und 4 Mon. nach Bestrahlung und am Ende der 2. Zyklus i. a. Chemotherapie 5 × 20 mg Bleomycin (bisherige GD 200 mg).

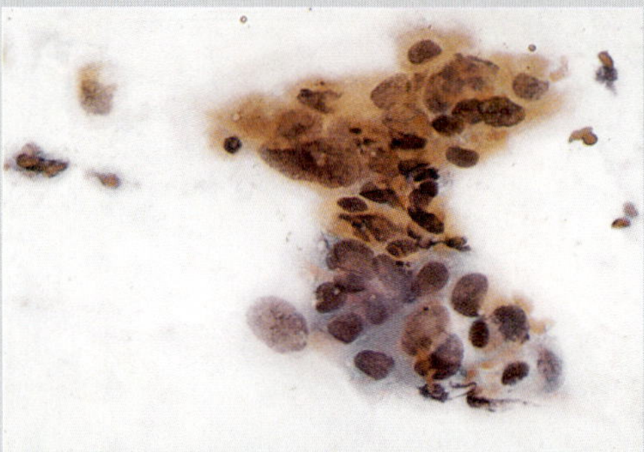

Abb. 10.C 2 d Färb.: Pap.; Vergr.: 132 x
Zytol. Portiobereich. Hochgradige Zellpolymorphie, monströse Kernschwellung, stark vergröbertes Chromatingerüst, Kernvakuolen (Pap. Gr. V), z. Z. der Zytol.: 2 J. und 6 Mon. nach Bestrahlung – Ende der 3. i. a. Chemotherapie 5 × 20 mg Bleomycin (GD 300 mg).

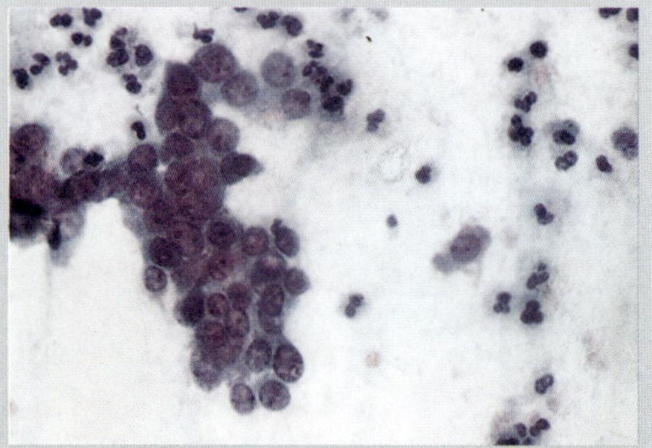

Abb. 10.C 2 e Färb.: Pap.; Vergr.: 160 x
Zytol. Vaginalwand. Gruppe stärker abnormer Zellen mit Vergrößerung der Nukleoli. Betonte starre Zellkernmembranen (Pap. Gr. V), z. Z. der Zytol.: 2 J. 9 Mon. nach primärer Bestrahlung und Tumorchemotherapie bis vor 6 Mon. – jetzt erneute Strahlentherapie: Kontakttherapie: ^{60}Co-Volumenspickung 10 große Nadeln bis 20 Gy GOD.

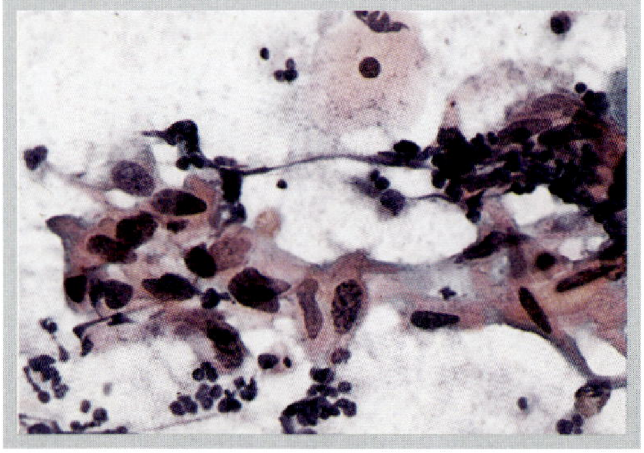

Abb. 10.C 2 f Färb.: Pap.; Vergr.: 200 x
Zytol. Portiobereich. Tumorzellen mit ausgeprägter Kernpolymorphie und Hyperchromatose. Grobgranulierte Kernstruktur (Pap. Gr. V), z. Z. der Zytol.: 2 J. 11 Mon. nach erster Bestrahlung, Tumorchemotherapie vor 8 Mon., Kontakttherapie: erneut 2. Serie ^{60}Co-Volumenspickung – 12 große Nadeln bis 15 Gy GOD.

Abb. 10.C 2 g Färb.: PAS-Reaktion; Vergr.: 132 x
Zytol. Portiobereich. Zytolyse und Detritus. Dazwischen hochgradig atypische Zellkerne mit Polymorphie, wabiger Auflockerung und vermehrt Kernvakuolen. Schieferblaue Kernfarbe (Pap. Gr. V), (gleicher Zustand wie bei Abb. 10.C 2 f).

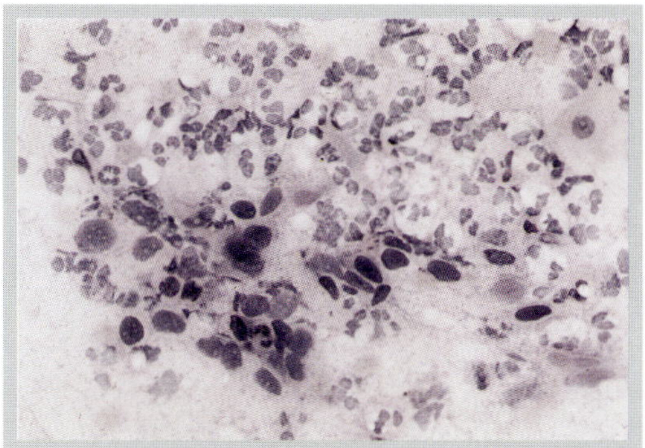

Abb. 10.C 2 h Färb.: Pap.; Vergr.: 200 x
Zytol. Portiobereich. Vermehrt Zytolyse. Zellkernpolymorphie und Vakuolisierung bei monströser Kernschwellung (Pap. Gr. V), z. Z. der Zytol.: 3 J. nach Bestrahlung des Primärtumors, 2 Mon. 8 Tage nach Kontakttherapie und 6 Mon. nach letzter Tumorchemotherapie des Rezidivs.

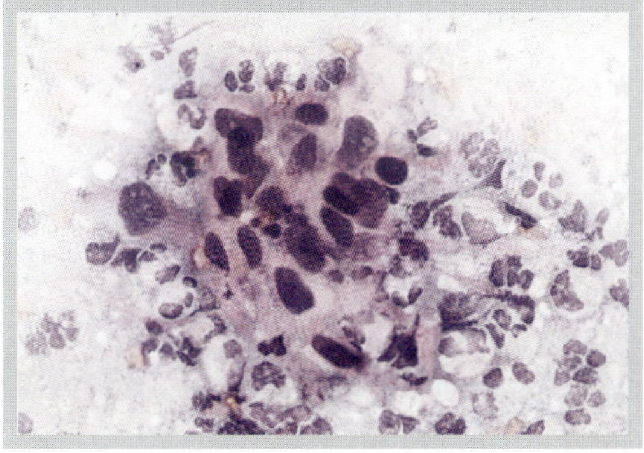

Gruppe C, Fall-Nr. 3

Klinische Daten: Alter: 36 J., Primärtumor: Carcinoma cervicis uteri ($T_3N_0M_0$).
Histol. Diagnose: Plattenepithelkarzinom ohne nähere Spezifizierung.
Therapie: alleinige Strahlentherapie.
Betatron ultraharte Röntgenstrahlen 43 MV, Stehfeldbestrahlung, GD 3 Gy, GD = 39 Gy HD. Fortsetzung mit biaxialer Telekobaltpendelbestrahlung kleines Becken Pendelwinkel 2 × 180° ED 2 Gy, GD = 30 Gy HD (100%-Isodose).
2 Monate nach Abschluß der Strahlentherapie: noch nachweisbarer zentraler Tumor, deshalb Zytostatikatherapie vorgesehen.

Abb. 10.C 3 Färb.: Pap.; Vergr.: 66 x
Zytol. Vaginalwand. Reichlich Leukozyten, z. T. beginnende Zytolyse. Kernschwellung mäßig abnormer Zellen (Pap. Gr. III ⚡ D), z. Z. der Zytol.: 2 Mon. nach Strahlentherapie des Primärtumors – Klin.: jetzt Rezidiv.

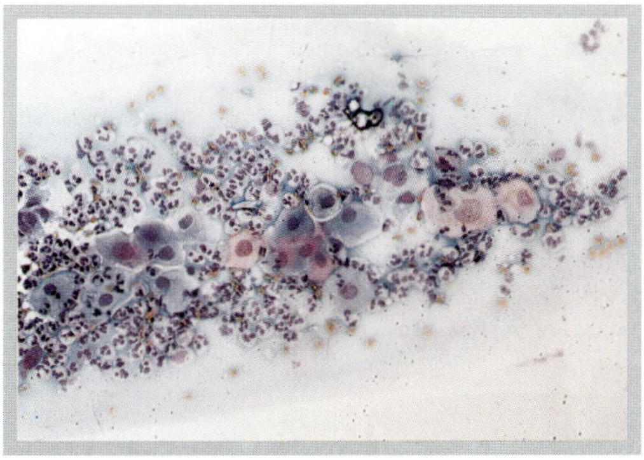

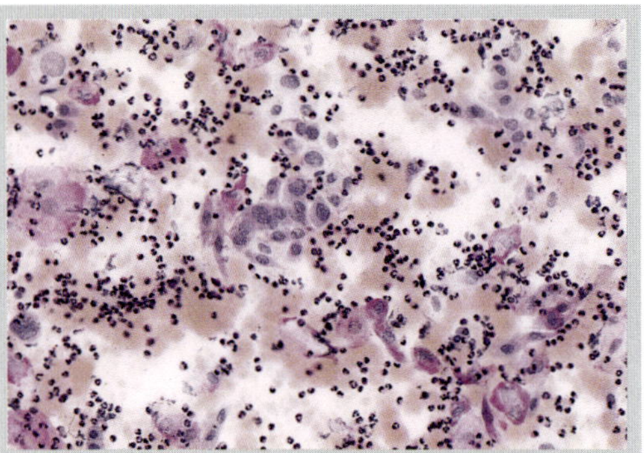

Abb. 10.C 3 a (gleiches Präparat wie 10.C 3) Färb.: PAS-Reaktion; Vergr.: 100 x (Präzisierung der Diagnostik analog zur Pap.-Färb.) Reichlich Leukozyten. PAS-positive Substanzen im Zytoplasma mehrerer Epithelien. Atypische Zellkerne mit wabenförmiger Kernstruktur und schieferblauer Farbe (Pap. Gr. IV), (Zustand wie bei Abb. 10.C 3).

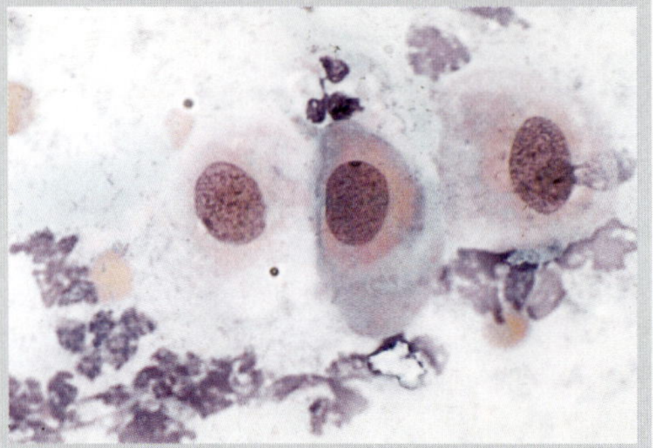

Abb. 10.C 3 b Färb.: Pap.; Vergr.: 330 x
Zytol. Portiobereich. Drei atypische Zellen mit Kernschwellung und granulierter Kernsubstanz (sog. Pfeffer- und Salz-Chromatin), BARR-Körperchen an der Kernmembran (Pap. Gr. IV), z. Z. der Zytol.: 3½ Mon. nach Strahlentherapie, z. Z. i. a. Chemotherapie mit 5 × 20 mg Bleomycin und Cyclophosphamid per os 100 mg tgl. d 1–5, geplant 5 Wochen.

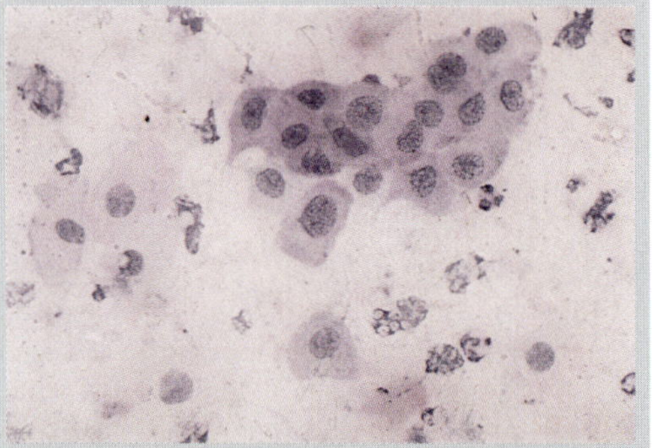

Abb. 10.C 3 c Färb.: PAS-Reaktion; Vergr.: 100 x
Häutchenförmiger Komplex aus atypischen Zellen mit deutlicher Granulierung und schieferblauer Farbe der Zellkerne (Zustand wie bei Abb. 10.C 3 b).

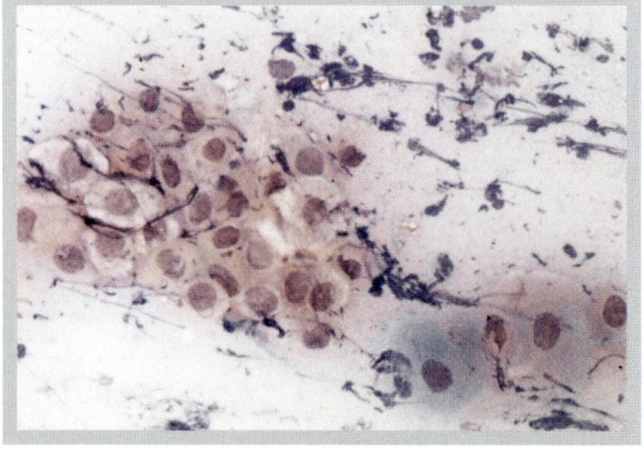

Abb. 10.C 3 d Färb.: Pap.; Vergr.: 132 x
Zytol. Vaginalwand. Atypische Zellen mit Kernschwellung, geringe Polymorphie, sog. Leukozytenfäden. Partielle Zytolyse (Pap. Gr. IV), z. Z. der Zytol.: 5½ Mon. nach Strahlentherapie und nach 4 Zyklen Polychemotherapie – jeweils Bleomycin 15 mg, Methotrexat 2,5 mg i. v., Cyclophosphamid 100 mg per os tgl. d 1–5, geplant 5 Wochen.

Abb. 10.C 3 e Färb.: Pap.; Vergr.: 80 x
Zytol. Portiobereich. Zelldetritus. Gruppe aus stark atypischen Zellen mit Kernpolymorphie und Hyperchromatose bei Kerndeformationen (Pap. Gr. IV), z. Z. der Zytol.: 5½ Mon. nach Bestrahlung und nach 4 Zyklen Polychemotherapie.

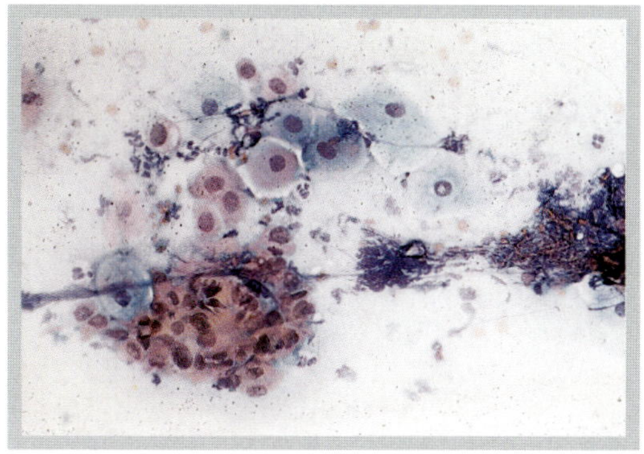

Gruppe C, Fall-Nr. 4

Klinische Daten: Alter: 67 J.,
Primärtumor: Carcinoma cervicis uteri/vaginae ($T_1N_0M_0$).
Histol. Diagnose: reifes bis mittelreifes Plattenepithelkarzinom. Klin. Tumorrezidiv.
Therapie: Biaxiale Telekobaltpendelbestrahlung ED 2 Gy, GD 40 Gy HD (80%-Isodose) 10 × ^{60}Co-Vaginal-Moulagen ED 4 Gy bis 40 Gy am Punkt A, anschließend ^{60}Co-Stehfeldbestrahlung der Parametrien, Unterbauch- und Gesäßfeld ED 1/1 Gy bis GD 28 Gy HD.
Wegen Resttumor Betatronbestrahlung mit schnellen Elektronen 16 MeV, ED 1,6 Gy GD 12,8 Gy.
1 Jahr danach erneutes Rezidiv, deshalb lokale und i. a. Chemotherapie.

Abb. 10.C 4 Färb.: Pap.; Vergr.: 100 x
Zytol. Portiobereich. Atypische Epithelien mit schwammartig aufgelockerten Kernen. Betonte Granulierung, vereinzelt beginnende Zytolyse des Zytoplasmas (Pap. Gr. V), z. Z. der Zytol.: 1 J. nach Bestrahlung des Primärtumors – zweites Rezidiv in der Vagina: Applikation von 6 Zyklen lokaler Chemotherapie mit Bleomycin (pro Zyklus 75 mg).

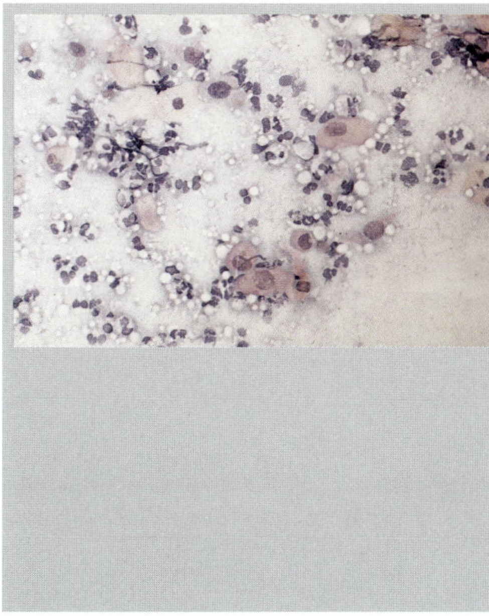

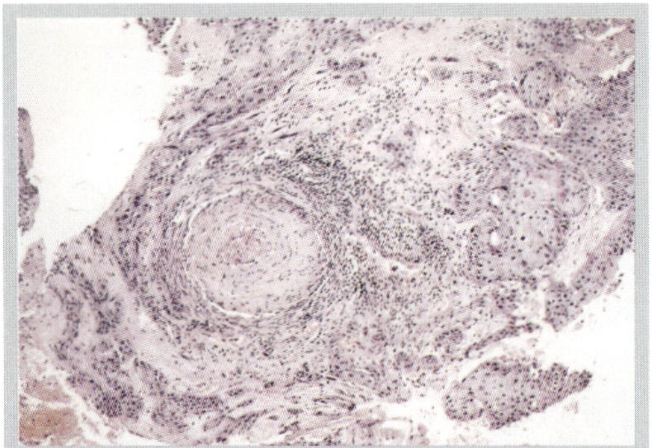

Abb. 10.C 4 a Färb.: HE; Vergr.: 25 x
Probeexzision aus hinterem Scheidengewölbe. *Histol.* Diagnose: Plattenepithelkarzinom mittleren Reifegrades mit Fibrosierung und Gefäßwandverdickung, z. Z. der *Histol.*: Zustand nach Strahlentherapie vor 1 J. 2 Mon. und nach 6 Zyklen *lokaler* Chemotherapie mit Bleomycin (s. auch Abb. 10.C 4).

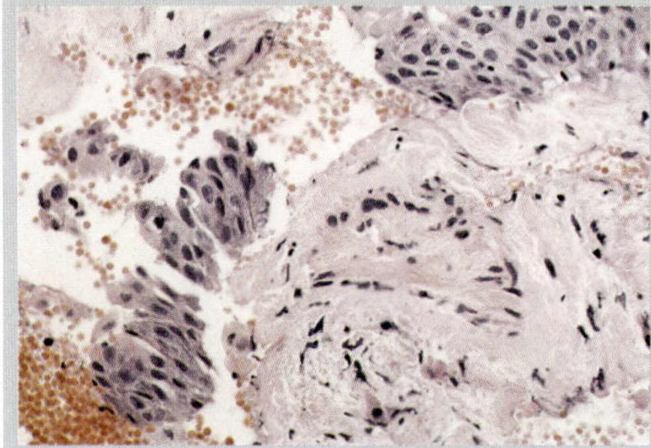

Abb. 10.C 4 b Färb.: Trichrom Vergr.: 100 x
Probeexzision aus Bereich der vaginalen Abschlußnarbe. *Histol.* Diagnose: Plattenepithelkarzinom mit interstitieller Fibrose, z. Z. der *Histol.*: Zustand wie bei Abb. 10.C 4 a.

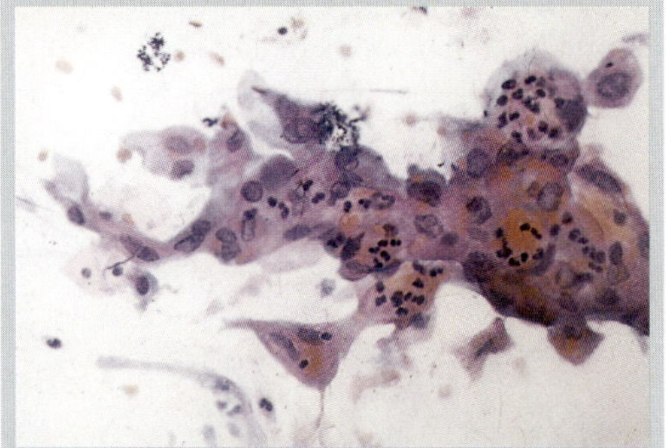

Abb. 10.C 4 c Färb.: Pap.; Vergr.: 100 x
Zytol. Vaginalregion. Häutchenförmiger Komplex aus atypischen Zellen mit mäßiger Kernpolymorphie und Kernschwellung bei Strukturvergröberung des Kerngerüstes. Einzelne Zytoplasmaausläufer (Pap. Gr. IV), z. Z. der Zytol.: nach Bestrahlung vor 1 J. 7 Mon. und nach 6 Zyklen lokaler Bleomycintherapie sowie nach 2 anschließenden Zyklen i. a. Chemotherapie mit Methotrexat (pro Zyklus 50 mg) und 5-Fluorouracil (pro Zyklus 750 mg).

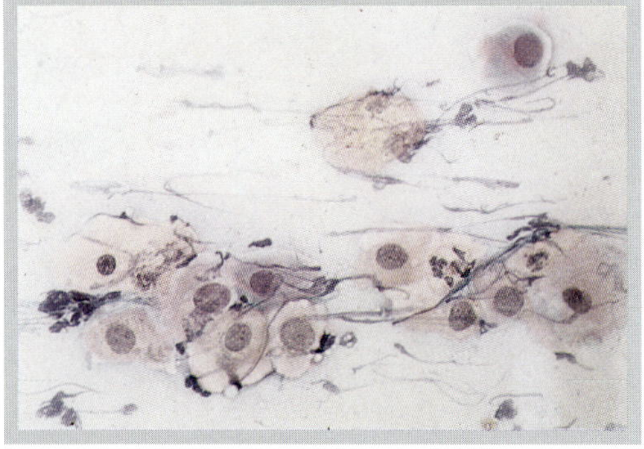

Abb. 10.C 4 d Färb.: Pap.; Vergr.: 132 x
Zytol. vaginale Abschlußnarbe. Atypische Zellen mit noch erhaltenem Zytoplasma, verwaschenen Zellmembranen bei Kernschwellung und Granulierung (Pap. Gr. IV), z. Z. der Zytol.: nach Strahlentherapie vor 1 J. 9 Mon. und 6 Zyklen lokaler Chemotherapie (Bleomycin) sowie 4 Zyklen i. a. Chemotherapie (MTX und 5-Fluorouracil).

Abb. 10.C 4 e Färb.: Pap.; Vergr.: 132 x
Zytol. hintere Vagina. Noch relativ vital aussehende, etwas geschädigte Epithelien mit vergrößerten Nukleoli und betontem Chromatingerüst der Zellkerne (bei Pap. Gr. IV), (offenbar kein hinreichender Therapieeffekt), z. Z. der Zytol.: nach Bestrahlung vor 1 J. und 10 Mon. und Tumorchemotherapie (lokal Bleomycin) 6 Zyklen und i. a. 4 Zyklen (MTX und 5-Fluorouracil) bis vor 2½ Monaten.

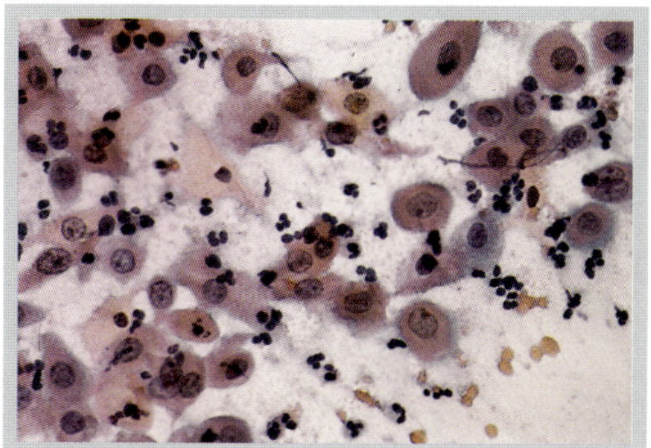

Abb. 10.C 4 f Färb.: Shorr-Pundel; Vergr.: 100 x
Zytol. Portiobereich. Atypische Zellen mit nußbrauner Farbe der aufgedunsenen Zellkerne (bei Pap. Gr. V), (Zustand wie bei Abb. 10.C 4 e).

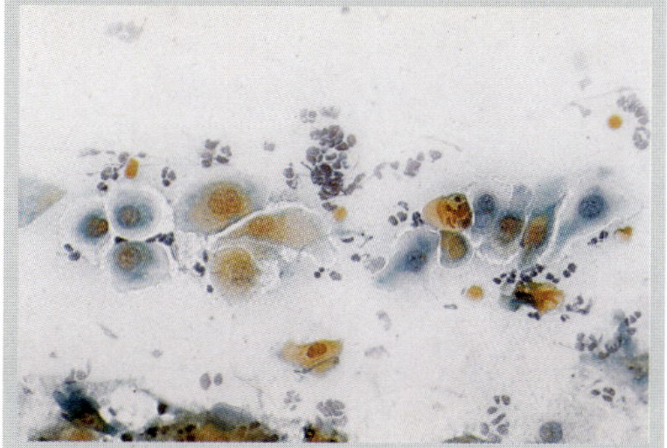

Abb. 10.C 4 g Färb.: Pap.; Vergr.: 132 x
Zytol. dorsale Vaginalwand. Abnorme Zellen mit Schwellung der Nukleoli und Kernvakuolisierung. Dazwischen stärker atypischer hyperchromatischer Zellkern und eine doppelkernige Zelle (bei Pap. Gr. V), z. Z. der Zytol.: nach Strahlentherapie vor 1 J. und 11 Mon. und 6 Zyklen lokaler Chemotherapie mittels Bleomycin sowie nach i. a. Chemotherapie, 5 Zyklen mit MTX und 5-Fluorouracil.

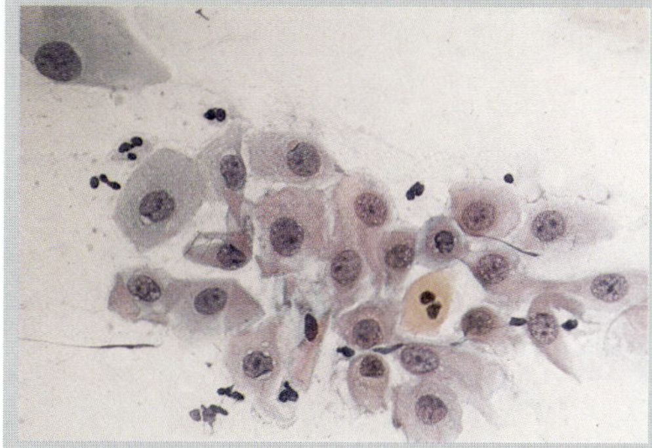

Gruppe C, Fall-Nr. 5

Klinische Daten: Alter: 68 J., Primärtumor: Carcinoma cervicis uteri ($T_{3b}N_xM_0$).
Histol. Diagnose: Plattenepithelkarzinom ohne Spezifizierung.
Therapie: alleinige Strahlentherapie: Betatron ultraharte Röntgenstrahlen 43 MV, Stehfeldbestrahlung, ED 1,6 Gy, GD 24 Gy HD. Biaxiale Telekobaltpendelbestrahlung ED 1,6 Gy bis 33,6 Gy (80%ige Isodose), Split course technique 3 Wochen Pause einschließend. 10 Monate später: Tumorrezidiv – danach Hormon- und Chemotherapie.

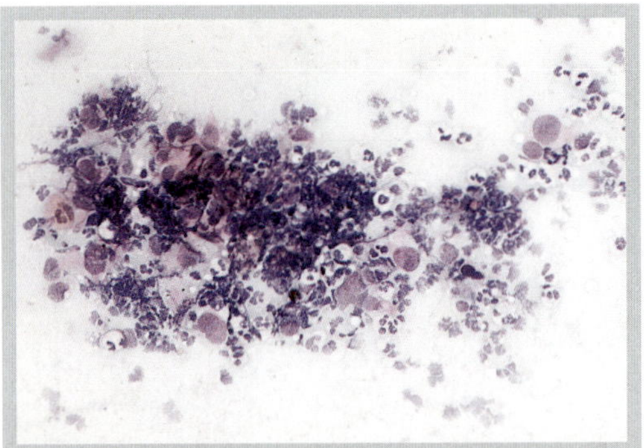

Abb. 10.C 5 Färb.: Pap.; Vergr.: 80 x
Zytol. Portiobereich. Detritus, Leukozyten, polymorphe aufgedunsene Zellkerne mit zarter Granulierung (bei Pap. Gr. V), z. Z. der Zytol.: 10 Mon. nach Bestrahlung des Primärtumors, jetzt progressives Tumorwachstum.

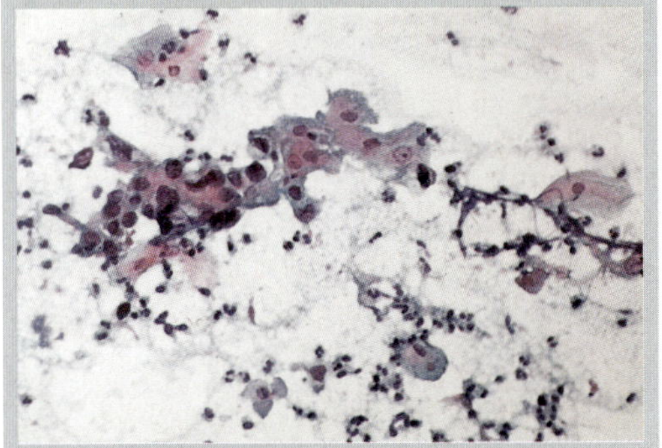

Abb. 10.C 5 a Färb.: Pap.; Vergr.: 80 x
Zytol. Portiobereich. Verwaschene Zellgrenzen, Zytoplasma wabenförmig verändert. Einige Kerne polymorph und hyperchromatisch (Pap. Gr. V), z. Z. der Zytol.: Zustand nach Strahlentherapie vor 10½ Mon., jetzt nach Progesteron-Medikation. ED 2 × 500 mg/Woche. Gesamtdosis 87 g.

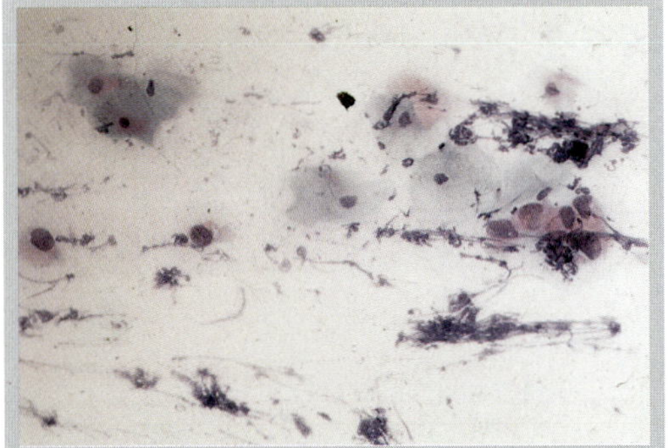

Abb. 10.C 5 b Färb.: Pap.; Vergr.: 66 x
Zytol. Portiobereich. Monströse Zellkerne mit betonten Nukleoli und Granulierung. Einzelne Vakuolen im Zellkern sowie im Zytoplasma (bei Pap. Gr. IV), z. Z. der Zytol.: Zustand 11½ Mon. nach Bestrahlung und Progesterontherapie (vor i. a. Chemotherapie).

Abb. 10.C 5 c Färb.: Pap.; Vergr.: 80 x
Zytol. Portiobereich. Leukozytenkonzentrat mit atypischen Zellkernen bei Hyperchromatose. Therapiebedingte Veränderungen nicht gesichert (bei Pap. Gr. V), z. Z. der Zytol.: 13 Mon. nach Bestrahlung und jetzt nach 1. i. a. Chemotherapie mit Methotrexat 15 mg und 5-Fluorouracil 750 mg.

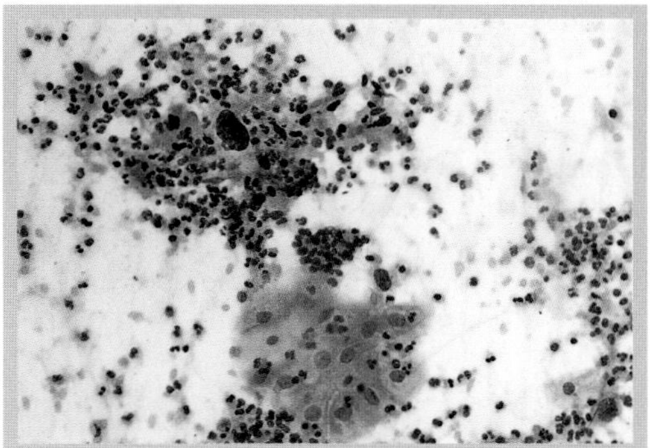

Abb. 10.C 5 d Färb.: PAS-Reaktion; Vergr.: 100 x
Zytol. Portiobereich. Massenhaft Tumorzellen mit beginnender Zytolyse und zahlreichen Kernvakuolen bei schieferblauer Farbe der Zellkerne (Pap. Gr. V). Hier erhebliche Schädigung durch die Therapie (Zustand wie bei Abb. 10.C 5 c).

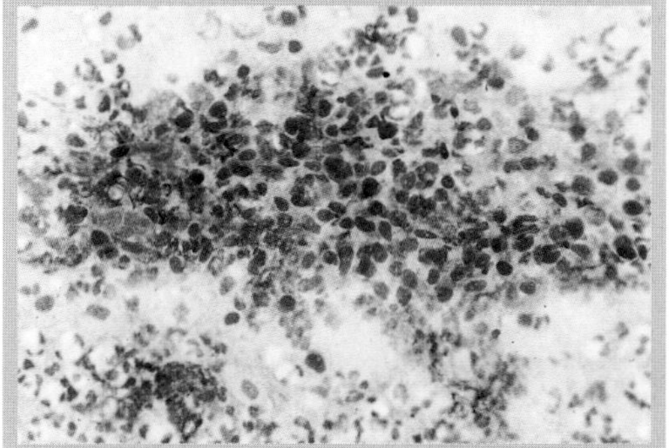

Abb. 10.C 5 e Färb.: Pap.; Vergr.: 160 x
Zytol. Portiobereich. Kleine Gruppen aus atypischen Zellen mit konfluierenden Zellmembranen. Grobkörnige, verklumpte Kernstruktur (Pap. Gr. IV), z. Z. der Zytol.: 13½ Mon. nach Abschluß der Bestrahlung, z. Z. nach 2. i. a. Chemotherapie (Methotrexat jetzt 30 mg, 5-Fluorouracil jetzt 1500 mg).

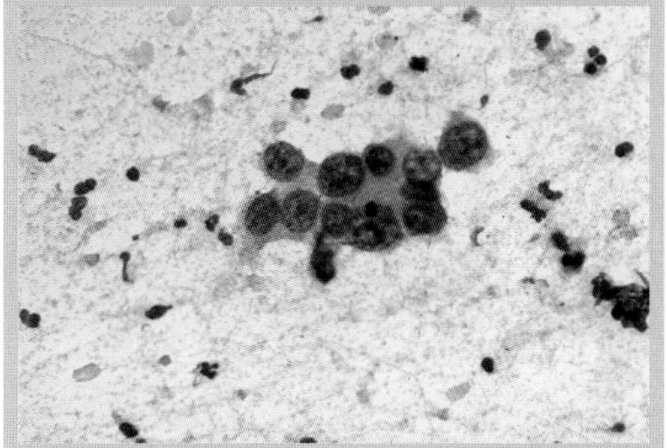

Gruppe C, Fall-Nr. 6

Klinische Daten: Alter: 50 J., Primärtumor: Carcinoma cervicis uteri ($T_{1b}N_1M_0$).
Histol. Diagnose: undifferenziertes Plattenepithelkarzinom.
Therapie: Außerhalb Abtragung eines Exophyten und Kontakttherapie bis 20 Gy GOD.
1 Monat danach: Operation nach *Wertheim*.
1 Monat später: Biaxiale Telekobaltpendelbestrahlung, Pendelwinkel $2 \times 160°$, ED 1,6 Gy, GD 32 Gy HD (80%-Isodose) und ^{60}Co-Stehfeldbestrahlung Unterbauch- und Gesäßfeld alt. ED 1,6 Gy, GD 12,8 Gy HD.
2 Jahre danach: Tumorrezidiv, anschließend Tumorchemotherapie.

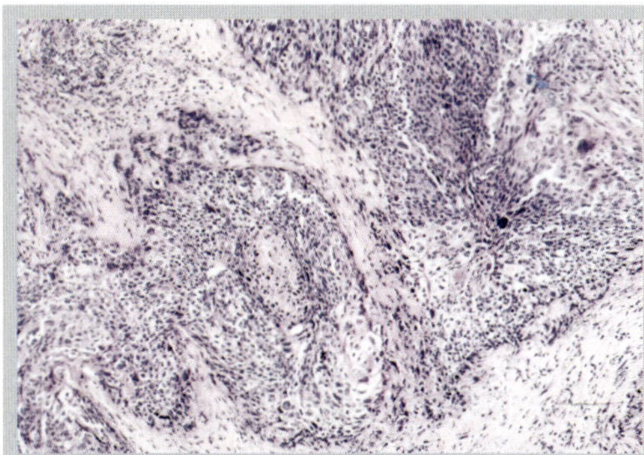

Abb. 10.C 6 Färb.: HE; Vergr.: 33 x
Probeexzision aus Portiobereich. *Histol.* Diagn.: vorwiegend anaplastisches Plattenepithelkarzinom, z. Z. der *Histol.*: Zustand nach Strahlentherapie vor 2 J. wegen Zervixkarzinom.

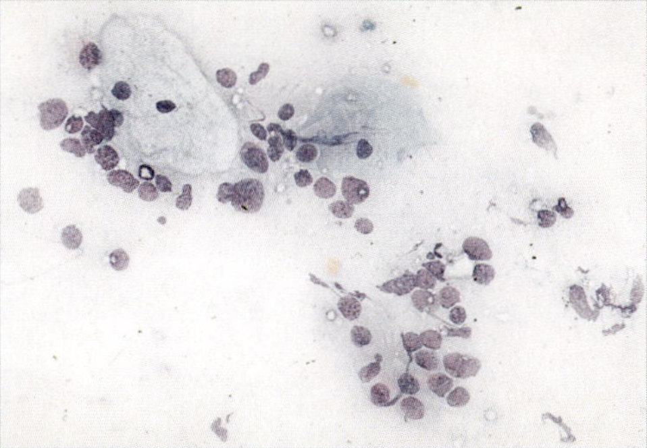

Abb. 10.C 6 a Färb.: Pap.; Vergr.: 100 x
Zytol. Portiobereich. Ungleichförmige, atypische, schwammartige Zellkerne, grobkörnige Beschaffenheit der Kerne sowie Kernvakuolen, Zytoplasmaverlust (Pap. Gr. V), z. Z. der Zytol.: 2 J. und 2 Mon. nach Bestrahlung und Zustand nach 1. Zyklus i. a. Chemotherapie (insgesamt 100 mg Bleomycin pro Zyklus).

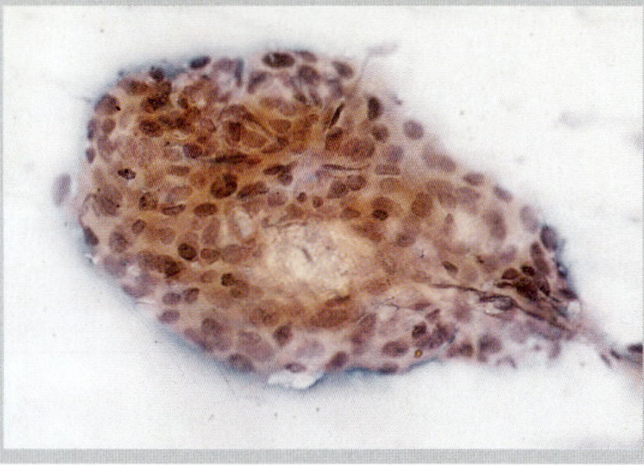

Abb. 10.C 6 b Färb.: Pap.; Vergr.: 100 x
Zytol. Portiobereich. Konglomerat aus abnormen und atypischen Zellen, z. T. in beginnender Zytolyse. Kerne polymorph, wabig aufgelockert (Pap. Gr. V), z. Z. der Zytol.: 2 J. 3 Mon. nach Bestrahlung und Zustand nach 2. Zyklus i. a. Chemotherapie (GD bisher 180 mg Bleomycin).

Abb. 10.C 6 c Färb.: Pap.; Vergr.: 100 x
Zytol. Portiobereich. Unterschiedlich große atypische Zellkerne von ausgeprägter fein- und grobkörniger Veränderung, ohne Plasma (Pap. Gr. V), z. Z. der Zytol.: 2 J. und 4 Mon. nach Bestrahlung und Zustand nach 3. Zyklus i. a. Chemotherapie (GD 305 mg Bleomycin und Fortsetzung einer Cyclophosphamid-Langzeittherapie im Abstand von jeweils 2 Wochen).

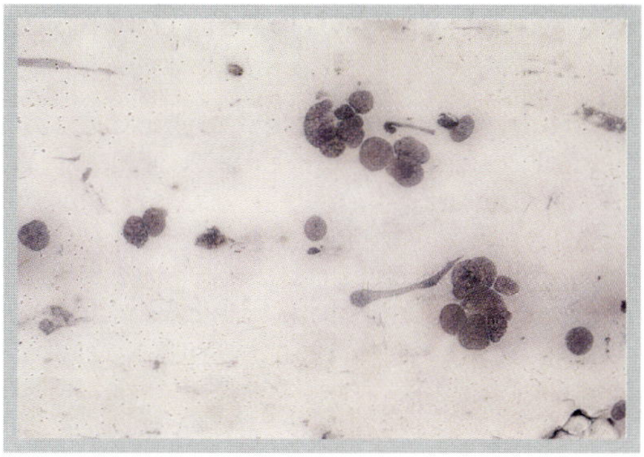

Gruppe C, Fall-Nr. CZ

Klinische Daten: Alter: 67 J., Primärtumor: Carcinoma cervicis uteri (Tumorstadium unbekannt).

(Ausgewähltes Zusatzresultat ohne Demonstration der laufenden Befunde.)

Abb. 10.C C-Z Enzymzytochemie: *Unspezifische Esterase* Vergr.: 250 x
Zytol. Vaginalwand. Grotesk veränderte Zelle mit hochgradiger Kernschwellung bei beginnender Zytolyse. Zytoplasmavorwölbungen. Im gesamten Zytoplasma rötlich-bräunliche Granula als Merkmal deutlicher Enzymaktivität (Pap. Gr. IV), z. Z. dieser Zytol.: Zustand nach Operation (*Wertheim-Meigs*), Tumorrezidiv nach einem Jahr. Deshalb biaxiale Telekobaltpendelbestrahlung, Pendelwinkel 2 × 160°, ED 2 Gy, GD 60 Gy HD (100%-Isodose), Split course technique 4 Wochen Pause, wegen Resttumor zusätzlich monaxiale Telekobaltpendelbestrahlung, Pendelwinkel 240°, ED 2 Gy bis GD 20 Gy HD (100%-Isodose). Ende der Bestrahlung vor 5 Wochen. Fortschreitendes Tumorwachstum, i. a. Chemotherapie vorgesehen.

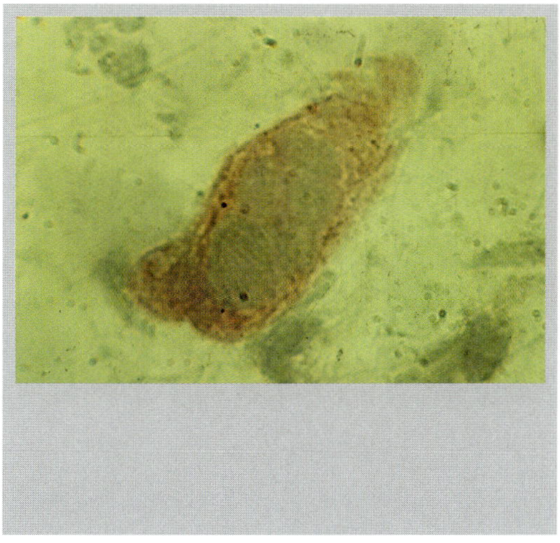

Gruppe C, Fall-Nr. S = Sonderfall der Gruppe C

Klinische Daten: Alter: 69 J., Primärtumor: Carcinoma corporis uteri ($T_{3a}N_0M_0$) – (Endometriumkarzinom).
Histol.: Diagnose: undifferenziertes Adenokarzinom.
Therapie: abdominale Hysterektomie mit beiden Adnexen.
Nachbestrahlung: Biaxiale Telekobaltpendelbestrahlung kleines Becken, Pendelwinkel 2 × 160°, ED 2 Gy, GD 48 Gy HD (100%-Isodose).
Anschließend ^{60}Co-Vaginal-Moulagen 10 × 4 Gy bis 40 Gy am Punkt A., außerdem ^{60}Co-Stehfeldbestrahlung Unterbauch- und Gesäßfeld, ED 1/1 Gy bis GD 22 Gy HD.

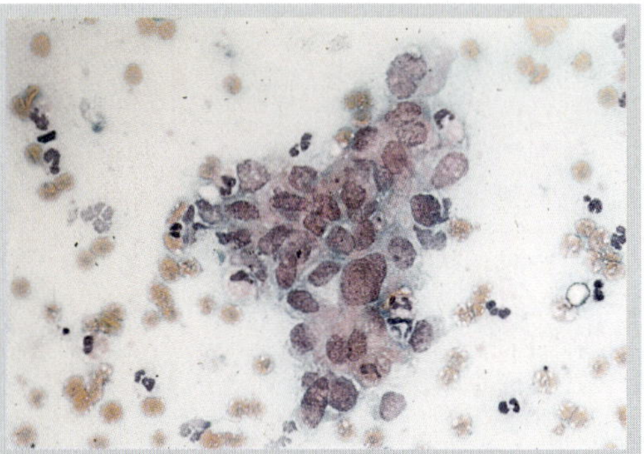

Abb. 10.C S Färb.: Pap.; Vergr.: 132 x
Zytol. Vaginalwand. Diffus verstreute Erythrozyten und einzelne Leukozyten. Konzentrat aus atypischen Zellen mit Kernpolymorphie bei schwammartiger, granulärer Struktur. Zytoplasma zerfließlich, wolkenartig konfluierend (Pap. Gr. V), z. Z. der Zytol.: Zustand nach Operation und Nachbestrahlung *vor* 2 Mon. sowie derzeitiger fortlaufender Progesteron-Applikation (2 × 500 mg pro Woche). Danach flacher Tumorrasen an der Vaginalwand, deshalb Zytostatikatherapie. 1. lokale Chemotherapie mit Bleomycin 6 × 7,5 mg (GD 45 mg)

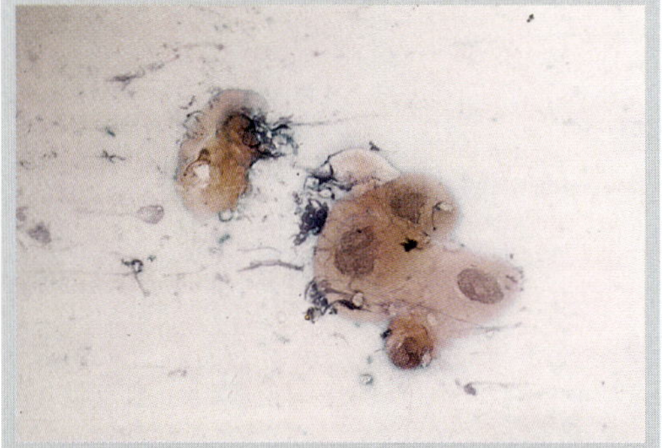

Abb. 10.C S a Färb.: Pap.; Vergr.: 100 x
Zytol. Vaginalwand. Kleine Gruppe aus atypischen Epithelien mit partiell unscharf konturierten Zellkernen. Granuläre Kernstruktur. Konfluierendes Zytoplasma mit Vakuolenbildung. Detritus (Pap. Gr. IV), z. Z. der Zytol.: Zustand nach Strahlentherapie vor 1 J., z. Z. 2. intratumorale Bleomycintherapie bis z. Z. (GD 120 mg) und Progesterondauertherapie (bisher 72 g).

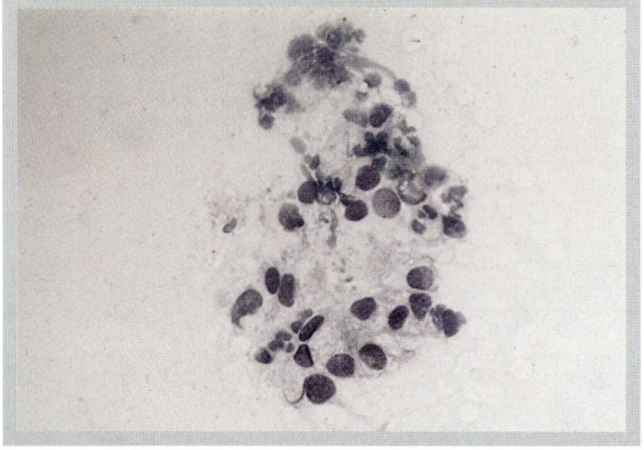

Abb. 10.C S b Färb.: Pap.; Vergr.: 132 x
Zytol. vaginale Abschlußnarbe. Detritus mit eingestreuten atypischen Zellkernen. Zytoplasma- und Kerndegeneration. Ausgeprägte Kernpolymorphie. Schwammig-körnige Struktur. Mehrfach Kernvakuolen (Pap. Gr. IV), z. Z. der Zytol.: Zustand nach Strahlentherapie vor 1 J. 3 Mon., z. Z. keine Tumorchemotherapie, aber laufende Progesterontherapie.

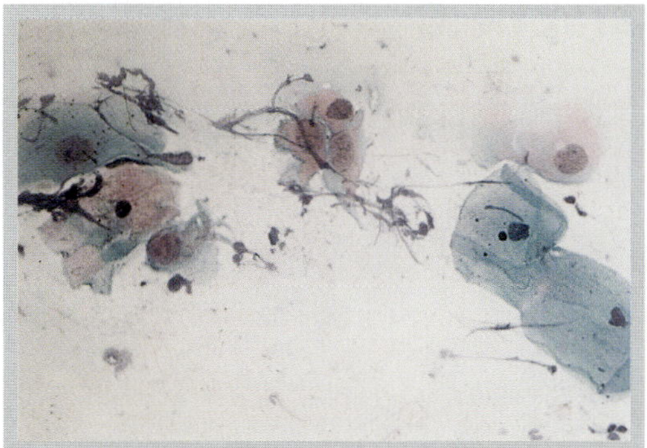

Abb. 10.C S c Färb.: Pap.; Vergr.: 132 x
Zytol. vaginale Abschlußnarbe. Fadenförmige Detrituspartikel. Einzelne ödematös veränderte Zellen der oberen Epithelschichten. Dazwischen stärker abnorme Epithelien mit Kernschwellung und granulärer Struktur. Einige Zytoplasmaausläufer (Pap. Gr. III), z. Z. der Zytol.: Zustand nach Strahlentherapie vor 1 J. 4 Mon., z. Z. erneut lokale Tumorchemotherapie (82,5 mg) und weiterhin Progesteronmedikation.

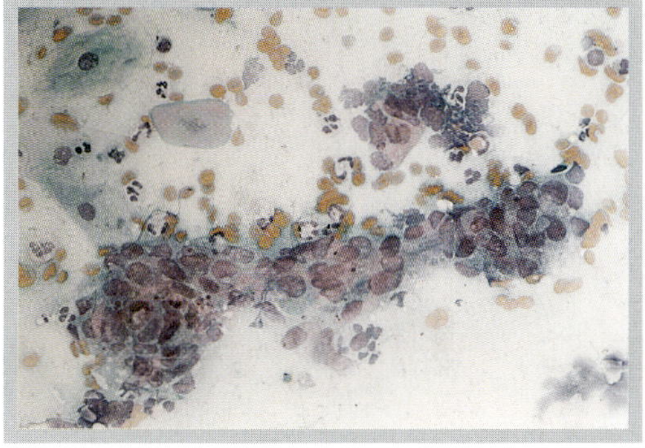

Abb. 10.C S d Färb.: Pap.; Vergr.: 132 x
Zytol. vaginale Abschlußnarbe. Konglomerat aus Detritus mit Zellverklumpung. Randständig einbezogene abnorme Epithelien mit z. T. geschwollenen, z. T. geschrumpften Kernen (Pap. Gr. IV), z. Z. der Zytol.: Zustand 1 J. 6 Mon. nach Strahlentherapie, nach Abschluß der lokalen Bleomycinapplikation (GD bisher 202,5 mg) und Progesteronapplikation.

Gruppe C

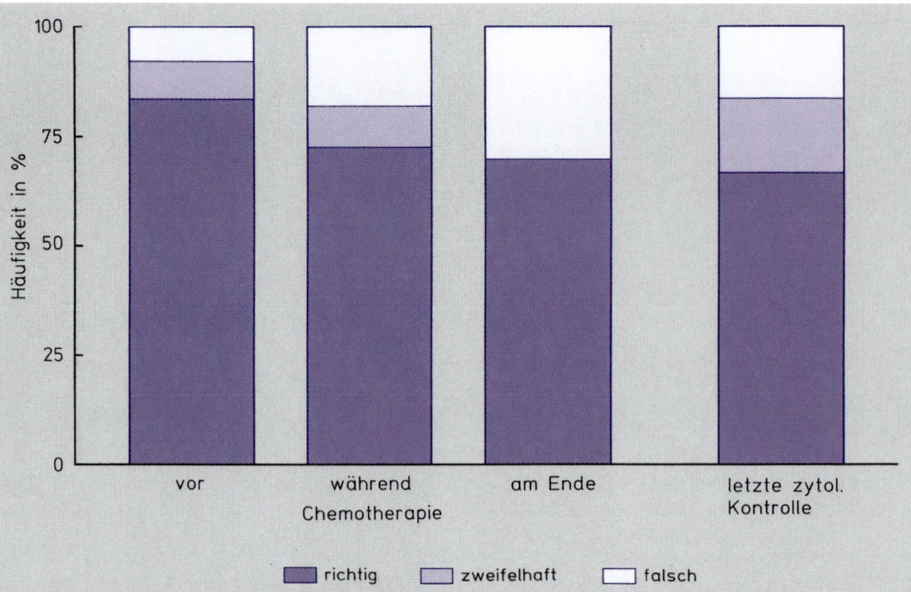

Zytologische Diagnosen *(Portiobereich)* der Gruppe C *(Tumorrezidive nach Strahlentherapie vor längerer Zeit)* in bezug auf den jeweiligen gynäkologischen Befund

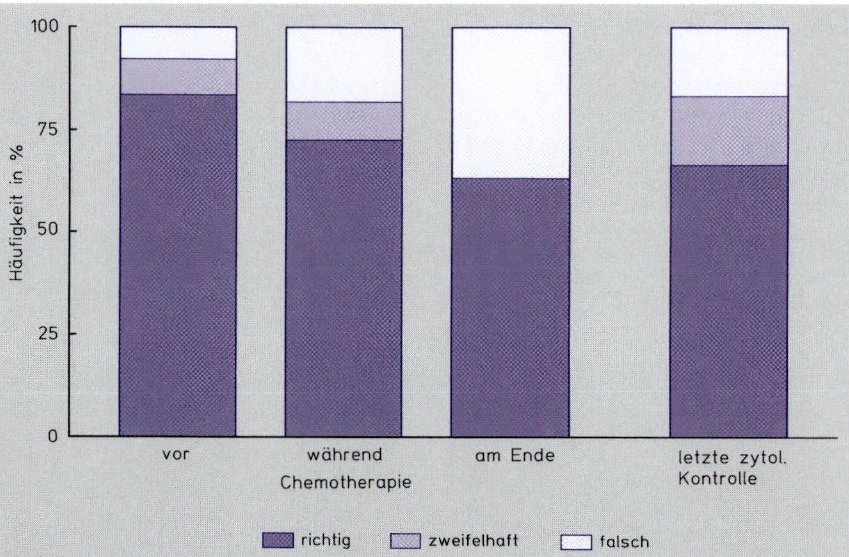

Zytologische Diagnosen *(Portiobereich)* der Gruppe C *(Tumorrezidive nach Strahlentherapie vor längerer Zeit)* in bezug auf den Krankheitsverlauf

Abb. 10.X und 10.XI Ergebnisse zytologischer Untersuchungen aus Abstrichen von der Portio – gemessen an dem jeweils aktuellen gynäkologischen Befund sowie dem Krankheitsverlauf. Auch hier gibt es zu den entsprechenden Kontrollzeitpunkten unterschiedliche zytologische Resultate. Allerdings ist diese Gruppe nicht so stark besetzt, so daß eine weitere Signifikanzprüfung nicht sinnvoll erscheint.

Zielstellung, Ergebnisse der Auswertung und praxisrelevante Schlußfolgerungen

Das Anliegen der vorliegenden Untersuchungen bestand darin, den Resultaten der Zytodiagnostik klinische Befunde als Vergleichsparameter gegenüberzustellen und diese außerdem in Beziehung zur entsprechenden Situation der Therapie (vor, während, nach) zu überprüfen.

Weil therapiebedingte Zellveränderungen in den verschiedenen Therapiephasen unterschiedlich stark ausgeprägt sind und deshalb zytologische Resultate hinsichtlich klinischer bzw. therapeutischer Konsequenzen gewisse Verunsicherungen verursachen können, wurden klinische Faktoren in Korrelation zur Zytodiagnostik gesetzt. Der jeweils aktuelle gynäkologisch-kolposkopische Befund sowie der *Krankheitsverlauf* wurden deshalb gewählt, weil diese Parameter eine Praxisbezogenheit bieten. Insbesondere der *klinische Verlauf* erlaubt eine Objektivierung der Befunde. Nach *Zinser* ergeben sich bei dieser *Korrelation* zur *Zytologie* mehr als ein Drittel zytologische Fehldiagnosen.

Da histologische Diagnosen durch Probeexzisionen nicht generell erhoben werden können (reaktive lokale Entzündung, verstärkte Blutungsneigung, stärkere Strahlenfibrose), erschien die genannte Verfahrensweise für Überprüfungen geeignet.

a) Es ist verständlich und bereits aus der Screeningzytologie bekannt, daß der Anteil der richtigen Diagnosen *vor* Beginn der Therapie bei den Tumorstadien III und IV nicht 100% erreicht. Bedingt durch ausgeprägte Zytolyse und Nekrosen der Tumoroberfläche werden oftmals die gesuchten Tumorzellen nicht erfaßt. Für unsere Untersuchungen erschien die Treffsicherheit von 90% dieser Kontrollbefunde für die anschließenden Therapieabschnitte akzeptabel.

b) *Während* der Therapie gibt es signifikant mehr richtige zytologische Diagnosen in der Gruppe B (alleinige Strahlentherapie) gegenüber der Gruppe A (i. a. Chemotherapie und Strahlentherapie). Diese Differenz wäre dadurch erklärbar, daß in der Gruppe A (bei sog. Kombinationstherapie) eine zweifache Zellschädigung sowohl der Normalepithelien als auch der Tumorzellen zu verzeichnen ist, was sich bei der zytologischen Beurteilung erschwerend auswirkt.

c) Hervorzuheben ist der niedrigere Anteil der richtigen Resultate *am Ende* der Strahlentherapie und bis *3 Monate danach* (Gruppe A = 40% und Gruppe B = 30%). Der Anteil der zweifelhaften zytologischen Befunde ist hier besonders hoch. Unmittelbar *am Ende* der *Strahlentherapie* gibt es allerdings in der Gruppe B (alleinige Radiatio) nahezu 50% falsche Resultate.

Hypothetisch betrachtet, wäre dieses Ergebnis mit einer außerordentlich stark ausgeprägten lokalen Reaktion in Verbindung zu bringen, wobei eine Spezifizierung der geschädigten Zellen, noch dazu in dieser Therapiephase, besonders erschwert sein dürfte, was zu diagnostischen Verunsicherungen bzw. zu Fehlinterpretationen führt.

Dagegen ist bei der Kombinationstherapie (Gruppe A) möglicherweise durch die vorangegangene i. a. Zytostatikaapplikation eine lokale Reaktion vermindert, so daß sich dadurch eine bessere Zellbeurteilung ergibt, was wiederum das günstigere Ergebnis dieser Vergleichsgruppe erklären könnte.

Daraus ergibt sich die Schlußfolgerung, daß am Ende der Strahlentherapie und im Verlauf der folgenden 3 Monate nach Therapieabschluß zytologische Resultate mit einer hohen Quote von Fehlbeurteilungen behaftet sind, die bei posttherapeutischen Kontrollen zu erheblichen Verunsicherungen des Gynäkologen führen können. Deshalb ist eine Zytodiagnostik während dieser Zeit nicht zu empfehlen und sollte besser unterlassen werden.

Bei der anschließenden Tumornachsorge sind allerdings zytologische Untersuchungen zur Integration in die klinischen und paraklinischen Befunde sowie zur rechtzeitigen Erkennung von Tumorrezidiven durchaus gerechtfertigt und notwendig.

Auf Grund der vorliegenden Überprüfungen wäre es erstrebenswert, wenn in der Perspektive die Resultate dieser erschwerten und z. T. mit diagnostischen Problemen behafteten Zytodiagnostik verbessert werden könnten. Denkbar ist der Einsatz zusätzlicher neuerer Methoden, wie z. B. der Immunzytochemie, der Tumorzytogenetik und die Einbeziehung anderer molekularpathologischer Methoden. Mit dem Ziel einer Präzisierung bzw. Spezifizierung radiogen belasteter Zellen, insbesondere zur Differenzierung zwischen geschädigten Normalepithelien und Tumorzellen.

Literatur

Begum, M.: Cytopathological and immunhistochemical study for estimating radiotherapeutic effects in uterine cervical cancer. Hiroshima-J-Med-Sci. 42 (2), (1993) 53–65.

Gupta, S. , K. Mukherjee, Y.N. Gupta, M. Kumar: Sequential radiation changes in cytology of vaginal smears in carcinoma of cervix uteri during radiotherapy. Int. J. Gynecol. Obstet. 25 (1987) 303–308.

Hoppe, E., E. Seidler, B. Bensch: Zur zytologischen Präzisionsdiagnostik nach Therapievarianten beim fortgeschrittenen Zervixkarzinom. 1. Mitteilung: Methodische Modifikation für eine kombinierte zytochemische Darstellung der Zellkerne und enzymatischer Aktivitäten. GBK. Fortbildung aktuell. Krebsdiagnostik und Therapie Nr. 63 (1993) 12–15.

Hoppe, E., B. Bensch, E. Seidler, K.-H. Riessbeck, B., Schicke: Zur zytologischen Präzisionsdiagnostik nach Therapievarianten beim fortgeschrittenen Zervixkarzinom. 2. Mitteilung: NADH-Diaphorase in Portio- und Vaginalepithelien sowie in Tumorzellen. GBK. Fortbildung aktuell. Krebsdiagnostik und Therapie Nr. 63 (1993) 16–22.

Hoppe, E., B. Bensch, E. Seidler, B. Schicke, K.-H. Riessbeck: Zur zytologischen Präzisionsdiagnostik nach Therapievarianten beim fortgeschrittenen Zervixkarzinom. 3. Mitteilung: Hydrolasen in Portio- und Vaginalepithelien sowie in Tumorzellen. GBK. Forbildung aktuell. Krebsdiagnostik und Therapie Nr. 63 (1993) 23–28.

Muram, D., R.H. Curry, P. Drouin: Cytologic follow up of patients with invasive cervical carcinoma treatet by radiotherapy. Am. J. Obstet. Gynecol. 142 (1982) 350–354.

Soost, J. und S. Baur. Gynäkologische Zytodiagnostik. Kap. 10: Zellveränderungen durch ionisierende Strahlen und Zytostatika. – Zeitlicher Ablauf der zytologischen Veränderungen. Georg Thieme Verlag Stuttgart – New York (1990) 326–336.

Seydel, H.G.: Radiation-induced changes in the cytoplasmic acridine orange staining of exfoliated cells. Cancer, 18 (1965) 937.

Takahashi, M.: Color Atlas of cancer cytology. Kap.: Radiation cell changes. Georg Thieme Verlag Stuttgart (1971) 57–69.

Tóth, F., S. Csömör, G. Szlepka: Über die histochemische Untersuchung des Kollumkarzinoms während radiologischer Behandlung. Strahlentherapie 123 (1964) 18–26.

Zinser, H.-K.: Die Zytodiagnostik in der Gynökologie. Kap. 4. Das Zellbild beim manifesten Karzinom des Collum uteri. VEB Gustav Fischer Verlag Jena (1957) 107–110.

Weiterführende Literatur

Eckert, H.: 6. Zytochemische Befunde an Pleuraergüssen. In: Angewandte Histo- und Zytochemie in der Diagnostik intrathorakaler Tumoren. Fortschritte in der Onkologie 7. Akademie-Verlag Berlin (1982) 112–120.

Frierson, H.F., J.L. Covell, W.A. Andersen: Radiation changes in endocervical cells in brush specimens. Diagn. Cytopathol. 6 (1990) 243–247.

Goldberg, B., H.W. Jones: Acid phosphatase in human feminale genitale tract. A histochemical and biochemical study. Proc. Soc. Exp. Biol. Med. 83 (1953) 45–50.

Hasegawa, K., M. Kinugasa, R. Nishino, A. Kimura, N. Yukimura, F. Ohtsu: Cytological and histological effects of regional hyperthermia and radiation in cancer of the uterine cervix. Nippon-Gan-Chiryo-Gakkai-Shi. 24 (1989) 1526–1538.

Hecker, D., H. Klug, St. Tanneberger, H. Rose: Über die Anwendung morphologischer und histochemischer Methoden bei der Beurteilung von Zytostatikaeffekten an Organkulturen von malignen Tumoren. Arch. Geschwulstforsch. 44 (1974) 195–211.

Lopes-Cardozo, P.: Beitrag der Zytologie für die Wahl des Zytostatikums und für die Beurteilung seiner Wirksamkeit. Regensburger Jb. ärztl. Fortbildung XIII, 5 (1965) 321–324.

Powers, C.N.: Radiation treatment effects in cervical cytology. Diagnostic Cytopathology, Vol. 13, Nr. 1 (1995) 75–80.

Quade, R., L.-P. Löbe: Prognostische Wirksamkeit einer histologisch-zytochemischen Malignitätsgraduierung beim Plattenepithelkarzinom des Kopf-Hals-Bereiches. ACTA Histochemica, Suppl.-Band XXX (1984) 81–87. Hrsg.: F.-W. Rath, Jena: Fischer 1984.

Rosa, C.G.: Oxidative enzymes in human vaginal smears. Observations of the succinic dehydrogenase and diphosphopyridine nucleotide-diaphorase systems. Obstet. Gynecol. 16 (1960) 354–359.

Schor, N.A., K. Ogawa, G. Lee, E. Farber: The use of the DT-diaphorase for the detection of foci of early neoplastic transformation in rat liver. Cancer Lett. 5 (1978) 167–171.

Stoll, P., H. Ebner, W. Lindenschmidt: Die Bedeutung histochemischer Methoden für die gynäkologische Histo- und Zytodiagnostik. Geburtsh. Frauenheilk. 14 (1954) 1065–1081.

Stoll, P., J. Jäger, G. Dallenbach-Hellweg: F. Cytotopochemie, 5. Enzyme. In: Gynäkologische Zytologie, Verlag: Springer Berlin-Heidelberg-New York (1968) 30–32.

Willighagen, R.G.J.: Enzymhistochemie in der Diagnostik maligner Tumoren. Verh. dtsch. Ges. Path. 57 (1973) 85–88.

11 Empfehlung einer praxisrelevanten Symbolik zur erfolgten Therapieart

Symbolikzuordnung bei therapiebedingten Zellveränderungen – Diagnosen auf einen Blick

Grundsätzlich gilt als Bedingung, daß bei gynäkologischen Materialeinsendungen zur Fahndung nach Tumorrezidiven auf dem Begleitschein klinische und paraklinische Informationen übermittelt werden, denn nur mit dieser Kenntnis ist es möglich, den *therapiebedingten morphologischen Zustand* entsprechend zu berücksichtigen und u. U. die zytologische Diagnose durch arteigene Symbole zu ergänzen. Ohne diese Orientierung ergibt sich mitunter nur ein Verdacht auf die mögliche Ursache bestimmter schwer einzuordnender zytologischer Veränderungen, so daß eine diagnostische Unsicherheit resultiert.

Verfahrensweise A

Es wurde unsererseits bisher bereits seit mehreren Jahren in jedem dieser Fälle zur Pap.-Gruppe (als Diagnose) ein deskriptiver Zusatzvermerk mit dem ergänzenden Hinweis auf die zurückliegende Zeitspanne zwischen Therapieabschluß und Materialentnahme erstellt: Jahre, Monate oder Tage bzw. während laufender Therapie, (z. B. z. Z. der Diagnose: 2 Jahre 3 Monate nach Strahlen- oder Chemotherapie oder während entsprechender Therapie). Dieser Nachsatz erfolgte klinikintern nach Absprache mit dem Gynäkologen und wurde von diesem auch hinsichtlich der *zytologischen Wertigkeit* entsprechend berücksichtigt. Dieses Verfahren hat sich in der Praxis bewährt. Die exakte Übermittlung von Therapiedaten ist jedoch nicht immer garantiert, so daß demzufolge Erschwernisse bei der Diagnostik auftreten können. Oftmals sind dann umfangreiche deskriptive Ergänzungen zur zytologischen Diagnose erforderlich. Diese wiederum müssen *platzsparend* sein und trotzdem eine *gute Übersicht* bieten (s. Untersuchungsschein für gynäkol. zytolog. Ausstriche – Kap. 1, Abb. 1.II.).

Verfahrensweise B

Insbesondere der zuletzt genannte Fakt war die Veranlassung dazu, Symbolikschemata als *Blickfang* für den Kliniker zu erstellen. Diese Symbole ermöglichen dem Gynäkologen, als Einsender des Materials, eine vereinfachte und schnelle Übersicht über die Beziehung zwischen zytologischer Diagnose und verabfolgter Therapie zu gewinnen. Dabei kommt sowohl die Art der Therapie als auch der Zeitpunkt, d. h. während oder nach Therapie, als *Signaleffekt* zum Ausdruck.

Die *Strahlentherapie* wird mit dem Blitz (ϟ) und die *Zytostatikaapplikation* mit einem Punkt (●) gekennzeichnet.

Eine unterschiedliche lokale Zuordnung der Symbole zur Pap.-Gruppe zeigt somit die entsprechende Therapiephase zum Zeitpunkt der Abstrichentnahme. Vorangestelltes Symbol bedeutet Zustand während der Therapie und nachgestelltes Symbol dokumentiert die Situation nach abgeschlossener Therapie. Wurden beide Therapieformen angewandt, dann werden beide Symbole in entsprechender Reihenfolge vermerkt.

Die zusätzliche Anwendung dieser wegweisenden Symbolik erfordert zwar vom Zytodiagnostiker ein besonderes Engagement, läßt aber gleichzeitig auch erkennen, daß eine Berücksichtigung der zytodiagnostischen Erschwernis infolge therapeutischer Einwirkung erfolgt ist.

Die Verfahrensweisen A und B sind beide erprobt worden.

Die Entscheidung darüber, welches der beiden Systeme in der Praxis Anwendung finden sollte, kann nur durch eine Vereinbarung zwischen Einsender und Diagnostiker getroffen werden.

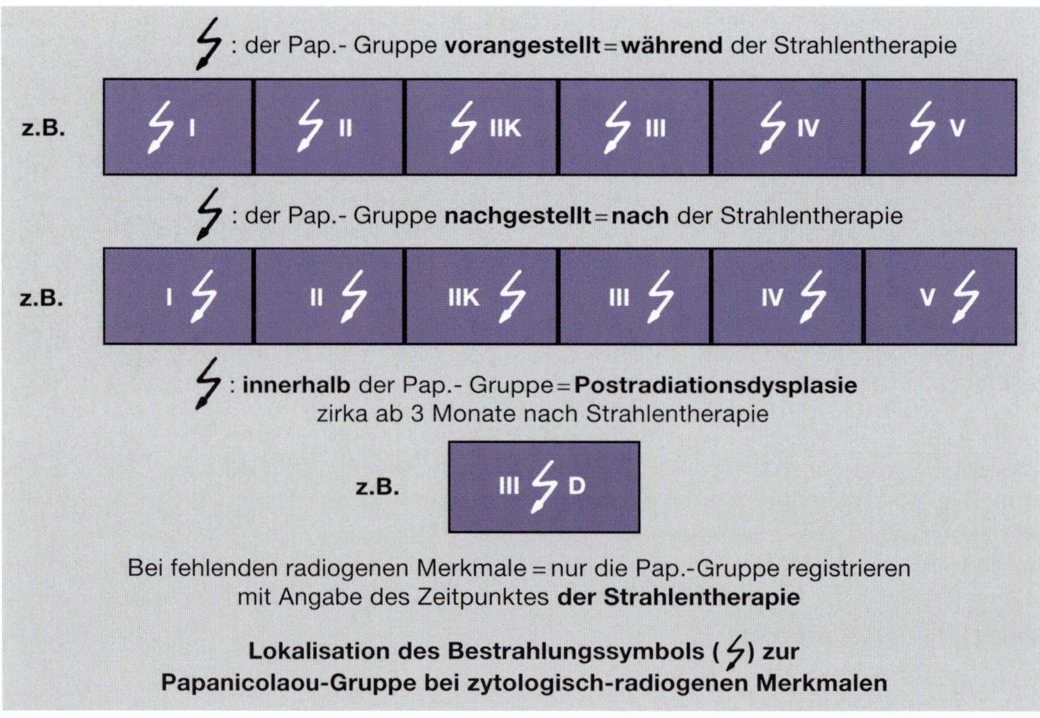

Abb. 11.I Für eine *Strahlentherapie* wurde seit mehreren Jahren in der Praxis das Symbol des Blitzes (ϟ) angewandt. Dieses Kürzel ist platzsparend, spezifisch und damit genügend aussagekräftig für eine erfolgte Bestrahlung. Die Einbeziehung in die Zytodiagnostik der Gruppen nach der modifizierten Papanicolaou-Nomenklatur ergibt eine Ergänzung sowie eine übersichtliche Darstellung der entsprechenden zeitlichen Situation in bezug auf eine verabfolgte Strahlentherapie.

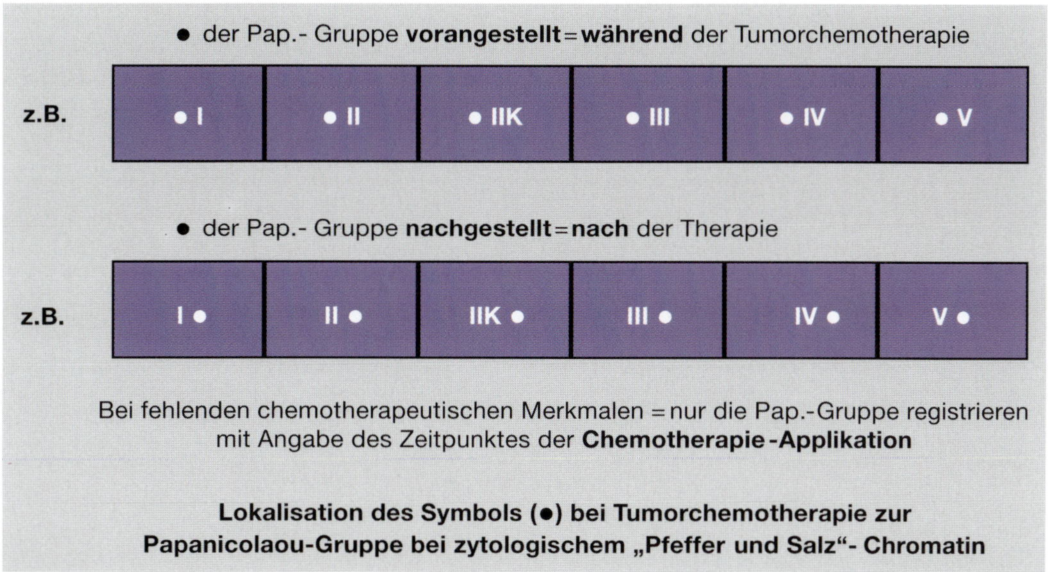

Abb. 11.II Parallel zu Abb. 11.I, aber bezogen auf eine *zytostatische Chemotherapie* wird diese durch einen markanten Punkt (•) symbolisiert, was ebenfalls platzsparend und informativ ist.

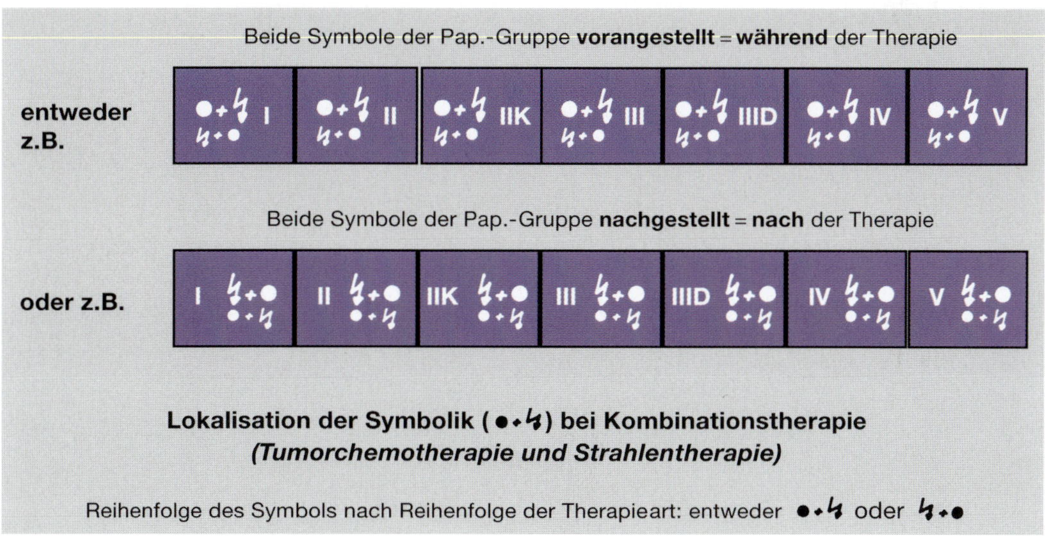

Abb. 11.III Die *Kombination* von Blitz (↯) und Punkt (•) als Symbol bringt zum Ausdruck, daß beide Therapieformen sequentiell angewandt worden sind, je nach Lokalisation der Symbole während oder nach der Therapie.

Literatur

Hoppe, E.: Cytodiagnosis following radiation and chemotherapy of cervical carcinoma plus a recommended system of assigned symbols. 13th Congress of the European Federation of Cytology Societies, Varna – Section of Cytology of the Bulgarian Society of Pathology. (1984) Vortrag – Abstracts S. 79

12 Methodik

Materialgewinnung und methodische Verarbeitung

Hinsichtlich der folgenden Erörterungen gilt, daß kein Anspruch auf Vollständigkeit erhoben wird. Das betrifft allgemein übliche Standards bezüglich der Materialgewinnung und labortechnische Verarbeitungsmethoden. Es wird lediglich auf angewandte Methoden des vorliegenden ausgewählten Materials Bezug genommen, welches aus verschiedenen Lokalisationen stammt und demzufolge auch eine unterschiedliche Spezifität aufweist (durch eine Therapie belastete vaginale Abstriche, Ausstrichpräparate aus Punktionsmaterial pathologischer Resistenzen und Lymphknoten sowie Ausstriche aus Aszites und Urin).

Methodik der Zellgewinnung durch Abstriche im Rahmen der gynäkologischen Tumornachsorge zur Erfassung von Tumorrezidiven nach Therapieeinwirkung (zu Kap. 1)

Das betrifft hinsichtlich der Lokalisation besonders den Bereich der Vulva, Vaginalwand sowie die Portioregion bzw. das hintere Scheidengewölbe. Der Unterschied zur konventionellen Abstrichentnahme bei der prophylaktischen Screeningzytologie besteht darin, daß gleichartige Instrumente, wie z. B. der Plastikspatel nach Szalley bzw. die Cyto-brush nach Stormby oder sogar die früher verwendete Platinöse weniger geeignet sind, entsprechendes Zellmaterial zu gewinnen. Besonders nach primärer alleiniger Radiatio ist der Zervixkanal meistens obliteriert, so daß intrazervikale Abstriche nicht möglich sind.

Nach unseren Erfahrungen ist in solchen Fällen zur Zellgewinnung ein normaler *Holzspatel* gut geeignet, zumal damit ein flächenhafter Abstrich erfolgen kann.

Somit gelingt eine Zellexfoliation zielgerichtet, entsprechend der kolposkopisch ermittelten Lokalisation und Läsion. Die Konsistenz des aus Holz bestehenden Spatels gewährleistet eine verminderte Blutungsprovokation einer besonders empfindlichen radiogen belasteten und atrophischen Schleimhaut. Außerdem kann infolge stärker ausgeprägter postradiogener Fibrosierung bei der Abstrichentnahme individuell ein differenterer Druck angewendet werden, so daß die Zellausbeute auch bei diesem lokal veränderten Zustand ausreichend ist. Auf diese Weise sind von der gleichen Stelle auch tiefere Schichten des Epithels durch einen zweiten Abstrich, dem sog. „Zweiphasen-Abstrich" erreichbar.

Für die anschließende *Fixierung* der exfoliierten Epithelien wurde ein Gemisch aus Diäthyläther und Äthylalkohol (95%ig) im Verhältnis 1:1 verwendet. Die Verweildauer in Küvetten hat mindestens 25 Minuten betragen. Die weitere Bearbeitung erfolgte entsprechend der vorgesehenen Färbung.

Die bewährte Färbemethode nach Papanicolaou gelangte generell zur Anwendung, allerdings in etwas modifizierter Form. Spezialfärbungen wurden je nach differentialdiagnostischer Fragestellung einbezogen, entweder primär, bei genügender Anzahl von Präparaten, oder erst später nach einem besonderen Prozeß der Entfärbung. Eine vorherige Markierung der Lokalisation von diagnostisch problematischen schwer beurteilbaren Zellen oder Zellgruppen hat sich bewährt.

Die mikroskopische Beurteilung der Präparate erfolgte mittels mäanderförmiger Durchsicht. Das Resultat der Auswertung wurde auf Formularen speziell angefertigter Untersuchungsscheine dokumentiert (s. Kap. 1. Abb. 1.II).

Besondere Richtlinien zur Zuordnung bei der *Gruppeneinteilung* nach Papanicolaou, in modifizierter Ausführung, wurden unter Berücksichtigung der speziellen Ausgangsposition des Zustandes hinsichtlich der erfolgten Therapie erstellt. Gleichzeitig sind auch Empfehlungen bezüglich weiterer Kontrollen integriert worden (s. Kap. 1 Abb. 1.6).

Methodik der Aspirationsbiopsie – Materialgewinnung und labortechnische Verarbeitung (zu Kap. 6 und 7)

Aus lokal gut zugänglichen pathologischen Resistenzen sind vom Gynäkologen ambulant, ohne bildgebende Lokalisationshilfen, Zellaspirate gewonnen worden. Richtungweisend war der visuelle, kolposkopische und palpatorische Befund.

Bei Verwendung der Plastespritze (ohne zusätzliche Halterung) wurden vorwiegend Kanülen der Nr. S 1 benutzt. Bei Aspirationspunktionen mittels der Franzén-Spritze konnten je nach Lokalisation und Konsistenz der pathologischen Resistenzen verschiedene Kanülenstärken ausgewählt werden.

Der Punktionsvorgang wurde in fächerförmiger Stichrichtung durchgeführt, unter Beachtung eines kräftigen Soges, denn eine postradiogen bedingte partielle Fibrosebildung beeinträchtigt die Zellausbeute bei der Aspiration u. U. erheblich, so daß zytologisch leere Präparate resultieren können.

Die Ausstrichpräparate sind in 95%igem unvergällten Äthylalkohol für die Dauer von mindestens 30 Minuten fixiert und anschließend gefärbt worden. Als Standardfärbungen fanden die etwas modifizierte Papanicolaou-Färbung und die Hämatoxylin-Eosin-Färbung (HE) Anwendung. Entsprechende Spezialfärbungen erfolgten gezielt, je nach differentialdiagnostischer Fragestellung, mit dem Ziel der Spezifizierung von Zellen bzw. Zellprodukten.

Kleine oder kleinste miterfaßte *Gewebsbröckel* wurden in aufsteigender Alkoholreihe fixiert, in Paraffin eingebettet, anschließend Schnitte angefertigt und entsprechend gefärbt, so daß diese Präparate als *Minihistologie* parallel zu den Ausstrichen einer Beurteilung unterzogen werden konnten.

Methodik zur Verarbeitung von Aszites (zu Kapitel 8)

Wenn es die örtlichen Gegebenheiten erlauben (Klinik und Labor in unmittelbarer Nähe zueinander), sollte nach Möglichkeit das *gesamte* Punktionsmaterial (Aszites) *kurzzeitig* nach Entnahme dem Labor zugeführt werden. Je reichlicher das Punktat, desto größer ist bekanntlich die Zellausbeute.

Eine Aufbewahrung im Kühlschrank (2–18 Stunden im Spitzglas) ergibt keine Begünstigung des Zytolyseprozesses, ermöglicht aber eine nahezu komplette Zellsedimentation. Der *Verzicht* auf Zusatz gerinnungshemmender Mittel (Heparin oder Natrium citricum) führt zur die Entstehung eines Fibringerinnsels, wenn genügend Fibrin vorhanden ist. Dies ist bei unserer *Zwei-Phasen-Methode* erwünscht, bei der beide Materialien – Ausstriche und Paraffinschnitte – jeweils gesondert bearbeitet werden.

Verarbeitungsphase I (zytologisch)

Nach dem Abgießen des flüssigen Überstandes wird der im Spitzglas befindliche Bodensatz zu Ausstrichpräparaten verarbeitet. Das geschieht entweder nach der alten Methode unter Verwendung einer Laborzentrifuge (2250 U/min für die Dauer von 6 Minuten) oder mittels der Zytozentrifuge.

Eine *spezielle Ausstrichtechnik* bei Anwendung der erstgenannten Zentrifugationsmethode gewährleistet die gleichmäßige Materialverteilung auf dem Objektträger, wobei sog. schwimmende Mikrometastasen nicht beschädigt werden und somit komplett zytodiagnostisch erfaßbar sind.

Es werden dabei einige Tropfen des Sedimentes auf den Objektträger gegeben, ein zweiter Objektträger plan aufgelegt und dieser in Längsrichtung abgezogen. Der dabei entstehende Sog bewirkt offenbar die genannten Vorteile.

Danach werden die Präparate etwa 10 Minuten einer Lufttrocknung unterzogen. Anschließend folgt die Fixierung in 95%igem unvergälltem Äthylalkohol für eine Zeitspanne von 30–40 Minuten. Die Differenzierung in Salzsäurewasser entfällt und wird ersetzt durch ammoniakalische Alkohollösung (3 Minuten). Die Färbung mittels Hämatoxylin-Eosin (HE) erlaubt prinzipiell eine ausreichende Beurteilungsmöglichkeit. Weitere differentialdiagnostische Spezifizierungen sind an diesem Material vorrangig durch die Färbung nach Papanicolaou bzw. mittels der PAS-Reaktion möglich.

Verarbeitungsphase II (Zellblocktechnik = histologisch)

Sollte sich im Aszites-Material ein *Fibringerinnsel* gebildet haben, was weniger häufig als in Pleuraergüssen zu beobachten ist, wird dieses gesondert bearbeitet:

Das Fibrinkoagulat wird entweder mit einer Pinzette entnommen oder der Aszites mit den Fibrinbestandteilen wird durch ein engmaschiges Sieb gegossen, um die Fibrinrückstände zu isolieren.

Die *Fixierung* des Fibringerinnsels erfolgt in aufsteigender Alkoholreihe. Dann folgt Verarbeitung über Xylol und Paraffin. Die Materialeinbettung in Paraffin erfolgt in Form von Blöckchen, aus denen dann Stufenschnitte gefertigt werden. Auch die Verwendung der Histokinette ist möglich.

Anschließend folgen entsprechende Färbungen, wie bereits bei Phase I ausgeführt wurde. Somit ist die Beurteilung der beiden verschiedenen Präparate (zytologisch – histologisch) parallel als Ergänzung möglich. Das ergibt signifikant bessere Resultate. Die Ausstriche aus flüssigem Material ergeben Vorzüge bei der Beurteilung hinsichtlich der *Einzelzelldarstellung*. Die Schnittpräparate dagegen erlauben nicht selten sogar Typenspezifizierungen der Primärtumoren. Durch arteigene Strukturen von Zellkomplexen und Konglomeraten, welche unversehrt im Netz des Fibringerüstes hängen, sind derartige Spezifizierungen möglich.

Methodische Verarbeitung von Urin (zu Kap. 9)

Der in diesem Material schneller fortschreitende Prozeß der Zytolyse, wie bereits erwähnt, verursacht bzw. begünstigt durch Abbauprodukte, erfordert eine zeitlich limitierte technische Bearbeitung.

Zur zytologischen Untersuchung sollte deshalb Mittelstrahlurin aus der zweiten Entleerung der Harnblase am Morgen bevorzugt werden. Nach Spontansedimentation im Kühlschrank, maximal für die Dauer von etwa 1–2 Stunden, kann die technische Aufbereitung vorgenommen werden. Das geschieht entweder unter Anwendung der älteren Methode mittels einer Laborzentrifuge (3000 U/Minute für die Dauer von 5 Minuten) oder durch Benutzung der Zytozentrifuge. Bei erstgenannter Verarbeitungsweise wird das Sediment des Zentrifugates auf Objektträger per Hand ausgestrichen, während beim Einsatz der Zytozentrifuge die Objektträger bereits mit Material bedeckt sind. Nach anschließender kurzer Lufttrocknung können entsprechende Färbungen durchgeführt werden.

4 gefertigte Präparate genügen für eine Beurteilung hinsichtlich der gewonnenen Zellzahl (mindestens 30 Zellen) und für notwendige Färbungen.

Die *Fixierung* erfolgt in 95%igen unvergälltem Äthylalkohol, mindestens 30 Minuten lang.

Da in vorliegenden Fällen die Frage der Penetration oder Perforation gynäkologischer Tumoren in die Harnblase zur diagnostischen Klärung ansteht, und es sich histologisch überwiegend um Plattenepithelkarzinome bzw. um Adenokarzinome der Primärtumoren handelt, sind entsprechende Färbungen sinnvoll und zur Spezifizierung hilfreich: Die HE-Färbung zur Differenzierung der Zellart (reaktiv veränderte Urothelien oder atypische Zellen), die Papanicolaou-Färbung zum Nachweis einer Verhornung (beim verhornenden Plattenepithelkarzinom), die PAS-Reaktion zur exakten Spezifizierung der Kerne (schieferblauer Beschaffenheit) atypischer Zellen bzw. zum Nachweis von Schleimsubstanzen bei Zellen eines Adenokarzinoms sowie zur Diagnostik von Pilzen. Mitunter kann eine Giemsa-Färbung zum Bakteriennachweis dienlich sein.

Der zytologische Befund wurde grundsätzlich deskriptiv erstellt mit anschließender Diagnose. Eine zusätzliche Zuordnung zu den entsprechenden Papanicolaou-Gruppen, in Anlehnung an die Gynäko-Zytologie, diente als Orientierungshilfe für die Registratur sowie für spätere statistische Auswertungen.

Angewandte Färbemethoden

Färbung nach Papanicolaou (Modifikation)

1. Spülen in 95%igem Alkohol = 1 min
2. Spülen in 80%igem Alkohol = 1 min
3. Spülen in 70%igem Alkohol = 1 min
4. Spülen in Aqua dest. = 2 min
5. *Färbung* in Harris-Hämatoxylin = 10 min oder Hämatoxylin Kaliumaluminiumsulfat RL (DAB 7) – (*Kernfärbung*)
6. wiederholtes Spülen in Aqua dest. (einige Sekunden – in 2 verschiedenen Küvetten)
7. Spülen in Leitungswasser (fließend) = 10 min
8. Spülen in ammoniakalischer Alkohollösung = 3 min
   (6,5 ml 25%iger Ammoniak auf 250 ml 80%igem Alkohol)
9. kurz in Wasserküvette abspülen
10. Bläuen in Lithiumkarbonatlösung = 1 min
    (8 Tropfen einer gesätt. wässerigen Lösung auf 250 ml Aqua dest.)
11. Spülen in Leitungswasser (fließend) = 15 min
12. Spülen in Aqua dest. = 1 min
13. Spülen in 50%igem Alkohol = 1 min
14. Spülen in 70%igem Alkohol = 1 min
15. Spülen in 80%igem Alkohol = 1 min
16. Spülen in 95%igem Alkohol = 1 min
17. *Färbung* in Orange G 6 (*Plasmafärbung)*
18. Spülen in 95%igem Alkohol (getrennte Küvetten – je 20–30 sek)
19. Spülen in 95%igem Alkohol
20. *Färbung* in Polychromfarbstoff nach Papanicolaou „EA 31“
21. Spülen in 95%igem Alkohol
22. Spülen in 95%igem Alkohol
23. Spülen in 95%igem Alkohol (getrennte Küvetten – je 20–30 sek)
24. Spülen in absolutem Alkohol = 1 min
25. Spülen in absolutem Alkohol = 1 min
26. Spülen in absolutem Alkohol und Xylol (1:1) = 20 min
27. Spülen in mehreren Küvetten, Xylol je = 5 min
28. Eindecken in Neutralbalsam „H“ oder Durobalsam oder Kanadabalsam.

Hämatoxylin-Eosin-Färbung (HE) am gynäkologischen Material

1. Die Abstriche werden in die absteigende Alkoholreihe gebracht (95%ig, 80%ig, 70%ig)
2. Eintauchen in Aqua dest.
3. Kernfärbung (etwa 10 min) Hämatoxylin-Kaliumaluminiumsulfat – RL
4. 2malig in Aqua dest.
5. Wässerung fließend!
6. Gegenfärbung mit 1%iger Eosinlösung (70 sec.)
7. gut in Leitungswasser abspülen
8. Aqua dest.
9. anschließend aufsteigende Alkoholreihe (70%ig, 80%ig, 95%ig, absoluter Alkohol bzw. Propanol)
10. absoluter Alkohol + Xylol im Verhältnis 1:1 (20 Min.)
11. Xylol
12. Einschluß in Neutralbalsam „H“ oder Kanadabalsam

PAS-Reaktion nach Mc Manus
(Periodic-acid-Schiff-reaction mit eigener partieller Modifikation für die Gynäko-Zytologie – betr. Ausstriche und Schnittpräparate).

1. 70%iger Alkohol = 5 min
2. 0,5%ige Perjodsäure = 10 min
   (Küvette im Dunkeln aufbewahren!)
3. Spülen in 70%igem Alkohol = 3 min
4. Reduzierbad – sog. Spülbad-SO_2-Spüle = 1 min
5. kurz in 70%igem Alkohol spülen
6. Schiff-Reagens (Lösung muß wasserklar sein!) = 30 min
   Zu Beginn der Reaktion jeweils einige Körnchen Kaliummetabisulfit zusetzen und mit Glasstab zerkleinern! – Küvette nach Gebrauch im Kühlschrank aufbewahren!)

7. Reduzierbad – SO_2-Spüle: 3mal je 10 min (muß stechend riechen, jeweils vor Gebrauch frisch ansetzen!)
8. Wässerung fließend! = 30 min
9. Gegenfärbung mit Hämalaun (sauer nach Mayer) = 30 min
10. Bläuen der Kerne = 30 min
11. Anschließend aufsteigende Alkoholreihe: 70%iger Alkohol/Xylol (70%iger, 80%iger, 95%-iger absoluter Alkohol – Alkohol/Xylol 1:1 für 20 min, dann Xylol)
12. Einschluß in Neutralbalsam „H"

Handelt es sich um Schnitte, müssen diese vorher entparaffiniert werden: absteigende Alkoholreihe – Weiterverarbeitung in 70%igem Alkohol.

Ansatz für SO_2-Spüle (frisch zubereiten!):
10% Kaliummetabisulfit = 30 ml
normale HCL (1 N) = 25 ml
Aqua dest. = 500 ml

Verwendete Chemikalien

Schiff-Reagens: Original Hollborn,
Perjodsäure: Merck,
Kaliummetabisulfit: Laborchemie Apolda
Riedel de HAEN / Belg. Import

Shorr-Färbung kombiniert nach Pundel

Kombinationsform mit Hämatoxylin
Fixierung im Äther-Alkohol 1:1
1. 70%iger Alkohol 10mal eintauchen
2. Aqua dest. 10mal eintauchen
3. Harris Hämatoxylin 8 min
4. Spülen in Leitungswasser 10 min
5. Lithium Karbonatlösung ½ min (Lösung zur Hälfte mit Aqua dest. verdünnen)
6. Aqua dest. 10mal eintauchen
7. 70%iger Alkohol 10mal eintauchen
8. 96%iger Alkohol 10mal eintauchen
9. Färbung in Shorr-Lösung S III 12 min
10. 96%iger Alkohol 10mal eintauchen
11. absoluter Alkohol je 10mal eintauchen
12. absoluter Alkohol je 10mal eintauchen
13. 1 min in Xylol
14. Einbetten in Kanadabalsam

Zusammensetzung der Shorr-Lösung

50%iger Alkohol	100 ml
Biebricher Scharlach (wasserlöslich)	0,5 g
Orange G	0,25 g
Fast Green FCF	0,075 g
Phosphorwolframsäure	0,5 g
Phosphormolybdänsäure	0,5 g
Eisessig	1,0 ml

Giemsa-Färbung

1. Luftgetrocknete Ausstriche
2. 15 Minuten in Methanol
3. kurzzeitige Spülung in gepuffertem Wasser
4. gepufferte Giemsa-Lösung auf Präparate auftropfen
5. Einwirkungszeit etwa 2 Minuten
6. abspülen mit reichlich gepuffertem Wasser
7. Lufttrocknung und Eindecken in Kanadabalsam

Ansatz für gepuffertes Wasser

100 ml Puffer (Phosphatpuffer VIII pH 6,8) + 1000 ml Aqua dest.

Ansatz für gepufferte Giemsa-Lösung

100 ml filtrierte Giemsa-Lösung + 10 ml Puffer (Phosphatpuffer VIII ph 6,8)

Entfärbung bzw. Umarbeitung von zytologischen und histologischen Präparaten

1. Präparate zur Ablösung des Deckglases oder Zytolackes in Xylol einstellen (frischere Ausstriche 30 bis 60 Minuten – ältere Ausstriche entsprechend länger, bis zu mehreren Stunden)
2. Anschließend in absteigende Alkoholreihe bringen, bis zum 70%igen Alkohol.
3. Einstellen in 1%ige Salzsäure-Alkohol-Lösung (siehe Ansatz!) zur Entfärbung. Ausstriche bzw. Schnitte benötigen eine differente Einwirkungsdauer von 30 bis 60 Minuten oder länger, je nach Dicke des Präparates, u. U. bis zu 2 Stunden – ältere Ausstriche bzw. Schnitte bis zu 4 oder 5 Stunden - Sichtkontrolle mittels Mikroskop!
4. Intensive Wässerung im fließenden Leitungswasser für die Dauer von etwa 1 Stunde bis zu 3 Stunden

(unterschiedlich, je nachdem wie lange die Präparate im HCL-Alkohol gestanden haben).
5. Danach ist eine Umfärbung bzw. die Durchführung einer zytochemischen Reaktion möglich.
6. Präparate über die aufsteigende Alkoholreihe (70%iger, 80%iger, 95%iger, absoluter Alkohol), weiter in absol. Alkohol/Xylol (Verhältnis 1:1), dann in Xylol überführen und in Neutralbalsam „H" oder Durobalsam eindecken.

Ansatz: 1%iger HCL/Alkohol; 13,5 ml 37%ige HCL auf 500 ml 95%igen Alkohol.

Material und Methodik der Zytochemie (zu Kap. 10)

Als Untersuchungsmaterial sind gynäkologische Abstriche von Frauen mit Zervixkarzinom (Portio uteri und Vaginalwand) verwendet worden. Die Präparate wurden sofort nach ihrer Gewinnung in Azeton fixiert und in der Regel 2–8 Wochen bei 18 °C aufbewahrt.

Vor der Kernfärbung bzw. den enzymatischen Reaktionen wurden die Präparate 10 Minuten bei Raumtemperatur gelagert und danach vorsichtig für einige Sekunden in Aqua dest. gespült. Die Kernfärbung mit Hämatoxylin ist sowohl isoliert als auch in Kombination mit Enzymdarstellungen (saure Phosphatase, alkalische Phosphatase, unspezifische Esterase) im Zytoplasma für die Zytodiagnostik gut geeignet, insbesondere zur Differenzierung von abnormen oder atypischen (malignen) Veränderungen bzw. einer Therapiewirkung, sofern ein geeigneter farblicher Kontrast mit dem Reaktionsprodukt der Enzyme erzielt werden kann, der für eine sichere Zellspezifizierung notwendig ist.

Für die Kernfärbung wurde Hämatoxylin mit einer Färbezeit von 2 Minuten und einer Farbstoffkonzentration von 0,47% bzw. Kernechtrot (0,1%) mit einer Färbedauer von 20 Minuten angewendet.

Der Begriff *„Diaphorasen"* charakterisiert eine allgemeine Reaktionsart der in aeroben Zellen ubiquitär vorkommenden und subzellulär variabel lokalisierten Flavinenzyme (s. Textbücher der Biochemie; Z. Lojda et al. 1979; P.J. Stoward and A.G.E. Pearse 1991) und definiert ihre Fähigkeit zur Oxidation reduzierter Pyridinnukleotide (NAD(P)H) in Gegenwart artefizieller Elektronenakzeptoren. In der Histo- bzw. Zytochemie werden dafür zumeist Tetrazoliumsalze angewendet, die an den Enzymorten starkfarbige Präzipitate bilden (E. Seidler 1991). Da die „Diaphorase"-Ergebnisse allgemein heterogener Natur sind, wird stetig versucht, die Multiplizität histochemischer Diaphorase-Aktivitäten biochemisch zu identifizieren (C.J.R. Van Noorden and W.M. Frederiks 1992). Die Bezeichnung „NADH-Diaphorase" sollte richtiger durch „NADH-Dehydrogenase" ersetzt werden.

DieNADH-Dehydrogenase-Aktivität kann aber nicht nur dem Flavinmononucleotidhaltigen „Komplex I" der mitochondrialen Atmungskette („NADH-Dehydrogenase" als Marker der inneren Mitochondrienmembran) zugeschrieben werden, sondern auch analog wirkenden Flavinenzymen im endoplasmatischen Retikulum (Z. Lojda et al. 1979) oder im Zytoplasma (C.J.R. Van Noorden and W.M. Frederiks 1992), d. h. die meist strukturgebundene histochemische NADH-Dehydrogenase repräsentiert somit summarisch die intrazelluläre Kapazität zur NADH-Oxidation.

NADH-Diaphorase (E.C. 1.6.2.1.)

In Anlehnung an Z. Lojda et al. (1979)
Inkubationsmedium:

Tris-Salzsäure-Puffer 0,2 mol/l, pH 7,2	2,4 ml
NADH 12 mg/ml	1,0 ml
Nitroblautetrazoliumchlorid 1 mg/ml	3,0 ml
Natriumazid 0,1 mol/l	Tropfen
Magnesiumchlorid 0,05 mol/l	3 Tropfen
	etwa 6,5 ml

Die zytochemisch dargestellten Enzyme „saure" und „alkalische" Phosphatase sowie die „unspezifische" Esterase sind Hydrolasen. Beide Phosphatasen sind unspezifische Phosphomonoesterasen mit differenten pH-Optima (9,2–9,8 bzw. 3,8–6,0) und geringen Substratspezifitäten (Z. Lojda et al. 1979; C.J.R. Van Noorden and W.M. Frederiks 1992), (P.J. Stoward and A.G.E. Pearse 1991). Für die Darstellung beider Phosphatasen sowie der unspezifischen Esterasen kamen Azofarbstoffmethoden (simultane

Kupplung) mit Naphthylestern und stabilisierten Diazoniumsalzen zur Anwendung. Die *alkalische Phosphatase* ist vorwiegend zellmembranassoziiert, für ihre katalytische Wirkung sind Serin sowie Zink- und Magnesium-Ionen wichtig. Der Mechanismus und die physiologische Rolle dieser Enzymaktivität sind noch weitgehend unklar.

Ihre Beteiligung an aktiven Transportprozessen (z. B. der Glukose) und Resorption (z. B. der Fettsäuren) gelten ebenso als gesichert wie ihre Rolle an Regenerationsvorgängen, am Knochenwachstum und präneoplastischen Veränderungen sowie der Aufrechterhaltung der intrazellulären Phosphatkonzentration. Die histochemische Differenzierung der zahlreichen Isoenzyme wird über biochemische Techniken versucht.

Alkalische Phosphatase (E.C. 3.1.3.1.)

Inkubationsmedium:

1-Naphthylphosphat-Natrium	10 mg
Veronal-Salzsäure-Puffer 0,1 mol/l, pH 9,2	10 ml
Echtrotsalz bzw. Echtblausalz B (Tetrazeniumsalz des o-Dianisidins)	20 mg
	10 ml

Die ubiquitär vorkommende *saure Phosphatase* ist mit ihren zahlreichen Isoenzymen hauptsächlich in den Lysosomen lokalisiert. Ihre aktuellen biochemischen Funktionen in vivo sind noch Gegenstand der Forschung. Ihre Rolle am Abbau und Eliminierung endogener und exogener Produkte ist ebenso unbestritten wie ihre Bedeutung für den Glukosetransport, den Metabolismus der Glykosaminoglykane sowie Autophagie und Autolyse. Sie ist auch an zahlreichen pathologischen, pharmakologischen sowie chemotherapeutischen Prozessen beteiligt.

Von beiden Phosphatase-Aktivitäten, die auch Synthesen katalysieren können, existieren neben ihren bevorzugten Lokalisationen auch extramembranöse bzw. extralysosomale Varianten im endoplasmatischen Retikulum und Hyaloplasma.

Saure Phosphatase (E.C. 3.1.3.2.)

modifiziert (s. Z. Lojda et al. 1979)

Inkubationsmedium:

1-Naphthylphosphat-Natrium	10 mg
Veronal-Azetat-Puffer 0,1 mol/l, pH 5,0–5,2	10 ml
Echtrotsalz ITR (Diazoniumsalz des 2-Methoxy-5-Sulfodiethylamidanilins)	10 mg
	10 ml

Die *unspezifische Esterase* umfaßt 3 Enzymtypen, die A-, B- und C-Esterasen mit geringen Substratspezifitäten und differenten Löslichkeiten sowie zahlreichen multiplen Formen. Von den rund 40 z. Z. biochemisch charakterisierten Esterasen sind 7 histochemisch durch Hydrolyse synthetischer Ester (z. B. Azetate) bei pH 5,0–8,0 darstellbar. Die Vielzahl der Isoenzyme ist histochemisch noch nicht zu differenzieren (F.G.J. Hayhoe and D. Quaglino 1988). Die zelluläre Lokalisation ist vorwiegend lysosomal, aber auch extralysosomale Varianten – endoplasmatisches Retikulum, Mitochondrien? – sind bekannt.

Die Funktionen der unspezifischen Esterasen im Zellmetabolismus sind noch weitgehend unklar, sie sollen den Rollen der sauren Phosphatasen ähneln.

Unspezifische Esterasen (E.C. 3.1.1.1.-8.)

modifiziert (s. Z. Lojda et al. 1979, P.J. Stoward and A.G.E. Pearse 1991)

Inkubationsmedium:

Naphthol-AS-D-Azetat	10 mg (zuvor in wenig Azeton gelöst)
Echtgranatsalz GDC (Diazoniumsalz des 4 (2-Tolylazo-2-toluidins)	10 mg
Tris-Salzsäure-Puffer, 0,2 mol/l, pH 7,4	10 ml
	10 ml

Allgemeiner Ablauf der Kernfärbung bzw. der Enzymdarstellungen

1. Die abgetrockneten Präparate werden mit der entsprechenden Inkubationslösung bedeckt.
2. Inkubation bei 37 °C für die Dauer von 30 Minuten (Ausnahme: unspezifische Esterasen: 10 Minuten bei Raumtemperatur).

3. Spülen der Objektträger in Aqua dest. (1–2 Minuten).
4. Kernfärbung mit Hämatoxylin bzw. Kernechtrot.
5. Spülen der Präparate für 15 Minuten in fließendem Wasser.
6. Eindecken der Präparate in Glyzerol-Gelatine.

Für eine Bewertung der angegebenen Verfahren ist davon auszugehen, daß methodisch die Histochemie als Grundlage der Zytochemie diente und die angeführten Methoden z. T. bewußte Vereinfachungen darstellen, die für gynäkologisch-zytologisches Material adaptiert wurden.

Statistische Auswertung

Die statistische Auswertung des Untersuchungsmaterials erfolgte durch die Abteilung Biometrie des Klinikums Berlin-Buch. Die Patientendaten wurden EDV-gerecht verschlüsselt, erfaßt und an einem PC mit dem Programmsystem SPSS bearbeitet.

Zur Beschreibung der Verteilung von quantitativen Merkmalen wurden statistische Maßzahlen berechnet:
- der arithmetische Mittelwert, der Median (Zentralwert, mittelster Wert, 50%-Wert der Summenhäufigkeitskurve) und die Quartile (25%- bzw. 75%-Wert der Summenhäufigkeitskurve),
- die Standardabweichung, Minimal- und Maximalwert zur Charakterisierung der Streuung,
- Konfidenzintervalle für die Mittelwerte.

Die qualitativen Merkmale wurden mit der Kontingenztafelmethode und dem parameterfreien Chi^2-Test ausgewertet. Die Nullhypothese H_0 geht von der Gleichverteilung der Merkmale in den einzelnen Gruppen aus. Bei Überschreitung des Tafelwertes durch den errechneten Chi^2-Wert muß die Nullhypothese abgelehnt werden, es bestehen signifikante Unterschiede in den Häufigkeitsverteilungen zwischen den Gruppen. Für alle Berechnungen wurde die Irrtumswahrscheinlichkeit Alpha mit 5% festgelegt. Die Freiheitsgrade berechnen sich zu $FG = (k-1)(m-1)$, wobei k für die Anzahl der Spalten und m für die Anzahl der Zeilen der Kontingenztafel steht. Im Falle der Ablehnung der Nullhypothese gibt der Kontingenzkoeffizient Hinweise auf die Stärke des Zusammenhangs.

Zum Vergleich der Mittelwerte von Meßwerten für einzelne Gruppen wurde zunächst mit dem F-Test geprüft, ob die Varianzen gleich sind. War dies der Fall, so wurden Mittelwertsvergleiche mit dem t-Test nach Student durchgeführt. Bei Inhomogenität der Varianzen wurden die Mittelwerte mit dem t-Test nach Welch verglichen. Beide Tests setzen die Normalverteilung der Meßwerte voraus, die gegebenenfalls überprüft werden muß. Die Nullhypothese bedeutet in beiden Fällen die Gleichheit der Mittelwerte. Bei Überschreitung des Grenzwertes durch die Prüfgröße wird die Nullhypothese abgelehnt, es bestehen signifikante Unterschiede.

Bei Prä-post-Vergleichen (oder bei anderen paarweise angeordneten Meßwerten) wird der t-Test für verbundene Stichproben (auch paarweiser t-Test) angewandt. Dabei wird für die Differenzen der paarweisen Meßwerte Unabhängigkeit und Normalverteilung vorausgesetzt. Diese Voraussetzungen sind vor Anwendung des Tests zu überprüfen. Die Nullhypothese besagt, daß der Mittelwert der Differenzen gleich Null ist. Je nach sachlichem Hintergrund wird diese Hypothese ein- oder zweiseitig geprüft.

Für die Berechnungen wurde eine Irrtumswahrscheinlichkeit von 5% festgelegt.

Sind die Voraussetzungen für die obigen Tests nicht erfüllt, müssen parameterfreie Tests angewandt werden. Dazu gehören der u-Test von Mann-Whitney und der Wilcoxon-Test.

Für den parameterfreien Vergleich zweier unabhängiger Stichproben wird der u-Test von Mann-Whitney benutzt. Geprüft wird die Nullhypothese H_0, die davon ausgeht, daß die Stichproben der gleichen Grundgesamtheit entstammen (d. h. die Verteilungen gleich sind). Wenn die berechnete Prüfgröße kleiner oder gleich dem kritischen Tafelwert ist, wird die Nullhypothese verworfen, und die Alternativhypothese (eine der beiden Zufallsvariablen ist stochastisch größer) muß angenommen werden.

Für den Vergleich verbundener Stichproben mit nicht normalverteilten Differenzen eignet sich der Vorzeichen-Rang-Test von

Wilcoxon. Er kann auch auf die Rangdaten angewandt werden. Der Test prüft, ob die Differenzen der paarweisen Beobachtungen symmetrisch mit dem Median Null verteilt sind. Wird die Nullhypothese abgelehnt, ist der Median der Differenzen ungleich Null oder den beiden Stichproben liegen unterschiedliche Verteilungen zugrunde.

Wie bei den anderen Berechnungen wurde die Irrtumswahrscheinlichkeit 5% zugrundegelegt.

Fotografische Technik

Die mikroskopischen Abbildungen wurden mit zwei verschiedenen Mikroskopsystemen und Farbfilmmaterialien gefertigt. Anfangs standen das Fotomikroskop „Docuval" der Firma „Carl Zeiss Jena" und ORWO-Farbfilme zur Verfügung. Später wurde mit dem Forschungsmikroskop AH-3 der Firma „Olympus" und mit Kodak-Filmen gearbeitet.

An beiden Mikroskopen wurde mit Planapochromaten fotografiert. Als Fotomaterial wurden jeweils Kunstlichtfilme verwendet.

Für alle Aufnahmen galt die Grundregel: exaktes Köhlern, sinnvolles Einstellen der Aperturblende und optimale Belichtung.

Histologische Präparate sind nach oben genannten Regeln problemlos zu fotografieren, da sie meist eine farbliche Gesamtfläche darstellen. – Anders und wesentlich schwieriger sind dagegen zytologische Bilder zu dokumentieren. Die Präparate zeichnen sich oftmals durch kleine kontrastreiche Objekte mit großem hellen Hintergrund aus. Dieser Zustand wird weder von einer Integral – noch von einer Spotbelichtungsmessung erfaßt und bewältigt. Es muß demzufolge in genauer Kenntnis dieser Tatsache das abzubildende Objekt gezielt „fehlbelichtet" werden.

Hier ist in erster Linie eine gute Zusammenarbeit zwischen dem Zytopathologen und dem Fotografen erforderlich, wie sie in unserem Fall praktiziert wurde.

Kenntnisse über die Spezifität des zytologischen Materials sind dabei unerläßlich, insbesondere hinsichtlich therapiegeschädigter Zellen, die mitunter wegen beginnender Zytolyse fotografische Erschwernisse bieten.

Literatur

Hayhoe, F.G.J., D. Quaglino: Hematological cytochemistry. 2nd edn., Churchill Livingstone, Edinburgh (1988).

Lojda, Z., R. Gossrau, T.H. Schiebler: Tetrazolium reductases, 262–266, „Phosphatases" 58–87, „Carbaxylester hydrolases" 106–126. In: Enzyme histochemistry. A laboratory manual. Springer (1979) Berlin (u. a.).

Seidler, E.: The Tetrazolium-Formazan system: Design and histochemistry. In: Progress Histochem. Cytochem. 24 (1) Gustav Fischer Verlag Stuttgart-New York (1991) 1–86.

Stoward, P.J., A.G.E. Pearse: Histochemistry. Vol. III, Fourth edn. Churchill Livingstone, Edinburgh et al. (1991).

Van Noorden, C.J.R., W.M. Frederiks: Enzyme histochemistry. A. laboratory manual of current methods. Oxford Science Publications, Microscopy Handbooks 26, Oxford University Press (1992) 64–65, 67–68, 84–88.

Richtungsweisende Literatur zur Methodik

(Materialgewinnung – Materialverarbeitung – Färbemethoden bzw. zytochemische Reaktionen)

Heinrich, G.: Fibel der histologischen Technik. VEB Gustav Fischer Verlag, Jena (1957).

Hoppe (Wolfram), E., E.-M. Wegewitz: Versuche zur Erhöhung der Aussagefähigkeit der Zytodiagnostik aus Körperhöhlenergüssen bei malignen Tumoren. 1. Mitteilung: Modifizierte methodische Verarbeitung von Zellausstrichen aus Pleurahöhlenergüssen und Aszites. Radiobiol.-Radiother. 4 (1975) 473–481.

Hoppe (Wolfram), E., E.-M. Wegewitz: Versuche zur Erhöhung der Aussagefähigkeit der Zytodiagnostik aus Körperhöhlenergüssen bei malignen Tumoren. 2. Mitteilung: Verbesserung der Resultate aus Pleurahöhlenergüssen durch Kombination technischer Varianten. Radiobiol.-Radiother. 5 (1975) 541–551.

Hoppe, E., B. Schicke, A. Banaschak: Zytologische Urinbefunde bei weiblichen Genitalkarzinomen – vor, während und nach Strahlentherapie. Zbl. Gynäkol. 110 (1988) 450–460.

Kline, T.A., H.S. Neal, C.P. Holroyde: Nadelaspirationsbiopsie. Diagnostik subkutaner

Knoten und Lymphknoten. JAMA 235 (1976) 2848–2850.
Mangakis, N., E. Böwe, Zd. Piková-Müllerová: Vorschlag für ein erfahrungsgemäß gutes und schnell arbeitendes Trichomverfahren. Zbl. allg. Path., Bd. 105, H. 5/6 (1964) 289–292.
Romeis, B.: Mikroskopische Technik. 16. Auflage. Verlag R. Oldenbourg München-Wien (1968).
Romeis, B.: Mikroskopische Technik. 17. Auflage. Hrsg.: P. Böck. Verlag Urban und Schwarzenberg München-Wien-Baltimore (1989).
Roulet, F.: Methoden der Pathologischen Histologie. Springer Verlag Wien (1948).
Zajicek, J.: Aspiration biopsy cytology. Lymphology 10 (1977) 94–101.

Literatur zur Signifikanzberechnung

Adam, J.: Einführung in die medizinische Statistik. 3. Auflage. Verlag Volk und Gesundheit Berlin (1971).
Bortz, J., G.A. Liénert, K. Bohnke: Verteilungsfreie Methoden in der Biostatistik. Springer Verlag Berlin-Heidelberg-New York (1990).
Sachs, L.: Angewandte Statistik. 7. Auflage. Springer Verlag Berlin-Heidelberg-New York (1992).
Weber, E.: Grundriß der biologischen Statistik. 8. Auflage. Gustav Fischer Verlag Jena (1980).

Sachwortverzeichnis

C

D

E

F

M

N

O

P